KB254084

사회체육학 총론

위 성 식
권 연 택
저

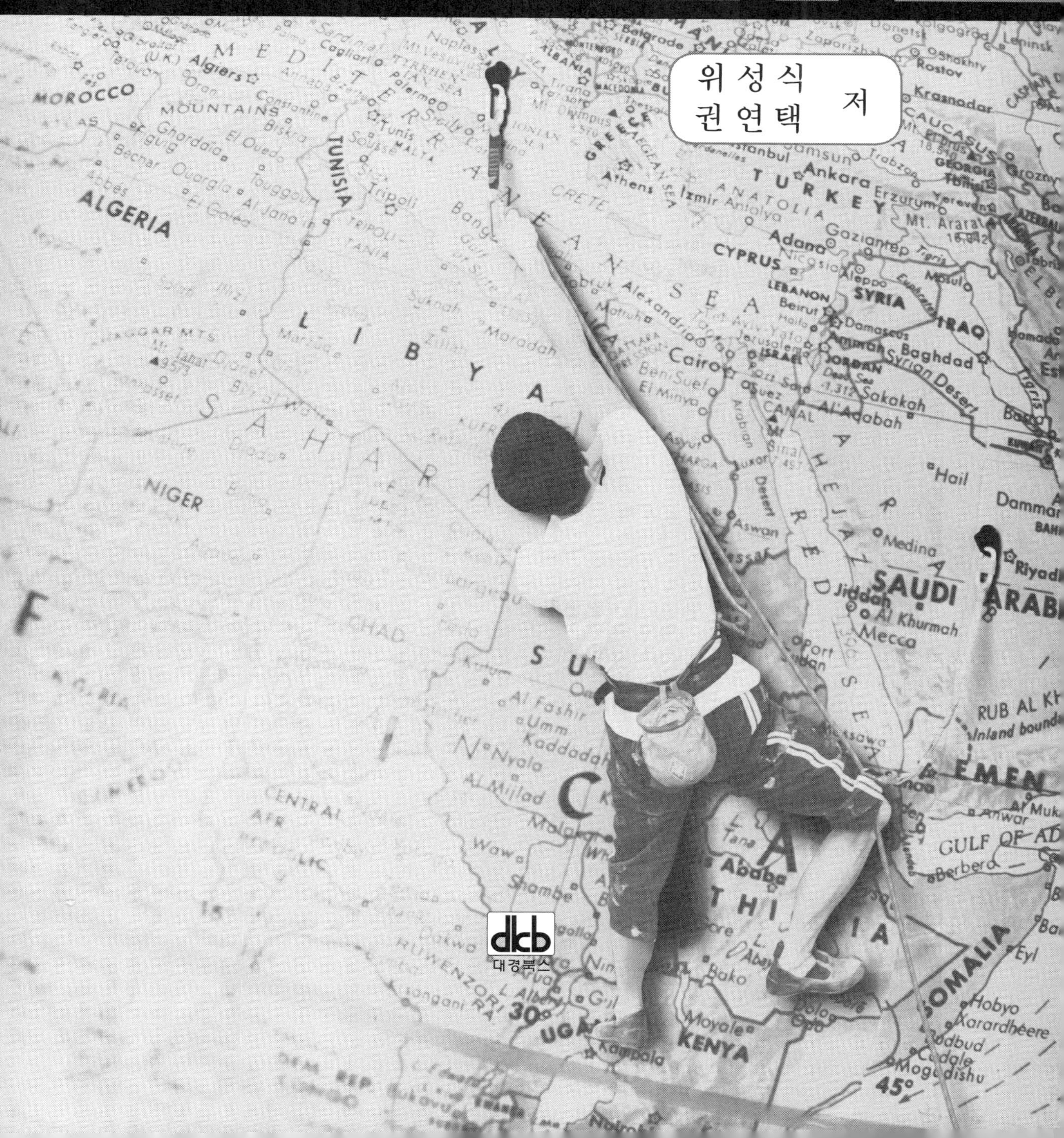

dcb
대경북스

저 | 자 | 소 | 개

위 성 식

중앙대학교 사범대학 체육교육학과 졸업
중앙대학교 대학원 체육학석사
국민대학교 대학원 이학박사
한국여가레크리에이션협회 부회장
한국여가레크리에이션학회 부회장
서울특별시 정구연맹 부회장
한국체육학회 부회장
고려대학교 사회체육학과 교수
한국사회체육학회 회장
한국여가레크리에이션협회 회장

저서 : "新 사회체육학개론"외 36권
학술논문 : "사회체육 전공자의 희망 진로 탐색에 관한 연구"외 71편

권 연 택

고려대학교 자연과학대학 사회체육학과 졸업
고려대학교 대학원 체육학석사
고려대학교 대학원 체육학박사
해군사관학교 체육학 전임강사
현 고려대학교, 한국체육대학교, 백석대학교 강사

학술논문 : "체육지도자 양성현황과 선행연구 동향분석을 통한 자격제도 개선방안에 관한 연구"외 26편

사회체육학총론

초판발행/2010년 8월 25일
초판3쇄/2024년 3월 5일
발행인/김영대
발행처/대경북스
ISBN/978-89-5676-305-7

이 책은 저작권법에 따라 보호받는 저작물이므로 무단전재와 무단복제를 금지하며,
이 책 내용의 전부 또는 일부를 이용하려면 반드시 저작권자와 대경북스의 동의를 받아야 합니다.

등록번호 제 1-1003호
서울시 강동구 천중로42길 45(길동 379-15) 2F
전화:(02)485-1988, 485-2586~87·팩스:(02)485-1488
e-mail:dkbooks@chol.com·http://www.dkbooks.co.kr

머리말

1975년 유럽지역 스포츠장관회의에서 처음으로 'Sport for All'이라는 용어가 사용되어 사회체육운동이 촉발된 이래 35년이 훌쩍 지났다. 어린이부터 노인에 이르기까지 전 연령대를 포함하며, 노동시간을 제외한 여가시간에 본인들의 참여의지에 의해서 행하는 자발적인 활동임과 동시에 신체적·정신적·사회적으로 조화로운 발달을 꾀하며, 변화하는 현대생활에 슬기롭게 대처하며, 다른 사람과 더불어 공동체의 복지를 증진시켜나가는 복지사회체육을 의미하는 사회체육은 전 세계인의 건강과 복지증진은 물론 국가적으로는 사회성원 간의 소통과 통합에 기반한 건전한 국가건설에 크게 기여해 왔다.

우리나라에서 사회체육이라는 분야가 본격적으로 거론되고 그 중요성이 강조되기 시작한 것은 1980년대부터라고 할 수 있다. 1986년 아시안게임과 1988년 서울올림픽의 성공적인 개최로 말미암아 국민들의 의식변화와 경제발전에 따른 생활수준의 향상, 여가시간의 증가, 체육활동인구와 스포츠시설의 증가, 체육활동의 다양화 등이 그 주요 원인이라 하겠다. 우리나라에서는 사회체육이라는 용어와 함께 국민체육, 생애체육, 평생체육, 생활체육 등의 용어들이 사용되고 있다.

20세기 말부터 시작된 관람스포츠에서 참여스포츠로의 대대적인 전환과 각종 모험스포츠의 대두 및 사이버스포츠의 탄생을 통해 21세기의 사회체육은 새로운 국면을 맞고 있다. 주 5일 근무제의 본격적인 시행과 더불어 여가라는 단어가 새로운 화두로 자리잡았고, 그에 따라 삶의 질 향상을 위한 각종 사회체육활동이 자연스럽고 당연한 일상의 일부로 여겨지고 있다. 사이버 커뮤니티에 근거를 둔 각종 레저스포츠 동호회의 활동은 그 어느 때보다도 활발하게 이루어지고 있으며, 지방자치단체에서 기획하고 운영하는 다양한 사회체육활동도 양적·질적인 성장을 이루었다. 그에 따라 올레길·둘레길로 대표되는 지역사회 걷기코스의 개발과 각종 근린체육시설의 건설도 급증하고 있다.

우리나라 사회체육의 태동기이던 1990년 처음으로 사회체육의 보급과 학문으로서의 이정표를 세우기 위하여『사회체육학 개론』을 간행한 이래, 사회변화의 학문적인 지평의 변화에 부응하여 세 차례에 걸쳐 개정작업을 해왔다. 이제 필자의 강단생활을 마무리하며 제자와 공동연구를 통해 제4차 개정판을 세상에 내놓게 되었다.

금번의 제4차 개정판은 필자의 30여년에 걸친 연구활동의 집대성이라 할 수 있으며, 21세기 들어 첫 10년 동안의 사회변화의 양상과 사회체육의 발전동향을 총괄하는 중요한 의미를 지니고 있다. 이와 같은 의미에서 본 서의 제목을『사회체육학 총론(總論)』이라 하였다.

아무쪼록 이 한 권의 책이 사회체육을 전공하는 학생 및 연구자들에게 좋은 길잡이가 될 수 있기를 바라며, 여러 동료 학자들과 후학들의 기탄없는 비평과 성원을 부탁드린다.

끝으로 이 책이 출판될 수 있도록 배려해주신 대경북스 민유정 사장님께 고마움을 표한다.

2010년 8월

저 자 씀

차 례

제1장 사회체육의 개념

제2장 사회체육과 환경요인

제3장 사회체육의 역사적 배경

제4장 사회체육의 대중화요소

제5장 사회체육 주관기관의 형태에 따른 분류

제6장 사회체육활동의 대상에 따른 분류

제7장 사회체육활동의 장소에 따른 분류

제8장 외국의 사회체육

사회변화에 따른 사회체육의 발전과제

사회는 끊임없이 변화하고 발전한다. 과거의 농업중심사회에서 고도의 과학기술에 의한 산업화를 거치면서 현재는 후기산업사회로 진입하였다. 체육의 현상 역시 쉼없이 변화하는 사회의 발전에 따라 다양하고 폭넓게 변화하고 있다.

현대사회는 산업화와 도시화 · 과학화 · 정보화의 급진전에 따라 생활구조가 과거와 다르게 급격히 변화하고 있으며, 체육활동도 생활수준의 향상으로 개인의 삶의 질 향상에 초점을 맞추어 변화하는 추세이다.

주5일 근무제의 일반화로 개인의 라이프스타일은 지금까지와는 전혀 다른 모습으로 바뀜과 동시에 사회체육활동이 일반화 · 보편화되어 우리 생활의 중심에 놓여 있다. 이에 따라 체육현상의 발전을 되돌아보고 미래에 전개될 사회체육의 발전방향을 예측하고 준비하는 미래지향적 시각이 어느 때보다 필요하다.

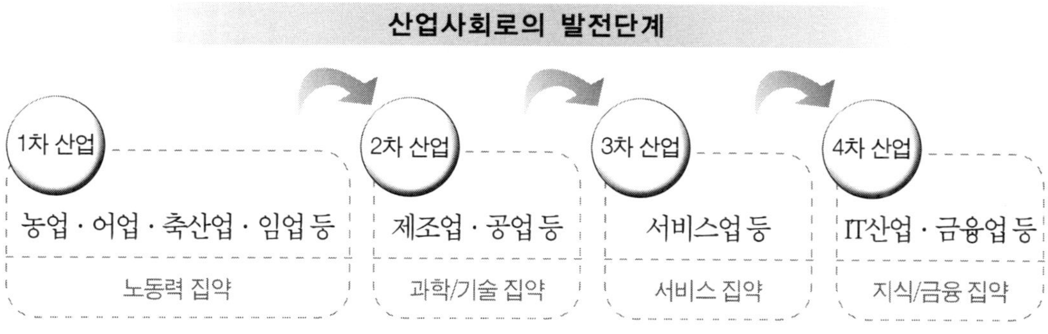

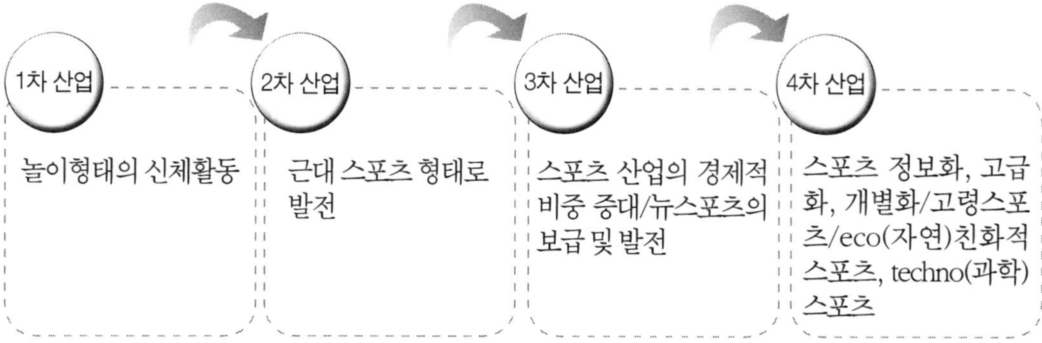

직업개념에서 본 체육발전단계

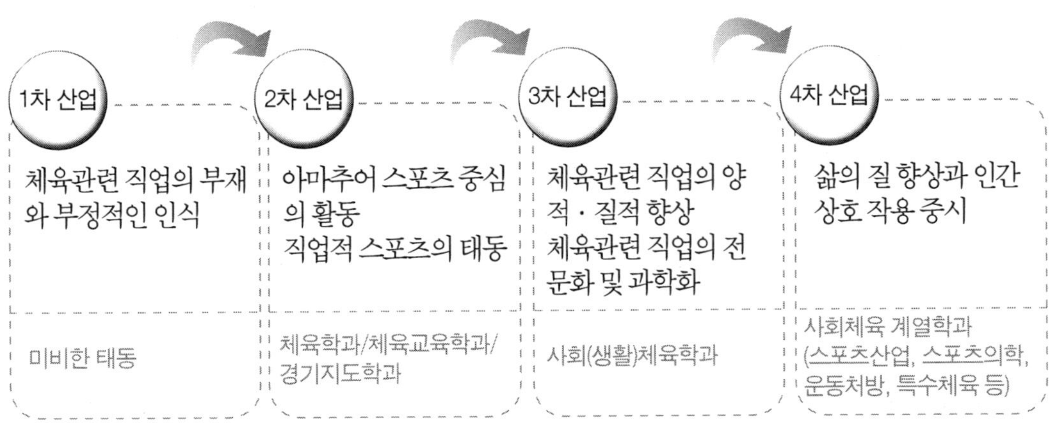

사회체육의 발전과제

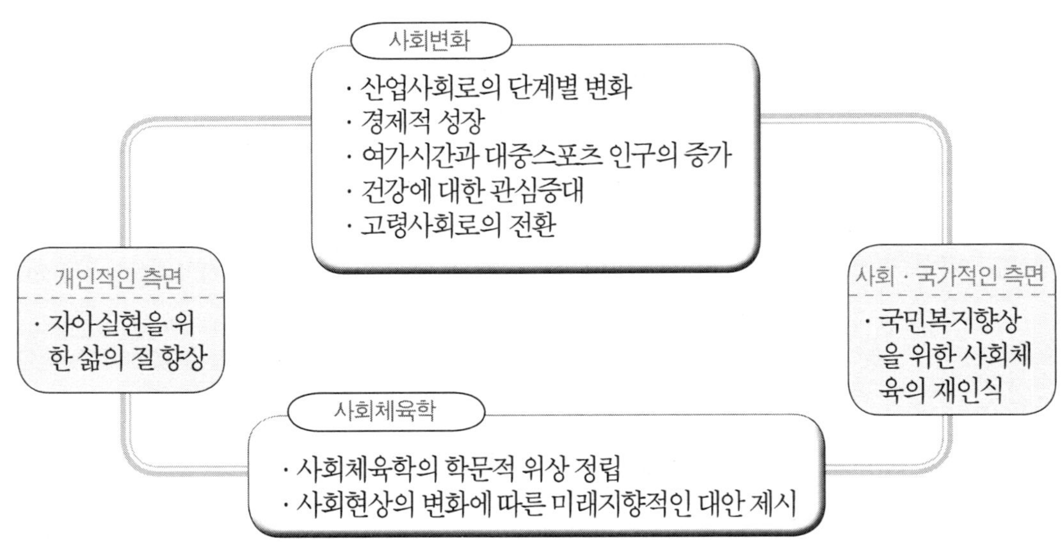

제1장
사회체육의 개념

복잡한 현대생활과 늘어나는 여가의 증대, 그리고 개인들의 다양한 삶의 질 향상을 위한 욕구 분출 등은 과거의 체육형태와 다른 새로운 체육활동을 요구하고 있다.

사회체육은 체육내용의 다양화와 생활화를 전제로 하여 개인의 삶의 질 향상을 통한 복지사회를 구현하려는 복지사회체육이라고 할 수 있다.

따라서 이 장에서는 전반적인 사회체육의 개념으로서, 그리고 현대사회에서 요구되는 새로운 형태로서 사회체육이 지니는 의의와 정의, 그리고 이러한 사회체육이 지니는 목적 및 목표는 무엇이며 새로운 형태의 사회체육과 관련한 용어들의 개념을 살펴보고, 현대사회에서 사회체육의 필요성과 역할 등을 알아보기로 한다.

사회체육의 의의 및 정의

　오늘날 '사회체육'이란 용어를 자주 접하고 있지만 그 개념이 아직 완전하게 통일되거나 정립된 것은 아니다. 외국의 경우에도 나라마다 사회적·문화적 전통과 배경이 다르기 때문에 사회체육에 대한 개념이 다르고, 한 나라에서도 체육을 연구하는 학자에 따라 그 개념이 다양하게 정의되고 있다.

　사회체육은 늘어나는 여가를 보다 건설적이며 창조적인 활동으로 유도하고, 각종 현대병을 예방하고 현대사회에 적응할 수 있는 건강과 체력을 증진시키며, 체육활동참여를 통한 건전한 시민의식을 고취시키는 데 목적이 있다.

　이러한 사회체육 운동이 범국민적인 시민운동으로 확산되기 위해서는 체육의 수단인 신체활동이 인간생활에서 어떠한 의의나 가치가 있는지에 관한 구체적이고 현실적인 이해가 선행되어야 한다. 뿐만 아니라 사회체육의 본질과 역할을 국민들에게 인식시키고, 국민의 자발적인 참여에 의한 사회체육활동 인구의 저변확대로 체육이 생활화되는 사회풍토가 조성되어야 한다.

　이 장에서는 사회체육의 개념과 그에 관련된 용어들을 비교 분석하고, 사회체육의 의의 및 기능, 그리고 그 영역을 세부적으로 살펴봄으로써 앞으로 사회체육이 어떠한 방향으로 전개되어야 올바른 사회체육활동이 될 수 있는가를 이해하도록 하는 데 역점을 두고 설명한다.

1. 사회체육의 의의

　현대는 새로운 형태의 체육을 필요로 하고 있다. 즉 현실적으로 삶과 관련된 체육이 되지 않으면 안된다는 뜻이다. 어느 부분적 삶의 단계에만 관계된 체육이 아니고, 삶의 전체와 관련된 계속적인 체육이 되어야 한다. 다시 말하면 평생을 통한 계속적 삶의 현장에서 이루어지는 신체활동을 의미하는 것이다. 사회체육은 개인의 건강을 유지하고 즐거움을 찾는 소극적인 활동에서 벗어나 사회적·국가적 입장에서 보다 긍정적인 기능을 발휘하는 적극적 활동으로 변모되어야 한다.

　오늘날의 사회체육 운동이란 모든 국민이 여가시간을 활용하여 자발적으로 즐겁게 참여하는 여러 형태의 신체활동을 통하여 건강하고 행복한 삶을 영위하도록 하며, 나아가 복지국가 건설의 바탕을 이루는 국민 전체의 신체활동이다.

현대사회에서 사회체육의 의의는 크게 개인적 측면과 사회적 측면에서 접근할 수 있다.

① 개인적 측면에서 본 사회체육의 의의

개인적 측면에서 본 사회체육의 의의는 다음 두 가지로 구분할 수 있다.

첫째, 인간은 전 생애를 통하여 바람직한 생을 영위할 수 있는 체육활동을 필요로 한다. 인간의 성장과 발달, 건강과 체력증진, 자기실현과 행복추구 등은 평생을 통하여 추구되고 성취되기를 원하는 것이다. 따라서 사회체육은 건강한 신체를 소유하게 하고, 삶을 즐기게 하며, 인간생활에 계속적인 의미를 부여함으로써 삶의 질을 제고시키는 중요한 사회활동의 하나로 간주되고 있다.

둘째, 사회체육은 세대 간의 격차를 줄일 뿐만 아니라 동일세대 안에서의 간격도 좁혀주는 역할을 한다. 사회체육은 체육 및 스포츠라는 한계적 범위 내에서 상호신체접촉을 강조하기 때문에 서로 다른 가치관과 의식을 지니고 있는 개인과 세대를 가장 효과적으로 연결하여 주는 사회적 연결망일 뿐만 아니라 격렬한 신체접촉과 경기규칙의 준수, 상대방의 존중 등을 통하여 대인관계의 지식과 방법을 배우고, 상대적 관계에 입각하여 사고할 수 있도록 도와준다.

② 사회적 측면에서 본 사회체육의 의의

체육은 광의의 사회현상 속에서 고려될 수 있기 때문에 현대사회의 복합성에 따라 그 관점도 다음과 같이 나타날 수 있다.

첫째, 사회체육은 사회의 모든 계층에게 신체활동을 충분히 즐길 수 있는 기회를 부여함으로써 사회적 불평등해소에 기여할 뿐 아니라 서로 다른 계층 간의 상호작용을 증진시켜 사회적 갈등의 해소에 도움이 된다.

둘째, 학교체육 및 엘리트체육 중심에서 대중 중심의 체육으로 이행되고 있는 오늘날 체육의 추세에 부응함으로써 체육의 평등화에 이바지할 수 있다.

셋째, 사회체육은 근래에 커다란 사회문제로 대두되고 있는 비행청소년문제를 해결하는 효과적인 수단이 될 수 있다. 왜냐하면 스포츠활동을 통하여 사회적 고립감해소, 공동체의식함양, 여가선용 등을 경험할 수 있게 하기 때문이다.

넷째, 지역사회 단위의 체육은 사회통합기능을 제공하여 국민적 일체감을 조성한다.

따라서 우리나라도 사회체육을 국민복지 측면에서 파악하여 물질적인 욕구로 인해 상실된 인간성회복이라는 측면에서 사회체육운동을 다룰 필요가 있는 것이다.

② 사회체육의 정의

학자들마다 사회체육을 다양하게 정의하고 있다. 명치시대(明治時代) 말기 사회체육이란 용어가 처음 쓰이기 시작한 일본의 경우 西田泰介(1950)는 사회체육을 일반 사회인을 대상으로 한 신체운동을 중심으로 하여 행하는 교육으로 정의하였고, 그 주요한 내용은 신체운동을 중심으로 한 레크리에이션이라고 한 바 있다.

같은 시기에 우리나라의 柳田亨(1951)은 학교체육을 제외한 모든 체육을 사회체육으로 보고, 넓은 의미의 레크리에이션 중 신체적 레크리에이션 부분을 사회체육으로 보았다. 이들의 견해는 사회체육의 내용이나 구조를 다소 불분명하게 언급하고 있는데, 이를 보충하기 위해 西田泰介(1951)는 사회체육을 주로 신체활동에 의해 사회인에게 흥미와 건강을 만족시켜 줌과 동시에 생활기능과 사회성을 향상시키는 조직적 교육활동이라고 정의함으로써 사회체육의 대상·목표·방법 등을 명확하게 규정하려고 시도하였다.

竹之下體臟(1969)은 이전의 사회체육의 개념을 좀더 구체화하여 사회가 그 구성원의 복지증진을 목적으로, 자발적 운동참여자를 원조하고 촉진하는 활동을 총칭하는 말이라고 정의하였다. 같은 해에 前川奉雄은 사회체육은 국가나 지방자치단체가 국민이나 주민(학교는 제외)을 대상으로 주로 공공비용으로 진행하는 체육이라고 하여 사회체육을 공교육의 입장에서 설명하였다.

1975년 3월에 채택된 Sport for All 헌장에 의하여 서구에 급속히 확산되고 있는 Sport for All 운동은 취학 전 아동으로부터 노인에 이르기까지 모든 사람이 성별·인종·종교에 관계없이 체력향상과 건강증진을 위해 실행하는 모든 종류의 스포츠 활동 및 신체운동의 총체를 스포츠로 규정하고, 이를 범시민적으로 보급·발전시키는 운동을 의미한다. 여기에서의 스포츠는 단순히 규칙에 의해서 진행되는 경기적인 스포츠만이 아닌 신체적·정신적·사회적 건강에 기여하는 일체의 신체운동을 포함한다.

한편 IOC의 홈페이지(www.olympic.org)에는 올림픽운동과 연관시켜서 'Sport for All'이란 스포츠가 인종·사회계급·성별을 구분하지 않고 모든 인간의 인권이라는 올림픽 정신을 촉진·확산시키는 운동으로 연령, 성별, 다양한 사회계층, 사회경제적 여건을 망라하여 스포츠를 생활화할 수 있도록 하는 운동'이라고 정의하고 있다. 결국 Sport for All 운동은 모든 시민의 신체적·정신적·사회적 발달에 기여할 목적으로 공공기관 및 민간 단체가 스포츠와 신체운동의 실천을 범시민적·범사회적 차원에서 전개하는 운동이라고 볼 수 있다. 일본에서의 사회체육, 서구에서의 Sport for All 운동은 결국 본질에서는 그 맥

을 같이 하며, 결론적으로 사회체육이란 사회성원이 각자의 여가시간에 각 개인의 자발
적인 참여의지에 의해서 창출되는 운동수요의 충족을 위한 사회적 노력의 총체라고 할
수 있다.

이상의 견해를 종합하면 사회체육은 다음과 같이 정의할 수 있다.

- 국민의 건강증진 및 후생복지 향상을 통한 삶의 질 제고를 목적으로 체육·스포
츠·레크리에이션 등을 통하여 나이·성별·계층을 망라하여 모든 국민을 대상으
로 이루어지는 체육활동이다.

- 운동을 통해 개인건강, 사회건강을 추구하는 창조적인 여가활동이다. 왜냐하면 스
포츠 활동을 통한 창조적인 여가활동이 명랑한 사회를 건설하고, 건강한 국민을 만
들며 궁극적으로 국력을 신장시키기 때문이다.

- 국민보건에 관련된 공적 비용의 지출을 절약할 수 있는 예방적 국민건강정책의 하

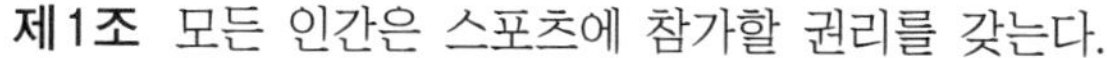

Sport for All 헌장

제1조 모든 인간은 스포츠에 참가할 권리를 갖는다.

제2조 스포츠의 부흥은 인간발달에 있어 하나의 중요한 요소로서 장려되어야 하며, 공공기관
에 적절한 보조가 지원되어야 한다.

제3조 스포츠는 사회와 문화를 발전시키는 요소로서 국가·사회·지역 차원의 교육, 건강, 사회
사업, 도시 및 지역개발, 환경보존, 예술 및 여가의 대책 등 다른 분야의 정책입안·계
획·결정에서도 관련을 가져야 한다.

제4조 정부는 공공기관과 민간기관 사이에 지속적이고 효과적인 협력관계를 유지하고, Sport
for All 운동의 발전과 협력을 위한 범국가적 기구의 설립을 장려해야 한다.

제5조 스포츠 및 스포츠맨을 정치적·상업적 혹은 금전적 이익을 위한 이용으로부터 보호하며,
또한 약물의 부정사용을 포함한 부정과 타락의 습관으로부터 보호하기 위해서는 적절한
방법이 강구되어야 한다.

제6조 스포츠 참가규모는 특히 시설의 크기, 다양성 및 이용의 편리함에 의한 영향이 많기에
전체적인 시설계획은 공공기관의 소관사항으로 생각되며, 지역·지방 및 국가에 있어서
의 필요성이 고려되어야 한다. 또한 관계법령에 의하여 일반시민이 여가활동을 위한 목
적으로 시설을 자유롭게 이용할 수 있도록 보장하여야 한다.

제7조 레크리에이션의 목적으로 전원지대 및 수변지역으로 들어가는 것을 보장하기 위해서 필
요한 경우에는 입법조치를 포함한 시책이 취해져야 한다.

제8조 어떠한 스포츠의 진행계획에서도 행정적·전문적인 관리·경영, 지도 및 코치 등 모든 부
문에 유자격자의 필요성이 인정되어야 한다.

나이다. 사회체육활동에 참여함으로써 얻어지는 건강한 체력은 향후 각종 질병의 위험으로부터 벗어날 수 있도록 해준다.

결국 사회체육은 개인이 전 생애를 통하여 능동적으로 계속적인 체육활동 참여의 기회를 스스로 포착함으로써 신체적·정신적·사회적으로 조화로운 발달을 꾀하며, 변화하는 현대생활에 슬기롭게 대처하며, 다른 사람과 더불어 공동체의 복지를 증진시켜나가는 복지사회체육을 의미한다.

③ 사회체육의 목적과 목표

사회체육은 사회적 측면에서 신체, 체력 및 운동문제에 관한 현실과 깊게 관련되어 있다. 운동의 사회적 기능은 체력과 건강, 운동의 즐거움 자체에 대한 사회적 요구와 관련되어 있을 뿐만 아니라, 이러한 문제의 중요성에 대하여 일상생활에서 느끼는 정도에 따라 다양한 사회구성원의 문제의식을 제고시킨다.

사회체육의 목적과 목표는 전체 사회에 대한 사회체육의 기능과 역할을 사회적인 기대로써 사회의 입장에서 명시한 것이다. 이는 사회체육의 존재를 사회적으로 정당화하는 근거가 되므로 당시 사회의 기본적인 목표가 거기에 반영되어 있다고 볼 수 있다. 이를테면 민주사회에서는 평화와 복지의 증대를 목적으로 하기 때문에 사회체육의 목적도 일상생활에서 건강과 운동문제를 해결하고 복지를 향상시키는 것이 되어야 한다. 이러한 목적은 자발적인 운동참여의 촉진에 의한 개인적 복지와 사회적 복지의 통합적인 발전으로 표현된다.

(1) 사회체육의 목적

사회체육의 목적은 나라마다 역사적인 배경과 전통, 그리고 정치·사회·문화적인 배경과 경제적인 생활수준 등에 따라 다르며, 사용하는 용어도 다르다.

① 영국·독일을 중심으로 한 유럽

Trimm130, Sport for All 이라고 표현하는 유럽의 사회체육은 스포츠의 체험을 통해 스포츠 장면에서 강조되는 페어플레이(fairplay)→스포츠맨십(sportsmanship)→인격형성에 목적이 있다.

② 미국, 캐나다 등 북미

미국은 Physical Fitness and Sport, Community Sports, Community Recreation, Sports

Physical Fitness 등의 용어로, 캐나다는 Participation Fitness Canada, Recreation Canada 라는 말로 사회체육을 표현하며, 그들은 주로 여가활동을 목적으로 한다.

　외국의 경우와는 달리 우리나라의 역사와 전통, 그리고 정치적·문화적 배경과 오늘날의 사회현상을 바탕으로 사회체육의 목적을 설정해 보면, 사회체육의 목적은 국민의 자발적인 참여를 전제로 하여 건강을 증진시키고 여가선용을 통하여 삶의 질을 향상시키는 데 있다. 궁극적으로 보면 구체적인 복지구현과 결부되는 것이다. 그러므로 모든 국민의 건전한 여가생활을 위하여 개인적·사회적인 환경여건에 맞추어 보다 교육적이고 경제적이며 국가적 입장을 고려하여 기존의 사회체육 목적과 정책에 대한 재평가와 대책이 수립되어야 하는데, 이를 도식화하면 그림 1-1과 같다.

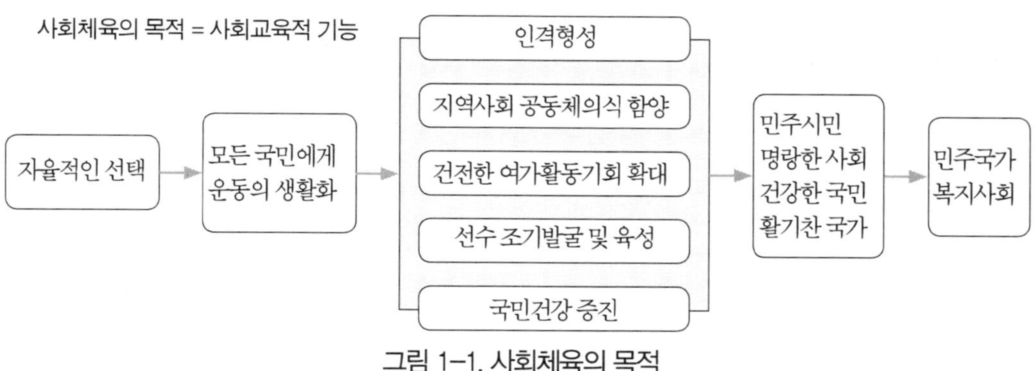

그림 1-1. 사회체육의 목적

(2) 사회체육의 목표

　목적은 구체적인 당면과제를 달성함으로써 구현되는 것이다. 사회체육의 기여도는 보다 명확하고 구체적인 과제의 설정과 더불어 달성목표에 대한 정확한 인식과 구현해야 할 목표에 대한 해결노력이 중요하다. 앞으로 우리가 구현하고자 하는 사회체육의 모습은 과거 우리의 체육풍토나 발전추세의 연장은 아닐 것이다. 따라서 우리가 지향해야 할 목표는 복지사회를 실현하기 위한 사회체육이 되도록 하는 데 있다. 이와 같은 목표에 대해 국가가 추구해야 할 구체적인 내용은 다음과 같다.

　① 체육내용의 다양화

　우리가 지향하는 복지사회체육은 미래사회에 각광받는 인간과학의 한 분야이다. 인간의 건강과 행복을 추구하면서 활동주체인 인간의 인간다운 생활능력과 인격함양에 큰 비중을 두고, 스스로 인간능력의 한계를 극복해 나갈 수 있는 경험을 제공함으로써 개인의 인간적 특징의 변화를 도모할 수 있어야 한다. 그러므로 체육은 개인이 가진 다양한 특징이 골고루 그 가치를 인정받으면서 지·덕·체 전반에 걸친 균형 있는 인간성 형성을 촉진하는 내용으로 구성되어야 한다.

② 체육활동의 생활화

오늘날 체육의 형태는 국민생활의 안정 위에 여가를 통하여 체육활동이 생활화되고 보편화되어 있다. 따라서 성·연령·신체조건, 지역 및 사회계층에 구애됨이 없이 국민 누구나가 복지화된 환경 속에서 합리적인 체육활동을 보장받음으로써 운동습관이 형성되어 일상생활에서 규칙성을 띤 자발적인 참여가 이루어질 것이다.

③ 체육방법의 합리화

운동효과를 극대화하려면 체육방법의 합리화가 필요하다. 이는 활동의 양과 질을 계량화시켜 자신의 필요와 욕구를 충족시킬 수 있는 방법의 탐구자세가 갖추어지고, 지도자는 대상에 따라 개별화되고 효율적인 방법을 제공하는 것이다. 그리고 각종 프로그램은 대상의 발육발달 단계, 체력수준, 신체조건 등을 고려하여 합리적이고 다양하게 설계되어야 한다.

④ 체육환경의 복지화

체육을 통하여 복지사회를 구현하려면 무엇보다도 체육의 성과에 큰 영향을 미치는 물리적 환경인 체육시설이 확충되어야 한다. 지속적인 경제성장과 체육에 대한 관심증가를 토대로 체육투자를 확대하여 부족하고 낙후된 학교 및 사회체육시설을 쾌적한 시설로 확충·개선하여 급증하는 체육수요에 효율적으로 대비하여야 한다.

한편 활동 자체가 이러한 목표를 가지고 있는 사회체육은 그 대상이 유아에서 노인에 이르기까지 폭이 넓으며, 또 참여집단도 연령·성 및 학문적·경제적 배경이 다양하다. 또한 사회체육은 강제성이 없는 자발적인 활동이기 때문에 참여자들 각자가 무엇인가 보람을 느끼고, 즐겁고 달라지는 것을 느껴야 흥미를 갖고 활동하게 된다.

따라서 사회체육의 목표는 사회체육활동의 대상·종목·장소·때·환경에 따라 달라지나, 개인이 무엇인가 향상되고 발전되고 달라지는 것을 깨닫고, 보람과 만족을 느낄 수 있도록 설정되어야 한다.

4 사회체육의 유사개념

생활체육, 국민체육, 평생체육, 생활스포츠, 학교체육 등을 사회체육과 같은 뜻으로 사용하는 경우가 많으며, 놀이, 게임, 스포츠, 체육, 여가, 레크리에이션 등의 용어도 마찬가지이다. 따라서 이들 용어의 개념과 사회체육과의 관계를 정리해보는 것도 중요하다.

(1) 사회체육, 생활체육, 국민체육

사회체육이라는 용어가 우리나라 체육관계기관에서 공식화된 것은 1961년 여성체육진흥분과와 사회체육분과가 대한체육회의 산하분과로 각각 설립되면서부터인데, 지금껏 그에 대한 개념정의나 대상의 구분 없이 그대로 이어 오고 있다. 원래 사회체육이라는 용어는 일본이 1948년에 사회교육법을 제정하면서 사용하기 시작하였다.

교육을 가정교육, 학교교육, 사회교육으로 구분하는 것과 같은 차원에서 체육을 구분할 때에도 가정체육, 학교체육, 사회체육이라는 용어가 사용될 수 있는데, 이때 사회체육은 '사회교육적 기능'이 크게 강조된다. 즉 청소년교육 등 스포츠를 통한 교육이 중요시될 때 사회체육이라는 용어가 적절하다는 것이다.

미국 등의 선진국처럼 사회체육이 생활을 위한 스포츠이고, 즐거움을 얻기 위한 레크리에이션적 의미가 강조되면 생활체육이라고 하는 것이 바람직하다. 정부에서는 편의상 '생활체육'이라는 용어를 사용하고 있는데, 이는 사회체육이 평생체육으로 생활화되어야 한다는 것을 의미한다.

한편 국민체육은 군국주의나 전체주의국가에서 스포츠를 국민통합을 위한 하나의 수단으로 사용할 때 쓰여지는 용어로 볼 수 있다. 국민체육은 집체적인 체육 매스게임 등을 통한 스포츠 활동을 의미하는데, 우리에게는 적합하지 않는 용어라는 것이 학자들의 견해이다.

(2) 평생체육

평생체육이란 개인적으로는 전 생애에 걸쳐 참여하는 스포츠의 형태를 의미한다. 사회적으로는 사람들이 일생 동안의 각 시기 또는 생활의 각 분야에서 필요할 때 행할 수 있는 다양한 스포츠 프로그램 제공을 위한 문화적 환경정비를 의미한다. 이러한 생각은 특히 유럽과 미국을 중심으로 전개되고 있으며, 이들 나라에서는 최근 평생을 통해 행해지는 스포츠를 학교교육에서 적극적으로 활용하는 경향을 보인다.

한편 교육적 관점에서는 스포츠의 즐거움을 경험시키고 스포츠 애호심을 길러, 그것이 기반이 되어 자기 인생의 각 단계에 맞는 여러 가지 스포츠를 즐길 수 있는 생활태도를 중시하는 것이다. 또 사회체육면에서는 유아기, 아동기, 학생기, 청년기, 성년기, 장년기, 노년기 등 인생의 각 단계에 맞는 발달과제와 스포츠의 적시성에 기초를 둔 평생스포츠를 중시한다. 우리나라에서는 현재 학교체육과 사회체육이 주로 실시되고 있으나, 생활수준의 향상과 여가시간의 증가에 따라 일생을 통해 실시하는 평생체육의 필요성이 더욱 증가되고 있다.

⑶ 학교체육

학교체육이란 사회체육에 대비되는 개념이다. 사회체육이 일정한 조직과 시설을 중심으로 하여 주로 근로청소년 또는 성인들에 의하여 이루어지는 체육활동이라면, 학교체육은 한 국가에서 합의된 체육교과과정에 따라 주로 학교시설을 이용해서 자격 있는 교사가 초·중·고 학생들을 대상으로 실시하는 의도적·계획적·합리적인 체육활동을 의미한다. 학교체육은 신체적 발달 및 체력증진을 도모하고 심리적·정서적·사회적 발달과 함께 지식과 기능, 도덕적 규범, 가치체계 등을 함양시킨다.

최근에는 정규체육활동 외에 특별활동, 특기·적성활동 등 다양한 체육활동 프로그램을 학교시설뿐만 아니라 지역 사회체육시설을 적극 활용하여 많은 청소년들에게 사회체육활동을 제공하여 주고 있다.

표 1-1. 학교체육, 전문체육, 생활체육의 특성 비교

구분	학교체육	전문체육	생활체육
대상	학생	청년(최적 연령기)	모든 사람
활용방법, 내용	의무적	의무적	자발적, 즐거움
내용	게임, 스포츠, 체력운동, 무용 등	정규스포츠	놀이, 게임, 스포츠, 체력운동, 무용 등
시간	수업시간	훈련과 시합기간	자유시간
장소	학교체육시설	정규체육시설	모든 시설
의도성	강	강	약
목적	교육	승리, 직업영역	여가, 욕구충족

자료 : 체육백서(2009).

⑷ 놀 이

놀이(play)는 갈증을 의미하는 라틴어 '플라가(plaga)'와 독일어 '스피엘(spiel)'에서 유래된 말로, 인간의 본능적이며 무조건적인 요구를 반영하는 행동을 뜻한다. 놀이는 막연한 휴식이 아니라 일정한 육체적·정신적인 활동을 전제로 하여 정서적 공감력과 정신적 만족감을 바탕으로 이루어지는 활동으로, 인간으로서 삶의 재미를 적극적으로 추구하고 즐기고자 하는 의지적인 활동이다. 그러므로 놀이는 재미있어야 하고, 모든 제약으로부터 해

방시켜주는 자유스러움과 자발적인 참여가 보장되어야 한다. 다시 말해서 놀이란 현실세계와는 다른 일정한 시간과 공간을 설정하여 최소한의 규칙성을 가지고 행위 자체 외에는 어떠한 목적도 갖지 아니하고 즐거움과 흥겨움을 동반하는 자신의 내적 욕구를 만족시키기 위한 자발적이며 가장 자유롭고 해방된 인간활동이어야 한다.

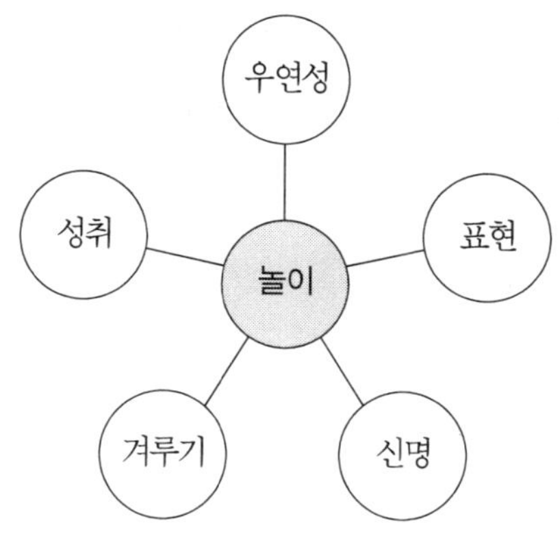

그림 1-2. 놀이에 재미를 주는 요소

(5)게 임

게임(game)은 독일어 'Gaman'에서 유래된 말로 '기쁨'을 의미한다. 게임은 정신적 노동·정신적 건강·일상적 책임에서 벗어나 휴식을 취하는 활동이다. 놀이가 보다 본능적이며 자유스럽고 아동적인 여가활동이라면, 게임은 보다 고도의 구조적·조직적·규칙적 여가활동으로 경쟁적 갈등상황(competitive conflict situation)까지도 내포하고 있다. 게임이 스포츠와 구별되는 점은 스포츠는 항상 신체활동과 연관되지만, 게임에는 신체활동을 수반하지 않는 것도 있다는 점이다. 다시 말해서 게임은 허구적이고, 비생산적이며, 비현실적이고, 그 결과는 예측할 수 없고 규칙에 의해 통제되며, 결과는 신체기능, 확률 또는 전술적 사고능력에 의해서 결정되는 경쟁적인 인간활동이라고 할 수 있다.

(6)스 포 츠

스포츠는 신체운동을 필수적인 요소로 하여 조직성을 내포한 경쟁적 활동이고, 여러 가지 스포츠종목은 사회체육의 필수요소이다. 따라서 스포츠는 국민 모두의 사회체육활동 프로그램 중에서 가장 큰 비중을 차지함과 동시에 사회체육의 목적을 달성하기 위한 가장 구체적인 수단이다. 즉 스포츠란 허구적이고 비생산적이며 현실생활과는 분리된 세계에서 그 결과를 예측할 수 없고 규칙에 의해서 통제되며 전술과 결합된 신체기능과 기량에 의해서 결과가 결정되는 경쟁적인 신체활동이라고 정의할 수 있다.

(7)체 육

체육(physical culture, physical education)이란 인간의 신체활동이 지닌 잠재능력과 가치를 충분히 발휘할 수 있게 하고, 그 신체활동을 수정·정리하여 완성된 인간을 형성해가는 교육이다. 다시 말하면 신체적·정신적·사회적으로 미완성된 인간을 완성된 인간으로 형성하기 위한 신체활동을 말한다. 그러므로 체육 즉, 신체활동은 전인형성 내지 달성을 목적으로 하는 수단이라 할 수 있다.

표 1-2. 놀이, 게임 및 스포츠의 특성 비교

놀이	게임	스포츠	체육
허구성	허구성	허구성	허구성
비생산성	비생산성	비생산성	비생산성
	분리성	분리성	분리성
	규칙성	규칙성	규칙성
	불확실성	불확실성	불확실성
	경쟁성	경쟁성	경쟁성
	확률, 전술, 신체기능에 의한 결과의 결정	확률, 전술, 신체기능에 의한 결과의 결정	확률, 전술, 신체기능에 의한 결과의 결정
		신체적 기량	신체적 기량
		가치, 규범, 기술의 제도화	가치, 규범, 기술의 제도화
			교육적 기능 및 역할

자료 : 체육백서(2009) 재구성.

⑻ 여 가

학자에 따른 여가의 개념은 크게 다음의 네 가지로 나눌 수 있다.

① 시간개념으로서의 여가

여가는 어떠한 구속도 받지 않는 자유로운 시간이다. 다시 말해서 자유로운 시간으로서의 여가를 뜻하며, 현재까지도 지배적인 견해의 하나이다. Nash, J. B.(1953)는 "여가는 노동, 수면과 아울러 기타 필요한 활동에서 벗어난 자유시간에 관련되어 있다."고 하였으며, Kaplan, M.(1960)은 "여가는 일에서 해방된 시간, 자유시간, 나 자신의 시간, 자기의 취미를 즐길 수 있는 시간, 그리고 휴양이다."라고 하였다. 그리고 김오중(1972)은 "여가는 우리생활 전체 안에서 모든 의무와 책임과 기타 실제로 생활에 필요한 활동을 제외한 나머지의 자유로운 시간이다."라고 하였다.

② 활동개념으로서의 여가

프랑스의 사회학자인 Dumazedier, J.(1967)는 "여가는 개인의 직장, 가정, 사회에서 부여된 의무로부터 해방되었을 때 휴식을 위해서, 기분전환을 위해서, 또는 이득과는 무관한 지식이나 능력의 양성, 자발적인 사회참여, 자유로운 창조력의 발휘 등을 위해서 오직 자발적으로 행하는 활동 등의 총체이다."라고 하였다. 이 정의는 휴식, 기분전환, 자기

개발 등 세 가지 활동기능으로 압축되며, 나아가 이 기능을 발휘하기 위하여 각자가 행하는 여러 가지 취미활동의 총체라는 뜻도 담고 있다.

③ 의식개념으로서의 여가

Lundberg, G. A.(1934)는 "여가란 자유시간이며, 자유시간에서 행하는 활동이다. 그러나 여가란 즐거움이나 행복감을 느끼게 하는 태도나 정신상태를 말한다."라고 하였다. 또 Dahl은 "오늘날 인간이 바라는 여가란 자유시간이 아니라 자유정신으로, 즉 취미나 즐거움을 더해가는 것이 아니라 우리를 바쁜 일정으로부터 심리적으로 해방시켜 줄 수 있는 신의 은총에 대한 감사의 마음과 평화감이다."라고 하였다.

Kaplan, M.(1960)은 '여가를 즐거운 기대나 화상이 따른 활동'으로 특징짓고 있으며, Walter, K.(1962)는 "여가란 기쁨, 즐거움 등의 감정이나 의식이 수반된 활동이다."라고 했다. 따라서 자유시간이 있다 하더라도 그 시간이 개인에게 게으름을 가져다 주는 시간이고 하등의 즐거움이 따르지 않는 지루한 시간이라면 이를 여가라고 할 수 없다.

④ 가치개념으로서의 여가

여가를 시간, 활동, 마음가짐 등에 국한된 개념으로만 받아들일 수는 없다. 왜냐하면 여가에서 자기계발 또는 자기발전을 찾아야 한다는 것은 너무나 당연하기 때문이다. 여가라고 해서 할 일없이 빈둥거리는 것이 아니라 무엇인가 유익한 활용 중에서 여가의 가치성을 찾을 수 있어야 한다.

Dumazedier, J.(1968)는 여가의 3대 기능의 하나로 자기계발을 들고 있다. 그는 자기계발에 대하여 "여가는 자기계발기능을 가짐으로써 기계적인 일상적 사고나 행동으로부터 개인을 해방시키고 폭넓고 자유로운 사회적 활동에 참가나 실무적 기술훈련 이상의 순수한 의미를 가진 육체, 감정, 이성의 도야를 가능케 한다."라고 하였다.

이상의 논의를 종합해 보면 여가는 일에서 벗어난 단순한 자유시간이 아니라 참여자의 자발적인 선택의지, 활용방법 등 구체적인 기능까지를 포함하는 적극적인 활동개념으로 파악해야 한다. 이런 의미에서 '여가란 생존을 위한 노동으로부터 벗어난 자유시간으로서, 참가자로 하여금 일상생활의 스트레스를 해소하고 유쾌하고 즐거운 마음으로 자신의 발전을 위해 행해지는 자발적 행동'이라고 할 수 있다.

여가는 인간의 생활 중에서 노동·수면 이외의 가장 광범위한 활동이다. 여가를 노동, 레크리에이션, 스포츠 등의 유사개념과 관련시켜 보면 육체와 정신, 회복과 발전이라는 측면에서 레크리에이션·관광·스포츠를 내포하고 있다. 또한 발전보다는 회복적인 측면이 강조되면 정신과 육체 어느 쪽으로도 치우치지 않는 활동이다.

(9) 레크리에이션

레크리에이션(recreation)이란 자유시간, 곧 레저에 개인적 또는 집단적으로 강제됨이 없이 그 일 자체에 직접적인 의미가 부여되는 자유롭고 즐거운 활동을 총칭한다.

레크리에이션에는 두 가지 뜻이 있다. 리-크리에이션(re-creation)과 레크리에이션(recreation)의 두 가지 발음이 있는 것처럼, 전자는 '개조·재창조·새롭게 만든다'는 뜻이며, 후자는 '오락·위안·취미·기분전환·유희·휴양' 등의 뜻을 가지고 있다. 그러나 참다운 레크리에이션이란 레크리에이션을 통해 리-크리에이션이 되어야 한다.

이같은 레크리에이션은 지적·사회적·예능적·신체적·취미적·관광적 레크리에이션으로 구분할 수 있는데, 사회체육은 신체적 레크리에이션의 한 영역으로 볼 수 있다. 이러한 레크리에이션이 자유시간에 영위되어 순수한 즐거움을 얻기 위한 가치창조적인 자발적 활동이란 점에서 사회체육과 공통성을 갖고 있다.

표 1-3. 여가와 레크리에이션의 차이점

구 분	여 가	레크리에이션
범 주	포괄적 활동	한정적 활동
조 직 정 도	비조직적	조직적
목 적	개인적 목적 우세/자유 내적만족 강조	사회적 목적 우세/재생 사회편익 강조
시 간	자유시간	자유시간, 준자유시간 내

*자료 : 체육백서(2009)

사회체육의 필요성

오늘날의 체육은 신체적 능력향상 및 건강증진과 함께 개인의 정신적·사회적 발달을 도모함으로써 몸과 마음의 조화를 이루는 전인적 인간형성에 기여하고 있다. 많은 사람들이 인식하고 있는 일반적인 체육활동은 신체적으로나 정신적으로 발육·발달이 가장 왕성한 청소년들을 대상으로 하는 교육과정의 일환이었다. 이러한 학교 중심의 체육은 자라나는 청소년들에게 심신의 조화로운 발달을 도모하고, 운동하는 습관을 성장기에서부터 길러 성인기에 들어서도 지속적으로 운동을 즐길 수 있게 하는 데 목표가 있다. 오늘날 사회체육은 교육의 목적을 달성하기 위한 의도적인 신체활동을 넘어서서 인간의 삶의 질(quality of life) 향상을 궁극적인 목적으로 하며, 연령별·집단별로 다양한 대상의 욕구에 맞도록 세분화·전문화되어 전개되는 체육활동이다.

　이러한 사회체육활동에 자발적으로 참여함으로써 운동과 스포츠를 통해 스트레스를 해소하고 건강을 증진시킬 수 있는 기회를 가지게 되며, 나아가 개개인의 삶에 대한 주관적·객관적인 만족도를 높여 궁극적으로 개개인의 삶의 질을 향상시키는 결과를 기대할 수 있다.

1 현대사회의 특징

　근대 서구에서부터 시작된 과학기술은 공업화·정보화·대중화로 특징지워지는 산업사회를 형성하였으며, 최근에는 탈산업화·탈공업화·탈대중화로 설명되는 후기산업사회에 들어서 있다. 후기산업사회의 특징은 정보가 중시되어 '탈산업화'단계로 들어가는 사회인데, 그 특징은 다음과 같다.

- 혁신을 요구하는 격변의 상황에 적응하는 문제점으로 인해 관료주의가 약화된다.
- 개인의 선택을 존중하고 자기 발전을 위한 기회나 자유를 추구하는 경향이 증대함으로써 대중화현상이 약화된다.
- 새로운 매체의 발명과 확산으로 인해 정보의 보유와 활용이 중시된다.
- 새로운 기술혁신에 적응할 수 있는 고도의 사고능력과 전문성을 갖춘 인력이 요구된다.
- 자본보다 노하우(know-how)가 중시되며, 과거지향형이 아닌 미래지향형 사회이다.

　과학기술의 발달은 인류에게 물질적 풍요와 생활의 편리를 주었으며, 자기만족과 자아실현의 기회를 증대시킬 수 있도록 하였다. 반면 사회구조, 인간관계, 가치관 등의 변화도 수반되어 점점 탈공동체적 개인주의가 확산되고 있다.

　이러한 긍정적인 면 이외에도 쉽게 알 수 있는 부정적인 면들은 에너지의 고갈과 인구팽창, 환경오염, 대량살상무기의 발달로 인한 전쟁의 위협, 기술지배로 인한 인간소외문제 등을 들 수 있다. 최근의 인간복제에 대한 논란 역시 고도로 발달한 과학기술이 가져다 준 문제로서, 인간복제의 득실을 떠나 급속하게 발전하는 과학수준을 따라가지 못하는 대다수의 사람들은 쉽게 받아들일 수 없는 문제이다.

　한편 스포츠 현장에서도 볼 수 있듯이 스포츠과학의 발달은 육상·수영과 같은 기록

경기에서 인간의 한계를 무너뜨리고, 경기를 더욱 흥미진진하고 박진감 넘치게 해주는 긍정적인 효과도 있었으나 약물남용 · 과다한 승부집착으로 인한 스포츠맨십의 상실 등 부정적인 측면도 많이 나타나고 있다.

Fromm, E.은 현대사회의 특징에 대해 "사회가 복잡해짐에 따라 분업체제가 더욱 다양해지고, 인간의 노동이 기계화되어 인간 자신이 기계의 일부로 전락되었다."고 하였다. 이런 상황 속에서 인간은 자신의 뚜렷한 정체의식을 상실하게 되고, 대중과 동조하게 되며 자신으로부터 소외되고 있다.

해방 이후 우리나라의 사회구조는 많은 변화를 겪으면서 고도의 경제성장에 힘입어 어느 정도 물질적 풍요를 누리게 되었다. 경제성장 · 소득증대를 통해 외형적으로는 급속히 서구화 · 국제화되었으나 외형적 변화에 발맞추지 못하거나 정체되어 있는 내면의 여건들로 인해 많은 사회문제가 야기되고 있음은 부인할 수 없다. 도시화로 인한 인구집중이나 이농현상은 도시의 주택난 · 핵가족화 · 농촌의 노동력부족 등을 초래하였다. 이러한 문제들은 문화공간을 위축시켰으며, 물질추구의 가치관이 만연하는 사회로 변모시켰다. 산업화로 인한 수질오염은 하천, 강, 바다 등 생태계를 파괴하고, 국민건강을 위협하기까지 이르렀다. 작업환경을 기계화 · 자동화하여 생산성향상과 잉여시간증가에는 많은 역할을 하였으나, 인간소외와 같은 각종 사회문제를 유발시키고 있다.

이러한 현대사회의 부정적인 측면 중에서 사회체육과 밀접한 관련이 있는 사항만 요약하면 다음과 같다.

- 인간을 고려하지 않은 도시화 · 기계화 · 정보화 등은 환경을 파괴하고 인간의 생존환경을 위협하는 요소가 된다.
- 일의 분업화 · 자동화는 신체활동을 감소시켜 인간의 신체발달을 저해하고 퇴화를 촉진시킨다.
- 노동시간의 단축으로 인한 자유시간의 증가를 따라가지 못하는 건전한 여가 프로그램과 시설의 부족은 인간을 나태하게 하거나 일탈행위에 빠뜨릴 위험성이 있다.

 현대사회에서 사회체육의 필요성

사회체육의 가치는 신체활동을 통해 신체가 건강해지면 인간의 삶의 질이 높아진다고 하는 주관적인 가치와, 신체활동을 함으로써 신체적 · 정신적으로 건강한 시민들이 많아져 건강문제로 야기되는 사회비용이 감소되어 사회 전반의 생산성을 향상시킨다는 사회

적 가치가 있다. 특히 고령화가 진행되고 있는 현대사회에서는 어릴 때에는 학교체육을 중심으로 사회체육 참여를 준비시켜야 하며, 성년이 되어서는 청소년기의 학교체육을 통해 '늘 운동하는 마음가짐'으로 스스로 다양한 사회체육활동에 참여함으로써 '생애(生涯)체육'을 실천해야 한다.

현대사회에서 사회체육의 필요성이 크게 강조되고 있는 이유는 그것이 사람의 건강과 생기를 되찾아 주고 생활에 여유와 밝은 정신을 갖게 하기 때문이다. 그것은 인간생활을 풍부하게 하는 귀중한 문화활동의 하나이며, 나아가 운동을 성립케 하는 사회적 조건을 변화시키는 것이다. 이와 같은 사회체육의 필요성을 강조하는 여러 조건 중에서 중요한 내용을 간추리면 다음과 같다.

(1) 건강과 체력증진에 대한 요구 증가

현대산업사회는 인간의 정신과 육체 양면에서 문제를 야기시켰으며, 더욱이 운동부족에 의한 건강약화, 체력저하현상이 많은 사람들에게 나타나고 있다. 이와 같은 허약상태에서 벗어나기 위하여 건강과 체력증진에 대한 요구가 증가되고 있다.

(2) 여가시간과 대중스포츠인구의 증가

오늘날 산업의 기계화 · 자동화에 의한 근무시간의 단축, 정년의 조기화로 활동시간의 증가, 경제적 윤택으로 생업활동시간감소 등으로 여가시간이 증가되었다. 과거에는 스포츠가 남성, 특히 학생이나 부유층 중심이었으나, 오늘날에는 여성 · 노동자 · 농어민 · 장애인 등에게까지 그 활동폭이 확대되었다. 이러한 현상은 여가시간 및 여가를 즐기는 사람수의 증가와 동시에 일상생활에서 신체활동 참여가 확산되어가고 있음을 말해주는 것이다.

(3) 국민의 체육에 대한 가치관과 태도의 변화

현대인들의 체육에 대한 가치관은 외면적 보상에 있는 것이 아니라 내면적 만족추구에 있다. 이렇게 체육의 가치관이 형성되고 운동참여가 습관화 · 생활화됨으로써 긍정적인 방향으로 태도개선이 이루어지고 있다.

(4) 야외활동에 대한 욕구증대

현대사회의 도시화와 인구집중은 환경오염을 심화시키고 신체활동공간을 제한시킴으로써 인간성을 회복하고 신체적 · 정신적으로 건강한 전인적 인간형성을 위한 수단으로 다양한 야외활동의 참여욕구가 증대되고 있다. 특히 우리나라는 급격한 사회변동을 통해 전통사회에서 중간단계를 거치지 않고 현대사회로 넘어왔기 때문에 스포츠 활동이 일반화 · 사회화되지 못했기 때문에 사회체육이 더욱 절실히 필요하다.

사회체육의 역할

사회체육의 역할은 인간성회복, 평생교육, 국민건강증진, 지역사회개발, 청소년선도, 여가선용 등으로 나누어 볼 수 있다.

① 인간성회복

오늘날 자본주의는 인간의 가치마저 물건의 가치처럼 시장성 유무를 통해 판단하므로 인간은 자기의 소질이나 능력이 상품화되는 것을 경험하게 된다. 따라서 인간의 존엄성에 대한 의식이 없어지고, 인간 상호간에 존중하는 태도가 소멸되며, 일체의 권위는 상대화되어 버린다. 그러나 사회체육활동참여는 인간활동의 주요한 한 측면에서 여가욕구에 만족을 가져다주는 수단과 기회를 제공하는 특징이 있다.

그러므로 사회체육을 통하여 인간성을 되찾고 인간회복을 꾀할 수 있게 되는데, 그 이유는 바로 스포츠 활동에는 유연성 · 명랑성 · 친교성 · 창조성 · 공동성 · 사회성 · 도덕성 등이 그대로 발휘되는 건강하고 유쾌한 명랑사회, 즉 복지사회의 건강한 민주시민을 기르는 역할이 내재되어 있기 때문이다. 따라서 사회체육은 그 본질적 역할기능 수행을 통하여 파괴되어가는 인간성을 회복하고, 전인적 인간형성을 지향하는 수단이 될 수 있을 것이다.

② 평생교육

평생교육이란 전 생애에 걸친 교육철학이고, 여가선용활동이 포함된 다양한 상황을 포괄하는 개념이다. 우리나라에서는 평생교육에 관한 사회교육법이 1982년 12월 31일 제정되었고, 동법시행령은 1983년 9월 10일 대통령령으로 공포되었으며, 동법시행규칙이 1985년에 제정됨으로써 그 법적 조치가 이루어졌다.

이와 같은 평생교육은 교육에서는 여가교육이 될 것이고, 체육에서는 평생에 걸친 여가활동의 하나인 운동·스포츠 생활의 교육이 중요한 목표가 될 것이다. 따라서 최근 평생교육론과 관련하여 논의되고 있는 평생스포츠론은 시대적 요청에서 이해되어야 한다. 앞으로 사회체육이 평생교육의 역할을 다하기 위해서는 성별·연령별 특성, 지역별·직업별 특성을 고려한 합리적인 운동 프로그램이 개발되어야 할 것이다.

③ 국민건강증진

우리나라는 1983년에 1인당 국민소득은 2,020달러였고 IMF경제위기를 겪으면서도 2000년에는 국민소득이 10,841달러, 2008년에는 19,231달러였으나 2009년에는 17,175달러로 외환위기 이후 최저를 기록했다. 따라서 소득수준에 따른 국민건강증진 차원에서 사회체육의 역할기능은 매우 중요하다.

④ 지역사회개발

현대사회는 사회기구의 거대화·합리화로 인해서 인간관계가 비인격화되고 개인이 비개인화되어 점점 상호간의 친밀성이나 연대의식이 결핍되어 고독하고 불안한 정서적 불균형을 느끼는 특징적인 모습을 드러내고 있다. 이와 같은 생활환경을 탈피하기 위해서는 지역사회체육이 필요하게 되는데, 그 역할기능요인은 다음과 같다.

① 지역사회 주민들의 신체적·정신적 건강유지와 증진에 도움을 준다.

② 지역사회 주민들에게 삶에 대한 의욕과 흥미를 유발시키는 기회를 제공한다.

③ 지역사회 주민들의 건전한 사회적 성품을 조성하는 기회를 제공한다.

④ 지역사회 주민 상호간의 친화력을 높이고 집단목표의 달성을 위한 공감대를 형성시켜 생산성을 높인다.

⑤ 청소년선도

우리나라의 청소년인구(9~24세)는 총인구 48,082천 명 중에 10,385천 명으로 총인구의 21.5%를 차지하고 있다(통계청, 2009). 청소년은 장차 국가와 사회에서 주도적 역할과 위치를 담당하게 될 중요한 재원이라는 점을 감안할 때 청소년문제의 중요성은 아무리 강조해도 지나치지 않는다.

그러나 오늘날 가정의 교육기능 약화, 학교교육의 권위 저하, 사회에서 비교육적 요인의 증가 등으로 청소년문제는 가정의 범위를 벗어나 사회적·국가적 문제로 대두되고 있다. 그러므로 건전한 청소년교육은 전인적인 활동에 의해서 가능하다고 볼 때, 건전한 스포츠활동 여건조성을 통한 청소년비행의 예방 및 선도는 사회체육이 담당해야 할 하나의 중요한 기능이다. 현대사회에서 사회체육이 청소년들에게 주는 역할은 다음과 같다.

- 지·덕·체의 조화적 발달을 도모하여 전인적 인격형성
- 생리적·사회적·자기실현의 욕구 등 욕구충족 및 공격적 태도의 해소
- 창조적 여가이용 능력의 발달
- 공동체 의식의 형성

 여가선용

여가는 일로부터 야기되는 육체적 피로와 정신적 스트레스를 해결하고 지친 몸과 마음을 재충전시키기 위한 기회가 된다. 현대사회에서 여가란 결코 남아 돌아가는 잉여시간이 아니라, 행복하고 바람직하며 인간답게 살기 위해 추구되는 일(work)보다 중요하고 가치 있는 '실천하는 여가'이다. 사회체육은 신체적 여가활동으로서 체육관과 운동장을 찾아서 직접 스포츠활동에 참여하는 것에서부터, 경기장의 관람석에서 신나게 응원하는 것, 가까운 공원이나 산을 찾아 캠핑 또는 하이킹을 즐기는 것 모두 여가를 바람직하게 보내기 위한 사회체육활동이다.

사회체육은 관광·예술활동 등과 더불어 국민 여가생활의 큰 축을 형성하고 있으며, 상당수의 국민들이 이미 직·간접적으로 다양한 사회체육활동에 참여하고 있다. 그러므로 이들을 위한 체계적이고 다양한 시설과 프로그램의 제공은 매우 중요한 과제라고 할 수 있다.

♠ 단 원 요 약 ♠

1. 현대사회의 특징

근대 서구에서부터 시작된 과학기술은 공업화·정보화·대중화로 특징지워지는 산업사회를 형성하였으며, 탈산업화·탈공업화·탈대중화로 설명되는 후기산업사회를 넘어서 정보화사회를 살고 있다. 정보화사회의 특징은 정보가 중시되어 '탈산업화' 단계로 들어가는 사회이다. 한편 과학기술의 발달은 인류에게 물질적 풍요와 생활의 편리를 가져왔으며, 자기만족과 자아실현의 기회를 증대시킬 수 있도록 해주었다. 반면 사회구조와 인간관계, 가치관의 변화도 수반되어 점점 탈공동체적 개인주의가 확산되는 추세에 있다.

2. 사회체육의 정의

사회체육은 개인이 전 생애를 통하여 능동적으로 계속적인 체육활동 참여기회를 포착함으로써 신체적·정서적·사회적으로 조화적인 발달을 꾀하며, 변화하는 현대적 생활에 슬기롭게 대처하며, 다른 사람과 더불어 공동체의 복지를 증진시켜나가는 복지사회체육을 의미한다.

3. 사회체육의 목적

사회체육의 목적은 국민의 자발적인 참여를 전제로 하여 개인의 건강증진 또는 여가선용을 통하여 삶의 질을 향상시키는 데 있다.

4. 사회체육의 목표(국가가 추구)

- 체육내용의 다양화
- 체육활동의 생활화
- 체육방법의 합리화
- 체육환경의 복지화

5. 사회체육의 필요성

- 건강과 체력증진에 대한 요구 증대
- 여가시간의 증대와 대중 스포츠 인구 증가
- 국민의 체육에 대한 가치관과 태도의 변화
- 야외활동에 대한 요구 증대

6. 사회체육의 역할

사회체육은 다양한 역할을 가지고 있는데, 그 기능은 인간성회복, 평생교육, 국민건강증진, 지역사회개발, 청소년선도, 여가선용 등이다.

♠ 연구문제 ♠

1. 현대사회에서 사회체육이 지니는 의의를 개인적 측면과 사회적 측면에서 기술해 보자.

2. 사회체육의 정의에 대한 학자들의 견해를 살펴보고, 사회체육의 정의를 기술해 보자.

3. Sport for All movement에 대하여 알아보자.

4. 세계 각국의 사회체육의 목적을 간단하게 기술하고 우리나라의 사회체육 목적을 알기 쉽게 서술해 보자.

5. 사회체육의 목표에 대한 기본방향과 그에 대하여 간단하게 살펴보자.

6. 생활체육, 국민체육, 평생체육, 학교체육을 설명하고, 그 차이를 간단하게 기술해 보자.

7. 놀이와 게임의 개념과 차이점을 알아보자.

8. 체육과 스포츠에 대한 정의와 그 차이점을 설명해 보자.

9. 여가와 레크리에이션의 개념과 차이점을 살펴보자.

10. 현대사회의 특징과 관련하여 사회체육의 필요성을 기술해 보자.

11. 사회체육의 역할로서 제시될 수 있는 내용을 간략히 기술해 보자.

제2장
사회체육과 환경요인

   21세기를 맞이한 우리나라 사회의 전반적인 모습은 고도산업화 및 정보화사회, 평준화와 다양화가 병행하는 사회, 국제적인 사회 등으로 특징지을 수 있다.

   특히 정치와 경제 분야에서는 민주주의적 선진정치의 토착화와 소득의 균등분배에 의한 경제적 안정은 물론 통신과 방송 등 매스미디어의 발달로 인한 정보화시대가 됨으로써 밝은 문화생활이 예견되고 있다. 이러한 변화는 인간의 기본적 욕구를 일으키게 하고, 행복추구를 위하여 삶의 질을 향상시키기 위한 노력을 요구하고 있다.

   따라서 본 장에서는 시대적 흐름에 발 맞추어 사회체육과 관련된 사회적 메카니즘이라 할 수 있는 정치, 경제, 사회, 문화, 매스미디어 등을 살펴보기로 한다.

사회체육과 정치

Aristoteles는 '정치의 목적은 인간이 선한 생활을 영위할 수 있도록 하는 것'이라고 하였다. 즉 정치는 선한 생활을 통한 국민 모두의 행복추구가 최종목적이다.

국민에 대한 국가의 정치교육은 전통적으로 학교·정당·의회 또는 공공기관의 교육과정, 교재, 국민교육프로그램 등 정규교육시스템을 통하여 수행되었다. 그러나 정치, 경제, 사회, 교육, 문화 등 사회 전 영역에 걸쳐 급격한 변동이 일어나고 있는 현대산업사회에서는 의식적이든 무의식적이든 가정, 동료집단, 매스컴, 예술, 문학, 스포츠 등 비정규시스템을 통한 정치교육이 광범위하게 이루어지고 있다. 특히 현대 스포츠가 단순히 오락적 기능이나 건강 및 체력증진에 그치는 것이 아니라 준법정신함양, 국민화합 유도, 국위선양, 경제 및 사회발전, 인류공영 및 세계평화에 공헌 등 국제적·정치적 상황과 밀접한 관련이 있기 때문에 선진국들은 국가에 대한 충성심, 체제의 정통성, 이데올로기의 교화, 정부정책의 선전수단 등으로 스포츠가 정치에 이용되고 있다.

우리나라에서도 1988년 서울올림픽대회와 2002년 한일월드컵대회 개최 이후 스포츠가 국민의 생활영역에 깊이 침투하여 있고, 이에 대한 정부의 의도적이고 계획적인 홍보와 선전은 정치적 차원에서 강화되어 왔다. 또한 2002 한일월드컵 기간 중 700만 명에 이르는 인파가 거리응원에 참여하는 등 국민화합은 긍정적으로 볼 수 있으나, 이에 따른 지방선거 투표율 급감은 자칫 우민화 현상을 초래하여 정치적 무관심을 조장할 수도 있으며, 반대로 정부가 이를 유도하는 양상을 보이기도 하였다. 따라서 국가의 체육·스포츠 진흥정책은 사회체육에 초점이 맞추어져야 하며, 동시에 엘리트체육이 아닌 사회체육 중심으로 방향전환이 필요하다.

1 스포츠와 정치

스포츠와 정치의 사회적·문화적 요소의 관계는 20세기부터 매우 중요한 문제가 되고 있다. IOC 회장이었던 Brundige, A.는 1956년의 멜버른올림픽대회에서 "스포츠는 정치에서 완전히 자유로운 것이다."라고 했는데, 이것은 올림픽의 이상이었다. 그러나 현실적으로는 스포츠가 정치에 연루되었던 사례는 많았으며, 특히 올림픽에서 더 강도 높게 표출되었다.

동서고금을 막론하고 정부와 정치상황이 국민을 위한 체육 · 스포츠 프로그램에 큰 영향을 미쳤음은 주지의 사실이다. 그리스인은 각종 스포츠 경기를 상당히 장려했다. 그것은 당시의 세계 어느 나라와 비교하여도 명백하다. 국가의 목적과 철학은 그 나라의 신체운동에 대한 프로그램을 보면 알 수 있었고, 정치적 이데올로기가 체육 프로그램에 실제로 영향을 미쳤다.

아테네에서는 개인이 지적 · 사회적 · 신체적으로 조화를 이룬 발달을 수행하는 것을 이상으로 생각하였다. 스파르타는 신체적으로 건강한 사람이 모인 도시국가를 만든다는 목적을 위하여 체육은 전투훈련으로 방향지워졌으며, 그리스의 도시국가는 전 국민이 무료로 이용할 수 있는 공립 톰네티아를 구비하였다.

이후 스포츠 경기의 중요성이 다시 인정되어 보다 진보하여 발전하게 된 것은 스포츠 대회를 각지에서 개최하게 된 때부터이다. 그중에서도 올림피아, 이스트미아, 데루히, 네미아 등의 경기대회는 중요하였다. 선수는 이러한 경기대회에 개인적으로 참가했으나 실제로는 각 도시국가의 대표였다. 올림픽운동의 명목상 목적이 무엇이든간에 오늘날의 올림픽대회가 일반적으로 국가 간의 경쟁인 것과 같이 당시의 대회도 도시국가 간의 대항경기였다고 할 수 있다. 이러한 대회에서는 각국이 우위를 차지하기 위해 경쟁하는 것이 자연스런 일이었다.

스포츠와 정치의 관계를 입증하는 한 예를 들면 당시 올림픽개최지 주변에 있던 도시국가는 전시라도 참가선수들에 대한 안전은 보장한 것이다.

근대올림픽이 부활된지 100여년이 지났지만, 스포츠와 정치의 분리는 실현되지 못하고 오히려 더욱 강화되었다고 할 수 있다. 사실 올림픽 태동의 배경에는 일반인들이 알고 있는 것과는 달리 다분히 정치적 복선이 깔려 있었다. Coubertin, P.은 1870년에 있었던 '보불전쟁'에서 프랑스가 독일에 참패한 원인을 스포츠를 통한 신체단련을 등한시한 데서 찾고, 강인한 체력을 기반으로 국력신장을 꾀하려 했다. 따라서 근대올림픽의 부활에는 이러한 Coubertin, P.의 신념이 반영되었다고 할 수 있다. 그 후 108년이 지난 2004년 아테네올림픽에서는 알카에다의 테러위협 때문에 NATO군이 보안을 담당하였다. 이 때문에 인류평화의 대제전인 올림픽에 큰 오점을 남겼다.

이처럼 근대올림픽은 이중적인 성격을 지니고 있어 아무리 올림픽관계인들이 인류의 발전과 평화를 위하여 범세계적인 참가를 촉구하더라도 참가국들은 올림픽참가를 통하여 국가로서 정치적 승인을 획득하거나 민족의식을 고취시키거나 국위선양과 체제의 우월성을 선전하려는 기회로 간주하여 올림픽운동에 참여하였기 때문에 그 이상과 거리가 먼 정치적 사태가 매번 발생하였던 것이다. 이러한 올림픽의 국가주의적 성격은 2차대전 이후 급격한 국제관계의 변화에 따라 표면화되기 시작하여, 여러 문제들이 순수한 올림픽정신과 헌장에 따라 처리되지 못하고 결국 정치논리에 의하여 처리되었다. 올림픽에서도 미·소 양극화시대를 맞이하여 급기야는 대대적인 거부사태까지 야기되고 말았다. 국가주의가 국가의 존엄과 안전, 국민의 복지에 기여하는 반면, 타국에 대해서는 증오와 불신을 유발하는 부정적이고 불합리한 측면을 가지고 있어 흔히 공격적인 형태로 나타난다. 바로 이러한 형태에 스포츠가 결합됨으로써 IOC와 올림픽운동에 커다란 장애요소가 되고 있다.

올림픽대회에 정치가 개입한 예는 이외에도 무수히 많다. 1936년 베를린대회에서 보여준 독일제국주의의 행태는 잘 알려진 일이다. 올림픽과 정치감정은 멜버른에서 열렸던 1956년의 올림픽대회에도 영향을 주었다. 먼저 이집트와 아랍제국은 수에즈운하 침공을 이유로 영국, 프랑스, 이스라엘과의 경기를 거부하였다. 한편 네덜란드, 스위스, 스페인은 구 소련의 헝가리 침공에 항의하여 전혀 경기를 하지 않으려고 했다. 1968년 멕시코대회에서 체코의 여자 체조선수 Vera Caslavska는 소련의 체코 침공에 항의하여 소련국가 연주 중 계속 불편한 심기를 내비쳤다. 1972년 뮌헨대회에서는 아랍의 테러리스트들이 올림픽선수촌에 침입하여 11명의 이스라엘 선수와 감독을 살해한 사건으로 세계를 경악시켰다. 그들은 세계가 주시하는 가운데 생각조차 할 수 없는 방법으로 자신들의 정치적인 의사표시를 했던 것이다. 국제적인 차원에서 스포츠는 어디까지나 스포츠이며, 정치와 동떨어져야 한다는 것은 실로 넌센스이다. 올림픽은 처음부터 국제정치의 한 부분이었다.

세계각국은 독일의 Jahn, F. L.과 같은 민족주의 체육운동가로부터 스포츠를 통하여 국가의 활기를 되찾는 방법을 배우게 되었다. Coubertin, P.의 업적은 각국이 스포츠경기를 통하여 자국의 국위를 선양할 수 있는 올림픽이라는 하나의 장을 만들었다는 것뿐이다. 원래 스포츠는 경쟁적인 요소가 있기 때문에 정치적인 성격을 가지지 않을 수 없다.

② 올림피즘과 사회체육

우리나라는 1984년 LA올림픽에서는 10위를, 그리고 1986년 제10회 서울아시안게임에서는 92개의 금메달을 획득하여 일본을 누르고 중국에 이어 2위를 차지하였으며, 1988년 서울올림픽에서는 금메달 12개를 획득하여 중국·일본 등을 누르고 종합 4위를 차지하였고, 1992년 바르셀로나올림픽에서는 7위, 1996년 아틀랜타올림픽에서는 10위, 2000년 시드니올림픽에서는 12위, 2004년 아테네올림픽에서는 9위, 2008년 베이징올림 픽에서 7위를 기록하여 스포츠 강국의 면모를 이어오고 있다.

그러나 세계적인 수준의 엘리트체육과는 달리 스포츠시설, 용구, 공간, 프로그램 등을 포함한 사회체육시설은 후진성을 면치 못하고 있다. 즉 사회체육이라는 토양에 뿌리를 내리고 있는 엘리트체육이 아니라 두 영역 간에 깊은 골이 있음을 뜻하는 것이다. 이에 대한 단적인 예로 1988년 서울올림픽을 개최하기 얼마전 고위 스포츠정책 수립자의 "우리는 곧 1988년 서울올림픽이라는 국가적 대사를 앞에 두고 있다. 그러니 사회체육은 올림픽이 끝날 때까지는 기초만 다지고 올림픽이 끝난 후부터 본격적으로 발전시켜야 한다."는 언급을 들 수 있다.

현실적으로 이러한 생각이 이해될 수는 있지만 소수의 엘리트선수 선발은 온국민의 참가를 기본으로 하는 이상적인 피라미드형 구조에서 비롯되어야 하며 '1명의 올림픽선수는 100명의 아마추어선수로부터'라는 Coubertin, P.의 올림피즘에서 볼 때 심사숙고해야 할 문제이다. 양쪽은 동일한 동기에서 출발하였으므로 올림피즘과 사회체육의 취지는 같다고 할 수 있다. 그러나 근본적으로는 사회체육의 바탕 위에 세워져야 할 것이다.

(1) 올림피즘

1200년 동안 한 번도 중단되지 않고 계속된 고대올림픽에 비해 근대올림픽은 1896년 Coubertin, P.에 의해 부활된 이래 전쟁, 정치, 테러, 이데올로기대립 등으로 인하여 중단되거나 보이코트되는 순탄치 못한 길을 걸어왔다. 그러나 Coubertin, P.에 의해 주창된 올림픽의 근본정신은 국제 간의 정치, 사상, 종교를 초월하여 스포츠를 통해 우호관계를 넓히고 친선을 도모하며, 스포츠로써 세계평화에 이바지하는 것이다.

Coubertin, P.의 교육철학을 중심으로 한 올림피즘을 전 세계 모든 국가가 이해하고 실행한다면 올림픽 메달리스트이자 노벨평화상 수장자인 영국의 Noel-Baker, P. J. 의원의 말대로 올림픽운동은 '핵 시대에서 국제적인 이해를 위한 최선의 미디어' 역할을 할 것이다. 따라서 보다 나은 올림픽을 위해서는 올림픽사상, 즉 올림피즘을 중심으로 논의하는 것이 바람직하다.

Coubertin, P.의 올림피즘은 크게 두 가지로 표현될 수 있는데, 그것은 고대 그리스의 아르테(arte)개념과 Arnold, T.의 기독교적 신사도정신이다.

첫째, Coubertin, P.이 강조하는 고대 그리스의 아르테(arte)개념은 신체와 정신이 조화롭게 발달된 아름다운 인간상을 의미한다.

고대 그리스인들은 체육으로 단련된 아름다운 신체를 소유하는 것이 신의 총애를 받을 수 있는 좋은 방법이라 생각하였기 때문에 체육을 매우 중요시하였다. 예를 들어 Platon과 같은 철학자도 고대 올림픽경기에서 두 번이나 우승할 정도로 체육을 좋아했다. Coubertin, P.은 당시 서양이 역사적으로 오랫동안 기독교사상과 데카르트철학의 영향으로 이원론적 존재론에 의한 지적교육에 치우친 것에 대하여 불만을 가졌다. 그래서 그는 정신과 신체를 조화적으로 발달시키는 그리스의 교육철학을 동경하게 되었으며, 마침내 올림픽을 부활시켜 스포츠를 통한 조화적 인간육성을 주장하였다.

둘째, Coubertin, P.이 강조한 Arnold, T.의 기독교적 신사도정신은 용기와 도덕을 중요시하는 사회성 발달을 의미한다.

Arnold, T.에 관한 이야기는 럭비학교 학생이던 Hughes, T.의 『Tom Browns School Days』에 가장 잘 묘사되어 있다. 이 책은 당시 성서를 빼놓고 가장 많이 팔린 베스트셀러였다. Hughes, T. 이외에도 Canon, Charber, Kingsley 등의 작가들이 영국의 스포츠를 소재로 글을 썼는데, 대부분의 글에서 주인공을 힘과 도덕을 갖춘 '힘센 기독교인(Muscular Christian)'으로 표현하였다. Coubertin, P.은 Hughes, T.의 『Tom Browns School Days』를 읽고 감동을 받아 소설의 소재지인 영국으로 직접 건너가 럭비학교 등 여러 공립학교를 방문하여 영국의 스포츠교육을 관찰하였다. 1871년 당시 Coubertin, P.의 모국인 프랑스는 보불전쟁으로 인해 황폐화되었으며, 이로 인해 허약하고 쇠퇴해 가는 프랑스의 국민성을 Coubertin, P.은 스포츠를 통해 부활시키고 영국과 같이 훌륭한 민주사회를 건설하려 하였다. 그 후 Coubertin, P.은 프랑스에서 스포츠교육의 실시를 위한 캠페인을 벌이기 시작하였고, 이러한 그의 이상은 올림픽의 부활과 연결되었다. 이렇게 해서 Coubertin, P.은 스포츠가 사회에 미치는 긍정적 효과, 즉 스포츠를 통한 도덕 및 인격발달, 나아가 국제평화를 이룩하는 것을 올림픽 재건의 철학적 기초로 하였다.

⑵ 사회체육과 올림픽운동의 관계

올림픽은 사회체육의 기반 위에서 생각해야 한다. 즉 올림픽의 목적이 스포츠를 통한 인간교육이라면 올림픽의 대상을 소수 엘리트 선수에만 국한시킬 것이 아니라 국가 전체를 대상으로 하여야 논리적일 것이다. 더욱이 Coubertin, P.은 "100명의 신체를 단련시키자. 그러면 5명의 우수한 기능 소유자가 탄생할 것이 아니냐."라고 언급함으로써 올림픽 선수는 대중스포츠에 기반을 두어야 한다는 올림픽의 기본철학을 이미 표방하였다.

이처럼 올림픽 선수는 사회체육의 발달을 통해 자연스럽게 나타나야지, 주객이 전도되어 사회체육은 뒷전으로 하고 올림픽 선수만 강조한다면 Coubertin, P.의 올림피즘에 어긋나게 된다.

이와 관련하여 중국의 석학 林語堂이 그의 수필에서 언급한 "우리 학교에는 전 세계에서 가장 우수한 야구팀이 있다는 자랑보다는 우리 학교 학생은 누구나 야구를 할 줄 알고 또 즐긴다는 사실을 자랑하고 싶다."는 말은 Coubertin, P.의 올림피즘과 일치한다고 볼 수 있다.

실제적으로 서양의 많은 국가에서는 사회체육을 기반으로 올림픽정책을 수립하였다. 미국을 예로 들면, 정부는 간섭을 하지 않은 채 단지 뒤에서 재정지원만 하고, 나머지는 모두 자발적 발전과정을 통하여 자연스럽게 이루어진다. 미국에서는 국민 모두가 스포츠 활동을 생활의 일부로 삼고 있기 때문에 미국의 스포츠 인구가 얼마나 되느냐고 묻는다면 그것은 오히려 어리석은 질문이 될 것이다. 올림픽 선수들도 국가가 아닌 개인적으로 참여하지만 미국의 올림픽 참가팀은 언제나 강한 팀으로 남아 있다. 예를 들면 1964년 도쿄올림픽대회의 수영종목에서 전통적으로 수영에 강한 일본은 특수 엘리트 선수만을 선발하여 집중지도·훈련을 한 데 비하여 미국은 집단적인 훈련 없이 단지 미국 전역에서 연령별 수영경기대회에 입상한 선수들을 출전시켰는데, 결과는 일본의 참패였고 미국의 세계 수영 제패로 돌아갔다.

위의 예에서 볼 수 있듯이 스포츠에 관해서는 미국만큼 진정한 의미에서의 자유주의가 실현되는 나라는 없다. 다시 말해서 국민들의 자발적인 참여와 실천에 의해 이루어지는 것이 미국 사회체육의 특성이다.

독일은 유럽에서 사회체육이 가장 발달한 나라로 손꼽히고 있다. 이미 1912년경에 독일올림픽위원회 사무총장 Diem, C.을 중심으로 '황금계획(Golden Plan)'이 수립되었다. 그들은 당시 올림픽위원회 소속임에도 불구하고 올림픽에 필요한 세계수준의 경기용 체육시설건설을 주장한 것이 아니라, 국민 모두를 위한 사회체육시설을 요구하였다.

구 소련은 Marx, K.이념 때문이기도 하지만, 전통적으로 Sport for All에 해당하는 대중스포츠(mass sports)를 장려해 왔다. 구 소련의 스포츠 프로그램은 완전한 피라미드형으로 맨 아래는 클럽스포츠, 그 위로 지역대표, 시대표, 도대표, 국가대표, 그리고 국제대표로 구성되어 있다. 구 소련은 기본이 되는 클럽스포츠가 매우 발달되었으며, 맨 위의 국제대표도 결국 클럽스포츠를 거쳐 올라가는 이상형의 스포츠 구조를 갖고 있다. 따라서 세계적 기량을 가진 구 소련의 대표선수들은 모두 사회체육의 중심인 클럽스포츠 출신이다. 즉 구 소련의 top-class sports는 mass sport activities와 상호밀접한 연관성이 있기 때문에 그들의 기량에 좋은 영향을 미친다.

이처럼 올림픽과 사회체육은 같은 맥락에서 이해되어야 함에도 불구하고 우리나라에서는 아직 많은 사람들이 올림픽과 사회체육을 분리하여 생각하는 경향이 있다. 즉 올림픽은 단지 소수의 엘리트 선수만이 참가하는 경기이고, 사회체육은 지역사회에서 운동에 관심이 있는 사람들이 남아도는 시간을 때우기 위해 하는 수단이나 오락 정도로만 여긴다. 일례로 한때 올림픽에 대비한 정부의 많은 투자에 대해 「올림픽망국론」까지 거론될 정도로 일부 국민들은 거부감을 표시하기도 하였는데, 스포츠나 올림픽에 큰 관심이 없는 사람들에게는 어쩌면 당연한 불만으로 받아들여졌는지도 모른다. 따라서 우리나라도 사회체육의 저변확대에 우선적으로 노력함으로써 국민 모두가 활발히 운동하는 스포츠 국가로 발달시키고, 올림픽에 대해서도 국민과 유리된 일부 소수만의 올림픽이 아니라 온국민이 적극적으로 참가하고 함께 호흡할 수 있는 스포츠이벤트로 올림픽에 대한 의식구조가 바뀌어야 할 것이다.

이와 같이 Coubertin, P.을 중심으로 한 올림피즘과 사회체육을 분석비교하여 볼 때 올림픽의 목적은 스포츠를 통해 신체의 건강과 도덕적 자질을 발달시키는 것이며, 동시에 이 목적은 궁극적으로 사체육과 같은 목표를 향해 달리는 것이다. 올림픽은 그 횟수가 거듭될수록 참가선수들이 인간의 가능성과 한계에 도전하고 있지만, 스타선수의 뒤에는 올림픽무대를 밟기 위해 노력하는 선수가 있고, 그 이전에 올림픽 티켓이 걸려 있는 지역대회에서 좋은 결과를 얻기 위해 매진하는 선수들이 있다. 최종적으로는 우수한 경기력에 따른 보상과는 무관하게 스포츠를 통해 심신을 단련하고 즐거움을 찾는 사회체육인들이 존재한다. 나무에서는 잎이 돋아나고 열매를 맺는다. 이러한 결과물은 이를 지지하고 있는 튼튼한 뿌리에서 시작된다는 것을 간과해선 안된다.

(3) 사회체육과 올림픽이상의 일치

올림픽과 사회체육은 상호대조적인 개념으로 간주되어 올림픽은 엘리트 선수를 위한 것으로, 사회체육은 일반대중을 위한 것으로 알려졌다. 현실적으로 이러한 생각은 이해될 수 있지만, 올림픽의 목적과 사회체육의 목적을 분석하면 상반된 개념이 아니라 궁극적으로 상호동일한 개념임을 알 수 있다.

올림픽과 사회체육은 모두 스포츠를 중심으로 하기 때문에 스포츠에 관하여 논의해보기로 하자. 1964년 도쿄에서 개최된 ICSPE의 총회에서 제안된 스포츠선언에서는 스포츠를 다음과 같이 정의하였다.

- 스포츠는 놀이의 성격을 지니는 자기와의 경쟁(compete with oneself)이나 다른 사람과의 경쟁(compete with others)을 포함하는 신체활동이다.
- 스포츠가 만일 다른 사람과의 경쟁일 때에는 반드시 스포츠맨십에 의한 페어플레이를 해야 한다.

위의 정의를 보면 놀이의 성격과 스포츠맨십 혹은 페어플레이라는 두 단어가 가장 핵심이 되는데, 이것이 의미하는 바는 다음과 같다.

첫째, 놀이의 성격은 바로 Coubertin, P.의 아마추어정신을 나타내는 것이다. Huizinga, J.나 Caillois, R.와 같은 학자도 놀이는 일상생활(ordinary life)에서 잠시 떠나 일시적으로 즐거움을 위해 행해지기 때문에 일(work)에 비해 덜 진지하다는 것을 강조했다.

최근 프로선수도 올림픽 참가의 문호가 열렸지만, Coubertin, P.을 중심으로 한 순수올림피즘은 아마추어정신을 근본으로 하고 있다. 예를 들면 Coubertin, P.은 1925년 IOC 프라하총회에서 올림픽에 관해 "상품을 주고받는 자리인가 아니면 선전장인가? 스포츠맨이 그것을 선택한다."라는 말을 남기고 올림픽과 영원히 작별하였으며, 제5대 IOC 위원장인 Brundige, A.도 "스포츠는 취미(avocation)로서 하는 것이지 직업(vocation)이 되어서는 안된다."고 주장하였다.

위의 두 가지 예에 근거한다면, 소위 프로스포츠는 스포츠라기보다는 서커스와 같이 사람들을 기쁘게 해주는 일종의 오락거리(entertainment)라고 볼 수 있다. 왜냐하면 아마추어선수는 선수 자신을 위해 운동을 하지만, 프로선수는 관중들에게 보여 주기 위해 운동을 하기 때문이다. 미국을 중심으로 성황을 이룬 프로레슬링은 쇼스포츠로서 스포츠를 묘사할 때 자주 인용되는 '각본 없는 드라마'라는 문구를 무색케 한다. 또 경기력보다는 선전성을 주 무기로 하는 'Lingerie Bowl'이 등장하기도 했다.

1,200여년 동안 중단없이 계속되었던 고대올림픽도 로마시대 프로선수들의 등장으로 인한 도덕적 타락 때문에 결국 몰락하게 되었다는 사실을 상기할 때 올림픽과 사회체육 모두 순수한 아마추어 스포츠정신을 강조해야 할 것이다.

둘째, 스포츠맨십은 Coubertin, P.이 Arnold, T. 럭비학교에서 관찰한 '힘센 기독교인 정신'과 일치한다. 즉 올림픽이나 사회체육은 궁극적으로는 사회적으로 바람직한 인격자를 만들기 위한 수단이라는 것이다.

어떻게 보면 올림픽은 경기를 위한 경기로서 시작된 것이 아니라 도덕발달의 수단으로 시작되었다고 볼 수 있다. 이는 Coubertin, P. 자신이 운동선수 출신이 아니라 교육자

출신이라는 사실을 보아도 이해가 간다. Coubertin, P.은 『올림픽회고록』에서 올림피즘을 다음과 같이 설명하였다. "올림피즘은 신체적으로 강함과 도덕적으로 숭고한 이상을 추구하는 것이다. 즉 스포츠를 통해 강한 근육을 발달시킴과 동시에 스포츠맨정신을 얻을 수 있다." Coubertin, P.은 또한 런던올림픽 당시 올림피즘에 관해서 '올림픽정신은 기사도정신과 미적 감각에 근거한 강한 신체문화의 개념'이라고 주장하였다. Coubertin, P.이 주장한 이와 같은 체육의 교육적 가치는 바로 사회체육이 추구하는 목적과 같다.

Coubertin, P.은 그의 저서 『Pedagogie Sportive』에서 '스포츠가 도덕 및 사회에 미치는 효과'를 분석하였다. 이는 스포츠에서 규칙을 잘 지키고 정정당당히 싸우는 스포츠맨십을 배우면 그것이 사회생활에도 그대로 전이된다는 이론이다. 이와 같이 Coubertin, P.은 정열적인 교육자로서 올림픽경기에 교육의 이념을 강하게 불어넣었다. 다시 말해서 올림픽은 경기 그 자체가 중요한 것이 아니라, 경기를 통해 훌륭한 인격자를 만들어 내는 것이 더욱 중요하다는 것이다.

이상에서 Coubertin, P.의 올림피즘이나 사회체육이 추구하는 목적은 건전한 스포츠를 통해 강한 체력은 물론 도덕적 가치를 조화 있게 발달시킨다는 것과 일치하고 있음을 알 수 있다.

⑷ 사회체육과 IOC

생활체육이란 그동안 사용해왔던 사회체육이라는 용어와 같은 뜻으로 'Sport for All'을 번역한 것에 지나지 않으며, 그 이론과 활동취지는 인간을 위한, 인간에 의한 대중적 건민정책이라고 할 수 있다. 근대올림픽의 창시자인 Coubertin, P.은 일찍이 여러 가지 형태의 체육활동을 생활체육(sport for all), 경쟁스포츠(competition sports) 및 엘리트스포츠(elite sports)로 나누었는데, 이 구분은 오늘날에도 일반적으로 인정되고 있다.

Samaranch, J. A. 전임 IOC위원장은 '체육의 생활화 운동은 우리 모두에게 던져진 거대한 도전'이라 역설했다. 이것은 "보다 빨리, 보다 높이, 보다 힘차게"라는 올림픽표어에 대응한 말로, 인간은 미래에 대한 확신만큼 희망과 진보에 대한 표상을 영원히 상실할지도 몰라 결국 새로운 전망과 조화된 균형을 찾아야 한다는 뜻이다.

IOC가 생활체육에 직접적인 관심을 보인 것은 1983년 생활체육분과위의 조직과 사업계획을 이 분야의 전문가인 당시 체코슬로바키아 NOC위원장 겸 체육부장관인 Antonín Himl에게 작성토록 한 것이다. 그 이전에는 생활체육운동의 국제화조짐이 미약하였다. 미국의 신체적성운동, 구 소련의 건강그룹, 중유럽의 야외체육 등의 정보와 프로그램을 방법론적으로 취급하기 시작한 것이 1960년대라면, 1969년 노르웨이의 유럽 10개국 초청 '트림(Trimm)운동' 결성은 국제 생활체육운동의 첫 번째 움직임이었다.

생활체육운동의 두 번째 움직임은 4년 뒤인 1973년 서독 프랑크푸르트에서 가진 미국, 멕시코, 캐나다, 폴란드, 유고슬라비아, 일본 등 동서양 19개국 모임인 '트림신체적성 회의'였다. 이 회의는 생활체육운동에 대한 경험을 상호 교환하는 장으로 현재까지 국제 협력의 가장 좋은 수단으로 이어져 내려오고 있다.

생활체육운동의 세 번째 움직임은 바로 1986년 IOC 후원 아래 열린 생활체육 세미나 인데, 여기에는 개발도상국 대표가 대거 참가하여 선진국과 상이한 경제·기술·사회· 문화적 배경을 바탕으로 자국의 생활체육운동 여건을 의제로 삼은 데서 생활체육의 정 석은 존재하지 않되 상호교류 및 협력은 필요한 것으로 결론내렸다.

IOC 산하 생활체육위원회 발족 당시에도 '대중체육분야에 일찍이 존재했던 여러 조직 의 역할을 중요시할 것이며, 그들에게 격려와 지원을 할 것'이라 밝히고, 세계각국에서 진 행 중인 프로그램이나 기존 생활체육조직기구 및 관련기구와 협정서를 체결했다.

한편 당시 서독의 체육회장이었던 Willi Daume는 체육의 생활화운동이 곧 스포츠의 민주 화운동이라고 피력했다. 즉 삶이 곧 움직임이라고 볼 때 생활체육운동은 인권과 평등을 위한 투쟁이라 할 수 있으며, 따라서 젊은이와 부유층 또는 소질이 뛰어난 사람만이 스포츠를 할 수 있다면 스포츠의 민주화는 아직 달성되지 않은 것으로 보아야 한다는 것이다.

③ 스포츠참여와 정치관

현대사회에서 스포츠는 복잡하고 다원화된 사회의 가치를 전체 사회의 구성원에게 효 과적으로 전달하여 주는 유형화된 제도로 발달하여 왔다. 실제로 학교나 일반사회에서 스포츠가 정당화되고 보편화된 사회체계의 일부로서 발전할 수 있었던 이유는 전체 사 회의 가치를 전달하는 사회화의 기능을 수행하기 때문이다. 이는 조직화된 놀이체계로 서의 스포츠가 전체 사회의 변동 및 발전과 밀접한 관계를 유지하면서 현대사회의 가치 를 수용하고 내면화시키는 중요한 사회제도임을 의미한다.

민주사회의 정치체계는 국가를 구성하는 모든 국민의 요구와 기대를 통합·조정하여 이를 합리적으로 충족시켜주는 데 있다. 따라서 국민 각자에게 이러한 것들을 내면화시 킬 때 스포츠가 어떤 기여를 하는가를 밝히는 것이 그 사회의 체제유지 및 안정의 결정 에 중요한 역할을 한다. 최근 들어 정규적이고 계획적인 학습에 의한 정치·사회연구와 더불어 사회화 주관자 및 주관기관을 정치사회화의 매체로 추가하여 분석하려는 경향이 높아지고 있다. 이 때문에 비정규적인 학습 및 비정치적인 환경과 정치적 성향의 상호관련성 문제에 대한 관심이 고조되고 있다.

이러한 관점에서 볼 때 고도로 체계화된 스포츠의 내재적 속성인 경쟁성, 공정성, 협동성, 비언어적 전달성 등은 국가적 목적수행에 훌륭한 매개역할을 하는 잠재력을 준다. 따라서 스포츠 또한 정치와 밀접한 관계를 지니고 있으며, 일반대중의 비정규적이고 비계획적인 정치사회화에 영향을 미치는 중요한 매체 중의 하나라고 할 수 있다. 스포츠와 관련된 정치사회화의 연구에 의하면, 외국의 경우 스포츠참여가 개인의 정치사회화에 지대한 영향을 미치는 요인이 되며, 스포츠에 지속적으로 참여한 사람은 비참여자에 비하여 비교적 보수적인 정치성향을 가지고 있는 것으로 나타났다.

다음은 스포츠참여와 정치관에 대한 여러 연구의 결과이다.

① 운동선수는 비운동선수에 비하여 스포츠의 정치적 기능이나 가치에 높은 평가를 내리고 있다. 따라서 비정치적 환경에서 정치교육으로서의 스포츠참가경험은 정치사회화의 중요한 동인이 된다.

② 스포츠를 통한 정치사회화와 국민의 정치태도 간에는 긴밀한 상관관계가 있는데, 이는 스포츠를 통한 정치교육이 국민정치태도 형성에 상당히 기여할 수 있음을 시사한다.

③ 운동선수는 비운동선수에 비하여 국민일체감, 시민의무감, 정치효능, 정치신뢰, 정치참여 등 모든 정치태도요인에서 높은 정치적 성향을 갖는데, 그 내용은 다음과 같다.

 - 연령별로 볼 때 운동선수는 비운동선수에 비하여 20대 이하에서는 스포츠의 정치교육효과가 크게 나타난 반면, 30대 이후부터는 점차 감소하였다.

 - 지역별로 볼 때 운동경험은 농어촌에서는 적극적인 정치참여를 유도하는 데 효과가 있었다.

 - 교육수준별로 볼 때 정치참여에서 운동선수가 비운동선수에 비하여 소극적인 경우는 학력이 낮을 때이나, 대학재학 이상인 경우는 보다 적극적인 성향을 나타내고 있었다.

 - 사회계층별로 볼 때 최근 사회활동의 기회가 많이 주어지는 운동선수는 중류층의 경우 정치참여에 보다 적극적인 성향을 나타냈다.

 - 운동경기 입상경험이 많을수록 정치적 신뢰감이 높다.

 - 개인스포츠 참여자가 단체스포츠 참여자에 비하여 정치참여의도가 높은 것으로 나타났다.

사회체육과 경제

『두산 백과사전』에 의하면 "경제란 생산수단과 노동으로써 자연에 작용하여 경제재를 획득(생산)하고, 그 생산물을 소비하는 과정을 말한다."라고 하였다.

인간이 살아가는 모든 분야에서 경제는 필수불가결한 것이다. 특히 한 사람의 정치의식과 국민수준의 향상에는 경제적 요인이 크게 작용되고 있다. 우리나라의 경제는 연평균 7% 전후의 성장을 계속하여 1인당 국민소득이 1984년에는 2,257달러에서 1995년에는 10,841달러, 2008년에는 19,231달러로 크게 늘어났으나, 2009년에는 17,175달러로 외환위기 이후 최저를 기록했다. 1인당 국민소득의 증가로 대부분의 국민들이 기본적으로 풍족한 생활은 물론 가계지출에서 문화비 · 여행비 등 비생계비 지출이 크게 늘었으며, 저축증대로 인하여 주택구입, 자녀교육, 노후준비, 장기생활설계가 가능해졌다. 또한 평균수명의 연장과 주5일근무제의 정착으로 여가시간이 증가함에 따라 21세기형 새로운 라이프스타일이 창출되고 있으며, 잉여 여가시간의 적절한 활용이 이슈(issue)로 등장하고 있다.

경제수준향상에 맞도록 삶의 질을 향상시키려면 체육과 스포츠시설을 충분히 설립하여 시민의 건강과 여가시간 활용수단으로 제공해야 한다. 특히 계획경제체제하에서는 국가의 의지에 따라 체육 · 스포츠시설의 확충은 가능하며, 경제적 파급효과로 도시개발을 목적으로 수단화시킬 수 있다. 이것은 1988년 서울올림픽 선수촌을 시민주택으로 활용하는 일이라거나, 2002 한 · 일월드컵대회 이후 좋은 경기시설과 주거환경을 시민의 재산으로 남기게 하는 일, 공항확장, 호텔증축 등과 같은 사회간접자본(SOC)의 확충을 의미한다.

1 스포츠와 경제

고대부터 스포츠와 경제는 밀접한 관계가 있었다. 그리스에서는 많은 경비를 들여 근대적인 경기장을 구축하였다. 올림피아경기장과 경기장에 설치된 연습장, 팔레스트라, 전차경기장 등은 선수들의 트레이닝 · 식사 · 수면의 조건을 충족시키고, 경기를 관람하는 3~4만의 관객을 수용하는 현대적 개념의 스포츠 시설이었다.

McIntosh, P. C.는 영국의 경제와 스포츠의 관계에 대하여 다음과 같이 진술하였다. 19

세기는 빈민의 자금을 기반으로 관객조직이 결성되고 스포츠가 상업적으로 발전한 획기적인 시대였다. 1888년 MacGregor, W.가 12그룹으로 된 축구리그를 창설한 목적은 정기적인 오락의 장을 제공하기 위해서였다. 이 때문에 그룹은 프로선수를 고용하였고, 축구나 크리켓(cricket)이 상업화되어 도시의 임금노동자에게서 입장료를 받게 되었다. 승마경기나 복싱 등 조직적이지 않은 종목에서도 상업화되어 있는 스포츠의 중간에 개입된 것은 1880년대의 일이다.

19세기 후반의 기술혁신에 의한 거대한 변혁은 사회 전반에 큰 파장을 일으켰는데, 이는 스포츠 분야에서도 예외가 아니었다. 한편 현대와 같은 기계문명사회에서의 스포츠는 노동의 기계화 · 분업화 및 생활의 획일화에 대한 반동이라는 이론을 주장하는 사람도 있다. 그러나 19세기 미국의 스포츠는 기계문명에 대한 해독제의 역할을 수행한 상업화의 산물이기도 했다. 즉 스포츠나 레크리에이션이 도시인들을 좁은 도시생활로부터 벗어나게 해주는 역할을 해주었지만, 조직적 스포츠의 번영을 가져다 준 근본적인 요인은 산업화된 도시의 경기(景氣)활성화에 있었다.

건강하고 체력이 좋은 사람은 작업효율이 좋은 노동자가 되며, 좋은 노동자가 많을수록 국가의 생산력이 증대한다. 이것은 특히 공산국가의 주요 관심사였다. 공산국가(특히 구소련)에서는 노동과 방위를 위한 준비 프로그램, 작업장 체조 프로그램, 공장 운동프로그램 등을 장려하였다. 이것은 스포츠참가로 업무의 능률화를 도모한 유익한 결과이다. 이들은 체육프로그램을 잘 운영하는 공장에서는 작업 중 사고와 발병이 적다고 주장한다. 중국에서도 다른 공산국가들과 마찬가지로 국민의 건강을 증진시키고 농업이나 공업의 생산성을 높이기 위해 체육을 중시한다. 미국과 일본을 포함하는 기타 국가에서도 스포츠가 노동의 생산성에 유익한 효과를 미친다는 것을 인정하고 있다.

(1) 경제발전과 사회체육

사회체육 진흥의 기본이 되는 환경은 경제발전에 따른 국내 소득수준의 증대이다. 그동안 우리나라의 경제는 빈약한 국내자본 · 협소한 국내시장 · 빈곤한 천연자원과 같은 근본적인 경제발전저해요인, 선진국의 수입개방압력 증대, 보호무역주의 경향 등 여러 가지 어려움 속에서도 경제 각 주체의 노력으로 안정기조를 이루면서 지속적인 성장을 이루어왔다. 특히 1986년 아시안게임과 1988년 서울올림픽, 2002년 한 · 일월드컵대회 등의 개최에 따른 정치적 · 외교적 효과와 사회 · 경제부분의 활성화를 통하여 신흥공업국가 중 선두주자로 부상한 우리나라는 그동안의 성장잠재력을 바탕으로 하여 지속적인 경제성장과 산업구조의 고도화로 경제·사회 전반에 많은 변화가 있었다.

먼저 산업구조면에서 고부가가치산업, 첨단산업, 소프트산업 등이 급속히 신장하여 선진국형 산업구조로 고도화되었으며, 산업부문 간의 전후방 관계도가 높아져 각 부문이 유기적으로 연결된 공업구조를 구축하기에 이르렀다. 뿐만 아니라 자율화·국제화가 진전되어 공정경쟁의 원리가 지배하는 시장조직이 형성되어 교역, 자본이동, 기업경영의 대외지향적 경향이 심화되었다. 이에 따른 산업화 및 과학기술의 발달은 평균노동시간의 감소를 촉진시켜 도시 지역에서의 주거난, 교통난, 환경오염 등의 해결에 대한 사회적 요구가 더욱 증대되었으며, 여가시간의 증가에 따른 레저·스포츠 관련 산업도 급속히 발전하고 있다. 이러한 현상으로 일반대중이 양적이 아닌 질적으로 향상된 삶을 구가하고 충족시킬 수 있는 사회복지정책의 필요성이 증가하였다.

한편 표 2-1에서 보는 바와 같이 국민경제 각 부분의 향상은 일반국민으로 하여금 다양한 삶의 기회와 향상된 삶의 가치를 요구하게 하였다.

표 2-1. 국민경제 현황　　(GDP 단위 : 천억 원)

구분 연도	1984	1990	2003	2008	2009
국내총생산(GDP)	932	2,637	6,801	10,264	10,630
1인당국민총소득	2,257달러	6,147달러	14,162달러	19,231달러	17,175달러

자료 : 통계청(2010)

이러한 관점에서 볼 때 사회체육진흥은 건전한 체육활동을 통한 모든 국민의 정신적·신체적 건강의 추구를 기본이념으로 한다는 점에서 경제발전에 의하여 증대된 삶의 가치구현에 대한 국민의 요구를 충족시켜주는 기본조건이 될 뿐만 아니라 이를 통하여 보다 풍요로운 삶을 향유할 수 있는 바탕을 마련하여 준다.

(2) 경제발전과 여가

경제발전은 궁극적으로는 노동시간의 단축을 통해 구체화된다. 즉 동일한 품질과 수량의 재화·용역을 생산하는 데 필요한 노동시간이 단축되었을 때 경제발전의 가능성이 나타난다는 것이다. 단축된 노동시간은 일반적으로 두 가지 용도에 이용되는데, 하나는 물질적 행복증진을 위하여 보다 많은 재화·용역의 생산에 투입되는 것이고, 다른 하나는 정신적 행복증진을 위하여 본연의 인간성실현을 위해 투자하는 것이다.

첫 번째 방법으로 절약된 시간이 이용될 때는 보다 많은 소득이 실현되는데, 이는 국민총소득(GNI)이라는 척도로 측정된다. 한편 절약된 시간이 두 번째 방법으로 사용될 때는 보다 많은 여가(leisure)를 향유하게 되고, 이로 인한 생활의 질적 향상은 경제복지 척도(measure of economic welfare : MEW)로 표시된다. 경제성장에 따른 국민소득 수준의 향상과 더불어 여가시간의 증대는 사회체육에 대한 일반대중의 관심과 참여를 촉진시키는 중요한 사회조건 중의 하나이다.

일반적으로 고도산업사회에서는 주5일 근무제나 유급휴가 등에 의한 실제노동시간의 단축, 고학력화에 의한 취업시간의 단축, 정년제도의 변화 등으로 인하여 자유시간이 증가하는 경향이 있다. 이 중 고학력화에 의한 취업시간의 단축은 실현되지 않고 있지만, 일반적으로 산업화의 진전에 따른 과학기술 및 기계문명의 발달은 산업공정의 기계화 및 조업시간의 단축을 부가적으로 수반함으로써 일반국민에게 보다 풍부한 여가시간을 제공하여 준다.

1984년 우리나라의 주당 평균 노동시간은 52.4시간으로 나타나 선진국의 40시간대에 비하여 많은 편에 속하였지만, 기계화의 진전으로 1990년에는 48.2시간, 2000년에는 47.5시간, 2003년에는 45.9시간, 2007년에는 43.7시간으로 단축되었다. 노동시간의 단축으로 근로자의 여가시간이 늘어남에 따라 근로자들은 자기계발, 사회참여, 봉사활동 등 다양한 방법으로 여가를 활용할 수 있게 되어 우리 사회가 지식정보화시대에 걸맞는 지식문화사회로 발전할 것이며, 취미생활에 대한 수요도 크게 증가될 것이다.

이와 함께 1986년 아시안게임과 1988년 서울올림픽대회, 2002년 한일월드컵대회의 개최로 일반대중의 스포츠에 대한 관심과 참여가 더욱 고조됨에 따라 광역도시권의 체

표 2-2. 교양오락비와 스포츠소비

연도	가구교양오락비 (A)(연)(원)	교양오락비 비율 (%)	가구스포츠소비 (B)(연)(원)	스포츠소비/교양오락비 비율 (B/A)%
1998	703,200	4.5	207,600	29.5
1999	865,100	4.9	238,800	27.5
2000	1,023,600	5.2	286,800	28.0
2001	1,028,400	4.9	302,400	29.4
2002	1,059,600	4.8	325,200	30.7
2003	1,072,800	4.8	480,000	45.0
2004	1,126,800	4.8	208,800	19.0
2005	1,179,600	4.8	318,000	27.0
2006	1,303,200	4.9	314,400	24.1
2007	1,293,600	4.7	354,400	27.4

A : 각 연도 도시가계연보 중 교양오락비 지출×12
B : 각 연도 도시가계연보 중 스포츠소비 품목 합산 총액×12

*자료 : 체육백서(2009)

육공원, 체육관, 수영장, 야영지와 같은 공공 및 민간 체육시설과 오락시설이 양적·질적으로 증가되어 스포츠·레저인구가 많아지고 있다.

스포츠·레저인구의 급증은 1998년의 가구당 스포츠 소비금액은 207,600원(29.5%)이었으나 2007년에는 331,200원(25.6%)으로 123,600원이 증가되었다.

여가에 대한 선호는 20세기 특히 그 중엽 이후 현저해지고 있는데, 이는 중상주의와 더불어 시작된 물질만능주의라는 유행병, 그리고 그 결과로 생겨난 부와 물질숭배에 대한 반성이 기술진보에 인하여 절약된 시간을 보다 인간적인 활동을 위해 사용하여야 한다는 인간주의적 이데올로기가 물질 대신 여가를 선택케 한 결과이다.

생활의 질적 향상, 정신적 행복의 증진과 관련된 여가의 이용은 다음과 같은 형태를 취할 수 있다.

① 아무런 파생적 수요를 유발하지 않는 단순한 휴식

② 독서, 음악감상, 영화·연극관람과 같은 정적인 휴양

③ 빠징꼬, 슬롯머신 등과 같은 도박

④ 관광지, 유원지에서의 놀이 등 소위 레저

⑤ 스포츠라고 불리는 모든 종류의 동적 여가

이 중 ①~③은 체육과는 직접적 관련이 별로 없고, ④도 간접적인 기여밖에 하지 못한다고 보아야 한다. 다만 물질적 행복을 위해 여가 대신 노동을 통해 보다 많은 임금을 얻고자 하는 선택행위 중 자식에게 보다 많은 교육투자를 하겠다는 결의와 관련된 경제적 결정이 체육에 대한 사회적 수요를 창출한다고 볼 수 있다.

표 2-3. 여가활동의 연도별 비교(%)

연도별	스포츠 참여활동	문화예술 관람활동	문화예술 참여활동	관광활동	취미/오락활동	휴식활동	기타
1991년	14.8	16.7	-	-	7.7	29.5	31.3
1994년	13.4	10.7	-	-	13.6	28.9	33.4
1997년	14.4	14.8	-	-	4.8	25.8	40.2
2000년	12.2	-	-	-	9.8	37.8	31.1
2003년	19.2	11.3	-	2.0	24.0	33.9	9.6
2006년	20.5	8.9	-	2.5	20.0	34.1	14.1
2008년	8.6	2.4	1.5	0.9	32.3	47.0	7.2

주 : 2008년 여가활동 분류기준에 기준에 따라 여가활동을 재분류한 것임.　　　　*자료 : 체육백서(2009)

사회체육과 사회

현대사회는 자동화시대, 정보화시대, 세계화시대, 우주시대, 여가시대 등으로 다양하게 표현되고 있으며, 특히 기술·과학의 발전에 의해 급격히 변화하는 사회라는 점에 대해서는 견해를 같이 하고 있다. 사회학자인 Baldridge는 현대사회를 '폭증현상'으로 특징짓고, 기술과 지식의 폭증, 인구와 도시의 폭증, 조직과 제도의 폭증 등을 예로 들어 설명한 바 있다. 또한 Gober는 현대문명의 3대 위기를 핵폭발의 위기, 인구폭발의 위기, 여가시간의 증가로 보았는데, 이 중에서도 여가시간의 증가는 인류가 미리 준비하지 못한 상태임을 경고한 바 있다.

현대의 기술발달은 급속한 변화를 초래함과 동시에 우리들의 생활에 편리와 풍요를 제공하는 한편, 여러 가지 병리적 현상, 즉 운동부족, 인간소외, 환경오염, 생활공간의 협소, 성인병증가 등을 초래하였다. 특히 산업화가 진전됨에 따라 노동구조가 변화하여 상업시대가 도래하면서 인간의 육체적 활동이 감소되고 여가시간이 증가함으로써 운동이나 스포츠에 대한 인간의 욕구를 증대시켜 체육이 현대인의 삶과 밀접한 관계를 맺게 되었다. 이에 선진국에서는 체육을 통해 국민의 건강은 물론 복지국가건설에도 괄목할만한 성과를 거두었다. 현재 사회체육(Sport for All)을 통해 복지국가건설에 성공한 나라는 독일, 일본, 미국, 캐나다, 스위스, 유고슬라비아, 스칸디나비아제국 등 약 30개 국에 달한다.

우리나라는 서구 유럽 국가들과 비교할 때 산업화가 매우 짧은 기간(약 25년)에 이루어졌기 때문에 더욱 급격한 사회변화를 초래하게 되었고, 그 결과 사회의 부정적 요소 역시 심각한 상황에 직면해 있음을 간과할 수 없다. 고도의 경제성장과 여가시간의 증가는 생활환경의 비위생적인 요소를 극복하고 삶의 질적 향상을 꾀하려는 국민적 요구를 증대시켰고, 이에 따라 일반국민의 체육활동에 대한 참여욕구 역시 점점 증가하고 있다고 할 수 있다.

한편 지금까지의 생산성이나 능률의 극대화정책에 의해 이룩된 경제안정의 기반은 복지국가건설을 국정지표로 삼게 되었으며, 복지정책의 추진방향은 기회의 공평성, 분배의 공정성, 결정의 민주성, 사회발전의 안정성유지 등에 두어야 한다는 점이 강조되고 있다. 이와 관련하여 체육 역시 국민의 복지향상을 위해 과거의 소수 엘리트 위주의 체육에서 국민 모두를 위한 사회체육으로 전환되고 있다.

사회체육은 모든 국민이 공평한 기회를 갖고 자발적으로 참여하는 체육활동으로 건강복지는 물론 민주시민의 육성에도 크게 공헌하므로, 현대국가의 복지이념구현에서 사회체육의 역할기능은 보다 많아지고 있다.

 **현대사회에서 체육의 새 이념**

현대사회에서 요구되는 체육은 인간활동의 가능성을 열어주는 수단을 발견하고 기회를 포착하는 태도와 정신이 그 특징을 이룬다. 체육은 결코 인간생활의 폐쇄된 측면에 관련된 현상이 아니라, 다른 여러 측면과 밀접하게 연결되고 상호연관성을 가지고 있는 활동이다.

그렇다면 현대사회의 요청에 응답할 수 있는 체육의 새 이념이란 어떤 것인가? 현대사회는 기능주의사회로서 인간 자체가 규격화되어 개성과 웃음을 잃어버리기 쉽다. 일찍이 Chaplin, C. S.은 기계적인 동작을 계속하는 직공을 그린 영화에서 기계문명의 병폐를 고발한 바 있다. 이처럼 우리들이 살고 있는 인간사회가 인간성을 상실한 복제인간집단처럼 정서나 창의력을 찾을 수 없게 된다면 이보다 더한 비극은 없을 것이다.

현대사회에서 과학기술의 발달과 공업화는 현대인에게 물질적 혜택뿐만 아니라 정신적인 여유도 주는데, 무엇보다 중요한 것은 정신적 여유와 여가시간의 증가이다. 여가시간의 증가에 따라 종래의 사회가치와 인간의 생활양식을 전반적으로 재검토하고 재조정할 필요성이 높아졌다. 즉 많은 사람들이 늘어난 여가시간을 이용하여 자신의 자아실현욕구를 충족할 방도를 강구하게 된다. 이러한 관점에서 Shane이 말한 것처럼 미래지향적 기능을 길러야 하는데, 여기서 체육의 역할과 공헌이 크게 요구된다.

어떤 사회가 순전히 인간의 능력만을 기준으로 삼는 기능사회가 되면 인간관계는 냉각되어버린다. 이해와 타산만을 앞세우고 치열한 경쟁을 벌일 때 사회는 극도로 비인간화되고 밝고 명랑한 사회건설은 불가능해진다. 시대의 시각이 둔하고 현상유지에 급급하거나 무사안일의 소극성 속에서 맴돌고 있는 현실상황이라면 미래의 전망은 어둡기만 할 것이다.

이상과 같이 현대사회는 격동성, 경쟁성, 병리성, 부도덕성 등을 특징으로 한다. 이렇게 노출된 현대사회의 특징이 체육의 기능을 요구하는데, 그것은 ① 질서와 도덕을 강조하는 Apollon적 체육, ② 개발과 창조를 의미하는 Prometheus적 체육, ③ 즐거움과 만족을 성취시키는 Dionysus적 체육, ④ 내일을 대비하고 쇄신하는 Atlas적 체육 등이다.

그렇다면 "체육이 현대사회에 어떤 공헌을 할 수 있는가?"라는 문제가 제기되지 않을 수 없다. 한마디로 현대사회에서 체육의 새 이념이란 위의 4가지 요인작용이 조화와 균형을 이룰 때 비로소 가능해 질 것이다. 따라서 인간 상호간의 돈독한 정서적 결합을 강화하기 위해서 공동사회적 유대의 결성·강화가 절실히 요청되는 현대사회의 상황을 감안할 때 인간 상호간의 훈훈함을 보태어 줄 수 있는 계기가 필요하고, 그것은 상호우의와 교류라는 측면에서 Dionysus적 체육에 대한 요구를 크게 한다.

현대사회는 철저하고 신속하게 변화한다. 체육도 마찬가지로 시대의 요청과 새로운 감흥을 느끼면서 체육활동에 참여하도록 개개인의 지속적인 관심과 열의를 확보하기 위해서 프로그램을 부단히 갱신·발전시키고 자원과 시설을 확보하며, 정책적으로 개선·향상시키는 데 효율적으로 발휘하는 Atlas적 체육이 기대된다.

이러한 체육의 이념적 규정을 배경으로 사회체육의 사회적 기능과 교육적 기능을 살펴보기로 한다.

(1) 사회체육의 사회적 기능

체육의 개념변화에 따라 체육의 사회적 기능은 변하게 되는데, 사회체육은 사회의 존속·발전에 필수불가결한 기능이 되었다. 그러므로 체육의 목적과 내용은 그 사회의 성격이나 변화하는 사회의 당면문제와 관련이 깊다.

사회성원 모두가 정신적·신체적으로 바람직한 상태에 있다는 것은 어떤 사회에서든 중요한 문제이며, 체육의 중요한 관심사이기도 하다. 이러한 사실은 체육에 대한 이해나 관심에 따라 차이는 있으나, 심신이원론(心身二元論)의 입장에서 사회성원의 신체적 발달에 큰 관심을 가지게 된 현상은 비교적 최근의 일이다.

사회적 생산, 그리고 보다 나은 생산을 위한 노동은 모든 사회의 관심사가 아닐 수 없다. 그래서 노동과 건강 및 체력, 혹은 노동과 스포츠는 서로 직접적인 관련이 있다. 따라서 근대화된 산업에서 체육이 생산과 노동에 크게 기여한다는 것은 재론의 여지가 없다. 그러나 체육의 역사적 변천과정에서 보면 체육이나 스포츠는 상류계급의 전유물로 이루어졌으며, 하류계급이나 노동계급에서는 다만 신체훈련적인 활동으로 부과되어 체육의 목적이나 내용이 사회적 계급에 일치하지 못한 시기도 있었다. 인간의 생활에서 노동 혹은 일상생활과 관련되는 영역은 자유시간과 그 활동내용으로서의 '레저'이다.

1919년 국제노동기구의 발족과 더불어 우리나라에서도 1953년 근로기준법이 제정되면서 노동시간이 단축되기 시작하였는데, 이는 노동의 기계화에 의한 생산력향상이나 사회민주화 등에 의하여 촉진되었다. 이러한 변화와 관련하여 선진국가에서는 여가시간의 활용이라는 문제에 당면하게 되었다. 여가시간을 활용하는 방법으로서 운동 혹은 스포츠가 중요한 위치를 차지하게 됨으로써 체육의 목적이나 내용을 새로운 관점에서 재검토하게 된 것이다. 모든 사회성원의 건강 및 체력이 점차 저하되어가는 현실에서 더욱 절실한 과제로 등장하게 되었다.

(2) 사회체육의 교육적 기능

사회체육은 한마디로 사회교육이다. 따라서 사회체육은 사회교육의 일환으로 행해지는 것이 기본목적이 되어야 한다. 그렇기 때문에 사회체육이 단순히 자유시간에 행해지는 레저활동정도로 이해되어서는 안된다. 사회체육은 자기의 주체성 실현, 인간관계 개선, 경제적인 효율성 향상, 민주시민으로서의 책임 완수 등과 같은 교육적 목적달성을 위한 맥락에서 운영되어야 한다.

시대의 변화에 따라 수영장, 헬스장 등이 증설되고 있지만, 사회성원 모두에게 사회체육 공간이나 프로그램을 제공하기에는 역부족이다. 또한 질높은 스포츠의 교육·훈련 프로그램보다는 비싼 회비를 받고 시설을 자유롭게 개방하는 시설들이 대부분이다. 교육적 기능을 위한 사회체육시설이 되기 위해서는 교육·훈련 프로그램뿐만 아니라 시설(수영장, 체육관, 탈의실, 샤워실 등)도 하나의 인격적 존재를 길러내는 훈련도장의 개념으로 활용되어야 한다. 왜냐하면 민주시민으로서의 자질향상은 바로 이러한 시설을 어떻게 협동적으로 잘 사용하느냐에서부터 출발하기 때문이다.

사회체육 운동은 다음과 같은 점에 기여할 수 있어야 한다.
- 현대인들의 정서적·신체적 피로회복
- 무기력한 생활에서 활기찬 생활로 전환
- 이해와 관용, 희생과 봉사하는 스포츠 시민정신으로 전환
- 협동과 단결로 지역공동체 형성

2 사회체육에 대한 국민적 요구 증대

(1) 운동수요의 양적 확대

현대사회에서 운동에 대한 수요가 양적으로 확대된 가장 큰 이유는 계급을 파괴한 스포츠의 본질 때문이다. 근대사회에서의 운동은 주로 계급적인 문화였다. 즉 사적인 클럽을 기반으로 건강에 유용하며, 사교적이고 즐거움을 주축으로 하는 운동은 생산에 직

접 관계되기보다는 소비에 가까웠다. 귀족과 엘리트의 사교를 중심으로 하는 스포츠와 민중생활에 밀착된 스포츠는 근세까지 오래 유지되어온 스포츠의 계급적 2중 구조였다. 그러나 산업사회의 급격한 사회변동은 이 구조를 파괴하고 산업혁명으로부터 20세기 초에 이르기까지 많은 변화를 가져왔다.

장시간의 노동에 시달리는 노동자의 생활수준 저하, 전통문화 및 생활양식의 파괴는 그들의 스포츠활동을 불가능하게 하였다. 20세기 초부터 중기까지는 산업사회의 성숙을 지향하는 생산력 제일주의의 사회였고, 동시에 국제적인 긴장과 전쟁위기가 끊임없이 존재하던 시대였다. 이 시기의 체육은 국가의 요구로 강건한 군대양성을 위한 군사력과 양질의 노동력 육성을 담당하였다. 따라서 이 시기의 스포츠참여는 일상생활의 요구에 기초하지 않는 동떨어진 것이었다.

스포츠에서 계급의 의미가 쇠퇴하고 대중문화를 통한 운동수요가 계급 전체로 확대된 것은 선진공업국이 산업사회에서 탈산업사회로 이행하기 시작한 1960년대에 들어서면서부터였다. 즉 스포츠 선진국이라고 일컬어지는 유럽 국가에서는 스포츠에서 계급차를 해소하고 현대의 운동수요에 부응하기 위하여 Sport for All 정책을 전개하였다. 현대사회에서 운동수요는 스포츠가 특정계급의 전유물에서 해방된 것처럼 그 필요성과 가능성을 단계적으로 확대하여 계급에 상관없이 일반대중의 문제로 발전하였다.

운동수요의 양적 확대에 관련된 다른 측면은 스포츠를 통한 운동의 즐거움이 아이들과 젊은층만의 특권이 아니라, 건강유지를 위한 생활의 일부가 됨으로써 모든 사람들의 생활과 관계된다. 교육적 의미에서 그 가치가 공인되던 운동이 이제는 모든 사람들에게 확대되고 있으며, 운동의 조건으로 중요한 레저는 이제 전 연령층에서 즐기게 되었다.

운동수요의 양적 확대에는 또 한 가지의 측면이 특별히 첨가되어야 하는데, 그것은 여성참가 문제이다. 성별에 따른 인식변화와 핵가족화로 인한 가족성원의 축소는 여성들에게 학업의 기회 및 사회진출여건을 만들어 주었으며, 이에 따라 여성은 남성 중심 사회의 주변인이 아닌 사회의 중심인으로 거듭나고 있다. 또한 여성의 가사노동 및 육아노동의 감소로 인해 다양한 사회참여기회가 창출되었는데, 사회체육 역시 사회참여의 한 양식이라 하겠다.

표 2-4. 주 2회 이상 생활체육활동 참여율 변화(%)

연도별	1991	1994	1997	2000	2003	2006	2008
참여율	34.7	37.6	38.8	33.4	39.8	44.1	34.2

※ 2006년까지 매 3년 주기 조사가 이루어졌으나 2006년부터 2년 주기로 조사가 이루어짐.　　*자료 : 체육백서(2009)

이러한 여성의 생활양식변화는 운동과 여성의 관계에서 봉건적 편견을 타파하는 데 도움이 되며, 여성의 스포츠참여에 대한 의식변화와 참여증가를 가져왔다.

(2) 운동수요의 질적 변화

운동수요의 양적 확대는 질적 변화로 이어졌다. 과거에는 건강유지에 필요한 운동은 일상생활의 활동에만 의존하였고, 건강과 운동의 결합이 현대와 같은 사회문제는 아니었다. 또한 즐거움을 위한 운동은 일부 특정인들의 전유물이며, 대부분의 사람들은 경제적·시간적으로 여유가 없었기 때문에 스포츠는 상류층에서만 하는 것으로 생각하였다. 이러한 사회에서 운동수요의 질은 사회의 목적적 기능, 즉 강인한 군대양성에 있었다.

현대의 운동수요는 과거의 상황과는 크게 다르다. 왜냐하면 현대의 운동수요는 사회생활의 변화를 낳은 필연적인 현상뿐만 아니라 개인의 복지향상과 밀접하게 연결되어 있기 때문이다. 즉 현대사회의 운동수요는 개인의 건강유지와 증진, 특히 일상생활에서 레저에 의한 즐거움의 창출에 있을 뿐, 그 목적이 국가·사회에서 요구하는 일률적 기능을 충족시키는 것은 아니다.

현대사회에서 운동은 다양한 기능을 수행하고 또 수행할 것으로 기대되지만, 그 기초를 각 개인의 자유와 풍부한 생활을 향상시키는 복지적인 기능에 두는 것이 바람직하다. 왜냐하면 현대사회에서 운동수요는 사회의 발전, 민주화의 촉진, 생활향상 등에 근거하고 있고, 산업사회와 과학의 발달에 의해 소외된 인간의 여러 욕구를 해소하기 위한 방편이기 때문이다.

현대사회에서 운동수요의 질을 특징짓는 또 다른 요인인 레저는 다음과 같은 중요한 기능을 가지고 있다.

- 레저는 자기발전과 자기실현의 기능임과 동시에, 여러 가지 일과 일상생활로부터의 해방을 의미한다. 즉 레저는 자동화되고 기능화된 일상적 사고와 행동으로부터 개인을 해방시키고 보다 넓고 자유로운 사회활동에 참가하는 등 실용적인 자질로, 신체적·정서적·지적·이상적인 발전을 가능케 한다.
- 레저는 레크리에이션기능을 한다. 레저는 고도로 조직화되고 제도화된 일과 일상생활의 퇴보로부터 인간을 해방시키는 가능성을 가지고 있다. 레저를 통해 사람들은 결정적 작업과 인간관계로부터 해방되어 새로운 생활양식과 인간관계를 유지하는 것이 가능해진다. 그것은 단조로운 일상생활로부터의 탈출뿐만 아니라 풍요로운 삶의 제공이라는 의미도 있다.

표 2–5. 스포츠활동의 참가목적 (단위 : %)

	여가선용	건강유지	체중조절	스트레스 해소	자기만족	대인관계 및 사교	즐거움	시간 때우기
2008								
전체	7.7	52.2	17.3	10.1	4.1	3.3	5.1	0.3
남	7.7	51.7	12.1	12.3	5.1	4.7	6.1	0.2
여	7.7	52.8	23.7	7.3	2.7	1.5	3.8	0.5
10대	6.3	34.3	18	15.9	6.6	4.7	13.6	0.6
20대	6.1	37.7	30.6	12.4	4.9	3.9	4.4	0
30대	9.4	47.1	19.7	12.7	4	3.5	3.4	0.3
40대	8.1	56.9	16.4	8.2	4.1	2.5	3.5	0.2
50대	6.6	63.7	10.8	7.1	4	3.6	4	0.3
60대	8.8	71.1	9.2	4.6	0.9	1.8	2.8	0.7
70세이상	9.7	76.4	3.4	3.8z	0.4	1.7	3.8	0.8

*자료 : 한국의 체육지표(2008)

(3) 현대의 운동수요에 대한 사회적 구조

종전의 스포츠가 특권계급의 전유물이었던 이유는 스포츠를 할 수 있는 2가지 조건, 즉 간접적 조건인 레저를 소비하는 에너지인 돈과 직접적 조건인 용구와 시설, 기술과 지식, 동료와 조직 등이 그들의 전유물이었기 때문이다. 간접적인 조건은 당시의 사회체제에 따라 사적인 클럽에 의해 확보된 것으로, 그들은 이 두 가지를 모두 차지하고 있었다.

현대사회에서도 이 문제는 어느 정도 존재하지만 스포츠에 필요한 간접적 조건은 많은 사람들이 확보해 가고 있다. 그러나 필요한 모든 직접적인 조건을 개개인이 보유하는 것은 거의 불가능하다. 특히 필요한 시설의 개인적인 소유는 어려운 일이며, 기타 조건에서도 문제가 많다. 이러한 운동의 수요와 공급을 위한 조건, 즉 요구와 실현의 불가능성도 발생하게 된다. 이에 대하여 사회조직을 활용하여 가능하도록 하는 데 현대사회의 기본구조가 있다.

현재에도 이러한 불연속적인 연속화는 스포츠산업과 건강산업에서 나타나고 있다. 그 기능을 부정하는 것은 아니지만, 거기에는 다음과 같은 몇 가지 문제점이 있다.

- 스포츠산업과 건강산업은 영리추구를 궁극적 목표로 하는 기업활동이므로, 이러한 불연속을 연결하는 역할을 짊어져야 한다.
- 과도한 서비스는 인간을 수동적으로 바꾸고, 소비패턴을 획일화시킨다.
- 욕구에 대한 과도한 자극은 심각한 향락적 성격을 운동생활에 부여함으로써 현대의 스포츠를 금전소비적 문화로 변모시키는 경향이 많다.
- 상업적인 기본성격은 결국 운동생활에서 경제적 격차를 확대하고, 새로운 계급적

표 2-6. 희망운동종목　　　　　　　　　　　　　　　　　　　　(단위 : %)

	1순위	2순위	3순위	4순위	5순위	6순위	7순위	8순위
1989	수영	에어로빅/ 미용체조	등산	볼링	축구	테니스	-	-
	12.3	7.4	9.1	5.9	4.0	4.0		
1991	테니스	수영	볼링	에어로빅 /미용체조	골프	육상	축구	등산
	20.6	19.9	7.0	5.5	4.9	4.2	4.1	3.4
1994	수영	테니스	볼링	에어로빅 /미용체조	등산	육상	축구	골프
	20.4	12.1	8.6	5.3	5.2	4.2	3.8	2.7
1997	수영	테니스	골프	등산	에어로빅/ 미용체조	볼링	축구	육상
	21.3	7.9	7.1	6.6	4.5	4.4	3.1	1.3
2000	수영	테니스	스쿼시	골프	검도	등산	보디빌딩 /헬스	축구
	22.5	8.0	7.2	6.1	4.9	4.9	4.1	2.8
2003	수영	등산	골프	육상	스쿼시	테니스	헬스	스포츠댄스
	17.0	9.0	8.0	6.8	5.7	4.9	4.3	3.8
2006	수영	골프	요가	테니스	등산	스쿼시	축구	에어로빅
	15.6	11.6	7.2	5.1	3.9	3.6	3.3	3.3
2008	수영	요가	헬스	골프	등산	테니스	축구	에어로빅
	17.8	8.5	8.0	7.2	5.9	3.7	3.4	2.2

*자료 : 체육백서(2009)

분화를 형성하기도 한다.

이와 같이 보면 스포츠산업과 건강산업을 현대의 운동수요에 적합한 사회구조라고 할 수는 없을 것이다. 일상생활에서 건강과 운동문제는 사람들 전체와 관련되어 있다. 그것을 해결하여 개인의 복지와 사회발전에 도움을 주지 못한다면, 그것을 해결하는 고유의 사회구조 개선은 사회가 공적 책임을 가지고 하지 않으면 안된다. 따라서 운동수요로 나타날 수 있는 인간적 욕구를 실현하고 운동에 관한 연구와 그 실현에 필요한 조건의 불연속을 잇는 사회구조의 개선이 현대의 사회체육과 관련된다.

현대의 사회체육은 사회생활에서 건강과 운동에 관련된 문제를 해결하고, 운동에 관한 인간적 요구를 실현하기 위한 여러 조건을 준비하여 구체적으로 기능시키는 공적인 사회구조에서 성립되는 것이다. 즉 이전의 잠재적인 사회구조 속에 충족되어 있던 사회체육기능은 스스로 독자적 사회구조를 필요로 하여 그것을 형성하게 되었다.

복잡한 현대사회에서 운동수요에 부응하는 사회체육은 계획적 · 조직적인 사회구조에서 이루어져야 한다. 이와 같은 고유한 역할을 갖는 사회구조는 일반제도 속에 포함될 수 있다. 결국 현대사회에서 사회체육을 위한 사회구조는 이러한 제도에 달려 있다고 하겠다.

Ⅳ 사회체육과 문화

현대문화로서 스포츠를 어떻게 이해하고 실천할 것인가는 시대에 따른 사회변화, 자연환경, 사회적 조건 등의 영향이 크다. 따라서 체육을 문화로서 검토하기 전에, 문화란 무엇이며 어떠한 것인가를 이해해두어야 한다.

문화는 환경에 대한 생물학적 적응과정에서 성립되는 것으로 볼 수 있다. 모든 생물은 환경에 적응해야 하며 인간도 예외가 아니어서 먹을 것을 구하고 추위를 막아야 한다. 동물은 이빨과 날카로운 발톱으로 먹이를 얻고, 두꺼운 털가죽으로 신체를 보호하며, 본능적인 습성으로 살아간다. 그러나 생물로서 무능에 가까운 인간은 살아가기 위해 여러 종류의 사고와 고안을 하고, 그것을 공동화해야 한다. 그 사고는 인간의 생존에만 국한되지 않고 더욱 풍요한 생활을 추구하기 위해 쌓이고 축적된 것이다.

인간은 먹을 것을 요리하고 의복을 입고 집을 짓는 데만 만족하지 않고, 음악과 시를 즐기고, 스포츠를 하며, 삶과 죽음에 대해 생각하기도 한다. 그리고 공통의 언어를 통해 서로 이해 · 사고 · 행동하면서 사회를 형성하고 있다. 본능만으로는 살아가지 못하는 인간이 자기들의 생활을 유지하고, 더욱 풍요로운 생활을 영위하기 위하여 발전시켜온 여러 가지 사물과 행동 및 사고방식이 문화의 기저가 되었다.

문화에 대한 사고방식은 다양하여 명확한 정의를 내리기는 어렵지만, 인간의 정신적인 면에만 한정하는 좁은 문화관은 부정되고 있다. 문화를 연구하는 학문인 문화인류학과 문화사회학에서도 일반적으로 문화는 광범위한 것으로 본다.

Linton, R.은 "문화란 학습된 행동과 행동의 결과가 결합된 것이고, 한 사회의 구성원에 의해 분화되고 전달된 것이다."라고 정의하였다. 즉 문화는 인간이 생활해가는 데 필요한 여러 문제를 해결시키기 위한 행동이나 사고방식 등을 학습하는 것이라고 정의할 수 있다.

스포츠문화는 인간의 신체운동에 착안한 문화영역을 가리키는 말이지만, 아직 특정한 개념이라고는 할 수 없다. 그러나 현대의 사회생활에서 스포츠의 중요성과 많은 사람들이 받아들여 누려야 할 필요성, 그리고 독자적인 생활양식으로 된 것에서부터 인간의 신체운동과 관련된 문화영역을 스포츠문화로 파악하는 것이 중요하다. 특히 오늘날 운동수요가 풍요로운 개인생활과 사회적 복지의 통합에 필수요건이 되고 있는 현실을 보아도 인간의 운동을 생리·해부학적 현상만이 아닌 인간의 역사적·사회적 유산인 문화적 현상으로 생각하는 것이 필요하다.

한편 전체 사회의 복합적인 구조에서 스포츠는 정치나 정치체제, 사회구조 및 경제, 종교, 예술, 음악, 문학, 과학, 의학, 언론 등 많은 분야에 영향을 주고받고 있다. 이같이 스포츠와 문화, 또는 스포츠문화를 정의할 때에는 시대적인 현실이 충분히 반영되어야 한다.

인간은 이제까지의 오랜 역사적·사회적인 공동생활을 통해 신체나 운동, 그밖의 여러 가지 생활문제를 해결하기 위해서 다양한 운동을 연구하고, 그것을 도태(淘汰)시키며 집적(集積)해오고 있다. 그것들은 운동방식으로서의 양식이며, 이론과 그것을 이끄는 이념이나 사상, 필요한 시설이나 용구를 가리킨다. 따라서 스포츠문화란 이러한 모든 것을 표현하는 말이며, 사회체육은 전체 스포츠문화 속에 포함된 하나의 제도적 측면이라고 할 수 있다.

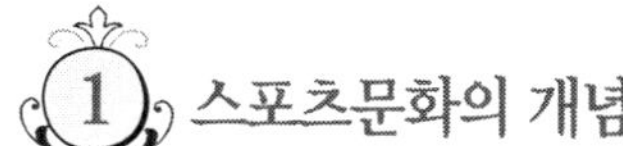 스포츠문화의 개념

스포츠의 문화적 기반은 신체활동을 중핵으로 하고 있으며, 인간은 즐거움이나 신체적 목적을 위해 여러 가지 운동을 한다. 많은 종류의 운동은 인간이 선천적으로 할 수 있는 것이 아니라 학습에 의해 이루어진다. 인간은 우선 움직임을 학습하는데, 이 운동학습은 인간에게 필수적인 것이다. 운동은 인간의 오랜 역사 중에서 학습되어 만들어지고 도태되는 일련의 과정을 거쳐온 사회적 유산으로서의 문화이다. 이와 같이 스포츠의 문화적 측면은 문화로서의 운동학습에 그치지 않고, 운동에 의한 인간형성과정도 문화로 파악되어야 한다.

스포츠문화는 다음과 같은 개념을 갖는다.
- 신체운동은 인간이 환경에 적응하는 과정의 문화로 발생하여 사회적 요구에 의해서 변화·발전하는 것이다.
- 스포츠문화는 인간의 목적의식이 발달함에 따라 발전하며, 목적의식의 가치를 추구하는 데 의의가 있다.
- 스포츠문화는 생활 속에 존재하며, 인간생활에 필요한 교양을 풍부하게 하고 인격

형성에 이바지하는 교육의 수단이 된다.

– 스포츠문화는 새로운 가치창조에 의해서 새롭게 발전되고 사회형태에 적응하여 사회적·역사적인 존재로 부각된다.

운동이 심신의 발달, 특히 신체의 발달에 중요한 기능을 한다는 것은 잘 알려져 있다. 예를 들어 작업성비대(사람의 신체구조에서 사용하는 조직이나 기관이 발달하는 것)는 운동이 인간의 일생을 통해 불가분한 것임을 알려준다. 한편 운동은 즐거움을 얻기 위해 행해지는 경우도 많다. 인간은 자유시간의 활동을 유인하는 기본욕구인 새로운 경험의 욕구, 창조적 표현의 욕구, 사회적 관계의 욕구, 운동욕구, 경쟁욕구 등을 가지고 있다. 이런 욕구는 크든작든 운동과 관계가 있다. 그러므로 운동의 중요한 기능 중 하나는 인간의 공통욕구를 충족시킴과 동시에 통합과 개인의 사회화에 기여하는 것이다.

스포츠문화와 유사한 말로 '신체문화'라는 용어가 사용되고 있다. 신체문화는 동유럽이나 구 소련을 중심으로 사용되어 왔는데, 이는 신체에 착안해서 받아들인 문화영역, 즉 신체에 관계하는 역사적·사회적 소산(所産)의 총체를 의미하는 말이다. 스포츠문화가 운동에 착안하여 문화를 받아들이는 데 반하여, 신체문화는 신체 그 자체이기 때문에 보건이나 위생 등을 포함한다.

우리는 현대의 운동이 신체의 욕구나 신체만을 문제로 할 수 없다는 점을 고려하여 '스포츠문화'라는 개념을 사용한다. 유럽에서는 스포츠의 개념을 넓혀서 체조나 무용 등을 스포츠에 포함시켜, 스포츠가 운동문화를 의미한다고 표현하는 경향이 짙어지고 있다.

문화는 일반적으로 인간의 이념과 가치, 구체적인 행동양식, 필요한 물적 사물 등에 따라 체계화되는데, 스포츠문화도 이러한 관점에서 그림 2-1과 같이 받아들일 수 있다. 스포츠문화의 관념은 스포츠문화의 존재를 정당화하고 그 문화로서의 독자성을 주장하는 것인데, 여기에는 가치부여에 대한 이념, 사상, 이데올로기 등이 포함된다. 예를 들면 스포츠 자유주의나 아마추어리즘과 같은 스포츠사상, 무용사상이나 이념, 체조론 등이 있다.

규범은 운동을 행할 때 따를 것이 요구되는 법적·도덕적·관습적인 규칙으로, 스포츠맨십이나 페어플레이, 아마추어규칙이 포함된다. 기술은 각각의 이름을 가진 운동종목에 표현되는 전체 행동양식의 기술이며, 스포츠종목별 기술, 체조방법과 기술, 무용의 기술 등으로 되어 있다. 물적인 것은 시설, 기구, 용구, 의복, 운동 관련 용어, 문물 등과 같은 스포츠문화에서 나타나는 물적 사물의 전체이다. 용구의 개선은 기술을 변화시키고 규칙의 개정을 촉구하며, 규범이나 관념의 타당성에 영향을 준다. 가치관은 규범을 정하고, 기술이나 용구에 제약(制約)을 가한다.

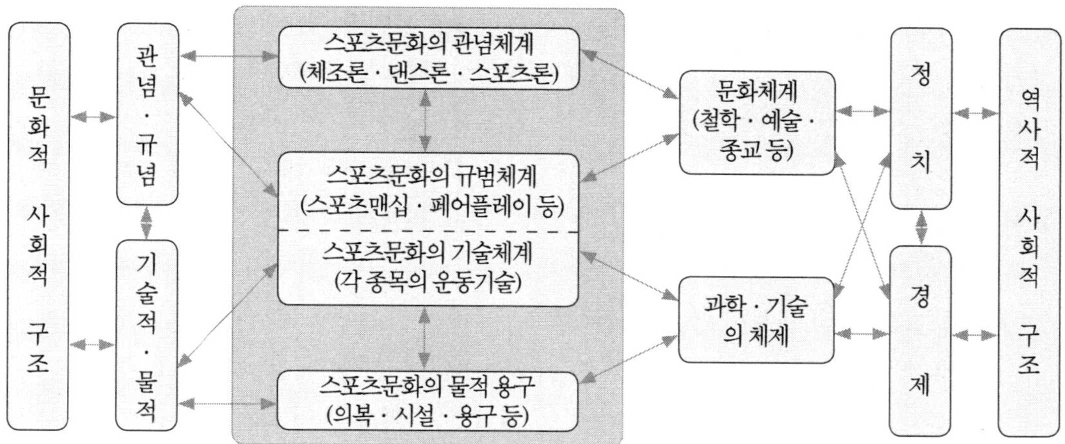

그림 2-1. 스포츠문화의 체계

한편 스포츠문화는 다른 문화영역이나 제도 상호간에 영향을 미치고, 그 기능과 체계를 바꾸기도 한다. 예를 들면 종교, 예술, 철학, 문학 등의 문화는 신체나 운동과 인간관계에 대한 가치인식과 평가를 통해 운동의 관념체계에 영향을 주고, 일반적인 과학 및 기술은 운동기술, 시설, 용구 등에 영향을 준다. 또, 정치나 경제 등의 모든 제도, 그리고 생활의 일반적 상태는 신체나 운동의 문제에 크게 관련되어 있으며, 다양한 측면에서 스포츠문화 전체에 영향을 미친다. 스포츠문화와 다른 문화영역 및 모든 제도의 관계는 상호 작용적이며, 더구나 각각은 전체 사회의 역사적 · 사회적 구조와 변동에 따라 규정되고 있다.

② 스포츠문화의 성격

인간의 운동욕구를 충족시키고, 신체나 건강, 그 외의 생활에 관계되는 모든 문제를 해결하기 위해 연구해온 역사적 · 사회적 유산인 운동문화는 그것이 만들어진 의도나 동기에 따라 크게 두 가지로 구별할 수 있다.

하나는 특정한 목적을 달성하기 위한 수단으로 연구된 운동이고, 다른 하나는 외적인 목적 때문이 아니라 내적 욕구에 응하는 자기목적적 활동으로 만들어진 운동이다. 전자는 건강유지나 체력증강, 교정과 미용을 위한 각종 체조와 일, 동작을 합리적으로 개선하기 위한 훈련용으로 만들어진 것으로, 특히 전투훈련으로서의 운동이 포함된다. 후자의 예는 스포츠와 댄스이다. 무술이나 투기 중에는 전쟁이나 투쟁의 형태변화에 따라 그 실용성이 사라지고 오락이나 교육으로 받아들여지며 스포츠로 변화한 것도 많다.

스포츠문화는 운동문화의 존재를 정당화하고 문화로서의 독자성을 주장하는 관념인데, 여기에는 인간과 사회에 대한 스포츠문화의 의미, 가치부여에 대한 이념이나 사상, 이데올로기 등이 포함된다. 그리고 스포츠문화는 운동에 따르는 규범·기술 및 물적 사물, 즉 시설이나 기구·용구·의복·운동에 관한 언어·문물 등이다. 한편 스포츠문화는 다른 문화영역이나 제도와의 상호영향하에서 그 기능이나 체계가 변한다.

문화의 성격면에서 역사적·사회적 유산인 스포츠문화는 그것이 이루어진 의도나 동기에 따라 다음의 두 가지로 나눌 수 있다.

- 특정목적을 달성하기 위한 수단으로 이루어진 것 : 건강, 체력교정, 미용을 위한 각종 체조, 작업 또는 동작을 합리적으로 개선하기 위한 훈련으로 만들어진 것(무술 등)이 많다.
- 외적인 목적이 아니라 내적 욕구에 응하는 자기목적적인 활동으로 만들어진 운동 : 스포츠무용으로, 오락이나 교육으로 전수·계승되어 스포츠로 변화된 것이 많다.

스포츠문화는 노동과 구별되며, 건강과 즐거움의 기능이 주가 되기 때문에 놀이적 요소가 중요하다. 특히 스포츠나 댄스는 기본성격은 놀이에 의존하고 있고, 현대의 체조도 운동의 즐거움을 기본으로 생각하고 있기 때문에 스포츠문화의 성격을 논할 때에는 놀이에 대한 이해가 선행되어야 한다. 운동에 관계되고, 또 문화의 성격과 사회의 관계에서 놀이에 관한 이론은 많이 있다.

놀이가 이같은 문화적 기능을 다하기 위해 필요한 몇 가지 요소가 있는데, Huizinga, J.(1966)가 주장하는 요소는 다음과 같다.

① 자유스러운 활동……놀이는 자발적인 참가에 근거를 둔 자유스런 활동이다. 참가여부는 참가자의 자유스런 의사결정에 따르며 강제성은 없다. 왜냐하면 강제성은 그 활동을 놀이가 아닌 것으로 만들기 때문이다.

② 비일상적·비이해적 활동……놀이는 일상생활의 이해관계를 벗어난 활동이며, 놀이 자체의 목적을 위해 놀이는 고유의 시간적·공간적 영역을 가지며, 완결성과 한정성의 틀 안에서 행하여진다.

③ 규칙이 있는 활동……놀이는 그 자체에 포함된 질서에 따라 행해지는 활동이다. 그 질서는 놀이의 구체적이고 규칙적인 형태를 만드는데, 놀이의 세계에서 이 규칙은 절대성을 가지며, 동시에 규칙의 파괴는 놀이를 파괴하는 것과 같다.

놀이의 자유는 이러한 놀이요소를 자발적으로 받아들이고 이를 존중함으로써 구체화된다. 각자 자발적으로 규칙을 지키고 자신을 표현하는 그 자체의 즐거움 때문에 자기의 힘을 발휘하여 자기표현을 하려 한다. 스스로 구하여 싸우고 자기를 연마하며 무엇인가를 표현하려고 하는 놀이는 문화를 창조해내고 발전시키는 인간의 모든 힘을 끌어내어 육성하는 기능을 한다.

Caillois는 놀이요소를 다음과 같이 구분하였다.

① 자유스런 활동……유희자가 강요되지 않을 것, 참가의 자발성이 중요하다.

② 격리된 활동……정해져 있는 시간과 공간의 범위 내에 제한되어 있다.

③ 미확정된 활동……결과는 미정이나 유희자의 창의, 생각의 자유가 남겨져 있다.

④ 비생산적 활동……재산이나 부의 생산과는 관계가 없으나, 소유권의 이동이 있어도 전체로는 놀이의 시작과 같다.

⑤ 규칙 있는 활동……놀이에만 통용되는 규칙이 따르며, 일상의 법이나 질서를 일시 정지시키고 그 세계의 법을 갖는다.

⑥ 허구의 활동……현실이 아니라 놀이라고 하는 비현실적인 의식을 동반한다.

포괄적 성격의 스포츠문화를 놀이에서만 찾을 수 있는 것은 아니다. 왜냐하면 현실의 스포츠문화는 다양하고, 반드시 놀이와 연관된 것만은 아니기 때문이다. 그러나 스포츠문화가 다음에 서술하는 다양한 기능을 발휘하고 일상생활의 필요성에 대응하기 위해서는 인간에게 바람직한 현상으로 받아들여지는 것이 중요하고, 운동으로 즐거움을 체험할 수 있어야 한다. 이런 의미에서 스포츠문화와 욕구의 바람직한 연속된 성격이념은 놀이에서 구해야 한다.

③ 스포츠문화의 기능

인간의 신체운동에 관한 문화영역은 스포츠문화로서 파악하는 것이 중요하다. 특히 운동수요가 풍부한 현대에는 개인의 복지와 사회적 복지가 통합된다는 현실에서 볼 때 인간의 운동을 생리적·해부학적 현상뿐만 아니라, 인간의 역사적·문화적 현상으로 파악해야 할 필요가 있다.

스포츠문화는 일상생활에서 당면하는 신체와 운동에 관련된 문제를 종합적으로 해결할 수 있기 때문에 그 기능은 근본적으로 이러한 문제의 해결에 있어야 한다. 그러나 스포츠문화의 기능이 반드시 이러한 목적이나 역할의 각도에서 받아들여질 수만은 없고, 그 과정과 결과 등 다양한 국면에서 받아들여질 수 있다. 문화의 기능은 개인과 사회의 양측면에서 받아들여지는데, 이 두 가지 관점에서 본 스포츠문화의 기능은 다음과 같다.

(1) 심신의 성장과 발달을 촉진하는 기능

스포츠문화는 생리적·문화적·사회적 자극으로 심신의 성장에 도움이 되는 많은 기능을 가지고 있다. 특히 신체와 운동의 관계를 보면 다른 동물은 본능적으로 자연스런 운동을 하면서 성숙할 수 있다. 그러나 사회생활, 문화, 환경 등의 차이에 의하여 인간은 자연적 운동만으로는 충분한 신체적 성숙을 완성할 수 없으므로 스포츠문화가 중요해 진다.

인간은 다양한 욕구를 갖고 있지만 많은 사람에게 공통되는 욕구는 안전욕구, 사회적 승인의 욕구, 감정적 반응을 구하는 욕구, 새로운 경험의 욕구 등이다. 이러한 욕구는 대부분 스포츠문화에서 충족될 수 있다. 예를 들면 스포츠는 새로운 경험의 욕구뿐만 아니라 사회적 승인과 감정적 반응을 구하는 욕구를 충족시키는 기능도 한다.

또한 많은 경험과 조사결과에서 볼 수 있듯이 레저는 스포츠문화의 일환으로서 점점 중요해지고 있다. 왜냐하면 새로운 경험의 욕구, 창조적 표현의 욕구, 인간관계의 즐거움, 운동과 경쟁의 즐거움 등 레저활동의 욕구는 대부분 스포츠문화에 의해 종합적으로 충족될 수 있기 때문이다. 사회의 급격한 변화 가운데 개인이 직면하는 신체와 운동에 대한 문제들은 점점 다양하고 복잡하다. 스트레스와 생명, 건강의 위험, 다양한 인간관계의 해결 등은 스포츠문화가 해결해야 할 중요한 기능이다.

(2) 사회화기능

개인의 욕구를 일정한 형식없이 충족시킬 수는 없다. 문화는 욕구충족에 관한 공통의 형태를 부여하고 공동생활을 가능하게 하며, 스포츠문화는 신체와 운동에 관계하는 사람들의 욕구충족을 사회화한다. 스포츠문화는 운동과 신체의 욕구를 조절하고, 공동생활에 필요한 행동양식과 규범, 사고방법 등을 가리키며, 이를 통해 다른 사회생활의 하나로서 기능한다. 따라서 스포츠문화는 도덕적 판단과 자율성을 발달시키고, 자기 성장 기능을 하며, 상호존중하는 학습을 배우고, 가치관과 윤리규범 등 사회 전반에 걸쳐 큰 역할을 담당한다.

이와 같이 스포츠문화에 의한 사회화는 운동생활의 사회화뿐만 아니라 신체의 인식이나 가치관, 경쟁사회의 윤리와 규범의 학습을 통해 사회 전반의 사회화기능도 한다.

(3) 경제적 기능

스포츠문화가 받는 기능성과 필요성이 상존하는 현대사회에서 스포츠문화의 경제적 기능은 커다란 문제가 되고 있다. 특히 소비가 생산을 자극하는 경제환경과 오락산업이 성장함에 따라 운동문화에서 경제적 역할도 최근 현저히 발달하였다. 사회투자의 일원으로 운동시설의 건설, 설비나 기구ㆍ용구의 생산, 거대한 조직의 행사나 대회, 프로스포츠의 융성 등 스포츠문화의 경제적인 기능은 매우 큰 문제가 되고 있다.

스포츠의 경제적 가치는 선전매체로서의 성격도 더해져 미디어산업의 중요한 부분을 차지하고 있다. 스포츠문화의 경제적 기능증대는 생활에서의 중요성에 의한 것이지만, 상업주의적 이윤추구만이 목적이 된다면 반드시 바람직한 기능이라고는 볼 수 없다.

⑷ 정치적 기능

고대 그리스의 올림픽대회가 페르시아제국에 대항하기 위한 폴리스 통합기능에 있었던 것은 잘 알려진 사실이다. 이것은 스포츠를 중심으로 하여 스포츠문화의 정치적 기능을 완수하려는 시도였다. 고대 로마는 카르타고와 전쟁을 할 때 반드시 거대한 콜로세움에서 경기대회를 개최하는 등 위기국면을 스포츠를 이용하여 극복하였다. 이는 욕구의 해방과 충족으로 특징되어온 스포츠문화를 정치불안 또는 사회적 위기의 회피수단으로 사용한 구체적인 예이다.

인간은 욕구의 해방과 충족이 급격해지면 인격이 상실되기 쉽다. 즉 스포츠경기는 열광적인 흥분 및 감격을 유발시키는데, 이 가운데서 카리스마적 권위가 침투하여 지배와 복종을 쉽게 하는 것이다. 많은 국제경기가 국가의 위신을 짊어진 내셔널리즘체제에서 경시적 대회 역할만을 한 것은 아니다. 평등의 기본원칙에 따라 공동목표를 추구하기 위하여 상호협력하여 어울리는 기회도 있었고, 공통의 이해와 우애를 강화하여 국제친선에 크게 공헌한 실천의 장이기도 하였다.

한편 스포츠문화가 생활의 내용으로 중요해짐으로써 정치가 스포츠문화와 밀접한 관계를 갖게 되었다. 사회체육은 사람들의 자발적인 참여에 의해 스포츠문화의 기능을 바람직하게 발휘시켜 본래의 목표를 달성하도록 한다. 이러한 스포츠문화의 기능은 그 종류에 따라 강조되는 측면에 차이가 있기 때문에 스포츠문화의 종류 및 영역에 대한 연구ㆍ고찰이 필요하다.

⑸ 사회변화기능

스포츠문화가 사회적으로 영향을 미치는 영역은 점차 확대되어 각종 사회변화에 큰 영향을 미치고 있는데, 그 내용은 다음과 같다.

- 현대사회의 변화 및 여가시간의 변화로 인한 스포츠문화에 새로운 목적 출현

- 조직적 · 비조직적 스포츠활동에 대한 참가자 증가
- 스포츠에 대한 사회적 재평가
- 자유시간의 건전하고 현명한 사용방법 창출
- 세계 각국에서 자연스런 국민운동 차원으로 승화

(6) 교양적 의미의 스포츠

이는 자연적으로 발생한 신체운동의 이념을 추구함으로써 문화적으로 발달하고 또 발전한다는 문화론으로, 주관적이고 추상적이라 하겠다. 체육은 스포츠문화로서 인간생활 중에 존재한다. 그러므로 신체운동은 생활문화이자 교양이라 할 수 있다.

(7) 교육적 의미의 스포츠

교육은 인간 대 인간의 결합과정을 통하여 정신의 결합을 추구하는데, 그 매개체는 문화이다. 체육의 신체활동이란 인간의 근원적인 활동을 통한 문화가치를 추구함으로써 발육발달은 물론 인간형성에 이바지한다. 그러므로 사회체육에서도 체육을 정의할 때 공교육 혹은 사회교육으로서의 사회체육이라고 한다.

(8) 가치창조적 의미의 스포츠

인간의 생활은 곧 활동이다. 즉 사람이 동물적 활동(충동 혹은 본능)에서 창조적 활동을 추구하는 것은 곧 가치창조활동이다. 따라서 가치창조활동은 개성적이고 시민적이어야 하며, 체육은 자아실현 및 사회적 가치창조와 직결된다.

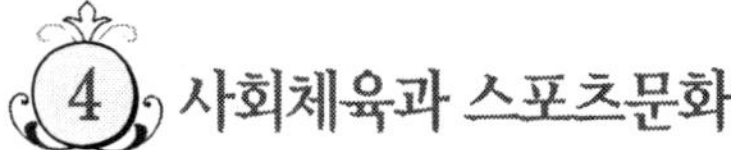 사회체육과 스포츠문화

사회의 발전에 기여하는 스포츠문화의 정착을 위해서는 국민이 자신의 삶을 질적으로 한층 높일 수 있는 활동이 체육이라는 것을 인식하고, 그러한 활동에 널리 참여할 기회가 확대되어야 한다. 특히 미래를 담당할 청소년들이 이러한 인식을 가지고 적극 참여할 수 있도록 할 필요가 있다.

(1) 건전한 스포츠문화 의식함양

우리 문화의 전통적 요소 중에서 가장 뿌리깊고 영향력이 큰 것은 유교사상인데, 거기에서 체육의 중요성에 대한 적극적인 표현을 찾기는 쉽지 않다. 일종의 숭문주의인 유교사상으로 무장한 사대부들에게는 몸을 움직이는 일(노동과 신체운동)을 경시하는 풍조가 지배적이었다.

근래에는 사회변동의 물결에 힘입어 일반국민들 사이에서도 건강관리의 중요성과 신체활동에 대한 관심이 크게 증가되었다. 또한 전 사회로 보급된 대중전달매체를 타고 소비지향적 여가문화가 만연되어 즐기는 스포츠활동도 두드러지게 되었다. 이에 덧붙여 올림픽을 계기로 하여 운동경기, 즉 경쟁스포츠의 지위가 급격히 변화하기 시작하였고, 경기에 관련된 선수나 지도자, 스포츠관련 연구가와 실무자들을 망라한 이른바 체육인들의 자질에 대한 일반적 기대수준에도 변화가 일어났다. 그럼에도 불구하고 국민 대다수가 체육을 보는 안목은 상업주의 지향적으로 오도(誤導)되었고, 체육계 자체의 전문성(professionalism) 미숙으로 아마추어정신이 퇴조하여 일반국민의 체육의식을 흐리게 하고 있다.

프로페셔널리즘이란 자신이 하는 일에 관련된 전문적 교육 및 훈련에 의한 소질을 바탕으로 그것을 공공의 가치목표 추구와 봉사에 활용한다는 헌신몰입(commitment)의 정신과 전문가집단 내부에 공통된 논리강령을 존중하는 직업의식을 일컫는다. 그러나 오늘날 체육계는 그와 같은 전문가적 직업의식으로서의 전문성이 아니라, 상업주의적 프로화(commercial professionalization)로 기울어지는 경향이 있어 건전한 아마추어정신에 기초한 전문성이 침해를 받고 있다. 이런 현상 때문에 일반국민들도 스포츠를 단순한 오락으로 간주하게 되어 체육인의 전문성에 대한 잘못된 인식을 심어주고 있다.

상업주의가 일반국민의 건강관리 측면에도 폐해를 주는 것은 건강유지를 위한 운동이나 체육활동이 일시적인 유행(fad)이나 유흥으로 광고선전의 대상이 되어버린다는 사실이다. 생활수준의 전반적인 향상과 중산층의 확대, 그리고 소비지향적 생활양식의 변화를 감안하여 기업 부문에서 이러한 성향을 조장하고 있는데, 여기에도 왜곡이 있음을 주목할 필요가 있다.

건전한 스포츠문화의 정착이란 일반 국민의 체육관(體育觀)을 올바로 정립하고, 체육활동의 지나친 상업화를 지양하면서 진정한 아마추어리즘의 확립을 도모하는 일에서 비롯된다. 정상적인 체육활동은 직접 참여하든 관람하며 즐기든 국민건강증진을 위한 수단인 동시에 심리적 충족감을 가질 수 있고 일상의 긴장을 해소시킬 수 있어야 한다. 나아가 한층 더 풍부한 스포츠문화를 가꾸려면 우리의 전통문화 속에서 면면히 이어온 갖가지 신체단련술, 경쟁 및 참여경기, 관람용경기 등의 체육문화적 요소를 되살려 더욱 개발·보급시키려는 노력도 함께하는 일이 중요하다. 사실 경제성장을 이룩하고 민주화를 진행하는 과정에서 전통문화로서 스포츠문화의 정립은 충분히 부각시킬만한 것이다.

이러한 과제들을 수행하기 위해서는 계몽과 홍보·교육지도가 시급하며, 신체활동으로 여가를 즐길 기회와 여건이 확충되어야 하고, 경쟁경기에서는 경기질서의 확립을 이룩하여야 할 것이다. 이러한 모든 것을 뒷받침해 주고 이끌어주는 것은 역시 전문체육인들이다. 이들이 스스로의 지속적인 교육·훈련과 자아계발노력을 통하여 전문성을 제고하는 것이 근본적인 대책의 하나이다.

⑵ 참여스포츠의 활성화

건강을 위한 여가활동이든 아마추어 체육활동이든, 그것은 모두 삶의 질적 향상을 돕는 일이므로 좀더 발전된 사회라면 그것을 향유하는 기회가 각계각층에 골고루 주어질 것으로 기대된다. 그러나 우리의 현실은 이 점에서도 문제점을 안고 있다.

전체적인 생활수준의 향상에도 불구하고, 고도 경제성장 및 도시화 과정에서 계층 간·지역 간 불균형현상은 드러나기 마련이다. 이는 체육과 스포츠 부분도 예외는 아니다. 결국 중산층 이상의 고급 스포츠문화가 상업주의의 자극을 받아 번져나가게 되지만, 확대되는 중간계급의 욕구를 충족시키기에는 거리가 있고, 더군다나 서민층과 근로계층은 그들과 무관한 사회문화로 인식할 우려가 있다. 이러한 과정에서 특별히 소외되기 쉬운 대상은 장애인과 여성이다.

경제적으로도 중진국 수준을 넘어 선진화된 우리 사회는 중산층이 사회의 주축을 이룬다. 중산층의 욕구와 기대수준 및 삶의 질적 향상에 대한 관심이 하루가 다르게 높아지고 있는 상황을 감안할 때, 스포츠의 계층적·지역적 차이가 관용되리라는 안일한 발상은 금물이다.

이에 대한 대응책은 다음의 두 가지 측면에서 참여의 확대를 내포하는 방향으로 추구되어야 할 것이다.

첫째, 체육과 스포츠활동을 포함하되, 국민의 건강관리를 촉진시키는 넓은 뜻의 신체활동에 모든 계층, 모든 지역공동체의 구성원이 골고루 참여할 수 있는 기회를 주고 시설과 프로그램을 제공해야 한다. 장애인과 여성의 참여가 적극적으로 이루어지도록 해야 한다.

둘째, 어떤 정책과제를 개발하고 추진할 때 무슨 일이든 정부가 주도하고 관장해야 한다는 생각이 지금까지는 지배적이었다. 자원과 자본, 전문지식이 부족했던 시절에는 그러한 경향이 용납되었지만, 지금은 중산층의 확대, 기업의 성장, 국민의 지적 수준향상 등을 바탕으로 민간의 자발적 부문(voluntary sector)의 역량이 크게 신장되었다. 따라서 정치적 민주화와 사회의 자율화가 진행되고, 정부가 모든 것을 감당할 수 없을 정도로 사회기능이 커지고 복잡해졌으므로 민간의 자발적 참여를 적극적으로 권장할 필요가 있다. 이를 위해서 학교나 직장을 중심으로 스포츠시설과 프로그램의 질을 높은 수준으로 개편해야 할 것이다. 학교에서는 어린이와 젊은이들의 건전하고 원만한 인간교육을 위해, 직장에서는 직장생활에서 쌓이는 스트레스를 해소하여 직원의 사기와 생산성을 높이기 위해 중요하다. 또는 각종 직업병이 만연되는 현실에 비추어 건강관리를 위한 시설과 프로그램의 확충은 절대적으로 필요하다.

지역별·지역공동체별 스포츠활동을 촉진하기 위해서도 정부와 민간부문이 공동으로 참여, 협의·투자하여 시설확충과 프로그램개발에 함께 힘써야 한다. 우선적으로 낙후된 지방, 후진 지역공동체(농촌, 도시빈민지역 등)를 집중개발하고 단계적으로 전국적으로 확산시키는 방법이 좋을 것이다. 중산층 밀집지역이나 도시지역은 스스로 추진할 의욕과 능력이 있으므로 자발적으로 하게 두되, 다른 낙후지역의 시설·프로그램 확충사업에도 공동참여하도록 촉구하고 협조를 구해야 할 것이다.

우리 사회에는 아직도 장애인에 대한 부정적인 인식이 불식되지 못하고 있는데, 이 문제를 극복하는 첩경의 하나가 바로 스포츠활동이다. 즉 장애인도 비장애인처럼 스포츠활동이 가능하고, 또 그것이 절실히 필요하다는 점을 일깨워주는 것이 필요하다. 이런 뜻에서 장애인을 위한 시설과 프로그램의 중요성은 더욱 부각된다.

표 2-7. 규칙적 체육활동 비참여이유의 연도별 비교   (단위 : %)

연도별	바빠서/ 시간부족	게을러서	신체허약	동반자 부재	시설부족	지도자 부재	정보 부재	흥미/ 관심결여	경제사정
1986	61.9	-	6.7	2.7	-	-	7.5	17.6	3.5
1989	59.2	-	12.6	2.8	-	-	8.1	13.4	-
1991	53.4	-	9.2	3.1	-	-	5.4	13.8	5.4
1994	59.4	16.0	9.0	2.8	-	-	4.6	6.3	2.0
1997	52.4	-	6.4	4.4	-	-	2.0	3.9	3.2
2000	39.1	20.8	5.8	7.1	1.9	0.2	0.2	1.1	1.1
2003	48.0	26.8	8.1	3.2	4.3	0.3	1.3	5.1	2.8
2006	44.6	21.5	13.8	2.2	2.8	2.4	0.2	11.7	1.3
2008	54.2	20.0	8.4	3.2	3.5	0.6	1.6	5.9	2.6

자료 : 체육백서(2009)

한편 직장·학교·지역공동체 단위로 각종 스포츠시설을 마련하고 프로그램을 개발하여 운영하고자 할 때 중요한 요소는 인적 자원이다. 그중에서도 특히 사회체육 지도자가 많이 배출되어야 하는데, 이들의 자질을 향상시키는 프로그램이 있어야 한다. 또, 사회체육 지도자를 배출한다 해도 그 배치가 지역적·계층적으로 불균형을 이루면 곤란하다. 이들을 중심으로 각 직장이나 지역공동체에서는 스포츠활동을 위한 자발적 결사체(클럽, 기타 단체, 조직체)가 많이 생겨날 수 있도록 장려하고 지원할 필요가 있다. 이러한 자발적 부문의 조직화가 제대로 되어야만 비로소 건전한 스포츠문화가 균형적으로 확산될 것이다. 요컨대 사회발전이라는 안목에서 스포츠문화의 정착을 고려할 때 생산적이고 건전한 여가문화의 일환으로 스포츠문화가 계층이나 지역 간의 차별없이 골고루 보급되는 것도 삶의 기회의 정의로운 확대라는 뜻에서 매우 의미있는 일이다.

(3) 청소년 스포츠문화의 진흥

기성세대 중심의 스포츠문화의 정착도 중요하지만, 장기적인 견지에서 사회발전을 겨냥한다면 스포츠문화를 제대로 뿌리내리게 할 세대인 청소년을 주목하지 않을 수 없다. 사실 스포츠문화의 정착이나 사회의 발전은 근본적으로 미래에서 그 의의가 찾아지는 것이지 오늘 당장 이루어지는 것은 아니다. 현실적으로 우리의 어린이·젊은이들은 어떠한 문화적 환경 속에서 삶을 누리고 있는가를 성찰해 보면 장래가 우려되는 요소가 많다. 이는 무엇보다도 학교교육에 근원적인 문제가 있는데, 그것은 사회의 가치지향과 구조적 모순에 뿌리를 두고 있다. 입시위주의 지식편중교육은 청소년의 정서적 풍요로움과 신체적·심리적 건강의 아름다움을 잠식하고 있다. 이는 사회의 발전가치인 삶의 질 향상과 정면으로 충돌되는 문제점이다.

이에 덧붙여 생각해야 할 또 하나의 문제는 학교교육의 혜택을 끝까지 누리지 못하는 청소년, 그중에서도 직장에 정착하지 못한 미취업 청소년, 그리고 장애인을 포함하여 가족도 없이 기관에 수용되어 있는 청소년 등 불우한 청소년들이다. 이들에게도 균등한 삶의 기회가 주어져야 마땅하다.

이러한 관점에서 접근할 때 청소년을 위한 스포츠문화의 진흥은 시급하고도 절박한 과제임을 알 수 있다. 더군다나 국제스포츠경기가 자주 개최되고 경쟁스포츠의 상업화가 급진전하는 상황에서 청소년들의 학습모형이 비정상화되는 추세마저 나타나고 있다. 이러한 추세에 맞춰 변하고 있는 체육정책 중에는 체육특기생들이 운동시설을 독점하거나, 그들에게 각종 특혜를 부여하는 시책이다. 이 때문에 체육이 자신의 건강한 삶을 위한 일상생활의 일부라는 상식적이고 건전한 관념보다는 모든 청소년이 운동선수가 되겠다는 허황된 꿈이나 키우는 문화가 만연하게 된다. 이것이 입시위주의 학교교육과 결부되면서 공부하기 위해서는 스포츠활동을 삼가야 하고, 특기자가 되고자 하면 공부를 포기해야 한다는 왜곡된 극화현상이 생겨나게 되었다.

지역공동체의 체육시설이나 활동여건이 미비하고, 학교체육시설의 폐쇄적인 운영으로 청소년들의 건전한 여가활동기회가 제약을 받아 비행에 빠져들기 쉬운 것이 오늘의 현실이다. 사회가 도시화하고 대중문화가 번창할수록 감수성이 예민하고 호기심이 강한 청소년들은 비정상적 일탈문화에 휩쓸릴 소지가 많다. 이와 같은 상황을 정상화시키기 위해서라도 건전한 스포츠문화의 진흥이 청소년들에게 특히 중요하다.

이러한 문제점을 해소하려면 학교에서 정규체육과정을 다양화하고 흥미 있게 구성함으로써 학생들이 적극적으로 참여할 수 있도록 해야 한다. 이는 입시교육과는 무관하게 학교교육을 정상화시킬 뿐만 아니라 건강관리가 얼마나 중요한 것인가를 인식시켜주는 진정한 체육교육이다. 한편 근로청소년이나 기관수용 청소년을 위해서는 직장과 기관에 체육시설을 갖추고 직장·기관 단위로 체육활동을 하도록 지원하여야 한다. 그런 여력이 없다면 지역공동체의 자발적 결사체와 사회체육 지도자들의 도움을 받아 프로그램을 운영하도록 한다. 미취학 부랑청소년을 위한 정부와 민간의 스포츠시설 및 프로그램 제공의 중요성은 더 말할 필요도 없다. 이는 근로청소년에게는 건강유지와 직업병 예방뿐만 아니라 사기진작 내지 생산성제고의 효과가 있고, 수용·부랑청소년에게는 육체적 건강은 물론 정서적 안정을 줄 것이다.

이러한 접근방법을 취함으로써 오늘의 청소년들이 어떤 환경에 처해 있든지 건강하고 건전한 젊음을 보낼 수 있게 도와주고, 장차 이 사회를 짊어질 세대가 건강하고 원만한 인간으로 성장하는 데 기여하는 스포츠문화의 정착을 기대해 봄직하다. 이는 곧 먼 앞날을 바라보고 삶의 질적 향상과 삶의 기회증진에 의한 사회의 발전을 예비하는 오늘의 자세라고 할 것이다.

사회체육과 대중매체

신체활동참여를 통한 이상적인 삶의 영위를 말하는 새로운 라이프스타일(life-style)의

탄생은 복지사회건설에도 기여한다. 이러한 배경에는 미디어가 중요한 역할을 하고 있다. 대중매체는 스스로 건강에 유의하도록 하며 신체를 아름답게 가꾸어 젊고 아름답고 활기찬 인간상 창조에 공헌한다. 즉 사회체육활동에 더 많은 사람들이 참가할수록 미디어는 사회체육에 대해 더 많은 관심을 가지게 되며, 미디어가 더 많은 시간과 지면을 사회체육을 위해 할애한다면 사회체육의 참여율은 더욱 높아질 것이다.

바덴바덴의 기적으로부터 1988년 서울올림픽대회를 거쳐 2002년 한일월드컵대회에 이르기까지 꾸준히 제기되었던 이슈는 과연 우리나라의 체육이 바람직한 방향으로 진행되고 있느냐는 것인데, 최소한 체육활동의 보급을 통한 양적 증가는 확실하다. 이처럼 전반적으로 스포츠가 양적 증가된 직접 요인은 올림픽과 월드컵이라는 국가적 행사가 국민적 합의를 형성시켰고, 여기에 부수적으로 프로스포츠의 활성화와 매스컴의 대량보도, 스포츠용품산업의 범람 등이 부추김했다고 본다.

사실 정부는 그동안 체육에 대한 의식풍토를 개혁하고 체육활동을 일상생활의 일부로 정착시키기 위해 TV · 라디오 · 신문 · 잡지 등 대중매체의 활용, 체육에 관한 강연회, 학술대회 등을 통한 홍보활동을 활발히 전개함으로써 정책적인 배려를 했다고 볼 수 있다. 그러나 매스미디어는 일부종목의 편중된 보도 및 중계, 프로스포츠에 집중된 편성으로 스포츠조직 구조를 기형적으로 만들었고, 직접 참여스포츠를 기반으로 해야 하는 스포츠활동을 관람위주의 스포츠참여로 조장한 측면도 없지 않다.

매스컴 관련 자료를 보면 1980년대에 신문 · 방송에서 체육면의 확장이 뚜렷이 나타났다. 신문은 8면에서 12면으로 50% 증면되었지만, 스포츠만은 100% 이상 증면되었다. 또한 주 2~3회는 체육면을 2면으로 증면하기도 하고, 스포츠전문 일간지도 더 창간되었다. 한편 방송도 올림픽유치 확정 전에는 8%에 지나지 않던 것이 유치 이후에는 12.1%로 증가했고, 다시 1982년 프로야구 출범과 때를 같이 하여 19.4%로 늘어났다. 1994년 중앙일보는 별도의 스포츠 섹션을 구성했다.

스포츠 전문지의 경우는 1969년 일간스포츠(1963년에 최초의 스포츠신문인 일간스포츠가 창간되었으나, 당시 큰 호응을 받지 못해 1964년 경제신문으로 개편되었고, 현재의 스포츠의 성격을 띄기 시작한 것은 1969년부터라 할 수 있다)를 필두로 스포츠서울, 스

표 2-8. 국내 인터넷사용자 추이   (단위 : 천 명)

연도	1997	1998	1999	2000	2001	2002	2003	2004	2005	2006	2007	2008	2009
사용자수	1,634	6,103	10,860	19,040	24,380	26,270	29,220	31,580	33,010	34,120	34,820	35,360	36,580

자료 : 체육백서(2009)

포츠조선, 스포츠투데이, 굿데이, 스포츠한국, 스포츠칸, 스포츠월드, 스포츠동아가 시차를 두고 창간되었다. 굿데이는 2005년, 스포츠투데이는 2006년에 자금난으로 폐간되어 현재는 7개 지가 발행되고 있다.

표 2-9. 스포츠신문 매출 현황 (단위 : 억 원)

신문명	스포츠서울	일간스포츠	스포츠조선
2006	356	298	427
2007	377	382	413
2008	280	381	179
2009	273	177	208

*자료 : 체육백서(2009)
*2008.7.1~2009.6.30 기준으로 결산된 액수임

방송은 스포츠중계와 스포츠뉴스를 들 수 있는데, 이들 역시 인기프로스포츠를 주로 다룬다. 그러나 현재는 스포츠 전문 케이블방송의 등장으로 많은 변화를 겪고 있다. 올림픽의 경우도 예외가 아니다. 최근에 개최된 베이징하계올림픽과 벤쿠버동계올림픽을 예로 든다면, 우리나라 선수 출전 경기위주 편성 및 중계, 비인기종목 소외가 극심했다.

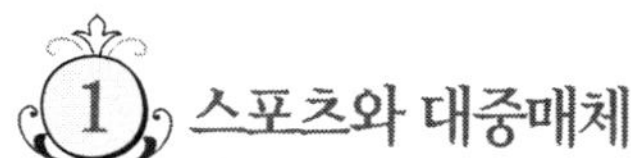

1 스포츠와 대중매체

스포츠와 문화제도 사이의 관념적 관계에 대한 가장 분명한 예는 스포츠와 대중매체의 관계일 것이다. Breed, W.는 "매체는 사회적 원인을 지지하거나 촉진하는 것이 아니라, 현상태의 존속과 더 관련되어 있는 보수적인 제도이다. 그는 사회통제자로서의 매체기능을 보급한다기보다는 통제한다고 볼 수 있다."라고 지적하였다.

매체는 표준화된 의식으로 이루어진다. 매체의 사회적이고 심리학적인 관련에도 불구하고 매체의 가장 중요한 결과는 문화가치의 주장인 상징적 제도이다. 이런 점에서 매체와 스포츠의 기능적 관계는 확실히 차이가 드러나게 된다. 매체와 같이 스포츠는 존중되고 확정된 기준, 가치, 규약의 상징적인 여러 주장을 통한 사회적 질서를 제공한다. 더욱이 문화의 한 형태인 스포츠는 가치 있는 도덕적 특성의 대중 과시를 국가적 특징과 프로테스탄트 윤리에 고착되어 있는 가치적 현실 사이에서 상호관계를 제공해준다.

(1) 매스컴과 스포츠의 연결

『비디오리서치(Video Research)』사의 조사에 의하면, 스포츠프로그램은 10년간 거의

몇 배 증가하였다고 한다. 스포츠 관련기사도 스포츠면뿐만 아니라 문화·경제·사회면에서도 등장하게 되었으며, 스포츠 잡지 또한 급증하고 있다. 바야흐로 스포츠 붐을 이루고 있고, 매스컴산업 전체가 스포츠를 지향하는 경향을 볼 수 있다. 또, 아마추어 스포츠계도 보급과 운영자금확보를 위해 매스컴에 거는 기대가 커지고 있다. 최근 급증한 스포츠이벤트의 대부분은 이러한 매스컴과 스포츠 간에 형성된 상호의존관계에 기저를 두고 있다.

현재 매스컴이 취급하고 있는 스포츠는 화제성이 있는 인기 스포츠에만 편중되어 비인기 스포츠는 점점 소외됨으로써 매스컴의 개입에 의해 비롯된 major스포츠와 minor스포츠의 격차가 더욱 커지고 있다. 한편 TV 방송국이나 신문사가 주최·후원하는 인기 스포츠이벤트는 방영권료도 폭등하고 있어 매스컴 주도형으로 상업주의적인 성격을 띠어가고 있다. 스포츠이벤트가 화제성이 높은 것일수록 기업의 선전매체로서의 가치는 높아지고, 매스컴산업도 이윤추구의 수단으로 이용된다.

매스미디어(mass media)란 신문·잡지·방송과 같은 대중을 대상으로 하여 매스커뮤니케이션을 매개하는 매개물이다. 경기대회의 중계방송을 포함하여 스포츠에 관한 정보를 사람들에게 제공하는 것이 스포츠 매스미디어의 활동이다. 일본의 매스미디어, 특히 신문은 스포츠의 정보기능뿐만 아니라 판매광장기능까지 포함시켜 스포츠 경기대회를 적극적으로 개최하여 스포츠진흥에 이바지해 왔다는 점이 중요하다. 우리나라에서도 고교 야구, 마라톤 등 신문사가 주최하는 스포츠이벤트가 다수 개최되고 있다. 스포츠보도라는 저널리즘의 측면과 스포츠진흥을 위한 기획·운영의 측면을 신문에서 볼 수 있다.

스포츠 저널리즘의 영역은 다음과 같이 구분된다.

① 방송 저널리즘……텔레비전, 라디오 등에 의한 스포츠방송
② 잡지 저널리즘……주간지, 월간지 등에 의한 스포츠보도
③ 신문 저널리즘……일간지, 스포츠신문 등에 의한 보도

스포츠 저널리즘은 당초 스포츠대회를 보도하는 것으로, 행하는 스포츠의 지지자 위치에 있었지만, 오늘날에는 보는 스포츠의 발달에 따라 보는 스포츠에서 주인공의 지위를 차지하게 되었다. 보는 스포츠의 발달에 대하여 TV가 가져다 준 영향은 무엇보다도 크고, 오늘날에는 단지 보는 스포츠에서 멈추지 않고 행하는 스포츠에 대해서도 TV는 많은 영향을 미치고 있다. 극단적으로 말하면 "스포츠는 TV에 의하여 만들어진다."는 것이 현재의 추세이다. 중계권을 소유한 방송사의 요구에 의한 경기일정의 변경과 방송사의 광고삽입을 용이하게 하기 위한 경기규칙의 변경은 스포츠에 대한 방송의 영향력을 입증하

는 예이다.

최근 스포츠 붐을 반영한 스포츠에 관한 정보량의 증가는 눈부실 정도이며, 오락적인 것에서부터 실용적인 것까지 그 수요의 폭은 상당히 넓어지고 있다. 우리의 일상생활을 돌아보면 스포츠가 정보화되어 왔을 뿐만 아니라, 그 스포츠정보가 용해되어 환경화되어가고 있는 것을 볼 수 있다.

오락적인 스포츠정보는 종목편중, 상업주의, 과도한 영웅주의나 미담화 등 보내는 측의 보도자세에 의문점이 많다. 그러나 매스컴의 수용자인 우리들은 이러한 스포츠정보를 보는(듣는다, 읽는다) 스포츠로서, 나날이 즐기고 있는 상태 및 현상으로서 하는(행하는) 스포츠 이상으로 일상적인 스포츠에서 큰 비중을 차지하고 있다. 모든 사람의 스포츠라고 할 때 하는 스포츠로 생각하기 쉬우나, 일상생활과 밀착된 차원에서 본다면 보는 스포츠에 대하여도 좀더 논의할 필요가 있다.

보는 스포츠는 "창조성이나 적극성을 빼앗고, 사람을 수동적이고 획일적으로 만든다."고 한 TV 비판과 결부시켜 폐단으로만 인식된 측면이 많았다. 즉 하는 스포츠를 위한 동기상태로서 지도성 및 계발성을 기대할 수는 있어도 보는 스포츠 그 자체에 대한 평가는 저조하였다. 보는 스포츠는 본래 그 자체가 독립된 경험세계에서 존재할 수 있는 것이며, 행하는 스포츠에 종속되는 것도 아니며, 또 하는 스포츠를 전제로 하여 평가하는 것도 아니다.

스포츠가 스포츠를 하는 사람 자신의 것이라고 한다면 매스컴의 비정상적인 스포츠계의 침입은 스포츠 본래의 존재를 왜곡시킨다는 것은 의심의 여지가 없다. 그러나 보는 스포츠에 의하여 스포츠가 보다 우리와 가까워지고, 스포츠에 대한 지식이나 관심이 높아지며, 스포츠에 대한 우리의 공유적인 경험영역이 확대되고 있는 것도 사실이다. 스포츠가 대중의 오락문화 속에서 커다란 위치를 차지하게 된 오늘날 모든 사람의 스포츠라는 시점에서 하는 스포츠와 같이 보는 스포츠도 적극적으로 평가해볼 필요가 있다.

최근에는 보는 스포츠에 대한 새로운 경향으로 다종다양한 스포츠잡지가 발간되고, 많은 사람들에 의하여 소비된다. 거기에서는 패션이 큰 비중을 차지하여 일반 패션잡지와 스포츠잡지가 구별되지 않는 형태까지 출현하고 있다. 이는 스포츠 그 자체가 하나의 패션으로 된 현재의 스포츠상황과 무관한 것이 아니다. 이와 같이 보는 스포츠도 새로운 단계로 접어 들고 있는 것이다.

보는 스포츠에서 사람들에게 보여주는 것은 무엇이며, 또 사람들은 무엇을 보고 만족하는가? 스포츠 저널리즘은 패션 이외에 승부와 기량, 그리고 고도의 기량을 가지고 승부의 중요 장면에 임하는 인간을 보이는 것이다. 그리고 기량과 승부뿐만 아니라, 인간으로서 모두에게 공감을 얻는 사람은 영웅이 되는데, 영웅은 실존한다기보다 저널리즘에 의하여 창조된다. 영웅은 그 스포츠를 사람들에게 확산시키며, 보는 스포츠를 사회에 침투시키는 데 큰 힘을 발휘한다.

보는 스포츠의 기능으로서 스포츠 사회학자인 Mcpherson, B. D.은 다음과 같은 5가지를 열거하고 있다.

- 영웅이나 지역의 일체화에 의한 심리적 만족을 얻는다.
- 스포츠의 역사와 전술을 아는 것에 의해 스포츠문화를 체험한다.
- 특정한 스포츠에 대한 흥미를 일으킨다.
- 선수와 팀에 대해서 대화와 비평을 한다.
- 팀의 지휘 또는 전술의 구상에 의해 대리적 감독체험을 한다.

이상과 같은 기능에 덧붙여 보는 스포츠는 사람들이 욕구불만을 발산하는 안전판기능도 있다. 자극적이며 박진감 있는 장면에 열중함으로써 사람들은 현실적 자아를 망각하고 가상의 세계에 몰두하게 된다. 즉 스포츠에 흥분하는 것이 일시적인 정신안정제로 작용하는 것이다.

(2) 대중매체의 기능 및 역할

Eizen, D. S. & Sage, G. H.(1981)는 매스미디어의 독특한 기능에 대하여 현재적 기능으로 정보전달과 오락제공, 잠재적 기능으로 사회통합과 사회변혁을 들고, 미디어 스포츠에도 그것을 적용시키려 하였다.

Birrel, S. & Loy, J. W.(1979)는 미디어스포츠의 4가지 기능인 정보전달, 통합, 각성, 도피를 다음과 같이 설명하고 있다. 정보전달이란 게임의 결과와 각 선수 및 팀전술에 대한 지식을 제공하는 것이며, 통합은 사람들에게 공통적 규범과 의식의 가치를 공유시켜 (미디어에 의하여 우리들은 상호 유효한 관계를 갖는다) 그 지역의 공통된 초점을 가져다 주며, 각성과 도피는 평범한 일상생활에서 흥분과 현실적 욕구와 약관으로부터 일반적이나마 도피하기 위한 기회를 가져다 줌으로써 개인적인 욕구를 충족시킨다. 즉 미디어스포츠는 그 자체가 통제된 폭력, 문제해결, 빠른 템포, 다양한 색채의 시각적 파워 등을 보유하고 각성과 도피를 촉진시키는 완벽한 컴비네이션을 가지고 있다. 상술한 기능 중 정보전달과 오락제공이 매스케뮤니케이션의 방송자, 미디어 및 그 내용을 포함한 매스미디어를 통하여 행해질 때 사람들의 행동과 심리에 무엇을 가져다 주는가는 기능적 결과와 역기능적 결과의 양면을 포함하여 검토하여야 할 것이다.

Clark, A. & Clark, J.(1983)는 통상적인 스포츠가 아닌 단지 사회적인 의미를 주는 대상으로서의 스포츠를 매스미디어는 어떻게 묘사하고 있는가를 설명하였다. 먼저 미디어는 각종 스포츠 속에서 양호한 영상과 기사를 만들 수 있는 것을 선택한다. 그리고 수용자를 기쁘게 할 수 있는 특별한 국면에만 초점을 맞춘다. 반대로 생산자가 현실을 왜곡할 수도 있다는 측면이다. 여기서 초점을 맞추는 방법은 사회에서 우세한 가치의 지배를 받고, 그것을 보강하는 데 기여한다. 이 가치는 매스미디어 수용자의 관심이 집중될 것으로 예상되는 방송자의 4가지 선택기준인 스펙타클, 드라마, 개인화 및 즉시성에 의해 지배된다. 스펙타클은 이벤트의 지위와 장소에 관련된다. 예를 들면 NFL의 슈퍼볼(Super Bowl)과 같이 일류선수가 출전하고 특별한 가치를 갖는 장소에서 행해진다. 드라마는 감정이 최고조에 이르는 중대국면에서 나타난다. 시즌 결승전이나 신기록달성 시는 최상의 내용이 되지만, 매일매일의 일상적 보도도 추진되고 있다. 드라마는 성공장면뿐만 아니라 실패장면도 포함하여 그 게임의 질이 어쨌든 무언가 특별한 것을 내포하고 있는 것처럼 구성·조작된다. 개인화는 매스미디어에서 특정개인(유명한 스포츠선수와 그날의 영웅)에 초점을 집중시키는 것으로 승리지상주의, 개인의 우상화 등과 결부된다. 특정개인에게 희망과 운, 그리고 성공과 실패를 동일시할 수 있고, 인터뷰와 액션의 클로즈업을 통하여 평상시에는 불가능한 특권적 통찰을 할 수 있게 된다. 이는 특히 스포츠가 개인적 문제로서 개인의 기술, 능력, 기질에 크게 의존한다는 인상을 준다. 즉시성이라는 의미에서 성공한 사례는 골프이다. 골프는 몇 명의 플레이어가 동시에 플레이하기 때문에 관중은 하나의 홀밖에 볼 수 없지만, 전파미디어의 수용자는 하이라이트성 방송을 통해 전 경기를 볼 수 있다. 스포츠뉴스도 즉시성에서는 생중계에 비하여 메시지가 빈약하기 때문에 보다 응축되고 드라마화된다.

이와 같은 미디어 스포츠의 4가지의 선택요소(기준)는 스포츠에 내재하는 가치를 보강하는 작용을 하며(그림 2-2 참조), 우리는 그 가치를 무의식 중에 보강시켜 준다. 그것은 대체적으로 미디어에서 경기자나 팀을 자기와 동일시 함으로써 통하여 촉진된다.

Lipsky, R.(1981)는 "선수는 경기장 외에서의 대중과 떨어져 있지 않는 일상적 행동(averageness)이 자기동일시를 한층 더 강화한다."고 하였다. 스포츠신문과 같은 미디어는 이 점에서 중요한 역할을 하고 있다고 볼 수 있다. 그는 또 "자기동일시를 대신하는 여행(vicarious voyage of identity)을 통하여 스포츠 이외의 현실의 장에서 좌절에 의해 생기는 적개심을 해소하고, 무정형적이고 유동적인 사회적 불안을 구체적이며 취급하기 쉬운 스트

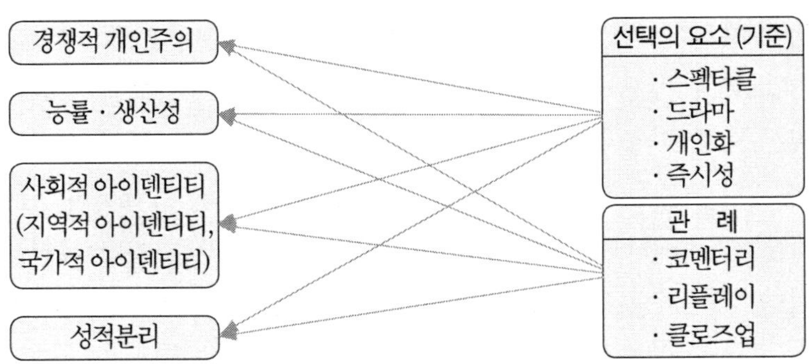

그림 2–2. 미디어스포츠의 4가지 선택요소

레스로 바꿀 수 있다.”고 하였다. 그리고 미디어스포츠가 미국에서 우세한 가치(자유, 즐거움, 경쟁적 개인주의, 합리주의 등)를 보강하고 있다고 주장하였다.

일본에서도 경쟁주의적 개인주의 이외에 고교야구에서 현저하게 볼 수 있는 지역적 아이덴티티와 올림픽에서 정점에 달하는 내셔널리즘, 그리고 남성다움 · 여성다움(성적분리)은 구미와 동일하게 미디어스포츠에서 촉진되고 있다.

우리는 이런 식으로 미디어스포츠를 수용하며, 그것에 의하여 열광하거나 도피함으로써 무의식 속에서 지배적인 가치를 보강하고, 궁극적으로는 사회통합을 위한 힘을 빌려주는 것이다.

(3) 스포츠에서 대중매체의 영향

매스미디어는 스포츠에 어떻게 영향을 주고 있는 것일까. 여기에서는 특히 스포츠의 상품화, 스포츠의 대중화와 고도화, 규칙변경, 스케줄, 스포츠기술 등이 5가지 측면에서 영향을 고찰한다.

첫째, 매스미디어는 스포츠를 정보화 · 기호화함으로써 그 교환가치를 증대시켜 스포츠를 상품화한다. 그 결과 스포츠조직은 안정된 수입을 획득하고, 매스미디어의 소비자는 값싼 흥행물로서의 스포츠를 수용할 수 있다. 프로스포츠의 경우 매스미디어, 특히 방송사의 중계권료에 대한 의존도가 매우 높다. 심지어 미디어기업이 콘텐츠 소스라 할 수 있는 프로구단의 운영에 참여하는 것도 더 이상 드문 일이 아니다.

가까운 일본의 경우만 하더라도 국민구단이라 불리는 요미우리 자이언츠는 요미우리신문사에서 운영하며, 자회사인 니혼TV를 통해 중계된다. 선동열이 활약했던 주니치 드래곤즈 역시 지역신문인 주니치신문사 소유이다. 미국의 경우는 말할 것도 없이 다국적 미디어그룹인 뉴스코퍼레이션, 타임워너, 월드디즈니사 등은 다수의 프로구단을 소유하고 있으며, 미디어사업 또한 스포츠를 매개로 하고 있다. 일본의 프로야구는 창설에서부터 요미우리(讀賣)신문사가 중심이 되었으며, 현재 프로야구 각 구단도 매스미디어를 통한 자사의 사명·상품명 판매를 통해 유지된다고 할 수 있다.

둘째, 20세기에 가장 중요한 사회현상의 하나라는 스포츠의 대중화도 테크놀로지의 발전, 특히 매스미디어의 영향이 크다. 일본에서 스포츠 대중화는 엘리트스포츠에서 대중스포츠로 이행하는 과정으로 이해된다. 가장 전형적인 예는 배구이다. 도쿄올림픽대회에서 일본과 소련의 배구결승전은 85%라는 높은 시청률을 기록하였는데, 이 시합에서의 흥분은 그 후 배구가 인기종목이 되는 계기가 되었고 배구의 대중화를 촉진시켰다. 스포츠의 대중화는 고도화의 가능성을 높이는데, 8년 후 뮌헨올림픽에서 일본 남자배구의 우승은 스포츠의 대중화와 무관계한 일은 아닐 것이다. 오늘날에는 디지털TV에 의한 스포츠 방송서비스의 다양화로 인해 필드에서 직접 관전하는 것 이상의 경험을 제공하고 있다. 5.1ch, 쌍방향서비스 데이터 방송, PVR을 통한 리플레이 기능은 스포츠중계를 더욱 흥미롭게 가공할 것이다.

셋째, 스포츠규칙에 주는 영향이다. 여기에는 방송편성을 수월하게 하기 위한 전략도 숨어 있다. 예를 들면 골프는 원래 각각 이긴 홀수로 경합하는 매치플레이방식으로 실시되었다. 그런데 TV가 등장하면서부터 "경기시간이 예측되지 않는다.", "TV카메라가 설치되어 있지 않은 홀에서 승부가 가려질 가능성이 있다." 등의 치명적 약점 때문에 단순한 메달플레이로 대체해버렸다. 또한 복수의 톱이 나왔을 때에는 다음날 18홀의 플레이오프를 행하던 것이 TV 시청자를 위해 서든데스방식이 고안되었다. 아마추어복싱은 선수들의 안전을 도모하기 위해 규칙이 변경했다고 하나, 그 결과 광고삽입이 2회 더 증가한 것을 알 수 있고, 농구·탁구·배구 등도 경기 자체를 쪼개 광고시간 확충을 도모하고 있다.

넷째, 매스미디어의 스포츠에의 관심과 영향은 대회스케줄을 변경하기까지 한다. 예를 들면 일본의 프로야구는 1981년부터 야간경기 개시시간을 30분 앞당겨 행하고 있다. 이것은 악명 높은 9시의 TV방영 중단을 피하기 위해서였다. 또한 2004년 아테네올림픽은 유례없이 기존 15일에서 이틀이 연장된 17일 일정으로 치러졌는데, 이 경우 3주에 걸친 금·토·일요일에 올림픽중계를 할 수 있다는 이점이 발생한다. 왜냐하면 전통적으로 금·토·일요일은 광고단가가 다른 요일보다 높기 때문이다.

다섯째, 스포츠기술에 미치는 영향이다. 예를 들면 일본의 유도선수인 山下(야마시타)는 비디오테이프를 반복하여 보면서 기술을 연구하고 연마하여 세계 제일의 자리에 올랐다. 또, 체조경기에서 VTR은 새로운 기술의 개발에 불가결한 것이라 하겠다. 일반대중의 스포츠에서도 매스미디어를 통하여 테니스의 두손치기와 축구의 오버헤드슛과 같은 새로운 기술이 인지되고 확산되어가는 것은 분명하다. 현재는 NBA 슬램덩크 대회에서 사용되었던 Total motion(선수의 움직임을 연속동작으로 구분하여 보여줌), NFL Super Bowl에서 선보인 Eyevision(스타디움에 50개의 카메라를 배치하고, 각 카메라 잡힌 영상을 연결해 3차원화면으로 구성)을 통해 사각지대를 최소화하기에 이르렀다.

이와 같이 스포츠의 상품화와 대중화, 고도화, 규칙변경, 스케줄, 스포츠기술의 인지와 개량의 5가지 점에 대하여 매스미디어가 영향을 미치고 있는 것은 명백한 사실이다. 또한 매스미디어가 스포츠문화의 전승에도 크게 공헌하고 있다고 볼 수 있다.

⑷ 대중매체와 스포츠의 친화성

매스미디어는 비교적 소수의 사람들이나 특정의 조직체에서 불특정다수의 대중에게 메시지를 송출하는 고도로 기계화·조직화된 모체이다. 일반적으로 매스미디어는 신문·잡지·서적 등의 인쇄미디어와 라디오·텔레비전과 같은 미디어로 구별된다. 이와 같은 매스미디어와 스포츠는 전자의 기술적 진보, 후자의 제도적인 성립·발전에 따라서 그 상호의존적 관계가 강화되고 있다.

체육 및 스포츠의 본질적 특성인 교육성, 경쟁성, 허구성, 비예측성 등은 인간성회복과 창조적 변화를 요구하는 국민의 욕구를 충족시켜줄 것이며, 스포츠경기는 화합, 단결, 협동 등의 교육적 기능이 상당히 많으므로 국가 사회적으로도 이를 적극 권장해나갈 것이다. 그 결과 스포츠활동을 소개하는 각종 정기간행물과 동호회 등이 활성화되고, 직장체육대회·학교의 과외체육활동 등이 활성화될 것이며, 스포츠와 관련된 의상·가구·건축·기념관 등에 스포츠 소재의 패션이 침투하여 스포츠의 대중화가 한층 가속화될 것이다. 또한 스포츠를 통한 무한한 도전과 투지, 경이적인 기록, 스포츠와 관련된 미담과 비리, 코치와 선수 또는 팬 간의 열렬한 사랑과 우정이 영화·TV드라마·소설·시·그림·대중가요 등에서 심층적으로 다루어질 것이다.

그리하여 앞으로 정치·경제·사회 각 분야에서의 성공 못지 않게 스포츠 분야의 탁월성이 인생의 성공으로 찬양될 것이며, 구단주, 감독, 코치, 선수의 스포츠 생애에 얽힌 삶과, 직업으로서의 스포츠 활동을 담은 선전 또는 홍보용 노래, VTR 등이 널리 소개될 것으로 전망된다.

사회체육과 운동과학

사회체육에 참여하지 않는 사람들은 대개 운동을 아주 거창하게 생각하는 경향이 있다. 그러나 운동은 생활 속에서 가볍게 실천하는 일상의 연장이다. 사회체육은 유희이며, 놀이이고, 게임이며, 과학적 스포츠를 포괄하는 개념이다. 사회체육은 과학적인 인체를 개개인의 특성에 맞게 적당히 사용하여 그 기능을 향상·발전시키는 역할을 하고 있다. 여기에서는 사회체육과 건강의 중요성을 시작으로 사회체육과 운동생리학, 운동역학, 스포츠심리학, 스포츠사회학 등에 기초한 각각의 효과, 운동방법 등의 구체적인 예시를 통해 실천하는 사회체육을 다룬다.

1. 사회체육과 건강의 중요성

1) 행복한 삶이란

"오래 살고 싶다."라는 인간의 소망은 이제 "건강하게 살다가 고생하지 않고 죽고 싶다"로 변하였다. 세계보건기구(WHO)에서도 더 오래 살게 하는 연구에서 보다 건강을 유지하는 방향으로 바뀌었다(월간 국민생활체육, 2004년 7월호). 현재 우리나라는 의식주와 생활환경의 개선 및 의학기술의 발달로 인하여 평균수명이 연장되었으며, 누구나 오래 사는 시대를 맞이하였다. 다시 말해서 "어느 누가 얼마만큼 오래 건강하게 행복하게 살 것인가?"로 해석 가능하다. 이는 사회체육의 최종 목표인 복지사회 구현을 위한 '삶의 질 향상'과 의미가 같다고 할 수 있다.

2) 운동과 건강의 상관관계에 관한 연구

하버드 동창생 건강 연구	·35~74세 하버드 동창생 대상 연구(1962~1972년) – 비운동그룹이 주당 2천 칼로리 이상 소비한 운동그룹보다 심장마비의 발생률이 1.6배 높음
알라메다 카운티 연구	·38세 이상 캘리포니아 시민대상 연구(1965~1982년) – 신체활동이 담배·술 등 다른 모든 요소보다 사망률에 가장 영향을 미치는 요소임 – 나이가 많을수록 운동효과가 큼
영국의 지역별 심장연구	·40~59세 영국인 대상 8년간 연구 – 운동량이 증가될수록 심장발작(마비) 확률 저하
핀란드 쌍둥이 연구	·25~79세 쌍둥이 대상 연구(1977~1994년) – 신체활동과 사망률은 반비례
핀란드, 운동과 수명연장 효과 연구	·국가대표급 남자선수와 일반인의 수명 분석(1920~1965년) – 선수 평균수명 75.6세(일반인 69.9세)
미국 사망률 연구	·20~60세 미국인 1만 3,454명 대상 연구(1970~1981년) – 사망률과 체력은 아주 높은 역상관 관계가 있음
박우용 박사(강북삼성병원)	·규칙적으로 운동을 하고 신체활동량을 늘릴 경우 이러한 사망에서 약 10만 명 정도가 예방이 가능하다.
박상철 교수(서울대 의대)	·100살 이상 장수 노인을 연구한 결과, 장수 노인들의 공통점은 직접 밭에서 일을 하거나 집안일에 매우 적극적인 등 꾸준히 움직인다.
미국 암학회의 암 예방지침	·건강한 식습관과 활발한 신체활동이 전체 암 사망의 3분의 1을 줄일 수 있다.
미국 프래밍햄심장연구소	·1주일에 육체적인 운동으로 2천kcal(하루 약 1시간씩 걷는 정도)의 열량을 소모하면 수명이 2년 늘어난다.
영국 암연구소	·운동이 장(腸)의 기능을 높이고 음식의 체내 체류기간을 줄여 위암발병 가능성을 50%나 억제한다.

3) 사회체육은 왜 필요한가

사회체육은 왜 필요한가
· 여가선용과 삶의 질 향상 · 생활습관병의 예방과 건강증진

사회체육의 기대효과
· 신체적 효과 : 심장, 허파, 근육, 뼈, 혈관 등이 튼튼해진다 · 정신적 효과 : 스트레스 해소, 자신감 · 사회적 효과 : 원만한 대인관계 유지

규칙적인 신체활동의 이득 (Benefits of regular activity)	신체활동이 부족할 때의 위험 (Health risks of inactivity)
· 신체상태의 적합도(fitness) 개선 · 더 나은 자세와 균형감(balance) · 활력에 찬(energetic) 생활 · 노후의 독립적인 생활 보장 · 근골격계의 강화, 체중조절	· 조기사망(premature death) · 비만 · 심장질환, 고혈압 · 골다공증, 뇌졸중 · 우울증, 대장암

사회체육 어떻게 할 것인가?
사회체육은 생활 속에서 실천하는 운동으로서 노동시간을 제외한 여가시간을 활용하여 자발적인 참여동기를 전제로 행하는 큰근육활동을 통해 건강하고 행복한 삶을 영위할 수 있다.

4) 건강 10계명

건강을 위한 10계명(월간 좋은 생각)	땀이 날 정도로 적당한 운동을 하되 과로는 피한다.
암예방 10계명(미국암협회)	적당한 운동을 하라.
암과 싸우는 10가지 방법(암퇴치운동본부)	온몸을 움직이는 운동을 꾸준히 지속한다.
직장인이 지켜야할 건강 10계명 (스포츠서울)	일주일에 3회 이상 운동을 하자. 시간을 낼 수 없다면 4층 이하나 출 · 퇴근 시 한 두 정거장은 반드시 걷자.
노인건강 10계명(김철환 교수)	적당한 운동을 한다. 개인의 몸에 맞는 적당한 운동은 도움이 되지만 지나친 운동은 피한다.
숙면을 위한 건강 10계명(ACE BED)	규칙적이고 적절한 강도의 운동을 하라. 1주일에 3일 20~30분 정도의 걷기, 조깅, 수영 또는 자전거타기 등은 신체가 이완되도록 돕고 보다 빨리 잠들도록 해준다.
건강 10계명(오픈 사전)	주 3회 이상 규칙적인 운동을 한다.
건강 10계명(KBS-TV)	하루 30분씩, 1주일에 4회 이상 운동을 하자.
CEO 건강관리 6계명(삼성경제연구소)	운동을 즐겨라. 운동은 자신이 좋아하는 것으로 일주일에 최소 3일 이상을 해야 효과가 나타난다. 운동강도는 숨이 조금 차고 땀이 날 정도가 적당하다.
장수 5계명(의사협회)	근력을 강화시키는 운동으로 전신건강을 다져라.
노년건강 지키기 10계명(Doctor.biz)	심장과 뇌혈관이 막히지 않기 위해선 운동이 최고. 30분씩 매주 4회 이상 한다. 운동강도는 줄이되 시간을 늘리는 것이 요령. 말할 수 있는 정도의 운동량이 적당하다.
건강하게 사는 10가지 요령(USA투데이)	몸의 유연성과 근력을 강화시켜주는 요가를 하라.
100세 장수를 보장하는 건강 10계명 (코리아교육신문)	운동을 정기적으로 하라. 사용하지 않는 기능들은 쉽게 퇴화한다. 몸도 머리도 꾸준히 움직여라.

2. 사회체육과 운동과학

1) 운동 제대로 알고 합시다

220에서 자기 나이를 뺀 값의 60% 정도를 보통 목표심박수(=(220−본인나이)×0.6)라고 하는데, 그 정도의 강도 이상으로 운동을 해야 운동효과를 얻을 수 있다. 독일의 생활체육 슬로건인 'Trimming130'은 바로 심박수를 130 이상으로 올리는 운동을 하자는 것이다. 결론적으로 우리가 건강하고 활력 있는 삶을 살기 위해서는 심폐순환기능을 향상시킬 수 있는 운동종목을 선택하여 최소한 주 3회 30분 이상 해야 하며, 운동강도는 심장박동수가 분당 130회 이상이 되도록 해야 한다.

2) 운동은 왜 중요한가

운동은 노화를 성공적으로 진행시키는데 필수적일 뿐만 아니라 동맥경화를 방지하고, 비만을 조절하며, 당분의 대사를 도와 당뇨병 발병을 억제한다. 운동은 나이가 들어 뼈가 약해지는 골다공증의 진행을 막아주고 심폐기능을 향상시킨다. 또한 정신건강에도 영향을 미쳐 불안과 우울을 감소시키고 스스로에게 자신감을 준다고 보고되고 있다. 이는 운동으로 인해 체내에 엔도르핀이 분비되기 때문이라고 한다.

3) 운동이 인체에 미치는 영향

순환기관 및 호흡기관에 미치는 효과	심장의 운동능력을 향상시킨다. 혈압과 맥박수를 낮춘다. 심장근육의 부담을 줄여 주고 모세혈관을 발달시켜 협심증이나 심근경색을 예방한다. 혈소판의 응집력을 감소시켜 혈액순환을 돕는다. 허파기능을 향상시켜 심폐지구력을 증가시킨다.
근육 및 골격기관에 미치는 효과	뼈의 칼슘섭취를 도와주어 골다공증을 예방한다. 관절 사이의 연골조직, 힘줄, 인대를 강화시켜준다. 근력과 근지구력을 증가시킨다. 근육이나 관절의 유연성을 증가시킨다.
그밖의 효과	자세와 체격을 개선시켜 준다. 정신적인 만족감을 주어 스트레스 해소에 도움을 준다. 다양한 사회적 접촉기회를 증가시켜 준다. 규칙적인 생활을 할 수 있다. 의료비용이 절감된다. 술, 담배, 약물복용이 줄어든다.

4) '스포츠 7330' 캠페인에 참여합시다

가. 왜 일주일에 세 번 이상 운동을 해야 하는가?

"운동을 얼마나 자주 할 것인가?" 운동생리학적으로 우리 인체는 외부의 자극(육체적 자극)을 받으면 이를 지속하는 시간은 약 2일(48시간) 정도라고 한다. 따라서 일주일에 3회 이상은 운동을 해야 그 효과를 얻을 수 있다. 이는 일주일에 5일 이상 운동을 했을 때 추가적인 효과가 없다는 논리가 아니다. 건강과 관련된 효과를 생각해 볼 때 3~4일의 운동이 투자한 시간에 비해 최대의 효과를 거둘 수 있다는 것이다. 운동습관이 길러지면 운동빈도를 늘여도 좋지만 운동을 처음 시작할 때에는 페이스를 조절할 필요가 있다.

나. 왜 30분 이상 운동을 해야 하는가?

많은 연구에서 5~10분 동안 지구성 운동을 하더라도 심폐지구력이 증가한다는 결과가 나왔다. 그러나 운동효과 측면에서는 30분 이상이 유효한 것으로 드러났다. 여기서 유효하다는 말은 투자시간에 비해 가장 많은 이득을 거둘 수 있다는 뜻이다. 그 원인은 운동에너지 소모와 관련이 있다. 운동할 때 사용되는 주에너지원은 탄수화물과 지방이다. 이 중 탄수화물은 낮은 중강도 운동에서 주요기질로 작용한다. 그러나 장시간(30분 이상) 운동 시에는 탄수화물대사로부터 점차 지방으로 기질대사의 의존율이 증가한다. 즉 사람마다 개인차가 있지만 일반적으로 운동 후 30분이 지나면서 서서히 지방이 분해·소모되는 것이다.

다. 생활체육은 우리 몸에 어떤 영향을 미칠까?

① 식사요법으로만 살을 빼면 지방질뿐만 아니라 비지방질인 근육까지 줄어들어 도리어 허약한 체질로 변하게 된다. 그러나 운동을 병행하면 에너지 소비활동이 활발해져 포도당이 에너지원으로 쓰이고, 남은 양이 있더라도 지방세포로 합성시키는 인슐린의 분비가 적어져 지방으로 축적되지 않는다.

② 운동을 하면 에너지 소모와 산소 소모량이 증가하면서 신진대사가 활발히 진행되어 안정 시에도 근육에 영양분과 혈액, 산소 등이 효율적으로 공급되므로 체내지방량을 줄일 수 있다.

③ 운동을 하여 근육이 늘어나서 기초대사량이 증가하므로 같은 양을 먹어도 근육이 적은 사람에 비해 에너지소비율이 높아 살이 찌찌 않는 체질이 된다.

④ 운동을 하면 카테콜아민이라는 호르몬이 분비되어 지방을 분해하여 몸안에 축적된 노폐물을 땀과 함께 배출시키므로 고혈압이나 고지혈증 같은 성인병을 예방해 주는 결과를 가져온다.

5) 규칙적인 운동이 건강에 좋은 의학적 이유

① 운동은 심폐기능과 몸의 신진대사과정을 향상시키고 근육과 골격을 튼튼하게 하며 심리적으로 좋은 영향을 미친다. 건강한 사람이 운동을 하면 신체작업능력, 심폐기능, 대사과정 등이 향상된다. 그러나 4~6주 정도 운동을 하지 않으면 효과가 다시 감소한다.

② 운동은 허파와 심장의 기능을 활성화하도록 도와주며 산소의 공급이 원활하도록 한다. 심장에서 뿜어져 나오는 혈액을 각 세포에 배달하는 기능을 갖고 있는 통로가 바로 혈관인데, 규칙적인 운동은 혈관의 신축성을 도모하여 알맞은 혈압을 유지하도록 한다.

③ 규칙적인 운동은 에너지의 축적을 줄여주고 지방의 소비를 증가시킨다. 지방질이 소비됨에 따라 지방량이 감소하고 궁극적으로는 일정한 체중을 유지하도록 한다. 또한 규칙적인 운동은 그 유형에 따라 체형을 만들고 유지토록 한다.

④ 규칙적인 운동은 정신적으로 안정을 유지하게 하고 자신감을 배양한다. 현대인의 일상생활에서 피할 수 없는 스트레스 해소에도 운동은 긍정적인 역할을 하며 자기만족을 이룰 수 있도록 한다.

6) 내 몸에 맞는 운동을 하자

준비운동

준비운동은 우리가 보통 스트레칭이라고 부르는 운동이다. 운동 전 몸의 각 관절이 편안히 움직일 수 있도록 도와주는 단계이다. 또한 운동 중 있을지 모르는 상해 등의 사고위험을 줄여주는 단계이기도 하다. 적당한 운동시간은 10~15분 정도이다. 고령이거나 처음 운동을 시작하는 사람이라면 준비운동에 더 많은 시간을 할애할 필요가 있다. 어깨-허리-무릎 등 위쪽 관절부터 시작해 아래쪽 관절부위로 내려가면서 운동한다. 동작을 하나 끝내면 바로 다음 동작으로 들어가기보다는 10~20초 정도 짧은 휴식기를 갖는 것이 바람직하다.

근력운동

근력운동은 팔굽혀펴기, 윗몸일으키기, 아령 등으로 대표한다. 근력운동은 10~15분씩 주 3일 정도가 적당하다. 근력운동을 시작할 때는 자신에게 맞는 운동횟수로 하는 것이 중요하다. '해당 동작을 편안한 상태에서 쉬지 않고 꾸준히 몇 회까지 할 수 있나'를 측정해본다. 그 횟수를 3으로 나눈 뒤 2를 더한 수를 1세트로 해서 3회 반복한다. 쉬지 않고 할 수 있는 최고횟수가 15회라고 하자. '(15÷3)+2=7'이므로 1세트를 7회로 하여 3번 반복하면 된다. 1세트를 한 후에는 1분 정도 중간 휴식을 취한 후 다음 세트로 넘어가도록 한다. 익숙해지면 휴식시간을 점차 줄인다. 나중에 휴식 없이 3세트를 다 할 수 있게 되면 다시 처음으로 돌아가 횟수를 조절하는 것으로 운동강도를 높일 수 있다.

심폐지구력운동

걷기, 수영, 등산 등 흔히 유산소운동이라고 부르는 운동이 심폐지구력을 높여주는 운동이다. 적당한 운동시간은 25~40분 정도이다. 처음에는 25분으로 운동을 시작한 뒤 2개월 뒤에는 35분, 8개월 뒤에는 45분 정도로 운동시간을 늘려나가도록 한다. 적당한 운동강도는 최대운동능력의 40~70% 정도이다. 최대운동능력은 손목이나 귀뒤의 동맥을 짚어 심박수를 측정하는 것으로 산출할 수 있다. '220-연령'을 최대심박수라고 하는데, 여기서 안정 시 심박수를 뺀다. 이때 나온 심박수를 예비심박수라고 한다. 예비심박수는 최대운동능력을 의미한다. 최대운동능력이란 있는 힘을 다해 운동했을 때 안정 시보다 최대한 높일 수 있는 심장박동수이다. 예를 들어보자. 안정 시 70회의 심박수를 갖고 있는 사람의 나이가 50세라고 하자. 이 사람의 최대심박수는 '220-50'으로 170이다. 여기서 안정 시 심박수는 70을 뺀 100이 최대운동능력이 된다. 100의 40~70%인 40~70회만큼 평상 시보다 빨라지도록 운동하며 된다. 다시 말해서 운동 중 심박수가 110~140 정도 되도록 운동하라는 이야기가 된다.

정리운동

준비운동 못지 않게 중요하다. 가장 편안하게 할 수 있는 정리운동은 준비운동에서 했던 스트레칭을 다시 반복하는 것이다. 이 과정에서 운동 중 높아졌던 심박수와 혈압이 내려가게 된다. 1~2분간이라도 가벼운 조깅이나 보행, 체조로 정리운동을 하는 것도 좋다.

7) 내 나이에 맞는 운동을 하자

20~30대

준비운동 → 근력운동(15~30분) → 유산소운동(30~50분) → 정리운동

20대 후반부터 신체기능이 조금씩 떨어지므로 이에 대한 대비책을 세우는 것이 중요하다. 특히 운동을 하지 않으면 35세 이후 호흡순환기능과 감각기능 등이 급속도로 저하되므로 주의할 필요가 있다. 근력운동으로 몸에 근육을 키워 피로감이 덜 생기게 하고, 유산소(지구력)운동으로 심장과 허파의 기능을 높여주도록 한다. 아령, 역기 등을 이용하여 매주 2회는 15~20분 정도의 근력운동을 하고, 매주 3회 정도는 한 번에 30~50분 정도 수영, 조깅 등의 유산소운동을 한다. 또한 유연성을 위해 운동 후 10분 정도 스트레칭을 한다.

40~50대

준비운동 → 근력운동(20분) → 유산소운동(25~40분) → 정리운동

근력이 많이 떨어지는 시기이다. 따라서 전날의 피로가 다음날까지 계속되는 경우가 많다. 그러므로 조금 더 근력운동에 신경 쓸 필요가 있다. 또한 요통 등 관절통증이 생기기 시작하므로 스트레칭을 자주 해줄 필요가 있다. 근력운동을 할 때 무거운 무게를 드는 것은 금물이다. 가벼운 아령운동이나 앉았다 일어나기, 팔 굽혀펴기 등 무게감을 주지 않고 할 수 있는 근력운동종목을 선택한다. 매주 2회, 한 번에 20분 정도가 적당하다. 유산소운동도 마찬가지이다. 걷기, 등산 등 가벼운 운동을 시작으로 조금씩 강도를 높여나간다. 적당한 운동량은 매주 3회, 25~40분 정도이다. 스트레칭은 매일 10~20분 정도 한다.

60~70대

준비운동 → 근력운동(10~15분) → 유산소운동(10~20분) → 정리운동

노화현상이 뚜렷이 나타나는 이 시기는 운동 도중 상해 · 사고위험이 높으므로 안전에 주의를 기울여야 한다. 운동 외에 일상생활 속에서 많이 움직이는 것도 중요하다. 가벼운 아령으로 한 번에 10~15분 정도, 매주 2회에 걸쳐 근력운동을 한다. 걷기, 가벼운 조깅 등의 유산소운동은 한 번에 20분 이상 매주 3회가 적당하다. 관절 사이의 점액질이 부족해지고, 골다공증 등의 위험이 커지는 시기이므로 스트레칭을 좀더 열심히 할 필요가 있다. 매일 아침저녁으로 10~20분 정도 해주면 좋다.

8) 운동이 보약이 되려면

과부하의 원칙	항상 가벼운 운동을 하면 그 기관은 발달할 수 없다. 어느 기관의 기능을 보다 발달시키기 위해서는 일상생활에서 사용하고 있는 강도 이상으로 그 기능을 발휘할 필요가 있다. 이와 같은 과정을 일정 기간 계속하거나 반복하여 사용하면 그 기능이 서서히 발달하게 된다.
점진성의 원칙	과부하의 원칙을 따른다고 해도 갑자기 강한 운동을 하게 되면 몸이 견뎌낼 수 없어서 피로해진다. 따라서 처음에는 다소 가벼운 운동부터 시작하고, 서서히 신체가 적응하는 정도에 맞추어 운동강도를 단계적으로 높여나가야 한다.
반복성의 원칙	운동의 효과는 일회적으로 강한 운동을 한다고 나타나는 것이 아니라 규칙적인 반복운동에 의해서만 효과를 얻을 수 있다. 운동이 산발적 혹은 일시적으로 집중되면 오히려 상해의 원인이 된다. 따라서 단기적인 효과를 얻으려 하기보다는 규칙적인 반복운동 습관이 필요하다.
개별성의 원칙	운동을 통해 건강을 증진하기 위해서는 개인의 건강상태, 체력수준, 기호, 그밖의 특수조건 등을 충분히 고려하여 개인별 상황에 알맞은 운동을 선택해야 한다. 특히 35세 이후가 되면 체력수준의 개인차가 심하므로 자신의 운동강도와 수준에 유의해야 한다.
특이성의 원칙	운동을 통해 건강을 증진하고자 할 때는 심폐지구력, 유연성, 근력 및 근지구력 등 체력요인 중 어떤 요인을 개선해야 하는지 결정하여 문제점을 가지고 있는 요인을 향상시키기에 적당한 운동을 선택해야 한다. 이는 운동효과도 높이고 운동상해를 막는 길이다.

9) 일을 잘 할 수 있다

200명을 상대로 조사한 결과 하루 일과 중 짬을 내서 운동하는 직장인이 그렇지 않은 사람보다 업무처리에서 훨씬 더 생산적이며, 일로 인한 스트레스에도 더 많은 내성을 갖는 것으로 나타났다.

10) 가족, 동료와 제휴하라

기업경영에서는 독자적으로 추진하기 어렵거나 효율을 극대화하기 위해 주변의 우군과 손잡는 '제휴전략'이 필요한 경우가 많은데, 운동도 마찬가지다. 모든 운동은 기술이 붙어 재미를 느낄 때까지 시간이 걸리며 특히 달리기, 걷기 등 건강에 좋다는 운동은 지루하기 십상이므로 가족이나 동료의 도움이 필수적이다.

운동은 계획단계부터 가족과 함께 전략을 짜고 적어도 주말에는 가족과 함께할 수 있는 운동을 하는 것이 좋다. 특히 배우자가 "매일 밖에만 나도느냐?", "왜 이렇게 비싼 운동복을 샀느냐?"고 핀잔을 주면 단단히 결심을 했던 사람도 흔들리기 쉽다. 반면 아내 또는 남편이 "오늘 비가 오니 쉬는 게 어떻겠느냐?"고만 말해도 배우자는 마음이 약해지고 만다.

11) 시대별 생활체육의 흐름

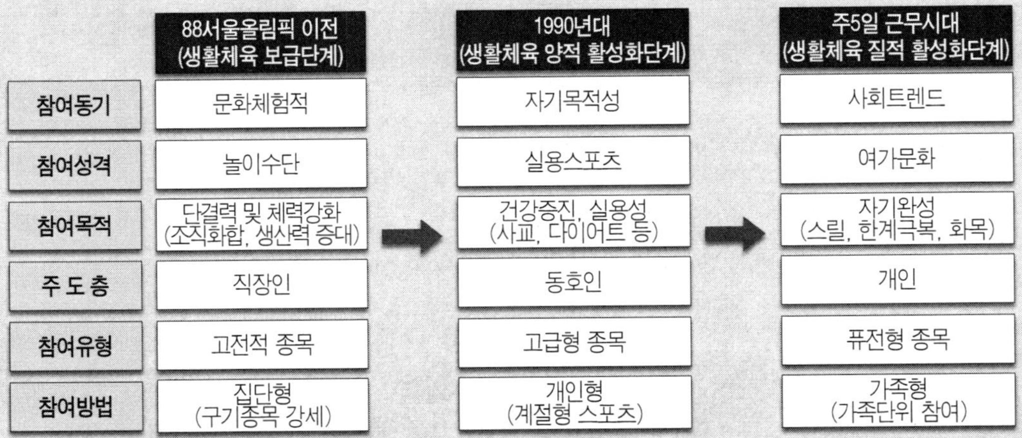

12) 올바른 자세로 걷는다

올바른 자세로 걸으면 다른 사람들의 눈에도 아름다워 보일 뿐만 아니라 장애를 예방할 수 있는 장점도 있다. 올바른 자세란 보폭을 보통 때보다 넓게 하는 것인데, 걷기운동을 지속적으로 해 '신장×0.45'를 목표 보폭으로 하는 것이 바람직하다. 또한 팔을 크게 흔들면서 걷는다. 일상생활에서 걸을 때는 팔을 가볍게 흔들지만 속보나 급보에서는 팔을 90도 가량 굽히고 앞뒤로 크게 흔들면서 걷는 것이 효과적이다. 그리고 걸으면서 허리를 이리 저리 트는 것이 좋다. 이는 보폭을 넓히기 위해 중요한 동작이다. 이때 엉덩이에 손을 대보아 근육이 잘 움직이고 있으면 제대로 걷기운동을 하고 있다고 생각해도 된다. 발꿈치가 먼저 땅에 닿게 한 후 발끝으로 지면을 차내는 것 같이 걷는다. 걸을 때는 일직선상에 양발이 포개지도록 똑바로 걷는 것이 중요하다. 이와 같은 주의사항을 지키면서 걸으면 정면에서는 바닥이 보이고 옆에서는 보폭이 넓고 경쾌하게 걷고 있는 것이 보인다.

13) 장수를 원하거든 마사이족처럼 걷자

마사이족들의 워킹 특징 중 가장 눈에 띄는 것은 '곧은 자세'로 걷는 것이다. 그들은 서 있을 때뿐만 아니라 걸을 때도 목과 허리와 다리가 꼿꼿하다. 그리고 발바닥 전체가 지면에 닿는 중심부 보행을 한다. 이는 걸을 때 몸무게로 인한 관절충격을 덜어주는 효과가 있다. 또 하나, 걷는데 필요한 모든 근육을 골고루 사용한다는 점이다. 현대인들은 딱딱한 신발 때문에 특정한 부위만 발달한다. 이는 장기적으로 근골격계질환으로 이어지고 기형화될 수밖에 없다. 마사이족들은 이와 같은 자세로 매일 2만 보 이상 걷는 것으로 알려지고 있다. 발은 '제2의 심장'이라고 한다. 발을 많이 움직여주면, 심장에서 발쪽으로 내려간 혈액이 걸을 때 펌핑되어 위로 힘차게 다시 올라온다. 그러니 마사이족의 심장이 튼튼하지 않을 수 없다.

♠ 단 원 요 약 ♠

1. 사회체육과 정치

　정치의 목적은 인간이 선한 생활을 영위할 수 있도록 하는 것이다. 정치는 그러한 선한 생활을 통하여 국민 모두가 행복하게 살 수 있도록 하는 데 최종적인 목적을 두고 있다. 행복한 삶을 영위하도록 하기 위해서는 최상의 민주주의적 선진정치의 토착화로서 국민이 무엇을 원하는가 하는 욕구를 파악하여 그것을 이루도록 하는 것이다. 정치의 안정화와 국리민복의 실천은 곧 충분한 여가시간과 그것을 적절히 활용토록 함으로써 삶의 질을 향상시킬 수 있게 하는 정치와 밀접한 관계가 있다. 사회체육은 민주주의 정치와 함께 성장하고 발전한다.

2. 사회체육과 경제

　인간이 살아가는 모든 분야에서 경제는 필수불가결한 것이다. 현대는 평균수명의 연장과 주5일 근무제의 정착으로 여가시간이 증가함에 따라 새로운 라이프스타일이 창출되고 있으며, 여가시간의 적절한 이용이 이슈로 등장하고 있다.

　풍부한 경제력을 바탕으로 생활 속의 활동으로 풍요로운 삶을 영위하도록 하기 위해서는 보다 편리한 시설과 여유로운 공간을 만들 수 있도록 하는 체육스포츠시설 확충 등이 필요하므로 사회체육을 활성화시키려면 경제가 필수적인 요소임을 이해해야 한다.

3. 사회체육과 사회

　현대사회는 고도의 경제성장과 여가시간의 증가로 생활환경의 비위생적인 요소를 극복하고 삶의 질적 향상을 꾀하려는 국민적 요소를 증대시켰고, 이에 대한 일반국민의 체육활동에 대한 참여욕구 또한 증가시키고 있다.

　사회환경과 국민의 의식구조 변화에 따라 자발적으로 참여하는 기회와 여건 성숙은 사회의 안정으로 이어지면서 사회체육의 역할기능이 증대될 것이다.

4. 사회체육과 문화

　문화란 인간의 생활과 관련된 여러 문제를 해결시키기 위한 인간의 행동이나 사고방식 등을 학습하는 것이다. 그중 체육문화는 인간의 신체활동에 착안한 문화영역을 가리키는 말이다.

　현대의 운동수요가 풍요로운 개인생활의 복지와 사회적 복지의 통합적 향상에 필수조건이 되고 있는 현실을 보아도 인간의 운동을 생리해부학적 현상으로서만이 아니라, 인간의 역사적·사회적 유산인 문화적 현상으로 보는 시각이 필요하다. 이러한 역사적·사회적인 공동생활을 통해 신체나 운동, 그 밖의 여러 가지 생활에 대한 문제를 해결하기 위해서 다양한 운동을 연구하고, 그것을 도태시키며 누적해 오고 있다.

그것들은 운동방식으로서의 양식이며, 이론을 이끄는 신념이나 사상, 필요한 시설이나 용구를 일컫는다. 즉 체육문화란 이러한 모든 것을 표현하는 말이며, 사회체육은 체육문화의 전체 속에 포함된 하나의 제도적 일부분으로 이해하면 된다.

5. 사회체육과 대중매체

매스미디어(mass media)란 신문잡지방송과 같이 대중을 대상으로 커뮤니케이션 역할을 하는 매개물을 말하며, 소위 대중매체라 칭한다. 대중매체는 그중 자신의 건강에 유의하며, 신체를 아름답게 가꾸어 젊고 활기찬 인간상 창조에 공헌하는 역할을 한다.

특히 대중매체의 사회체육에 대한 적극적인 홍보 역할은 사회체육의 장에 일반대중을 유인하는 데 커다란 영향력을 발휘할 것으로 기대되며, 기록경쟁이나 특별한 이벤트 구성이 어려운 사회체육 영역에서 대중매체의 역할은 큰 것이다.

♠ 연 구 문 제 ♠

1. 정치와 사회체육은 어떤 관계가 있는지 알아보자.

2. 스포츠와 정치는 어떤 연관이 있는지 알아보자.

3. 사회체육운동과 올림픽운동은 어떻게 다른지 알아보자.

4. 스포츠 참여자는 정치에 대해 어떻게 생각하는지 알아보자.

5. 경제발전과 사회체육은 어떤 관련이 있는지 알아보자.

6. 경제발전과 여가는 서로 어떤 관계가 있는지 알아보자.

7. 사회현상과 사회체육은 어떤 관계가 있는지 알아보자.

8. 사회체육의 사회적 기능과 교육적 기능에 대해서 알아보자.

9. 사회체육 영역을 문화의 일부로 받아들일 수 있는지 알아보자.

10. 문화에는 어떤 형태의 문화가 있으며, 스포츠 문화는 무엇인지 알아보자.

11. 대중매체가 사회체육의 활성화에 기여할 수 있는 방법은 무엇인가.

12. 사회체육이 대중매체의 초점이 될 수 있는 방법은 있는가.

제3장
사회체육의 역사적 배경

 인간의 본능적인 신체활동을 대상으로 하는 체육을 연구할 때에는 인류의 역사적 배경과 변화과정을 살펴보면 앞으로 체육이 어떠한 형태로 발전되어 나갈 것인가를 아는 데 도움이 될 것이다.

 원시사회에서 생존활동을 위한 움직임에서 출발한 체육이 강건한 군대양성, 조직적인 스포츠활동, 경쟁을 통한 체제와 경제력의 우위다툼, 체육의 교육적 가치를 강조하던 시대를 거쳐 국민 모두의 삶의 질 향상을 목적으로 하는 사회체육의 정착시대로 변화하게 되는 발전과정을 이해할 필요가 있다.

 이러한 의미에서 이 장에서는 체육의 시대별 배경과 특징, 그리고 활동내용을 살펴보고, 현대사회에서 대두되고 있는 사회체육으로의 발전동향 등을 살펴보기로 한다.

체육의 발전과정

① 체육개념의 변천

체육의 학문적 연구는 17세기 중반 이후 광의의 체육현상으로서 신체나 건강에 관한 의견과 논설을 기술한 Comenius, J. A., Locke, J., Rousseau, J. J., Schiller, J. C. F. 등의 사상가, 신체활동의 의의와 중요성을 학교교육에 도입시킨 체조가, 인체측정·신체발육의 형태적 연구·운동생리학 분야를 다룬 의학자 등에 의해서 부분적으로 태동하기 시작했다.

물론 체육의 과학적 연구는 18~19세기 초부터 체조(gymnastics)의 개념으로 근대체육의 기초를 쌓은 몇몇 체조가들에 의해 시도되었지만 체육에 대한 용어가 최초로 문헌상에 기록된 것은 Delsarte, F.(1760)의 『Education Physique』와 Körperlich(1787)의 『Physiche Erziebung』에서 비롯된다. 이 용어는 1840년대 신체(physique)와 교육(education)의 합성어인 'Physical Education'으로 개념화되었고, Spencer, A. M. C.(1861)와 Maclaren(1869)에 의하여 일반화되었다.

당시 체육의 개념은 Hitchcock, E. H.(1881)에 의하여 '신체의 교육', '신체에 관한 교육'이라는 내용으로 정립되자 체육은 신체발달, 체력증진, 건강 또는 위생을 목표로 하는 신체활동으로 인식되었다. 이러한 전통적 인식은 'Physical Culture'나 'Physical Training'과 유사한 개념으로 사용되어 군대 또는 학교체육의 프로그램에서 큰근육활동, 운동기능증진, 건강, 피로제거 등을 포함하는 'Physical Fitness'개념으로 현상화되었다.

그러나 1910년대 이후 '신체 그 자체를 교육(education of physical)하는 것이냐' 혹은 '신체를 매개로 하는 교육(education through physical)적 활동이냐'라는 논쟁이 재개되었고, 1930년대에 이르러 Williams, Oberteuffer 등의 "체육은 신체활동을 통하여 신체적·정신적·사회적으로 완전한 인간을 형성하는 교육의 한 분야이다."라는 주장이 받아들여지면서 신체를 통한 교육의 개념으로 전환되었다.

전인교육론적 정의는 체육이 학문적 전문성을 갖추게 되면서 신체운동 자체에 대한 기본개념·방향, 운동지각 향상에 대한 관심을 움직임 교육(movement education)이라는 용어로 발전시켰으며, 나아가 운동에서 인간에 대한 집중적인 관심을 인간행동 측면에서 운동현상을 탐구하는 인간운동(human movement) 개념으로 확대시켰다.

② 세계 체육의 발전과정

(1) 고대의 체육

① 그리스의 체육

고대 그리스의 체육은 인간의 조화적 발달을 중요시하고 체육을 불가결의 것으로 생각하여 전인적인 발달과 결합시킨 점에서 현대의 체육과 공통점이 있다.

그러나 그리스는 하나의 통일된 사회가 아니고 분리되고 대립되어 동일민족이 종교적 신앙일치를 통하여 연대감을 갖는 지역에서만 말이 통했을 뿐이다. 따라서 체육도 그것을 구성하는 더욱 적은 사회(도시국가)로 분리해서 살펴볼 필요가 있다. 그 대표적인 것이 스파르타와 아테네의 체육이다.

가) 스파르타의 체육

스파르타는 강력한 군대양성을 목적으로 군국주의적인 체육을 실시하였다. 또 일반교육의 목적도 전쟁에서 이길 수 있는 완전한 신체를 가진 용감한 병사를 기르는 데 있었다. 스파르타에서는 '행동의 인간'을 강조하는 단일목표가 체육의 최정점이었다.

스파르타의 어린이들은 출생하면 국가에서 신체검사를 하여 허약하든지 병이 있으면 타이게투스(Taygetus)산에 버렸다. 검사에 합격한 어린이들은 7세가 될 때까지 가정에서 어머니에게 교육을 받고, 7세가 되면 국립공동교육소에 수용된다. 이곳의 교과는 자유유희·창던지기·뜀뛰기·씨름·달리기·수영·체조 등이었다. 30세까지 그들은 계속된 군사훈련과 규정된 신체단련에 전력을 다해야 했다. 그리고 나서 30세가 되면 모든 남자는 시민권을 얻어 가정을 갖게 되지만, 국가가 계속 병역복무를 요구할 경우에는 50세가 되어도 퇴역을 하지 못하였다.

스파르타에서 여성의 교육은 남성의 교육과 비슷한데, 소녀들은 여러 반으로 나뉘어져 소년들과 같은 훈련을 받았다. 그러나 남자와는 훈련장을 따로 사용했으며, 병영에서 생활하지 않고 가정에서 거주하였다. 소녀들은 20세까지 신체훈련을 받는데, 20세가 되어 가정을 갖게 되면서 훈련은 중지된다. 이러한 훈련의 목적은 건강한 아이를 낳을 수 있는 어머니가 되기 위해서였다. 스파르타에서 행해진 신체운동을 종합해 보면 질주·검술·도약·수영·수렵·레슬링·권투·판크라지온·구기·승마·투원반·투창·장거리도보행군 등이었다. 무용에는 체육무용·제전무용·군사무용이 있었는데, 이것들은 중요한 위치를 차지하고 있었다.

스파르타의 체육은 세계에서 가장 강한 군대양성에 큰 성과를 거두었다. 이와 같이 군사적 지위를 얻기 위하여 스파르타 사람들은 개인의 자유 · 개성 · 가정생활 및 평화적 문화를 희생시켰던 것이다.

나) 아테네의 체육

아테네에서 교육은 국민생활의 통합적 기능을 가지고 발전하였다. 따라서 체육의 목적도 교육의 일반적 이상에 따라 신체단련뿐만 아니라 신체를 통하여 개성을 발전시키는 데 있었다. 그들의 체육목표는 '미와 조화'라는 그리스의 이상과 일치하였다. 위정자들은 체육의 목적을 군사력 강화에 두려고 하였으나 철학자나 예술가들은 신체운동을 통한 미적이고 이상적인 인간의 창조를 강조하였다. 따라서 젊은 사람들은 조화가 이루어진 신체를 만들려고 노력할 필요성을 느꼈고, 그 운동도 미적인 수준에 맞추지 않으면 안되었다. 그들은 힘이나 속도 · 지구력 등과 같은 기록수립보다 운동의 형식 · 우아성 또는 기술을 보다 중시하였다.

아테네에서는 어린이가 태어나면 양육문제는 아버지가 결정하였다. 어린이들은 보육소에서 7세까지 어머니와 유모 밑에서 교육을 받았다. 그리고 남자 어린이는 7세부터 팔레스트라(Palaestra)라는 사립훈련소에서 체육훈련을 받았고, 다디스칼레움(Dadiscaleum)이라는 교육소에서 문학 · 음악 및 산수를 습득한 다음 16세가 되면 짐나지움(Gymnasium)으로 옮겨 가서 신체훈련과 더불어 철학적 토론이나 사상적 교화 등 사회생활의 기회를 제공받는다. 18세가 되면 아테네인의 서약을 하고, 2년에 걸친 엄격한 병역의무를 마친 후 자유시민이 된다.

여성은 스파르타와 같은 적극적인 활동은 없고, 주부생활을 목적으로 하였기 때문에 학문은 가르치지 않았다. 간단한 읽기와 쓰기는 어머니와 유모를 통해서 배웠고, 요리 및 기타 가사일 등을 배웠을 뿐이다.

그 외에도 아테네를 중심으로 한 올림피아 제전경기는 제우스(Zeus)신을 위하여 4년마다 개최되었는데, 이러한 올림피아 제전경기는 그리스 도시국가의 통일과 평화를 유지하고 학문과 예술을 교류하여 찬란한 그리스문화를 이룩하는 계기를 마련하였다.

② 로마의 체육

기원전 753년경 이탈리아 반도의 중서부 티베르강변에서 라틴족을 중심으로 한 조그마한 도시국가로 시작한 로마는 수세기에 걸쳐 세력을 확장하여 지중해역의 전 영토를 통합한 대제국을 건설하고 찬란한 문화를 누리다가 476년 멸망할 때까지 1,200년을 이어온 국가이다. 로마인들은 성실하고 근면한 개성과 선천적인 실행력을 지니고 있었으나, 그리스인들이 지니고 있었던 미적 · 정신적 사고력과 깊은 철학적 사고력은 결여되어 있었다. 따라서 국민교육의 목표도 이상적인 인간을 육성시키는 것보다 실리적인 인간으로 키우는 데 비중을 두었다.

로마의 체육사는 전기와 후기로 나눌 수 있다. 전기는 고대 생활양식의 발생으로부터 그리스 정복기까지를 말하며, 후기는 그리스문화에의 동화·공화제의 해체·대로마문명의 쇠퇴와 붕괴의 시기까지이다.

먼저 전기 로마의 체육을 보면, 그들의 교육목적은 일상생활에서 실용적 효과를 이상으로 삼았으며, 특히 순종하고 규율에 복종하는 정신을 함양하려고 하였다. 젊은이들은 국가에 잘 봉사하고, 부지런히 일하며, 성실하게 신을 숭배하고, 부모를 공경하는 사람으로 교육시키는 한편, 병사로서 훈련하였다. 체육의 목적은 전쟁을 위한 건강·용기·힘·지구성·기술 등의 발달에 한정되어 있었으므로 당연히 체육은 병역훈련이라는 실제적 목표를 달성시키는 데 있었다. 즉 국민을 건강한 병사로 훈련시킨다는 좁은 목적으로 체육을 했고, 한정된 교육체제로 강건한 군사를 육성했다. 따라서 그리스인들에게 볼 수 있었던 조화적인 야망 같은 것을 로마인들에게는 찾아볼 수 없었다.

스파르타의 어린이들은 병영에서 교육을 받았고, 아테네의 젊은이들은 팔레스트라나 짐나지움에서 육성되었으나, 로마의 젊은이들은 양친의 감독과 보호밑에서 교육되었다. 한편 시대의 흐름에 따라 옛날부터 전해 오던 제전은 초기의 순박함과 종교적 의미를 상실하고, 로마시민은 경기참가를 경시하게 되어 노예나 직업경기자의 시합을 보는 것으로 만족하게 되었다. 이리하여 점차 로마에서는 대중을 위한 체육경기는 자취를 감추기 시작하였다. 로마의 어린이들은 수레굴리기, 팽이치기, 인형놀이, 대나무말타기, 숨바꼭질을 하고, 또 작은 볼을 가지고 놀았다. 청소년들 사이에서는 볼게임으로서 벽에다 공을 치는 핸드볼, 세 사람이 삼각형으로 서서 2개의 공을 가지고 던지고 받는 트리곤(Trigon), 현대의 정구와 비슷한 스파에로마키에(sphaeromachiae) 등이 성행하였다. 무용은 젊은 귀족들에 의하여 행하여졌다.

한편 후기 로마가 전쟁으로 많은 영토를 확장하고, 대제국 건설에 성공할 수 있었던 것은 용감무쌍한 청소년들의 덕육과 체육의 힘이라고 할 수 있다. 그러나 로마의 권력과 그 웅대함이 정점에 달했을 때에는 이미 경제적으로 안정을 잃었을 뿐만 아니라 부유층의 사치와 낭비, 노예제도 등으로 인하여 붕괴의 싹이 트기 시작하였다. 당시 로마인들은 너무나 실리적이었기 때문에 체육도 군사면에서만 그 가치를 인정하려고 하였다. 따라서 후기로마제국의 체육은 그 목적을 잃고, 다만 직업군인이나 직업경기자의 체육에 대한 중요성을 인정하고, 일반시민은 건강유지와 오락을 위한 최소한의 운동을 하였을 뿐이다.

건강유지는 로마인에게 실제적인 목적이었고, 건강을 위하여 그리스의 의사를 초청하였다. 그들의 건강에 대한 관심은 공중위생을 위한 거대한 음료수시설, 화려한 도로의 정화를 위한 법규, 건축법규 및 엄밀한 음식규정을 마련하였으며, 가정환경은 물론 목욕장의 물정화에 이르기까지 세세히 규제하였다.

로마의 경기대회는 경기라기보다 정치적 목적으로 장려되었는데, 정치가들은 자극을 즐기던 당시의 군중들에게 지지를 얻기 위한 수단으로 화려한 경기대회를 개최하였다. 따라서 로마제국시대의 체육행사는 직업적인 사람의 연기를 구경하는 오락이었으며, 각 기관은 모두 오락 위주의 연기에 주력하게 되었다. 로마식 원형경기장, 콜로세움(colosseum), 공중목욕탕(thermae) 등은 로마제국 당시의 대표적인 체육시설로서, 당시의 체육활동을 잘 알 수 있는 것들이다.

후기 로마시대는 운동에 대한 일반의 관심은 거의 없어졌지만, 과학적인 보건체조는 비교적 많이 유행하였다. 로마인들은 보건체조를 의술의 한 보조수단으로 생각하여 식사의 절제와 가벼운 운동 및 목욕이 생활 프로그램의 일부가 되었고, 또 일광욕과 농촌생활이 신체건강유지의 한 수단이 되었다.

③ 고대올림픽경기대회

가)의   의

제우스신을 위한 제전으로 시작된 고대올림픽경기는 기원전 776년부터 4년마다 열리기 시작하였다. 이때부터 우승자는 등록하기 시작했는데, 이 제례부터 다음 제례까지의 4년간을 올림피아드라고 불렀다. 경기의 목적은 제우스신을 비롯하여 여러 신의 영혼을 위로하고, 그 명예와 업적을 찬양하며, 동시에 경기에 우수한 성적을 나타낸 사람을 표창하는 데 있다.

경기참가자의 자격은 첫째로 순수한 그리스 자유민의 남자일 것, 둘째로 형벌이나 신벌을 받지 아니한 자일 것, 셋째로 짐나지움에서 10개월 이상 연습한 자일 것 등을 조건으로 내세웠다. 그들은 제례 30일 전에 심판원의 시험을 거쳐 거기에서 합격하면 30일간 심판원의 지도를 받은 다음 경기의 출장이 허가되었다. 이 올림픽경기는 많은 폴리스를 범그리스적 정신 밑에 굳게 단결하도록 만들었으며, 페르시아전쟁에 의하여 그들의 단결은 더욱 강화되었다.

나)변   천

아테네와 스파르타는 30년에 걸친 펠로폰네소스전쟁으로 정치적 동요를 일으켜 국민적 사상의 몰락과 개인주의 사상이 전 국민의 머리 속에 스며들어 그리스 도시국가는 정치적 파탄을 초래하게 되었다. 따라서 무상의 영광과 자랑으로 느끼던 아마추어정신은 점차 사라져버리고, 물질적인 포상과 명예를 요구하게 되었으며, 물질로써 선수를 매수하는 등 여러 가지 부정이 행하여졌다. 즉 경기가 하나의 직업적인 것으로 되었으며, 경기자는 물질적 이익을 얻기 위하여 능력의 향상을 도모하였기 때문에 인격향상을 목적으로 한 체육 본연의 자세는 상품화·흥행화하여 몰락의 길을 걷게 되었다.

올림픽경기는 그리스가 마케도니아에게 정복되고, 또 로마에 의하여 지배를 받게 된 후에도 계속하여 행하여졌으나 테오도시우스(Theodosius)1세가 왕위에 오르면서 기독교를 보호하기 위하여 다른 종교들은 금하였기 때문에 올림픽경기도 제지되지 않을 수 없었다. 그리하여 고대올림픽경기는 기원전 776년부터 393년까지 제293회를 마지막으로 끝났다.

⑵ 중세의 체육

로마인들은 시대의 흐름에 따라 국가에 대해 애국심·용감·봉사 등의 도덕적 윤리는 쇠퇴해지고, 향락과 사치에 흘러 정치적 부패, 공금착복 등 혼탁한 사회를 이루고 말았다. 이때 기독교는 서로마제국의 사회를 지배하게 되었는데, 국가와는 달리 교회는 야만인의 침입에도 잘 견디고, 로마인이나 게르만인에게도 지도권을 행사할 수 있게 되었다. 이러한 기독교의 배경 속에 있던 중세사회의 신학자 중 몇 사람은 운동·유희·스포츠의 건강적 가치를 알고 있었으나, 성직자들은 체육을 강력히 반대하였다.

교회는 중세를 통하여 체육을 교육내용에서 제거하고, 많은 스포츠와 경기를 억제했다. 체육에 반대하는 이유는, 첫째로 로마의 스포츠나 경기의 비열한 성격, 둘째로 로마의 운동과 이교와의 밀접한 관계, 셋째로 신체는 사악한 것이라는 세 가지 요인에 기인하였다.

성직자들은 게임에 참가하는 것은 황제를 숭배하는 것으로 생각하였으며, 이와 같은 영향은 기독교에 이롭지 못하다고 생각하였다. 그러므로 신체를 악의 방탕으로 생각하고 영생과 영혼의 세계를 찾는 속에서 체육의 이상과 가치를 찾지 못한 것은 당연한 일이다. 교회학교는 초기에 종교무용을 발전시킨 정도 외에는 별로 체육에 공헌한 바 없었으며, 수도원학교와 성당학교가 설립됨에 따라 주로 교회의 교리, 신학연구 등에 한정되어 문학·예술·과학·체육은 무시되었다. 그러나 초기의 몇몇 신부들은 자신들이 그리스의 고전교육을 받았기 때문에 그 영향으로 학교교육에서 체육교육을 행할 것을 주장하기도 하였다.

성직자들은 건강이나 위생에 반대한 것이 아니고 나체나 혼욕이 사회에 끼치는 해를 비

도덕적 행위라고 생각하였다. 그리고 무용은 기독교에서 종교적 표현으로서 계속되었다. 교도들은 교회에서 성가와 무용으로 예배를 하였고, 종교제 · 제례일 등에서도 정신적인 표현으로 춤을 추었다. 그러나 시대의 흐름에 따라 종교적 무용은 세속의 영향을 받아 성 아우구스티누스(St. Augustinus)는 춤을 추는 것보다 땅을 파는 것이 더 좋다는 말로 춤의 무가치함을 주장하였다. 심신의 조화적 발달을 도모하였던 그리스의 체육에 비하면 기독교는 현세의 향락을 악으로 결론지어 소위 금욕주의의 기반을 이루게 하였고, 이 금욕주의가 중세 기독교의 최고 이상이었으므로 체육의 육성을 기대하기는 어려운 일이었다.

(3) 근대의 체육

문예부흥은 중세주의에서 근대주의로, 정태적 문화에서 동태적 문화로, 그리고 봉건적 사회에서 도시의 개인주의적 사회로 바뀌는 하나의 중대한 전환기였으므로 그리스적인 체육 및 신체적인 훈련과 동시에 도덕적 · 정신적 훈련을 강조하였다. 따라서 자연주의와 실학주의가 새로운 교육기관으로 바뀌면서부터 운동과 경기는 실생활에 도움이 되는 능력을 키워준다 하여 체육의 필요성이 강조되기 시작하였다.

Locke, J.는 인간의 완전한 형성에는 신체단련이 중요하다고 역설하고, 체육은 모든 교육의 기반이 된다고 하면서, 교육을 체육 · 덕육 · 지육의 세 부분으로 나누었다. 그는 또한 보다 바람직한 체육활동을 위해서는 의학적 지식이 필요하다고 하여 체육의 과학적 측면을 주장하기도 하였다. 그리고 Comenius, J. A.는 실제적 경험이 교육의 효과를 높여준다고 주장하였다. 그러한 의미에서 유희와 체육운동이 교육에 절대 필요함을 강조하면서 하루에 8시간은 수면에, 8시간은 활동에, 나머지 8시간은 보건에 충당하여야 한다고 주장하였다.

18세기에 이르러서는 정치체계에 일대 변혁이 일어났는데, 그것은 영국의 정당내각 수립, 프랑스혁명, 미국의 독립 등이다. 이와 같은 역사적 변혁기의 체육은 합리적 경향과 정의적 경향으로 나누어졌다. 전자는 체육활동을 건강유지나 질병예방에 그칠 것이 아니라, 건강을 적극적으로 증진하는 데 뜻을 두어야 한다고 주장하였다. 후자는 Rousseau, J. J.가 주장한 "자연으로 돌아가라."를 신조로 삼았다.

이와 같은 영향으로 교육사조에서도 변화를 가져왔다. 즉 교사 중심 교육에서 아동 중심 교육으로 전환되었고, 합리적이고 지성적인 주지주의 교육이 감정이나 정서의 가치를 중시하는 주정주의 교육을 인정하게 되었으며, 이성 발전의 기초를 신체와 감각훈련에 두게 되었다.

① 독일의 체육

근대체육의 발달은 독일의 Basedow, J. B.(1723~1790)에서 시작되었다고 할 수 있다. 그는 과거의 주입식 교육에서 벗어나 유희하는 기분으로 학습할 수 있는 방법을 취해야 한다고 강조하였다. 아동이 좋아하는 유희는 신체적 가치에만 한한 것이 아니라, 정신적으로나 도덕적 면에까지 가치가 있다고 주장하고, 특히 체육의 중요성을 내세웠다. 당시에 유행하던 운동은 질주, 도약, 등반, 그리고 구기 등이었다.

그리고 근대체육의 아버지라고 불리는 Guts Muths, J.는 오늘날의 체육이 교육의 한 영역으로서 위치를 차지할 수 있도록 공헌하였다. 특히 과학적인 면과 정신적인 면을 다같이 강조하였으므로 매우 교육적이었다.

Guts Muths, J.의 체육에 관한 사상과 실천을 이어받은 독일인은 Jahn, F. L.이었다. Basedow에서 시작되어 Guts Muths, J.에서 집대성된 체조는 독일체조의 시초일 뿐 아니라 전유럽에 걸쳐 근대체육의 시초가 되었으며, Jahn, F. L.에 의해 투르넨으로 변하였다.

Jahn, F. C.은 청년을 완전한 인간성에 이르게 하는 수단으로 투르넨(Turnen)이 적합하다고 생각하고 그것을 연구하여 체계화하였다. 그는 1816년에 『독일체조술(Die Deutsche Turhkunst)』을 발간하였다. 이 책은 이제까지 내려오던 Guts Muths, J.의 체조를 집대성했음은 물론, 스포츠맨십을 모두 재현시킨 체조의 지침서로 훌륭한 책이다. 제1부는 체조운동으로 걷기, 달리기, 도약, 평균대, 평행봉, 철봉, 기어오르기, 던지기, 당기기, 밀기, 중량물 들어올리기, 레슬링 등에 관하여 기록했다. 제2부는 체조경기(gymnastic games)로 체조와 경기는 불가분의 관계가 있으며, 운동장 없는 체육관은 무용지물이라고 주장하고, 좋은 게임은 바람직한 인격을 형성하고 사회생활의 훌륭한 준비가 된다고 하였다. 제3부는 야외체육장의 시설관리면에 관하여, 제4부는 체조의 기술, 체육관, 운동시간, 의복, 선수휴게실 등에 관하여 기술하고 있다.

Jahn, F. C.이 행한 운동은 특히 기계체조에서 현저한 발전을 보였다. 그는 철봉(reck)과 평행봉(barr)을 처음으로 만들어냈으며, 목마운동 외에 특히 국민적 운동으로서 주 · 도 · 투를 실시하였다. 이 중에는 Guts Muths, J.가 제안한 것과 같은 것도 있으며, 그밖에 수영, 도보여행(wanderung)과 트룬하르트(turnfahrt)가 실시되었으며, 체육제(turnfest)나 지역의 집회(turntag)와 같은 행사를 위한 형식적인 것도 있었다.

② 스웨덴의 체육

스웨덴의 체육은 덴마크와 병행적 관계를 가지고 발전하였다. 스웨덴의 체육사에서 특히 위대한 공훈을 세운 사람은 Ling, P. H.이었다. Ling, P. H.은 Guts Muths, J.의 체육에 많은 영향을 받았고, Guts Muths, J.의 체조를 과학적으로 연구하기 위해 해부학과 생리학을 많이 공부하였다. 그는 체육의 국가적 제도를 확립하고, 국민의 체력향상목적을 달성하기 위하여 체육교사 양성학교의 설립을 주장하였다. 그리고 체육을 이론적·실제적으로 지도·발전시켜 스웨덴 체조의 창시자가 되었다.

Ling, P. H.은 체조의 내용을 교육적·의료적·군대적·미적의 4가지로 분류하고, 다음과 같은 이점을 제시하였다.

- 한 사람의 교사 밑에서 동시에 많은 사람이 운동할 수 있다.
- 이러한 장소, 즉 행진할 때나 병영(兵營) 내, 기숙사, 교실, 학교의 구내 등에서 할 수 있다.
- 기구수선의 수고와 비용 등을 덜 수 있다.
- 완전한 분대나 학급은 동시에 행하는 운동에 의하여 근력, 민첩성, 신체지배력 등을 신속히 기를 수 있다.
- 구령에 의한 체조의 실시가 엄격한 교련의 효과를 보강한다.
- 도수체조는 개인의 신체적 특성에 일층 용이하게 적용된다.
- 비유연성과 경직을 극복하는 데는 기계체조보다 더 우수하다.

이 스웨덴 체조는 해외에도 큰 영향을 미쳤다. 그 파급효과를 보면 스웨덴 체조는 성립시기에는 내셔널리즘의 지지를 비교적 많이 받았으나, 다른 나라에 보급될 때에는 각국의 내셔널리즘의 추세나 정치체제의 차이에 의해 의료체조나 신체육성법으로서, 혹은 군사적인 관점에서 받아들여졌다는 것은 사적으로 의의가 깊은 일이다.

③ 영국의 체육

영국은 근대 스포츠의 발상국으로서, 많은 근대 스포츠가 영국에서 발생·완성되었을 뿐만 아니라, 스포츠라는 용어와 스포츠맨십도 영국에서 생겨 현재 세계 공통의 것으로 되어 있다. 영국은 일찍이 체육을 교육과정에 넣어 전인교육의 필요성을 강조하였다. 교육내용은 자유로운 스포츠였으나, 이 활동을 통하여 사회생활을 가르쳤고, 특히 책임감의 귀중함을 깨우치게 하였다. 영국의 스포츠가 발전한 이유는 여러 가지 있으나, 그중에서도 가장 중요한 이유는 식민지에 대한 군사적·정치적 지배를 위해서는 의지력이 강하고 체력이 좋은 국민이 필요했기 때문이다. 따라서 사람마다 즐겨하는 스포츠를 체육이란 교육으로 발전시켰던 것이다.

축구는 옛부터 즐기던 영국의 대표적 스포츠이지만, 그밖에도 정구, 골프, 하키, 크리켓, 볼링, 펜싱, 복싱, 조정, 스케이팅 등 다양한 종목이 장려되었다. 이와 같은 각종 스포츠는 그들의 식민지와 미국에 많은 영향을 주었고 전세계에 널리 퍼져 나갔다.

영국인들은 스포츠를 여가선용의 한 방법으로 취하였으며, 스포츠맨십은 신사정신과 동일시되어 그들의 태도나 행동의 기본으로 되어 있다. 그리고 학교체육은 각급 학교의 대폭적인 권한이 부여되어 있어 대단히 자유스러웠다.

(4) 현대의 체육

19세기 말에서 20세기 후반에 이르기까지 세계는 모든 면에서 급진적 변화와 발전을 가져왔다. 사상적으로도 민주주의 · 파시즘 · 사회주의 등 여러 주의가 태동하였고, 그 발전의 모태를 학교교육에서 구하려 하였다. 그러한 가운데서 체육에도 새로운 기운이 싹트기 시작했다.

1920년 Wood, T. D.와 Hetherington, C. W.은 "건강과 교육, 기본적 교육"이라는 논문에서 신체육(new physical education)의 새로운 사상을 전개하였다. 그들은 종래의 독일 체조나 스웨덴 체조에 대하여 너무 형식적이라서 자연적 · 자발적인 행동을 억제하고 있다고 비판하였다. 그리고 체조는 지나치게 신체에 치중하고 있어 심적 태도나 성격 및 인성에 미치는 영향을 고려하지 않으면, 시간과 노력이 인간의 일상생활과 관계 없는 여러 가지 무의미한 근수축을 불러일으키고 있다고 지적하고 있다. 그는 체육의 4가지 측면에서 강조하고 있는데, 그것은 신체의 교육, 정신운동의 교육, 성격의 교육, 지적 교육의 4가지이다.

체육의 학문적인 발달을 보면 Hitchcock, E. H.과 Sargent, D. A.는 '인체측정'과 '근력테스트'를, 1913년 Schneider, E. C.는 '순환기능 효율테스트'를, Tuttle은 '맥박비테스트'를, 1920년대의 McCloy, C. H.는 '성취척도'를, 그리고 Rogers, F. R.는 '근력지수와 체력지수'를, 1927년 Brace, D. K.는 '운동능력검사'를, 1929년 Cozens, F. W.는 '일반운동능력테스트'를 창안하여 체육의 면모를 일신시켰다.

한편 현대사회의 특징인 산업 및 문화와 교육기관의 발달로 스포츠는 급속도로 전 세계에 보급되어 국제경기의 성황을 이루게 되었다. 올림픽경기, 종목별 세계선수권대회, 지역별 경기대회, 두 나라 사이의 친선을 도모하기 위한 국제경기 등이 활발하게 이루어져 스포츠의 국제적 위상을 높이고 있다.

① 독일의 체육

독일의 체육은 제1차 세계대전까지 유희와 체조 중심으로 행하여졌으나, 20세기 이후에는 영국식 각종 현대 스포츠를 받아들여 발전시켰다. 그러나 Hitler, A.는 독재권력을 더욱 공고히 하기 위해 체육을 강력한 전체주의적 · 군국주의적 형태로 변질시켰다.

원래 독일의 체조는 독일 청년들의 자유에 대한 욕구에서 출발하여 청년운동의 일환으로 학교의 속박이나 관리를 떠나 낭만적인 형식적 운동으로 발전하였다. Jahn, F. L.의 체육에 이르기까지 이러한 요소는 강하게 인정되었다. 그 목표는 자연에 친해지고, 조국 · 향토 · 민족을 사랑하며, 소박 · 청렴 · 결백한 청년이 되는 것이었다. 따라서 독일 청년들은 강제적인 군대편성을 기피하였다. 이러한 경향은 제1차 세계대전 중의 수년 동안 지속되었다.

그러나 Hitler, A가 독재권을 장악하면서 이러한 경향은 소멸되었다. Hitler, A.는 소련이나 이탈리아의 파시즘의 예를 받아들여 전 독일청년단 및 청년활동을 통제하고, 운동단체의 참가를 국민의 의무로 하였다. 즉 나치독일의 체육은 신체적으로 완전한 종족의 발전에 개인을 종속시키게 되었다. 그들이 바라는 인간상은 로마와 마찬가지로 완전한 병사 · 국방능력이 풍부한 전사였고, 우수한 자손을 국가에 제공하는 여성이었다. 초등학교 때부터 체육운동에 규칙적으로 참가하는 계획이 실시되어, 금 · 은 · 동의 뱃지에 의해서 그 능력이 표창되었다. 그 당시 독일의 이러한 체육정책은 1936년 베를린올림픽대회를 전후해서 잘 나타나 있다.

② 미국의 체육

미국의 체육도 국방적인 요구로부터 완전히 탈피할 수는 없었다. 미국에서 청소년들의 체위가 예상 외로 낮다는 것을 느낀 것은 남북전쟁(1861~1865) 때의 일이다. 그 결과 체육에 대한 관심이 발현되어 모릴법(Morril Act)을 통과시켰다. 이 법안은 군사교육을 필수적으로 시키는 법안이었다.

이 법안은 20년 이상의 긴 세월 동안 미국의 체육을 군사적으로 편향되게 하였다. 남 · 북전쟁 이후에도 체육에 대한 흥미는 증가하였다. 제1차 세계대전 때 징병검사 결과 불합격자가 많은 점이 체육에 대한 국민적 관심을 자극하였다. 그 결과 다수의 주(州)에서 의무교육법이 제정되었다.

19세기 후반까지 미국에서는 조직적인 체육이 행하여지지 않았지만, 그 후 스포츠 참여경향과 조직적 스포츠가 대학에서부터 일기 시작했고, 학교 간의 대항경기도 자주 열리게 되었다. 이와 같은 상황은 미국에서 체육진흥의 바탕이 되었는데, 여러 곳에 체육관을 건설하여 스웨덴식 체조를 도입하면서 체육은 더욱 기세를 올리게 되었다. 나아가 이와 같은 활동이 교육적 가치가 있다고 인정되어 초 · 중학교에서 체육이 정규과목으로 채택되면서부터 그 기틀은 확고해졌다.

1860년에는 대학에 체육학부가 창설되었고, 대학 간의 정기대항전에서 교육적 의의를 찾으려는 경향도 나타났다. 1866년 보스턴의 YMCA가 체육관을 지은 후 1869년부터 각지에 체육관이 건립되면서 체육은 더욱 기세를 올렸다. 그래서 독일 체조·스웨덴 체조 등은 차차 자취를 감추고, 1900년대에 이르러서는 미국 체육은 거의 유희와 스포츠로 전환되었다. 이에 따라 아동들의 도덕적·신체적 교육에 유희나 스포츠가 필요하다고 인정되면서부터 전미국체육장협회 및 레크리에이션연맹 등이 결성되었다.

이렇게 해서 미국의 체육은 영국·독일 등 유럽과는 전혀 다른 각도에서 발전되었고, 그간 많은 운동종목이 개발되어 청소년들에게 장려되었다. 또한 1930년 이후는 체육의 교육적 가치가 더욱 강조되면서 체육은 교육의 한 분야라고 규정지으며, 미국 국민들의 심신건강과 사회성 함양 및 지적·정서적 발전 등의 인격형성은 이를 통해서 교육되어야 한다고 생각되기 시작했다.

③ 러시아의 체육

러시아의 체육은 제1차 세계대전 후 계획적으로 실시되었다. 즉 1918년 모스크바에 국립중앙체육연구소가 설치되어 학교·공장·군대에서 하는 체육운동의 예방의학적 효과에 대한 연구, 스포츠시설 설계가 지도되었다. 스탈린은 이 학교를 국가의 발전에 필요한 새로운 남녀를 창조하는 실험실로 생각하고 있었다.

이 나라의 국민은 6세부터 60세까지 계획적인 운동에 참가하도록 되어 있다. Stalin, J. V.은 체육의 목적을 "건강·쾌활하며 소비에트의 국력을 높이는 능력 있는 새로운 노동자의 세기(世紀)를 만들어 여러 가지 방법으로 조국을 구하지 않으면 안된다. 러시아에서 체육참가는 개인의 선택에 맡겨져 있는 것이 아니고, 국력·군사력·완전한 교도를 위한 생산력 증강, 인종개량과 같은 것이다. 이는 국가적 목적을 완수하기 위해 엄격하게 지향된 요구이다."라고 하였다.

1930년경 구 소련은 4,800개의 스포츠클럽과 650만 회원이 있었고, 실제 활동하는 스포츠인이 300만 명이라고 하였다. 이 나라의 스포츠는 관람자의 다소를 문제로 하지 않고, 모든 사람이 어떤 스포츠에 참가하는 것을 목표로 하였다. 체육행사에 사용되고 있는 표어를 보더라도 "청소년의 체육은 건강한 고령을 의미한다.", "고등체육위원회는 민중을 건강하게 하고, 노동자를 교육하는 것이다.", "의도적 제약없이 참여하는 스포츠는 없다.", "최고의 병사는 경기자이다.", "우리들은 준비하지 않으면 안된다." 등이다. 이것은 개인적인 목표와 함께 국가적 목표에도 강하게 결부되는 것을 나타낸다.

④ 근대올림픽경기

가) 의　의

고대올림픽경기는 신에 대한 제전경기이자 그리스 민족의 국민적 경기였으나, 근대의 그것은 국제경기로서 의의가 있다. Coubertin, P. C.은 "올림픽경기는 승리보다는 정정당당히 싸우는 일이다."라고 하였다. 이 이념도 올림픽기에 표시된 것처럼 올림픽 경기를 통하여 세계의 5대주가 유대되어 평화를 염원한다는 데에 그 의의가 있다.

고대올림픽과 근대올림픽은 다음과 같이 현저한 성격차이가 있다.

- 고대올림픽경기는 민속적 특색을 다분히 많이 가진 종교적 제전경기였지만, 근대올림픽은 종교적 특색을 갖지 않는다.
- 고대올림픽경기는 그리스적 국민경기였지만, 근대올림픽은 민족이나 국경을 넘어선 문자 그대로의 국제적인 경기이다.
- 고대올림픽경기는 조화롭고 지적인 인간상을 추구한 그리스 체육의 성과로서 데몬스트레이션(demonstration)이었지만 근대올림픽은 세계 인류의 공통적 이해를 돕고, 우호 · 친목 · 친선의 분위기를 통해서 인류평화 달성을 목표로 하는 집회이다.

나) 변　천

Coubertin, P. C.은 1874년부터 8년간에 걸쳐 올림픽 발굴작업에 노력한 고고학자 Curtius, E.의 업적에 영향을 받아 고대올림픽의 유적이 완전히 지상에 노출되어 있다는 것을 알았다. 여기에서 교육가이며, 평화사상을 가졌던 그의 머리에는 올림픽경기를 부활시키려는 생각이 떠오르게 되었다.

1894년의 영국의 수로운은 미국의 Harvard, J.의 협력을 얻어 각국에 초청장을 발급하여 12개 국에서 79명이 참가하여 올림픽경기 창설위원회를 개최하였다. 여기에서 제1회 대회를 유서깊은 아테네에서 개최키로 결정하고 Coubertin, P. C.이 IOC(International Olympic Committee)의 회장이 되었다. 1896년에 드디어 제1회 근대올림픽이 개최되었으며, 그 후 세계 각국이 참가하게 되었다. 그러나 유감스럽게도 세계대전으로 인하여 3회(제6회, 제12회, 제13회)나 경기가 중단되었다.

다) 내　용

제1회 대회의 경기종목은 부활의의를 존중하여 육상, 수영, 펜싱, 자전거, 테니스, 체조, 레슬링의 7종목이었으나, 종목을 점차 증가시켜 제18회 도쿄대회에 이르러서는 위의 7종목 이외에 권투, 역도, 사격, 근대 5종, 다이빙, 수구, 보트, 카누, 요트, 축구, 하키, 농구, 마술, 예술경기 등을 추가하였다.

그 후 제24회 1988년 서울올림픽대회에서는 167개의 IOC 회원국 가운데 160개국에서 13,304명의 선수가 참가하였고, 23개의 정식종목(육상, 수영, 다이빙, 체조, 레슬링, 유도, 복싱, 사격, 역도, 탁구, 사이클, 핸드볼, 농구, 배구, 축구, 테니스, 요트, 카누, 조정, 펜싱, 승마, 필드하키, 근대 5종)과 2개의 시범종목(태권도, 야구), 2개의 전시종목(배드민턴, 볼링) 등 27개 종목이 행하여졌다. 그리고 2008년 베이징대회에는 204개국에서 16,000여명의 선수들이 참가하게 되었다. 이러한 규모의 비대화는 올림픽 운영의 어려운 문제점으로 등장하기 시작했다. 이에 따라 시범종목과 전시종목을 없애고, 단체경기의 참가국을 줄이는 등 규모 축소가 불가피하게 되었다.

동계대회는 1924년 파리대회로부터 시작되어 스키, 스케이트, 아이스하키, 봅슬레이 등의 종목이 행하여지게 되었다.

올림픽대회 헌장 제1장 기본강령에는 매 4년마다 개최할 것, 순서와 간격은 변하지 말 것, 개최지 선택은 IOC의 권한에 있을 것, 육상경기·여러 가지 투기·마술·수상경기·근대 5종·예술경기는 반드시 실시할 것, 참가자격은 일국의 국민일 것 등이 정해져 있다.

올림픽경기의 이념은 평화를 사랑하는 데 있다. 따라서, 금메달획득 수가 국가 간의 문제가 되어서는 안되며, 정치와 결부되어도 안된다. 올림픽은 아마추어의 집단이며, 평화를 사랑하는 스포츠맨과 예술가들이 평상시의 노력을 발표하는 장소이다. 민족적 감정의 전쟁터가 되어서도 안 되며, 정치적·금전적 목적을 위한 참가여서도 안된다.

고대올림픽경기가 제1회부터 제293회까지 1200년간을 한 번의 공백도 없이 계속되었다는 것을 상기할 때, 근대에 와서 "올림픽은 참가하는 데 의의가 있다는 말은 정론에 불가하다. 오직 승리가 있을 뿐이다."라는 근시안적 사고방식은 지양되어야 할 것이다.

 우리나라 체육의 발전과정

(1) 갑오경장 이전의 체육

① 원시 및 부족국가시대의 체육

원시시대에는 사람들이 산과 들을 두루 돌아다니며 생활에 필요한 물건을 얻었으며, 때로는 다른 종족과 싸우면서 생존하지 않으면 안되었다. 그러므로 생활에 필요한 자연적인 운동, 즉 달리고·뛰고·던지는 등 생활에 직결되는 원초적인 체육활동이 요구되었다. 따라서 강건한 신체·체력·끈기·지능 등이 투쟁 또는 방위무술로서 필요하였다.

인간은 농경생활로 접어들면서부터는 부족국가를 형성하게 되었다. 이때는 생활을 위하여 자연이나 맹수와 싸우고, 부족 사이 또는 부족 내의 세력다툼을 위하여 무예를 닦고, 그 무예의 바탕이 되는 강한 정신력과 체력의 배양이 절실하였다. 당시의 체육목표는 강한 투쟁력을 기르는 호전적인 인간상을 추구함에 있었다. 전투능력양성을 목표로 한 부족국가의 체육은 달리기, 뛰기, 던지기, 격투, 헤엄치기 등과 같은 기초적인 운동능력양성이 중요시되었다. 이와 같이 당시의 체육은 부족방위를 위한 무사양성 목표, 즉 국방과 전투능력의 양성을 주목적으로 하여 시작되었다는 것을 추측할 수 있다.

우리나라에서는 중국이나 서양의 여러 나라와 같이 단순히 어떤 권위에 복종하거나 은혜를 갚는다는 측면에서 무사가 배출된 것이 아니다. 부족을 대표하여 군장을 맹주로 삼아 그 군장에 복종하는 충성심과 아울러 결합·형성된 부족연맹에 충의를 다한다는 자치관념이 점차 발전하여 사회윤리의 본원이 된 것이 우리나라에서 무사정신의 시초이다. 이 시대는 농경사회로서 천신·태양·산악 등 자연계를 숭상하는 원시신앙(숭천신앙), 민간신앙이 하나의 생활양식이었다. 이러한 원시신앙 생활에서 그 시대의 유희활동을 엿볼 수 있을 것이다.

유희활동은 인간활동의 본능에 기인한다. 유희의 발달은 신체적·지적·정서적·사회적 발달의 표현이며, 각 시대의 풍습과 생활환경적인 특성이 내포되어 있다. 유희의 역사적 발달모습을 보면, 그 시대의 사회적 특성이나 생활모습을 짐작할 수 있다. 이 시대에는 각 부족들이 5월의 파종, 10월의 추수가 끝나면 군중이 모여 천신에게 제사를 지내는 풍속이 있었다. 예를 들면 부여의 영고, 예의 무천, 고구려의 동맹, 마한의 10월제 등이다.

이와 같은 제전을 중심으로 음주를 베풀고 밤낮 즐기던 노래와 춤은 지금도 전하여 오는 농악에서 그 자취를 엿볼 수 있다. 이러한 농악을 비롯하여 여흥으로 온갖 유희·오락을 즐기던 것이 점차 경쟁의식을 갖게 되었다. 이것이 오늘날의 경기인데, 이는 유희 등에서 그 기원을 찾을 수 있다. 그리고 이 시대에도 고대사회의 특징인 병의 진찰과 치료를 무당과 무술에 의존하는 위생사상을 가지고 있었다.

② 3국시대의 체육

3국시대 이전에 6국이 할거하였던 부족사회가 3국시대로 들어서면서 나라 간의 투쟁이 더욱 심화되어 3국 교전시대라는 다난한 시대를 이루며 민족통일의 기운을 조성하여 갔다. 이 시대는 군사제도나 무예가 상당히 발달하여 고구려·백제에서는 국민개병제, 신라에서는 징병제로서 건장한 장정만은 뽑아서 병사로 쓰는 징병주의를 택하였다.

특히 신라에서 청소년으로 조직된 '화랑도'는 무사정신의 배양이 목표였으므로 무예가 중시되었음을 알 수 있다. 고구려에서는 '경당'에서 무사수련을 하였으며, 백제에서도 신라 못지 않게 무예가 숭상되었음을 알 수 있다. 이 시대에는 문(文)보다 무(武)를 숭상했던 시대로, 이 숭무정신은 특정한 무사들에게만 국한된 것이 아니라 모든 국민에게 이 기풍을 배양시킴과 아울러 교육면에서도 무사교육이 실시되었다.

이와 같은 국가적 요청, 국민적 지지, 사회적 배경 속에서 매우 자유스런 무예체육이 성행되었다. 이러한 확고한 무사도의 영향 밑에서 행해지는 체육은 보다 의지적인 체육활동으로서 사회적 · 정치적 · 종교적 · 군사적 생활에 알맞은 조화적 인간상을 형성하는 고도의 무예체육이었다. 당시의 무사들은 무예기능과 담력을 수련하는 동시에 강인한 정신을 길러 국가나 개인을 위해서 희생하는 정신을 갖고 있었다. 한편 자연과 접함으로써 호연한 기상을 가진 인간상을 추구하는 일면도 엿볼 수 있다.

이 시대는 전국시대였으므로 유희 · 오락 · 스포츠에서도 무술적인 무예가 유희 · 오락화한 경향이 짙었다. 예를 들면 군사적인 사냥 · 궁술대회 등이 그것이다. 또 당시는 봉건적 계급성이 강하였기 때문에 그것이 민속유희 · 오락이나 스포츠에서도 강하게 나타났다. 즉 투호(항아리 속에 화살을 던져 넣어 승부를 가리는 경기), 축국(꿩깃이 꽂힌 공을 발로 차는 경기), 악삭(주사위놀이), 농주(弄珠, 구슬놀이) 등은 상류계급의 사교적 성격을 띠고 있었고, 서민계급에서 즐기던 씨름이나 노래, 춤 등의 민속오락은 불교행사와 제천의식 등의 축제의식과 결부되어 경축여흥으로 행해졌다.

③ 고려시대의 체육

3국시대에 비해 고려시대는 문치주의적 성향이 짙은 시대로서 3국시대와는 달리 거란, 몽고, 여진 등 북방민족과 왜구의 침략에 시달렸다. 이 시대의 무사체육은 이전 시대와는 달리 문신 중심의 정치체제하에서 국방을 담당하게 되었다. 따라서 고려시대의 체육은 무예를 중심으로 한 전투능력의 육성을 목적으로 한 무예체육이기는 하였으나, 3국시대 및 통일신라 때보다 별로 진전되지 못하였다. 그러나 점차 문화가 발전함에 따라 신체활동에 유희 · 경기적인 활동이 가미되어 고려의 체육은 순수한 면으로 진일보하게 되었다.

한편 정치적으로 문치주의의 폐단으로 발생한 많은 무신의 난과 외적의 침입에 대비하기 위해 무예의 발달이 활발한 시대로 변한다. 권세 있는 무신들이 사병을 양성하면서 무예훈련에 몰두하게 되어 침체하였던 무예는 다시 활발한 부흥운동이 일기 시작하였다. 무신들은 연약한 문신들의 사대주의사상을 배격하고 자주정신을 길렀다.

이와 같이 자주독립적인 철저한 무사정신이 넘쳐 흐르는 시대로 접어들게 되면서 당시의 무예는 점차 격렬하게 연무되었으며, 그 연무수단으로서 체육도 활발하게 되었다.

특히 3국 및 통일신라시대의 무예와 체육을 계승·발전시키는 한편, 이 시대에 들어와 비로소 수희(연못에 바가지나 부를 엎어 띄우고 빗자루 등으로 두드리며 춤을 추는 놀이), 수박(택견, 한 발로 서서 맞은 편의 다리를 차서 넘어뜨리는 경기), 마상재(달리는 말 위에서 옆으로 매달리기, 거꾸로 서서 달리기, 엎드려 달리기 등으로 재주를 겨루는 경기) 등이 적극적으로 행하여졌다. 이것은 고려시대의 무예나 체육이 새로운 진전을 보여 주는 특색이라 하겠다. 그밖에도 외적을 방어하기 위해서 군사 및 국민이 항상 활쏘기 등의 무예습득에도 힘썼다.

고려는 항상 북방민족의 위협을 받고 있기는 하였으나, 건국 이래 본바탕이 튼튼하고 대륙문화의 왕성한 수입으로 문물제도가 정비되어 비교적 안정된 생활을 하게 되었다. 이에 따라 향락적인 사치생활이 유행하였다. 정월 초하루(1월1일), 5월 단오, 8월 보름의 가위 등의 명절과 특히 불교의 성행으로 4월 8일(석가탄신일), 연등회(2월 15일), 팔관회 등의 국가적인 불교행사에는 호화스러운 연회나 온갖 유희를 즐기는 풍습이 있었다.

단오에는 격구, 투호, 그네뛰기, 씨름, 석전, 매사냥, 쌍륙(편을 갈라서 주사위를 던져 나오는 사위대로 말을 써서 궁에 먼저 보내는 내기), 척사(윷놀이), 죽마(잎이 달리 대나무를 말이라 하여 가랑이에 넣고 끌고 다니는 유희), 연날리기, 활쏘기 등의 여러 가지 유희·오락이 성행되었다. 그리고 궁내에서는 격구·투호가 행해졌다.

씨름·석전 등은 청년들 사이에 행하여진 스포츠적 성격을 띤 대표적인 유희이다. 특히 이 시대의 대표적인 유희는 '방응' 즉, 매사냥이다. 이것은 3국시대에도 행하여진 흔적을 엿볼 수 있었지만, 이 시대의 초기에는 무사들의 사기를 돋구기 위하여 수렵에 이용하였던 것이 나중에는 상류층의 오락으로 전락된 경향이 있었다.

이 시대는 불교의 도입과 더불어 한학이 들어와 한의학에 의한 병의 치료가 상당한 진전을 보였다. 그리고 조정에는 의료기관을 설치하여 미신적 치료관을 지양하였다. 즉 대의감, 대비원(정종 2년), 제위보(구급기관)의 강화를 꾀하였으며, 예종 7년 때에는 혜민국 등을 설치하여 빈민환자를 치료하였다.

한편 민간에서도 자선적으로 구제사업에 힘썼다. 채홍유의 활인당, 성석인의 위생당 같은 것은 그 당시의 저명한 개인 의료기관이었다. 이는 무당과 천신에만 의존하였던 원시 민간신앙에서 탈피하여 인간 스스로의 노력과 기술의 힘으로 치병하려는 보다 과학적인 시대로의 진전을 뜻하는 것이다.

④ 조선시대의 체육

이 시대는 유교를 중시하는 학자들에 의해 문을 숭상하고 무를 천시하는 극단적인 문약정치(봉건사회)로 말미암아 무관의 사기는 일반적으로 저하되고, 무예 또한 침체를 면하지 못하여 무사와 일반 국민들은 대체로 안일에 빠지게 되었다.

그러나 시대의 진전에 따라 무예나 전법이 새로운 양상을 띠고 주목할 만큼 발전한 것을 부인할 수 없다. 즉 무관을 과거에 의하여 등용하였으며, 특히 세조는 그의 정권쟁탈을 계기로 무관등용을 위한 과거제를 대폭 정비·강화시켰으므로 화살, 기병의 창, 말을 타고 털공 쏘기, 총 등의 무기와 무술이 발전하였다. 그리고 임진·병자의 양란을 통하여 국민들의 적개심은 고조되고, 새로운 애국심이 고취됨으로써 도처에 의병이 봉기하는 등 쇠퇴하였던 무예가 부활하게 되었던 것이다.

무술은 수련만을 위주로 하던 고대의 그것보다 진보하여 근대화를 지향하는 경향을 나타내기 시작하였고, 이러한 무예의 발전에 따라 무기도 상당히 발전하여 활·창·검 등의 고대식 무기 외에 고려 말에 도입된 화약제조술의 발달로 화포(딱총)·화통·화차 등의 새로운 무기가 발명됨으로써 활쏘기는 점차 쇠퇴하고 검술·창술을 중요시하게 되었다. 그리하여 소극적이나마 무예를 계통적인 일정한 교육방침 하에 교수하여 획기적 향상을 보게 되었다.

그러나 이 시대를 일관하는 극단의 문약과 무사천시경향은 결국 무예의 부진을 가져왔고, 더불어 체육 또한 종합적이며 조화적인 근대체육으로 싹트지 못하고, 다만 고려조의 그것과 별 차이없이 무사양성을 목적으로 하는 무예 중심의 체육이 그쳤다. 말타고 활쏘기, 창술, 검술, 격구, 수박(택견), 마상재 등이 그 대표적인 것으로 행해졌다. 이 시대는 중앙집권적 관료체제이면서도 토지제도를 기반으로 한 유교적인 봉건체제를 이루고 있었다. 이와 같은 정치체제와 경제체제의 정비에 따라 엄격한 신분제도에 의한 조직과 질서를 중시한 사회제도가 형성되게 되었다.

당시의 유희와 오락에서도 이러한 신분계급에 따라 상층과 서민층과는 구분되었던 것이다. 당시 농촌사회에 뿌리 박힌 폐단으로 인하여 생산도구로 전락된 일반 백성들에게는 자신을 위한 여가활동이나 오락의 여유가 없는 실정이었다. 그러나 이러한 상황에서도 촌락에서는 제례나 명절에 고대의 유풍을 따라 농한기에 씨름, 그네뛰기, 줄다리기, 농악 같은 것을 즐겼다. 정월이면 명절을 계기로 부녀자의 널뛰기와 청소년의 연날리기, 한량들의 활쏘기, 씨름, 수박, 썰매, 윷놀이, 쌍륙, 장기, 돈치기, 격양(자치기), 공기, 줄타기, 줄다리기, 줄넘기, 석전, 매사냥 등이 성행하였다.

이와 같은 오락이나 유희 중에서 널뛰기, 썰매, 격양, 공기, 줄타기, 줄넘기 등은 고려조의 문헌에 나타나지 않았던 새로운 것들인데, 그 중 썰매는 오늘의 스키와 유사한 것으로 주로 산간지역의 주민들이 눈 위에서 교통용 또는 수렵용구로 쓰여진 것이다.

그리고 3국시대에서 계승하여 행해진 그네뛰기는 부녀자 간에 행해진 대표적인 유희라고 볼 수 있다. 대륙에서는 한식에 행해졌다고 하나, 우리나라에서는 5월 단오에 서울과 시골 곳곳에서 행해졌다. 그리고 고대에 훌륭한 무예의 하나로 행해졌던 석전은 병기가 발달함에 따라 자연히 레크리에이션적인 것으로 변하여 갔다. 이 시대의 위생사상은 고려시대와 같이 경신제천(敬神祭天)의 신앙이 성행되어 구병·기도 등 무당의 기원에 의한 구병사상이 민간뿐만 아니라 조정에까지 파급되었다. 특히 유교사상이 남녀의 교제를 금하였으므로 여자의 외출은 물론, 부녀자는 질병시에 남자 의원에게 진찰받는 것까지도 도덕적으로 죄악시한 결과 많은 희생자를 냈다.

그러나 시대의 진전에 따라 미개한 상태에서 점차 벗어나 고려시대부터 중국에서 전래한 한의술을 이어받아 발전시켜 활발한 양상을 띠게 되었다. 후기에는 서양의학도 전래되어 새로운 발전의 단계로 들어갔다. 즉 조선 말에 광혜원을 제중원이라 부르고, Allen, H.이 신식 의료에 종사하게 되면서 학도를 뽑아 서양의학을 강습하게 하였다. 따라서 우리나라에서도 서양의학이 한방의학과 병행하게 되면서 천신에게 의지하던 구세기적 치병관과 미혹에서 벗어나, 과학적 보건위생 사상을 새로이 인식하게 된 동시에 건강의 증진, 신체의 성장, 발육, 발달 등 신체생리학적 체육사상이 싹트기 시작했다.

(2) 갑오경장 이후의 체육

갑오경장을 계기로 외국의 새로운 문물제도가 들어오게 되었다. 고종 32년(1895) 2월 2일 전국민에게 내린 교육조서를 보면 "교육의 실제는 덕육, 체육, 지육에 있다."하여 근대적 교육의 3대 강령을 지적하고, 교육의 필요성을 강조한 것도 교육입국의 큰 이상으로 당시의 상태와 방향을 새롭게 바꾸어 놓은 역사적인 사실이다. 특히 이 교육조서에는 체육에 힘쓰라는 내용이 포함되어 있으나, 수천년간 사대주의사상과 봉건적 테두리 속에서 살아오던 우리 민족에게는 참으로 역사적인 개혁이라 할 수 있다. 교육의 기회는 모든 백성이 고루 갖도록 하였고, 덕·체·지의 균등한 발전을 위한 근대적 교육사상을 명백히 한 것은 중대한 의의가 있는 것이다. 더욱이 이때까지의 무예와 같은 무술수련의 보조수단으로서 체육 및 여가를 즐기기 위한 일부 특수층에 국한된 체육을 지양하고 오늘날의 체육과 같이 신체적·활동적 성격을 띤 체육을 지향하였다는 것은 놀라운 역사적 계기를 이룬 사실이다.

이때 이후로 근대 학교에서 체육교육이 실시되기 시작하였다. 1895년 초등학교의 체육과 지도목표를 보면, 체조는 신체의 성장을 균형잡아 건강하게 하며, 정신을 쾌활·강직하게 하고, 아울러 규율을 지키는 습관을 기르게 한다. 이것은 불완전하나마 체조의 신체적 목표와 성격적 목표를 제창한 것으로 볼 수 있다. 이때 벌써 체육의 개념이 원시적인 상태에서 일보 전진하여 체육은 신체활동을 통한 신체활동에 의한 교육으로 인식되었다. 학제는 공포되었으나 지도자와 시설이 없어 이상적인 체육교육이 행하여지지 못하였고, 그 후 상당한 준비과정이 있었던 것을 지나쳐버릴 수 없다.

우리나라 최초의 근대식 운동회는 1896년 5월 2일 동소문 밖 삼선평(현 삼선교)에서 영국인 교사 Hutcheson, F.의 지도 아래 베풀어진 화류회였다. 이 운동회의 의의는 협소한 교사를 떠나 경치 좋은 곳에서 운동회를 겸한 영어학교의 모임이었다. 그리고 지육의 편중과 체육의 경시를 논평하면서 체육진흥의 필요성과 신체청결 등 보건사상의 향상을 역설한 데 있다. 이는 우리나라 체육진흥의 발판이 되었고, 학교운동회의 시초가 된 것이다.

이후로 많은 근대식 운동회가 열렸고, 학교체육뿐만 아니라 일반 사회인들의 체육부 또는 체육회를 발족시키게 되었다. 즉 을사보호조약 이후 한일합방 전까지 1906년에 「대한체육구락부」를 시초로 많은 체육단체가 결성되었다. 이것은 우리 사회가 봉건사회에서 개화사회로 전향되어감을 뜻하는 것이다. 또한 체육이 교육에만 중요한 것이 아니라 민족 전체를 하나로 단결시키고, 앞으로의 문명사회를 건설하는 데 절실하게 필요한 근원임을 각성하게 되었다.

한일합방 이후 항일투쟁과 국권회복을 달성하기 위해서 체육의 필요성을 더욱 절감하게 되었다. 즉 원기 없는 국민, 건전하지 못한 신체로서는 아무 것도 기대할 수 없다는 것을 자각하여, 국민의 강건한 신체와 민족적 정신의 함양·단결이 시급히 요청되었던 것이다. 이러한 시대에 마침내 1920년 7월 13일, 한국 민족의 정신적 상징이며 활동력의 원천이 된 조선체육회가 조직되었다. 이로부터 우리의 체육계는 비로소 조직적인 체계를 갖추게 되어 조선 체육의 탁월성을 과시하여 일본인들을 제압하고, 전 일본 스포츠계를 독점하다시피 발전하기에 이르렀던 것이다.

1932년 제10회 LA올림픽대회, 1936년 제11회 베를린올림픽대회는 우리나라 체육의 우수성을 세계에 과시하게 되는 역사적 계기가 되었다. 이때 일장기말소사건을 계기로 우리 체육단체들을 총독부가 여러 가지 구실로 탄압하기 시작하였다. 특히 1941년 12월 8일 제2차 세계대전이 확대되어 전쟁이 동서로 휩쓸면서 패할 기색이 농후해지자 일제는 마침내 우리 민족에 대한 발악적 강압성을 노골적으로 나타내게 되었다.

점차 시국이 긴박해짐에 따라 일제는 체육운동을 전쟁목적에 결부시키고 이를 완수하기 위해 다음 해 2월 14일 조선체육진흥회라는 체육통제기관을 발족시켜 '체육운동은 국가사업'이라는 미명 아래 스포츠를 완전히 그들의 통제하에 두었다. 이른바 국방경기라는 것을 등장시켜 종래의 각종 대회를 모두 중단시키고, 그 대신 전력증강경기 등과 같은 특수한 운동만을 실시함으로써 우리 스포츠계는 그야말로 암흑시대를 이루게 되었다.

우리 민족은 이러한 탄압에도 불구하고 일제 35년간 계속 체육을 통한 항일투쟁을 꾸준히 전개하였다. 이 당시의 체육은 순수한 의미의 체육활동을 넘어 국가적 차원에서 국권회복이라는 식민지하의 민족적 염원을 달성하려는 거족적·항일적 체육활동이었다.

(3) 현대의 체육

해방 이후 우리나라 체육은 민주주의 체육으로 전환되어 학교체육은 체조, 스포츠, 유희 등 조화된 인간을 육성하기 위한 새로운 내용으로 선택되었다. 또한 새로운 보건체육은 보건, 직업, 사회, 취미, 오락 등 모든 면에서 일반국민들의 인간생활을 건전하게 영위시키려는 목적으로 실시되었다. 그리고 전국체육대회를 비롯한 각종 스포츠 및 경기대회가 전국 각처에서 활기 있게 전개되었으며, 마침내 1988년 제24회 서울올림픽대회와 2002 한·일 월드컵대회를 개최함으로써 우리나라 체육은 성숙의 단계에 접어들게 되었다.

체육 및 스포츠의 진정한 의미와 가치는 개인으로 하여금 풍부하고 행복한 삶을 영위하게 하는 데 있다. 따라서 앞으로의 체육은 모든 국민을 위한 체육으로 전개되어야 할 것이다. 그러기 위해서는 메달획득을 위주로 한 체육정책은 대중을 위한 체육정책으로 전환되어야 하며, 인식부족으로 소홀히 다루어지고 있는 학교체육의 내실을 기함으로써 체육에 대한 인식을 새롭게 하고, 보다 더 활기찬 생활을 하도록 해야 할 것이다. 또한 국가적인 차원에서 사회체육 지도자를 양성하고, 체육시설의 확충에도 힘써야 한다.

사회체육의 발전과정

1975년 유럽지역의 체육과스포츠관계장관회의(The Euroupean Conference, 1975)에서부터 쓰이기 시작한 'Sport for All'이라는 말은 오늘날 세계 대부분의 나라들에서 사회체육, 즉 국민체육 혹은 생활체육 진흥운동을 의미하는 국제공용어로 사용되고 있다.

1980년대에 들어서면서부터 우리나라에서는 처음으로 한국사회체육센터가 법인격을 가진 사회체육단체(재단법인)로 설립되면서부터 이러한 Sport for All이 사회체육의 영문명칭뿐만 아니라, 사회체육진흥의 주요 운동개념으로 우리 생활과 퍽 친숙한 느낌마저 들 정도로 많은 사람들이 즐겨 사용하고 있다. 이러한 국민건강에 바탕을 둔 '모두의 스포츠 운동(Sport for All 운동)'을 요구하고 있는 것이 오늘날의 시대적 요청이며, 스포츠의 이상을 실천하는 올림픽운동도 이와 맥락을 같이 하고 있다고 본다. 이러한 국민건강과 사회체육운동의 바탕을 이루는 'Sport for All 운동'은 나라마다 정치 · 경제 · 사회 · 문화적 배경을 토대로 각각 다른 모양으로 발전되어가고 있다.

모두의 스포츠 운동의 필요성을 절실하게 느껴 이를 국민적인 운동으로 크게 발전시킨 나라로는 역시 미국을 첫번째로 꼽을 수 있다. 미국의 사회체육운동이 개인의 건강복지에 기초를 두고 있다면, 구 소련 등의 공산국가는 그들의 사회주의 이데올로기를 '국민의 스포츠'를 통해 달성하려는 데 뜻을 두고 있다. 말하자면 State Amateurism을 표방하고 있는 것이다.

자유진영 국가가 중심이 된 Sport for All운동이 미국과 유럽에서 본격화된 것은 1961년 미국 Kennedy 대통령의 "미국 민주주의의 힘은 미국 국민들의 총체적인 복지보다 강하지 못하다."고 강조하면서 미국 국민들이 신체운동에 참여할 수 있는 시간과 시설을 확장시키는 운동을 학교, 지역사회, 학부모, 교육자, 시민 모두가 함께 벌리자고 호소한 데서부터 비롯된다.

이와 같은 미국의 사회체육 진흥정책에 자극을 받은 나라들은 영국을 비롯한 유럽 여러 나라들이었다. 1966년을 전후해서 유럽 각국들이 앞을 다투어 이러한 Sport for All운동을 주요 체육정책으로 채택하여 범사회적으로 추진해오고 있는 것이다. 다시 말하면 현대 사회체육운동이 세계적으로 그 활동범위를 넓혀가기 시작한 것은 역시 1966년 이후 국제적인 운동체로서의 기구가 조직되면서부터 본격화되었다고 볼 수 있다. 물론 이전에 이러한 '모두의 스포츠 운동'이 없었던 것은 아니다. 우리가 잘 아는 대로 19세기 독일과 북유럽국가(덴마크, 스웨덴, 노르웨이)들의 운동, 체코슬로바키아의 소콜운동(Socol movement)이나 1930년대 소련의 소위 '인민노동과 국가방위를 위한 준비'라는 구호 아래 펼친 전 인민의 신체훈련 참가운동을 전개한 것 등을 들 수 있다.

1970년대에 들어서면서부터 이러한 Sport for All운동은 각 나라마다 사회 · 문화적 배경을 바탕으로 특성 있게 수정 · 보완되면서 본격적인 발전단계에 이르게 되었다. 1975년 3월 벨지움의 부르셀에서 열렸던 유럽지역의 체육과스포츠관계장관회의에서 구주지역 『Sport for All 헌장』을 채택했던 것이 오늘과 같은 'Sport for All'의 용어를 공식문서에 사용한 첫기록이 되었다. 1975년 유네스코(UNESCO)는 이 Sport for All 운동을 뒷받침하는 조치로써 국제 스포츠·체육과학협의회(ICSSPE)가 요청한 세계 각국 체육관계장관회의 개최를 받아들였다. 그래서 1976년 파리의 유네스코회관에서 150여 회원국으로부터 101개국 체육·스포츠장관급 대표들이 모여 사회체육진흥운동추진을 위한 정부간 위원회조직, 국제기금 확보, 그리고 국제헌장 등을 제정할 것을 결의하였다. 그리고 1978년 유네스코총회에서는 『체육과 스포츠헌장』(The International Charter of Physical Education and Sport)을 채택하기에 이르렀다.

이러한 일들을 주도적으로 이끈 핵심세력은 1975년 3월 벨지움에서 개최되었던 유럽지역 체육과스포츠관계장관회의에서 조직된 '유럽지역 Sport for All 협의회'이다. 그러나 내용적으로는 국제스포츠·체육과학협의회(ICSPE ; 현재는 ICSSPE와 영국의 체육·레크리에이션중앙협의회 : CCPR)가 주동적인 역할을 하였다.

이렇듯 유럽지역 체육단체가 중심이 되어 세계적인 조직으로 Sport for All 운동을 전개하게 된 것을 인정하고 그 배경을 살펴야 한다. 1976년 몬트리올올림픽을 계기로 Sport for All 세계연맹조직이 구체화되어 IANCS(International Assembly of the National Confederation of Sports)가 탄생되면서 하부조직으로 유럽지역협의회, 아시아태평양지역협의회(Asia Pacific Oceania Sports Assemble : APOSA) 등의 지역조직을 구성하였다.

1981년 호주에서 모인 제 3차 총회에서는 공산국가를 비롯한 세계 모든 나라가 참여할 수 있도록 하기 위해 IANOS(International Assembly of the National Organization of Sport)로 명칭을 바꾸고 헌장 개정까지 하였다. 1981년 호주에서 탄생된 APOSA는 우리나라를 포함한 아시아·태평양·대서양 지역 여러 나라들이 자국의 스포츠 진흥을 위한 정보교환과 새로운 계획을 세워 Sport for All 운동을 추진하기 위한 새로운 전략을 협의하게 된다.

이처럼 사회체육 진흥운동의 세계적인 흐름이 각국 정부, 체육단체, 각종 민간단체가 합동으로 추진하는 국제적인 스포츠 보급운동으로 그 조직이 정비된 상태에 이르렀다.

사회체육의 동향

우리나라도 과학기술의 발달·도시화·산업화와 경제성장으로 갑작스런 여가시간증가라는 사회적 변화가 신체활동의 감소와 체력저하, 심리적·생리적 스트레스 누적 등의 병리현상, 그리고 퇴폐·향락산업의 번창, 노인·청소년 문제 등 심각한 사회문제가 발생되어 어려운 국면을 맞고 있다. 파괴되어가고 있는 인간성을 회복하고, 위기에 빠진 사회를 구하기 위한 대책과 이러한 급변된 생활양상의 변천을 수용할 수 있는 묘책이 요구되고 있다. 선진 각국에서는 이미 이러한 홍역을 경험한 바 있고, 이러한 현상을 복합적으로 수용하는 근본적인 치료법으로 채택한 정책이 '튼튼한 국민건강만들기'계획인데, 이를 추진하기 위한 방법으로 사회체육(Sport for All, Sport for Life Time)운동을 전개하였다.

　사회체육운동을 '보는 체육에서 참여하는 체육' 즉, 모든 국민이 TV앞 또는 스탠드에서 관중으로만 있지 말고 운동장이든, 동네든, 직장이든, 공원이든 운동할 수 있는 공간에서 언제든지 직접 운동에 참여하는 것이다. 독서, 수예, 원예, 음악, 미술 등 정적인 활동과 더불어 스포츠활동이라는 동적인 활동을 생활의 일부로 실시함으로써 즐겁고 건전한 방향으로 개인의 심신증진과 행복하고 보람된 삶을 영위하도록 하며, 장차는 민주복지국가 건설의 근간이 되도록 하는 데 있다. 다시 말해서 사회체육활동은 세계 체육 및 스포츠헌장 제1조에 명시된 "사람은 누구나 체육과 스포츠 활동에 참여할 기본적인 권리를 갖는다."는 기본권리 즉, 체육의 본질을 되찾는 것이 된다.

　현대사회를 일컬어 일명 '스포츠사회'라고도 한다. 이는 현대생활 속에서 스포츠가 차지하는 비중이 얼마나 큰 것인가를 단적으로 표현한 말이다. 스포츠는 과거에서부터 오늘에 이르기까지 어떠한 형태와 형식으로든 존재해 왔다. 다만 그 필요성과 중요성이 크게 두드러지지 않았기 때문에 실감을 하지 못했을 뿐이다.

　그러나 과학문명의 발달은 생활의 편익을 제공하는 데 그치지 않았다. 각종 문명의 이기는 노동형태의 변화를 가져옴과 동시에 신체활동기회를 그만큼 축소시키는 한편, 여가시간의 증대를 가져왔다. 신체활동기회의 축소는 곧 체력의 저하 등 각종 건강문제를 야기시켰고, 또 사회공동체의식을 약화시켰다. 이와 같은 사회적 병리현상은 결국 스포츠의 생활화를 필연적으로 요구할 수밖에 없는 결과를 가져왔다. 세계 각국의 사회체육운동은 현대의 중요한 사회·문화적 현상으로 파악되고 있다.

　오늘날 이러한 사회체육운동의 열기가 세계적인 추세로 파급되고 있음은 사회변화의 여파로 인한 다음의 두 가지 요인 때문일 것이다.

- 현대문명사회의 고도산업화 추진과정에서 파생된 각종 사회병리현상에 대한 해결책으로 인식하게 되었기 때문이다.
- 스포츠의 일차적 동향(올림픽운동과 선수 중심의 관람스포츠에 대한 동향이며, 이

에 반해 사회체육운동은 직접 참여하는 스포츠의 2차적 동향)에 대한 자기성찰의 결과로 자연스레 부각되었기 때문이다.

이와 같은 두 가지 요인은 사회체육운동을 전개한 모든 국가들에서 나타난 공통된 현상이었으며, 각국가들의 사회체육에 대한 경향성 및 특수한 상황적 여건에 따라 특정적인 요인도 발견되고 있다. 또한 세계 각국은 제각기 독특한 캠페인을 전개하여 사회체육운동에 보다 많은 국민을 참여시키는 노력을 기울이기도 한다.

이와 같은 사회체육운동의 목적은 각국마다 역사적 전통, 정치 · 사회 · 문화적 배경과 경제적 생활수준 등에 따라 차이는 있으나 공통적인 목적은 다음과 같다.

- 국민체력 향상과 건강의 유지 및 증진
- 국민복지 구현에 바탕을 둔 삶의 질 향상
- 정신적 · 도덕적 · 사회적인 영향을 미치는 순기능적 측면의 효과
- 국력신장과 국가발전

한편 주요 국가들의 사회체육운동 추진에서 특징적인 면모는 다음과 같이 나타나고 있다.

- 사회 · 문화적 차원에서 중요한 정책으로 인식되고 있으며, 각국이 갖고 있는 여러 문제에 대한 주요한 해결수단으로서 적극적인 지원과 시책이 펼쳐지고 있다.
- 각국이 처한 특수한 국가적 현실을 고려한 추진을 시행하고 있다.
- 국민적 이해를 바탕으로 한 강력한 법적 근거 위에서 추진되었다.
- 전반적인 사업추진은 민간단체에서 주도하고 정부는 재정지원, 행정지원과 같은 횡적인 선상에서 협력하여 추진하고 있다.
- 지역사회의 시설은 지역의 여건과 규모에 따라 건설되었으며, 정부의 역할은 시설의 확보 및 확충에 따른 재정지원에 국한되었다. 특히 학교체육시설의 개방을 촉진토록 하는 행정지원에 앞장서고 있다. 또한 대부분의 선진국은 지방자치제도 아래 시설 우선투자원칙의 효율성을 극대화시키고 있다.
- 사회체육운동의 추진에 있어 청소년층을 최우선 대상으로 삼고 있다. 이것은 장기적인 안목에서 저변확대책의 일환인 동시에 각 국의 청소년 문제가 심화된 상태에 놓여 있는 증거이기도 한다. 아울러 사회체육활동이 청소년문제 해결을 위한 가장 확실한 수단으로 인식되었다는 사실이다.
- 스포츠클럽을 중심으로 한 저변확대 방법을 채택하고 있다.
- 사회체육과 학교체육은 시설이용, 교과과정의 재검토, 지도자 양성 및 교육방법의

실험적 운동과 실시에 관해 상호유기적인 보완관계를 유지하고 있다.

한편 현재까지 우리나라의 체육현실은 메달획득을 목표로 하는 엘리트 스포츠에 치중한 파행적 과정을 거쳐왔다. 국민을 대상으로 건강한 국민을 양성하고 국력신장을 도모함과 동시에 복지사회를 구현할 사회체육에 대한 정부의 지원과 민간단체의 노력은 미흡하였다고 할 수 있다. 문치사상에서 비롯된 숭문풍조 및 노작천시 등의 전통적인 가치인식은 그릇된 체육문화 및 풍토의 만연을 가져와 활동적인 신체운동 참여가 제한되는 실정이었다. 뿐만 아니라, 기존에 설치되어 있던 공공체육시설마저도 관계기관의 잘못된 체육관 및 행정관행에 의해 개방되지 않았다.

최근 들어 상업체육시설의 고급화 추세가 불러온 스포츠 환경의 그릇된 분위기 조성은 진정한 사회체육의 발전에 공헌하지 못하고 있는 실정이고, 대중 스포츠의 소외집단을 형성하기도 했다. 특히 유자격 지도자를 활용하지 않는 결과 스포츠 활동의 비효율성과 연령계층에 알맞은 적절한 프로그램의 부족 등도 사회체육활동의 참여를 저해하는 요인이 되고 있다.

따라서 민간단체가 중심이 되어 자생적 집단을 육성하며, 지역스포츠클럽을 조직하고 다양한 종목의 스포츠교실 운영을 통하여 신체활동에 대한 인식 개선이 절실히 요청된다. 사회체육 진흥은 국민의 자발적인 참여에 의하여 이루어지는 것이며, 사회체육의 전반적인 진흥과 발전을 위하여 보는 스포츠에서 참여하는 스포츠 활동으로의 조속한 전환이 가능토록 자연스럽게 유도되어야 할 것이다.

Ⅳ. 사회체육의 전문화 교육영역 연구

사회체육은 학교체육(체육교육)에 비하여 설립역사가 짧고 미조직분야가 많기 때문에 그에 대한 전문화 교육영역의 연구는 미개척분야라 할 수 있다. 그러나 1988년 서울올림픽대회 개최 이후로 점차 사회체육영역의 전문화에 관심이 증대됨에 따라 사회체육의 전문화 교육영역의 연구도 증가하고 있는 추세이다.

지금까지의 사회체육에 관한 전문화는 단지 정부의 최초 사회체육 지도자 양성취지에 맞추어 종목별 영역의 코치양성에 주안점을 두고, 학문영역이라기보다는 현장 실기지도자 양성을 목적으로 한 학과 설립 및 전공 영역 설정에 국한되는 양상으로 발전되어 왔는데, 이를 당연한 현상으로 보았다. 그러나 현실적으로 시대와 사회적 요구에 부응하여 사회체육영역의 전문화 교육영역의 개발의 필요성이 대두되고 있다. 이에 사회체육의 전문화 교육영역의 연구는 많은 학자들의 관심과 노력에 의해 개발되고 개선되는 과정을 통하여 일반화되어야 한다.

이러한 요구와 필요성에 입각하여 사회체육 전문화 교육영역의 체계화를 시도해 볼 때 사회체육 전문화의 분류교육은 사회체육학의 공통분야와 응용(실천)분야로 나눌 수 있을 것이다. 사회체육학의 공통분야는 '인문 · 사회과학' 접근방법을 취할 부분과 '자연과학' 접근으로 구분하는데, 이것은 사회체육의 기초이론을 이해시키는 분야이다. 여기에서는 기초이론이 주가 되는 반면, 사회체육학 응용(실천)영역은 실제적 전문화교육의 영역이다.

실제적 전문화교육영역인 사회체육학 응용(실천)영역은 다시 사회체육 분야, 운동과학 분야, 여가 · 스포츠 경영정보 분야로 크게 나눌 수 있다.

사회체육 분야에서는 제공되는 교과목의 이해를 통해서 여가, 스포츠, 사회체육 대상별 영역의 행정기획 · 관리 · 운영 · 지도 · 프로그램 개발 등의 역할을 수행하는 행정관리자로서의 전문화를 추구하고, 운동과학 분야는 운동검사, 운동처방, 치료 · 처치, 재활, 체력관리, 운동과 영양관리, 미용과 마사지를 포함한 건강관리, 테이핑을 이용한 운동의 효과와 상해예방 등의 영역 전문화를, 여가 · 스포츠 경영정보 분야는 스포츠시설, 스포츠 용품개발, 스포츠 에이전트, 스포츠 컨설턴트, 스포츠 산업개발 및 유통분야, 스포츠 정보수집 및 제공분야, 스포츠 연계관광 프로그램 개발, 스포츠를 매체로 한 기업홍보분야, 매스미디어의 활용관련 분야 등의 전문화 교육영역의 개발이 가능하다.

정리하면 사회체육학 공통분야는 이론이며, 사회체육학 응용(실천)분야는 실제적인 부분이다. 이러한 사회체육 공통분야와 사회체육학 응용(실천)분야가 조화를 이루었을 때 비로소 이론과 실제가 조화를 갖춘 전문화 교육영역이 구축되는 것이라 할 수 있다(그림 3-1 참조).

이와 같이 모든 것을 조직적으로 상세히 구분하는 것도 의의가 있으나, 기초부문과 실천 또는 응용부분의 연결을 어떻게 하는가도 문제라 하겠다. 중요한 것은 사회체육학 연구는 그 방향성 설정에 따라 무한히 넓어질 수 있다는 것이다. 이러한 연구분야의 필요성을 인정하면서 사회체육의 목적을 표현할 수 있는 길을 구하는 것이 앞으로의 연구방향이라 하겠다.

한편 사회체육이 이론만이 아니고 실제적인 활동으로서 국민생활 속에 뿌리내리게 된 것은 결국 1980년대를 경계로 고도의 경제성장에 의한 국민생활수준의 향상과 분리시

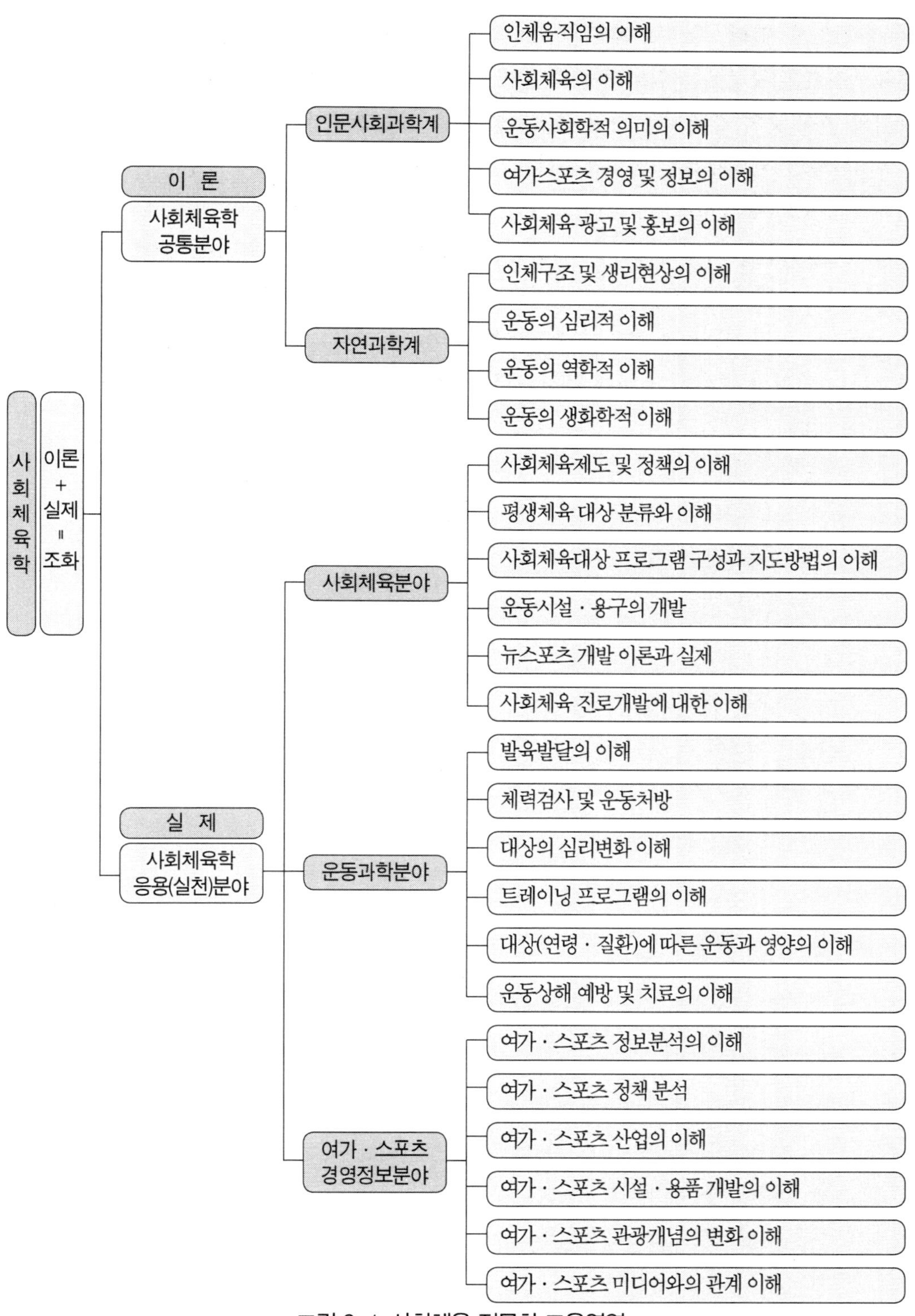

그림 3-1. 사회체육 전문화 교육영역

켜 생각할 수 없다. 즉 사회체육은 교육적 의도를 가지고 모든 사람들이 일생을 통하여 체육·스포츠 활동을 생활화하는 측면이 있는 반면, 소득의 향상, 여가시간의 증가, 생활 의식의 변화 등의 결과에 의한 스포츠대중화 현상과 관련시켜 다룰 수 있을 것이다.

우리나라의 사회체육은 국민체육진흥의 측면에서 스포츠 활동의 보급·신장을 꾀하기 위해 관주도의 행정시책으로 추진되고 있음을 부인할 수 없다. 그 때문에 지도자·시설·조직·프로그램을 어떻게 하는가 라는 그 조건정비를 위한 관리적 조건에 자칫하면 초점이 맞춰질 수 있다. 그것들의 조건정비라는 것은 체육·스포츠의 대중화가 진행되고 있는 오늘날에는 공공기능으로 간주해도 무방할 것이다. 그러나 연구라는 관점에서 본다면 그것들의 조건정비는 어떤 효과를 주고 있는가, 어떤 기능을 하고 있는가가 분명하게 되어야 할 것이다.

♠ 단 원 요 약 ♠

1. 그리스의 체육

· 스파르타의 체육 : 스파르타는 강력한 군대 양성을 목적으로 군국주의적인 체육을 실시하였다. 또 일반 교육의 목적도 전쟁에서 이길 수 있는 완전한 신체를 가진 용감한 병사를 기르는 데 있었다.

· 아테네의 체육 : 아테네에서 교육은 국민생활의 통합적 기능을 가지고 발전하였다. 따라서 체육의 목적도 교육의 일반적 이상에 따라 신체단련뿐만 아니라, 신체를 통하여 개성을 발전시키는 데 있었다. 그들의 체육목표는 미와 조화라는 그리스의 이상과 일치하였다.

2. 로마의 체육

· 전기 로마 : 체육의 목적은 전쟁을 위한 건강, 용기, 힘, 지구성, 기술 등의 발달에 한정되어 있었으므로 당연히 체육은 병역훈련이라는 실제적 목표를 달성시키는 데 있었다.

· 후기 로마 : 후기 로마제국의 체육은 그 목적을 잃고, 다만 직업군인이나 직업경기자의 체육에 대한 중요성을 인정하고 있었으나, 일반 시민은 건강유지와 오락을 위한 최소한의 운동을 했을 뿐이다.

3. 고대올림픽경기대회

제우스신을 위한 제전으로 시작된 고대 올림픽경기는 기원전 776년부터 4년마다 열리기 시작하였으며, 경기의 목적은 제우스신을 비롯하여 여러 신의 영혼을 위로하고 그 명예와 업적을 찬양하며 동시에 경기에 우수한 성적을 나타낸 사람을 표창하는데 있다. 하지만 기원전 393년 제293회를 마지막으로 고대올림픽경기는 끝났다.

4. 중세의 체육

중세 기독교는 현세의 향락을 악으로 결론지어 소위 금욕주의의 기반을 이루게 하였고, 이 금욕주의가 중세 기독교의 최고 이상이었으므로 체육의 육성을 기대하기 어려웠으며, 체육의 암흑기를 초래한 시기였다.

5. 근대의 체육

자연주의와 실학주의가 새로운 교육관으로 바뀌면서부터 운동과 경기는 실생활에 도움이 되는 능력을 키워준다 하여 체육의 필요성이 강조되기 시작한 것이 근대체육의 시초이다.

6. 고대올림픽과 근대올림픽의 차이점

· 고대 올림픽경기는 민속적 특색을 다분히 많이 가진 종교적 제전경기였지만, 근대 올림픽은 그러한 종교적 특색을 갖지 않는다.

·고대 올림픽은 그리스적 국민경기였지만, 근대 올림픽은 민족이나 국경을 넘어선 문자 그대로의 국제적인 경기이다.

·고대 올림픽은 조화롭고 지적인 인간상을 추구한 그리스 체육의 성과로서의 데몬스트레이션이었지만, 근데 올림픽은 세계 인류의 공통적 이해를 돕고, 우호·친목·친선의 분위기를 통해서 인류평화의 달성을 목표로 하는 것이다.

7. 갑오경장 이전의 체육

·원시 및 부족국가시대의 체육 : 원시시대에는 생활에 필요한 자연적인 운동, 즉 달리고·뛰고·던지는 등 생활에 직결되는 원초적인 체육활동이 요구되었다. 따라서, 당시의 체육목표는 강한 투쟁력을 기르는 호전적인 인간상의 추구에 있었다.

·3국시대의 체육 : 이 시대에는 문보다 무를 숭상했던 시대로 무예체육이 성행되었다. 이러한 확고한 무사도의 영향 밑에서 행해지는 체육은 보다 의지적인 체육활동으로서 사회적·정치적·종교적·군사적 생활에 알맞은 조화적 인간상을 형성하는 고도의 무예체육이었다.

·고려시대의 체육 : 무예를 중심으로 한 전투능력의 육성을 목적으로 한 무예체육이었다. 점차 문화가 발전함에 따라 신체적 활동에 유희·경기적인 활동이 가미되어 체육은 순수한 면으로 진일보하게 되었다.

·조선시대의 체육 : 이 시대를 일관하는 극단의 문약과 무사의 천시는 결국 무예의 부진을 가져왔고, 더불어 체육 또한 종합적이며 조화적인 근대체육으로 싹트지 못하고, 다만 고려시대의 그것과 별 차이 없이 무사양성을 목적으로 하는 무예중심의 체육에 그쳤던 것이다.

8. 갑오경장 이후의 체육

·무술을 수련하기 위한 보조수단으로서의 체육 및 여가를 즐기기 위한 일부 특수층에 국한된 체육을 지양하고 오늘날의 체육과 같이 신체적·활동적 성격을 띤 체육을 지향하였고 근대학교에서 체육교육이 실시되기 시작하였다.

·한일합방 이후 항일투쟁과 국권회복을 위해서 체육의 필요성은 더욱 증대되었고, 이 당시의 체육은 순수한 의미의 체육활동을 넘어 국가적 차원에서 국권회복이라는 식민지하의 민족적 염원을 달성하려는 거족적·항일적 체육활동이었다.

9. 'Sport for All'이라는 말은 오늘날 점차로 세계 대부분의 나라에서 사회체육, 즉 국민교육 혹은 생활체육 진흥운동을 의미하는 국제공용어로서 보편화되어 있고, 이러한 Sport for All은 사회체육의 영문명칭뿐만 아니라, 사회체육 진흥의 주요 운동개념으로 사용되고 있다.

10. 사회체육운동의 목적

·국민체력 향상과 건강의 유지 및 증진

·국민복지 구현에 바탕을 둔 삶의 질 향상
·정신적·도덕적·사회적인 영향을 미치는 순기능적 측면의 효과
·국력의 신장과 국가발전

11. 제1차 국민체육진흥 5개년계획의 주요 정책과제

정책과제	추진내용
생활체육의 범국민적 확산	· 국민의 체육활동 참여의식 고취 · 체육활동공간 확충 및 생활체육지도자 양성 · 국민체육활동의 체계적 육성 및 지원 · 국민 건전여가 기회의 확대
엘리트체육의 지속적 육성	· 우수선수의 과학적 체계적 양성 · 국내경기대회 운영의 개선 · 우수한 경기지도 인력 양성 · 체육인 복지향상 및 체육단체의 자율성 제고
국제체육협력의 증진	· 세계 체육계에서 한국의 입지 강화 · 국제체육교류 사업의 효율적 추진 · 체육을 통한 민족 화합 도모
체육과학의 진흥	· 체육과학의 연구기반 강화 · 체육과학의 실용화
체육행정체제의 보강	· 체육행정체제의 정비보강 · 체육관련 법령 및 제도의 정비

12. 제2차 국민체육진흥 5개년계획의 주요 정책과제

부문별 목표	추진내용
생활체육 참여환경을 구축하여 지역 공동체 중심의 체육활동 여건조성	· 지역공동체 주민활동의 장으로써 체육시설 확충 · 미참여 인구의 생활체육프로그램 참여 확대 · 생활체육지도인력의 육성 및 활용 · 국민체력관리의 과학적 지원 · 민간주도적 생활체육 확산
세계상위권 경기력의 유지 및 생활체육과 전문체육의 연계 강화	· 선수 발굴 및 육성체계의 전문성 보강 · 경기단체 자율성 제고 · 경기운영체계의 합리화 및 전산화 강화 · 스포츠클럽 육성을 통한 생활체육과 전문체육의 균형발전
국제교류 역량 강화 및 남북 체육교류 촉진	· 체육교류 대상국 확대 및 교류 내실화 · 체육 외교역량의 강화로 국제체육기구 내 역할 강화 · 남북체육교류 추진으로 민족화합 분위기 조성 · 국가 이미지 홍보를 위한 상징종목의 세계적 보급 확산

2002년 월드컵 축구대회의 성공적 개최로 국가발전의 재도약 전기 마련	· 대회준비 운영체제 구축, 경기장 등 대회시설 확보 · 경기운영, 개회식 등 대회운영 단계적 준비 · 범국민적 대회 참여 분위기 조성 및 전 정부적 지원
체육산업의 국제경쟁력 강화	· 체육산업의 연구 개발 · 취약지구 민간체육시설 우선 융자 지원 · 민간체육산업의 성장을 위한 규제완화 추진 · 체육서비스소비자의 권익 및 안저놉호를 위한 조치 강구
경쟁력 있는 체육과학 발전 추구 및 체육 행정능률 향상	· 한국체육과학연구원 기능 증대 · 국민체력 증진 연구 및 경기력향상 연구 역량 강화 · 체육부문 종합정보망 구축 및 다양한 체육정보 제공 · 체육인력의 전문성 제고 및 지방체육조직에 전문인력 배치

13. 참여정부 국민체육진흥 5개년계획의 주요 정책과제

부문별 목표	추진내용
생활체육 활성화를 통한 국민의 삶의 질 향상	· 주민친화형 생활체육공간 확충 · 스포츠클럽의 체계적 육성 · 체육활동 참여확대를 위한 다양한 프로그램 운영 · 과학적 국민체력관리시스템 구축 · 레저스포츠 발전 방안 마련 · 생활체육지도 인력의 양성 및 활용 · 생활체육 인식 제고 및 추진체제 강화
과학적 훈련지원을 통한 전문체육의 경기력 향상	· 우수선수의 발굴육성 체계확립 · 전문체육시설의 다기능화현대화 · 체육특기자 제도개선 등학교체육 활성화 지원 · 전문체육단체 자율성 및 재정자립 기반 강화
스포츠 산업을 새로운 국가전략산업으로 육성	· 스포츠 산업체의 경쟁력 강화 지원 · 스포츠 산업 전문인력 양성 · 스포츠 산업 진흥 관련 법적 기반 바련
국제 체육교류 협력을 통한 국가 이미지 제고	· 세계선수권 대회 등 종목별 주요 국제대회의 유치 · 스포츠 외교 전문인력 양성 · 국가간 체육교류협력 내실화 · 체육을 통한 민족화합 기반 조성 · 태권도공원 조성 추진 · 스포츠 반도핑 활동의 활성화
체육과학의 진흥 및 정보화	· 체육의 학문적 연구 활동지원 · 체육종합정보체계 구축
체육행정시스템의 혁신과 체육진흥재원 확충	· 체육정책 추진 체제의 체계화 · 국민체육진흥기금의 안정적 조성

14. 이명박정부 문화비전 2008~2012의 체육부분 주요 정책과제

부문별 목표	추진내용
체육활동 참여여건 개선	· 지역스포츠클럽 정착 및 활성화 · 체육인력 활용 제고 및 국민체력 향상 · 맞춤형 체육복지 구현 · 전통무예 지정 및 육성 보급 강화 · 생활체육시설의 확충 및 활용 제고 · 레저스포츠 시설 · 공간 확충
체육친화적 교육 환경 교육친화적 체육 환경	· 학교 기본체육 활동 기반 조성 · 학교체육 활성화 프로그램 및 인력 지원 · 선수인권 보호 체계 구축 · 학생선수의 학업과 운동 병해 환경 조성
함께 누리는 체육활동	· 장애인 생활체육 참여인구 확대 · 공공체육시설의 장애인 이용환경 갯너 · 장애인 전문체육 경기력 향상과 체계적 관리 · 소수자계층의 생활체육참여 확대 및 자원 봉사활동 전개
세계 속의 스포츠 한국	· 국제대회경기의 성공적 개최로 스포츠 강국 이미지 지속 · 스포츠 외교인력 양성 및 국제활동 강화 · 태권도의 세계화 · 선진 스포츠도핑 방지시스템 확립
스포츠 산업의 경쟁력 강화	· 프로스포츠 자생력 확보를 위한 스포츠마케팅 활동 강화 · 스포츠용품 고부가가치화 및 u-스포츠사회 구축 · 스포츠 산업 전문인력 양성 · 지원체계 구축 · 민간체육시설의 이용환경 개선
엘리트스포츠 국제경쟁력 강화	· 2012런던올림픽 대비 국가대표선수 체계적 양성 및 훈련 과학화 · 우수선수 자원의 확대 및 육성시스템 강화 · 비인기 종목 활성화 · 스포츠의 과학 및 정보지원시스템 구축 · 육상진흥토대마련을 위한 추진계획 이행 · 엘리트 체육시설 확충을 통한 훈련여건 개선
체육행정시스템의 선진화	· 체육단체의 조직 및 기능 선진화 · 선진현 체육법 · 제도정비 · 부처 간 협력체계 구축 및 협력 강화

*자료 : 체육백서(2009)

♠ 연 구 문 제 ♠

1. 체육의 개념 변천과정과 학자들의 체육의 정의에 대해 살펴보자.

2. 그리스 체육에서 스파르타 체육과 아테네 체육의 차이점에 대하여 알아보자.

3. 고대올림픽의 목적과 변천에 대하여 살펴보자.

4. 로마시대 체육의 배경과 특징을 전기, 후기로 나누어 살펴보고 이해하자.

5. 중세 체육의 배경과 특징에 대하여 살펴보자.

6. 근대 체육에서 독일, 스웨덴, 영국의 체육 배경과 특징에 대하여 살펴보자.

7. 자연주의 체육에 대하여 연구해 보자.

8. Guts Muths, J.의 체육사상에 대하여 연구해 보자.

9. Jahn, F. L.과 Ling, P. H.에 대하여 알아보고, 차이에 대해 살펴보자.

10. 근대올림픽의 의의와 고대올림픽과의 차이에 대해 살펴보자.

11. 원시시대 체육의 배경과 내용에 대하여 이해하자.

12. 3국시대 체육을 비교 이해하고, 특히 화랑도에 대하여 연구해 보자.

13. 고려시대 체육의 배경과 내용에 대하여 살펴보자.

14. 조선시대 체육의 배경과 내용에 대하여 살펴보자.

15. 갑오경장 이후 체육의 배경과 일제하의 체육의 특징에 대하여 연구해 보자.

16. 국민체육진흥 5개년계획에 대하여 살펴보자

17. Sport for All 운동의 발달과정에 대하여 살펴보자.

18. 주요 국가의 Sport for All 운동 추진의 특징적인 면모에 대하여 알아보자.

제4장
사회체육의 대중화요소

　　모두의 스포츠라 할 수 있는 사회체육을 대중화(활성화)하기 위해서는 국민 누구나가 일상생활 속에서 자유롭게 체육 및 스포츠에 참여하여 풍요로운 삶을 향유할 수 있는 제반 여건이 조성되어야 한다. 이러한 사회체육의 여건을 이루어내는 요소로서는 사회체육조직, 시설, 지도자, 프로그램, 재정, 홍보 등을 들 수 있다.

　　사회체육의 활성화 측면에서 볼 때 이러한 구성요소들 즉, 제반 여건을 조성하기 위해서는 다양한 정책이 제시될 수 있겠으나 무엇보다도 중요한 것은 이 요소들의 가장 효과적인 실현을 가능하게 해주는 정부의 사회체육에 대한 올바른 인식과 강력한 실천의지라고 할 수 있다.

　　따라서 이 장에서는 사회체육의 대중화 요소로서 핵심요소라 할 수 있는 사회체육조직, 시설, 지도자, 프로그램, 홍보, 재정 등에 대한 개념규정과 관련사항은 물론, 이러한 요소들의 현황을 토대로 하여 문제점을 검토하고, 발전방안을 살펴보기로 한다.

우리 사회는 과거로부터 숭문 유교사상이 오랫 동안 사회를 주도하여 왔기 때문에 노동이나 신체활동을 경시·기피하는 풍조가 국민의 관념 속에 잔재되어 있어 현재에 이르러서도 사회체육의 생활화가 보편화되어 있지 못하다. 한편 정부의 체육정책도 여전히 우수선수를 양성하여 국위선양을 목적으로 하는 소극적 관행에서 완전히 벗어나지 못하고 있는데, 정부에서는 건강한 사회건설과 건민복지정책의 차원에서 국민의 평생체육활동을 기본권리로 인식하고, 사회체육을 적극 지원하여야 할 것이다.

체육의 궁극적 목표는 기본적으로 모든 사람들의 평등한 참가를 전제로 하고 있다. 더욱이 현대사회는 스포츠에 대하여 종전의 가치를 초월하여 새로운 가치를 요구하고 있다. 다시 말해서 건강에 대한 위기감과 인간소외 및 여가시간이 증가하고 있는 현대산업사회에서는 스포츠에 다음과 같은 새로운 가치가 부여되고 있다.

- 모든 사람의 건강과 체력증진을 목표로 한 건강성
- 동료사귀기나 교제(social intercourse)를 목적으로 하는 사교성
- 반복되는 긴장 속의 일상생활을 떠나 즐기기 위한 유희성

바로 이러한 가치들은 우리에게 스포츠를 통한 보다 나은 삶의 영위라는 측면에서 앞으로의 사회체육의 방향이 모든 사람의 다종다양한 스포츠 참가의식에 적절히 대응해 나가야 한다는 것을 시사해 주고 있다. 모두의 스포츠를 구체화하기 위해서는 일상생활에서든, 일상생활을 떠나서든 국민 누구나가 자유로이 스포츠에 참여할 수 있게 하여 스포츠에 친근감을 느끼면서 풍요로운 삶을 향유할 수 있는 제반 여건이 조성되어야 한다.

이러한 사회체육의 여건을 이루어내는 요소로는 조직, 시설, 지도자, 프로그램, 재정, 홍보가 있으나, 무엇보다도 중요한 것은 이 요소들의 가장 효과적인 실현을 가능하게 해주는 정부의 사회체육에 대한 인식과 강력한 실천의지라고 할 수 있다.

조 직

조직은 통상 특정의 목표를 달성하기 위해 만들어진 명확한 구조를 의미한다. 사회학에서는 일반적으로 다음의 3가지로 받아들이면서 각 조직·조직체·조직과정과 구별하여 사용하고 있다.

- 특정목표를 달성하기 위해 만들어진 지위와 역할 시스템

- 목표달성을 위해 협동하면서 어느 한곳에 뭉쳐 있는 집단
- 목표달성을 위한 활동 시스템

사회체육조직은 사회체육의 사회적 구조요건의 하나로서 '사회체육의 목표를 달성하기 위해 의도적·계획적으로 만들어진 지속적이고 안정된 지위와 역할의 시스템'이라고 정의할 수 있다. 이러한 의미에서 보면 사회체육조직의 전형은 사회체육의 행정조직이라 할 수 있다. 사회체육 행정조직은 사회체육의 목표실현을 위해 의도적이고 계획적으로 만들어지고, 그 활동은 법적인 근거에 의해 정당화되며, 공적 권한과 공적 책임 및 그에 대응하는 명확한 지위와 역할시스템을 갖춘 것이다.

자생적 스포츠 동호인조직은 공동적 관심이나 목표를 추구하는 구성원들이 자발적으로

표 4-1. 정부부처 개편에 따른 사회체육관련 담당부서

연도별	내용
1962년	문교부 내 체육심의위원회 : 국민체육진흥법 제정 대한체육회 내 : 사회체육분과 분리(공식적 사회체육 용어 사용)
1982년	체육부 발족(생활체육담당 : 체육진흥국 사회체육과)-1실 3국 10과 3관 4담당관, 187명 각 시·도 교육위원회 학무과 산하 사회체육과
1985년	사단법인 한국사회체육진흥회 설립
1989년	서울올림픽 기념, 국민체육진흥공단 설립(생활체육진흥기금 지원)
1990년	체육청소년부 발족(생활체육담당 : 체육진흥국 생활체육과) 국민생활체육 진흥종합계획 '호돌이계획'수립 한국사회체육학회 창립, 골프장 업무 인수
1991년	국민생활체육협의회 설립
1992년	한국마사회 운영의 지도·감독 업무 인수
1993년	문화체육부 발족 : 3국 9과, 98명에서 국민체육진흥정책 수립·시행·지원·국제업무를 담당(생활체육담당 : 체육정책국 생활체육과)
1994년	3국 9과, 98명 → 2국 7과, 77명, 체육지원국 폐지
1998년	문화관광부 발족 : 1국 4과, 56명으로 체육부서 축소(생활체육담당 : 체육국 체육진흥과)
1999년	1국 4과, 56명 → 1국 3과, 40명
2001년	한국마사회 업무 농림부로 이관
2002년	생활체육과 신설(체육교류과 → 국제체육과)-1국 4과, 45명
2004년	스포츠여가산업과신설, 체육진흥과 폐지
2005년	장애인 체육과 신설(1국 5과)
2006년	'과' 명칭이 '팀'제로 변경(1국 5팀)
2008년	문화체육관광부 발족 '팀'제가 '과'제로 변경(1국 5과 50명) 생활체육과 → 체육진흥과 장애인체육과 → 장애인 문화체육과로 명칭 변경
2009년	장애인 문화체육과 → 장애인 문화체육팀으로 명칭 변경(1국 3과 1팀)

*자료 : 문화체육관광부(2010)

조직한 집단으로서 사교적 목적이나 특정집단의 이익을 보호 및 증진시키기 위하여 결성되는 단체이다. 이러한 스포츠 동호인 조직은 그 발생이 자발적인 것처럼 운영 또한 동일한 취미와 관심을 갖고 있는 구성원들에 의해 자율적·민주적으로 관리되는 특징을 지니고 있다. 특히 사회체육활동은 집단적 활동이 대부분이며, 집단활동은 체육참여의 동기를 강하게 유발시키기 때문에 사회체육 활성화를 위하여 조직결성을 위한 동료집단화가 필요하다.

사회체육조직을 활성화시키기 위하여 행정은 신규 동호인조직의 결성을 유도하기 위한 방안과 동호인 조직에 대한 효율적인 지원방책을 강구해야만 한다. 물론 사회체육운동은 민간조직이 행하는 민간주도 형식으로 추진되는 것이 효과적이고, 행정의 역할은 간접적으로 단체에 대한 재정지원 및 민간단체 조직 상호간의 협력관계 구축에 한정되어야 한다.

한편 정부재정의 한계로 인하여 현재 3개 단체에 국한되어 있는 정부지원은 점차 그 대상과 금액을 증가시켜 나가야 하는데, 이는 문화체육관광부뿐만 아니라 재정경제부 등 관계기관의 협조가 필요하다. 또 국민체육진흥공단이 민간체육재정 총괄기관으로 그 역할을 수행할 수 있을 만큼 기금조성이 되어 동호인조직 등에 대한 재정적인 지원이 가능하게 될 때 사회체육 운동은 비약적인 발전을 계속하게 될 것이다.

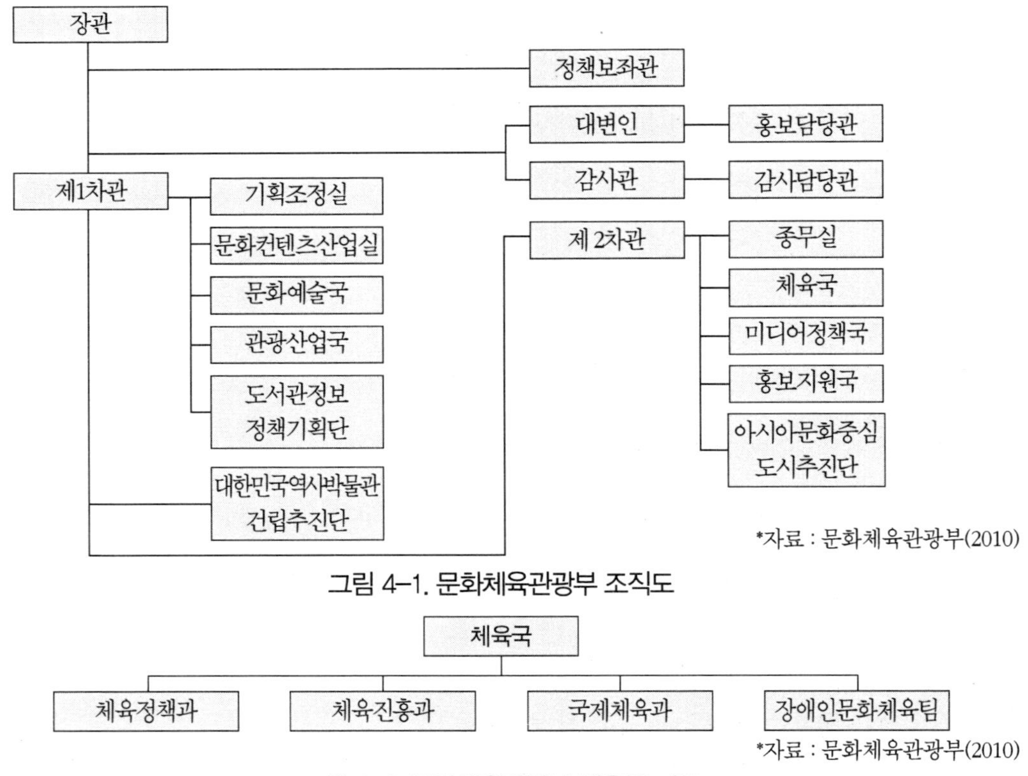

그림 4-1. 문화체육관광부 조직도

그림 4-2. 문화체육관광부 체육국 기구

■ 체육국
- 국민체육진흥 5개년계획을 위한 중·단기체육정책의 수립·시행
- 생활체육·전문체육·국제체육의 진흥-국민체육진흥기금의 조성 및 운용지원
- 체육단체 육성, 체육산업의 육성·지원
- 장애인체육진흥 업무

■ 체육정책과
- 체육진흥정책에 관한 장·단기종합계획의 수립
- 체육종합계획의 추진상황 분석 및 평가
- 체육관련 통계자료의 수집·분석 및 체육지표 개발
- 체육정보화에 관한 사항
- 국민체육진흥기금의 조성 및 운용
- 체육진흥투표권 및 경륜·경정사업에 관한 사항
- 체육주간 및 체육의 날 행사에 관한 사항
- 대한민국체육상 등 우수체육인 포상 및 체육유공자의 보호·육성
- 서울올림픽기념 국민체육진흥공단에 관련된 업무
- 체육인재육성재단 및 서울평화상문학재단에 관련된 업무
- 후보선수·운동경기부 및 체육계 학교의 육성·지원
- 전국체육대회, 전국소년체육대회 및 종목별 국내경기대회의 개최 지원
- 전문체육진흥을 위한 계획의 수립 및 시행
- 전문체육 관련 단체의 설립 및 육성·지원에 관한 사항
- 국가대표선수의 육성·지원에 관한 사항
- 국가대표선수 훈련시설의 확충 및 운영에 관한 사항
- 대한체육회 및 각종 경기단체와 관련된 업무
- 축구·양궁·테니스·배드민턴·체조·탁구·사격·핸드볼·하키·럭비·세팍타크로·바둑·산악·정구 종목에 관련된 업무
- 그밖에 국내 다른 과·팀의 주관에 속하지 아니하는 사항

■ 체육진흥과
- 생활체육진흥을 위한 계획의 수립 및 시행
- 생활체육 관련단체의 설립 및 육성·지원에 관한 사항
- 체육지도자의 양성·배치에 관한 사항
- 직장 및 지역생활체육의 진흥에 관한 사항
- 생활체육종목의 육성에 관한 사항
- 전통민속경기의 진흥 및 한민족축전에 관한 사항
- 스포츠클럽의 육성·지원에 관한 사항
- 공공체육시설 확충계획의 수립 및 추진
- 생활체육과 관련된 국제교류에 관한 사항
- 국민체력증진에 관한 사항
- 스포츠산업 진흥을 위한 계획의 수립 및 시행
- 스포츠산업 진흥을 위한 조사·연구
- 스포츠산업관련 업체 그밖의 단체 및 기구의 육성지원
- 스포츠산업기술 개발에 관한 사항
- 스포츠산업관련 전문인력 양성에 관한 사항
- 스포츠마케팅 활성화 및 국제교류·협력에 관한 사항

- 스포츠산업진흥의 기반조성에 관한 사항
- 민간체육시설의 설치 · 이용 활성화에 관한 사항
- 스포츠용품 · 용구 · 기자재의 생산지원 및 장려
- 스포츠산업 국제교류 · 협력에 관한 사항
- 프로운동경기의 진흥 및 관련단체의 육성 · 지원에 관한 사항
- 레저스포츠 진흥을 위한 계획 수립 및 시행, 관련 단체의 육성 · 지원
- 전통무예 진흥에 관한 사항
- 농구 · 배구 · 근대 5종 · 역도 · 펜싱 · 사이클 · 승마 · 트라이애슬론 · 야구 · 씨름 · 골프 · 궁도 · 택견 · 공수도 · 우슈 · 검도종목에 관련된 업무

■ 국제체육과
- 국제체육교류 진흥을 위한 계획의 수립 및 시행
- 국제경기대회 유치 · 개최 및 참가지원에 관한 사항
- 남북한 체육교류 및 협력에 관한 사항
- 국제 체육관련 정보 및 자료의 수집 · 보급
- 선수의 금지약물 투여 방지에 관한 정책 수립 및 그 시행의 지원에 관한 사항
- 태권도 등 전통스포츠의 세계보급에 관한 사항
- 국제 스포츠 교류 및 협력에 관한 사항
- 국내 체육단체의 국제 스포츠 경쟁력 강화에 관한 사항
- 국제 산악스포츠 활동지원에 관한 사항
- 대한 올림픽 위원회와 관련된 업무
- 태권도 공원 조성 및 운영에 관한 사항
- 태권도진흥재단 및 국기원에 관련된 업무
- 육상 · 태권도 · 복싱 · 레슬링 · 유도 · 수영 · 요트 · 카누 · 조정 · 보디빌딩 · 당구 · 볼링 · 수상스키 · 수중종목에 관련된 업무
- 우수체육인 포상 및 체육 유공자의 보호 · 육성

■ 장애인문화체육팀
- 장애인체육진흥을 위한 장 · 단기 발전계획의 수립
- 장애인 체육활동 프로그램의 개발 및 스포츠클럽 육성 · 지원에 관한 사항
- 장애인체육지도자의 양성 · 배치 및 장애인 체육 관련 전문인력의 양성
- 전국장애인체육대회 · 종목별 경기대회 등 장애인 체육활동의 지원
- 국가대표 장애인 선수의 육성 · 지원에 관한 사항
- 장애인 체육교류의 활성화 및 전문인력의 양성
- 찾아가는 생활체육서비스 등 장애인 생활체육에 관한 사항
- 대한장애인 올림픽 위원회 및 대한장애인체육회에 관련된 업무
- 장애인 문화 관련 법령의 제 · 개정 및 제도개선에 관한 사항
- 장애인 문화 관련 자료 개발 및 지원계획 수립에 관한 사항
- 국내 외 장애인 문화 관련 업무협력 및 교류 등에 관한 사항
- 장애인 문화예술정책에 관한 사항
- 일반종목 중 빙상 · 봅슬레이 스켈레톤 · 루지 · 스키 · 바이애슬론 · 아이스하키 · 컬링 · 소프트볼 · 스쿼시 · 인라인 롤러 · 댄스스포츠 · 오리엔티어링 종목에 관련된 업무

*자료 : 문화체육관광부(2010)

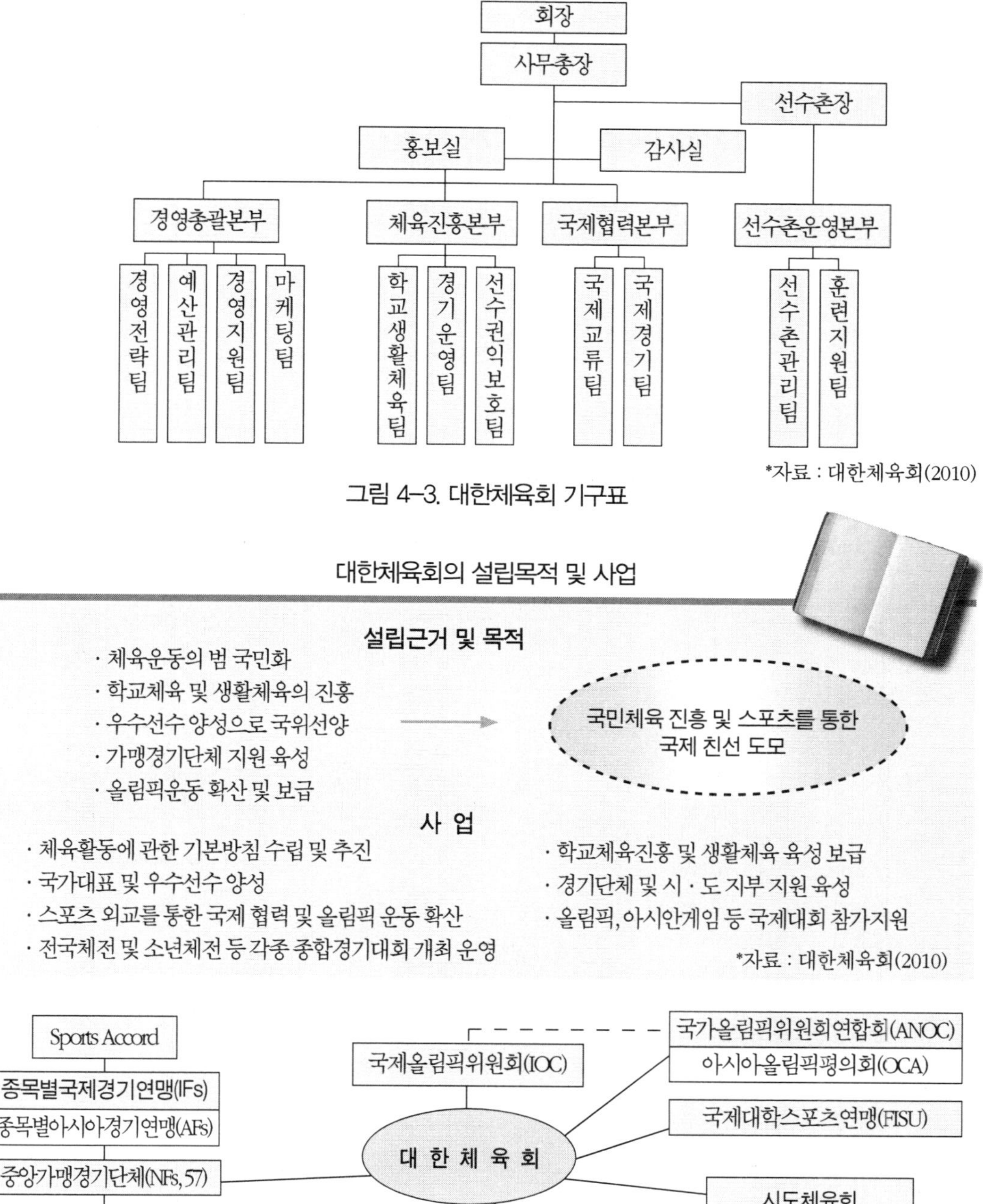

그림 4-3. 대한체육회 기구표

그림 4-4. 스포츠기구 조직도

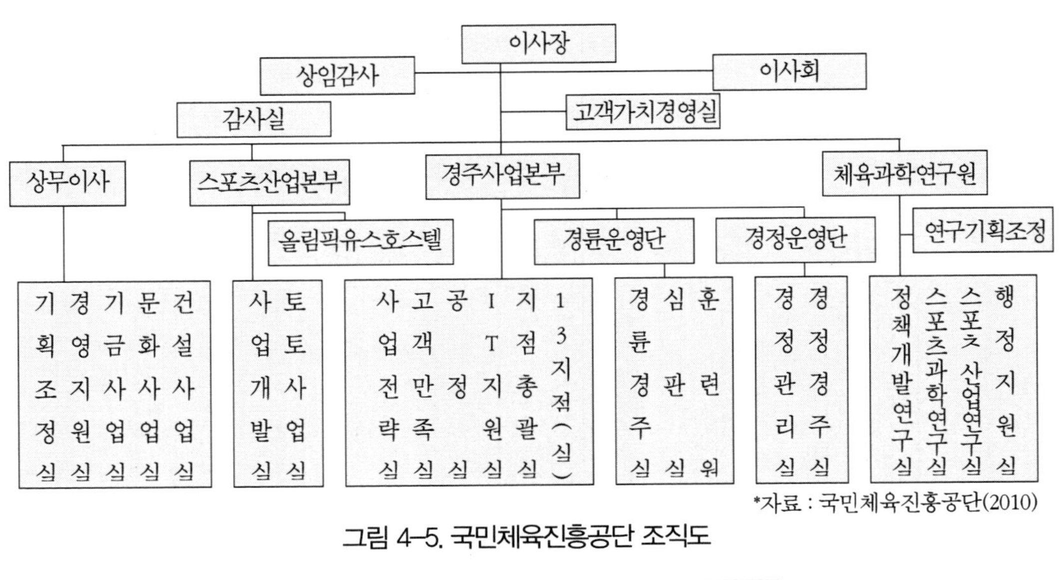

*자료 : 국민체육진흥공단(2010)

그림 4-5. 국민체육진흥공단 조직도

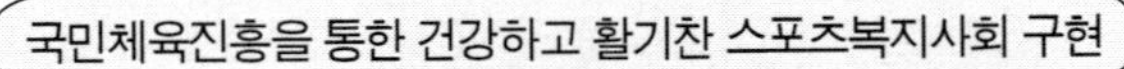

*자료 : 국민체육진흥공단(2010)

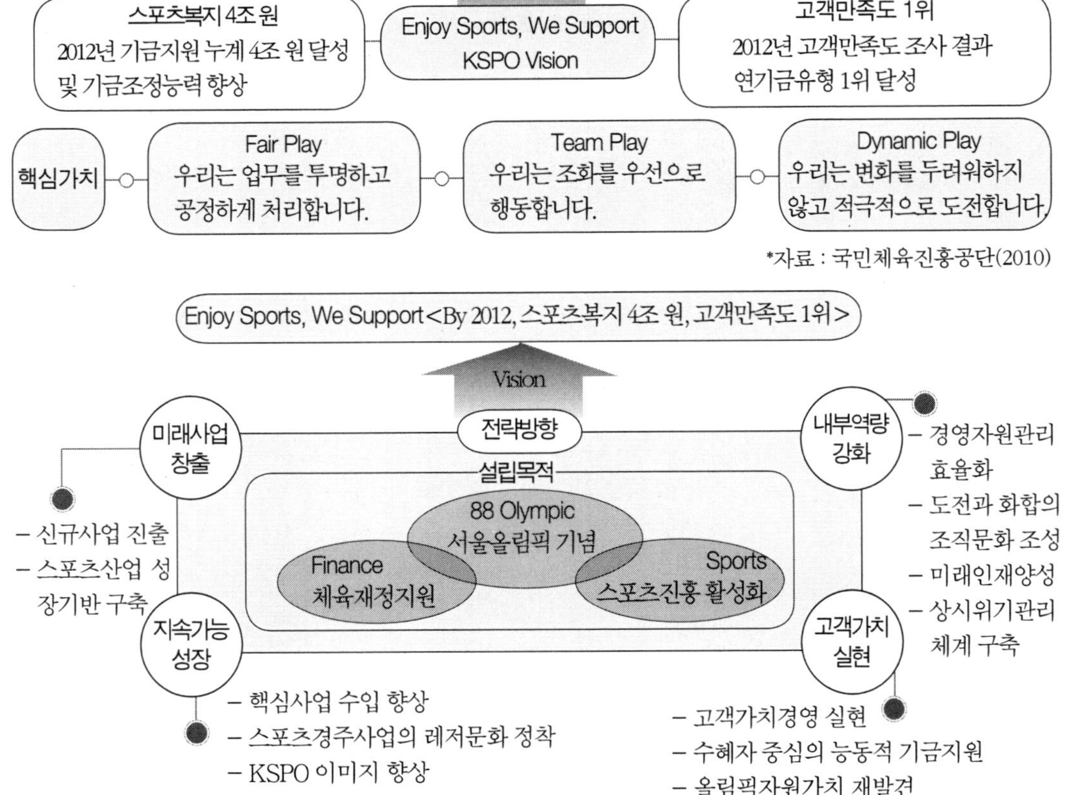

*자료 : 국민체육진흥공단(2010)

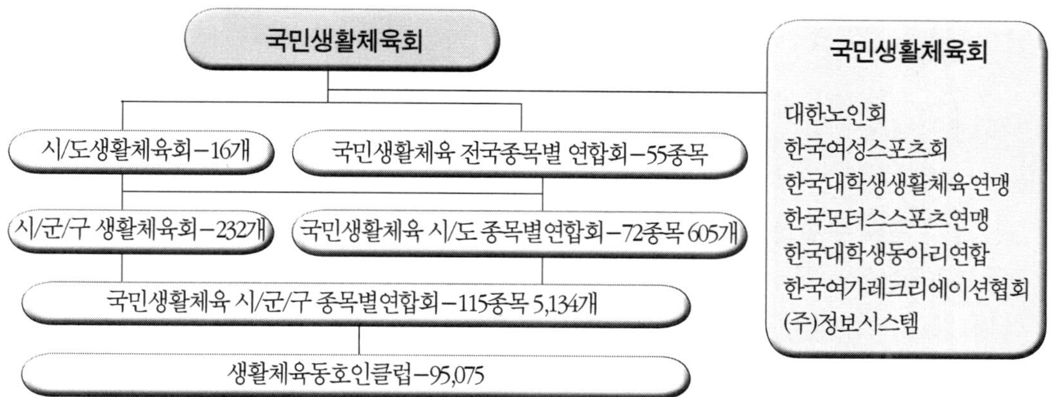

*자료 : 국민생활체육회(2010)

그림 4-6. 국민생활체육회 조직도

국민생활체육회의 설립목적 및 직무

설립목적

국민의 삶의 질 향상 – 생활체육 진흥을 통한 국민 건강과 체력 증진
국민의 건전한 여가선용과 선진체육문화 창달
세계 한민족의 동질성과 조국애 함양을 통한 통일기반 조성

직 무

범국민 체육생활운동 전개를 통한 삶의 질 향상	생활체육의 적극적인 홍보활동 전개	생활체육지도자의 효율적 관리
생활체육 프로그램 개발 및 보급	각종 생활체육대회의 활성화	생활체육을 통한 국제교류
체육 동호인 활동의 지원, 육성	국민의 체육활동에 관한 조사, 연구	세계 한민족축전 조직 및 운영

*자료 : 국민생활체육회(2010)

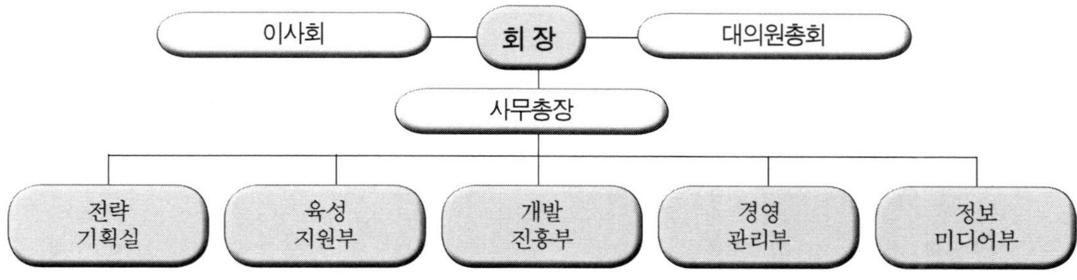

*자료 : 국민생활체육회(2010)

그림 4-7. 국민생활체육회 기구표

① 사회체육조직의 역할

사회체육조직의 역할은 사회체육의 목표를 달성하기 위해 자발적인 운동참가를 조성하는 것으로 운동생활을 보다 풍부하게 하기 위하여 다종다양한 활동을 하지 않으면 안된다. 그 역할의 중심이 되는 것은 운동욕구를 구체적인 운동문화와 연결시키는 것인데, 지도나 교육활동이 여기에 해당된다.

사회체육조직에서 먼저 해야 할 일은 사회체육지도자 양성과 지도활동이다. 지도활동은 단지 운동기술이나 규칙의 지도를 의미하는 것만이 아니다. 참여유도나 시설이용에 대해서, 또는 스포츠에 대해서 생각하는 방법이나 태도·에티켓 등 스포츠 문화의 학습에 대해서 지도해야 한다. 또한 운동욕구를 환기시키고 높이기 위해 운동의 의의나 필요성, 실시방법 등에 관한 정보의 서비스, 스포츠 교실이나 운동행사의 개최에 관한 프로그램 서비스도 중요한 역할을 할 것이다.

이러한 역할을 구체적·계획적으로 수행하기 위해서는 운동생활의 현상이나 운동환경, 운동조건의 현상, 운동욕구와 그것에 대응하기 위해 필요한 시설이나 환경조성 등 각양각색의 자료가 수집되어야 한다.

이러한 상황을 전제로 적극적인 차원에서 사회체육이 최대다수의 공익을 형성하기 위해서는 다음과 같은 조치가 필요하다.

- 거시적인 견지에서 국민의 체육에 대한 관심과 수요증대에 부응하기 위하여 체계적이고 효율적으로 수행하기 위한 조직의 정비가 필요하다.
- 사회체육과 학교체육의 연계를 위한 시설확충과 개방을 의무화하고, 이원화되어 있는 학교체육행정을 일원화하여 역할과 기능상의 내용을 구분시켜야 한다.
- 합리적인 정책 결정 및 수행, 그리고 분석을 효율적이고 합리적으로 수행하기 위한 전문인력이 필요하며, 일관성 있게 추진하기 위한 시·도 교육위원회 등의 업무수행기능을 재정립하여야 한다.
- 체육시설의 관리 등 업무의 중복 또는 공백의 요인을 제거하기 위한 개선과 정부조직법, 문화체육관광부·교육과학기술부 직제, 국민체육진흥법·학교급식법·지방체육행정에 관한 법령 등의 정비와 명시가 요망된다.

사회체육조직은 이러한 역할을 완수하기 위해 의도적·계획적으로 만들어진 지위의 시스템이며, 사회체육의 목표를 실현하기 위해 스포츠 문화와 하는 활동의 계획과 실천의 주체로서 자리잡고 있다.

② 사회체육조직의 활성화

　조직의 정비 및 활성화는 사회체육의 효율적 발전을 위한 기틀이 된다. 특히 자생 체육단체를 중심으로 한 소규모 단위 동호인조직의 활성화, 지역사회나 직장의 체육활동 시범지역 선정과 지원, 시·구·군청 산하의 생활체육과 신설, 동·읍사무소의 체육용 기구 대여실 설치·운영, 직장체육 진흥관리위원회의 효과적 운영 등은 사회체육진흥을 위한 조직적 차원에서 시급히 추진되어야 할 과제라 할 수 있다.

　우리나라의 체육행정조직으로는 실질적으로 전국적인 체육행정을 수행하기 어렵다. 체육행정의 중앙부서인 문화체육관광부는 자신의 하부 행정조직을 갖고 있지 못하며, 지방체육을 관장하고 있는 행정안전부의 지방체육행정조직 및 교육과학기술부 산하의 시·도 교육위원회에 대하여 적절한 지도·감독권한도 행사하지 못하고 있는 형편이다. 그러므로 사회체육행정의 공백상태가 심각하다.

　지방자치제의 실시에 따라 지역주민의 자치의식이 향상되고 생활체육에 대한 관심이 고조되어 이를 충족시켜 줄 지방체육행정조직의 중요성이 부각되고 있다. 따라서 문화체육관광부 하부조직으로 시·도·읍·면에 제 기능을 할 수 있는 체육담당부서의 조직이 필요하다. 이렇게 지방사회체육 행정기구의 정비로 체육행정체계의 일관성이 유지되면 중앙의 체육정책이 지방에 전달될 수 있는 지휘·감독체계도 확립될 것이다.

　한편 자생 체육단체를 중심으로 하는 소규모 동호인조직을 활성화하기 위해서는 무엇보다도 이러한 동호인조직의 등록제가 필요하다. 이를 위해서는 체육활동 시범 지역사회 및 직장을 선정하여 단계적으로 등록제를 실시한 후 이들에게 각종 혜택을 부여함으로써 동호인조직의 확산을 기대할 수 있을 것이다.

　체육동호인조직의 등록제와 더불어 지역사회의 체육활동에 대한 지원 역시 사회체육 진흥의 중요한 과제이다. 물론 현재 국내의 제반 여건을 고려할 때 지역사회 및 직장체육 동호인조직의 육성·지원에 따른 체육정책의 전국적 수행은 현실적으로 어렵다. 그러므로 특정지역을 단계적으로 지원한 다음, 문제점 분석을 통하여 전국적으로 확산하면 될 것이다. 특히 체육활동 시범지역이나 직장을 선정한 후 각 해당 지역에 체육시설, 프로그램, 지도자, 행·재정 등을 충분히 지원하여 사회체육 진흥효과의 극대화를 도모해야 한다.

　시·구·군청 산하의 생활체육과 신설은 그동안 상부조직에 편중된 체육행정을 하부조직 중심으로 조정·운영함으로써 보다 실질적이고 효율적인 체육행정을 구현할 수 있다는 점에서 사회체육진흥에 큰 효과를 기대할 수 있다. 따라서 시·군·구의 체육전담부서는 지역사회주민의 체육활동을 효과적으로 전개·지원할 수 있을 것이다.

동·읍사무소의 체육용기구 대여실 설치·운영 또한 지역주민의 스포츠 참여를 제고할 수 있는 효과적인 방안 중의 하나이다. 용기구 대여실에서는 용기구의 대여 및 반납, 용기구의 관리 및 보수 유지, 지역 내 학교시설 사용현황 파악, 경기상대팀 알선, 동호회 활동에 대한 각종 정보자료 제공, 용기구의 손·망실에 대한 처리 등과 같은 업무를 취급하면 지역사회체육의 발전에 일익을 담당할 수 있을 것이다.

한편 현재 각 직장에 설치되어 있는 체육진흥관리위원회가 좀 더 활성화되기 위해서 이를 경영자 직속기관으로 격상시키는 방안과 예산확보방안의 입법화가 필요하다.

③ 체육행정기능의 조정

체육행정분야의 기능을 재조정하고 조직을 개편할 때에는 기본적으로 다음과 같은 방향에서 적극적으로 추진되어야 한다.

첫째, 앞으로의 체육행정은 종래의 엘리트체육 위주로부터 점차 생활체육을 확충하는 방향으로 기능을 조정·발전시켜나가야 한다. 즉 우수선수 육성이나 대규모 경기대회의 운영에 총력을 기울이기 보다는, 모든 국민이 체육을 이해하고 즐기는 체육의 생활화에 중점을 두어야 한다는 것이다. 물론 이상적인 것은 국민 스스로의 판단과 참여 속에 사회체육이 활성화되는 상황이지만, 초기 단계에서는 국가가 정책적으로 방향을 설정하고 행정적·재정적으로 뒷받침해 주는 것이 바람직하다고 본다.

둘째, 체육진흥을 위한 정부와 민간의 역할분담 및 기능조정은 자유주의적 입장과 국가주도적 입장을 조화시켜 정부지원에 의한 자율적 민간조직을 육성하고, 궁극적으로는 민간조직의 자생력을 확보할 수 있도록 유도해나가야 할 것이다. 자유민주사회에서 체육활동은 어디까지나 개인 및 자발적인 사회단체가 주체가 되어야 하며, 정부에서는 이를 조정하고 대규모 체육시설의 건립이나 국제협력 등의 기능만을 담당해야 한다. 그러나 우리나라는 아직도 국민들의 체육활동을 위한 기반이 취약한 상태에 있으므로 당분간은 정부의 지도·지원이 불가피한 실정이다. 하지만 민간활동에 대한 정부의 지나친 관여로 민간조직이 위축되거나 관료화되지 않도록 최대한의 자율성을 부여하고, 점차 운영과 재원조달도 자체적으로 수행해 나갈 수 있는 여건을 조성해 주어야 할 것이다.

셋째, 광의의 체육과 관련된 여러 활동을 유기적인 연계 속에 추진될 수 있도록 행정조직과 관장기능을 대폭 개편·조정하고, 관계법령을 개선해야 한다.

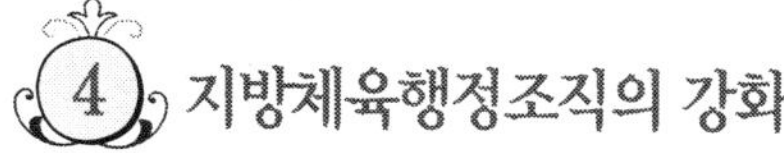

지방체육행정조직의 강화

중앙집권적 정치·행정체제에서 지방분권적 체제로 전환됨에 따라 사회 각 분야에서 많은 변화가 일어나고 있으며, 이러한 변화를 어떻게 수용하느냐 하는 문제는 각 영역의 발전과 매우 밀접한 관계가 있다.

우리나라의 체육행정조직은 실질적으로 전국적 체육행정을 수행하기에는 어려움이 많이 있다. 특히 문화체육관광부는 하부에 자체의 지역기구를 갖고 있지 못하며 지방체육을 관장하고 있는 시·도나 시·도 교육위원회에 대해 적절한 지도수단을 갖고 있지 못하므로 국가적 차원에서의 효율적인 정책집행에 장애를 초래하고 있다. 오늘날 국민들의 사회체육에 대한 관심이 증가되었으므로 이를 지원해 줄 지방체육행정조직의 중요성이 부각되고 있다. 따라서 시·도·군·읍·면의 체육담당부서의 기능강화가 필요하다.

지방사회체육 행정기구 개편으로 얻을 수 있는 이점은 다음과 같다.

- 지방체육 행정기구의 강화로 사회체육정책을 효율적으로 추진할 수 있다.
- 체육행정체계의 일관성 유지로 중앙의 체육정책이 지방에 전달될 수 있는 지휘·감독체계가 확립될 수 있다.
- 교육위원회는 사회체육업무 감소로 학교체육업무에 전념할 수 있다.

세계 각국에서 실시하고 있는 체육행정조직의 실태를 보면 지방자치제를 실시하고 있는 국가에서는 중앙정부와 지방정부의 체육행정기구 간에는 협조체제가 잘 이루어지고 있다. 또한 개발도상국이나 공산국일수록 중앙정부 위주의 체육행정이 실시되고 있는 반면, 서방 선진국일수록 그 업무가 분산되어 있고 민간의 자율적인 운영에 의존하고 있다.

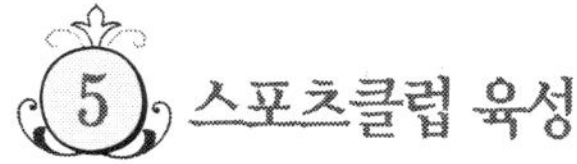

스포츠클럽 육성

체육활동은 대부분 조직을 중심으로 이루어지기 마련이며, 사회체육도 이와 같다. 스포츠란 원래가 집단적 활동이 대부분일 뿐만 아니라 집단운동은 스포츠활동에 참여동기를 강하게 유발시킨다. 그러므로 체육활동의 활성화는 조직구성을 통하여 동료집단화할 필요가 있으며, 이같은 관점에서 자생 스포츠클럽의 육성은 사회체육 진흥에서 매우 중요한 과제이다.

사회체육의 활성화는 자생클럽에 대한 지원 여부가 관건이 될 수 있다. 스포츠활동이란 그 자체가 강제로 시켜서 되는 것이 아닌 만큼 자생클럽은 사회체육의 핵심이라고 해도 무리가 없다. 소규모 자생적 체육조직을 활성화시키고, 점차 조직의 단위를 전국적 규모로 확산시켜나가는 것이 바람직한 조직확산방안이자 사회체육 활성화를 위한 효과적 방법이다.

다른 조직과는 달리 사회체육클럽만은 중앙본부가 중심이 되어서는 안된다. 다시 말해서 최소 2사람 이상의 동호인이 모여 클럽을 조직하고, 같은 종류의 클럽끼리 활동을 벌이게 되면 가장 적은 단위의 지역 또는 직장단위 조직이 될 것이다. 이것이 더 커지면 전국 규모의 클럽본부를 결성하게 된다. 이는 경우에 따라서 중앙조직이 필요 없을 수도 있다는 뜻이다.

자생 사회체육클럽의 육성·지원을 위한 구체적 방안을 수립하려면 1차적으로 이들 조직의 소재와 규모 등 현황부터 파악하여야 한다. 그러나 현재 우리나라에는 이같은 현황조사나 정확한 통계가 없다. 사회체육 활성화계획 수립을 위한 구체적이고 현실적이며 가장 긴급한 문제가 바로 기존의 자생 사회체육단체의 현황조사라고 하겠다.

현재 문화체육관광부에 등록된 스포츠 관계 중앙조직은 대한체육회, 국민체육진흥공단, 국민생활체육회, 한국여가레크리에이션협회, 한국사회체육센터 등과 대한체육회 가맹단체들이 있다. 이러한 단체는 대부분 중앙조직 중심의 체육단체들이며, 소규모 자생 클럽이 모여 결성된 단체가 아니다. 국민체육진흥공단은 글자 그대로 국민체육, 곧 사회체육을 위한 진흥재단임에도 불구하고, 현실적으론 엘리트선수 지원을 우선하고 있을 뿐 사회체육진흥을 위하여 그동안 얼마나 투자했는지 생각해 볼 필요가 있다.

한편 세계 각국의 스포츠클럽 활동상황은 다음과 같다.
- 독일(2003년)은 89,307개의 클럽에서 총인구의 32.9%에 달하는 2,700만 명이 활동한다.
- 노르웨이(1996년)는 420만의 총인구 중 약 40.5%인 170만 명이 노르웨이스포츠연합의 회원으로 활동하고 있다.
- 영국(1995년)은 650여만 명의 회원이 15만 개의 스포츠클럽에서 활동하고 있다.
- 일본(2005년)은 인구 1억 2천 8백만 명 중 1천 2백 25만 명이 35만 개의 각종 클럽에 소속되어 스포츠활동을 즐기고 있는데, 지역클럽과 공공단체클럽이 대부분이다.

우리나라 생활체육동호인 현황(2009년)을 보면 각종 클럽수는 95,075개에 2,985,253명(6.2%)의 회원이 지역과 직장의 동호인 클럽조직에서 스포츠 활동을 즐기고 있다. 우리나라에서 이들 선진국과는 달리 클럽활동이 활성화되지 못한 이유는 정치적·문화적 여건이 서로 다른 것에도 원인이 있지만, 무엇보다 지역사회체육시설이 많지 않다는 데 근본적인 문제점이 있다.

자생 스포츠클럽을 지원하는 방안의 하나로 지역사회 유지급 인사를 적극 참여시켜 활성화를 꾀하는 것도 하나의 방법이 될 수 있다. 또 스포츠클럽 운영에 필요한 출연금에 대한 세제상의 혜택도 정책적인 차원에서 고려할 필요가 있을 것이고, 특별히 많은 비용이 들지 않는 방안으로 클럽에 대한 공공시설 우선사용권을 주거나 체육용구의 무료제공 등은 클럽스포츠 활동을 유도하는 촉진제가 될 수 있다. 관계 당국에서는 사회체육활동을 클럽 중심 활동으로 자연스럽게 유도하기 위해서는 자생클럽을 측면 지원하되, 결코 강압적이거나 중앙 중심 또는 본부 중심으로 운영해서는 안된다. 따라서 사회체육조직은 공적인 조직보다는 민간조직 혹은 사적 조직이 바람직하다.

한편 스포츠클럽의 활동 역시 강화되어야 한다. 연령계층과 직업계층은 모두 사회적 제도 및 구성과 밀접한 관계가 있다. 많은 계층의 사람들이 서로 대등한 입장에서 즐길 수 있는 스포츠클럽이 필요하며, 물론 계층을 초월한 스포츠활동도 권장되어야 한다. 이것은 취미나 소질이 같은 사람들이 즐기는 스포츠클럽이며, 주로 연령과 생활여건이 비슷한 사람들로 조직되었기 때문에 쉽게 발전될 수 있을 것이다. 특히 종목별 클럽활동의 조장에 유의한다. 스포츠는 본래 활동 자체를 즐기는 것이므로 클럽활동이야 말로 스포츠가 발전할 수 있는 기반이 되는 것이다. 최근 각종 스포츠클럽 활동이 점차 많아지고 있는 현상은 바람직한 일이다.

표 4-2. 생활체육동호인 클럽의 증가

구분	클럽 수(개)	동호인수(명)	인구대비(%)
2000	41,986	1,442,145	3
2001	46,051	1,559,242	3.4
2002	52,020	1,776,604	3.7
2003	64,665	2,176,221	4.5
2004	73,802	2,449,948	5.1
2005	77,452	2,556,737	5.3
2006	82,781	2,701,736	5.6
2007	92,688	2,913,806	6
2008	95,075	2,985,253	6.2
2009	97,697	3,081,436	6.3

*자료 : 체육백서(2009)

표 4-3. 인구 대비 동호인클럽 현황 (2009년 12월말 기준)

지역\구분	인구수	합계		지역		직장	
		클럽수	회원수(%)	클럽수	회원수	클럽수	회원수
합계	46,746,693	97,697	3,081,436(6.3)	81,717	2,604,286	15,980	477,150

*자료 : 체육백서(2009)

 ## 6 사회체육행정의 발전방향

(1) 사회체육 행정조직의 체계화 및 전문화

사회체육행정은 체육활동에 대한 정책결정, 계획수립, 집행 및 평가기능을 합리적이고 효율적으로 수행함으로써 체육진흥 목표의 실천을 지원하는 여건조성활동이라고 할 수 있다. 따라서 모든 국민에게 자유스러운 체육활동 참여기회를 보장하고, 보다 나은 복지사회체육을 구현하기 위해서는 사회체육 행정체계가 확립되어야 한다.

광역자치단체인 각 시·도에서는 문화체육관광국, 문화체육국 등의 국 단위 수준에서 체육진흥과, 체육청소년과의 과명을 사용하고 있으며, 그 하부로 체육진흥팀(계, 담당)과 체육시설팀(계, 담당)이 지방의 체육진흥업무와 시설관리운영을 담당하고 있다. 한편 양적으로 늘어난 체육시설의 관리를 위해 체육시설관리사업소와 2002월드컵 이후 월드컵경기장의 관리를 위해 월드컵경기장 관리사무소의 조직이 신설되기도 하였다.

우리나라의 체육발전상황을 볼 때 국민들의 체육진흥에 대한 관심이 증가되어 사회체육이 중요시되므로 이를 각 지방에서 체계적으로 지원해줄 지방행정조직의 중요성이 점차 부각되고 있다. 따라서 지방체육행정조직은 사회체육을 담당하는 각 체육단체를 유기적으로 연결시키는 기능을 수행하여야 하며, 국가적 차원에서 사회체육대책을 종합적이고 일관성 있게 추진하되, 각 지역 실정에 부합된 계획을 일관성 있게 수립할 수 있도록 기능을 확대시켜야 한다.

사회체육행정은 자원봉사의 성격을 띠고 있다. 사회체육 이념 혹은 목표가 중앙행정부처에 의하여 정책적으로 재설정된다면 이는 사회체육행정의 일관성을 위협하는 것이 된다. 지원행정에 관해서는 그 행정의 구체적인 수행과정에서 어느 정도 자율성을 허용하지 않으면 규격성과 획일성을 가져와서 사회체육행정의 문제점을 감소시킬 수 없게 된다. 따라서 사회체육정책이 지역적 또는 현실적 특수성에 의하여 효율적으로 적용될 수 있도록 하기 위해서는 시행과정에서 가능한 한 자율적 결정권을 지방의 사회체육행정기관으로 이양하는 것이 좋다.

(2) 사회체육행정의 자율성 신장

우리나라에서 사회체육을 관장하는 정부기관 및 단체는 문화체육관광부, 교육과학기술부, 행정안전부, 대한체육회, 국민생활체육회 등이다. 이들 기관은 기능중복이 많고, 소관업무에 불분명한 요인들이 많이 있으므로 이를 조정하여 정책개발 및 기획기능에 역점을 두어야 한다. 또한 각종 사회체육 행정기관의 업무를 조정하여 중복을 방지하고, 하위 체육기관에 독자성을 부여해야 한다.

이를 위해서는 현재 대한체육회, 국민생활체육회 및 문화체육관광부 사이에 유사하거나 중복된 기능 및 업무로 인한 낭비요소를 제거하고, 기관 간의 적절치 못한 기능배분을 시정해 나가며, 각 기관 간에 보다 긴밀한 연계체제를 확립시켜야 한다. 이를 위하여 국민체육진흥 기본계획에서는 자유주의형과 국가주도형 관점의 두 가지 측면에서 대한체육회와 국민생활체육회의 기능조정을 위한 개선방향을 제시하고 있다.

자유주의적 입장에서는 자발적인 개인 및 사회체육의 주체에 의한 체육활동을 강조하면서 사회체육행정기관은 시민의 자유로운 체육활동이 가능하도록 조정하는 선에서 그치고, 사회단체가 수행하기 곤란한 기능을 주로 담당하여야 한다고 주장한다. 반면 국가주도형 입장에서는 문화체육관광부의 기능이 대폭 강화되어 사회체육진흥, 우수선수육성, 체육시설, 국제체육, 체육과학 등 체육활동의 전반적인 업무에 대한 최종권리와 책임을 문화체육관광부에 위임하여야 한다고 주장한다.

이와 같은 두 가지 대안은 민간체육단체의 낙후, 사회체육기반의 취약, 체육시설의 미흡 및 체육행정의 중앙집권화로 인한 행정관리능력의 결여, 조직운영에 드는 예산확보의 어려움 등이 따른다. 따라서 이상의 문제점을 극소화하면서 사회체육진흥을 촉진하기 위해서는 대한체육회와 국민생활체육회의 기능을 발전적으로 강화하여 사회체육의 중추적 업무를 담당하게 하는 것이 효과적이다. 또한 문화체육관광부를 비롯한 시·도(시·군)교육위원회의 행정조직은 대한체육회와 국민생활체육회는 물론, 각 경기단체가 능률적이고 효율적으로 체육진흥업무를 수행할 수 있도록 행정체제를 강화해야 할 것이다.

사회체육시설에 대한 재정지원도 교육과학기술부, 문화체육관광부, 행정안전부로 나누어져 있기 때문에 문화체육관광부를 중심으로 일원화하고, 문화체육관광부 내의 부서 간 업무협조와 문화체육관광부 하부기관으로서의 지방체육행정 담당기관들 간의 유기적인 협조방안을 제도적으로 강구하여야 할 것이다.

체육에 대한 관심이 증대되고 국민체육진흥을 위한 체육정책 지원체제의 강화에 따라

문화체육관광부 내의 사회체육 행정기능을 강화하고, 사회체육행정 담당자들은 사회체육정책을 수립·결정할 때에 장기적이고 종합적인 진흥정책을 체계적으로 수립해야 할 것이다. 사회체육 정책결정의 합리성을 제고하기 위한 방법으로는 현재 문화체육관광부 내에서 설치·운영되고 있는 사회체육 전문위원회를 더욱 강화하여 전문가의 의견을 수렴하는 방안이 효과적이라고 생각된다.

사회체육진흥에 대한 행정지원을 강화하기 위해서는 문화체육관광부 내의 체육진흥과가 담당하고 있는 업무에 생활체육 정책계획의 수립·분석·평가 업무를 보강하여 그 기능을 활성화시켜야 한다.

(3) 사회체육행정의 과학화 및 효율화

사회체육 인구의 증가로 인하여 사회체육기관 및 지도자 수가 늘고, 이에 따라 문화체육관광부와 대한체육회, 국민생활체육회, 교육과학기술부는 물론이고, 각 기관의 산하기관인 지역사회체육진흥협의회나 교육과학기술부 산하단체인 시·도 교육위원회의 체육과가 취급하는 각종 정보와 자료가 광범위하고 방대하므로 이를 종합적으로 수집·정리·보관할 수 있도록 사회체육정보를 적시에 제공하여 합리적인 정책결정에 도움을 주어야 할 것이다. 또한 체육의 보편화 및 대중화 추세에 맞추어 사회체육행정을 수행하려면 다량의 정보가 신속 정확히 처리되고, 수집·정보·보관이 과학적으로 용이하게 이루어져야 할 것이다.

한편 이러한 요건들을 갖춘 체제를 확립하기 위해서는 전산시스템을 중심으로 한 사회체육정보의 관리체제가 확립되어야 한다. 그리고 일선 행정에서와 마찬가지로 사회체육행정에서도 새로운 행정기법과 기술을 활용하여야 한다. 예를 들면 전자계산조직(EDPS), 정보관리시스템(MIS) 등의 활성화가 필요하다.

이외에도 사회체육행정 담당자들이 여러 잡무로부터 벗어나 창조성을 발휘하고 사회체육활동이 효율적으로 이루어지기 위한 문서관리를 합리화하는 등 사무처리절차·방법을 개선하고, 사무실에서 이루어지는 사무일체의 자동화가 필요하다.

또한 사회체육행정이 효율적으로 이루어지기 위해서는 전체적 또는 각 부문별 사회체육지표를 정부의 체육지표와 관계지으면서도 사회체육발전의 독자성을 나타낼 수 있는 방식으로 연구·개발하여 그 기능을 정립시켜야 한다.

급격히 변화하는 오늘날의 사회체육 종합평가는 중·장기계획을 수시로 실시하여 그 추진상황과 좌표를 재점검하고 문제점을 추출하여 사회체육행정의 효율성을 제고할 수 있도록 대안을 제시해야 할 것이며, 이를 토대로 하여 현실에 맞는 사회체육정책의 수정·보완·강화가 필요하다.

⑷ 사회체육 행정가의 전문성 함양

문화체육관광부를 비롯한 시·도 사회체육 담당자, 교육위원회의 체육담당자는 대부분 체육전공자가 아니라 일반행정직으로 충원되고 있으므로 사회체육 행정가로서의 전문성이 결여되어 있다. 따라서 체육에 대한 국민의 의식변화와 사회체육의 역할기능의 다원화, 사회체육행정 대상의 다양화와 같은 미래사회의 체육행정에 효과적으로 적응하기 위해서는 보다 전문적이며 유능한 사회체육 행정가가 필요하다.

사회체육 행정가의 전문성을 높이기 위해서는 체육 및 사회체육 행정경험이 있는 사람을 대상으로 하여 대학과정 이상에 학위과정을 두거나, 사회체육행정연수원 같은 행정가양성기관을 설치하여 소정의 교육과정을 이수토록 하여 그들이 현장에서 근무할 수 있는 제도적 장치를 강구한다.

한편 행정직의 임용구조를 보면, 모집에서 배치·승진에 이르기까지 사회체육행정의 특수성이나 전문성이 크게 고려되지 않는다. 따라서 그들은 사회체육활동 및 사회체육행정에 관한 전문적 지식이 부족한 상태에서 사회체육업무를 맡게 된다. 그러므로 일반 행정요원은 재교육을 통하여 사회체육에 대한 전문성을 강화하는 한편, 임용 전에 소정의 사회체육 경험을 가질 수 있도록 하고, 사회체육업무에 대한 직무교육의 강화 등을 통하여 사회체육 행정업무의 전문성을 도모하는 것이 무엇보다도 필요하다. 즉 일반행정요원의 사회체육 행정요원화를 위한 직전 및 현직교육을 충실히 이행하여 사회체육행정에 관한 전문적인 자질을 향상시켜야 하는데, 이를 위해서는 일반 행정요원을 대상으로 한 체육 일반 및 사회행정에 대한 현직교육을 정기적·의무적으로 시행할 수 있도록 행정적 조치를 강구한다. 또한 체육행정가의 현직 교육을 담당하는 연수기관에서 일반 행정요원의 직전 교육을 위한 교육 및 사회체육행정에 대한 프로그램을 마련하여 제도적으로 일반 행정요원의 직전 교육을 실시한다. 나아가 사회체육 행정요원의 해외연수 기회를 확대하여 해외의 사회체육 연구기관, 개발기관, 체육행정부처 등에서 사회체육 행정업무에 대한 최신 지식 및 정보를 습득케 하고, 사회체육 행정가로서 전문적 자질을 배양케 하는 방안을 모색하여야 할 것이다.

시 설

Sport for All 운동을 전개할 때 전제가 되는 것은 이 운동이 정부차원에서의 지원정책과 민간단체의 주도, 그리고 시민의 참여로 이루어진다는 점이다. 우리나라의 Sport for All 운동이 이러한 삼위일체적 기본요건을 수용한다고 가정했을 때 무엇보다도 중요하게 대두되는 문제는 시설이다.

사회체육시설은 청소년 및 사회인이 자기 자신의 건강은 물론 정신적으로나 사회적으로 건강을 추구하려는 장이다. 체육시설은 운동을 위한 물리적 장으로, 그것을 사용하는 사람이 편리하도록 인공적으로 정비하여 문화적 의미를 부여한 것이다. 이것은 사회체육의 목표실현을 위한 일차적인 의의가 있다.

시설에서 배려해야 할 점은 시설의 장소·규모·내부구조·부속기구나 용구, 사용료나 개장시간 및 시설운영 전체에 이르기까지다. 체육시설은 각종 스포츠 프로그램을 효율적으로 운영해 나가는 데 필수적 요건일 뿐만 아니라, 학생 및 사회성원들로 하여금 스포츠를 생활화하도록 하는 동기유발기능도 담당하고 있다. 학교체육이 활성화되지 않으면 사회체육의 목표를 달성할 수 없듯이, 학교체육시설이 완전하지 않으면 체육교육의 부재는 물론 사회체육시설의 목표에도 큰 차질을 가져오게 된다.

표 4-4에 의하면 생활체육 참여를 위한 개선방향으로 2008년 현재 44.2%가 체육시설

표 4-4. 생활체육참여를 위한 개선 방향 (단위 : %)

	체육시설 확충개방	적극적인 홍보활동	프로그램 개발보급	체육시설 사용료 조절	용구의 품질 개선 및 보급	지도자자질 향상 및 양적 증가	기타
2003	59.6	15.0	12.8	8.6	3.4	1.3	0.8
2006	50.8	15.9	13.4	6.5	4.0	3.8	5.6
2008	44.2	14.2	13.5	13.7	8.8	4.9	0.1

*자료 : 한국의 체육지표(2008)

표 4-5. 체육활동장소(2008년 기준) (단위 : %)

	집주변	상업스포츠시설	학교운동장	체육관	공공체육시설	집안	수영장
전체 Total	32.3	12.7	19.8	2.5	2.5	3.0	2.9
남 Male	29.7	12.0	23.2	3.1	2.8	2.1	1.6
여 Female	25.9	13.6	15.4	1.8	2.3	4.0	4.5

*자료 : 한국의 체육지표(2008)

표 4-6. 체육시설수의 한 · 일 비교　　　　　　　　　　　　　　　　　(단위 : 개소)

국가	국토면적 (천ha)	공공체육시설수	민간체육시설수 (등록 · 신고)	직장체육 시설수	학교체육 시설수	총 계
한국(2008)	9,972	13,968	38,664	4,813	93,889	139,708
백분율(%)		9.9	27.6	3.4	67.2	100
일본(2005)	37,793	56,475	16,814	8,286	158,065	239,661
백분율(%)		23.5	7.0	3.4	65.9	100

*자료 : 문화체육관광부(2009)

의 확충과 개발을 요구하고 있다. 이처럼 스포츠에 대한 관심과 요구가 증대되고 있는 만큼 규모와 형태가 다양한 체육시설을 확충하여 국민들에게 보급해야 할 것이다.

이러한 시설의 규모는 인간의 삶과 관련하여 적극 개발되어야 하며, 시설의 형태는 인간의 영적 모습이 담겨질 수 있도록 고안되어야 하고, 누구나 아름다운 삶을 누릴 수 있는 것과 마찬가지로 모두에 의해 받아들여질 수 있도록 만들어져야 한다. 그래서 지역사회 모든 구성원들로 하여금 시설 내의 지적 교양문화를 더욱 드러내 보이도록 하고, 이를 통해 사회체육시설이야 말로 진정한 지역문화의 산실임을 인식시킬 필요가 있다.

① 사회체육시설의 구분

사회체육에 시설이 가장 중요하다는 것은 말할 필요가 없다. 사회체육시설은 시설을 이용하는 사람에게 편리하고, 문화적 의미를 갖도록 설치해야 한다. 따라서 자발적 운동참여를 촉진하고, 활동능률을 높이며, 보다 쾌적하고 즐거우며 안전하게 고려된 운동장소가 되어야 한다. 이러한 고려는 시설, 장소, 규모, 내부구조, 부속기구나 용구, 사용료나 시간 등 시설운영 전체에 걸쳐서 행해져야 하고, 특히 자발적 참여를 촉진하고 일상적으로 사용할 수 있게 하는 것이 중요하다.

이런 의미에서 사회체육시설은 경기나 대회개최에 비중을 두기보다는 일반대중들의 일상적 운동생활에 중심을 두어야 하므로 경기규칙이나 고도의 기술에 의한 시설보다는 사용자의 경제적 부담이 적고 쾌적하게 사용할 수 있는 다기능적인 시설이 바람직하다. 사회체육시설은 그 목적으로 보아 공동시설을 중심으로 하겠지만, 반드시 거기에 국한되지 않고 준공영시설은 물론 민간이나 상업시설에 대해서도 사회체육조직이 사회체육의 목표달성에 입각하여 사용하도록 하면 사회체육시설로 생각할 수도 있을 것이다.

일반적으로 사회체육활동과 유관한 체육시설은 설치목적에 따라 공공체육시설, 학교체육시설, 직장체육시설, 민간체육시설 등으로 구분할 수 있다.

(1) 공공체육시설

공공체육시설이란 전 국민의 적극적이고 건전한 스포츠활동을 권장하기 위하여 특정집단이 아닌 일반대중을 위하여 국가 또는 지방자치단체의 예산으로 건설되고 운영·유지되는 체육시설을 포괄적으로 지칭하는 말이다.

공공체육시설은 특정기관에 관계없이 일반대중이 이를 적극 활용할 수 있기 때문에 그 사용성이 다른 어떤 시설보다도 높다. 따라서 이 시설은 다른 시설보다도 국민의 요구에 부응하는 시설이 되어야 하며, 국민들의 체육활동의 장으로서 지도적인 역할을 담당하여야 한다. 또한 공공성을 최대한 보장한다는 의미에서 일반대중에게 지역적·시간적으로 균등한 혜택을 부여하여야 한다.

이러한 공공체육시설은 다음과 같은 기능을 갖는다.

– 국민의 스포츠활동을 위한 공간으로서의 기능
– 국민의 건강 및 체력유지·증대의 장으로서의 기능
– 스포츠 지도의 기능과 자생 체육단체의 육성을 위한 장으로서의 기능
– 지역주민 상호교류의 장으로서의 기능

공공체육시설은 특정집단이 아닌 전 국민을 위하여 건설되어야 함에도 불구하고 지금까지 우리나라에서 공공체육시설은 경기 위주의 시설, 즉 대규모 경기시설을 주로 건설하였다. 물론 경기를 주목적으로 하는 경기시설의 설치를 부정적인 관점에서만 볼 수는 없다. 왜냐하면 경기시설은 선수들의 경기력향상에 기여하는 바가 클 뿐만 아니라, 경기대회개최를 통하여 일반국민에게 체육활동에 대한 이해와 체육활동 참여욕구를 유발시켜 그 나름대로 사회체육진흥에 커다란 공헌을 하기 때문이다. 그러나 현재 국민들의 체육활동 참여욕구에 부응할 수 있는 사회체육시설이 크게 부족한 실정임을 감안할 때, 앞으로는 이를 위한 시설확충이 계획적·단계적으로 시급히 이루어져야 하겠다. 문화체육관광부의 통계에 따르면 공공체육시설(2009년 12월 기준)은 13,968개소로 꾸준히 증가하고 있다.

정부에서는 운동장, 실내체육관, 사회체육공원, 농어민문화센터, 마을단위 체육시설

표 4-7. 연도별 공공체육시설 설치현황 (단위 : 개소)

연도 현황	1996	1997	1998	1999	2000	2001	2002	2003	2004	2005	2006	2007	2008	2009
개소	3,305	3,628	4,084	4,528	4,970	5,371	6,146	6,723	6,901	7,863	9,949	10,946	12,342	13,968

*자료 : 체육백서(2008)

표 4-8. 공공체육시설 지원대상 및 기준

시설명		목표	지원금액지원기준	주요시설
전국체전시설		전국체전 개최 시·도의 경기장 확보	·국고, 지방비 각 50%	미보유 및 규격 미달 경기장 등
시군기본 체육시설	운동장	지자체의 사업요청 시 검토지원	·국고, 지방비 각 50%	필드(축구장), 육상트랙 등
	체육관	지자체의 사업요청 시 검토지원	·국고지방비 각 50%	구기가능 시설
동계체육시설 (실내빙상장)		지자체의 사업요청 시 검토지원	·국고, 지방비 각 50%	피겨, 아이스하키, 쇼트트랙 종목가능 시설
종목별 체육시설		지자체의 사업요청 시 검토지원	·국고, 지방비 각 50%	수양장, 테니스장, 축구장, 승마장, 야구장, 하키장, 씨름장, 방상장 등
체육시설 리모델링		지자체의 사업요청 시 검토지원	·국고, 지방비 각 50%	10년 이상 경과된 노후시설 개보수
생활체육공원		지자체의 사업요청 시 검토지원	·국고, 지방비 각 50%	다목적구장, 테니스장, 농구장, 실외수영장, 롤러스케이트장, 게이트볼장, 체력단련장, 산책로, 휴게실, 녹지공간 등
노인건강 체육시설		지자체의 사업요청 시 검토지원	·국고, 지방비 각 50%	체육활동·레저시설, 게이트볼장, 파크골프장
국민체육센터		시·군·구 단위에 1개소 건립 (올림픽생활관 등 건립지 포함)	·개소당 체육진흥기금 30억 원 내외(재정자립도에 따라 차등)	다목적 체육관, 체력단련장, 수영장 등 민간스포츠센터 수준의 각종 체육시설 등
운동장 생활체육시설		2009~2012년 500개 초·중·고 학교 조성 목표	·개소당 체육진흥기금 3.5억 원	운동장, 트랙, 야간조명시설 등
농어촌 복합체육시술		읍·면지역 대상	·개소당 체육진흥기금 2~6억 원(재정자립도에 따른 차등)	다목적구장, 실내형 복합시설 (커뮤니티센터, 운동센터)
개방형학교 다목적체육관		2009~2012년 100개 초·중·고 학교조성 목표	·개소당 체육진흥기금 4억 원 ·교육청 8억 원, 지방비 4억 원 별도	강당 겸 체육관 또는 다목적 전용 체육관 중 선택

*자료 : 체육백서(2009)

등의 설치에 시책의 초점을 두겠다는 의지를 표명하고 있는데, 이것은 사회체육활동을 통한 삶의 질 향상에 기여함과 동시에 부족한 공공체육시설 설립을 위한 새로운 전기를 마련한 고무적인 현상으로 볼 수 있다.

(2) 직장체육시설

직장체육시설이란 국가 및 지방자치단체의 기관, 국·공영 또는 투자관리기업체, 공공단체, 민간기업체 등 각급 직장에서 해당 직장인의 건강증진 및 여가선용을 위한 체육활동에 이용할 수 있도록 설치·운영하는 시설을 말한다. 개정된 국민체육진흥법시행령은

"상시근무자 1,000명 이상의 직장에서는 운동경기부 및 체육동호인조직의 활동을 위한 시설제공 및 필요한 경비를 지원하여야 하며, 연 1회 이상 직장체육대회 및 직장대항 경기대회를 개최하여야 한다."고 규정하고 있다.

이러한 직장체육시설의 기능은 다음과 같다.

- 직장인의 체육활동에 대한 욕구 충족
- 직장인의 건강 및 체력증진을 위한 기회 확대
- 노사간의 인간관계 개선기회 제공
- 직장인의 건전한 여가활동기회 제공

(3) 민간체육시설

민간체육시설이란 개인, 기업, 사회단체, 체육단체 등이 일반인을 대상으로 설치하는 체육시설로서 영리체육시설과 비영리체육시설로 구분할 수 있다. 영리체육시설은 개인 또는 영리단체에서 영리를 목적으로 설치한 사업용 체육시설을 의미하며, 비영리체육시설은 개인 또는 체육단체 등에서 일반인들의 체육활동을 위하여 설치·운영하는 영리목적이 아닌 체육시설을 말한다.

이러한 민간체육시설의 기능은 다음과 같다.

- 일반인의 다양한 체육활동욕구 충족
- 일반인의 체육활동 참여기회의 확대
- 체육활동을 통한 여가선용기회 증대

우리나라의 영리 및 비영리 민간사회체육시설은 다양한 사회체육 프로그램을 수용하고 있으며, 사회체육의 장으로 가장 중요한 역할을 담당하고 있다. 문화체육관광부(2009년 12월 기준)에서 파악한 전국 등록 및 신고체육시설 현황(표 4-9)에 의하면, 전국적으

4-9. 전국의 등록 및 신고체육시설 현황

종목	업소수	비율	종목	업소수	비율
골프장	339	0.6	체육도장	13,112	24.3
스키장	20		골프연습장	7,446	13.8
요트장	13		무도장	64	0.1
빙상장	43	0.2	무도학원	1,137	2.1
승마장	73		체력단련장	6,128	11.3
자동차 경주장	2		당구장	24,568	45.6
종합체육시설	201	0.3	썰매장	124	0.2
수영장	581	1.0			

*자료 : 체육백서(2009)

로 민간체육시설은 총 53,851개소가 있다. 이 중에서 당구장이 24,568개소로 45,6%를 차지하고 있고, 체육도장(13,112개소로 24.3%), 골프연습장(7,446개소로 13.8%)이 그 뒤를 따르고 있다. 우리나라의 민간체육시설은 1988년 서울올림픽 이후 급격히 증가하였으나, IMF경제위기로 인한 경기둔화와 침체 속에서 성장세가 잠시 주춤하였다. 하지만 정부에서 민간체육시설업의 활성화를 위해 각종 규제를 완화하고 합리적인 정책적 노력을 기울인 결과 지속적으로 증가하고 있다.

⑷ 학교체육시설

사회체육시설의 활성화를 위해서는 선행조건으로 먼저 학교체육시설을 최대한 확충하여 그것을 지역사회의 스포츠센터로 활용하는 것이 필요하다. 아울러 공공체육시설, 직장체육시설, 민간체육시설도 일부 특수층이나 선수들의 장이 아니라, 국민이면 누구나 사용할 수 있는 제도적인 장치가 마련되어야 할 것이다.

학교체육활동의 수행에 가장 중요한 요소 중의 하나는 시설이다. 현재 학교체육의 시설과 용구는 학교시설설비기준령에 의해서 이루어지고 있는데, 기준령 자체가 획일화되어 있기 때문에 하루 속히 현실화되어야 한다. 그리고 시설·용구의 절대적인 양적 부족과 질적 낙후성 및 노후화가 크게 문제되고 있다. 특히 체육관·수영장 등은 많지도 않지만 대도시에 편중되어 있고, 그것도 선수들의 전용물로 되어 있는 것이 보통이다.

지금은 학교체육시설이라고 해봐야 사실상 운동장뿐이고, 체육관이 있는 학교는 소수에 불과하다. 실제 운동장을 개방하는 것은 몇 개교에 한정된 실정이고, 개방되었다는 통계는 통계상의 숫자에 불과한 현실이다. 특히 여학교는 더욱 개방이 어려운데, 그 이유는 개방하게 되면 인근 청년들이 들어와 말썽을 피울 소지가 있기 때문이다. 또한 학교기물이 파괴되면 과연 누가 보상을 해야 하는 것인지도 문제가 된다. 또한 시간적인 문제에도 제약을 받을 수밖에 없다. 새벽이나 토요일 오후, 방과 후에 개방한다고 해도 학생들이 뛰어놀아야 하는데, 언제 일반인들에게 개방이 가능하겠는가. 그래서 극히 이른 새벽 이외에는 힘들다는 것이다.

이것을 정책 차원에서 보면 어떤 지역에 A 초등학교, A 중학교, A 고등학교를 개방해서 인근에 있는 자생적인 스포츠단체인 조기축구회나 기타 체육인클럽이 사용하도록 하고 그들로부터 회비나 사용료를 거두어들여 시설물운영비로 충당하며 활용할 수도 있겠지만, 현실적으로는 실현이 어려운 실정이다.

한편 학교체육시설을 어떻게 활용하느냐도 중요한데, 예산편성의 어려움이 뒤따른다면 민간 차원에서 학교체육시설을 확충해주는 방안이 있다. 운동장은 크든 작든, 또는 400m 트랙이 나오든 안 나오든 최소한의 실외수업은 되기 때문에 학교체육시설면에서 지금 문제가 되는 것은 실내체육관이다. 실내체육관 건립에 대해서는 물론 정부에서도 점진적으로 지원이 있겠지만 대기업에서 자금을 충당하여 건립하고, 그 회사 이름을 시설물에 명기하면 역사성도 회사 명의로 남을 뿐만 아니라 개인적으로는 보람도 느낄 것이다.

학교체육 발전을 위한 개선점은 다음과 같다.

첫째, 학교체육시설을 위한 부지확보가 필요하다. 부지확보를 위해서는 우선 공간에 관련된 법규를 강화하고, 학교체육시설단지를 조성해야 하며, 기존 체육시설부지의 용도변경을 규제하고, 시설공간의 입체적 환경을 조성해서 이를 적극적으로 활용해야 한다.

둘째, 학교체육시설기준령을 정비해야 한다. 각급 학교의 여건, 학습자의 특성, 지역별 특성에 따른 새로운 기준령의 제정이 요구된다. 운동종목별 체육시설기준령이 적정화되어 성별·학교별 및 연령별로 단계화되어야 한다. 이것은 초등학교는 놀이 위주, 중학교는 게임 위주, 고등학교는 스포츠 위주, 그리고 대학은 평생 및 여가 스포츠활동 위주의 운영을 뜻한다.

셋째, 학교체육시설의 현대화가 필요하다. 현행 체육시설은 대부분 노후화되었거나 내용이 단순하다. 따라서 재정확보를 먼저 한 다음 양적인 확충과 질적인 개선이 동시에 이루어져야 한다. 대형 체육시설단지 조성을 통한 공동이용방안도 하나의 방법이다.

넷째, 학교체육시설의 관리가 체계화되어야 한다. 재정적 이유 때문에 현재 대부분의 시설과 용구가 제한되어 있는 실정이므로, 이것을 이용할 때에는 가장 효율적이고 체계적인 접근방법을 고안해서 활용하도록 해야 한다. 이를 위해서는 학교 단위로 학교시설관리위원회 등을 구성해서 운영하는 것도 바람직한 일이다.

우리나라의 체육시설 중 사회체육시설로 가장 중요한 역할을 감당할 수 있는 시설은 학교체육시설이라고 할 수 있다. 학교체육시설 현황은 표 4-10과 같다. 학교체육시설은 운동장, 테니스장, 각종 구기장, 체육관, 수영장 등 다양한 사회체육 프로그램을 수용

4-10. 학교체육시설 현황 (단위 : 개소)

구분		계	초	중	고
실외체육시설	운동장	23,471	11,967	9,295	2,209
	종목별 시설	56,746	26,653	16,411	13,682
실내 체육시설	체육관	4,876	2,143	1,237	1,496
	종목별 시설	8,643	2,400	2,862	3,381
수영장		153	96	23	34

*자료 : 한국의 체육지표(2008)

하기에 적합하며, 누구나 쉽게 이용할 수 있도록 주거지역 내에 위치하고 있어 조직적인 운영만 가능하다면 사회체육시설로 보다 유용하게 이용할 수 있을 것이다.

그러나 우리나라에서는 각급 학교에서 사회체육시설로 제공하는 학교체육시설은 아직까지 크게 미흡하다고 할 수 있다. 문화체육관광부에서 실시한 학교운동장 개방실태를 보면, 대부분의 학교가 운동장을 개방하고 있다고는 하지만 단지 평일에 3시간 정도 개방하는 실정이다. 따라서 학교체육시설의 단순한 개방에서 벗어나 이용자협의회 등을 활성화시키는 등 좀더 적극적인 이용방안을 강구하고, 나아가 대학의 각종 체육시설까지도 학교의 수업과 다른 활동에 지장이 없는 범위 내에서 개방되어 이용되어야 할 것이다.

② 지역사회체육시설

체육시설은 체육활동의 기본조건이며, 생활환경 및 양식의 변화에 따라 스포츠 및 레크리에이션은 일상생활의 필수적인 것으로 되고 있다. 체육관계시설은 지역의 특성과 경제건설 및 지역사회의 복지시설이란 차원에서 입안되어야 한다. 국민의 건강을 관리하는 보건소시설은 시 · 구 · 군 단위로 설치 · 운영되고 있는데, 보건소는 주로 건강의 사후관리를 한다. 그러나 체육시설은 건강 및 체력의 사전관리에 해당하는 것이므로 국민의 여가활동에 따르는 정서적 효과도 크게 기대할 수 있으며, 그것은 청소년선도에 직결되는 것으로 볼 수 있다.

그런데 시 · 군 · 구에 운동장이나 체육관 · 수영장이 설치되지 못하고 있는 것은 안타까운 일이다. 이는 스포츠 및 레크리에이션에 대한 국민적 이해 혹은 의식구조에 문제점이 있는 것으로 생각되며, 또한 체육정책이나 행정 및 제도의 불합리한 시책에서 기인된 것이라 하겠다. 체육시설은 지역사회의 발전과 더불어 연차적이고 계획적으로 추진되어야 하며, 우선 부지와 재정이 확보되어야 한다.

스포츠의 주체를 인간이라고 한다면, 시설은 인간으로 하여금 스포츠를 즐길 수 있게 하는 터전을 마련해주는 객체라고 할 수 있다. 일반적으로 스포츠시설하면 각종 경기장 · 수영장 · 체육관 등 대규모의 구조물로만 생각하고 있으나, 이와 같은 경향은 선수 중심의 체육을 하는 데서 기인한 것이며, 그것만을 위해서는 그렇게 많은 시설이 요구되지 않는다.

체육의 대중화, 스포츠 인구의 저변확대를 당면과제로 하는 시설문제는 경기장, 수영장, 체육관, 공원, 야외시설 및 용기구 등 다양하고 많은 시설이 요구되고 있다. 이들 스포츠시설은 막대한 투자를 필요로 하고 있으며, 시설확보 · 관리에 소요되는 많은 경비에 비해

청소년 수련시설
· 청소년 수련관
· 청소년 수련원
· 청소년 문화의 집
· 청소년 특화시설
· 청소년 야영장
· 유스호스텔

청소년 이용시설
· 문화예술시설, 공공체육시설, 기타 청소년 이용시설

· **청소년 수련관** : 다양한 수련활동을 실시할 수 있는 각종 시설 및 설비를 갖춘 종합수련시설
· **청소년 수련원** : 숙박기능을 갖춘 생활관과 다양한 수련을 할 수 있는 각종 시설과 설비를 갖춘 종합수련시설
· **청소년 문화의 집** : 간단한 수련활동을 실시할 수 있는 시설 및 설비를 갖춘 정보 · 문화 · 예술 중심의 수련시설
· **청소년 특화시설** : 청소년의 직업체험 · 문화예술 · 과학정보 · 환경 등 특정목적의 청소년활동을 전문적으로 실시할 수 있는 시설과 설비를 갖춘 수련시설
· **청소년 야영장** : 야영에 적합한 시설 및 설비를 갖추고, 수련활동 또는 야영편의를 제공하는 수련시설
· **유스호스텔** : 청소년의 숙박체제에 적합한 시설 · 설비와 부대 · 편익시설을 갖추고 숙식편의제공, 여행청소년의 활동지원 등을 주된 기능으로 하는 시설

그림 4-8. 청소년활동시설의 종류

수익성을 기대하기 어려우므로 개인이나 사회단체만으로는 어려운 일이며, 스포츠의 진흥과 국민체력의 증진 및 국민복지정책의 일환으로서 장기계획을 통하여 정부나 지방자치단체 등 공공기관에 의해 확보되고 유지 · 관리되는 것이 가장 바람직하고 현실적이다.

선진국의 예를 보더라도 스포츠시설이 순수한 민간자본에 의해 운영되는 것이 있으나, 그것은 수익성이 높은 특수한 종목이거나 프로스포츠가 기업으로서 존립할 수 있다는 전제조건이 있는 특수한 경우에 국한되어 있으며, 정부와 지방자치단체가 스포츠시설 확보를 위해 전력을 다하고 있다. 스포츠의 철저한 국가관리가 이루어지는 동유럽 여러 나라의 경우는 말할 것도 없거니와 정부가 민간 주도의 스포츠활동을 지원하고 뒷받침하는 입장에 있는 서유럽의 경우에도 스포츠진흥에 관한 정부의 역할은 스포츠시설의 확보와 충실화를 통해 스포츠가 진흥할 수 있는 여건을 조성하는 데 있다.

특히 운동수요가 증대되고 운동욕구가 분화 · 다양화되고 있는 현시점에서 상황에 맞게 체육시설이 설치되어야 한다. 그러므로 사회체육 시설 및 용구의 확보와 학교체육시설의 개방도 적극 추진되어야 하며, 시 · 군 · 구에는 운동장, 체육관, 수영장, 야외활동장, 공원 등에서 각각 하나 이상의 시설을 갖추어야 한다. 읍 · 동 · 면 · 리에는 소광장, 소체육관, 어린이놀이터를 각각 하나 이상 설치한다. 시설 및 규모나 구조에서도 대중의 이용을 중심으로 설계되어야 하므로 규모나 관람석은 중요하지 않다. 중요한 문제는 관

리·운영인데, 많은 비용이 소요되지 않고 자주적으로 이루어질 수 있고, 또 최대한으로 활용될 수 있는 방안이 강구되어야 한다. 이러한 시설을 통하여 새로운 모습의 지역사회 육성에 공헌한다면 스포츠시설도 사회교육이나 사회복지 등과 직결된다.

국민체육진흥법 제12조에는 "국가와 지방자치단체는 대통령령이 정하는 바에 의하여 운동장, 체육관, 수영장, 기타 체육시설을 설치하여야 한다."고 규정하고 있으나, 동법시행령에서는 체육시설에 관한 구체적인 규정이나 설치기준이 명시되고 있지 않다. 유명한 서독의 황금계획은 사회체육 진흥계획으로서 1960년에서 15년간에 걸친 것인데, 그 계획의 골자는 지역사회의 체육시설계획이었다. 그렇게 함으로써 그들은 체육의 생활화 기반을 구축하였으며, 오늘날 국민의 1/3이 체육인구이다.

우리나라의 경우 정부는 학교체육시설의 설치기준령을 엄수할 것이며, 사회체육시설에 있어서도 시설의 정비수준, 양 및 질 등의 목표를 지역 단위, 직장 단위로 설정하여 전국적인 기본방향을 명시하여야 한다. 이들 시설은 연차적으로 계획되어야 하며, 정부와 지방자치단체에서는 재정의 계획과 확보에 노력하지 않으면 안된다. 독일의 예를 들면 연방정부에서 소요예산의 10%, 주정부가 40%를 지원하고, 지방정부가 50%를 부담한다. 우리나라 체육시설의 현황과 외국의 예를 견주어볼 때 학교체육시설도 부족하거니와 사회체육시설은 비교가 되지 않을 정도로 미약한 수준이다.

(1) 지역사회 체육시설의 설치기준

이것은 누구나가 언제나 손쉽게 체육활동을 즐길 수 있도록 하는 것이 목표이며, 그 방법은 일상생활권과 광역생활권에서의 체육관계시설로 나누었다. 한편 기준설정단위를 행정구역 단위와 지역인구 단위로 입안할 수 있는데, 인구 단위로 계획하는 것이 바람직하지만 행정구역을 단위로 하는 방안도 구상해 볼 수 있다.

(2) 일상생활권의 체육시설 설치기준

이 시설은 지역사회가 주동이 되어야 하며, 국가 및 상급 지방자치단체의 지원을 받아서 추진한다(표 4-11). 한편 지역별로 학교체육시설 및 직장체육시설을 개방한다. 지역별 민속놀이나 경기시설을 고려한다. 연차적 계획에 의하여 정비하며, 그 시설의 운영계획이 합리적이고 효율적으로 관리되어야 한다. 이러한 방안은 기초적인 것으로 국민적 이해가 진전됨에 따라 인구단위의 기준으로 발전되어야 한다.

표 4–11. 스포츠시설의 정비기준(안)

행정단위	시설내용	시설수	시설규모
국가	종합경기장	1	종합적인 국제경기를 개최할 수 있는 시설(아시아경기대회 및 올림픽 대회)
시·도	종합경기장	1 2	국내종합경기를 개최할 수 있는 시설(전국체육대회 및 종목별 전국대회)
시·군	육상경기장	2	(주 경기장 400m트랙)
	종합체육관	2	(농구경기, 배구, 체조가 가능한 면적)
	수영장	2	(면적 400m^2)
	무도장	4	(유도, 태권도, 권투, 레슬링, 검도)
읍·면	육상경기장	1	축구경기를 할 수 있는 면적
	종합체육관	1	농구·배구가 가능한 면적
	무도장	2	다목적용
	수영장	1	하천의 개발
동·리	운동장 혹은 운동광장	1	다목적용

* 자료 : 체육백서(2008)

(3) 야외 스포츠 및 활동시설(광역생활권)

이는 국가나 지방자치단체에서 입안·추진되어야 하며, 국민의 복지시책, 여가시책 및 문화시책의 일환으로 이루어져야 한다. 지역사회의 특징이나 환경조건을 충분히 고려하여 가급적 대·소규모의 많은 시설이 계획·설비되어야 한다. 국가적인 차원에서는 국립공원, 아동공원, 자연공원, 녹지대, 국민휴양지, 종합공원 등이며, 시·도 차원에서는 시·도립공원, 운동공원, 캠프장, 해수욕장, 등산로, 청소년 숙박시설, 유스호스텔, 어린이놀이터 등이다.

(4) 민간체육시설 및 활동의 지원

국민체육진흥법 제16조에 규정된 민간자본 투자의 장려 및 특혜조치로 체육기재와 용구의 제작, 사회단체의 시설투자 및 활동의 지원, 상업시설의 육성 및 감독, 민간인이나 사회단체의 체육시설의 장려 및 협조가 요망된다. 그리고 체육시설협회와 같은 사회단체를 조직·지도하여 그 조직활동을 통한 민간의 협조를 구하도록 하는 것도 효과적인 방법의 하나이다.

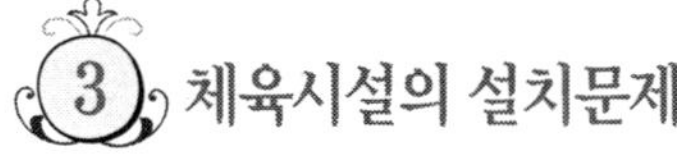
3 체육시설의 설치문제

오늘날 사회환경이 급변함에 따라 운동수요가 확대되어 각종 체육시설을 필요로 하고 있다. 이에 따라 체육시설 수도 급속한 증가를 보이고 있으나 운동수요에는 미치지 못하고 있다. 도시의 인구집중은 어린이들로부터 놀이터를 빼앗을 뿐만 아니라 근로청소년을 위한 스포츠활동의 장소도 부족한 실정이다. 체육시설의 정비ㆍ확충은 사회적인 요청이지만, 시설을 만들기만 하면 되는 것이 아니고, 사람들의 운동욕구나 스포츠인구의 구조 등을 살펴 현실에 맞는 시설을 설치하는 것이 무엇보다도 중요하다.

　현재의 시설은 현실에 적합한 시설이 되지 못하고 있다. 예산이나 용지 등의 제약도 있으나, 설치자의 시설에 대한 생각이나 설치에 작용하는 사회적인 영향력에 더 의존하고 있다. 개인소득과 여가가 부족하다 할지라도 누구나 쉽게 이용할 수 있는 시설이 충분하다면, 인간은 어떠한 형태로든 사회체육활동에 참여하게 된다. 우리는 그 실례를 한강 둔치에 있는 13개의 시민체육공원과 전국 대도시의 체육공원, 그리고 YMCA 및 한국 사회체육센터 시설의 성황(盛況)에서 확인할 수 있다.

　사회체육시설을 건설하기 위해서는 인구를 기준으로 한 각종 시설설치기준을 마련하여 도시계획에 반영하는 것이 가장 이상적이나, 현재 우리나라에서는 인구를 기준으로 한 것은 아니지만, 공동주택단지를 조성할 때 사회체육시설 설치를 의무화하는 훌륭한 법령을 갖고 있는데, 그 내용은 표 4-12와 같다.

　한편 현재의 시설을 보완하여 사회체육을 진흥시키기 위해서는 기존시설의 효과적 활용이 필요하다. 우선 전국의 경기개최시설은 엘리트선수들의 경기대회나 큰 행사때만 잠깐씩 사용되고 있는데, 사용하지 않는 시간에는 지역주민의 사회체육활동의 장으로 개방되어야 한다. 여기에 자원 또는 시간제 유급지도자를 고정배치해서 프로그램을 정기적으로 지도하게 한다면, 지역사회 스포츠클럽 활성화로 발전될 수 있을 것이다.

　다음으로 체육관ㆍ수영장을 포함한 학교와 직장체육시설도 학과나 일과시간에 지장

4-12. 공동주택의 복리시설 설치기준

항목	설치대상	설치기준	근거
주민 운동 시설	500세대 이상	300m² 운동장	주택건설기준 등에 관한 규정 제5장 복리시설 제46조(어린이 놀이터) 제53조(주민운동시설) [대통령령 제 21790호 2009.10.19 일보개정 및 시행
	500세대 초과 200세대마다	150m²운동장을 추가로 설치 위 운동장안에 배드민턴장ㆍ농구장ㆍ배구장 또는 정구장 1면 이상 설치 1,000세대 이상인 경우 수영장 1개 또는 정구장 2면 추가 설치 2,000세대 이상은 1,000세대마다 정구장 1면 추가 설치	
어린이 놀이터	100세대 미만	3m²/세대당 이상(최소 1개소 면적 : 300m²)	
	100세대 이상	300m²+1m²/100 세대 초과 매세대당	

*자료 : 국토해양부(2010)

이 없는 범위 내에서 지역주민에게 전면 개방되어야 한다. 사회체육 관련학과가 있는 대학에서는 이들 시설에서 할 수 있는 프로그램 개발과 실제 지도를 위하여 학생자원봉사단을 조직하여 정기적으로 활동하게 하면 사회체육 지도자의 자질향상을 기할 수 있고, 자격증의 공신력을 높일 수 있는 좋은 방안이 될 것이다.

그리고 모든 국민이 평생체육활동에 참여할 수 있도록 프로그램을 개발하여 전국적으로 보급하는 일 또한 중요하다. 우리나라에서도 독일의 'Trimming 130'운동과 '당해 연도를 m로 표시한 거리 달리기'와 같이 누구나 쉽게 참여해서 스포츠를 즐길 수 있는 프로그램을 개발해서 보급하면 좋을 것이다. 다양한 프로그램의 개발을 위해서는 체육학자·사회체육 지도자·의사·생리학자·심리학자 등이 공동으로 연구할 수 있는 스포츠과학센터와 같은 연구시스템이 설치되어 도처에서 이를 뒷받침할 수 있어야 한다.

체육시설의 설치를 둘러 싼 문제는 여러 가지가 있으나, 여기에서는 어떠한 체육시설이 필요한가, 시설을 설치할 때 어떠한 사회적 힘이 가하여져서 시설을 규정하는가에 대하여 살펴보기로 한다.

(1) 스포츠 활동의 현상과 체육시설

체육시설을 설치할 때에는 그 목적과 목표를 정확히 인식하고, 그것을 실현할 수 있는 장으로서 최적의 구조와 기능을 갖춘 물리적 환경이 구성되지 않으면 안된다.

① 운동수요의 확대와 체육시설

산업기술의 혁신을 원동력으로 하는 경제성장은 국민생활에 여러 가지로 영향을 미치고 있다. 그중 하나가 '레저-붐(leisure-boom)'현상인데, 이 현상의 사회적·경제적 배경은 다음과 같다.

- 소득수준의 상승에 따른 생활의식의 변화
- 생활기술의 비약적 발전에 의한 노동시간의 감소
- 가정생활의 자동화에 의한 사적 노동시간의 감소
- 노동조건의 개선과 노동자의 대우 개선

노동의 기계화·자동화에 의한 노동의 변화, 작업의 세분화 등은 노동에서 육체적 부담을 경감시켰다. 반면에 운동부족이나 정신적 피로를 증대시켜 건강에 대한 관심이나 운동욕구를 증대시켰다. 이에 따라 운동을 즐길 수 있는 여러 조건이 정비되어 운동의 가능성이 많아졌다. 따라서 운동수요는 그 어느 때보다도 증대되고 있다. 이와 같은 상황에 대응하기 위해서는 많은 시설이 필요하나, 급속히 증대한 운동수요에는 미치지 못하는 실정이다.

앞으로의 체육시설은 운동의 필요성 · 가능성의 증대, 체육 · 스포츠 인구의 확대에 따라 충분히 고려되지 않으면 안된다. 운동에 대한 관심이나 욕구는 양적인 확대뿐만 아니고 질적으로도 변화하고 있다.

② 운동의 분화 · 다양화와 체육시설

스포츠의 대중화와 고도화는 현대 스포츠의 양상이라 할 수 있는데, 현대 스포츠는 일반적으로 다음과 같이 분화하고 있다.

- 프로페셔널 스포츠(professional sport)
- 챔피언 스포츠(champion sport)
- 어보케이션 스포츠(avocation sport)

국제스포츠체육협의회(International Council of Sport Science and Physical Education : ICSSPE)의 스포츠선언(Declaration on Sport, 1964)이나 Meisil, W.은 근대 스포츠를 다음의 세 가지 층으로 분화하였다.

- 여가활동 혹은 레크리에이션으로서의 스포츠(예를 들면 휴일의 수영, 테니스, 골프 등)
- 클럽 레벨(club level)의 스포츠(예를 들면 주 2~3회 정도의 규칙적인 연습에 의한 적당한 경기)
- 챔피언십 스포츠(예를 들면 대표선수에 의한 전국적 · 국제적 레벨의 스포츠)

우리나라에서도 아시아경기대회나 올림픽대회에 참가하여 국위를 선양하기 위하여 스포츠의 경기수준이 고도화되고, 한편 국민들의 운동에 대한 관심 · 욕구가 높아져서 여가활동으로서 스포츠를 즐기는 사람들이 증대하였다.

스포츠의 고도화와 대중화는 당연히 각각 거기에 적합한 시설을 필요로 하고 있다. 그러나, 우리나라에서는 시설이 스포츠의 대중화에 대응하기에는 아직도 너무나 부족한 실정이다. 또한 대중의 운동욕구는 분화되고 다양화되어 있다. 경기스포츠뿐만이 아니라 야외활동 · 체조 등으로의 지향성을 강하게 하고 있다. 따라서 새로운 스포츠도 점차 개발되고 있고, 운동을 하는 목적도 개별화되고 다양하다.

체육진흥이란 극단적으로 말하면 운동을 즐기는 사람을 한 사람이라도 많이 늘리는 것에 지나지 않는다. 스포츠를 생활복지와 관련지어 생각한다면 소수자의 스포츠도 그것이 복지향상에 기여하는 한 무시할 수는 없다. 다양하고 분화된 운동욕구를 충족시키는 장으로서 다양한 시설의 설치가 필요하다.

③ 생활장소 및 구조의 다원화와 체육시설

산업화 · 공업화의 진전은 제2차 · 제3차 산업에 종사하는 노동층을 확대시켰다. 제1차

산업이 우위인 사회에서는 채취산업이 주가 되므로 거주지와 직장이 일치하는 생활상의 여러 요구는 지역사회 내에서 충족되었다. 그러나 현대사회는 화이트 컬러(white color)와 블루 컬러(blue color)의 사회이다. 노동자의 생활구조는 근무시간과 자유시간, 거주지와 직장이 분산되고 있다. 더욱이 교통수단의 발달 등으로 일상생활권이 증대되어 광역생활권에서 생활하게 되어가고 있다.

스포츠 활동욕구를 충족시키는 장(場)도 생활공간의 다원화에 대응하고 있다. 그리하여 각자 생활의 장에 따라 활동내용이 다르다. 일상생활권에서는 영리시설을 사용한 활동이 많고, 광역생활권에서는 야외활동이 중심이다. 따라서 각각의 생활공간을 기반으로 한 스포츠의 존재의의를 생각하여 거기에서 활동에 적합한 시설이 준비되지 않으면 안된다.

운동을 필요로 하고 운동을 즐기려고 하는 사람들의 양적 증가, 운동욕구의 분화·다양화, 생활구조의 다원화에 따라서 각종 시설을 생활의 장의 특성에 따라 여러 곳에 설치할 필요가 있다. 또, 그 시설들은 독자적인 목적·목표하에 설치되지만, 그 설치는 대상으로 하고 있는 사람들의 운동욕구·운동생활의 실태 등에 대하여 미리 조사하고, 실제로 그 상황에 적응한 시설이 계획되고 건설되어야 한다. 많은 경비와 노력에 의하여 겨우 건설된 시설도 일부 사람들만이 이용한다든지, 목적에 맞는 성과를 올릴 수 없다면 시설의 가치는 반감될 것이다.

(2) 체육시설의 설치에 작용하는 사회적인 힘

체육시설을 설치할 때에는 관계자나 사용자 등의 요망사항을 될 수 있는 대로 넓게 반영시키는 것이 필요하다.

학교체육은 정과(正課)이고, 그 내용은 교수요목에 나타나 있다. 학교체육에서 필요한 시설은 주로 정과체육에서 행하여지는 운동과 대상인 학생수(학급수)에 따라 최저한의 테두리가 정하여져 있다. 그러나 공공단체에 사회체육시설 설치를 의무화할 수 없다. 따라서 사회체육의 시설문제는 학교체육시설보다 복잡하고 어려운 문제를 가지고 있다. 공공체육시설을 설치할 때에는 체육·스포츠 관계자, 사회체육 및 학교체육 관계자들의 의견을 듣는 경우가 많다.

① 사회체육의 양상과 체육시설

체육·스포츠 관계단체에는 각종 경기단체, 레크리에이션단체, 야외활동단체 등이 있으나, 이들 단체 중 사회체육에 가장 큰 영향력을 미치는 단체는 대한체육회이다. 대한체육회는 각종 경기단체의 통합조직이고, 스포츠의 보급·향상·발전을 위하여 여러 가지 활동을 전개하고 있으며, 이 활동들은 대부분 행정기관과 유기적인 관계를 맺으며 실시되고 있다. 지방자치단체의 사회체육행정관련 연간 경비를 보면 대부분 전국체육대회에 참가하기 위한 경비와 기타 지역예선대회 등의 행사비임을 알 수 있다.

체육시설면에서 볼 때 대한체육회가 관계기관에 체육시설 문제를 제의하여 추진하는 것은 주로 선수 중심이기 때문에 일반인을 위한 공공사회체육시설은 손을 대지 못하고 있다. 이 사회체육시설 문제는 행정당국이 행정시스템을 이용하면 더 많은 실리를 얻을 수 있을 것이다.

② 선수 및 행사 중심의 양상과 체육시설

운동회에서 시작된 우리나라의 스포츠는 아시아경기대회나 올림픽대회 및 월드컵대회를 비롯한 각종 경기대회가 그 진흥에 큰 역할을 한 것은 사실이다. 이러한 각종 경기대회가 체육·스포츠 진흥에 기여한 의의는 어디에 있을까?

경기대회는 경기자가 자기의 목표를 실험하는 좋은 기회가 된다. 수준높은 경기대회에 참가하거나 경기대회에서 우승하기 위해 각 경기자들은 많은 노력을 한다. 그 결과 경기 수준이 향상됨과 동시에 높은 목표를 향하여 매진하는 과정에서 신체적으로 단련되므로 그 교육적 가치는 크다. 또 경기대회를 개최함으로써 사람들의 체육·스포츠에 대한 관심을 높이고, 운동참가를 촉진하는 동기가 된다. 경기대회는 참가자 상호의 교제, 참가자와 관중과의 접촉 등에 의하여 새로운 우정이 생겨 상호이해를 두텁게 할 수 있다. 경기대회에 의하여 체육·스포츠의 보급·향상이 기대되고, 아마추어 스포츠의 발전을 도모할 수 있다. 경기대회를 이와 같이 생각할 때, 스포츠의 보급·향상과 체육의 진흥은 모순되지 않는다.

한편 경기 및 행사 중심의 사회체육은 그것을 위한 시설이 필요한 것은 당연하다. 우리나라의 전국체육대회는 국내 최대의 경기대회로서 약 25~26 종목을 1주일간에 걸쳐 경기를 하게 되므로 그 시설도 방대해야 한다. 이 대회를 각 시·도로 순회하면서 개최한 결과 많은 종합경기장이 각 시·도에 건립된 것은 다행한 일이다. 이 대회는 종합경기장과 각 종목의 보조경기장에서 대회를 치르게 되는데, 보조경기장은 주로 기존 학교체육시설을 사용하고 있다.

그러나 전국체육대회에 참가하는 것은 일부 선수에 한정되고, 그것도 학생이 대부분이다. 그러므로 전국체육대회는 읍·면 단위에서부터 시·군 및 시·도로 이어지는 예선대회를 치름으로써 많은 사람들이 참가할 수 있을 것이다. 이를 실현하기 위해서는 지역사회의 공동사회체육시설은 공공단체나 기관 혹은 정부의 적극적인 보조가 요망되며,

직장체육에서는 기업주나 직장장의 적극적인 협조가 필요하다.

우리나라 체육이 경기스포츠 중심·선수 중심·행사 중심으로 발전해왔으므로 이 방향이 용이하게 개선될 수는 없을 것이다. 그러나 최근의 사회변화에 맞게 스포츠의 수요를 충족시키기 위하여 사회체육 분야에 대한 구체적인 방안들이 논의되고 있는 것은 고무적인 현상이다.

 ## 4 사회체육시설의 상호 연계성

(1) 체육시설의 대중화

체육시설은 체육진흥의 폭과 속도에 영향을 미친다. 체육활동은 일정한 공간을 필요로 하는 것이어서 시설제공 없이는 활동이 불가능하며, 훌륭한 시설은 참여동기를 창출한다. 지금까지 우리는 대규모 경기장시설을 우선적으로 설치하였고 특히 '86, '88 양대회 및 월드컵대회를 계기로 세계적 규모의 시설을 완비하였다. 이러한 경기시설을 일반대중에게 적극적으로 개방하여 활용의 극대화를 기함과 동시에, 복지사회체육의 실현을 위하여 보다 많은 사람들이 이용할 수 있는 체육시설을 대폭 확충하여야 한다.

학교체육시설은 수업 및 과외활동 성과에 지대한 영향을 미치는 물리적 여건이다. 교사의 지극한 사명감과 학생들의 학습의욕이 모두 갖추어졌다 하더라도 체육교육을 수용할 만한 시설이 없이는 그 성과를 기대할 수 없다. 지금까지 형식적인 규정에 그친 학교체육시설을 효율적으로 확충해나가는 한편, 활용의 극대화를 기하기 위하여 개방정책을 계속 추진하고, 사회체육시설과의 유기적인 연결체제를 확립하여야 한다. 다시 말해서 학교체육시설이 체육진흥의 중심체 역할을 담당케 함으로써 우리의 현실적 여건을 슬기롭게 극복해나가야 할 것이다.

사회체육시설의 확충은 공공 및 민간투자의 배분을 효율적으로 분담하는 전략하에서 공익성·채산성 및 유용성을 기준으로 투자방향을 정할 수 있다. 채산성이 큰 경우에는 민간투자를 유치하고, 대규모시설은 공공투자가 필요하다. 공공투자 부문에서는 시·도 단위 광역 스포츠센터, 대도시 및 시·도별 체육시설 등이 고려되어야 하며, 민간투자 부문에서는 직장체육시설·상업체육시설의 유치를 권장하도록 한다. 청소년 야외스포츠시설은 공공 및 민간투자를 균등 배분하여 도시주변 지역은 민간이, 그 외 지역은 정부가 투자를 주도하도록 한다.

특히 확보된 시설의 공익성을 극대화하기 위하여 학교 및 공공체육시설을 적극 개방토록 하며, 설비사용의 수익자부담을 최소화하여 국민 누구나가 즐겁고 편리하게 이용할 수 있도록 한다. 또 시설의 유용성을 높이기 위하여 학교와 사회체육시설 사용의 연결체제를 단계적으로 확립해 나감으로써 이용률의 극대화를 도모하여야 한다.

⑵ 도시계획과 사회체육시설의 설계

도시계획과 사회체육시설은 분리하여 생각할 수 없으며, 따라서 도시계획을 세울 때 병행해서 계획하여야 한다.

도시계획에는 적당히 배분되고 개발된 큰 토지와 물이 있는 지역이 필요하다. 도시계획을 수립할 때 공공의 광장을 만들어야 한다는 생각이 조금씩 일고 있으며, 많은 지방자치단체는 각각 자기의 구·동 단위로 공원이나 레크리에이션센터의 필요성을 인식하기 시작하였다. 중요한 것은 지금 공원이나 레크리에이션 목적의 토지를 확보해 두지 않으면 장래는 그 토지를 확보할 수 없다는 점이다. 왜냐하면 인구가 밀집되어 있는 곳은 빈터가 없고, 있다고 하더라도 고가이므로 도시계획 단계에서 확보해야 활용할 수 있기 때문이다. 한편 공원이나 레크리에이션 시설에서 필요한 토지를 그 도시의 장기발전 목표인 본 계획에 포함시키지 않으면 그것은 결국 국민복지정책의 부재라고 할 수 있다.

⑶ 다목적 대중종합시설

일반적으로 체육시설이라고 하면 마루를 깔고 수영장을 만들어 단순히 신체운동을 하거나 수영을 위한 장소제공쯤으로 생각하기 쉽다. 그러나 사회체육운동의 목표달성을 지향하는 사회교육적 프로그램과 시설 설치지역은 충분히 검토되어야 한다. 이러한 시설은 지역사회 주민들의 자발적인 운동참가를 검토하고, 참가자들의 교육적 운동효과를 높이고, 보다 유쾌하고 건전하게 즐기며, 안전하게 취향에 따라 프로그램에 참가할 수 있도록 준비되어야 한다. 이러한 시설의 배려는 장소, 규모, 내부구조, 부속용기구, 사용료, 프로그램 시작시간, 시설관리 등 시설 전체의 운영이 고려되어야 한다. 특히 운동대회나 스포츠 경기대회의 진행을 위한 소위 행사용 시설보다는 누구나 쉽게 참여할 수 있는 다목적 대중종합시설이 바람직하다.

이와 같은 기능을 충분히 발휘할 수 있는 시설 설치를 위해서는 먼저 지역사회 인구분포 현황, 대중교통기관 현황, 지역사회 생활의식수준 등을 파악해야 한다. 따라서 시설은 이러한 지역사회 조사를 바탕으로 그 규모를 설정하여 최종적으로 프로그램을 검토한 후 설립되어야 한다. 현재 공동주택단지 내에 분산 설치하도록 되어 있는 체육시설,

어린이놀이터 · 유치원 · 노인정 시설 등을 하나로 묶어 다목적 종합건강체육복지시설로 건립하여 전연령층이 이용할 수 있도록 시설을 정비하는 것도 한 가지 방법이 되겠다.

그러나 불행히도 아직까지는 행사 위주의 대규모시설이 우리나라 체육시설의 주류를 이루며, 누구나 집 근처에서 쉽게 활용할 수 있는 소규모시설은 드물다. 그렇기 때문에 인구비례에 의한 소규모 다목적대중체육시설을 전국에 골고루 갖추는 것이 사회체육 진흥의 기본방향이 되어야 하며, 여기에는 정부의 지원이 필수적으로 요청된다.

⑤ 체육시설의 관리 · 운영

체육시설은 적절한 유지 · 관리를 기반으로 시설의 설치목적과 이용자의 입장을 고려하여 최대한의 기능을 발휘하도록 운영하여야 한다. 이를 위하여 시설의 운영방침을 명확히 하고, 운영조직을 설치하여 적극적으로 사업을 추진하여야 한다. 또한 적절한 이용규칙이나 사용료 등을 정하여 시설의 원활한 운영을 도모하여야 한다.

(1) 운영방침

체육시설의 운영방침은 시설목적과 기능을 고려하여 수립하여야 하는데, 운영방침수립 시 유의해야 할 사항은 다음과 같다.
- 운영방침은 이용자 입장에서 수립되어야 한다.
- 일부 이용자들의 전유물이 되지 않도록 한다.
- 시설의 기능이 충분히 발휘될 수 있도록 해야 한다.
- 평생체육의 장으로서 활용되어야 한다.
- 이용요금의 설정 및 개정은 적절하여야 한다.
- 이용일이나 이용시간이 적절하여야 한다.

(2) 운영조직

체육시설의 운영조직은 시설규모 · 이용자수 · 운영예산 등을 고려하여 구성하되, 특히 다음과 같은 사항을 유의하여야 한다.
- 운영조직은 시설의 설치목적과 기능을 고려하여 적절하게 편성되어야 한다.
- 사업규모 및 특성에 맞는 담당직원을 배치하여야 한다.
- 일반인의 요구를 반영할 수 있도록 운영위원회를 구성하여 적절한 기능을 수행한다.

(3)사 업

체육시설의 사업은 시설의 특성과 기능에 따라 실시하는 것이 바람직하다. 시설의 사업으로 스포츠교실의 개설, 지도자 연수, 스포츠에 관한 정보제공, 스포츠클럽 운영의 지원 등을 들 수 있다.

사업의 실시에서 배려하여야 할 사항은 다음과 같다.

- 사업은 체육진흥에 역점을 두고 적절히 계획해야 한다.
- 사업내용에 관한 적극적인 홍보가 이루어져야 한다.
- 참가자의 수준에 따른 적절한 지도자가 있어야 한다.
- 각종 사업은 스포츠 클럽의 결성을 촉진하고 활동에 기여하여야 한다.

(4) 이용규칙

체육시설의 이용규칙은 이용자의 이용절차 및 방법, 일자, 시간, 승인, 사용요금 또는 그의 감면, 이용승인의 취소 등 시설을 원활하고 공정하게 이용하기 위한 필요사항에 대해 규정한 것으로 이용자의 의향을 존중하여 작성하는 것이 바람직하다. 또, '이용 시의 주의사항'을 별도로 설정할 수 있는데, 이는 이용규칙에 규정되어 있지 않는 내용으로 주로 시설의 안전한 이용, 시설이용의 방법 등에 관한 것이다.

(5)지도자 배치

체육시설은 그 규모에 따라 운동지도가 가능하며, 시설ㆍ설비ㆍ용구 등을 전문적으로 관리할 수 있는 전문요원의 배치가 바람직하다. 지도자의 배치는 이용자들의 요구에 부응하여 운동지도 및 스포츠교실 등을 운영함으로써 시설기능을 극대화시킬 수 있다.

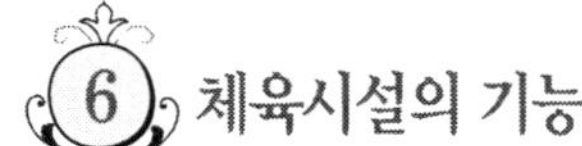 체육시설의 기능

(1)시설대여 서비스

시설대여 서비스는 운동에 필요한 장소와 용구를 양호한 상태로 정비하여 개인 또는 단체가 용이하게 이용하도록 하는 것이다. 시설대여는 경기대회와 일상적인 스포츠 활동의 시간대로 구분하여 이용자가 편리하게 하는 것이 중요하다. 그리고 일상적인 스포츠활동을 위한 시설은 모든 사람이 손쉽게 안전하며 저렴한 비용으로 이용할 수 있도록 하는 것이 바람직하다.

(2) 프로그램 서비스

프로그램 서비스는 체육시설 자체의 사업으로 스포츠교실, 경기대회 지도자를 위한 강습회·연수회 등을 개최하여 일반인의 스포츠 참여기회를 적극적으로 제시하거나 스포츠지도자의 양성 및 자질향상의 기회를 제공하는 것이다. 스포츠교실 등을 개설할 때에는 그 내용에 이끌려 많은 사람들이 이용할 수 있도록 하며, 이용하고자 하는 사람들의 연령·성·직업·취미 등 여러 가지 특징을 분석하여 다양한 프로그램을 제공하여야 한다.

(3) 클럽 서비스

운동은 혼자 하는 것보다 여러 명이 함께 하는 것이 흥미 있고 오랫동안 지속할 수 있다. 체육시설은 같은 종목 혹은 비슷한 기능 수준의 사람들이 모여 동호인 조직을 결성하도록 하는 매개체가 된다. 그리고 집단운동 종목뿐만 아니라 개인운동 종목도 일정한 구성원이 공통의 목표를 가지고 운동을 할 때 적극적으로 수행될 수 있다. 따라서 체육시설은 일반인의 자주적이고 자발적인 체육동호인 조직활동을 위한 근거지로서 운동장·클럽 룸·회의실·식당 등을 제공하여 정기적이며 지속적으로 체육활동에 참여케 하는 매개체로서의 기능을 한다.

(4) 지도 서비스

지도 서비스는 체육시설에 따라 스포츠지도자를 배치함으로써 이용자(개인, 단체, 스포츠클럽 포함)의 요구에 부응하여 스포츠활동을 지도하는 것이다. 만약 체육시설의 지도자를 고용·위촉할 수 없는 경우에는 민간체육 관련단체와 연계하여 지도자를 활용하는 방법도 가능하다.

(5) 상담 서비스

상담 서비스는 전문도서를 비치하거나 전문상담원을 배치함으로써 건강·체력 및 스포츠 등에 대한 일반인의 상담에 부응하며, 건강이나 체력상태를 진단하고 운동처방 등을 실시하는 것이다. 이 기능은 전문성 때문에 모든 체육시설에서 실시할 수 없으며, 종합체육관 등 일정 규모 이상의 시설에서 실시하는 것이 좋다.

(6) 안내 서비스

안내 서비스는 체육시설의 소재지, 이용신청방법, 사용요금, 지방공공단체나 민간체육

관련단체 등이 실시하는 스포츠교실 · 경기대회 등을 파악하고 스포츠에 관한 도서 · 필름 · 슬라이드 등의 정보를 제공하는 것이다. 이 기능은 전문성이나 정보의 일원화 등의 관점에서 스포츠 진흥의 핵심적 시설에서 실시하는 것이 좋다.

 사회체육시설의 확충

(1) 광역사회체육시설의 확충

현재 사회체육의 양상은 종래의 소극적인 활동에서 적극적인 활동으로 변하고 있다. 특히 해양 · 산악 자연 속에서 하는 레저스포츠형 관광 · 위락활동이 점차 큰 비중을 차지하고 있다. 이에 대응하기 위해서는 등산, 스키, 수렵, 내수면낚시 등의 내륙성 레저스포츠 활동공간과 해수욕장 등 해양성 레저스포츠 활동공간을 개발 정비하여야 한다. 또, 국립 및 도립공원 · 산악 · 해안 · 문화재 등을 연결하여 4계절을 도보로 탐승할 수 있는 장거리 자연 트레킹로나 레크리에이션도로를 개발하면 많은 도움이 될 것이다.

사회체육시설 확충계획에 앞서 다음과 같은 몇 가지 관점이 검토되어야 할 것이다.

첫째, 종합적인 시설이 되도록 계획하여야 한다. 앞으로 야외 스포츠 · 레저 수요의 다양화 · 대형화가 예상되므로 야외체육시설은 스포츠 · 레저센터와 같은 종합적인 시설계획이 요구된다. 그리고 여기에 다양한 프로그램을 준비하고, 단체 · 개인 및 가족 등의 이용이 가능하도록 한다.

둘째, 다목적이용시설이 되도록 한다. 이를 위하여 장소선정에 유의하고 다목적으로 이용 가능한 시설 및 설비를 도입하도록 한다. 예를 들어 실내에 설치된 식당은 때로는 영사실로 이용하기도 하며, 대집단의 집회실 · 강의실 등으로 이용 가능하도록 하는 것이다.

셋째, 일년 내내 이용이 가능한 시설이 되도록 한다. 우리나라의 야외활동시설은 대부분 여름철에 이용하거나, 스키나 스케이트장처럼 겨울철에만 이용하는 등 특정계절에 한하여 이용할 수 있도록 된 경우가 많다. 캠프장을 예로 들면 대개 7~8월에 이용할 수 있도록 되어 있으며, 부대시설 자체 및 캠프 프로그램도 여름철에 적합하도록 구성되어 있다. 그러나 우리나라의 기후를 고려해 보면 4월부터 5월까지는 서서히 싹이 트고 꽃이 피어나기 시작하는 시기로서 자연이 아름답고, 산나물을 채취할 수 있으며, 기온도 쾌적하다. 한편 9월 하순부터 11월 초까지는 단풍기간으로 자연의 아름다움을 만끽할 수 있으며, 기온도 신체단련에 적합하여 캠프생활에 가장 즐거움을 느낄 수 있다. 그러므로 관리 · 시설 · 운영면에서 연중 이용할 수 있게 하는 것이 좋은데, 이 경우 거주 또는 생활권을 잘 고려하여야 한다.

광역사회체육시설의 확충대상이 되는 각종 시설계획의 방향을 제시하면 다음과 같다.

① 자연공원

자연을 찾는 행태가 막연히 아름다운 풍경을 보는 것에서 자연 속에 뛰어들어 관찰하며, 쉬며, 느끼며, 즐기는 형태로 특수화·다양화되고 있다. 이와 같은 특수자연지역의 보존·활용과 국민수요에 부응하기 위해서는 자연공원의 질적·양적 확대는 물론, 그 종류의 다양화가 절실히 요청된다.

이를 위한 제도적 보완으로 자연공원의 범위에 현재 국립·도립·군립공원의 3종 외에 해중생물을 주제로 한 해중경관관측소, 해안풍경보호를 위한 해중공원 등을 첨가하고, 산림이 가진 간접 효용도도 높여야 한다. 또한 국민체력 향상, 학술연구 및 교양효과를 높이기 위한 보건휴양림, 사라져가는 습지와 철새를 보호하고 생태계보존과 자연학습을 위한 생크츄어리(야조의 성역), 야외학습원 제공으로 자연자원에 대한 공개념을 도입하여 자연보호계몽을 도모하기 위한 자연학습원 등을 자연공원의 범위에 첨가한다.

② 심신수련장

자연 속에서 단체 숙박훈련을 통하여 건전한 청·장년 육성과 건전한 인간성조성이라는 목적에 상응하도록 도시지역에서 비교적 가까운 자연환경지역에 자연 레크리에이션시설과 사회교육시설을 겸비한 시설을 각 생활권 내에 1개소 이상씩 개발·설치하여 지역주민의 이용도를 높인다.

③ 스 키 장

우리나라는 대관령을 비롯한 여러 곳에 스키장이 있으나, 기타 지역에는 이렇다 할 동계스포츠용 위락활동시설이 없어 동계에는 이들 지역으로 이용자가 집중되는 등 동시이용집중률이 과다하여 자연훼손의 우려도 있다. 그러므로 동계(스포츠)활동이 가능한 지역에 스키장 등을 개발하도록 한다. 한편 스키장의 최대 약점인 이용기간의 지속성 결여가 타개되도록 비성수기 이용대책도 마련한다(예 : 목장, 야영장, 골프장, 하이킹코스, 활터 등).

④ 골 프 장

연중형 야외 레저스포츠활동인 골프는 1993년의 86개소에서 2008년에는 311개소로 3.6배의 신장률을 보이고 있다. 위락형태의 소비단가가 높은 여가활동이 일반화·다양화됨에 따라 골프수요는 계속 증가하여 2008년에는 골프장 내장객이 약 2,398만 명을 넘어섰다(표 4-13).

앞으로 증가하는 수요에 부응하기 위하여 적정기준규모에 상응치 않더라도 일반인이

표 4-13. 연도별 전국 골프장 이용객 현황

구분	합계		회원제		대중	
	개소수	이용인원	개소수	이용인원	개소수	이용인원
1993	86	6,334,182	69	5,276,663	17	1,057,519
1994	88	7,060,534	72	5,965,151	16	1,095,383
1995	96	8,063,010	79	6,851,311	17	1,211,699
1996	104	8,772,650	82	7,387,806	22	1,384,844
1997	111	9,516,751	87	7,925,654	24	1,591,097
1998	120	8,175,799	92	6,827,235	29	1,348,564
1999	134	10,370,798	107	8,617,665	31	1,753,133
2000	150	12,005,610	107	9,642,953	43	2,362,657
2001	154	12,902,526	110	10,046,055	44	2,856,471
2002	161	14,117,369	113	10,745,795	48	3,371,574
2003	175	15,115,577	122	11,454,576	53	3,661,001
2004	194	16,179,740	136	12,205,437	58	3,974,303
2005	224	17,766,976	147	12,741,012	77	5,025,964
2006	250	19,653,359	157	13,507,219	93	6,146,140
2007	177	22,343,079	175	14,923,213	102	7,419,866
2008	311	23,982,666	183	15,654,098	128	8,328,568
2009	339	25,908,986	193	16,940,101	146	8,968,885

*자료 : 체육백서(2009)

연중 야외 스포츠로 즐길 수 있는 하천고수부지 등 이용가능한 지역에 소규모 골프장이 개발되어야 한다.

⑤ 수 렵 장

레저·스포츠의 형태가 다양해짐에 따라 그 수요가 증가될 것으로 예상되는 국내의 수렵인구와 방한(訪韓) 외국인의 다양한 활동욕구의 충족을 위하여 수렵에 적합한 지역에 수렵장개설을 추진한다. 그러나, 이들 지역에 야생동물의 적정서식밀도를 유지하기 위하여 포획물의 제한, 동시이용 한도제, 지구별 격년 또는 윤번 이용제 등을 실시하고, 포획물의 인공증식을 확대하는 한편 불법수렵에 대한 벌칙을 강화한다.

⑥ 야 영 장

야영장은 이용자 측면에서 보면 비교적 단기일의 이용에 그치는 것이 보통이나 1년 중으로 보면 전체적으로 상당한 이용기간이 된다. 더욱이 이 기간 중에는 놀기·먹기·잠자기라는 기본적인 생활행동이 레크리에이션으로 성립되어 있다. 그러므로 야영장은 우선 쾌적한 생활환경이 필수적이고, 특히 재해발생이 예측될만한 곳은 특별히 뛰어난 조건을 갖추었다 해도 야영지로 선정해서는 안된다.

⑦ 해수욕장

하계 레크리에이션 및 스포츠활동은 해수욕으로 대표된다. 특히 3면이 바다로 둘러싸인 우리나라에서 그 경향은 현저하다. 해수욕장은 풀·태양·모래사장을 바탕으로 한 자연입지형 레크리에이션 및 스포츠의 장이다. 이용면에서 한 계절형 시설이기 때문에 다른 레크리에이션 및 스포츠시설과 관련시켜 다계절 이용형 레크리에이션지구로 형성할 것을 고려하지 않으면 안된다.

그런데 대부분의 레크리에이션 및 스포츠활동이 7~8월에 이루어지며, 이 중 대부분 해수욕장에 집중되므로 시설화된 해수욕장에는 이용자의 과다집중과 이로 인한 오염, 자동차 이용에 따른 교통의 혼잡 등이 심하다. 또한 해수욕장은 한 계절형이어서 시설투자효과가 낮아 개발 시 민간투자의 유도가 어려운 실정이다. 그러므로 자연공원지역 또는 지정관광지 내에 있는 해수욕장을 우선적으로 개발하고, 기타 소규모 해수욕장은 당해 지역 자치단체의 주관하에 마을단위로 관리·운영토록 유도한다.

⑧ 자연보도

자연공원을 둘러싼 모든 상황은 최근 수년 사이에 가치체계에 커다란 변화를 맞고 있다. 현재까지는 단체적인 관광지순회가 대부분이었으나, 이제는 뜻을 같이 하는 몇몇 사람이 모여 풍요로운 자연 속을 산책하며 자연을 감상하고 배우는 도보여행을 갈망하고 있다. 이들의 욕구에 대응하여 각 방면에서 여러 가지 방안이 논의되고, 또 실제로 시설이 이루어지고 있으나, 이 시설은 탐승적인 이용방법이 주축으로 되어 있다. 자연지역 내에 보도를 설정할 때 가장 중요한 점은 이용대상인 자연이 훼손되지 않도록 배려하면서 어떻게 아름다운 경관을 조성할 것인가이다.

(2) 대도시 공공사회체육시설의 확충

도시의 인구집중, 오염과 재해 위험도의 증대, 여가시간의 증가 등에 따라 공원·녹지 등의 필요성이 크게 증대되고 있다. 뿐만 아니라 누구나 여가시간의 증가와 급격히 변모하는 생활환경에 바르게 적응하기 위해 적절한 여가를 가져야 한다. 정부나 지방자치단체는 도시공간을 재활용하는 대책, 즉 공원·고수부지·야산 등을 기능적으로 분석하여 그 특성에 맞는 사회체육의 장을 개발해야 한다.

① 도시공원

도시계획법시행령 제3조(도시계획시설의 세분) 제7항에 의거하여 도시공원은 어린이공원, 도시자연공원, 근린공원, 묘지공원 등 4가지로 분류된다. 도시공원이라 함은 도시의 물리적 환경요소 중 하나로서 자연경관이 아름답고 시민의 보건·휴양 및 정서생활의 향상에 기여하면서 도시의 건전한 발전과 공중의 안녕질서 및 공공복리 증진을 목적으로 도시민의 위락활동에 이용되는 장소이며, 도시계획법에 의하여 도시계획시설의 하나로 설치되는 공원 및 녹지를 말한다.

우리나라의 모든 도시의 공원녹지공간은 도시인구의 증가나 도시영역의 확장에 뒤따르지 못하고 있으며, 이미 지정된 공원도 대부분이 사유지로 되어 있어 재원이 부족한 관계로 미개발상태로 남아 있어 공원의 부족을 더욱 심각하게 하고 있다. 더구나 도심의 높은 지가는 기존 시가지에 새로운 공원녹지 확보를 거의 불가능하게 하고 있다. 또한 공원은 시민의 생활공간을 구성하는 일부로서 언제나 손쉽게 접하고 일상생활의 전개에 이용되어야 함에도 공원배치의 지역 간 편중, 곳곳에 설치된 울타리와 입장통제 등에 의해 시민의 이용률이 매우 저조한 실정이다.

도시공원 조성목표를 달성하려면 먼저 공원용지를 확보해야 한다. 공원의 확보를 위하여 기존 시가지 내 공공시설 이전적지의 공원화, 도시재개발에 따른 공원·녹지의 정비 촉진, 신시가지 개발 시 적정규모의 공원조성 등을 추진하여야 할 것이다. 학교 및 공공청사의 이전적지는 자치단체에서 구입하여 공원으로 조성해야 하며, 고수부지의 확보가 어렵다면 건폐율적용의 묘를 살려 건물의 일부에 건축주가 시민을 위한 소공원을 설치하도록 유도한다.

도시재개발에 따른 공원·녹지의 정비 및 촉진을 위하여 대가구 단위로 일정규모 이상의 공원조성을 의무화하고, 비건폐지는 전부 녹화하도록 한다. 이 사업을 부분적으로 시행할 경우에는 전체 계획을 작성하여 이에 의하여 공원용지를 확보한다. 도시하천의 고수부지는 홍수 시 재해를 최소로 하는 범위 내에서 곳곳에 체육공원, 수생식물공원을 조성하여 국민체력 증진을 위하여 활용하며, 장애물을 제거하여 하천에 쉽게 접근할 수 있도록 한다.

택지조성 및 신시가지 개발사업시행 시 도시공원법에서 정하는 적정규모의 공원을 조성하도록 하며, 도심지의 상업·업무용 건물 및 아파트단지 내 비건폐지는 녹화를 의무화하고, 민간의 자율적인 녹지조성을 위하여 도심지에서 상업·업무용 건축물 신축시에 건물주변이나 인근지에 공원을 조성하면 건축용지를 추가해주는 인센티브 방식도 있을 것이다. 또, 대규모 건물의 옥상에 간단한 체육시설 설치를 권장한다. 기타 도로 및 공공용지 등을 일정시간에 한하여 보행·사이클링 등의 운동에 이용하도록 하는 것도 바람직할 것이다.

도시주변을 둘러싸고 있는 대부분의 녹지가 개발제한구역으로 지정되어 있거나 군사시설보호구역으로 설정되어 개발이 유보되어 있는데, 이곳도 선별하여 공공체육시설 또는 휴식시설공간으로 이용할 수 있도록 한다.

　② 체육공원

체육공원은 야외의 어떤 공간에도 시설이 가능하다. 특히 공원의 유형에 따라 산책로나 오솔길 주변 등도 충분히 이용 가능하다. 다만 도시의 미관과 시민의 건강을 위하여 가급적 푸른 숲과 맑은 공기가 있는 곳이 더욱 적당하다.

녹지공간은 도시 근교의 산야나 도시림 등을 이용하며, 입지에 따라 등산로나 산책로 등에 설치할 수 있다. 주변공간의 이용은 하천제방이나 고수부지 등을 이용하며, 도심의 하천가꾸기운동과 병행하여 시민체육공원을 조성할 수도 있다. 도시공원·유원지 등을 조성할 때에는 각종 체육시설을 도입하여 체육공원으로서의 기능을 부여하여야 할 것이다.

(3) 시·도별 체육시설의 확충

지금까지의 체육시설은 주로 대규모경기가 열리는 대도시에 편중되어 왔는데, 이는 엘리트 스포츠를 강조해 왔기 때문이다. 그러나 이제는 국민 전체의 건강을 고려해야 할 때이므로 전 국민을 위한 시설을 갖추어야 한다. 문화·경제적으로 낙후된 중·소도시와 농어촌지역 주민들도 그동안 경제성장으로 인하여 스포츠활동에 대한 관심이 많아졌다. 따라서 지방 중·소도시와 농어촌주민을 위한 체육시설을 강화해야 한다.

여기에서 고려해야 할 점은 농어촌의 생활상 특성이다. 농촌에서 스포츠활동에 영향을 주는 요인은 우선 자유시간에 관한 문제이다. 농촌에서는 아직도 자유시간이 노동시간과 구별되지 않고, 노동시간이 길다는 것이 일반적인 특징이다. 도시에서는 자유시간과 노동시간이 명확히 규정되어 있고, 휴일 및 유급휴가를 가질 수 있다. 이에 대하여 농촌은 언제나 여유가 없다. 또, 농업소득이 낮아 경제적 안정성이 결여되어 있으며, 노동 자체가 순전히 육체노동으로 신체의 피로가 크다. 이러한 농촌의 상황이 스포츠활동을 제약하는 가장 큰 요인이다.

농촌의 체육시설은 학교체육시설을 제외하고는 전무한 실정이다. 다만 자연의 혜택으로 어린이놀이터가 부족하다는 것을 느끼지 못할 따름이다. 사실상 농촌의 산과 들이 어린이들의 조직적 집단활동에 충분하므로 학교시설에 의존하지 않고 있다. 농촌의 사회체육시설은 격렬한 운동을 위한 대규모 경기시설보다는 가벼운 운동을 위한 소규모 시설이 필요하며, 경제적으로 적은 비용을 요하는 시설이 효과적이다. 또한 상업성이 결여되어 민간체육시설의 유치는 기대하기 어려우므로 정부나 공공단체의 적극적인 투자가 필요하다. 그러므로 미약하나마 학교체육시설의 보다 적극적인 활용과 새마을회관 등 각종 공공시설에 탁구장·배구장 등 소규모 운동시설을 설치하도록 정책적·재정적인 지원이 필요하다.

한편 지역사회 체육시설을 확보하기 위해서는 해당 시설·설비에 소요될 재원과 부지 확보계획이 선행되어야 한다. 각 지방단체가 도시계획을 입안할 때에는 그 도시의 인구 규모와 도시발전유형 등을 감안하여 필요한 시설부지를 계획적으로 확보하여야 한다. 입지선정 시에는 먼저 지역주민이 일상생활을 통하여 체육활동에 친숙해질 수 있는 교통여건이나 주변 도시환경 등 이용자의 입장을 중시하여야 할 것이며, 도시유형에 적합한 효용성이 있는 체육시설부터 설비해 나가되, 우선 운동장·체육관·수영장 등 기본적인 체육시설부터 건설하는 것이 바람직하다.

시설종류별 규모는 대도시, 지역중심도시, 지방도시 등과 같이 도시의 규모에 맞게 결정한다. 예를 들면 인구 1백만 명 이상의 대도시에서는 국제경기가 가능한 종합운동장·실내체육관·실내수영장 등을 갖추게 하고, 인구 10만 명 이상의 도·군 단위에서는 2종 이상의 공인 육상경기장을 포함한 운동장, 핸드볼 경기가 가능한 규모의 실내체육관, 3급 정도의 공인수영장 등을 갖추도록 하여 도민체육대회가 가능한 정도의 체육시설 확보가 바람직하다. 또, 인구 10만 명 미만의 도시에는 3종 공인운동장과 1개의 체육관 정도를 확보하는 것을 우선 목표로 한다. 아울러 지역적인 전통이나 특색을 살려 필요한 체육시설을 함께 갖추어 나갈 필요가 있다.

특정지역에서 사회체육시설의 배치계획은 그 지역의 시설배치에 대한 전체계획과 개개 시설의 배치관계를 고려하여야 한다. 지방공공단체의 시설배치 전체계획을 작성할 때에는 지역주민의 스포츠 욕구, 운동종목별 스포츠 인구, 스포츠 단체 수, 사회체육시설의 배치상황, 아울러 해당 지방자치단체의 재정사정, 용지취득 가능성 등을 고려하여 어떠한 시설을, 어디에, 몇 개를, 언제 설치할 것인가에 대해서도 검토하여야 한다. 배치계획은 일상생활권시설과 광역생활권시설로 구분하여 각각에 대하여 종합적인 배치계획을 세우는 것이 바람직하다.

(4)직장체육시설의 확충

대부분의 기업은 체육시설을 가지고 있지 않다. 또, 대기업이라 해도 사원 모두의 운동 수요를 충족시킬 수 있는 운동시설은 갖추고 있지 않다. 직장체육진흥 역시 시설이 부족한 상태에서는 기대하기 어려운 일이다.

직장체육진흥을 위해 지역사회에 있는 체육시설을 활용하기 위한 기업의 적극적인 노력이 필요하다. 지방공공단체는 공공체육시설을 기업에 개방하고, 학교체육시설의 개방도 적극적으로 추진하여야 한다. 지역사회에서도 직장체육의 기여에 관심을 가지고 직장체육진흥을 위하여 여러 가지 조치를 강구하여야 한다. 기업에서도 이 시책에 발맞추어 스포츠활동의 장을 확보하기 위한 노력이 뒤따라야 할 것이다.

한편 민간시설을 이용할 때에는 직장인의 이용편의를 위해 경비지원과 같은 적극적인 노력을 기울여야 하고, 휴양지나 관광지에 있는 산장 · 여관 · 민박업자와 임대계약을 맺어 근로자들이 사용할 수 있도록 한다. 또한 테니스코트 등은 회원제를 준용하여 기업과 계약을 유도하며, 골프장도 개인이 단독으로 그 시설을 이용할 수 없는 경우에는 법인회원제를 이용해서 직장관계자들이 이용할 수 있도록 하는 등의 적극적인 대책이 필요하다. 적극적인 대책을 수행하기 위해서는 비용이 필요한데, 그 일부는 당연히 이용자에게 부담시킬 수 있다. 또, 시설이용뿐만 아니라 야외활동도 여행사와 계약하여 저렴한 비용으로 추진한다.

이와 같이 직장체육의 진흥은 직장관계자의 노력에 의존하지만, 현상태는 기업이 단독으로 체육진흥을 도모하기에는 제약이 많으며, 특히 중소영세기업은 불가능한 실정이다. 이제까지 제안된 정책방향은 주로 대기업에 대한 직장체육의 추진방안이었다. 중소영세기업의 경우에는 스포츠시설의 공동설치가 가장 바람직하다. 즉 단독으로 설치하기 어려울 경우에는 몇 개의 기업이 공동으로 이용할 수 있도록 하는 것이 바람직하다.

직장체육시설을 확보하기 위해 정부 차원에서는 지금까지 운동경기부 중심으로 전개되어 온 직장체육을 전 직원을 대상으로 하는 직장체육으로 유도하기 위하여 유명무실한 직장체육진흥관리위원회의 기능을 강화시킨다. 아울러 각종 세제혜택, 공과금경감, 시설부지확보 및 시설을 위한 재정지원 등을 통해 기업자본이나 민간자본의 체육시설에 대한 투자를 유도해나간다. 체육시설의 확충 못지 않게 기존 사회체육시설의 활용도 중요한데, 종래의 폐쇄적인 시설운영방식에서 벗어나 공공체육시설을 대규모 기업체나 직장인들에게 우선적으로 개방할 수 있는 대책을 마련한다.

⑸ 민간체육시설의 확충

민간체육시설은 영리목적이 아닌 시설과 상업시설로 구분할 수 있다. 상업적인 민간체육시설은 크게 단일종목시설과 종합종목시설로 나눌 수 있다.

단일종목시설은 단지 1종목의 시설로 배팅장, 탁구장, 테니스코트, 수영장, 롤러스케이트장, 스케이트장, 복싱장, 보디빌딩장, 볼링장, 골프장 등을 들 수 있다. 탁구장, 배팅장 등 비교적 저렴한 비용으로 이용이 가능한 시설과 볼링장, 수영장 등 약간의 비용이 드는 시설, 기타 골프장과 같이 비용이 상당히 요구되어 일반대중이 손쉽게 이용하기 어려운 시설들이 있다.

배팅장, 탁구장, 롤러스케이트장 등 그다지 공간이 요구되지 않고 소자본으로 시설이 가능한 것은 비록 설치된다고 해도 영속성이라는 점에서는 문제가 있다. 이윤을 목적으로 하는 민간체육시설은 항상 불안정한 것이 가장 큰 난점이라 할 수 있다.

이상과 같이 단일종목시설은 불안정하고, 또 계절의 영향을 받기 쉬우므로 보다 많은 체육인구를 수용하고, 체육활동의 다양화·대형화 요구를 충족시키면서 1년 중 안정된 경영이 가능한 대형종합시설이 대도시 근교에 설치되게 되었다. 이러한 시설은 단일종목시설뿐만 아니라 광역생활권에서 이용할 수 있는 시설로 설치하도록 하는 것이 바람직하다. 즉 넓은 부지를 선정하여 체육시설 외에 여러 가지 레저시설, 학습시설 등 대규모 레저센터를 형성하는 것이다.

민간체육시설 문제를 해결하기 위해서는 시설의 집약적인 이용을 유도해 나가도록 한다. 예를 들면 한강 야외수영장의 경우 여름에는 수영장으로, 겨울에는 스케이트장으로 하여 시설을 연중 활용하도록 한다. 요즈음에는 대형 워터파크(파도풀, 대형 슬라이드) 등 다양한 형태의 민간체육시설이 확충되고 있다. 도시의 중심부에서는 대형체육회관을 설치하되, 토지이용률을 높이기 위해 한 건물에 볼링장, 스케이트장 등 다양한 시설을 병설하여 일상생활권시설로서의 역할을 하도록 한다.

이윤추구를 목적으로 하는 민간상업체육시설은 이윤이 확실한 종목에만 투자되고 있어 오늘날 몇몇 단일종목시설에 편중되어 있다. 그러므로 언제라도 이윤이 없다고 생각될 때는 폐쇄될 운명에 있게 된다. 특히 대도시에 있는 시설들은 보다 수익성이 높은 업종으로 바뀌어지므로 국가나 운영자 공동의 노력이 없으면 시설확충이 곤란하다고 볼 수 있다.

국가는 체육시설확충을 위한 각종 법규를 검토하여 체육시설의 설치가 용이하도록 하며, 체육부문에 대한 투자를 확대하여야 한다. 체육시설 투자에 소극적인 태도를 보여왔던 민간기업의 투자를 유도하기 위하여 세제상의 특혜(수영장의 경우 전기료와 수도료 감면 등)를 주고 설치기준을 완화(기존의 허가제에서 신고제 또는 자유업으로 변경)해 준다. 운영자측에서는 적절한 사용료를 징수하되 징수서비스의 개선, 시설의 개선·갱신, 새로운 아이디어의 창출 등으로 일반 사용자를 흡수할 수 있도록 적극적인 노력을 기울여야 한다.

우리나라에서는 상업체육시설이 공공체육시설의 부족을 보충해주는 가장 큰 역할을 담당하고 있으므로 우선 상업체육시설의 역할 및 한계를 명확히 평가하여 공공·민간·상업 스포츠시설의 역할을 사회체육이라는 전체 구조 속에서 검토해 볼 필요가 있다.

(6) 학교체육시설의 개방

우리나라에서는 대부분의 체육시설이 학교체육시설이다. 이 학교체육시설(체육관, 운동장, 수영장 등)을 일요일이나 야간 등 학교의 교육활동에 지장이 없는 범위 내에서 인근주민의 체육활동에 사용하도록 하면 사회체육진흥에 크게 도움이 될 것이다. 이와 같은 조치가 국민의 참된 바램이기도 하다.

정부는 주민의 체육활동이 손쉽게 이루어질 수 있도록 하기 위하여 '학교운동장의 개방 및 이용에 관한 규칙'을 1983년 2월 17일 체육부령 제1호로 공포하였다. 이른 아침, 방과 후, 공휴일 및 방학기간에 학교교육에 지장이 없는 범위 안에서 원칙적으로 개방하도록 규정하고, 관리자는 개방시간·이용방법 등 필요한 사항을 주민이 쉽게 볼 수 있는 곳에 게시·안내하도록 하였다. 그러나 개방이 운동장에 한정되어 있고, 그나마도 학교측에서는 시설물의 훼손·도난이라는 명목하에 개방을 꺼려하고 있는 실정이다. 그러므로 정부·학교측에서는 사용자의 계속적인 협조를 유도하는 노력이 필요하다.

학교체육시설의 개방을 추진하기 위해서는 먼저 사업의 추진주체를 결정하여야 한다. 우리나라에서는 학교장의 책임하에 이를 추진하도록 되어 있다. 그러나 학교장은 시설의 파괴·도난 등 관리와 이에 소요되는 경비 등의 문제로 개방을 기피하고 있는 실정이다. 그러므로 사업시행 주체를 교육위원회로 지정하여 학교장이 소신껏 개방에 참여하도록 유도한다. 또, 현재 개방대상시설은 운동장에 한정되어 있으나, 체육관·수영장 등 모든 체육시설의 개방을 원칙으로 한다.

교육위원회는 학교시설의 개방사업에 필요한 사항을 정하고 학교체육시설을 개방하는 장소 및 시간을 명시하는데, 이 경우에 학교체육시설 개방에 따르는 관리책임은 교육위원회에 있음을 명시한다. 개방 시에는 시설의 관리책임자를 지정하며, 이용자의 안전확보와 체육지도를 위한 관리·지도원을 배치한다. 그리고, 시설 및 설비의 파손 등에 대한 배상책임, 사고발생 시의 조치방법 등을 정한다. 한편 개방에 따른 시설의 보수비·운영비에 대한 예산상의 조치를 강구하도록 해야 하는데, 이 경우 이용자 측으로부터 적정한 사용료를 징수하는 것도 고려할 수 있다.

⑺ 체육시설 관리 · 운영의 효율화

사회체육시설의 관리 · 운영은 당해 시설이 그 기능을 충분히 발휘하고, 설치목적을 달성하기 위해 시설을 유지 · 관리(보존 · 개선)하며, 그것을 토대로 적극적으로 각종 사업을 실시하기도 하며, 이용자의 입장에서 적절하게 사용할 수 있도록 원활한 운영을 해나가는 것이다. 사회체육시설의 유지 · 관리에는 토지 · 시설 · 설비 · 비품 · 소모품 등의 물리적 유지 · 관리, 일반사무 담당직원 · 체육지도 담당직원 · 각종 기술 담당직원 등의 인사관리, 화재사고의 방지, 시설 · 설비 · 용구 등의 안전점검, 시설이용자의 사고방지 등과 같은 안전관리를 포함한다.

물리적 유지 · 관리에서 특히 주의하여야 할 사항은 시설부지의 경계가 명확하며, 울타리를 통해 시설 외부에서 내부로 침입하지 못하도록 되어 있는가, 시설 · 설비 · 용구 등은 정해진 절차에 따라 바르게 사용되며, 사용 후 정리정돈이 잘 되고 있는가, 시설에서 발생하는 조명 등이 인근주민에게 해를 주지 않는가 등이다.

인사관리는 소속 직원 상호간의 인격을 존중하는 의미에서 각 직원의 능력과 적성에 맞도록 적재적소에 배치하는 것이 중요하다. 특히, 각종 체육시설의 관리자는 체육전문가로서 행정능력을 갖춘 자라야 하며, 기타 기술직도 위치에 맞는 기능을 갖춘 자라야 한다.

사회체육시설의 안전관리는 화재예방, 시설 이용 중의 사고 및 직원들의 근무 중 사고방지로 나누어 고려되어야 한다. 화재예방에 대해서는 소방법의 규정에 따라 시설의 규모 · 종류에 준하여 소방설비 · 정보장치 · 피난설비 · 소방용수 등을 설치하고, 화재시에 이 설비들이 완전한 기능을 발휘할 수 있도록 관리한다.

한편 다수의 인원을 수용할 수 있는 체육관 등 옥내시설에 대해서는 수용인원의 적정화, 화재발생시에 대비해 직원들에 의한 이용자의 대피 · 유도훈련 실시 등 화재예방과 화재발생시 이용자의 사고방지에 대비하도록 한다. 시설이용자의 이용 중 사고방지 및 직원의 사고방지는 시설 · 설비 · 용구 등의 정기 및 일상 안전점검을 철저히 실시하고, 시설 등의 설치하자에 의한 사고를 미연에 방지하는 것이 필요하다.

사회체육시설의 운영은 시설의 적절한 유지 · 관리를 기초로 하여 시설의 설치목적을 달성하고, 이용자의 편의를 존중하면서 그 기능을 최대로 발휘할 수 있도록 한다. 이를 위하여 시설의 운영방침을 명확히 하고, 운영조직을 정리하며, 예산의 한도 내에서 적극적으로 사업을 발전시키는 등 지역주민을 위한 체육진흥의 입장에서 고려해야 한다. 또한, 이용자의 체육활동욕구에 대처하여 적절한 이용규칙 및 사용료 징수방법 등을 정한다.

외부로부터 시설관리에 필요한 자문을 얻기 위해서 체육전문가와 지역주민들로 구성된 자문위원회를 구성하도록 한다. 한편 행정기관의 체육시설관리체제를 일원화하여 혼란을 피하게 하는 것이 중요한데, 그 담당자는 체육에 종사한 경험이 있는 자로 한다.

⑻ 국산 체육용기구의 개발 및 생산 장려

체육용품은 경기장·체육관 등 각종 체육시설과 더불어 체육활동의 기초적·물리적 조건으로 개념지을 수 있다. 따라서, 체육활동 참가자들이 각종 체육시설에서 효과적이고 합리적으로 운동을 할 수 있도록 생산업체의 체육용기구 개발·생산을 행정 및 재정적인 차원에서 강력히 지원해나가야 할 것이다. 국내 체육용구 생산업체는 거의 모두 소규모 민간기업체로서, 그동안 정부로부터 원료확보·운영자금·조세, 그리고 시장개척 등에서 아무런 도움을 받지 못했다. 따라서 가내공업 수준의 영세성을 면하지 못하고 있는 실정이다.

한편 정부의 재정 및 경제정책에 따라 수입자유화의 물결을 타고 선진국의 대형 생산업체들이 세계적인 유명상표를 앞세워 국민체육활동의 증대 등으로 인한 국내시장의 계속적인 확대추세에 따라 국내시장에 진입하여 갖가지 방법으로 판촉활동을 활발하게 전개하고 있다.

이에 편승하여 국내의 대기업에서도 체육용기구 산업에 진출하고 있으나, 전문체육용기구보다는 스포츠웨어, 신발류, 등산·낚시용 등 레저·스포츠 용품의 생산에 치중되어 있다. 반면 전문체육용기구는 대부분 중소기업체에서 생산되고 있어 막대한 연구개발설비와 광고선전비 투입을 서슴치 않는 선진국의 생산업체와 맞서 경쟁하기 위해서는 국가적인 차원에서 적극적인 생산장려시책과 국내시장 수요확보를 위한 대책이 요구된다.

따라서 정부는 국내개발의 경제성이 있고, 체육활동에 필수적인 용구를 선정하여 집중·개발하게 하는 한편, 생산업체의 전문화 유도, 공동구매체제의 확립, 해외정보 수집체제의 강화, 자체 브랜드의 확립, 수출시장의 다변화 등의 대책을 계획적이고 미래지향적인 차원에서 강구하여야 할 것이다.

지도자

사회체육 지도자를 한마디로 표현하면 '보다 많은 사람들이 사회체육활동에 참여할 수 있도록 노력하는 사람'이라고 할 수 있다.

　사회체육 지도자는 여러 형태가 있다. 즉 사회체육분야의 법적인 업무, 시설관리, 프로그램기획, 예산·인사관리 등을 관장하는 소위 행정분야 지도자들도 있고, 실제로 참가자들과 대면적인 관계에서 활동을 지도하게 되는 활동 지도자들도 있다. 그 외에 사회체육발전을 위한 조사연구나 학문발전을 위해 노력하는 학자와 연구원들도 포함된다. 사회체육이나 레크리에이션에서 단순히 기술만을 지도하는 시대는 이미 지났다. 따라서 이 시대에는 사회적·문화적 배경을 토대로 하여 근로자의 건강과 인간관계 및 생산성향상 등을 고려한 사회체육 지도자를 요구한다. 즉 풍부한 교양과 높은 품격, 그리고 전문적 지식과 지도능력이 있는 유능한 사회체육 지도자가 요청되고 있는 것이다.

　이러한 사회적 욕구를 충족시킬 수 있는 사회체육 지도자양성은 중요한 과제이다. 현재 사회체육 지도자양성은 체육관계 사회단체에서 산발적으로 다루어지고 있으나, 자격문제나 행정적인 대책은 뒤따르지 못하고 있다.

　사회체육활동의 지도에 전문성을 강조하지 않은 이유는 사회체육이 특수한 기술향상이나 우수선수의 배출 혹은 팀스포츠를 위한 경쟁에 있는 것이 아니고, 여가를 통한 국민들의 자발적인 참여로 개인의 건강과 체력, 여유 있는 삶, 기타 국가적인 이익 등을 얻는 데 있기 때문이다. 따라서 사회체육활동(activities)의 지도는 특수한 경우를 제외하고는 기술전달이나 코치의 역할이 아니라, 참가자들이 자발적으로 활동에 참여하도록 분위기를 조성하며 감독하는 일에 국한되기도 한다.

1 사회체육 지도자의 필요성

　불과 몇 해 전까지만 하여도 스포츠는 소질이 있고 체력이 강하며 부유한 사람들의 전유물처럼 여겼다. 그러나 경제성장으로 인한 국민소득의 증가와 함께 문화생활수준이 향상됨에 따라 최근 사회체육인구는 폭발적으로 늘어났다.

　이로 인하여 각종 스포츠활동 참가자들의 체육내용과 수준에 대한 기대가 크게 상승되어 있다. 이러한 참가자들의 요구에 부응하면서, 나아가 시설활용의 극대화 및 프로그램운영의 효율성을 도모할 수 있는 지도자의 양성 및 확보는 사회체육진흥과 발전을 위해 선결되어야 할 과제이다.

　사회체육 지도자가 필요한 이유는 다음과 같다.

－ 경제성장, 여가시간증가, 운동부족에 따른 건강생활욕구, 올림픽 및 월드컵대회 개최 이후 체육의 생활화기반조성 등으로 체육인구가 급격히 증가하였다.

- 생활수준의 향상에 따라 스포츠에 대한 이해가 높아지고, 또 체육활동의 내용과 방법이 다양화·전문화되었다.
- 지도자는 사회체육시설의 활용가치뿐만 아니라 안전성도 보장한다.
- 전문지도자는 체육 프로그램을 효율적으로 운영한다.
- 체육활동에 참가하는 모든 사람의 운동효과를 극대화시키고, 생활의 합리성을 높일 수 있으며, 때로는 운동처방사 역할도 필요하다.

한편 사회체육은 성·연령·신체조건·직업 등에서 학교체육처럼 동일하거나 비슷한 대상을 위주로 지도하는 것이 아니라, 다양한 대상을 지도해야 하므로 그 지도가 결코 단순하지 않은 영역이다. 따라서 사회체육 지도자는 상당한 수준의 전문성을 갖추어야 하며, 지도자양성도 사회체육운동의 확산과 실천을 위한 전문적 자질의 배양에 역점을 두고 이루어져야 한다. 오늘날 대학에 사회체육 지도자양성을 목적으로 사회체육과가 설립된 것은 그 중요성을 정확히 예견한 것으로 평가된다.

 사회체육 지도자의 성격과 자질

(1) 사회체육 지도자의 성격과 조건

사회체육 지도자는 체육문화를 선도하고 보급하는 주체로서 체육에 대한 국민의 인식을 긍정적인 방향으로 유도하여 국민들이 사회체육활동에 참여할 수 있도록 하는 사람이다. 다시 말하면 '보다 많은 사람들이 사회체육활동에 참여할 수 있도록 노력하는 사람'이라고 할 수 있다. 사회체육에 대한 수요증가에 따라 참가자도 증가함으로써 사회체육 지도자의 수요도 증가하고 있다.

사회체육활동 수준의 다양화·전문화에 발맞추어 사회체육 지도자는 운동기능만 전수하는 단순한 역할이 아니라 사회체육 관련 전문적 기능 및 지식의 전달, 체계적 활동전개, 사회봉사활동 등을 담당할 수 있어야 한다. 스포츠에 참가하는 동기는 운동경험, 건강상태, 연령, 가정환경, 직업, 경제적 사정 등에 따라 다양하다. 그러므로 지도방법은 참가자 각자의 조건에 맞도록 구체적인 형태와 방법을 생각해야 할 것이다.

사회체육 지도자에게 요구되는 조건은 리더십기능이나 집단과의 관련에서 실질적 의미를 내포하고 있다고 할 수 있는데, 이상적인 조건은 사회적으로 신망이 있고 스포츠에 관한 깊은 관심과 이해를 가지고 그 직무를 수행하는 열의와 능력이다.

⑵ 사회체육 지도자의 자질

사회체육활동은 일상생활에서 건강과 운동문제를 해결하고 복지를 향상시키는데, 이러한 활동목적은 자발적인 운동참여의 촉진에 의한 개인적 복지와 사회적 복지의 통합적인 발전으로 표현된다. 사회체육이 사회체육 지도자에 의하여 그 효율성이 증대된다고 볼 때 사회체육 지도자의 자질은 곧 국가가 추구하고 있는 복지사회구현과 직결된다고 할 수 있다.

이러한 측면에서 사회체육활동을 어떻게 구체화할 것인가는 사회체육 활동주체인 사회체육 지도자의 자질향상에 달려 있다. 즉 사회체육활동을 효과적으로 수행할 수 있는 지도자적인 자질은 궁극적으로 사회체육의 목적 및 목표를 효과적으로 달성하는 필수요소이다.

사회체육 지도자는 다음과 같은 자질을 갖추어야 한다.

- 각자가 어떠한 목적과 동기로 활동에 참가하였는가를 파악할 수 있는 능력과 그 수단을 갖는다.
- 지도방법 · 목적과 장래를 전망할 수 있는 능력을 갖는다.
- 이론적 · 과학적으로 지도하는 지도력과 그것을 쉽게 전하는 표현력을 갖는다.
- 주변상황을 정확히 판단하여 객관적으로 대응할 수 있는 능력을 갖는다.
- 참여자 각각을 중요하게 여기며 공평하게 대응해주는 포용력을 갖는다.
- 모두가 활동의 주인공으로서 자발적으로 활동할 수 있도록 하는 지도력을 갖는다.
- 철저한 준비와 열성적으로 지도할 수 있는 자세를 갖는다.

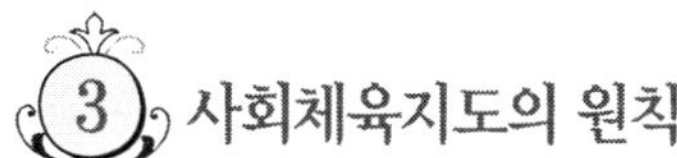

③ 사회체육지도의 원칙

사회체육은 모든 사람을 대상으로 하므로 개인별로 어떠한 동기나 입장에서든 스스로 하고 싶은 사람이라면 누구나 참가할 수 있도록 유도하고 지도해야 한다. 이를 위한 사회체육지도의 원칙은 다음과 같다.

⑴ 자발성의 원칙

사회체육활동은 타인으로부터 강요됨 없이 자신의 즐거움에서부터 시작된다. 사회체육에 참가하는 사람들은 자유롭게 선택하고 무엇에든 구속되어서는 안된다. 사회체육지도자는 의도적으로 행하도록 하기 위하여 강요하거나 의무화해서는 안되며, 사회적인 압력을 가해서도 안된다.

⑵ 생활 속에서의 원칙

사회체육활동은 개인의 고유한 생활욕구에서 생겨나기 때문에 그 개인의 생활과 융합되어 있어야 한다.

⑶ 지역성의 원칙

지역실태에 맞는 사회체육활동이어야 한다. 지역의 고려 없는 획일적인 활동이 되어서는 안된다.

⑷ 종합적인 원칙

개인의 생활에서 본다면 사회체육활동은 일상생활과 분리된 것이 아니다. 개인의 생활은 여러 가지 측면을 가지고 있으며, 그것들이 유기적으로 연관된 생활을 이룬다. 따라서 사회체육활동을 진흥시키기 위해서는 다른 영역과의 관련도 배제해서는 안된다. 관련 영역은 의학, 레크리에이션, 사회교육, 사회복지 등이다.

⑸ 개인적 흥미의 원칙

사회체육활동은 개인의 흥미에 기초를 두고 있다. 현대인들은 자신의 흥미를 스스로 추구해 나갈 때 즐거움을 느끼게 된다. 사회체육의 지도는 어떻게 그 개인의 흥미를 유발시키느냐 하는 것인데, 반드시 그 개인이 자신의 흥미를 자각하고 있다고는 할 수 없다. 이 경우에는 자신의 흥미를 자각할 수 있도록 도와주고, 그 흥미를 발전시켜 즐거움을 느낄 수 있는 환경을 조성해 주는 것이 중요하다.

4 사회체육 지도자의 활동영역

사회체육 지도자는 사회체육의 내용과 방법에 관한 기술이나 기능의 전달은 물론, 사회체육발전을 위하여 관련된 여러 분야에서 주도적이며 발전적인 연구와 노력을 경주하는 사람이라고 할 수 있다.

사회체육 지도자의 활동영역은 다음과 같이 구분할 수 있지만, 현재 실시되고 있는 1·2·3급 생활체육 지도자양성의 연수내용과 연수시간을 통해서 배출되는 수준으로는 고도의 전문지식을 요구하는 행정지도자, 연구원, 언론인 등의 영역에 종사하면서 그 역할을 수행하는 데 많은 어려움이 따른다. 결국 사회체육 경영관리지도자, 영역별 실기

지도자, 대상에 따른 지도자, 건강과학관리 지도자 등과 스포츠산업 종사자들의 활동영역이 현재 대학에서 양성되고 있는 지도자들이 활동할 수 있는 주무대라고 할 수 있다.

(1) 사회체육행정 지도자

사회체육행정 지도자는 정부와 정부산하 조직 및 단체에서 사회체육정책을 입안·수립·추진해 나가는 지도자이다. 여기에 해당하는 조직은 문화체육관광부, 시·도의 생활체육과와 각급 지방자치단체(시·군·읍·면)의 사회체육담당부서 등이다.

사회체육발전을 위한 행정지도자의 중요성은 독일의 황금계획(Golden Plan)의 성공에서 알 수 있듯이 사회체육과 관련된 막대하고 중대한 사업들을 강력하게 추진하고 지원하는 데 있다. 현재 우리나라는 사회체육과 관련된 대부분의 행정지도자들이 사회체육을 전공하지 않은 비전공자로 구성됨으로써 사회체육 진흥 및 발전을 위한 신념과 적극성이 결여되어 있다는 것이 문제점으로 대두되고 있다.

사회체육을 발전시키기 위해서는 먼저 사회체육 지도자를 양성하고 있는 대학교육을 혁신하기 위해 연구와 노력을 경주하여 내실을 기해야 한다. 동시에 일반국민과 정부는 체육을 누구나 다룰 수 있는 인간의 신체활동으로서만 취급할 것이 아니라, 인간교육과 건강 및 복지를 포함하고 있는 전문영역으로 이해를 넓혀 체육행정조직이나 단체의 전문화를 위해 노력해야 할 것이다.

(2) 사회체육 경영관리 지도자

사회체육 경영관리 지도자는 공공사회체육시설(시·도의 국민생활관, 각 구청단위로 건설되고 있는 구민생활관, 시민체육공원 등), 비영리사회체육시설(한국사회체육센터, YMCA, YWCA 등), 상업체육시설(기업이나 개인이 영리를 목적으로 설치한 각종 체육관련 시설), 직장체육시설(기업이나 직장에서 근로자의 후생복지 및 건강을 목적으로 설치하고 있는 시설) 등에서 법적인 업무, 시설관리, 프로그램기획, 예산 등을 담당한다.

우리나라의 부족한 사회체육시설을 감안해 볼 때 시설의 효율성을 극대화시키기 위해서는 유능한 경영관리지도자의 양성은 필수적이라 할 수 있다. 따라서 대학의 체육교육학과 및 체육학과에서 체육교사 양성을 주목적으로 하고 있는 것과 같이, 사회체육 관련 학과에서는 다양한 사회체육시설에서 활약할 경영관리 지도자 양성을 위한 전문적인 교육이 이루어져야 할 것이다.

(3) 사회체육 실기지도자

실기지도자는 정부산하 조직 및 단체, 공공사회체육시설, 상업체육시설, 직장체육시설 등에서 실제 사회체육활동에 참가하는 사람들에게 직접 해당 종목의 기술을 지도하고 관리한다.

스포츠활동에 참여하는 사람들의 동기와 목적이 다양하기 때문에 기대에 부응하도록 지도하려면, 실기지도자는 단지 기술지도에 멈추지 말고 한사람 한사람의 스포츠욕구에 부응할 수 있는 폭넓은 지식을 갖는 것이 중요하며, 또 거기에 맞는 지도력이 필요하다.

(4) 대상에 따른 전문지도자

사회체육은 전국민을 대상으로 이루어지는 체육활동으로서 개인의 삶의 질 향상과 복지사회구현을 목적으로 이루어지는 체육활동이다. 따라서 사회체육 지도자 양성영역을 확대하여 관리·경영의 합리화를 위해서는 유아체육 지도자, 아동체육 지도자, 청소년체육 지도자, 성인체육 지도자, 여성체육 지도자, 노인체육 지도자, 특수(장애인)체육 지도자, 여가활동 지도자 등과 같이 대상별 특성에 맞는 지도자양성이 필요하다. 이러한 영역은 더욱 전문화하고 그 활동영역을 확대할 필요가 있다.

(5) 건강과학관리 지도자

사회체육의 활성화와 스포츠활동의 확산으로 여가를 위한 스포츠 참여율이 높아지고 있다. 그러나 운동참여에서 주의해야 할 점도 있으며, 무조건 운동을 한다고 해서 건강해지고 모든 사람에게 좋은 것만은 아니다. 과학과 문명의 발달로 현대인의 건강을 저해하고 질병을 유발시키는 요인으로는 운동부족, 불규칙한 식생활, 스트레스, 환경오염 등이 있다. 이러한 요인들은 성인병과 순환기계통, 관절의 퇴행성질환을 일으킨다.

운동은 단지 체력단련에 국한된 것만이 아니라 질병을 예방하거나 치료하는 목적도 가지고 있으므로 건강과학관리 지도자(임상운동사, 운동처방사, 카이로프락터, 스포츠마사지사, 체력관리사)의 활동영역은 개인의 성별·연령·환경·건강상태 및 체력특성에 맞는 운동처방 및 처치 프로그램을 실시하여 질병을 예방하고 건강을 유지·증진시키는 것이다.

최근 일반인들의 건강 및 체력단련, 신체미용 등에 대한 관심이 고조되면서 종합병원의 스포츠의학센터, 중소병원의 스포츠(비만)클리닉, 스포츠센터, 헬스클럽 등에서 건강과학관리 지도자들이 많이 활동하고 있다.

⑹ 여가 · 스포츠산업 종사자

현대사회는 스포츠활동이 생활화됨으로써 인간생활의 새로운 패러다임 형성과 삶의 질 향상으로 스포츠산업에서 보다 전문적인 인력을 요구하게 되었으며, 이러한 사회적 현상과 요구에 따라 스포츠산업 종사자의 활동영역은 다양하게 확대되고 있다.

스포츠산업 영역은 스포츠관련 정보분석, 스포츠마케팅, 이벤트, 에이전트, 스포츠용품의 개발 및 유통업, 각종 스포츠 시설업, 교육업, 클럽업, 대여업, 관광여행업, 그리고 관련서비스업 및 저널리즘 등을 총망라하는 것이다. 이는 이미 그 상품성이 충분히 인정되고 있을 뿐만 아니라 미래의 유망산업으로 각광받고 있는 영역이다.

21세기의 후기산업사회에서는 스포츠 관련 분야가 중요한 산업으로 부상되어 있고, 삶의 질 향상에 지대한 영향을 미치는 훌륭한 도구가 되고 있으므로 여가 · 스포츠산업 영역은 더욱 다양하게 확대되고, 그 중요성은 날로 더해지고 있다.

⑺ 기   타

학교와 각종 연구소에서 사회체육의 이론적 · 학문적 발전을 위한 연구활동에 종사하거나, 언론매체를 통한 사회체육의 보급과 발전을 위하여 활동하는 사회체육 지도자들이 있다. 특히 이들의 활동영역은 많은 대중을 상대로 정확하고 신속하며 유익한 정보를 전달하는 매스컴의 속성상 사회체육의 발전에 영향을 가장 크게 미친다.

이 분야 종사자도 역시 전문성이 갖추어지지 않은 실정이므로 사회체육과 관련된 전문적인 지도자의 양성 및 유치가 시급하다. 한편 사회체육의 학문분야도 인간을 대상으로 하기 때문에 점차 세분화되어 발전하기 위해서는 유능한 인재를 양성하고 우수한 인력을 확보하기 위한 노력이 필요하다.

⑤ 사회체육 지도자의 확보 및 효율적 활용

사회체육진흥을 위해서는 훌륭한 자질을 가진 사회체육 지도자의 확보가 필수적이다. 사회체육 지도자는 체육활동을 통하여 적극적으로 개인의 건전한 여가선용과 체육에 대한 인식을 개선시키고, 체육활동에 필요한 지식 · 기술을 가르칠 수 있는 신체적 · 정신적으로 건전하고 사명감을 가진 사람을 말한다. 지도자는 인간의 이해, 철학적 바탕, 사회체육에 대한 전문적 지식과 리더로서 가져야 할 자질과 소양을 지녀야 한다.

현재 우리나라에서는 체육활동인구의 증가에 부응하기 위해서 시설의 활용가치를 극대화시키고 프로그램 운영의 효율성을 높일 수 있는 유능한 지도자의 배치가 필연적으로 요구되고 있다. 특히 사회체육 지도자가 체육활동 참가자의 운동효과를 극대화시키고 운동의 합리성을 고양시킬 수 있다는 점에서 지도자의 확보와 배치는 무엇보다도 선결되어야 할 과제이다.

사회체육 지도자의 실태를 보면 사회체육 전담지도자의 절대적 부족, 사회체육 지도자 양성체제의 미흡, 사회체육 지도자의 전문성 결여, 사회체육 지도자의 근무조건부실 등과 같은 문제점을 안고 있다. 따라서 낙후된 사회체육여건의 개선을 위해서 사회체육진흥의 중요한 결정요인인 지도자의 확보 및 효율적 활용에 대한 요구는 계속 증가될 전망이다.

한편 사회체육 지도자의 전문적 기술향상에 대한 요구는 지도자 양성교육 자체에 대한 질적 향상을 요구하며, 지도자의 전문성을 유지·향상시키기 위한 현직교육의 중요성도 더욱 부각될 것이다. 또한 고도산업사회로의 이행과정에서 더욱 악화될 것으로 전망되는 사회체육 지도자 존중풍토 및 처우개선책도 강구되어야 할 것이다.

1987년부터 2009년까지 양성된 급수별 사회체육지도자 현황은 표 4-14와 같다. 특이한 것은 IMF 경제위기(1997년)로 경제가 침체일로에 있던 시기에도 사회체육 지도자는 대폭 증가되었다는 점이다.

표 4-14. 연도별 생활체육지도자 양성현황 (단위 : 명)

구분	1987	1988	1989	1990	1991	1992	1993	1994	1995	1996	1997	1998
1급									17	21	23	52
2급			435			244	108	217	193	137	158	401
3급	783		2,629	2,825	4,408	1,164	3,153	3,131	3,262	3,777	4,105	5,716
계	873		3,063	2,825	4,408	1,390	3,261	3,348	3,427	3,935	4,286	6,169

구분	1999	2000	2001	2002	2003	2004	2005	2006	2007	2008	2009	계
1급	48	36	40	48	47	50	65	61	73	57	61	699
2급	370	404	481	163	440	218	588	715	409	376	357	7,323
3급	6,585	7,007	6,019	6,693	7,216	6,475	9,121	9,034	13,627	10,687	8,982	126,953
계	7,003	7,447	6,540	6,904	7,747	6,743	9,774	9,810	14,111	11,120	9,400	134,975

*자료 : 체육과학연구원 생활체육지도자연수원(2010)

표 4-15. 생활체육지도자연수원

구분	연수원
1급 생활체육지도자연수원	국민체육진흥공단 체육과학연구원
2급 생활체육지도자연수원	국민체육진흥공단 체육과학연구원
3급 생활체육 지도자 연수원	한국체대, 강원대, 인천대, 용인대, 충남대, 공주대, 충청대학, 조선대, 전북대, 군산대, 계명대, 동아대, 부경대, 한국국제대, 제주대, 신라대, 경희대, 건국대, 순천대, 안동대, 연세대, 국기원, 한국프로골프협회

*자료 : 체육과학연구원 생활체육지도자연수원(2010)

(1) 사회체육 지도자의 전망

사회체육 지도자의 본질적인 역할은 체육활동에 참가하는 국민의 운동효과를 극대화시키고, 활동의 합리성을 제고시키는 데 있다. 즉 전문성·개별성·반복성·안정성·적합성 등의 지도원리를 적용함으로써 한층 효율적인 체육활동이 이루어지도록 지도·관리하는 데 있는 것이다.

사회체육 지도자의 수요는 체육인구의 증감에 영향을 받는다. 여가에 대한 수요가 증가함에 따라 대다수 국민은 여가선용 및 건강과 체력의 유지·증진을 위하여 자발적으로 체육활동에 참가하거나, 일반 공공체육시설과 민간스포츠센터 프로그램에 참가할 것으로 예상되며, 그 인구도 점차적으로 증가하고 있다. 또한 체육활동 참가자의 증가에 의하여 공공체육시설, 일반사설체육관, 헬스클럽 및 민간스포츠센터 등 각종 현대화된 스포츠 시설도 증가되고 있다.

이와 같이 체육활동 인구 및 시설의 증가는 참가자 기능지도, 프로그램 제공 및 관리를 효율적으로 집행할 수 있는 사회체육 전문지도자를 필연적으로 요구하게 된다. 특히 환자의 치료를 위하여 의사가 필요하듯이 체육활동 참가자의 운동기능 진단과 처방을 위한 지도자의 필요성은 한층 높아졌다. 국민생활수준과 체육에 대한 인식의 향상은 그 내용과 방법의 다양화 및 전문화를 요구한다. 뿐만 아니라 체육의 양적 팽창, 역할과 기능의 다양화, 내용·방법의 분화 및 다양화, 평생체육체제의 도입 등과 같은 새로운 체육상황에 따른 당면과제에 효율적으로 대처하기 위해서는 사회체육 지도자의 전문적 지식과 기술이 더 필요하다.

한편 학교 내적으로는 급속히 변화하고 있는 체육이론과 기능을 정규교육과정으로 채택하기 이전에 체육교사 스스로가 자율성을 가지고 체육내용을 선택 조직하여 학생들에게 가르쳐야 할 필요성이 커져 전문적 지식교육에 대한 요청이 더욱 증가되었다. 학교 외적으로는 평생체육체제로서 학교체육의 역할이 증가함에 따라 사회체육과 학교체육의 연계성을 도모하기 위한 사회체육 지도자의 전문적 역량이 더욱 요청되고 있다.

레저스포츠산업의 발전으로 산업현장에서는 수요성향분석, 판매, 광고 등을 위한 전문화된 체육인의 역량을 필요로 하고 있다. 체육전공자들의 연구역량이 일정 수준 이상으로 향상됨으로써 기업의 생산·판매·관리 등의 전문분야에도 배치되고 체육관계 정부부처와 공공 및 민간체육단체의 체육활동을 위한 기획·지도 및 보급 담당 전문인력으로 활용된다. 특히 사회봉사정신의 증가로 사회봉사를 통한 자기실현을 도모하려는 풍토가 정착될 것이다.

이와 같이 자체의식은 지역사회 체육인에게 사명의식으로 받아들여져 스스로 지역사회의 체육활동을 지도하면서 그 지역주민의 건강증진 및 연대감형성에 크게 기여함으로써 지역발전의 지속적인 원동력으로 작용한다. 이로써 지역사회 체육인의 역할이 크게 고조되어 지역사회에서 존경받는 인사로 부각될 것이다.

(2) 사회체육 지도자의 확보 및 효율적 활용방안

① 사회체육 지도자 양성체계의 확립

스포츠 참여기회의 확대 및 스포츠 참여인구의 증가에 따라 사회체육 지도자의 수요가 점점 증가되고 있다. 증가하는 사회체육 지도자를 양성·확보하기 위해서는 무엇보다도 먼저 체육활동지도에 필요한 체육지도자의 수요를 과학적인 토대 위에서 연차별로 정확히 파악할 필요가 있다.

이는 앞으로 지도자 양성계획의 기초를 확보하고, 지도자 유형별로 어느 정도 양성해야 할 것인지 그 추진방향을 제시하여주는 필수적인 과제가 된다. 따라서 지도자유형을 명확히 구분하고, 활동영역도 구체적으로 분석해야 한다. 일본 문부과학성에서는 사회체육 지도자를 그림 4-9와 같이 분류한다.

사회체육 지도자 수급계획에 영향을 주는 요인은 스포츠 참가자 수, 공공 및 사설 스포츠센터의 수, 민간체육시설의 수, 사회체육 지도자의 이직률 및 퇴직률 등이다. 따라서 지역별·자격증별·종목별로 수급이 적절히 조절되도록 참가자 수의 정확한 추정, 사회체육여건의 개선, 지도자 수급전망, 사회체육구조의 변화 등을 장기적이고 종합적으로 분석하는 체계적이고도 지속적인 연구체제를 구축할 필요가 있다. 이러한 장·단기 사회체육 지도자 수급계획은 한 번만 실행하고 말 것이 아니라, 매년 계획을 평가·검토하여 수정해 나아가야 한다.

현재 설치되어 있는 사회체육과의 지도자 교육체제를 검토하여 졸업생에게 자격증 부여와 임용·배치관계도 재고할 필요가 있다. 뿐만 아니라 사회체육 지도자 양성교육과정을 개선하여 사회체육에 대한 전문적인 기능 및 지식을 바탕으로 사회체육에 대한 신념·열의 등을 고양시킬 수 있도록 교육내용을 차별화하여야 한다. 사회체육 지도자양성 시에는 운동경기 직접관람, 집단토론, 모의강습, 사례연구 등의 학습방법을 통한 교육을 적극적으로 활용하여 사회체육현장에서 학습자를 효과적으로 지도할 수 있는 능력신장에 중점을 두어야 한다.

이외에도 사회체육현장에서 지도자의 교수기술, 학습평가 등에 무엇이 포함되어야 할

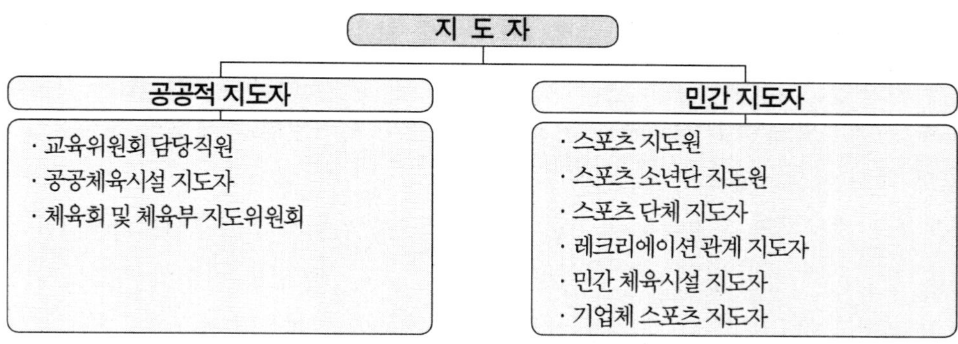

그림 4-9. 사회체육 지도자의 분류(일본, 문부과학성 2010)

것인가를 판단하여 이를 스스로 수행할 수 있도록 이에 대한 전문적인 지식 및 훈련내용이 포함되어야 한다. 또한 일반 체육학과와 구별되는 사회체육 지도자양성기관의 특성을 살리기 위한 실무교육이 강구되어야 한다.

② 사회체육 지도자의 전문화

사회체육 지도자가 수행하는 체육지도활동은 지도자의 자질에 의하여 결정된다고 할 수 있다. 지도자 양성정책의 궁극적인 목표는 유능한 지도자를 확보하여 그가 가진 역량을 최대한으로 발휘하게 하는 데 있다. 이를 실현하기 위해서는 기본적으로 사회체육활동과 관련된 각종 현황파악, 문제점 비교·검토·평가 등의 기초작업에 근거하여 사회체육 지도자가 관여할 수 있는 직무수준과 범위를 측정하고, 사회체육과 관련된 모든 사업들을 검토하여야 한다. 다시 말해서 사회체육활동지도를 하나의 전문적 직무분야로 인식하고, 그 직능의 난이도와 직책의 경중에 따라 직급을 규정하여야 한다.

이와 함께 수준 높은 사회체육 지도자의 양성과 확보를 위해서는 현재의 다원화된 사회체육 지도자 양성기관을 종합·체계화하여 사회체육 지도자 교육체제의 효능적인 보강이 필요하다. 이를 위해서는 사회체육 지도자 교육기간의 연장과 함께 사회체육 지도자 연수기관의 이미지를 쇄신하여 우수한 사회체육 지도자 후보들을 유치할 수 있도록 한다. 따라서 현재의 지도자 양성기관을 발전시켜 정예사회체육 지도자 양성과 사회체육학 연구의 중추적 역할을 할 수 있도록 한다.

한편 사회체육현장의 변화에 적응력이 높은 지도자 연수교육이 되도록 하기 위해서는 융통성 있고 체계적인 프로그램을 개발하여 실시해야 할 필요성이 있다. 사회체육 지도자의 역할변화와 사회체육 지도자의 특성을 고려하여 효과적 프로그램을 개발하고 이에 관한 계속적인 연구를 강화하여야 한다. 뿐만 아니라 사회체육 지도자연수를 담당하는 기관에서는 연수를 담당하는 전문기관 중심, 지역사회 및 직장 중심 등과 같은 연수 프로그램과 개인 중심의 자체 연수를 위한 프로그램의 개발 및 보급에도 관심을 기울여야 한다. 연수 프로그램의 개발에서는 자격연수에 해당하는 개인적 교육프로그램보다도 새로운 사회체육지도법, 학습방법, 사회체육 지도내용의 변화, 평가방법의 개선과 전문적 프로그램 등에 대한 연구 · 개발이 강조되어야 한다.

사회체육 지도자의 자질향상을 위한 지도자연수는 기회의 폭을 대폭 확충함은 물론, 내용을 개선하고 방법을 다양화 내지 강화하여야 한다. 또 일반 연수의 기회를 더욱 확대하여 적어도 4년 이내에 1회 정도는 모든 지도자들이 체계적인 재교육을 받도록 한다. 재교육기회를 확대하기 위하여 야간제 · 계절제 등 정시제 지도자교육과정을 증설하고, 각종 사회체육연수원은 사회체육 지도자 연수기관에 통합시켜 이에 필요한 예산 · 전문 교과과정 · 기본적인 시설 등을 연차적으로 확보하도록 한다.

또한 사회체육 지도자 재교육과정을 사회체육 양성기관에 통합시킬 경우 교육방법은 마땅히 학점제에 의하여 운영되어야 한다. 현재는 학점취득제가 아닌 시간제에 의하여 운영되고 있기 때문에 연수기관 간의 연결성이 부족하고 중복이 심하다. 이와 함께 연수 교육과정을 표준화하고 교수요목까지도 정형화할 필요가 있다.

사회체육 지도자의 전문화를 제고하기 위하여 시급히 선결해야 할 문제는 사회체육 지도자 자질향상 · 임용제도의 개편이다. 우리나라에서 사회체육 지도자 육성문제는 무엇보다도 이들을 전문가로서 인정하는 풍토를 조성하는 것부터 시작되어야 하는데, 바로 여기에서 자격제도가 제기된다. 또, 이는 사회체육 지도자의 자질향상과도 밀접히 관계되는 것이며, 육성방안에서 가장 큰 비중을 두어야 할 사항일 수도 있다.

자격제도를 도입하여 실용화하기 위하여 여러 가지 방안이 다각적으로 검토되어야 하겠으나, 우선 운동기능 · 수준 및 직책에 따라 체계적으로 개선해야 한다. 선진외국의 경우에는 국가자격검정제, 체육대학의 유사학과, 지역사회 체육협의회, 스포츠단체 등이 자질 있는 지도자를 양성하고 있으며, 자원봉사자에게 소정의 연수교육을 실시한 후 지도자로 활용하기도 한다.

한편 사회체육 지도자는 상임(full time) 지도자와 비상임(part time) 지도자, 자원봉사자 등으로 구분할 수 있다. 상임지도자는 국가자격검정제를 실시하여 양성하는 방법 이외에도 대학에서 체육학을 전공한 사람에게 소정의 과정을 이수하게 하여 무시험검정으로 자격을 부여하는 것과 사회체육학과를 활용하여 양성 · 배출하는 방안이 있다. 현재 문화체육관광부 기준에 의하면, 대학에서 사회체육학을 전공한 학생이 사회체육 지도자자격을 취득하려면 240시간 이상의 연수교육을 수료하여야만 가능한 것으로 되어 있다. 그러므로 기존 체육계열학과에서는 문화체육관광부와 협의하여 교육과정에 사회체육 지도자교육과정을 포함시킴으로써 자격 있는 사회체육 지도자를 양성할 수도 있을 것이다.

자원봉사자를 확보하기 위해서는 우선 지역사회에 있는 선수출신, 체육전공자, 체육교사 등과 같은 잠재인력을 파악하여야 한다. 그리하여 이들을 위한 급료, 훈장수여, 포상제도, 명예직부여 등의 제도적 장치를 만들어 적정수준의 자원봉사자를 확보한다. 확보된 자원봉사자는 지역사회의 사회체육 지도자나 청소년 지도위원으로 위촉하여 지역사회 주민 및 청소년을 위한 체육 프로그램의 선정 · 운영에 활용하면 좋을 것이다.

이와 더불어 사회체육 지도자자격은 소정의 자격시험을 통하여 인정받도록 한다. 자격시험의 평가에는 특정개인의 운동기능이나 지식뿐만 아니라 그가 주로 활동하는 지역사회 및 기관, 단체, 주변으로부터의 평가도 중요한 자료로 삼아야 한다. 대체로 자격시험은 해당 분야와 관련되는 학력 정도와 해당 분야의 근무연한을 기준으로 하는데, 사회체육 지도자의 경우에는 활동 자체가 자격시험의 일부로 받아들여져야 할 것이다.

③ 사회체육 지도자의 효율적 배치

사회체육 지도자 양성 · 확보방안 못지 않게 중요한 문제는 확보된 지도자를 적재적소에 배치하는 문제이다. 따라서 사회체육 지도자자격을 취득한 사람에게는 전문성을 고려하여 신속하게 적소에 배치하는 방안이 모색되어야 한다.

우리나라에는 사회체육과 관련된 많은 시설과 기관이 있다. 그리고 사회체육 지도자자격을 가진 많은 인재들이 해당 분야나 기관에서 열심히 근무하고 있기도 하다. 그러나 실정을 자세히 살펴보면, 사회체육 지도자라는 전문성을 충분히 고려하여 인력이 수급되기보다는 우연성과 편의성, 그리고 재정적 부담을 줄이기 위하여 이루어지는 경우가 적지 않다. 사회체육활동을 권장하고 바람직한 상태로 개선시키기 위해서는 일반대중을 위한 시설의 설치방안 · 대책의 강구도 중요하지만, 무엇보다도 전문적인 사회체육 지도자를 필요한 자리에 적절히 배치 임용하는 일이 중요하다. 이를 위하여 사회체육 지도자 임용규정과 같이 지도자가 적재적소에 배치되도록 하는 제도적인 장치가 필요하다. 사회체육 관계시설이나 단체는 반드시 유자격 사회체육 지도자를 임용 · 배치하도록 한다.

미국에서는 지역사회를 포함하여 공공체육 · 레크리에이션기관, YMCA, YWCA, 보이스카웃 등의 민간체육 · 레크리에이션 · 스포츠단체 및 기업체, 직장스포츠 · 캠프 · 스포츠클럽과 교회, 군대, 농촌, 병원, 일반 행정기관 등에 사회체육 지도자를 배치하고 있다.

우리나라에서 사회체육 지도자의 배치는 기본적으로 최소의 투자로 최대의 투자효과를 거두는 방향으로 추진되어야 할 것이다. 따라서 전문분야에 따른 사회체육 지도자의 수를 파악한 후 시설 또는 사회조직을 중심으로 전문지도자를 배치하는 방안을 수립한다. 시설 중심의 배치방안은 체육공원, 공공체육시설 및 민간스포츠센터, 직장체육시설 등과 같은 스포츠·레크리에이션시설을 대상으로 하며, 사회조직 중심의 배치방안은 행정기관, 기업체, 사회단체 및 기관, 스포츠 클럽과 같은 각 단체 및 기관을 대상으로 한다.

이외에도 해외의 사회체육 관계기관과 유기적인 관계를 맺어 사회체육 지도자의 해외연수를 확대하고, 자매 스포츠단체와 같은 결연체 구성을 통하여 교환지도 프로그램을 전개함으로써 지도자로 하여금 새로운 체육지도내용 및 방법에 접할 기회를 마련하여 우리나라의 사회체육과 비교하여 개선할 수 있는 계기를 마련해주어야 한다. 특히 사회체육 지도자의 자질향상면에서는 물론, 지도자의 사기진작을 위한 중요한 방안으로 추진되고 있는 지도자 해외연수를 확대 실시할 필요가 있다.

④ 사회체육 지도자의 근무조건 개선

사회체육 지도자가 수행하는 사회체육활동의 질은 지도자의 자질뿐만 아니라 사기에 의하여 결정된다고 할 수 있다. 사회체육 지도자 충원정책의 궁극적 목표는 유능한 지도자를 적소에 배치하여 그들로 하여금 가진 바 역량을 최대한으로 발휘케 하는 일이다. 보다 구체적으로 우수한 자질을 구비하고 있는 지도자에게는 만족할만한 근무조건을 제공하여 높은 사기와 사명감을 가지고 지도에 임할 수 있도록 한다.

승진기회가 제한되어 있는 직종에서는 우수한 인재를 확보하기 위한 방안으로 다른 직종보다 나은 보수를 보장하는 것이 일반적인 특징이다. 따라서 사회체육 지도자에 대한 사회적 인식을 전환시키고, 우수한 지도자를 확보하기 위해서는 국가정책 차원에서 강력한 의지와 결단이 요구된다. 왜냐하면 이러한 결정은 모두 엄청난 국가재정을 수반하는 일이기 때문이다.

현재의 사회체육 지도자의 초임봉급은 일반학교의 체육교사와 비교하여 볼 때 현저하게 낮은 수준에 머물러 있는 실정이고, 이러한 현상은 근무연한이 경과할수록 심화되고 있다. 현재 사회체육 지도자가 받고 있는 처우를 개선하고, 보다 우수한 지도자를 사회체육의 장으로 유인하기 위해서는 지도자의 보수는 초임봉급은 일반 체육교사와 비슷한 수준에서 책정하고, 호봉제를 도입하여 근무연한이 경과할수록 많은 봉급을 받도록 하여 봉급곡선이 연령층에 따른 생활비를 반영하도록 조정되어야 할 것이다.

한편 사회체육 지도자의 복지후생시설의 확충도 빼놓을 수 없다. 단체 내에서는 전임 사회체육 지도자에게 개인연구실과 전공별 또는 부서별 연구실을 제공하여 지도자 스스로 전문성 고양을 위하여 연구·노력할 수 있는 여건을 만들어 주어야 한다. 단체 밖에서도

표 9-16. 체육지도자 배치기준

체육시설업의 종류	규모	배치인원
골프장업	골프코스 18홀 이상 36홀 이하	1인 이상
	골프코스 36홀 초과	2인 이상
스키장업	슬로프 10면 이하	1인 이상
	슬로프 10면 초과	2인 이상
요트장업	요트 20척 이하	1인 이상
	요트 20척 초과	2인 이상
조정장업	조정 20척 이하	1인 이상
	조정 20척 초과	2인 이상
카누장업	카누 20척 이하	1인 이상
	카누 20척 초과	2인 이상
빙상장업	빙판면적 1,500제곱미터 이상 3,000제곱미터 이하	1인이상
	빙판면적 3,000제곱미터 초과	2인 이상
승마장업	말 20두 이하	1인 이상
	말 20두 초과	2인 이상
수영장업	수영조 바닥면적이 400제곱미터이하인 실내 수영장	1인 이상
	수영조 바닥면적이 400제곱미터를 초과하는 실내수영장	2인 이상
체육도장업	운동전용면적 300제곱미터 이하	1인 이상
	운동전용면적 300제곱미터 초과	2인 이상
골프연습장업	20타석 이상 50타석 이하	1인 이상
	50타석 초과	2인 이상
체력단련장업	운동전용면적 300제곱미터 이하	1인 이상
	운동전용면적 300제곱미터 초과	2인 이상

비고 1. 체육시설업자가 당해 종목의 체육지도자격을 가지고 직접 지도하는 때에는 그
　　　 체육시설업자에 해당하는 인원수의 체육지도자를 배치하지 아니할 수 있다.
　　 2. 종합체육시설업의 경우에는 이를 구성하고 있는 각각의 체육시설업의 해당 기
　　　 준에 따라 체육지도자를 배치하여야 한다.

*자료 : 체육백서(2009)

현재 지역사회나 직장에서 운영하고 있는 유스호스텔과 같은 시설을 확충하여 지도자의 휴식과 세미나 등 다목적으로 사용할 수 있도록 염가로 제공되도록 한다. 나아가 퇴직 후 지도자 자신들의 계속적인 자아실현에 이바지함은 물론 유휴인력을 활용할 수 있도록 사회체육 봉사 프로그램을 개발하여야 할 것이다. 사회체육 지도자의 지원체제를 구축하는 방안 등은 보다 나은 근무조건을 형성하여 주는 한 방법이 될 수 있을 것이다.

프로그램

프로그램이란 조직이나 단체의 효율적 운영의 기초가 되는 일련의 기본운영계획으로서 기획·수행·평가 등을 내용으로 한다. 시설·공간이 아무리 잘 갖추어져 있다 하여도 프로그램이 빈약하거나 이용자들에게 적합하지 않으면 유명무실하게 된다.

사회체육 프로그램은 사회체육의 궁극적인 목적달성을 위하여 이루어지는 실천적 내용의 총체이다. 왜냐하면 체육활동의 구체적 실천을 위해선 동기와 방법이 포함된 내용구성뿐만 아니라, 시설·지도자·체육현장의 참가자 등 사회체육과 관련된 전반적인 조건을 고려하지 않으면 안되기 때문이다.

사회체육 프로그램은 넓은 관점에서 사회체육 전체의 진행방향 설정에서부터 종목별 경기, 야외활동, 스포츠교실 등과 같은 행사에 이르기까지 포괄적인 내용과 유관성을 갖고 있다. 또한 개개의 스포츠종목은 전체 내용구성이나 진행방법의 구체화가 중요한 것이 되기도 한다. 따라서 사회체육 프로그램이란 사회단체나 각종 민간시설·공공기관 등에서 조직적으로 계획하고 실시하는 스포츠 활동의 모든 것이라 할 수 있다.

이러한 사회체육 프로그램의 중요성은 모든 사람들의 합리적이고 효과적인 신체활동을 보장해주는 구체적 수단이라는 데 있다. 특히 사회체육의 저변확대와 적극적인 참여유도를 위한 필수요소이기도 하다. 사회체육 프로그램은 국민 개개인이 체육활동을 실천할 수 있는 동기와 방법을 제시해주는 내용으로 일반국민들의 합리적·효과적인 체육활동을 보장해주기 위한 구체적 수단이며, 사회체육 참여도를 증진시키기 위한 필수요인이다.

사회체육을 범국민운동으로 추진하기 위하여 행정기관은 기존 프로그램 운영을 활성화하고, 변화하는 사회의 수요 및 국민적 요구에 따른 새로운 개발과 보급을 위해 노력해야 한다.

 **사회체육 프로그램의 유형**

사회체육 프로그램의 유형은 성별·연령별·지역별·인구통계학적 요인에 따라 다양하게 구분할 수 있는데, 이는 대상별 프로그램과 운동형태별 프로그램으로 크게 나눌 수 있다.

(1) 대상별 프로그램

① 유아체육 프로그램

이는 1~4세 이하의 유아를 대상으로 하는 근력 및 지구력 강화, 유연성 강화, 균형성 강화를 목적으로 제공되는 신체활동 프로그램으로서 주로 걷기 · 달리기 · 뛰기 · 오르기 · 한발뛰기 · 뜀뛰기 · 동적 및 정적 균형잡기 · 축운동 · 던지기 · 손으로 받기 · 발로 차기 등과 같은 프로그램이 이에 속한다.

② 아동체육 프로그램

이것은 5~12세 사이의 아동을 대상으로 하여 신체의 성장발달, 최적의 신체 적응능력 발달 및 유지, 유용한 신체기능 발달, 사회적 적응력 발달을 목적으로 제공되는 신체활동 프로그램으로서 달리기 · 매달리기 · 밀기 · 체조 · 게임 · 릴레이 · 수영 · 기구놀이 · 단체운동 놀이 · 음악 및 율동 놀이 · 발레 · 캠핑 등이 이에 속한다.

③ 청소년체육 프로그램

청소년을 대상으로 하며, 청소년들이 자발적으로 신체활동에 참여하도록 유도함으로써 운동부족의 해소와 체력향상, 신체활동을 통한 인간관계의 유대강화, 긍정적이고 진취적인 태도함양, 여가의 건전한 활용을 목적으로 제공되는 신체활동 및 과외 자율체육 활동 프로그램으로서 속보 · 건강달리기 · 줄넘기 · 자전거 타기 · 수영 · 복싱 · 맨손체조 · 탁구 · 배드민턴 · 테니스 · 라운드 테니스 · 씨름 · 발야구 · 간이배구 · 트라이존 사커 · 소프트볼 · 게이트볼 · 스트레칭 · 요가 · 등산 · 캠핑 등과 같이 조직적이고 강도 높은 체육 및 스포츠 활동이 여기에 속한다.

④ 성인체육 프로그램

일반성인을 대상으로 하는 가정이나 직장 혹은 지역사회에서 체력 및 건강유지, 스트레스 및 긴장의 해소, 삶의 질적 향상을 목적으로 제공되는 신체활동 프로그램으로서 스트레칭 · 미용체조 · 바이오메트릭 운동 · 웨이트 트레이닝 · 걷기 · 조깅 · 순환 연속운동 · 체조 등이 이에 속한다.

⑤ 노인체육 프로그램

노인들이 즐거움 속에서 건강증진 내지 여가활동을 위하여 부담없이 실시할 수 있는 체육 및 스포츠 활동을 중심으로 한 프로그램으로서 건강체조 · 조깅 · 걷기 · 미니골프 · 링테니스 · 배드민턴 · 게이트볼 · 음악 및 율동놀이 · 하이킹 등이 이에 속한다.

⑥ 직장체육 프로그램

직장인들을 대상으로 개인의 건강을 향상시키고 직장생활에서 오는 스트레스를 해소시킬 뿐만 아니라, 대인관계도 원만하게 유지할 수 있도록 즐겁고 보람 있는 직장생활을 할 수 있게 유도하는 프로그램으로서 걷기·조깅·줄넘기·수영·테니스·에어로빅 등과 같은 온몸운동과 특정 부위의 운동을 병행 실시하여 심폐지구력과 근력을 동시에 실시하는 운동 프로그램 등이 이에 속한다.

⑦ 주부체육 프로그램

주부의 건강은 자신의 행복한 삶뿐만 아니라, 가정의 행복에도 크게 영향을 주게 되므로 주부체육 프로그램은 매우 중요하다. 주부들에게 제공되는 운동으로는 생활주변에서 쉽게 할 수 있는 달리기·자전거타기·수영·줄넘기·에어로빅 등 미용체조나 근력강화운동, 요통예방 운동 프로그램 등이 이에 속한다.

⑧ 특수체육(장애인체육) 프로그램

장애인을 위한 운동 프로그램은 장애인의 장애 종류, 장애 상태, 장애 정도 등을 고려하여 처방 실시되어야 하며, 장애요인을 치료·개선하고 체력과 건강을 유지·증진시키는 것으로 일반인들이 실시하는 운동을 장애인에게 맞게 수정하여 실시하는 것이 바람직하며, 생활 속에서 흔히 구할 수 있는 기구나 도구를 이용하여 근력·지구력·유연성·균형성 등을 강화시키는 운동 프로그램이 효과적이다.

(2) 운동형태별 프로그램

① 개인운동 프로그램……빨리 걷기, 맨손체조, 수영, 조깅, 줄넘기, 자전거타기 등
② 대인운동 프로그램……배드민턴, 탁구, 테니스, 라운드 테니스, 씨름 등
③ 집단운동 프로그램……발야구, 소프트볼, 축구, 게이트볼, 간이야구, 트라이존 사커 등
④ 긴장해소 운동 프로그램……스트레칭, 요가, 율동운동(무용, 발레)
⑤ 야외활동 프로그램……하이킹, 등산, 캠핑, 오리엔티어링 등
⑥ 계절운동 프로그램……수영, 스키, 스케이트, 수상 스키, 요트, 스킨 스쿠버 등

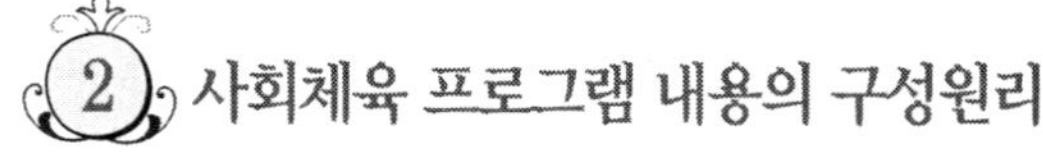

② 사회체육 프로그램 내용의 구성원리

사회체육 프로그램 계획에서 제일 먼저 고려하여야 할 사항은 달성하고자 하는 체육목표를 명백히 정하는 일이다. 그 이유는 체육목적이 불분명한 상태에서는 프로그램 계획이 불가능할 뿐만 아니라, 체육실천의 방향감마저 상실할 우려가 있기 때문이다. 체육목표가 설정되면, 그 목표의 달성을 위하여 어떠한 프로그램을 선정하여 참여자에게 제공

할 것인가 하는 문제에 봉착하게 된다.

　프로그램을 구성할 때 고려해야 할 몇 가지 원칙을 제시하면 다음과 같다.

　첫째, 사회체육 프로그램의 내용은 설정된 사회체육의 목표와 관련지어 선정·조직되고 운영되어야 한다. 운동기능 터득, 여가선용, 사회성 함양 등과 같은 사회체육의 기본 목표를 성취하기 위하여 이에 적합한 활동내용을 포함하여 구성한다.

　둘째, 사회체육 프로그램 내용의 구성에서 중요시되어야 할 사항 중 하나는 참여자에 대한 고려이다. 특수한 경우를 제외하고는 사회체육 프로그램의 내용은 인식된 활동주체자의 흥미·필요에 그 바탕을 두어야 한다. 가능하면 참여자에 대한 필요조사를 실시하고, 그 결과를 기초로 하여 프로그램을 구성하여야 한다. 예를 들면 여성을 위한 사회체육 프로그램을 개발할 경우에는 여성의 신체적 특성뿐만 아니라, 여성들이 사회체육 활동 참여 시 당면하는 문제와 필요가 무엇인지 알아보고 이를 기초로 하여 프로그램 내용을 구성하는 것이다. 이처럼 사회체육 프로그램은 계층별·성별·연령별·관심분야별로 나누어서 구성하여야 할 뿐만 아니라, 이들을 통합한 체계적인 프로그램도 구성하여야 한다. 참여자의 특별한 흥미와 요구가 발전되거나 개발의 필요성이 있을 경우에는 새로운 활동이 조직되어야 한다. 따라서 사회체육 지도자는 항상 참여자들이 어떠한 활동을 원하고 있는지를 파악하여야 하며, 그들 스스로가 새로운 욕구를 느낄 수 있도록 격려하고 진일보한 프로그램을 제시하여야 한다. 결국 프로그램의 개선은 참여자의 발전된 욕구와 흥미를 의미한다고 볼 수 있다.

　셋째, 아무리 좋은 프로그램이 선정되었다 하더라도 지도 가능성이 없으면, 그것은 프로그램으로서 별로 쓸모가 없게 된다. 즉 이상적 견지에서 구성된 프로그램 내용이 현실적으로 지도가 가능한지를 고려하여야 한다. 지도 가능성은 여러 가지 측면에서 검토되어야 하겠지만, 사회체육시설 및 참여자의 능력과 밀접한 관계가 있다. 예를 들면 수영장이 전무한 지역에서 지역사회 주민에게 수영과 관련된 프로그램을 구성하여 제공하는 것은 바람직하지 못하다. 또, 운동수준이 낮은 초보자에게 높은 수준의 운동기능 학습프로그램을 제공할 수는 없을 것이다. 개발된 사회체육 프로그램을 효과적으로 운영·전개하기 위해서는 개발 전부터 프로그램의 전개가 가능할 수 있도록 시설의 확보와 지도체제가 확립되어 있어야 한다. 즉 사회체육 프로그램은 지역사회의 특성과 시설, 요구의 수준 등과 같은 여러 관련 요인에 따라 프로그램 유형, 참여대상 및 수준을 고려하여 탄력 있게 계획·운영되어야 한다.

　넷째, 일 경험 다목표 달성의 원리에 입각하여 프로그램을 구성하여야 한다. 어떤 경험이라도 그 경험이 하나의 목표만을 달성하는 경우는 매우 드물다. 즉 어떤 목표를 달성하기 위하여 선정된 학습내용은 그 목표를 달성하는 데 크게 공헌함과 동시에 다른 목표 달성에도 기여하여야 한다는 뜻이다. 이와 같은 현상을 동시학습(concomitant learning)이라고 한다. 일례로 청소년을 위한 사회체육 프로그램은 청소년기의 신체적 발달 및 여가시간의 효과적 이용이라는 일차적 목표 이외에도 스포츠 활동을 통한 균형적인 사회적·정서적 발달에 기여할 수 있도록 구성되어야 한다.

다섯째, 사회체육의 추진체는 그 사회의 자원·구성원·욕구 등을 고려한 후 사회 전반의 삶의 질을 향상하기 위한 새로운 체육활동을 끊임없이 개발하고 조직하여야 한다. 경험적으로 볼 때 대부분의 사람들은 호기심을 가지고 한번 보았던 특별한 활동이나 자신에게 기쁨과 만족감을 느끼게 하였던 활동에 참여하려는 경향이 있다. 그러므로 조직지도자는 실행하고자 하는 프로그램을 점진적으로 소개하여 활동의 가치를 참여자가 일단 성공적으로 경험할 수 있는 기회를 제공하는 것이 바람직하다. 사회체육활동조직의 초보적 단계는 소지역의 요구를 조사한 후 이를 지원할 수 있는 재정, 지도자, 프로그램을 검토하여 계절 단위(봄-여름-가을-겨울 스포츠)에서 연중 단위의 활동으로 조직하는 것이 일반적이다.

여섯째, 사회체육 프로그램은 학교체육 프로그램과 유기적인 협동체제를 이루어 운영되어야 한다. 사회체육은 학교체육에서 터득된 여러 스포츠의 기능, 태도 및 관련 지식을 보다 발전할 수 있는 기회제공의 장이 되어야 한다. 따라서 사회체육 프로그램은 지역사회의 각종 체육교과 과정과 관련지어 계획되고 운영됨으로써 소기의 성과를 올릴 수 있을 것이다.

일곱째, 사회체육 프로그램을 구성할 때에는 지역성을 고려하여야 한다. 사회체육활동은 지역사회에 따라 참가자들의 필요·능력·흥미 등에 큰 차이가 있다. 효과적인 사회체육 프로그램을 보급하기 위해서는 각 지역사회가 지니는 다양한 문화적 특성과 주민들의 욕구와 흥미를 고려하여 구성하여야 한다.

 사회체육 프로그램의 기본방향

우리나라는 전통사회에서 근대화를 거쳐 개발도상국에서 중진국으로, 이제는 선진국을 향한 단계에 접어들었다. 과거에 우리는 가난이란 고통에 찌들렸기 때문에 전반적으로 젊은이들의 놀이문화가 없었다. 그러나 이제는 국민소득과 생활수준 향상으로 의·

식ㆍ주라는 생리적 욕구가 충족됨으로써 자연적으로 사회적인 여가생활, 특히 스포츠활동에 대한 욕구가 증대되고 있다.

이에 따라 많은 사회체육 프로그램이 개발ㆍ보급되어야 하며, 남녀노소가 언제 어디서나 다함께 참여해서 즐길 수 있는 내용이 되어야 한다. 사회체육 프로그램은 내용이 단순하면서도 시행하면 인체는 매우 합리적인 효과를 얻을 수 있어야 한다. 이러한 프로그램의 개발ㆍ보급은 전문성을 띄고 있기 때문에 국가적인 차원에서 추진되어야 한다. 따라서 사회체육 프로그램의 개발ㆍ보급을 전담하는 상설기구의 설립이 바람직하다.

사회체육의 기본목적은 자발적인 운동참가에 따른 개인적 복지와 사회적 복지의 통합적 발전, 즉 밝고 명랑한 국민생활의 형성에 있는데, 이러한 목적은 다음과 같은 사회체육목표를 통하여 달성되는 것이다.

① 정서적 안정과 심신의 건강증진……자발적인 운동참여와 신체운동을 통해 심신의 균형을 유지하고, 동시에 생활 속에서 오는 긴장을 해소한다.

② 인격의 완성……바람직한 사회적 태도와 습관을 길러 인간적 품성을 개발한다.

③ 민주적 시민정신 함양……개인적 권리와 사회적 통합을 체험케 함으로써 개인의 가치와 존엄성을 존중토록 한다.

④ 공동체적 인간관계 형성……이기적인 인간관계에서 탈피하고, 협동적 인간관계를 형성한다.

사회체육 프로그램은 이러한 과정을 통해 모든 사람들에게 정신적ㆍ신체적ㆍ사회적ㆍ정서적으로 좋은 변화를 길러준다. 다시 말해 완전한 인간을 육성하는 것이다.

국가는 국민, 도시는 시민, 지역사회는 주민 등 구성원들의 자발적인 운동참가를 통해 개인적 복지(건강)와 사회적 복지를 통합적으로 발전시켜 나가게 된다. 본래 스포츠는 어느 종목이든지 흥미와 스릴이 있고 승패에 대한 집념이 있어서 인간의 기본적 욕구를 충족시키기에는 좋은 조건을 골고루 갖추고 있지만, 스포츠의 단점은 고도의 기술이 필요하다는 것이다. 배구경기를 예로 들면 시골 주부들은 볼을 네트 위로 넘기기가 쉽지

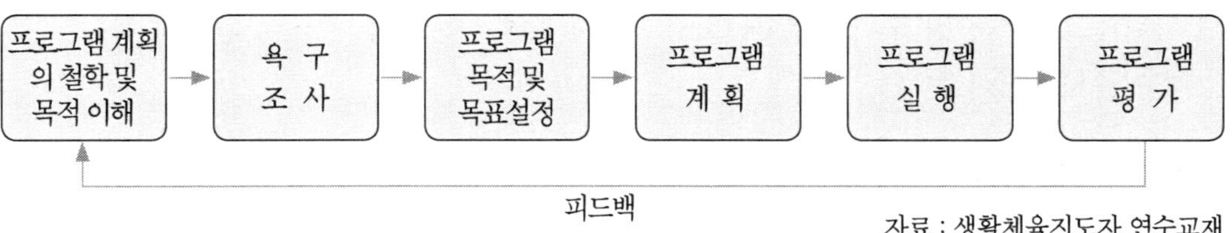

그림 4-10. 생활체육 프로그램계획 모형(Rossman, 1995에서 재구성)

않기 때문에 참여하기를 꺼리게 되어, 그 결과 일부 젊은층만이 이 경기에 참여하는 결과를 초래한다.

이와 같이 프로그램과 관련된 제반 문제점에 비추어 사회체육 프로그램의 개발과 보급에 따른 기본방향은 다음과 같이 이루어져야 할 것이다.

- 국민의 신체활동 및 건강관리에 대한 요구를 최대한 수용해야 한다.
- 클럽별 동호인 및 개인별로 손쉽게 즐길 수 있도록 다양하고 여가선용에 적합한 내용이어야 한다.
- 성별·연령별·신체적 특성 등에 적합하도록 과학적·체계적으로 구성되고 더욱 세분화 내지 구체화되어 모든 사람의 효과적인 신체활동을 보장할 수 있어야 한다.
- 개발된 프로그램의 활용을 극대화할 수 있도록 각종 매체를 적극적으로 이용해야 한다.

 **4 사회체육 프로그램의 개발·보급**

사회체육 프로그램은 체육활동을 생활화할 수 있는 동기와 방법을 제공하여 주는 것으로 합리적 체육활동을 보장하기 위한 구체적 수단이며, 사회체육활동의 참여증대를 위한 필수적 요소이다. 따라서 다양한 사회체육 프로그램 개발 및 보급은 사회체육진흥을 위한 실천적 과제이다.

그러나 우리나라의 사회체육은 프로그램의 다양성 부족, 절대수 부족, 보급체제의 미흡, 개발 전담기구의 부재 등과 같은 문제점으로 인하여 사회체육 프로그램의 개발 및 보급이 효율적으로 이루어지지 못하고 있는 실정이다. 뿐만 아니라 날로 변화하는 체육의 기능과 종류의 다양화, 체육인구의 증대는 수준 높은 체육 프로그램의 개발 및 보급을 요구하고 있으나, 현재로서는 이러한 수요와 기대에 만족할만큼 부응하지는 못하고 있다.

사회체육이 소기의 목적을 효과적으로 달성하기 위해서는 다양한 프로그램의 개발 및 보급이 필요하다. 이는 국민 전체를 위한 사회교육이기 때문에 대상은 연령·직업 및 성별에 따라 각계각층일 수밖에 없다. 또한 도시·농촌·어촌 등 지역적 특성에 따른 프로그램도 준비되어야 한다.

(1) 사회체육 프로그램 전담기구의 설치

안정된 행정적·재정적 기반 위에서 프로그램의 연구개발을 정기적·계획적·지속적으로 일관성 있게 수행하고, 이의 합리적인 질적 관리를 추진하기 위해서는 프로그램 연구개발을 전담할 수 있는 기구의 선정 및 육성이 절대적으로 요청된다. 선정된 사회체육 프로그램 전담기구에서는 프로그램 정선과 구조화, 프로그램의 주기적 개편, 프로그램 개발 장기계획 수립, 프로그램의 질적 관리 추진 등의 업무를 담당함으로써 다양한 프로그램의 연구개발에 주력하여야 할 것이다.

이와 같은 수행과제가 효과적으로 달성되기 위해서는 먼저 프로그램 개발을 위한 전문기능을 갖춘 기관을 집중적으로 육성한다. 또한 특수 프로그램 개발을 위해 각 대학 체육연구소나 연구기관을 육성하는 방안이 필요한데, 단기적 지원이 아닌 장기적인 입장에서 지속적으로 지원 · 육성하여야 한다.

사회체육 프로그램 전담기구의 설치를 위한 추진계획은 크게 국지화단계, 광역화단계 및 전국화단계로 구분하여 실시할 수 있다.

제1단계는 사회체육 활성화를 위한 국민운동 차원에서 새로운 프로그램의 개발 및 보급을 계획하는 시기이다.

이는 궁극적으로 국민들의 체육활동 참여를 증대시키고, 국민운동의 확산과 추진에 부응할 수 있도록 국민적 · 정책적 차원에서 장기계획을 수립하여야 할 단계이다. 따라서 장래의 다양한 체육활동 수요 및 요구내용, 사회의 환경변화에 대응할 수 있는 새로운 연구개발전략을 구축하고, 장기적인 안목에서 미래지향적이며, 구체적인 실천방안을 모색하여야 할 것이다. 특히 현단계에서 증가하는 국민의 사회체육 수요를 효과적으로 충족할 수 있도록 현재 개발된 프로그램을 최대한 활용 보급하며, 일부 지역개발 프로그램은 실시지역을 국지적으로 선정하여 실시토록 하는 방안을 설정한다.

제1단계에서는 일반국민을 대상으로 한 사회체육 실태조사 및 분석, 프로그램 연구개발을 위한 전문기구 선정 및 지원, 프로그램 장기계획의 수립 및 실천방안 강구, 각종 프로그램의 연구개발 및 시범단지 선정, 일부 개설 프로그램의 국지적 실시와 같은 방안이 실시되어야 한다.

제2단계는 사회체육의 확대가 예상되는 환경여건하에서 모든 국민이 스스로 실천할 수 있도록 성 · 연령 · 계층별에 맞는 다양한 프로그램을 개발 및 보급하는 시기이다.

이 기간은 행 · 재정적 지원책을 구체적으로 제시하고, 프로그램의 양적인 확대를 도모하여 사회체육운동의 실천적 수행을 가능하도록 하는 단계이다. 아울러 2단계는 1단계 기간 중 국지적으로 선정된 개설 프로그램을 광역화하여 지역사회에 널리 확대 실시하고, 정책적 · 사회적 의지를 반영한 봉사 프로그램을 제공하는 단계로서 프로그램 운영을 내실화하는 단계라 할 수 있다.

제2단계에서는 개설 프로그램 선정지역의 광역화, 프로그램 연구개발, 전담기구의 육성 · 지원 · 확충, 프로그램 개발 및 보급의 대폭 확대, 프로그램 운영의 내실화, 프로그램 연구개발을 위한 행 · 재정적 지원의 확충 등이 이루어져야 한다.

제3단계는 국민생활의 평준화 · 고수준화, 국민의식의 선진화에 따라 사회체육 프로그램의 수요가 더욱 증대할 것이므로 1, 2단계에서 추진되어 온 프로그램의 개발 및 보급의 정도가 더욱 확대되어야 하는 시기이다.

국민 개개인이 자신의 목적 · 취향 · 수준 등에 따라 다양한 사회체육 프로그램을 자유스럽게 선택 · 활용할 수 있도록 재분석하여 이에 적합하고 필요한 프로그램을 새롭게 개발하고, 새로운 시대에 알맞은 프로그램을 생활화할 수 있도록 그 추진방향이 정착화되는 단계라 할 수 있다. 이를 위해서는 프로그램 운영의 전국화, 프로그램 연구 · 개발 체제의 안정화, 프로그램 서비스기능 강화, 프로그램의 재편성 및 개선 등과 같은 구체적인 추진과제를 효율적으로 실행하여야 한다.

(2) 지역사회 주민을 위한 사회체육 프로그램의 개발 · 보급

사회체육 프로그램이란 거시적 관점에서 사회체육활동의 진행방법 설정에서부터 종목별 경기, 야외활동, 스포츠교실의 운영 등 행사 전반에 이르는 포괄적인 여러 요소의 상호관계를 구체적으로 제시하는 것이다. 이 경우 사회체육 프로그램은 사회단체나 각종 민간단체 · 공공기관 등에서 의도적 · 조직적 · 계획적으로 계획하여 실천하는 스포츠문화 활동의 모든 것이라 할 수 있다.

지역사회 주민을 위한 사회체육 프로그램의 개발 및 보급은 다음과 같은 기본방향을 전제로 하여 이루어져야 한다.

- 지역사회 주민의 신체활동 및 건강관리에 대한 요구를 최대한 수용해야 한다.
- 지역사회의 체육동호회나 클럽 및 개인이 손쉽게 즐길 수 있는 내용으로 다양화해야 한다.
- 성별 · 연령별 · 신체조건 및 경제수준 등에 적합하게 개발하여 지역사회 주민의 효과적인 신체활동을 보장할 수 있어야 한다.
- 개발된 프로그램의 보급과 활용을 극대화할 수 있도록 각종 매체를 적극적으로 이용하여야 한다. 뿐만 아니라, 지역사회의 체육 프로그램을 개발하기 위해서는 효과성 · 능률성 · 적합성 · 필요성 · 흥미성을 고려하여 선정하여야 한다.

이상의 내용을 기초로 하여 볼 때 지역사회 주민의 적극적인 체육활동 참여를 유도하고, 그 활동의 효율을 극대화하기 위한 프로그램 개발·보급은 지역특성의 적합성 고려, 연령별·성별 특성 고려, 가족 단위의 참가 유도, 조직적 체육활동 중심, 기존의 시설여건에 부합되는 계획, 참가자의 경제적 부담의 최소화 등과 같은 기본원칙하에서 이루어져야 한다.

지역사회 체육프로그램의 개발을 위한 방법으로는 지역사회 내 각급 학교의 체육 프로그램 개발·보급을 들 수 있다. 지역주민들의 체육활동을 위하여 각급 학교가 자체의 실정에 따라 체육시설을 개방하고 있음에도 불구하고, 실질적인 체육활동이 활발하게 전개되지 못하고 있는 이유는 효율성을 극대화시키기 위한 방안이 없이 단순히 시설만을 개방하고 있기 때문이다. 참여자의 총체적인 행동경험에 기초한 체육활동 프로그램은 일반인들을 체육활동으로 적극 유도하는 효과적인 유인체제가 되어 참가자들로 하여금 참여시간을 창조적 내지 건설적으로 사용할 수 있게 하여 만족감과 성취감을 주게 된다.

효과적인 체육활동 프로그램은 체육활동의 효율성을 높여 운동효과를 극대화시킬 수 있다. 따라서 각급 학교가 지역특성에 맞으면서 지역주민 개개인의 요구를 수용하는 다양한 체육활동 프로그램을 개방된 시설과 함께 제공한다면 지역주민들의 체육활동에 커다란 도움을 줄 수 있을 것이다.

학교체육 프로그램은 장기적인 안목에서 평생체육의 오리엔테이션이 될 수 있을 때에

표 4-17. 대상별 프로그램의 내용(예)

대상	프로그램	담당기관
유아 및 어린이	·맨손놀이 : 발등밟기, 술래잡기, 가마타기, 제자리 점프 등 ·기구놀이 : 등대고 나르기, 돼지몰이, 긴다리 짧은 다리 인력거 끌기, 샌드위치, 게걸음 등	·유치원 및 유아원 ·각 대학의 체육연구소 ·사회체육진흥단체 ·사회단체, 협회
노인	·미니골프, 루프사용운동, 고리던지기, 링테니스 등	·노인대학 및 노인정 ·각 대학의 체육연구소 ·사회체육진흥단체 ·사회복지단체, 협회
장애인	·파트너 토스, 탁구, 휠체어 농구, 소프트볼 등	·장애인재활협회 ·장애인복지회관 ·각종 재활원
지역주민	·새 벽 시 간 : 만남의 장소, 발 배구, 줄넘기, 피고, 미니축구, 수영 ·오 후 시 간 : 새벽시간 종목, 에어로빅 ·휴 일 : 종목별 경기대회, 거북이 마로톤 대회, 게이트볼대회, 건강상식, 강습회, 체육활동 상담실 ·방 학 : 스포츠 캠프 ·계절별행사 : 운동회, 체력평가의 날, 민속경기대회	·각급 학교 ·지역주민 체육활동협의회

비로소 사회체육 진흥에 보탬이 될 수 있는데, 이같은 의도에서 학교체육 프로그램이 구성되고, 운영되어야 할 것이다. 따라서, 학교체육이 지역 사회체육에 기여하기 위해서는 체조·육상·구기·투기·수영·무용·레크리에이션 등과 같은 다양한 종목이 포함되어야 하며, 각 종목의 단원별 성취목표와 내용수준은 개인의 요구, 특성 또는 교육여건의 정도에 따라 탄력적으로 구성하여야 한다.

이 외에도 계속 늘어나는 각급 학교 및 체육계대학 등에서 지역주민을 위한 체육 프로그램을 자율적으로 개설하여 제공하는 풍토가 조성되어야 하며, 이에 대한 최소한의 지원이 고려되어야 한다. 또한, 이와 같은 프로그램을 농어촌 지역으로까지 확산시켜 지역사회 주민이 체육활동에 참여할 수 있는 기회를 전국적으로 확대시켜야 할 것이다.

이는 사회체육 지도자 부족현상의 해소방안인 동시에 프로그램의 합리성·계속성을 확보할 수 있는 방안이기도 하며, 학교와 지역사회간의 유대관계를 강화하여 사회적 공감대 형성에 기여하는 기능도 수행할 것이다. 따라서 학교 당국은 지금까지의 보유시설 개방으로만 지역사회 체육발전에 필요한 모든 소임을 다한다는 소극적인 자세에서 탈피하여 지역주민을 위한 독창적인 프로그램을 개발하고, 체육교사와 자원봉사자의 지원을 수용하여 사회체육 지도자로서 적극 활용하여야 한다. 또한 학교체육대회에 지역주민 참여 유도, 학교시설 사용에 대한 적극적인 홍보활동, 학교장배 지역별 체육대회 실시 등 학교를 중심으로 한 지역사회의 체육활동이 활발히 전개될 수 있는 풍토를 조성하는 것이 중요하다.

한편 지역사회 프로그램의 개발 및 보급을 위한 한 방법으로는 조깅이나 만남의 광장 개설·운영을 들 수 있다. 이는 조깅운동을 생활화하여 총체적인 국민복지를 증진·도모할 수 있다는 점에서 매우 유용한 사회체육 프로그램이 될 수 있다. 이 외에도 지역사회의 전

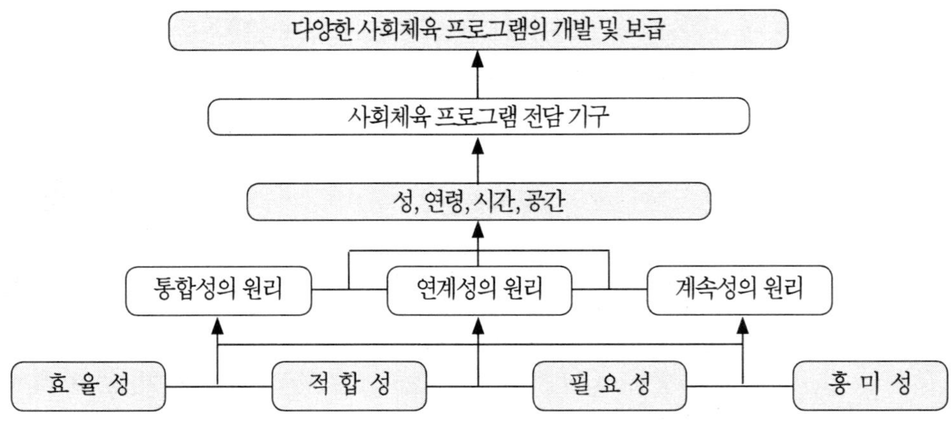

그림 4-11. 사회체육 프로그램의 활성화모델

통적인 민속경기를 발굴하여 지역주민의 흥미와 요구에 적합한 프로그램을 개발·보급함으로써 전통문화의 계승·발전과 함께 사회체육 참여의 폭을 좀 더 확대하여야 할 것이다.

⑶ 사회체육 프로그램 보급을 위한 홍보

사회체육 프로그램의 범국민적인 보급을 위한 주요 전략은 홍보(publicity)이다. 홍보전략은 궁극적으로 가족 단위로 하여야 하며, 도시·농촌·기업·학교·정부조직 등의 구성원들이 체육활동에 참여하는 기회를 광범위하게 부여함으로써 체육활동이 개인생활에서 주요한 의미를 갖도록 개인의 생활형태(life style)에 영향을 줄 수 있어야 한다.

효과적 홍보전략은 국민의 스포츠 지향성을 높여주는데, 이는 의식적이고 조직적으로 추진되어야 한다. 그리하여 모든 가족성원·주민들이 사회체육은 일상생활에서 중요하고, 개인생활에서도 중요한 평생의 활동이라는 사회적 공감대를 형성하여야 한다.

사회체육의 대중화와 스포츠 지향성의 제고는 필연적으로 가족 스포츠로 연결되며, 궁극적으로 가족 단위로 운영되어야 효과적이다. 왜냐하면 가족은 개개인의 삶에서 가장 기초적 집단이며, 이 집단은 개인의 여가생활에 가장 큰 영향을 미침과 동시에 개인의 생활행태에 결정적 영향을 미치기 때문이다.

재 정

사회체육 진흥계획은 국가의 미래를 위한 장기적 과제이므로 이 계획이 유명무실한 계획문서로 끝나지 않고 실제정책으로 채택·실현되기 위해서는 반드시 재정적인 뒷받침이 있어야 한다. 우리나라 사회체육진흥을 위한 정책과제를 추진하기 위한 재원확보문제는 체육문화진흥의 성패를 좌우한다고 할 수 있다. 뿐만 아니라 사회체육 참여기회의 균등화를 통한 복지사회체육의 구현 여부도 사회체육재정의 분배정책에 달려 있다.

우리나라의 사회체육재정은 국고에 의한 문화체육관광부 예산과 대한체육회의 국고보조금 운용액 중 사회체육진흥비, 그리고 국민체육진흥기금으로부터의 지원액 등이 있으나, 그 규모는 매우 빈약한 실정이다. 현재 우리나라의 체육이 우수선수 양성 및 학교체육 중심에서 탈피하여 모든 국민의 균등한 스포츠 참여로 전환되는 과정에 있다는 점을 감안할 때 체육재정의 부족은 매우 유감스러운 일이며, 성공적인 사회체육진흥을 저해하는 중

대한 장애요소라 할 수 있다. 앞으로 우리나라의 체육이 국민 중심의 체육으로 전환되어 발전하기 위해서는 사회체육에 대한 재정적 지원과 투자가 반드시 선행되어야 한다.

사회체육재정의 부담주체는 학생·사회·국가의 세 가지로 구분할 수 있는데, 현재까지 우리나라에서는 학생과 국가만을 사회체육재원으로 생각하고, 사회체육재정의 모든 문제를 이 두 부분에서 해결하려고 노력하였다. 그러나, 경제생활의 향상에 따른 일반국민의 사회체육활동 참여증대에 발 맞추어 사회단체·기업가·독지가들이 스스로 사회체육 지원활동에 참여함으로써 직·간접적인 혜택을 받을 수 있는 시스템이 확립하여야 한다. 이에 부응하려면 사회체육재정의 규모는 지금보다 훨씬 많아질 것이다.

여기에서는 우리나라 사회체육재정의 현황과 문제점을 살펴보고 미래를 전망하여 우리나라 사회체육재정의 안정적 확보방안을 위한 적정규모의 사회체육 예산 확보, 수익사업의 개발 및 활성화, 국민체육진흥기금의 효율적 활용 등을 중심으로 모색한 다음, 이를 기초로 효과적인 사회체육재정 확보방안을 찾아보기로 한다.

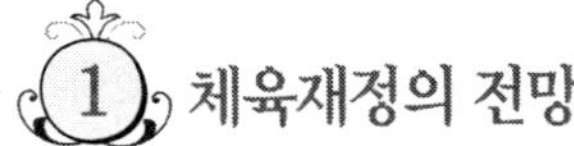

1 체육재정의 전망

서울올림픽 이후 체육행정은 관 주도의 중앙집권적 형태에서 민간 주도의 지방분권적 형태로 전환, 체육투자의 방향은 엘리트 체육에서 사회체육 및 생활체육으로 전환, 아마추어스포츠와 프로스포츠의 균형 등 복지사회체육의 실현을 목표로 체육정책이 전개되고 있다. 이와 같은 상황의 변화 속에서 체육재정을 전망해보면 다음과 같다.

(1) 경제생활의 향상에 따른 체육투자의 증대

우리나라의 경제는 1988년 서울올림픽 이후 올림픽 관련 산업 특히, 스포츠산업의 활성화와 공산국과의 교역 활성화, 중동지역의 화해, 남북대화의 급진전 등으로 안정된 경제성장을 지속해왔다. 하지만 1997년 11월 외환보유고가 급감하면서 외환위기를 초래하더니 급기야는 IMF경제관리체제라는 사상 초유의 경제위기를 겪었다.

지속적인 성장을 거듭하던 1인당 국민소득은 1997년에 10,307달러로 전년대비 약 1,000달러가 감소하였고, 1998년에는 6,723달러로 급감하였다. 그러나 모든 국민의 노력과 정부의 경제회복정책의 결과로 경제가 다시 살아나 2000년에는 1인당 국민소득이 10,841달러로 IMF경제관리체제 이전 수준으로 회복되었고, 2008년에는 19,231달러에 이르렀으나 세계적 경제위기로 2009년에는 17,175달러를 기록했다.

국민의 경제생활수준이 향상될수록 여가시간이 증가함과 동시에 건강증진에 대한 기대가 고조되어 여가선용 및 체육활동의 수요증대로 투자확대가 요구될 것이다. 또한 산업화와 도시화 추세에 따라 1인당 활동공간이 계속 감소됨으로써 주거지 체육시설과 야외 체육시설에 대한 수요가 급증할 것이다. 그리고 평균수명의 연장과 가구당 자녀수의 감소로 인한 라이프사이클의 변화에 따라 레저 및 스포츠에 대한 수요자의 구조에도 큰 변동이 예상된다.

현재의 체육투자로는 이처럼 늘어난 체육수요를 충족시킬 수 없으므로, 향상된 국민경제를 기반으로 체육 관련 분야에 대한 투자가 확대될 것이다.

(2) 체육의 중요성에 대한 이해의 증진

올림픽대회를 비롯한 각종 국제경기대회에서 우리 스포츠가 괄목할만한 성과를 거둠으로써 스포츠에 대한 국민의 관심이 증대되었다. 먼저 국가적 차원에서 보면 스포츠 내셔널리즘의 대두에 따라 체육은 곧 국력척도로 평가되고 있으며, 또한 국제화시대에 따라 체육 전반에 걸친 국제교류가 요청되므로 체육진흥에 대한 국가의 투자가 증대되고 있다. 국제대회에서의 상위입상을 위한 경기력향상, 스포츠정보 교환, 학술교류, 지도자의 해외연수 및 스포츠과학의 연구능력 활성화 등이 추진되며, 다른 한편으로는 남북교류의 한 방편으로 체육을 통한 평화정착 조성노력이 계속 추진될 전망이다.

한편 개인적 차원에서 보면 노동시간의 감소와 평균수명의 연장으로 여가시간이 증가되고, 도시산업사회의 특징인 공해 · 스트레스 · 운동부족 등 각종 건강저해요소를 극복하기 위한 노력이 많아질 것으로 전망된다. 이에 따라 체육활동의 중요성에 대한 국민의 이해와 관심이 매우 높아질 것이다.

이와 같은 체육의 중요성에 대한 인식의 고조로 인하여 국위선양과 건강증진의 차원에서 범국민적인 체육진흥정책이 수립되어야 하며, 이와 함께 체육활동에 대한 정부와 민간의 재정적 투자가 필요하다.

(3) 지방체육재정의 자립도 향상

지방자치제와 함께 체육행정의 지방분권화가 이루어짐으로써 과거에는 국고보조에 크게 의존해 왔던 지방체육재정을 지방자치단체가 스스로 확보 · 운영하여야 한다. 따라서 각 지방자치단체는 학교체육을 적극적으로 지원하고, 지역주민을 위한 공공체육시설의 확충을 위하여 자체적인 재원조달계획을 수립해야 한다. 또한 도시계획을 입안할 때 그 지역의 인구규모 및 도시발전유형 등을 고려하여 체육시설에 필요한 부지를 우선적으로 확보해야 한다.

이와 아울러 민간주도의 체육활동이 활발히 전개될 수 있도록 행·재정적인 지원정책을 수립·실시해야 한다. 앞으로 체육진흥을 위한 재정부담은 중앙과 지방간의 역할을 분담하되, 중앙정부는 지역간 형평을 고려하여 보조금, 국제교류비, 스포츠과학 진흥비, 스포츠산업 지원 육성비, 그리고 지방자치단체에서 소홀히 하기 쉬운 체육 분야를 위한 경비를 분담하되, 지방체육 진흥을 위한 재원은 지방자치단체가 일차적인 책임을 져야 할 것이다.

⑷ 체육활동 참여기회의 균등화 및 사회체육에 대한 투자확대

국민복지향상을 위한 정부와 국민의 노력이 계속됨에 따라 지금까지 소수의 선수 또는 경제적으로 상류층에 속하는 사람들에게만 주어지던 체육활동 참여기회가 국민 모두에게 균등하게 배분되어야 한다. 이에 따라 모든 국민을 대상으로 하는 사회체육에 대한 투자도 크게 늘어나야 한다.

국민경제생활이 풍요롭게 되면 체육활동에 대한 국민의 참여가 다양해지며, 일상생활에서도 체육활동에 대한 참여가 생활화된다. 그리고 여성·노인·장애인 등 이제까지 체육활동에서 소외된 계층의 사람들에게도 체육활동에의 참여기회가 확대되고 있다. 요컨대 국민복지증진의 차원에서 국민 모두가 일상생활 속에서 손쉽게 체육활동에 참여하게 되는 새로운 체육문화가 조성된 것이다. 이와 같은 체육활동기회의 확대와 균등화는 불가피하게 사회체육시설에 대한 투자의 확충을 요구하게 된다.

앞으로의 체육시설은 단순한 경기나 행사를 위해 도시 중심에 위치할 것이 아니라, 지역주민이 누구나 손쉽게 적극적으로 활용할 수 있도록 다기능적·다목적적인 근린시설이 되어야 한다. 이를 위해서는 체육시설이 지역적으로 균등하게 배치될 수 있도록 지역별 인구규모를 감안하여 부족한 시설을 계속 확충하여야 한다. 이와 같은 다양한 사회체육시설에 대한 수요의 증대를 충족시키기 위하여 정부투자는 물론 민간투자도 크게 늘어나야 한다.

⑸ 체육재정 총수요의 증대

이상과 같은 여러 가지 전망들을 종합해 볼 때 앞으로 체육재정규모는 지금보다 훨씬 증가될 전망이다. 경제생활의 안정과 체육의 중요성에 대한 인식의 증가로 체육활동에 대한 국민의 참여폭이 급격히 확대되며, 국위선양과 국제교류를 위해 체육에 대한 더욱 많은 관심과 투자가 필요하다.

이러한 추세에 따라 공공체육시설의 확충 및 정비·보완, 경기력향상을 위한 스포츠과학화, 활발한 스포츠 교류 등이 추진되는데, 이는 막대한 재정적 뒷받침을 필요로 한다. 이 외에도 학교체육의 진흥, 체육지도자의 자질향상, 체육용구의 품질향상, 장애인의 체육활동 참여기회 보장, 영재 체육교실 실시 등 당면한 정책과제들을 추진할 때에도 적정규모의 재정이 뒷받침되어야 한다. 더욱이 앞으로 체육활동의 개념은 단순히 스포츠에만 국한되지 않고, 국민복지향상 차원에서 '건강한 인간'을 육성하기 위한 제반 활동을 포괄하게 되는데, 이에 따라 체육재정의 증가는 필수적이다.

이러한 체육에 대한 수요의 폭증을 감안하여 볼 때 장래에는 공체육비와 사체육비를 합한 체육비의 총규모가 최소한 현재의 공·사 교육비 규모 정도는 될 것이다. 왜냐하면 우리나라의 '건강욕구열'이 '교육열'보다 약하지 않으며, 사교육비의 투자기간은 주로 학생 신분을 유지하는 기간에만 국한되는 데 반하여, 건강관리 욕구비가 필요한 기간은 일생 동안이라고 할 수 있기 때문이다. 다시 말해서 평생교육보다는 평생체육에 보다 관심이 높아지고, 보다 많은 투자를 할 것으로 예측되기 때문이다. 그러나 교육비의 경우와는 달리 공·사 체육비의 2/3 정도는 개인이 자신의 체력 및 건강유지를 위하여 스스로 부담하는 사체육비가 되어야 한다.

 사회체육재정의 확보방안

(1)기본방안

① 적정규모의 체육재정 확보

복지사회체육 진흥을 위해서는 관련정책을 적기에 효율적으로 수행할 수 있도록 적정규모의 체육재정이 확보되어야 한다. 체육진흥 장기기본계획은 이에 따르는 재정확보를 전제로 할 때에만 실행가능한 것이다. 따라서 체육진흥 장기계획에서 제시된 각종 정책과제의 추진에 소요되는 재정수요를 추정하여 체육진흥을 위한 적정규모의 재정확보가 선행되어야 한다.

② 체육재정의 안전성 보장

일찍부터 체육은 인간생활에서 신체적·정신적인 삶의 질을 높이기 위해 필요한 평생교육의 하나로 인식되어 왔다. 이와 함께 사회적·국가적 차원에서는 강건한 국민을 양성함과 동시에 정신적 단결을 도모하는 방편의 하나로 활용되기도 하였다. 이렇게 볼 때

체육진흥은 개인적인 차원에서는 물론, 국가발전의 먼 장래를 위해서도 그 원동력을 이루는 중요한 요소로 간주되지 않으면 안된다. 그러므로 사회체육 활성화에 필요한 여러 조건을 충족시키는 데 소요되는 체육재정은 곧 국가의 미래를 위한 장기적인 투자이므로, 장기적인 안목에서 안정성을 확보하지 않으면 안된다. 따라서 체육재정의 확보방안을 모색할 때에는 안정성 유지를 보장해야 한다.

　③ 체육재원의 다양화

　우리나라의 체육재원은 크게 정부예산과 체육진흥기금의 두 가지로 나눌 수 있다. 현재까지는 이 중에서도 정부의 예산에 크게 의존하고 있는 실정이다. 그러나 앞으로는 체육재정 확보를 정부의 부담에만 의존해서는 안된다. 따라서 체육진흥기금을 확충할 수 있는 신규사업을 활발히 개발함은 물론 사회단체·기업가·독지가들이 스스로 국민체육사업에 참여하고, 이를 통해 이들이 직접·간접적으로 혜택을 받을 수 있는 유인체제를 확립해야 할 것이다. 이와 함께 수익성 있는 체육시설에 대한 민간인의 참여를 유치하는 등 상업 스포츠시설에 대한 민간투자를 확충하는 방안과 직장인의 체육활동을 위해 충분한 재원을 회사에서 투자하는 방안도 모색되어야 한다. 이처럼 다양한 체육재원 확보방안의 모색은 안정된 체육재정확보를 위해 반드시 필요한 일이다.

　④ 지방체육행정은 지방자치단체의 책임

　지방자치제가 실시되면서 그동안 중앙정부의 예산에만 의존하던 지방체육재정은 각 지방자치단체에서 책임지게 되었다. 이제까지 지방자치단체는 지방재정의 자립도가 낮아 체육활동에 대해서는 그 투자액이 매우 적었다. 그러나 지방의 체육진흥은 일차적으로는 그 지역주민을 대상으로 하는 것이며, 따라서 이에 소요되는 경비 또한 당해 지방자치단체가 자체적인 계획을 수립하여 확보하는 것이 원칙이다. 앞으로 경제규모 확대 및 세제개편 등으로 지방재정의 자립도가 향상되면, 각 지방의 체육재정은 각 지방자치단체가 보다 많은 책임을 져야 할 것이다.

　⑤ 체육재정 투자수익의 형평

　그동안 체육진흥정책 및 이에 따른 경비의 투자는 주로 선수를 중심으로 한 경기력향상에 초점을 두어 왔다. 그러나 앞으로는 모든 국민이 각자의 거주지 또는 직장 등에서 일상생활 가운데 누구나 손쉽게 체육활동에 참여할 수 있도록 하는 정책수립 및 투자에 더 많은 관심을 기울여야 할 것이다. 다시 말하면 이제까지 소수에 대한 투자정책에서 모든 국민이 균등하게 혜택을 받을 수 있는 방향으로 전환되어야 한다. 이를 위해서 체육재정은 국민건강, 체육의 과학화 등에 대한 연구·개발 보급사업 및 국민체육시설 확충을 위한 지원사업 등 그 파급효과가 큰 기반 확충사업에 중점적으로 투자되어야 한다. 이와 함께 체육재정의 부담도 기회균등의 원리를 고려하여 빈부의 차에 따라 체육경비 부담의 형평이 이루어질 수 있도록 정책적인 배려가 따라야 할 것이다.

⑵ 사회체육재정의 확보방안

오늘날 늘어난 체육에 대한 사회적 수요를 적절히 충족시키면서 복지사회체육을 실현시키기 위해서는 사회체육진흥, 체육시설확충, 체육지도자양성, 체육과학진흥, 체육외교강화 등 수많은 정책과제를 수행하여야 한다. 체육재정 분야에서 중점적으로 추진해야 할 주요 정책과제는 크게 보아 재원확보방안을 강구하고, 이를 효율적으로 활용하는 것이다. 체육재원을 확충하기 위해서는 공공투자의 증대는 물론 민간투자도 적극적으로 유치해야 한다. 이와 더불어 확보된 재정을 효율적으로 활용하기 위하여 체육정책의 변화와 그에 따른 체육투자의 우선 순위가 재조정되어야 할 것이다.

① 정부로부터의 재원확보

가) 정부예산 중 문화체육관광부 예산비율 인상

체육활동을 위한 공공재원 중에서 가장 큰 비중을 차지하고 있는 것은 문화체육관광부 예산이다. 따라서 안정적인 체육재원 확보방안 중에서 일차적인 관건은 정부예산 중 문화체육관광부 예산의 비율을 적정수준으로 인상하는 것이다. 2008년의 문화체육관광부 예산은 국가 전체예산의 0.13%인 2,343억 원에 불과하였다. 이는 국민생활에서 체육활동이 차지하는 비중을 감안한다면 대단히 부족한 수준이라고 하지 않을 수 없다. 청소년 관련업무를 문화체육관광부가 관장하고, 정부가 지속적으로 사회복지에 정책의 우선순위를 부여함에 따라 문화체육관광부 예산은 자연적으로 증가될 것으로 본다.

문화체육관광부가 사회에서 기대하는 활동을 수행하려면 정부예산 중 체육활동이 차지하는 비중을 연차적으로 높여서 그 비율이 최소한 5% 정도는 되어야 할 것이다.

나) 지방교육비 특별회계 중 학교체육비 증액

학교체육의 내실화는 국민체육진흥의 초석이 된다고 할 수 있다. 왜냐하면 학교체육은 신체적 발달이 왕성한 아동 및 청소년을 대상으로 하고 체육활동에 대한 올바른 이해와 태도 및 습관도 학교체육을 통해서 습득되기 때문이다. 교육적인 측면에서도 교육의 목표는 체·덕·지가 균형 있게 발달한 인간 육성에 있으므로 학교체육의 진흥은 교육목표를 달성하기 위해서 필수적인 것이다. 더욱이 입시 중심의 교육풍토로 인하여 체육교육은 경시되고 있는 교과 중의 하나가 되었다. 따라서 학교체육을 활성화시키기 위해서는 교

표 4-18. 정부예산 대비 체육예산현황 (단위 : 억 원)

연도	정부예산(A)	문화관광부		체육부문	
		예산(B)	점유율(B/A,%)	예산(B)	점유율(B/A,%)
1993	407,641	2,377	0.58	428	0.10
1995	557,805	3,838	0.69	511	0.09
1997	705,284	5,245	0.74	1,541	0.21
1998	807,629	6,183	0.76	1,816	0.22
1999	884,850	6,943	0.78	1,572	0.18
2000	946,199	9,149	0.96	1,799	0.19
2001	1,002,246	9,706	0.96	1,639	0.16
2002	1,060,963	10,991	1.03	1,589	0.15
2003	1,114,831	11,401	1.02	1,425	0.13
2004	1,183,560	15,340	1.30	1,093	0.09
2005	1,343,704	15,676	1.17	1,137	0.08
2006	1,448,076	9,644	0.66	1,489	0.10
2007	1,641,435	12,681	0.77	1,812	0.11
2008	1,782,797	15,136	0.85	2,343	0.13
2009	2,845,339	28,405	1.0	2,135	0.22

* 자료 : 문화체육관광부(2010)

표 4-19. 분야별 예산현황 (단위 : 백만 원)

구분	2002	2003	2004	2005	2006	2007	2008	2009	2010
합계	158,874	142,556	109,314	113,684	148,852	233,715	234,340	213,274	152,653
전문체육	54,059	53,056	68,361	79,518	98,342	179,341	193,058	90,846	42,404
생활체육	29,654	32,708	31,083	23,452	25,776	27,248	17,913	99,580	93,897
국제체육	73,720	54,187	7,331	8,025	13,899	11,939	12,997	16,239	10,853
스포츠산업	1,441	2,605	2,539	2,689	10,835	6,674	6,262		
장애인체육	-	-	-	-	-	8,513	4,110	6,610	5,500

*자료 : 문화체육관광부(2010)

육인적자원부의 협조와 학교체육비를 증액할 수 있는 방안을 강구하는 한편, 입시제도를 개선하여 전인교육을 실시하여야 한다. 특히 학교체육비 중 현재 극히 일부의 학생들에게만 지원되고 있는 학교급식비는 그 지원대상을 확대하여 거의 모든 초·중학생이 혜택을 받을 수 있도록 하고, 운동회경비와 체육교구비를 대폭 증액하여 학교에서 체육교육이 제대로 실시될 수 있도록 해야 한다.

　　다) 지방체육진흥을 위한 지방자치단체의 책임성 제고

국민체육진흥법에 의하면 지방자치단체의 장은 당해 지방자치단체의 체육진흥계획을 수립·실시할 책임을 지고 있다. 그럼에도 불구하고 현재는 문화체육관광부가 지방자치단체에서 보조하는 규모 정도의 예산을 시·도 체육회에 보조하고 있는 실정이다.

앞으로 지방자치단체의 재정적 기반이 안정되면 지방의 체육진흥은 일차적으로 지방자치단체가 책임져야 한다. 지방의 체육은 그 지역주민의 복지증진에 직접 기여하는 것이므로 각 자치단체는 보다 적극적인 책임의식을 가지고 체육재정을 적정수준까지 확보하여 지방체육행정의 자립도를 향상시켜야 할 것이다.

　　라) 국토개발이익환수금제도의 도입 및 활용

체육진흥을 위한 재정확보의 한 방안으로 국토개발이익 환수금제도에 의한 환수금 중 일부를 국민체육진흥에 투자하는 방안도 고려해 볼 수 있다. 개발이익은 토지·건물·도로건설 등이 대상이 될 수 있으나, 그중에서도 특히 개발이익 분배에서 가장 불공평하다는 토지개발이익이 우선적인 고려대상이다. 토지에서 발생하는 개발이익은 국가나 사회의 투자 또는 결정에 의하여 발생하는 것으로 개인의 측면에서는 불로소득의 성질이 있기 때문에 그 일부는 당연히 국가·사회에 환수되어야 한다.

개발사업이 진행되는 곳에는 항상 지가의 상승이 있는데, 이때의 지가상승은 사업의 효과이며, 그 사업의 계획내용에 연유한다고 할 때 개발이익은 당연히 공개념의 성질을 지닌 것이다. 또한 "개발이익은 개발사업에 기인하는 개발손실을 보상하기 위해 재분배되어야 한다."는 논리와 "개발이익이 모조리 토지 소유자의 향유에 방임되는 한편, 개발불이익은 이를 충분히 보상하지 않으면 안되는 것이 현행 토지법제도의 최대 결함이다."라는 논리에 따르면 개발이익 환수는 당연성이 있는 것이다.

이러한 개발이익 환수금은 개발손실의 보상과 체육·교육·의료시설 등 사회복지시설 사업 투자의 두 가지 영역에 활용되어야 한다. 이러한 제도는 대만, 영국, 프랑스 등 외국에서도 채택·활용되고 있으며, 특히 부동산 투기가 커다란 사회문제로까지 대두되고 있는 우리나라에서는 시급히 강화해야 할 제도라고 하겠다.

　② 민간투자의 적극 유치

　　가) 기업체의 체육투자 유도

기술혁신과 사무자동화에 따라 신체활동 기회는 점차 감소되는 반면, 자유 여가시간은 점차 증가하고 있다. 이러한 추세에 따라 직장인들의 심신건강과 여가선용을 보장하기 위한 직장체육의 중요성이 증대되고 있다. 최근에 각 기업체에서는 근로자 후생복지책의 일환으로 직장체육시설을 확보함은 물론, 프로팀이나 아마추어팀을 육성하여 체육에 대한 관심과 이해를 증진시키고 있다.

직장체육은 사회체육에서 큰 비중을 차지하고 있으므로 직장체육을 위한 기업의 투자는 곧 사회체육에 대한 투자로 볼 수 있다. 따라서 각 기업체는 국민체육진흥법에 규정된 규모의 체육시설을 갖추고, 직장 운동경기부를 설치함과 동시에 경기지도자 또는 사회체육 지도자를 배치하도록 하며, 최소한 1주일 중 하루의 오후 시간(예를 들면, 수요일 오후)은 직장체육시간으로 설정하여 실질적으로 직장체육활동이 전개될 수 있도록 해야 한다. 그리고 직장체육시설을 지역주민들에게도 개방시킨다면, 기업체의 체육투자는 국민체육진흥에 크게 기여할 수 있을 것이다.

기업체의 이와 같은 체육활동을 보장하기 위해서는 각 기업체 지출예산의 일정률(예를 들면, 0.5~1%)을 근로자의 체육 및 건강비로 확보하도록 하고, 이에 대하여는 면세 혜택을 부여하는 등의 조치가 이루어져야 할 것이다. 이러한 조치는 체육진흥뿐만 아니라 노사관계를 개선하는 데도 일조할 수 있을 것이다.

나) 민간부문의 체육투자 확충

민간부문의 체육투자는 조건없이 체육활동에 투자하는 비영리적 투자와 영리를 목적으로 하는 상업적 투자의 두 가지로 구분해 볼 수 있다. 비영리적 투자에는 개인이 체육회나 체육단체에 희사하는 찬조금·기부금 또는 성금이 있으며, 또 체육단체·사회복지단체·종교단체 및 기타 단체 등이 당해 단체 구성원의 체육활동을 위하여 투자하는 것이 있다. 영리적 투자는 개인이나 단체가 이윤추구를 목적으로 체육활동에 투자하는 것인데, 예를 들면 볼링장·수영장·테니스장·골프장·당구장·태권도장·헬스클럽·기타 각종 도장 등이 여기에 속한다.

그러나 대체로 체육시설 등 체육활동을 위한 투자는 많은 투자액을 필요로 하는 반면에 그 회수율은 대단히 낮으므로 체육부문에 대한 민간인의 투자를 확충하는 데에는 한계가 있다. 따라서 민간투자를 적극적으로 유치하여 복지체육을 활성화시키기 위해서는 엄격한 시설기준을 적용하기 보다는 적정한 기준을 세워, 이것을 충족시킬 경우에는 사설체육시설로 인가함과 동시에 체육회나 진흥재단에 기부하거나 출연하는 재산에 부여하는 소득계산의 특례를 여기에도 적용할 필요가 있다.

사실상 관주도의 체육정책에서 민간주도의 체육정책으로 전환하기 위해서는 개인이나 단체가 운영하는 체육장에 대하여도 조세감면 특혜를 부여해야 할 것이다. 정부기관인 체육회나 진흥재단에만 특혜를 준다면 사회체육은 진흥될 수 없으며, 체육활동에 대한 민간투자는 크게 기대할 수 없게 된다.

③ 대한체육회의 자체수입 확충

대한체육회는 표 4-20에서 보는 바와 같이 예산의 대부분을 보조금에 의존하고 있다. 대한체육회는 자체수입을 증대시키고 운영의 자율성을 확보하기 위하여 대한교육연합

표 4-20. 대한체육회 예산　　　　　　　　　　　　　　　　　　　(단위 : 천 원)

재원별	2010 예산	2009 예산	증(△)감	%	비고
합계	140,275,025	114,645,469	△4,370,414	△3.0	
국고보조금	35,604,000	72,864,000	△37,260,000	△51.0	
국민체육진흥기금	80,917,000	56,478,828	24,438,172	43.3	
공익사업적립금	9,256,000	2,575,000	6,681,000	260.0	
자체일반회계	10,310,312	8,497,740	1,812,572	21.0	
특별회계	4,187,713	4,226,871	△42,158	△1.0	

* 자료 : 대한체육회(2010)

표 4-21. 국민생활체육회 연도별 예산현황　　　　　　　　　　(단위: 백만 원)

연도	계(A)	재원별			자체수입비중
		국고	기금	자체수입(B)	(B/A)×100(%)
1997	9,351	2,188	6,043	1,120	11.9
1999	10,528	2,276	6,828	1,424	13.5
2001	15,876	4,056	8,555	3,265	20.5
2003	19,171	-	17,983	1,188	6.20
2004	20,330	-	18,294	2,036	10.0
2005	18,590	-	17,408	1,182	6.40
2006	18,209	-	16,891	1,318	7.20
2007	20,302	-	18,911	1,391	7.40
2008	17,801	-	16,283	1,518	8.50
2009	22,448	-	20,117	2,061	9,18

*자료 : 국민생활체육회(2010)

회, 대한변호사협회, 의사협회 등과 체육동호인, 가맹단체 또는 개인을 회원으로 하여 회비를 징수함과 아울러 수익사업을 전개하도록 한다.

　이렇게 해서 자체수입의 비중을 대폭 높여 자체수입 중 회비수입과 사업수입의 구성비가 각각 40% : 60% 정도가 되도록 해야 한다. 이를 위해서는 대한체육회의 설립목적에 체육회(회비) 권익보호와 전문성 및 지위향상을 추가시켜야 할 것이다.

　④ 국민체육진흥기금의 확충과 효율적 활용

　체육부문 발전의 종합적인 청사진이라 할 수 있는 장기계획이 무사히 달성되려면 국민체육진흥공단의 기존 수익사업을 활성화시키거나 신규사업을 개발하는 등 수입사업을 다양화하고 기금을 효율적으로 활용할 수 있는 방안을 수립하여 실시하여야 한다.

　가) 신규사업 개발

　신규사업의 하나로 국민체육진흥 공식공급업체 지정사업을 고려해 볼 수 있다. 올림픽경기의 휘장사업과 같은 방식을 적용하여 스포츠용품 · 청량음료 등의 품목에서 품질이 우수한 상품을 생산하는 업체 중 많은 기금을 납부한 업체를 국·공립 경기장에 대한 공식공급업체로 선정한다면, 기업광고에 대한 높은 관심을 고려할 때 효과적인 기금조성 원이 될 수 있을 것이다.

표 4-22. 국민체육진흥공단 법인회계예산 (단위 : 백만 원)

구 분	수 입		지 출	
	사 업	금 액	사 업	금 액
	합 계	1,227,768	합 계	1,227,768
본 부	계	109,278	계	109,278
	일반관리	8,785	일반관리	22,356
	올림픽공원	27,594	올림픽공원	27,687
	스포츠센터	14,558	스포츠센터	12,171
	스포츠산업	3,057	건설관리	19,836
	올림픽유스호스텔	18,538	스포츠산업	2,521
	경륜·경정·투표권 전입금	36,764	투표권 운영	1,023
			올림픽유스호스텔	17,731
			기타	5,953
경 륜	계	285,219	계	285,219
	경륜수득금	225,168	본장운영	109,512
	교차투표수수료	14,127	경륜훈련원	4,389
	운영자금이자수입	8,006	지점운영	48,591
	식담매점위탁수입	147	스포츠단	1,235
	지점매점수입	10,472	경륜예비비	3,158
	경정지점공동활용 등	17,122	시설환경개선준비금	18,764
	기타수입	2,273	타기관배분금	48,153
	기금차입금	2,875	공단전출금	51,417
	비현금성수입	5,029		
경 정	계	94,085	계	94,085
	경정수득금	81,715	본장운영	41,172
	운영자금이자수입	2,737	경정훈련원	3,298
	본장식당수입	64	지점운영	21,576
	본장지점매점수입	2,577	스포츠단	916
	조정호수입	1,990	경정예비비	3,606
	기타수입	499	시설환경개선준비금	6,813
	기금차수입	400	타기관배군금	8,890
	비현금성수입	4,067	공단전출금	7,814
투표권	계	732,166	계	732,166
	투표권수입	695,007	투표권위탁비	257,758
	지급보증금회수	21,855	타기관배분금	87,448
	기타사업외수입	15,304	공단전출금	386,960
국 고	계	7,020	계	7,020

*자료: 체육백서(2009)

　한편 스포츠 중계방송에 대한 부가모금이나 중계방송권 판매를 통하여 기금의 수입을 증대시키는 방안도 고려해 볼 수 있다. 이는 마치 서울올림픽조직위원회가 TV 방영권을 외국에 판매하는 것과 유사한 논리에서 그 타당성을 찾을 수 있다. 선수양성과 대회개최에 대한 경비는 대한체육회나 기타 체육단체에서 부담하는데, 방송사는 이에 대한 투자는 하지 않고, 또 프로그램 제작비를 전혀 들이지 않고 2~3시간씩 중계를 하면서 무수한 광고를 송출하고 있다. 스포츠 중계방송시간 중 광고는 스포츠 활동이 있기 때문에 가능한 것이므로 최소한 광고료 수익금 중 일부를 국민체육진흥을 위한 기금으로 확보하는 것은 당연하면서도 바람직한 일이다. 그리고, 점차 활성화되어 가고 있는 프로스포츠는 국민의 체육에 대한 참여와 밀접한 관계를 맺고 있는 것이므로, 프로경기단체 수익금의 일부를 국민체육진흥기금으로 활용할 수 있도록 해야 한다.

　　나) 기금의 효율적 활용

　기금확보방안 못지 않게 중요한 것이 기금을 효율적으로 활용하는 것이다. 왜냐하면, 아무리 기금의 규모가 크다고 하여도 이를 효율적으로 활용하지 못한다면 기금설치 목적을 달성할 수 없기 때문이다. 이 기금은 성격상으로 보아 일부 계층이나 지역, 일부 운동선수들에게 편중 투자되어서는 안되며, 모든 국민이 고르게 혜택을 받을 수 있는 방향으로 투자되어야 한다. 따라서 이 기금은 주로 근린 체육시설의 확충, 지역주민 운동회 지원, 사회체육 지도자 양성 등 사회체육 부문에 투자되어야 한다.

　사회체육은 일반국민들이 건강증진과 여가선용을 목적으로 자발적으로 참여하는 평생교육적 체육활동일 뿐만 아니라, 모든 국민을 대상으로 한다는 점에서 국민체육진흥을 위해 가장 중요시되어야 할 영역이다.

홍　보

　사람은 누구나 오래 살고 동시에 행복하게 살기를 바란다. 이 바램을 충족시키기 위해서는 건강한 몸과 마음을 가져야 한다는 것은 새삼 말할 필요가 없다. 사회체육은 바로 이러한 건강한 몸과 마음을 길러주는 가장 좋은 방안의 하나이다.

　현대생활은 누구나 느끼듯 운동부족과 식생활의 불균형, 그리고 과도한 스트레스로 인해 과거에 비해 체력이 떨어지고 있다. 일반인도 운동선수에게 요구되는 고도의 전문적인 체력이 아닌 일상생활을 꾸려가기 위한 최소한의 체력이 필요한데, 이러한 체력을 우리는 흔히 생활체력이라고 말한다. 생활체력을 향상시켜야 건강하고 행복한 삶을 누리려는 인간의 욕망을 가장 바람직한 방법으로 채워줄 수 있을 것이다.

이러한 사회체육운동이 범국민적인 사회운동으로 확산되기 위해서는 사회체육의 본질과 이념을 국민에게 인식시킬 수 있어야 하며, 국민의 자발적인 참여로 사회체육활동인구의 저변을 확대하여야 하고, 체육의 생활화라는 사회적 풍토를 조성하여야 한다. 이처럼 사회적 분위기를 조성하기 위해서는 뉴스매체, 교육기관, 스포츠매체, 공공기관 또는 여론형성기관을 통하여 사회체육에 관한 다양한 정보를 국민에게 제공하여야 한다.

정책과 연결되지 않은 운동은 그 추진력이나 지속성, 성과 등 모든 면에서 목표에 이르기 힘들다. 특히 Sport for All은 범국민적 차원에서 장기적으로 추진되어야 하는 성격의 운동이기 때문에 국가의 일관되고 종합적인 정책이 전제되지 않는 한 실현 가능성은 희박하다. 정책의 내용으로는 크게 홍보면과 재정지원면을 들 수 있다. 즉 Sport for All의 의미와 목적을 대대적으로 홍보하고 일종의 붐을 조성하는 일이 필요하다.

사회체육진흥을 위한 제반 요건 중에서도 홍보의 전개는 매우 중요한 문제이다. 사실 홍보는 TV · 라디오 · 신문 · 잡지 등의 매스미디어를 이용한 것이 효과적이며, 각종 언론매체(mass media)를 통하여 건강에 대한 중요성의 인식과 체육문화를 영화 · TV드라마 · 소설 · 대중가요를 통해서 전국민에게 심도 있게 자각시킬 수 있는 능동적인 홍보가 필요하다.

① 홍보의 개념

홍보(publicity)란 널리 알린다는 뜻인데, 광고학에서의 개념은 광고료를 지급하지 않는 광고이며, 광의로는 광고주가 광고형식을 취하지 않고 상품 또는 서비스 등에 관한 뉴스를 언론기관에 기사로서 제공하여 무료로 보도케 하려는 활동을 의미한다. 따라서 홍보는 설득 커뮤니케이션으로 보아야 하며, 사회체육 국민운동의 홍보는 사회체육과 관련된 정책 또는 제도에 대한 정보제공을 통한 국민의 태도변용(attitude change)을 목적으로 한다.

설득이란 결국 알리고자 하는 내용에 따라서 형성되는 대상자의 태도변용을 의미하는데, 구체적인 내용에는 ① 호의적이고 새로운 태도의 형성, ② 호의적인 태도의 강화, ③ 비호의적 · 잠재태도의 호의적인 방향으로 변화 등이 포함된다.

공급과 수요를 결합시키기 위한 정보활동을 지칭하는 설득적 커뮤니케이션으로서 광고기능을 이해한다면, 광고의 수요자극기능을 설명하는 데 흔히 사용되는 AIDMA 법칙을 생활체육 국민운동 계도·홍보의 목적달성을 위해 검토·활용하여야 할 것이다.

계도·홍보의 심리적 기능을 설명하는 데 사용하는 AIDMA법칙은 다음과 같다.

- 사람들의 주의를 끌도록 한다(attention).　- 관심을 갖도록 한다(interest).
- 사람들의 욕구를 불러일으킨다(desire).　- 기억하게 한다(memory).
- 실제로 행동하게 한다(action).

이와 같은 AIDMA 법칙은 실제로 체력단련교실을 홍보할 때 응용할 수 있다.

- 체력을 단련하면서 모두가 체력향상을 위해 주의를 끈다(attention).
- 체력단련이란, 어떤 일을 하는 것일까, 자신과의 관계유무 등에 대하여 관심을 갖게 한다(interest).
- 최근에 체력이 약화됨으로써 운동을 하여야겠다는 욕구를 일으킨다(desire).
- 이를 위해서 필요한 방법을 항상 기억하게 한다(memory).
- 체력단련교실을 개설하여 의뢰받게 할 뿐만 아니라, 스스로 구체적인 체력단련을 실행하도록 한다(action).

표 4-23. 계도·홍보의 기본목적과 전달관리기능

목적		전달자(관리자)
전달자 입장	수용자 입장	현대매스커뮤니케이션
정보제공	이해	뉴스매체(언론기관)
교육	학습	교육기관(계도), 교육매체 및 출판사
스포츠제공	행동	스포츠·체육단체, 스포츠매체, 스포츠출판사
합의와 설득	수락 및 설정	정부, 공공기관, 여론형성, 언론기관

*자료: 국민생활체육회(2001)

2 홍보의 필요성 및 목적

홍보효과는 대국민 선전 또는 광고에 이용되는 여러 가지 매개수단인 홍보매체의 종류와 활용도에 따라 결정된다고 할 수 있다. 따라서 홍보효과를 제고하고 극대화하기 위해서는 각종 홍보매체를 충분히 검토하여 선정·활용하여야 한다. 특히 홍보매체는 정보의 제공뿐만 아니라 사회체육과 관련된 국민의 다양한 요구에 부응함으로써 국민에게 서비스를 제공하는 기능도 함께 내포하고 있는데, 이것은 계도·홍보활동의 이해와 확산을 위해서 필수적이다.

사회체육 국민운동이라는 정책지원적 국가시책을 추진하기 위한 계도 및 홍보의 필요성과 목적을 국가 또는 공공의 차원에서 다음과 같이 요약할 수 있다.

(1) 사회체육에 대한 올바른 인식의 제고

사회체육 국민운동의 성취는 생활체육을 올바르게 인식하고 이를 생활의 여가시간으로 활용하는 국민의 선진화된 의식 여하에 달려 있다. 따라서 국민들의 사회체육에 대한 부정적 개념 및 이해부족을 해소하여 올바른 가치관을 형성하는 것이 중요하다. 특히 사회체육의 주체가 선수 또는 일부 계층의 전유물이 아니라 전 국민을 위하고 전국민이 참여하는 생활체육이란 점에서 보다 많은 국민과 보다 다양한 계층이 사회체육 국민운동을 국민복지 차원인 국가정책의 의지로서 이해하고 스스로 참여할 수 있는 여건을 조성해야 한다.

(2) 사회체육 참여기회의 확대

국민의 생활수준 향상에 따른 여가시간의 증대와 자아완성 · 자기계발을 실현하려는 의식구조상의 변화, 그리고 삶의 질적 향상 욕구 등으로 인하여 인간의 기본적 욕구를 충족할 수 있는 효과적인 방법으로서 여가생활 중 체육활동의 중요성은 점차 고조되고 있는 추세이다. 따라서 국민의 여가활동으로써 생활체육 참여기회를 증대하기 위한 제도적 · 행정적 · 사회적 지원방안을 지속적으로 제시함으로써 전국민이 생활체육을 자발적으로 실행하는 계기를 마련한다.

(3) 체육의 생활화풍토 조성

국민생활의 안정을 바탕으로 성 · 연령 · 계층에 구애됨이 없이 국민 누구나가 복지화된 환경에서 체육활동을 생활화하는 태도가 조성되어야 한다. 특히 여가생활을 영위하기 위한 체육활동이 일상생활 중에 제도적인 규칙성을 띠고 자발적으로 이루어지도록 하는 데 계도 · 홍보의 목적이 있다.

(4) 정부기관 및 민간체육단체의 협조풍토 조성

사회체육 국민운동이 지닌 다양한 특성과 제도적인 상호보완 관계의 특성을 감안할 때 사회체육 국민운동 정책수립과 시행을 위해서는 정부 부처뿐만 아니라, 민간체육단체와의 협조풍토가 형성되어야 한다. 특히 전 국민을 주체로 다양한 계층에 전문화된 시책을 내용으로 한 생활체육을 토착화시키기 위해서는 어떠한 부처 소관이란 고정관념을 불식하고, 국민복지구현이라는 국가의지 · 국가이념 차원에서 협조와 조정기능을 강화해야 한다. 나아가, 민간단체와 공공기관의 능동적인 협조풍토를 조성하여 계도 · 홍보활동성과를 제고하여야 한다. 사회체육 국민운동 계도·홍보는 바로 이해와 협조를 위한 설득과 정보전달 목적을 위해 적극 전개되어야 할 것이다.

③ 현대사회에서의 스포츠와 홍보

현대사회는 정보와 홍보의 시대이다. 수많은 물질문명이 쏟아져 나오고, 새로운 아이디어가 샘처럼 창출되고 있다. 이러한 세계 각국의 동정과 정보를 전달하여 독자로 하여금 생활에 편리함을 제공해주는 것이 매스미디어이다. 특히 스포츠는 국제이해와 협조를 전달하는 매체이므로 매스미디어의 힘이 크게 작용하고 있다. 매스미디어는 스포츠와 서로 공동 관계를 갖고 있으며, 상호보완적인 역할과 기능을 수행한다고 보며, 스포츠의 진흥과 발전에 커다란 영향력을 행사하고 있다.

균형 있는 스포츠 중계를 통하여 스포츠 발전과 건전한 청소년육성에 심혈을 기울여야 하며, 국민들로 하여금 스포츠의 여러 기능에 대한 재인식도 홍보해 나가야 한다. 또한 국민 전체가 참여할 수 있는 체육행사를 기획·보도하여 스포츠를 생활의 일부분으로 정착시키는 데에도 그 역할과 책임을 다해야 할 것이다. 왜냐하면 스포츠는 한 나라의 국민생활 즉, 정치·경제수준 및 사고방식을 측정하는 척도가 되기 때문이다.

최근의 여가활동은 대중적인 것으로 변천되고 있으며, 스포츠 행사도 여기에 맞게 이용되고 있다. 일상생활에서 스포츠를 통하여 여가를 선용한다면 개인과 사회는 건전하게 되고, 여가선용 능력을 체득하여 둠으로써 장래의 일상생활을 명랑하고 적극적인 삶으로 개선시킬 수 있을 것이다. TV·라디오·신문·잡지 등의 대중매체를 통하여 Sport for All의 개념과 스포츠 대회의 성공적 개최와 결과를 알리며, 유용한 사회체육 프로그램을 작성하여 전국적으로 소개하고 그 홍보활동을 전개하여야 한다. 이러한 과정에서 사회체육 참여인구의 저변확대에 매스미디어의 역할이 크게 기대되는 것이다.

매스미디어의 역할은 사회·정치·경제적 제도와 지배적 문화나 가치체계 등과 관련하여 파악되어야 한다. 따라서, 커뮤니게이션 과정도 더 이상 개인에 대한 메시지 효과보다는 정치·경제·문화·스포츠의 상호관계로 이루어지는 사회구성체의 유지가 고양되어야 한다. 특히, 유희와 스포츠는 문화 패턴의 한 부분으로 받아들여지고 있는데, 유희·경기·스포츠·무용은 문화를 창조하는 역할을 하며, 언어보다 더 효과적인 대중매체(mass media)의 수단이 되고 있다. 매스미디어 중에서 가장 큰 역할을 하는 것이 신문과 TV인데, 신문은 신문 자체가 가지고 있는 보도적 기능·지도적 기능·오락적 기능·광고적 기능을 토대로 스포츠에 대한 각종 정보를 제공하고 전문지식을 전달함으로써 스포츠에 대한 관심과 흥미를 더욱 조장할 수 있으며, 신문의 기사취급 여하에 따라 어떤 특정 종목의 운동이 크게 발전할 수도 있고 퇴보할 수도 있는 것이다. 또 TV는 다양한 사람들을 대상으로 하고 있기 때문에 사회체육홍보의 일환으로서 TV 활용은 학교교육과 더불어 교육적 효과를 높일 수 있다.

이같이 매스미디어는 문화적 영향의 변수로서 그 역할의 힘이 지대하다고 볼 수 있다. 어쨌든 매스컴은 스포츠의 이론이나 운동경기의 내용을 보도함으로써 국민들의 스포츠에 대한 이해와 관심도를 높게 하며, 직업인들에게 스포츠에 대한 오락적 본능을 충족시켜주고, 운동부족에서 오는 갖가지 질병과 사고를 미연에 방지할 수 있는 지식제공과 지도적 역할을 하게 되는 것이다. 매스미디어는 스포츠의 바른 규칙이나 기술을 대중에게 알리고, 각국의 잘 알려지지 않은 스포츠를 소개하여 국민들로 하여금 이를 이해하고 바른 평가를 내릴 수 있는 기회를 제공하여야 한다. 또한, 각국 선수는 최고 수준의 미와 기술을 보여주어야 하며, 모범적인 행동(sportsmanship)을 방영해주어야 한다.

브라질은 'Network Idea' 운동을 정착화시키기 위해 800개 이상의 라디오방송국을 통해 일요일 아침 Sport for All에 대한 방송을 실시하고 있으며, Sport for All 조직이 신문·잡지·라디오와 같은 자체 미디어를 확보하여 전국에 프로그램을 소개하고 홍보활동을 전개하고 있다.

캐나다에서는 사회체육활동에 보다 많은 사람들이 참여하도록 홍보하고 유도하는 의미에서 미디어 캠페인을 'Participation'으로 정하여 국민들의 마음을 움직이고 있으며, 라디오·TV·유선방송 등을 통한 집중적인 홍보활동이 사회체육 참여인구의 저변확대에 크게 기여하고 있다.

"세상이 보다 나은 장소가 되게 하고, 그것은 나로부터 시작되게 하자."라는 한 시인의 시구(詩句)처럼 보다 강하고 보다 행복하고 보다 힘차고 생산적인 삶을 영위하도록 미국은 '신체적성 및 스포츠에 관한 대통령위원회'를 두고 있다. 1956년 Eisenhower, D. D. 대통령 재임 당시 설립된 이 위원회는 미국의 청소년이 서유럽 청소년들의 건강에 비해 매우 뒤진다는 의사의 연구보고에 충격을 받아 건강문제에 대한 국민의 경각심을 일깨우는 데 노력을 집중하였다.

Kenndey, J. F. 대통령 때에는 위원회의 조직과 기능이 더욱 활발해졌다. 또 위원회에서는 레이건이 77세(1988년)에 접어들어 그 자체로 더 나은 사회체육의 홍보수단이 없음을 비유, 매일 30분간의 야외운동 프로그램 및 체력단련실에서의 유연체조·바퀴돌리기·

역도 등 대통령 내외의 운동프로그램을 전국민에게 널리 홍보하기도 하였다. 위원회는 대통령이 지명한 15명의 민간인으로 구성되며, 그밖에 전문가 · 보조자 · 임상가 등까지는 모두 150여 명에 달한다.

위원회가 자랑하는 동반자는 사기업이나 TV 방송국, 곡물회사, 음식회사 등으로 자금조달에서부터 건강 프로그램 · 청소년 건강도서 등을 작성하고 보급하는 데 큰 역할을 하고 있다. 심지어 전화회사 · 교역회사 · 보험회사까지 동참하여 건강 포스터와 영화를 만들어 후원해주기도 하였다.

위원회에서 실시하는 테스트로서 유명한 것은 대통령이 매년 학기 초와 말에 2번씩 학생과 청소년 그룹들을 표준화하여 건강 테스트를 받게 하는 것이다. 앉아 일어서기 · 턱걸이 · 넓이뛰기 · 50야드 달리기 · 왕복달리기 · 9~12분간 뛰기 또는 걷기 등으로 85% 이상 점수를 딴 사람이 상(賞)을 받을 자격이 있다. 매년 약 1천 800만명의 청소년들이 테스트를 받으나 약 30만명 정도만 통과되며, 가장 많이 배출된 학교는 국가선수권 학교로 지정받는다.

매년 5월은 대통령에 의해 선언된 '국민신체적성 및 스포츠의 달'인데, 이 한달 동안 전국의 학교 · 공원 · 레크리에이션 부서 · 건강클럽 등의 조직을 중심으로 건강축제 달리기 · 걷기 · 각종 경기대회 · 좌담회 · 강연회 등이 펼쳐지기도 한다.

이와 같이 미국의 사회체육은 스포츠에 대한 상업자본의 유치 및 투자, 국민의 스포츠에 대한 건실한 이해와 더불어 매스컴의 전폭적인 협력이 있었기에 생활 속의 일부분으로 성장할 수 있었다. 앞에서 살펴본 바와 같이 사회체육이 국민생활의 일부분으로 자리잡기 위해서는 매스미디어의 역할이 매우 크다고 생각된다.

우리나라의 사회체육과 매스미디어의 관계에서 몇 가지 문제점을 제기해 보면, 첫째 TV 프로그램의 방송내용은 시청자가 프로그램을 접촉함으로써 실제로 활용 가능한 운동기술을 배울 수 있는 것보다는 중계방송 위주로 편성되어 있어서 관람 스포츠의 범주를 벗어나지 못하고 있으며, 둘째 스포츠 중계 내용면에서 프로야구 · 축구 · 농구 · 배구 등 인기종목이 전체 중계방송의 88.7%(1986년)를 차지하고 있기 때문에 종목별 불균형을 조장할 뿐만 아니라, 사회체육 보급에 커다란 역효과를 가져올 수 있다는 것이다. 그러므로, 매스미디어의 올바른 역할과 기능은 스포츠 진흥정책의 올바른 설정과 스포츠 보급의 확대라고 할 수 있을 것이다.

세계 각국은 홍보활동을 통하여 체육활동의 중요성을 인식시키고, 국민들이 사회체육 활동에 스스로 참여할 수 있도록 유도하고 있다. 이러한 홍보활동의 극대화를 위하여 가장 많이 이용하고 있는 것이 매스미디어이다. 즉 사회체육 저변확대를 위해서는 가장 커다란 역할을 하는 것이 매스미디어인 것이다.

(1) 스포츠홍보의 다양화

미래사회의 다원화·고도기술화 추세에 따라 정보의 양이나 질은 더욱 확산·향상될 것이다. 또한 오토메이션, 퍼스컴, 마이크로 프로세스 시스템 등의 기술혁신이 이루어지고 전문용어의 사용이 심화됨으로써 전체 사회의 상호관련 속에서 체육분야에 대한 정보의 요구도 점차 전문화·다양화될 것이다. 따라서 개인의 건강과 체력증진, 레저와 레크리에이션, 스포츠 활동의 내용·방법·시설 및 재정 등 체육 관련 여러 문제에 대해 전문적이고도 다양한 정보가 요구될 것으로 전망된다.

복잡한 사회를 살아가는 현대인은 스트레스, 노이로제, 정신이상 등을 예방하고 치료하기 위한 자기관리적 건강요법이나 체력단련법을 필요로 한다. 아울러 각종 스포츠나 운동기술 등에 관한 전문적인 지식이 현대인의 건강생활을 위한 기본상식이 된다는 점에서 체육정보의 요구는 점차 증가될 것이다. 진정한 민주주의는 신뢰 가능한 정보의 유통과정을 통하여 발전한다. 그러므로 각종 정보원이나 자료는 개방되어 그 접촉이 자유로워야 한다. 따라서 지역·계층·성·연령 등 대상에 구애됨이 없이 개방되어야 한다.

체육의 가치와 필요성에 대한 정보의 내용도 상식적인 내용에서 탈피하여 보다 전문화·과학화되는 과정이 필요하다. 따라서 홍보자료의 내용과 매체는 일반대중의 필요성과 욕구를 충족시킬 수 있도록 정책입안자, 스포츠 과학자, 의사, 경기지도자, 사회체육지도자 등 체육관계 전문가들에 의해서 이론적인 근거를 가지고 제작되어야 한다. 그리고 신뢰할 수 있는 홍보체제를 통하여 자유로운 커뮤니케이션이 이루어져야 할 것이다.

이를 위해 활용 가능한 매체는 다양하나 대체적으로 신문, 라디오, TV, 전화, VTR, 공공기관, 소개책자, 우편, 카탈로그, 팜플렛, 소품 및 세트 대여, 상품제공, 플라이어(flyer), 프레스킷(presskit) 등이 개발 활용될 수 있다.

이러한 매체 및 자료의 내용에 포함될 항목은 다음과 같다.

- 체육의 필요성과 목적, 국민건강 및 체력의 중요성, 운동효과 및 구체적인 활동방법
- 체육시설의 확보와 이용, 공공체육시설 외에 학교체육시설 및 직장체육시설 개방
- 체육동호인 모집, 스포츠클럽의 가입, 클럽결성과 입회
- 체육지도자의 주선이나 소개 및 지도자 양성
- 체육관계 프로그램 안내, 대회·강연회 및 초보자 지도

　－ 체육용기구
　－ 체육단체의 활동 소개
　－ 성공사례 및 외국의 사례

(2) 체육의 순기능을 위한 매스컴역할의 제고

체육진흥의 성과는 체육의 순기능을 위한 매스컴의 역할에 의해 큰 영향을 받을 것이다. 매스컴은 자체의 기능 중 보도와 계도기능을 조화시켜 체육·스포츠의 기능과 가치를 올바르게 전달함으로써 체육진흥의 촉매적 역할을 충실히 해나가야 한다. 이를 위하여 매스컴은 체육 부문을 하나의 오락프로그램으로 취급하는 편성 자체를 지양하여 다양한 프로그램을 개발하여야 하며, 지나친 상업주의에서 탈피하여 공익성을 강조한 프로그램을 제작하여야 한다.

매스컴은 일반 시청자가 자발적으로 실행에 옮길 수 있는 프로그램 내용, 즉 운동기술과 운동방법 등 교육적인 프로그램을 개발·제시하여야 한다. 특히 스포츠 인구의 저변확대를 위한 프로그램 기획, 한국인의 신체조건에 맞는 스포츠 종목개발 및 보급, 지역이나 직장대항 경기대회의 중계 등을 매스컴의 편집·편성에 수용해야 할 것이다. 또한 승부보다는 페어플레이 정신을 고취시킬 수 있고, 결과보다는 과정에 중점을 두어 올바른 가치관과 건전한 사고를 지닌 시민을 양성하기 위하여 노력하여야 한다. 그리하여 체육의 본질과 목표가 왜곡 또는 변질되는 일이 없도록 해야 한다.

이와 같이 매스컴을 통한 체육의 순기능을 높이기 위해서는 방송국 및 신문사의 관계자·PD·편집자·기자 등으로 공동협의체제를 구성하는 방안도 강구될 수 있을 것이다.

(3) 국민계도·홍보체제의 확립

체육인구의 저변확대와 각종 체육프로그램 제공, 체육시설 이용, 건강·체력증진법, 레크리에이션 활동 등 체육 전반에 관한 적극적인 계도 및 홍보를 위하여 정부 또는 담당기관을 중심으로 공공기관, 학교, 사회단체, 매스컴, 협회, 클럽, 민간스포츠 시설, 상담소 등을 연결하는 국민계도·홍보체제가 제도적으로 운용되어야 한다. 이를 효율적으로 체계화하기 위해서는 현재의 국민체육진흥법을 개정하여 이것의 법적 근거를 마련하고, 체제운용을 위한 재정·조직·시설·지도자 등의 문제를 해결하기 위한 방안을 모색한다. 또한, 제도 및 홍보방법도 구체화함으로써 일반국민들이 일상생활에서 필요로 하는 체육에 관한 지식 및 정보를 쉽게 접할 수 있도록 한다.

이와 같은 방법으로 스포츠와 관련된 교육프로그램이 정부·민간사회단체, 매스컴을 주축으로 제공되고, 반상회·공공장소에 홍보책자 비치, 구호·표어·가요 등을 통하여 체육입국에 대한 의지와 정책이 궁극적으로 홍보되어야 한다.

특히 체육기관 및 유관단체는 매스컴과의 주기적인 접촉을 통해 스포츠에 대한 일반 국민의 요구와 비판을 겸허하게 수용하고 거시적으로 대응하여야 할 것이다. 또 언론의 협조를 충분히 얻어 모든 국민이 스포츠의 중요성을 이해하고 사회체육에 자발적으로 참여할 수 있도록 차원 높은 체육홍보에 주력해야 할 것이다. 그리고, 보다 많은 국민에게 정부의 국가적·정책적 의지를 홍보하고 사회체육 국민운동의 사회적 목표를 달성하기 위한 제도적 지원을 정부 또는 사회체육 담당기관만의 능력으로는 한계가 있으므로 관련기관·단체 등과의 연결체제 구축이 요구된다.

사회체육, 국민계도 및 홍보체제를 구성하는 기관·단체는 다음과 같이 요약된다.

- 문화체육관광부
- 생활체육 담당기관
- 민간체육단체
- 공공기관
- 민간사회단체
- 학교 및 사회교육기관
- 매스컴
- 공공 및 민간 스포츠시설
- 직장체육 담당부서
- 상담소

이상과 같은 내용을 고려할 때 국민계도·홍보체제 및 과정은 그림 4-12과 같은 모델로 제시될 수 있다.

선정된 홍보매체의 특성은 변화하는 사회환경을 충분히 고려하여 사회계층별·연령별 적응도에 따라 실질적인 활용방안을 선택해야 할 것이다. 특히 TV, 라디오, 신문 등과 같은 대중매체를 적극 활용하는 방안이 강구되어야 한다.

① 신문매체
- 사회체육에 대한 특집좌담회
- 해설·계몽기사
- 돌출광고
- 보도자료 제공
- 외국의 사례

② 잡　지
- 특집연재(사회체육 지상세미나 등)
- 작품화기록 연재
- 계몽해설문 게재
- 우수지역, 직장의 사례 연재
- 외국의 사례

③ 라디오

- 스포츠기자 좌담회
- 현장중계 계도(현장 르포)
- 현장과의 대화
- 사회체육 미담

④ TV

- 계몽 단막극(꽁트)
- 사회체육 관련인사 좌담
- 스포츠 교실 운용
- 체조 방영

⑤ 촉진매체

- 영화 상영(극장)
- 차내 게시(버스, 전철)

- 사회체육 코메디
- 스포츠 방영
- 체조 보도
- 사회체육, 노래와 시

- 현장중계 계도(현장 르포)
- 프로그램 안내
- 시설 이용의 안내

- 공공시설
- 공중전화 박스

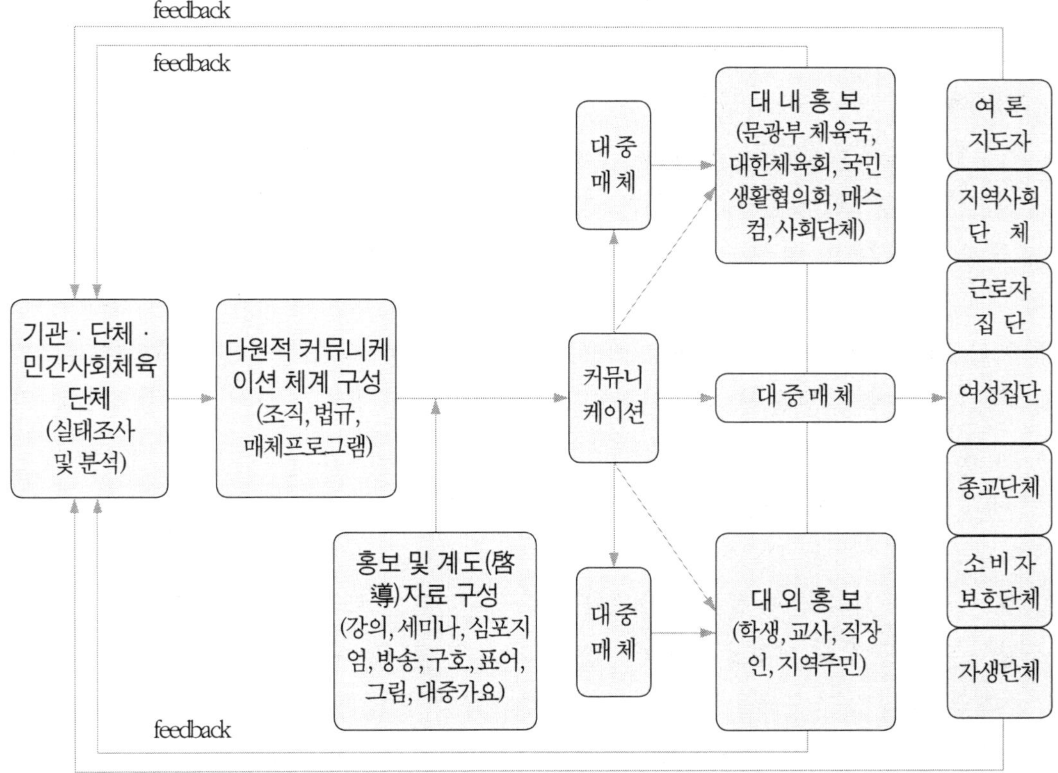

그림 4-12. 국민계도·홍보체제 및 과정

    – 입간판 및 현수막(도로, 육교)　　　　– 상담소

    ⑥ 사회조직

– 조직의 월례회 및 정기 회합을 통한 계도 · 홍보

– 조직과 지역주민과의 정기적 교류

– 조직활동에 대한 회지 및 홍보자료 배포

– 조직구성원들의 가두 캠페인

    · 리본달기　　　　　　　　　　· 팜플렛 배부

    · 사진전시회　　　　　　　　　· 포스터 및 표어 게시

4. 홍보전략

사회체육 혹은 생활체육을 상징하는 용어는 각국마다 다른데, 독일 · 노르웨이 · 핀란드 · 덴마크에서의 'Trim' 또는 'Trimm', 미국의 'Physical Fitness and Sports', 'Recreation for All', 호주의 'Life Be in It', 캐나다의 'Participation' 또는 'Fitness Canada', 그리고 'Recreation Canada', 동유럽에서의 'Mass Sport' 등이 사회체육 전개의 표어로서 사용되어 사회체육의 발전을 도모하였다.

이러한 내용으로 본다면, Sport for All이란 결국, 모든 사람들이 그들의 여가시간을 활용하여 자발적으로 즐겁게 참여하는 여러 형태의 운동활동을 모든 사람을 위해 민간단체 또는 공공기관이 벌리는 모든 종류의 국민체육 진흥사업과 그 보급활동의 총체를 포함하는 것이라고 말할 수 있다. 따라서 건강을 바탕으로 하는 신체적 안녕이 포함된 명랑하고 건강한 시민양성을 전제로 하면, 사회체육과 복지사회 건설은 불가분의 관계에 놓여 있는 것이다. 뿐만 아니라, 사회체육은 일반 국민의 레저 스포츠로 굳게 뿌리를 내리게 함으로써 튼튼한 저변을 갖고 무한하게 발전할 수 있는 스포츠 인구를 확보하게 하여 세계 평화를 모토로 하는 올림픽경기에 바람직한 참여를 유도할 수 있다.

이렇듯 사회체육은 인간의 창조적인 건설을 유도하고, 체육의 교육적 · 예방의학적 · 올바른 사회가치의 정립 등으로 체육이 갖고 있는 그 본래의 가치, 즉 건강증진과 평등, 사랑, 인간존중 및 세계평화 구현에 십분 발휘할 수 있도록 도와주고 있는 것이다.

이러한 의미 있는 운동을 모든 사람들에게 전파할 수 있는 사회체육 프로그램의 범국민적인 보급을 위한 주요한 전략은 홍보(publicity)이다. 홍보전략은 궁극적으로 가족단위를 중심으로 하여야 하며, 도시 · 농촌 · 기업 · 학교 · 정부조직 등 사회 각 구성원이 체육활동에 참여하는 기회를 광범위하게 부여함으로써 체육활동이 개인생활에서 주요한 의미를 갖도록 개인의 생활행태(lifestyle)에 영향을 준다.

효과적인 홍보전략은 국민의 스포츠 지향성을 높여주는데, 이는 의식적이고 조직적으로 추진되어야 한다. 그리하여 모든 가족 구성원, 그리고 모든 주민들이 사회체육이 일상생활에서 중요하고, 개인생활에서도 주요한 평생의 행위라는 사회적 공감대를 형성하여야 한다.

사회체육의 대중화와 스포츠 지향성의 제고는 필연적으로 가족 스포츠로 연결되며, 궁극적으로 가족 단위로 운영되어야 효과적이다. 왜냐하면, 가족은 개개인의 삶에 있어 가장 원천적 집단이며, 이 집단은 개인의 여가 생활에 가장 큰 영향을 미치는 개인의 생활행태에 결정적 영향을 미치기 때문이다.

우리와 같이 사회체육 홍보기능의 전문성이 결여되고, 홍보내용의 다양성이 부족하여 홍보매체활동이 미흡한 경우에 캐나다의 파티시페이션(participation)과 같은 홍보전략은 사회체육 홍보에 참고가 될 수 있는 것이다. 이것은 민간차원의 사회체육 홍보 전문회사로서 가장 성공적인 홍보전략을 추진하고 있는 것으로 알려져 있는데, 그들이 추진하는 전략내용은 다음과 같다.

－ 사회체육 홍보는 현대사회의 무수히 많은 홍보물과 경쟁하여 국민들의 관심을 끌어야 하므로 효과적인 홍보를 위하여 가장 창조적인 수단 및 가장 유능한 인적 자원을 확보하여야 한다.
－ 텔레비전 · 라디오 · 신문 · 잡지 등의 대중매체 뿐만 아니라 포스터 · 팜플렛 · 책자 · 단추 · 우유팩 등과 같은 모든 수단을 이용해야 효과적이다.
－ 사회체육 홍보는 인기스타 보다 평범한 일반서민을 모델로 하여야 시민들에게 신뢰감을 주어 효과적이다.
－ 언론관계 종사자의 이해와 협조는 성공의 지름길이다.
－ 전국의 사회체육 지도자와 밀접한 관계를 맺고 이들을 조직화하여야 한다.

따라서 그들을 홍보요원으로 활동케 함으로써 사회체육운동 추진에 필요한 협조를 얻을 수 있게 될 것이다. 그리고, 그들에게 정기적인 정보자료의 발송 등 그들의 활동에 상응하는 반대급부를 제공하는데, 이것은 그들의 적극적인 협조 유도를 위해 필요하다.

♠ 단 원 요 약 ♠

1. 조　직

(1) 사회체육의 조직

　사회체육의 사회적 구조요건의 하나로서 사회체육의 목표를 달성하기 위해 의도적·계획적으로 만들어진 지속적이고 안정된 지위와 역할의 행정조직을 말한다.

(2) 사회체육조직의 역할

　① 사회체육 지도자 양성　　　② 운동의 의의나 필요성, 실시방법 등에 관한 정보 서비스

　③ 프로그램 서비스

(3) 최대다수의 공익을 형성하기 위한 사회체육의 역할

　① 조직정비　　　　　　　② 사회체육과 학교체육의 연계를 위한 행정의 일원화

　③ 전문인력 양성　　　　　④ 체육관련 직제와 체육조직 및 법령의 정비

(4) 지방사회체육 행정기구의 강화

　① 지방체육 행정기구의 강화로 사회체육정책을 효율적으로 추진할 수 있다.

　② 체육행정체계의 일관성 유지로 중앙의 체육정책이 지방에 전달될 수 있는 지휘·감독 계통이 확립될 수 있다.

　③ 교육위원회의 사회체육 업무 감소로 학교체육 업무에 전념할 수 있다.

(5) 사회체육행정의 자율성 신장을 위한 과제

　① 행정기관별 업무의 중복성 방지　　② 민간주도의 체육행정

　③ 사회체육전문위원회의 기능강화가 필요하다

(6) 사회체육행정의 과학화 및 효율화

　① 사회체육 정보자료실 설치·운영　　② 사회체육행정의 전산체제 도입

　③ 사회체육 지표설정

(7) 사회체육 행정가의 전문성 함양

　① 사회체육 행정가 양성기관 설립　　② 사회체육 행정가 현직 교육 강화

　③ 사회체육 행정가 자격검정 실시

2. 시　설

(1) 공공체육시설의 기능

　① 국민의 체육·스포츠 활동을 위한 공간으로서의 기능

　② 국민의 건강 및 체력 유지·증대의 장으로서의 기능

　③ 스포츠 지도의 기능과 자생체육단체의 육성을 위한 장으로서의 기능

　④ 지역주민 상호교류의 장으로서의 기능

(2) 직장체육시설의 기능

　① 직장인의 체육활동에 대한 욕구 충족

　② 직장인의 건강 및 체력증진을 위한 기회 확대

　③ 노사간의 인간관계 개선 기회 제공

　④ 직장인의 건전한 여가활동 기회 제공

(3) 민간체육시설의 기능

　① 일반인의 다양한 체육활동 욕구 충족　② 일반인의 체육활동 참여 기회의 확대

　③ 체육활동을 통한 여가선용의 기회 증대

(4) 학교체육 발전을 위한 개선점

　① 부지확보　　　　　　　　　　② 시설기준령 정비

　③ 시설의 현대화　　　　　　　　④ 관리의 체계화

(5) 사회체육시설의 상호 연계성

　① 체육시설의 대중화　　　　　　② 도시계획과 사회체육시설 설계

　③ 다목적 대중종합 시설

3. 지 도 자

(1) 사회체육 지도자의 정의

　보다 많은 사람들이 사회체육활동에 참여할 수 있도록 노력하는 사람

(2) 사회체육 지도자가 필요한 이유

　① 체육인구의 증가　　　　　　　② 체육활동의 내용과 방법의 다양화·전문화

　③ 안전성 확보　　　　　　　　　④ 체육프로그램의 효율적 운영

　⑤ 운동처방의 조언자

(3) 사회체육 지도자의 성격

　① 전문적 기능 및 지식의 전달　　② 체계적 활동 전개

　③ 사회봉사활동

(4) 사회체육 지도자의 조건

　① 사회적인 신망　　　　　　　　② 스포츠에 깊은 관심과 이해

　③ 직무수행의 열의와 능력

(5) 사회체육지도자의 자질

　지도자는 인간의 이해, 철학적 바탕, 사회체육에 대한 전문적인 지식을 가져야하고, 리더로서 가져야 할 자질과 소양을 지녀야 한다.

4. 프로그램

(1) 사회체육 프로그램

　사회체육 프로그램이란 사회단체나 각종 민간시설, 공공기관 등에서 조직적으로 계획하고 실

시하는 스포츠 활동의 모든 것이라 할 수 있다. 또한 국민 개개인이 체육활동을 실천할 수 있는 동기와 방법을 제시해 주는 내용으로서 일반, 국민들의 합리적·효과적인 체육활동을 보장해 주기 위한 구체적 수단이며, 사회체육 참여도를 증진시키기 위한 필수적 요인이다.

(2) 사회체육 프로그램 내용의 구성원리

　　① 설정된 목표 관련 선정·조직·운영　　　② 참여자에 대한 고려
　　③ 지도의 가능성 검토　　　　　　　　　④ 일경험. 다목표 달성
　　⑤ 새로운 프로그램의 개발과 조직　　　⑥ 학교체육 프로그램과 유기적인 협동체 구축 운영
　　⑦ 지역성 고려

(3) 사회체육 프로그램의 개발·보급

　　① 프로그램 개발 전담기구 설치　　　　② 지역사회 주민을 위한 프로그램 개발·보급
　　③ 사회체육프로그램 보급을 위한 홍보

5. 재　　정

(1) 체육재정의 전망

　　① 국민경제생활 향상에 따른 체육투자 증대　　　② 체육의 중요성에 대한 이해의 증진
　　③ 지방 체육재정의 자립도 향상　　　　　④ 체육활동 참여기회의 균등화 및 투자 확대
　　⑤ 체육재정 총수요의 증대

(2) 사회체육 재정 확보의 기본방안

　　① 적정 체육재정 규모의 확보　　　　　② 재원의 안정성 보장
　　③ 재원의 다양화　　　　　　　　　　　④ 지방체육재정은 지방자치단체에서 확보
　　⑤ 체육재정 투자수익의 형평

(3) 사회체육재정의 확보방안

　　① 정부로부터의 재원 확보　　　　　　② 민간투자의 적극유치
　　③ 체육회의 자체수입 확충　　　　　　④ 국민체육진흥기금의 확충과 효율적 활용

(4) 정부로부터의 재원확보

　　① 정부예산 중 문화체육관광부 예산비율 인상
　　② 지방교육비 특별회계 중 학교체육비 증액
　　③ 지방체육 진흥을 위한 지방자치단체의 책임성 제고
　　④ 국토개발이익 환수금제도의 도입·활용

6. 홍　　보

(1) 사회체육 홍보의 필요성 및 목적

　　① 사회체육에 대한 올바른 인식의 제고　　② 사회체육 참여기회의 확대

③ 정부기관 및 민간체육단체의 협조풍토 조성
(2) 현대사회에서의 사회체육과 홍보
    ① 사회체육 홍보의 다양화　　　　② 체육의 순기능을 위한 매스컴의 역할 제고
    ③ 국민계도·홍보체제의 확립

♠ 연 구 문 제 ♠

1. 조　직

1. 조직의 일반적 정의와 사회체육조직의 정의에 대하여 살펴보자.
2. 사회체육조직의 역할에 대하여 살펴보자.
3. 우리나라 체육행정조직으로서 문화체육관광부의 조직과 사회체육 관련 민간단체조직으로서
   국민생활체육회 조직에 대하여 알아보자.
4. 우리나라 각 시·도의 자생 동호인 조직과 활동인구에 대하여 알아보자.
5. 사회체육행정의 활성화모델을 몇 가지로 요약하여 정리해 보자.

2. 시　설

1. 시설의 정의와 관련하여 사회체육시설의 정의를 기술해 보자.
2. 공공체육시설의 현황에 대하여 알아보자.
3. 직장체육시설의 기능을 살펴보고, 우리나라 직장체육시설의 현황을 알아보자.
4. 민간체육시설의 개념과 역할을 살펴보자.
5. 체육시설의 관리·운영에 대하여 살펴보자.
6. 사회체육시설의 확충방안에 대하여 몇 가지로 요약하여 정리해 보자.

3. 지 도 자

1. 사회체육 지도자의 정의와 필요성을 요약해 보자.
2. 사회체육 지도자의 자질에 대하여 이해하고 요약해 보자.
3. 사회체육 지도의 원칙에 대하여 간단히 요약해 보자.
4. 사회체육 지도자의 활동영역에 대하여 기술해 보자.

5. 우리나라 사회체육 지도자의 양성과정과 지도자의 활동현황에 대하여 알아보자.

6. 사회체육 지도자의 확보 및 효율적 활용방안에 대하여 몇 가지로 요약해서 정리해 보자.

4. 프로그램

1. 프로그램의 일반적 정의에 관련하여 사회체육 프로그램의 정의에 대하여 기술해 보자.

2. 사회체육 프로그램의 유형에 대하여 정리해 보자.

3. 사회체육 프로그램의 구성에 있어서 고려되는 몇 가지 원칙들에 대하여 살펴보자.

4. 사회체육 프로그램의 기본방향에 대하여 알아보자.

5. 우리나라 사회체육 프로그램의 개발과 보급현황에 대하여 조사해 보자.

6. 우리나라 사회체육 프로그램의 문제점과 과제에 대하여 간단하게 요약하여 정리해 보자.

5. 재　　정

1. 우리나라 체육재정의 전망과 현황에 대하여 알아보자.

2. 사회체육재정의 확보를 위한 기본방안에 대하여 기술해 보자.

3. 사회체육재정 확보방안을 몇 가지 요약하여 제시해 보자.

6. 홍　　보

1. 사회체육 홍보의 필요성과 목적에 대하여 알아보자.

2. 스포츠와 홍보의 관련성을 살펴보고 이해하자.

3. 스포츠 홍보의 다양화를 위한 방안을 살펴보자.

4. 사회체육 홍보체제의 확립방안에 대하여 살펴보자.

5. 사회체육 관련기관 및 단체의 홍보현황에 대하여 조사해 보자.

제5장
사회체육 주관기관의 형태에 따른 분류

　　사회체육의 영역은 다양한 준거에 의해 다양한 형태로 분류될 수 있다.

　　대부분의 사회체육이 그 활동의 기회를 제공해주는 주관기관(sponsor)에 의해 계획되고 전개되고 있는 것을 감안할 때 주관기관의 형태에 따른 영역을 구분해 보는 것 또한 중요하다고 하겠다.

　　이 장에서는 사회체육의 주요영역의 분류를 다양한 사회체육활동을 전개하고 있는 주관기관별로 분류해 보고, 그 성격과 활동내용 등을 살펴보기로 한다.

사회체육을 활동중심으로 분류하는 것도 주용하지만 스포츠를 포함한 여러 가지 기회를 제공해 주는 주관기관(sponsor)에 따라 다음과 같이 그 영역을 구분해 보는 것도 중요하다. 왜냐하면 사회체육의 발전은 활동 자체의 연구보다는 그러한 활동들을 마련해 주는 단체의 운영과 관리(행정)에 의해 좌우될 수 있기 때문이다.

공공형태의 사회체육

공공형태의 사회체육은 정부가 주도하는 사회체육을 의미한다. 예를 들면 체육공원, 남산과 같은 도시공원, 도립·국립공원, 시영골프장 등이 이에 속한다. 근래에 이르러 공해방지와 생애체육을 위하여 운동수요는 확대되고, 운동을 즐기려는 사람은 급속히 증가하고 있다. 소위 스포츠의 대중화가 이루어지고 있는 것이다. 그런데 이 대중은 주로 개인적 스포츠를 좋아하고, 레크리에이션으로서 쉽게 즐길 수 있고, 또 비교적 기술이 필요 없는 운동을 요구하고 있다. 이와 같은 공공형태의 사회체육활동에는 체육공원을 통한 각종 스포츠, 공원을 이용한 등산·캠핑·하이킹 등이 있다.

공공형태의 사회체육의 이점은 보다 많은 국민들이 적은 비용으로 쉽게 이용할 수 있다는 경제성과 공평한 참여에 있다. 이러한 기회의 균등이 대중화의 첩경이기 때문에 공공형태의 사회체육은 최대한으로 확대되어야 한다.

정부만이 사회체육을 성공시키는 유일한 주관기관은 아니지만, 국민 전체를 위한 사회체육문제를 책임질만한 주관기관은 현실적으로 정부밖에 없다. 다시 말하면 정부의 주도하에 여러 다른 단체들과 공동사업이 이루어질 때 사회체육은 성공할 수 있다. 실제적으로 정부가 적극적으로 개입하지 않으면 많은 사회체육활동이 상업화될 염려가 있으며, 그렇게 되면 실질적인 대중화는 힘들게 된다. 그 좋은 예가 골프와 같은 운동이다.

체육·스포츠활동의 장인 공공시설은 공공단체가 행하는 사회체육사업의 장으로 시설된 것이다. 예를 들면 공원과 같은 것인데, 이는 사용하고 싶은 사람이 이용하기만 하면 된다. 공공사회체육시설은 국민의 세금에 의하여 설치되어 관리·운영되고 있으므로 이것은 국민들의 운동욕구를 충족시키는 장으로서 뿐만 아니라, 적어도 거기서 운동하고 싶다는 희망을 갖는 사람들에게 평등한 이용기회와 편의가 주어지지 않으면 안된다.

이러한 공공형태의 사회체육에 가장 합당하고 합리적인 장소와 기회를 보다 많은 사람들에게 제공할 수 있는 곳은 바로 다양한 공공체육시설이다. 여기에서는 체육공원, 근린체육시설 및 광역체육시설에 대해 알아보기로 한다.

 체육공원

현재 일반국민들이 사회체육활동의 장으로서 활용할 수 있는 공공시설은 매우 부족하다. 이러한 실정을 어느 정도 해소할 수 있는 방안이 바로 체육공원의 설치인데, 1982년 내무부에서는 체육공원 조성계획을 세워 체육청소년부와 함께 프로그램을 개발하고 이에 따른 시설을 설치한 바 있다. 현재의 문화체육관광부에서는 국민체육진흥과 국민복지향상을 위한 체력증진 및 여가선용의 기회확대를 위한 시책의 일환으로 체육활동공간 확대 및 기반조성을 위해 운동장·체육관·수영장을 기본 체육시설로 정하여 전국 196개 시·군에 이러한 시설을 확충해나갈 것을 목표로 연도별·단계적으로 하나씩 추진하고 있다.

체육공원 조성계획을 보면 설치장소는 국립·도립·도시공원 등 각종 공원지역 또는 국민들의 접근이 용이한 도시근교 및 고수부지, 햇빛·바람·물·숲 등 자연조건과 주위환경을 고려하여 입지를 선정할 예정이다. 이와 함께 단순한 장소제공의 한계를 극복하고 정부 차원의 적극적인 행정서비스를 실시하기 위해 체육공원 내에 설치해야 할 시설물유형을 분야별로 정해 동시에 펴나갈 방침이다.

시설물유형은 다목적 운동장, 테니스장, 수영장, 롤러스케이트장, 각종 운동시설, 어린이놀이터·놀이동산 등 어린이 놀이시설, 취사·야영장, 산책로·등산로 등 체련시설, 사이클도로, 보트장, 낚시터 등 유희·오락시설, 식수대·화장실·쓰레기 소각장 등 각종 편의시설, 관리시설 등이다. 기타 고려되고 있는 사항 중 시설물 규모결정은 설치지역의 지역적 특성과 재정여건을 감안하되, 일반시민이 많이 모이는 공원이나 인근지역 및 인구 30만 이상의 중소도시에는 대규모 체육공원을 설치하며, 기타 시·군 단위에서는 시설물의 이용인구를 고려하여 소규모시설을 설치한다.

이런 시설들은 전문가나 주요 이용자들인 주민들의 의견을 폭넓게 수용해 체육공원이 글자 그대로 시민들의 공원이 되고, 체육과 여가활동을 할 수 있는 공원이 되도록 한다. 이 경우 재정적 부담은 따르겠지만, 도시형태에 맞추어 가급적 여러 곳에 공원을 조성하여 주이용자인 시민들의 편리한 이용을 보장해야 한다. 특히 공원 내에 보존되어 있는 유적보호에도 앞장서 고전성과 역사성도 보존해야 한다.

(1) 체육공원 설치목적 및 특징

체육공원은 시민들이 여가를 이용하여 흥미롭고 간편하고 유용하게 일상적으로 활용할 수 있도록 공원·산림·유원지 또는 각종 공공시설의 여유공간에 설치하여 시민의 체력증진에 기여한다는 것이 기본적인 설치목적인데, 그 특징은 다음과 같다,

① 누구나 참여……남녀노소, 학생, 직장인 등 모든 계층을 망라하는 뜻이 있고, 여가가 있으면 누구나 할 수 있는 운동이다.

② 간편한 활용……특별한 지식, 기량, 도구 등이 필요없이 설명서나 지도자의 안내에 따라 실행이 가능하다.

③ 손쉬운 시설……비교적 시설이 간단하여 과중한 예산의 투자없이 기존의 공공시설, 휴식공간 등에 부설이 가능하다.

④ 시민체력 평가……일정한 평가기준에 의하여 자기체력을 평가함으로써 국민의 체력증진 욕구를 제공한다.

(2) 프로그램에 따른 시설유형

시설은 프로그램에 유형을 설정하여 지형 및 지역사회 실정에 맞게 설치·운영하여야 하는데, 그 유형은 다음과 같다.

① 유형 1……주로 청·장년층을 위한 시설이다. 뛰어가면서 과정별로 설치된 시설을 이용하여 전신운동을 실시할 수 있다. 과정은 준비운동 4개, 윗몸단련 12개, 정리운동 4개 등 총 20개 과정이며, 시설은 2km에 걸쳐 설치된다.

② 유형 2……역시 청·장년층을 위한 시설이다. 본운동인 조깅이나 자전거타기를 실시하고, 시설을 이용하여 준비운동과 정리운동을 한다. 과정은 준비운동 8개, 정리운동 8개로 총 16개 과정이며, 시설은 $100m^2$의 공간에 설치한다.

③ 유형 3……전 연령층이 이용할 수 있는 시설이다. 각 과정 간을 걷거나 뛰면서 운동을 실시한다. 과정은 준비운동 5개, 본운동 9개, 정리운동 4개로 총 18개 과정이며, 시설은 1.6km 정도에 걸쳐 설치된다.

④ 유형 4……주로 노인들이 이용하는 시설이다. 가볍게 걸으면서 조깅 이상의 효과를 가져올 수 있는 운동을 실시한다. 과정은 준비운동 3개, 본운동 9개, 정리운동 3개로 총 15개 과정이며, 시설은 1.5km 정도에 걸쳐 설치된다.

⑤ 유형 5……청소년층과 노인층이 이용하는 시설이다. 가볍게 뛰면서 하는 팔·다리·배운동을 10개 과정을 통하여 실시한다. 시설은 $100m^2$ 공간 또는 0.5~2.4km

에 걸쳐 설치된다.

이상의 고유시설 이외에 일정규모의 운동공간을 확보하여, 근린 운동공원으로서의 기능을 수행하도록 하면서 시민체력향상에 적극 기여토록 한다.
- 구기운동 공간 : 배드민턴, 테니스, 간이축구장, 간이야구장 등
- 체조운동 공간 : 맨손체조장, 간이기계체조장 등
- 국방체육 공간 : 줄타기 운동장, 등판오르기 운동장 등

 근린체육시설

근린체육시설은 사회체육의 주요 기본시설로서 지역주민의 일상생활권에 위치한다. 이 시설은 거주지와 가까워 지역주민이 일상생활에서 손쉽게 이용할 수 있다. 일본은 1959년부터 공공체육시설에 대한 국고보조가 시작되었고, 1961년부터는 스포츠진흥법 제정과 함께 시설에 대한 국고보조대상의 폭을 확대하였을 뿐만 아니라 1972년에는 체육시설의 정비기준을 마련하여 시설확충에 노력하고 있다. 독일은 1959년에 황금계획에 의해 공공체육시설의 확충이 15년간 실시되었으며, 1974년 제2차 황금계획을 구상하여 새로운 기준에 의하여 시설확충을 도모하였다.

우리나라에서는 제24회 서울올림픽이 개최된 1988년을 기점으로 엘리트선수들의 경기력향상과 경기대회를 위주로 한 공공체육시설에서 탈피하여 1989년에 수립된 '국민생활체육종합계획(일명 호돌이계획)'과 1993년부터 시행된 제1차 국민체육진흥계획 등에 의거하여 근린체육시설인 서울올림픽 국민생활관, 동네 체육시설(등산로, 약수터, 둔치, 마을공터, 도시 및 자연공원) 등의 시설확충에 노력하고 있다. 막대한 건설비용이 소요되는 운동장이나 체육관같은 대규모 체육시설보다는 국민 누구나 저렴한 비용으로 손쉽게 사회체육활동에 참가할 수 있는 소규모 근린체육시설을 많이 설치할 필요가 있다.

지역주민이 여가를 효율적으로 활용할 수 있도록 공원·산림·유원지 등의 공간에 설치된 근린체육시설은 지역주민의 사회체육활성화에 기여함을 목적으로 하며, 다음과 같은 특성을 지닌다.
- 남녀노소가 구분없이 모든 계층이 함께 이용할 수 있다.
- 특별한 지식·기술·도구 등에 의존하지 않고 간단한 설명서나 지도자의 안내에 따라 편리하게 이용할 수 있다.
- 시설설치가 간단하여 적은 비용으로도 기존의 여가 및 휴식공간에 부설이 가능하다.

– 일정한 기준에 의거하여 자기체력을 진단·평가할 수 있다.

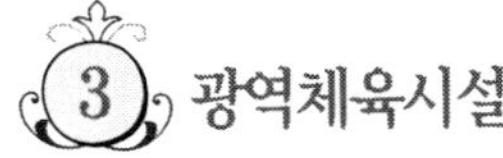 **광역체육시설**

광역체육시설은 광역생활권시설로서 주민이 당일 왕복하면서 이용하거나 숙박을 하면서 이용할 수도 있다. 시설과 거주지 간의 거리가 멀기는 하지만 자연과 친숙할 수 있는 기회를 제공하고, 근린체육시설이 가질 수 없는 다양한 프로그램과 가치가 포함되어 있다.

오늘날 사회체육의 전개양상은 종래의 놀이중심형 소극적 활동에서 스포츠 중심의 적극적 활동으로 변모하고 있다. 특히 해양·산악·창공 등 자연환경을 이용한 레저스포츠형 관광위락활동이 점차 큰 비중을 차지하고 있다. 이를 수용하기 위해서는 등산, 스키, 골프, 수렵, 행글라이딩, 패러글라이딩 등 항공 및 내륙성 레저·스포츠활동 공간과 스킨스쿠버다이빙, 낚시, 해수욕 등 해양성 레저·스포츠활동 공간을 대폭 개발·확충하여야 한다. 또한 각종 공원·산악·해안·문화재 등을 종합적으로 연계시킴으로써 사계절 모두 즐길 수 있는 광역사회체육시설을 적극 개발할 필요가 있다.

광역체육시설에는 심신수련장, 스키장, 골프장, 수렵장, 해수욕장, 윈드서핑장, 하이킹코스, 자연탐방로, 자전거도로, 야영장 등이 있다. 또한 시설의 적극적인 개발과 확충뿐만 아니라 유능한 사회체육 지도자도 배치하고, 다양하고 유익한 프로그램을 통한 사회체육활동을 적극 유도·권장해야 할 것이다.

Ⅱ 비영리단체의 사회체육

비영리단체에는 YMCA, YWCA, 흥사단, 소년단, 한국여가레크리에이션협회 등이 있다. 이러한 비영리단체들의 사회체육은 공공사회체육 프로그램과 중복되는 경우도 있으나, 성격상 서로 다른 사회체육활동을 하게 된다. 이들 단체의 프로그램은 보다 다양하며 집중적인 경우가 많고, 청소년이나 여성 혹은 노인이나 장애자와 같은 특수계층의 사람들을 위한 사회체육 기회를 마련하여 각종 강습회, 지도자 양성 등도 실시하여 사회체육보급에 힘쓰게 된다. 이러한 유익한 활동을 하는 비영리단체들은 서로 유기적인 협조체제를 강화해 나갈 수 있는 방안을 강구해나가야 할 것이다.

또한 시민들이 일상적으로 유용하게 활용할 수 있는 주거지 부근의 여유공간 확보는 여가선용 및 사회체육의 생활화에 중요한 요소가 될 것이다. 사회체육 선진국의 경우 인구 2~3만을 단위로 주거지 중심지에 레크리에이션센터, 커뮤니티센터라 불리는 문화·체육·청소년을 위한 다목적 사회체육시설을 설치하여 사회체육활동의 장으로 이용하며, 스포츠 클럽은 이를 중심으로 운영되고 있다. 이러한 다목적 시설의 건설 및 운영에는 국가의 보조금이 지급되고 있다.

우리나라에서는 전국적으로 많은 스포츠센터가 운영되고 있지만, 한국사회체육센터, YMCA, YWCA 등 준공공적 시설을 제외한 모든 시설은 개인의 영리목적을 위한 기업형태로 운영되고 있다. 모든 국민들에게 저렴한 가격으로 스포츠 수요를 충족시킬 수 있는 공공적인 다목적 사회체육센터 건설은 국민의 사회체육 수요충족을 위한 중요한 행정과제라 할 것이다. 따라서 모든 국민들이 참여할 수 있는 건강한 운동 프로그램과 강습회 등을 제공할 수 있는 비영리단체의 설치와 이에 따른 정부의 보다 많은 투자, 그리고 체육인의 참여가 절실히 요청되고 있다.

상업적 운영형태의 사회체육

스포츠의 대중화에 따라서 스포츠를 이윤추구의 목적으로 이용하고자 하는 기업이 많아지고 있다. 즉 스포츠의 대중화로 스포츠 인구의 저변이 확대되어 사회 각층의 사람들이 스포츠활동에 참가하게 되는데, 그것은 현재의 복잡한 사회기구나 조직과 관계되어 전개된다. 그러므로 여러 가지 모습의 장에서, 또 각양각색의 형태로 이루어지고 있다.

상업 스포츠의 특징은 시민에게 스포츠의 기회를 제공하고자 하는 점에서는 공공시설과 별 차이가 없으나, 그것은 이윤이 있는 것을 전제로 하며, 기업으로서의 채산이 맞을 때에만 스포츠의 장을 제공한다. 그러므로 지역사회의 모든 주민을 대상을 하는 것은 아니다. 우리는 상업 스포츠에 대한 편견도 가지고 있으나, 시민에게 스포츠를 제공한다는 점에서 다른 기관에서 하는 것과 차이가 없다. 이와 같은 상업시설을 이용한 스포츠는 상업적으로 운영되고, 이에 투자한 기업은 영리사업 혹은 선전사업이라고 생각할 수도 있다. 스포츠의 장을 제공한 단체·기관의 입장에서는 그렇게도 생각할 수 있지만, 실시하는 사람의 면에서 볼 때에는 그것은 스포츠이고 역시 사회체육활동이 되는 것이다.

　상업적인 사회체육의 특징은 무엇보다도 그 목적이 순수한 여가선용이나 국민건강에 있지 않고, 주로 영리추구에 있다. 각종 헬스클럽, 강습소, 골프 연습장, 볼링장, 스케이트장 등이 이러한 상업적인 사회체육시설이라고 볼 수 있다. 또 사회체육을 여가와 레크리에이션으로 간주한다면, 그 범위가 확대되어 각종 문화예술 활동을 제공하는 연극 · 영화 · 음악과 같은 분야도 포함되며, 외식이나 쇼핑도 이에 속할 수 있다.

　상업적인 사회체육은 여러 가지 장점을 가지고 있는데, 무엇보다도 프로그램의 다양성을 지적할 수 있다. 즉 참가자들의 흥미에 따라 활동의 선택범위가 넓다. 그 이유는 영리를 추구하기 위해서는 참가자들의 흥미와 요구를 만족시킬 수 있는 프로그램을 준비해야 하며, 그만큼 좋은 대우와 시설이 필요하기 때문이다. 순수한 여가의 이용과 교육적인 가치를 배제할 우려가 있기는 하지만, 실제로 많은 사람들이 이러한 상업적인 체육시설을 애용하고 있다.

　사회체육에는 개인으로부터 그룹에 이르기까지 개체와 무리가 함께 적응하고 수용할 수 있는 프로그램이 포함된다. 또한 장소, 즉 시설과 기구, 지도자, 경제적 여건 성숙에서 비롯된 사회체육이라면 최상의 스포츠 활동을 펴는 것이라 볼 수 있다.

사설단체(클럽제도)의 사회체육

　사설단체의 사회체육은 쉽게 말하여 개인이나 개인들의 공동체가 비영리로 운영하는 경우인데, 쉬운 예로는 낚시회 · 등산회 · 각종 운동클럽 등을 들 수 있다. 이러한 형태의 사회체육은 동호인들의 특수한 욕구를 만족시키기 위한 기회를 마련하는 것으로 회원제를 중심으로 운영한다는 특징과 비싼 대가를 지불해야 하는 경우가 많고, 시설도 질적으로 우수한 경우가 많다.

　테니스 클럽이나 골프 클럽, 그리고 각 사회의 사회체육도 이러한 사설단체에 의한 사회체육으로 근본목적이 영리추구가 아니라 동호인들의 욕구충족에 있으나, 실제로는 많은 경우에 상업적인 색채가 짙다. 특히 골프는 이러한 예의 하나로 지적할 수 있다. 이러한 경우도 다른 일반적인 상업적 사회체육과는 그 성격이 다른 점이 많다.

　우리나라의 체육현실은 전체 사회의 구조적 여건, 관주도의 스포츠 행정 및 올림픽 유치에 따른 엘리트 선수 양성 등으로 인하여 사회제도의 다른 영역과 마찬가지로 공공기관이 주도하는 공공 스포츠 단체를 중심으로 운영되어 왔다. 즉 우리나라와 같은 개발도

상국에서는 일반대중에게 체육을 홍보하고, 이에 참여토록 유도하기 위하여 일부 스포츠 엘리트와 관료 엘리트에 의한 스포츠 리더십이 형성됨으로써 효율적인 국민체육 활성화가 가능하였다.

이와 같은 공공스포츠단체를 중심으로 활동하는 것은 그 성격상 조직관리 및 행정의 효율적인 측면이 강하여 비생산적인 경향이 강하고, 국민 전체의 건강증진 및 스포츠 참여라는 측면보다 외형적인 사업에 일차적인 관심을 가짐으로써 국민의 적극적인 스포츠 참여를 저해하고 있으며, 이로 인하여 자생 스포츠단체가 성장할 수 있는 여건을 조성하여 주지 못하고 있다.

자생 스포츠 단체는 사회체육진흥의 핵심적 요소이자, 지역 및 직장체육 활동의 기초적 단위로서, 지역사회의 결속 및 건전사회 풍토 조성, 집단목표의 달성 및 체육활동 참여기회의 확대수단이 된다. 따라서, 체육이 추구하여야 할 발전방향은 복지사회의 이념 구현 및 사회체육 기반확립이라는 측면에서 국민의 스포츠 참여에 대한 욕구 충족뿐만 아니라, 스포츠 인구의 저변을 확대할 수 있도록 지금까지 공공단체를 중심으로 활동이 이루어져 온 체육활동 단위를 자생단체 중심의 활동으로 전환하여야 할 것이다.

이와 같은 관점에서 국민의 체육활동참여를 극대화하고, 사회체육의 활성화를 도모하기 위해서는 각 직장과 지역별로 동호인 조직을 중심으로 운영되는 클럽제도가 하루 속히 활성화되어야 할 것이다. 독일이 황금계획(Golden Plan)을 시행하면서 이러한 클럽제도 중심의 활동으로 확고한 사회체육의 기반을 확립하여 왔다는 사실이 대표적인 예라 하겠다.

앞으로 우리의 사회체육은 각 직장과 지역 단위로 형성된 자생적 스포츠 클럽을 중심으로 하여 시설관리, 지도자 선정 및 프로그램 개발이 이루어지는 자율적 민간주도형 체제로 전환되어야 할 것이다. 그리하여 많은 경비를 들이지 않고도 무한한 자원 속에서 훌륭한 선수를 발굴할 수 있으며, 근본적으로 보다 많은 국민들에게 신체활동을 통한 삶의 즐거움을 맛볼 수 있게 해야 할 것이다. 결론적으로 클럽제도를 중심으로 하는 자생스포츠 단체는 국민의 자발적인 참여를 통하여 국민화합과 건강한 사회건설을 위한 밑바탕이 될 것이다.

♠ 단 원 요 약 ♠

1. 공공형태의 사회체육은 정부가 주도하는 형태의 사회체육을 의미하며, 주민의 세금에 의하여 설치되어 관리·운영되고 있으므로 이것은 주민들의 운동욕구를 충족시키는 장으로서 뿐만 아니라 적어도 거기서 운동하고 싶다는 희망을 갖는 사람들에게 평등하게 이용의 기회와 편의가 주어지지 않으면 안된다.

2. 비영리단체라고 하면 YMCA, YWCA, 흥사단, 소년단, 한국사회체육센터, 한국여가레크리에이션협회 등과 같은 단체를 말한다. 이들 단체의 프로그램은 보다 다양하며 집중적인 경우가 많고 청소년이나 여성 혹은 노인이나 장애자와 같은 특수 계층의 사람들을 위한 사회체육활동의 기회를 마련하여 각종 강습회, 지도자 양성 등도 실시하여 사회체육 보급에 기여한다.

3. 상업적 운영형태의 사회체육의 특징은 무엇보다도 그 목적인 순수한 여가선용이나 국민건강에 있지 않고, 주로 영리추구에 있다. 상업적인 사회체육은 프로그램이 다양하므로 참가자들의 흥미에 따라 활동의 선택범위가 넓다. 그 이유는 영리를 추구하기 위해서는 참가자들의 흥미와 요구를 만족시킬 수 있는 프로그램을 준비해야 하며, 그만큼 좋은 대우와 시설이 필요하기 때문이다.

4. 사설단체(클럽제도)의 사회체육은 개인이나 개인들의 공동체가 비영리로 운영하는 경우인데 동호인들의 특수한 욕구를 만족시키기 위한 기회를 마련하는 것으로 회원제를 중심으로 운영한다는 특징과 비싼 대가를 지불해야 하는 경우가 많고, 시설도 질적으로 우수한 경우가 많다. 앞으로 국민의 체육활동 참여를 극대화하고, 사회체육의 활성화를 도모하기 위해서는 각 직장과 지역별로 동호인 조직을 중심으로 운영되는 클럽제도가 하루 속히 활성화되어야 할 것이다.

♠ 연 구 문 제 ♠

1. 공공형태의 사회체육에 대한 정의를 숙지하고, 이점 등에 대해 이해하자.

2. 전국의 체육공원 현황과 이용실태에 대하여 조사해 보자.

3. 체육공원 설치목적과 특징에 대하여 살펴보자.

4. 비영리단체의 사회체육에 속하는 단체의 예를 들어보고 그러한 단체들의 활동 현황에 대하여 살펴보자.

5. 상업적 운영형태의 사회체육의 특징과 장점에 대하여 살펴보자.

6. 사설단체의 사회체육 형태의 예를 들어 보고, 그러한 형태의 사회체육을 활성화하기 위한 방안에 대하여 연구해 보자.

제6장
사회체육활동의 대상에 따른 분류

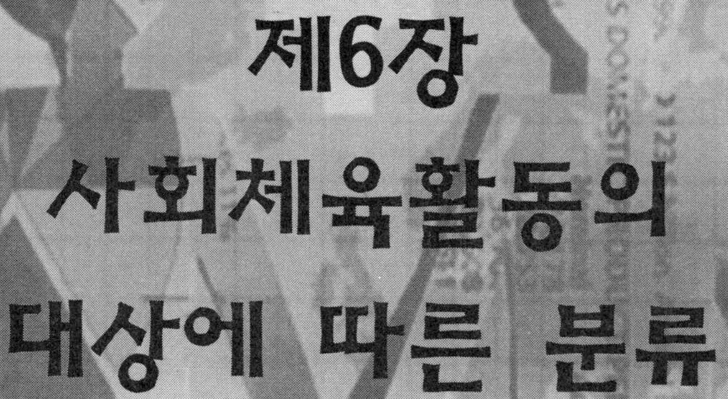

사회체육은 전 국민을 대상으로 이루어지는 체육활동으로서, 개인의 삶의 질 향상과 복지사회 구현을 목적으로 이루어지는 체육활동이라 할 수 있다. 이러한 의미에서 사회체육활동의 영역은 대상과 장소에 따라 분류된다.

이 장에서는 사회체육활동의 영역을 그 대상에 따라 유아체육, 청소년체육, 성인체육, 여성체육, 노인체육, 특수체육(장애인체육) 등으로 분류하여 그 특성과 관련된 사회체육의 필요성, 활성화방안 등을 살펴보기로 한다.

유아체육

　유아기는 신체의 구조 및 기능이 급속도로 발달하는 시기로서, 이 기간의 신체활동을 올바르고 착실하게 지도하는 것은 앞으로의 건강과 심신의 균형 있는 발달을 위해 대단히 중요한 일이다.

　유아체육이란 놀이를 중심으로 하는 어린이들의 모든 체육과 신체적 활동을 포함하는데, 유아체육의 핵심은 움직임의 교육이라고 할 수 있다. 어린이들은 움직임을 통한 창의적이고 다양한 체육활동을 경험하는 과정에서 시간과 공간, 힘과 움직임의 흐름 등 기본개념을 터득하게 되고, 당면문제에 대한 해결능력을 함양할 수 있게 된다. 또한 유아체육은 계획된 놀이에서 생활을 모방하고 창조함으로써 바람직한 사회생활을 배우며 잠재능력을 개발하여 지적·정서적·신체적 발달을 촉진시킨다.

1 유아기 신체활동의 중요성

　유아 및 아동을 위한 조기교육이 왜 중요한가는 다양한 측면에서 논의될 수 있다. 학습심리학적 측면에서 볼 때 "유아는 먼저 동작을 학습하고, 동작을 통해 학습한다."는 점에서 그 중요성은 정당화될 수 있을 것이다. 많은 학자들은 유아 및 아동기에 기본동작기능(예 : 걷기, 달리기, 던지기 등)을 적절하게 발달시키지 못하면 놀이나 활동에서 제 기능 발휘에 신체적으로 제한을 받을 뿐만 아니라, 또래집단에 동화되지 못하는 결과를 초래할 수도 있다는 데 의견을 모으고 있다.

　몇몇의 연구는 유아기에 단순한 기본운동기능에 어느 정도 익숙해 있느냐 하는 익숙 정도가 아동기에 보다 복잡한 운동기술의 학습을 용이하게 한다는 증거를 제시하고 있다. 이러한 결과는 유아기에 단순한 운동기능을 발휘하고 발달시킬 수 있는 기회를 갖지 못한 어린이는 후기에 보다 복잡한 운동기능학습에 어려움을 겪게 될 것임을 시사해준다.

　이 외에도 유아 및 아동을 위한 조기신체활동은 다음과 같은 점에서 중요성을 찾을 수 있다.

　첫째, 유아기는 운동기능을 발달시키기 위한 가장 '이상적인 시기'이다(Hurlock, E. B., 1972). 왜냐하면 유아기는 뼈가 굳기 전이므로 몸이 유연하며, 호기심·모험심이 강하고 감수성이 예민할 뿐 아니라, 비교적 충분한 시간적 여유를 가질 수 있어 다양한 기능을 학습하는 것이 용이하기 때문이다.

몇몇의 연구는 운동발달이 잘된 어린이는 학습도 용이하다는 사실과 유아기는 기본운동기능이 요구되는 시기라는 점을 지적해 주고 있다. Bentley(1970)는 12세까지 큰근육을 이용한 신체동작 중 약 90%가 완성되며, 작은근육의 조정력은 약 80% 이상이 개발된다고 보고하고 있다. 걷기, 뛰기, 달리기, 던지기, 잡기 등의 기본동작기능은 유아기에 이미 완성되거나 나타나는 발달특징의 하나이다. Bentley는 이와 같은 기본운동능력을 제대로 지도받지 못한 어린이는 놀이나 신체활동과정에서 부정확한 동작을 연출해 내고, 후기 아동기에 접어들면서 그들 스스로의 동작수행에 결점이 있음을 발견하게 된다고 하였다.

이 시기 어린이의 동작에 대해 교사·부모가 직접적인 관심을 기울여 준다면 어린이들은 운동수행과정에서 대부분 올바른 기능을 사용하려고 노력하게 된다. 어린이들은 각자의 운동기능이 향상됨에 따라 각종 스포츠활동 또는 놀이과정에서 그러한 기능을 더욱 연마하고 완벽하게 수행하려고 한다.

둘째, 출생 이후 유아기는 일생 중에서 두뇌발달이 가장 현저한 '지능발달의 결정적 시기'이다. 이 시기에는 지능과 신체발달 사이에 밀접한 상관이 있는 것으로 밝혀졌으며, 특히 영양상태는 지능발달의 중요한 요인으로 지적되고 있다. 이 시기에 운동발달이 지연되면 어린이가 학교생활에서 경험하는 학습장애의 원인이 되며, 말하기·읽기 등에도 영향을 준다. 왜냐하면 운동발달이 단순히 신체적인 동작에 국한된 것이 아니라, 시각·지각발달 및 신경조직의 발달과도 관계가 있기 때문이다.

Fleming(1968)은 『Movement : An essential in a good school day』에서 "잘 조직된 큰근육을 발달시키기 위한 운동 프로그램은 보다 많은 것을 성취시킬 수 있다."고 하였다. 그는 어린이의 기초체력(physical fitness)과 그들이 수행한 동작의 질적 수준은 다른 사람과의 대화와 교제, 그의 느낌 등을 포함한 모든 심리상태에 영향을 미치고, 또 반대로 영향을 받는다고 하였다.

큰근육을 발달시키기 위한 운동 프로그램은 아동의 창의력 개발뿐만 아니라, 교과학습 기능향상에도 도움을 줄 수 있으며, 반응의 속도·집중력·통제력 등을 향상시킬 수 있다. 또한 큰근육을 발달시키는 운동 프로그램을 통하여 어린이는 자신을 둘러 싸고 있는 환경과 그가 경험한 시간과 공간에 대한 의식이 점차 고취될 수 있다.

유아기는 어느 시기보다 신경계 및 뇌발달이 빠른 시기이다. 신경계에서 직접·간접으로 주어지는 자극은 지능발달을 촉진한다. Bentley(1970)는 읽기에 어려움을 겪고 있는 대부분의 어린이들은 흔히 운동기능 발달수준에서 다소 뒤떨어져 있다는 사실을 밝혀내고, 기본운동기능의 교정을 통해서 읽기 능력이 상당한 정도로 향상되었음을 보고하였다. 이러한 보고는 "인간의 뇌는 신체동작의 통제가 용이할 때 보다 추상적인 사고를 가능하게 한다."는 점을 시사해주고 있다.

셋째, 유아기는 자아개념이 형성되기 시작하는 시기이다. 놀이 및 신체활동을 통하여 얻어지는 성취감·만족감 등은 유아의 자아개념 형성에 중요한 역할을 한다. 어릴 때 운동기능이 우수하면 집단에서 리더십을 발휘하게 되고, 또 그 역할을 배우게 된다. 운동기능이 발달된 아동은 신체적 안정감을 느끼게 되고, 이것이 심리적 안정감을 가져온다. 심리적 안정감은 다시 자신감을 불러일으키고, 일상생활의 모든 행동에 영향을 미치는 자아개념형성에 공헌하게 된다.

"아동기는 신체활동을 통해 적절한 신체상(body image)을 확립시켜야 할 결정적 시기이다. 이 시기에 만족스러운 신체상이 형성되지 않으면 아동은 정서적·사회적·지적으로 어려움을 경험하게 될 것이다."이는 Johnson(1964)의 말이다. 그는 신체활동 프로그램은 손상된 혹은 지체된 신체상을 확립·치료할 수 있다고 믿었다. 그는 이러한 목적을 달성하기 위해 아동은 대근육을 이용한 활동을 수행해야 한다고 주장하였다

이 외에도 기본동작기능을 조기에 학습시켜야 할 필요성이 Singer, R. N.(1968)에 의해서도 지적되고 있다. "대부분의 아동은 운동기능을 학습하는 데 어려움을 겪고 있다. 왜냐하면 유아기에 기본동작 기능에 대한 체계적인 학습경험이 부족하기 때문이다. 아동들이 새로운 기능을 얼마나 쉽게 학습하느냐는 대부분 유아기에 얼마나 다양한 사전경험을 했느냐에 달려 있다."

넷째, 유아기의 체력 및 운동발달은 신체적 건강과 직접적인 관계가 있다. 운동기능이 약하다면 신체활동에서 즐거움과 만족감을 느끼지 못하며, 결과적으로 참여욕을 잃게 된다. Kraus, N.와 Raab, W. C.은 "과단성 있는 활동을 기피하는 아동은 운동경기에 대한 관심과 의욕을 거의 가지고 있지 않다. 그들은 운동에 참여할 기회가 주어졌을 때 기피하거나 병에 걸린 체 한다. 그들은 게임에 몰두하지 못하고 쉽게 흥분하며, 경우에 따라서는 스스로를 의도적으로 바보로 만들고 가벼운 상처에도 불평한다. 그들의 근육발달 정도는 기준 이하일 뿐 아니라, 긴장하고 쉽게 피로를 느낀다."라고 주장하고 있다.

서구사회에서 심장병에 의한 사망률은 55%로 나타나고 있다. 이러한 병은 성인기부터 나타나는 것으로 알려져 왔으나, 근래의 연구는 아동기에서 이미 나타나고 있음을 보고하고 있다(Wilmore and McNamara, 1974. Lauer et al., 1975. Gilliam et al., 1977). 주

당 3회씩 20분간 유산소성 신체활동을 계속하면 혈중지방수준을 낮추어 비만수준을 줄이지만, 신체활동을 중단하면 혈중지방수준이 증가한다는 사실을 지적하고 계속적인 힘찬 활동의 중요성을 강조하였다. 지방세포는 일생에서 두 번 빠른 속도비율로 증식하는데, 그 첫번째 시기는 임신 후 1년까지의 기간 중 마지막 4개월이며, 또 다른 시기는 9세부터 13세 사이이다.

Johnson(1964)과 Gilliam(1977)의 연구에서는 비만증이 청년 전기의 중요한 문제로 지적되고 있다. 또한 Corbin, C. B.과 Fletcher, P.(1968), Mayer(1974)의 연구는 다이어트를 안 하는 것보다는 신체적 비활동성이 비만의 주원인임을 보고하고 있다.

Hovell, M. F.(1978), Gilliam(1981)과 Gilliam(1982)은 아동들은 대부분 심폐지구력을 향상시키기 위해서 적절한 운동강도(최고심박수의 85%)와 적절한 시간량(20분)을 고려한 신체적 활동에 참여하지 않고 있음을 지적하고 있다.

 ## 2 유아기의 발달특징

(1) 운동기능의 발달

유아의 성장과 발달과정에서 가장 뚜렷하게 나타나는 특징은 지적 능력이나 정서적인 특성보다는 주로 운동기능에서 찾아볼 수 있다. 운동기능은 선천적인 신체의 형태나 구조의 결함이 없는 한 성장과정에서 좀 늦거나 빠르거나 할지라도 부모의 노력과 주위 사람들의 자극에 의해서 대개는 정상적인 발달을 하게 된다.

운동기능의 발달시기는 사람에 따라 다소 차이는 있으나, 일반적인 발달경향은 다음과 같다.

- 운동기능은 뇌에서 가장 가까운 부분부터 발달한다. 즉 눈 운동, 머리 운동, 눈과 손의 협응동작이 먼저 이루어지고, 서고 걷고 하는 다리운동은 그 후에 이루어진다.
- 운동기능은 중심부에서 말초부로 발달한다. 즉 몸의 중심 부분의 운동기능이 먼저 발달하고 말초 부분은 뒤에 발달한다. 아기가 물체를 손으로 잡을 때 어깨와 팔꿈치가 먼저 움직이고, 다음에 주먹이나 손가락을 움직이는 세밀한 동작이 발달하게 된다.
- 운동기능은 큰 근육이 먼저 발달하고 작은근육이 발달한다. 손가락을 가지고 장난감을 다루는 동작을 하기 위해서는 먼저 몸 전체의 움직임이 있고, 다음에 팔의 움직임이 있으며, 그 다음에 손목, 마지막에 손가락으로 무엇을 조작하는 동작이 이루어진다.
- 운동기능은 양방에서 일방으로 발달한다. 유아는 신체구조가 생리적으로 항상 양쪽

이 균형을 이루고 있으나, 점차 어느 한쪽을 선택하여 발달하게 된다. 즉 유아는 처음에는 양쪽 손을 모두 사용하지만, 초등학교 입학 시기쯤 되면 어느 한쪽 손을 주로 사용하게 된다는 것이다. 어린이가 어느 한쪽 손을 주로 사용하려는 시기에 부모들은 불리한 쪽으로 굳어지기 전에 유리한 쪽으로 훈련시킬 필요가 있다.
－ 운동기능은 수평적인 동작에서 수직적인 동작으로 발달한다. 즉 유아는 걷고, 앞으로 뛰는 동작을 학습한 후 수직으로 뛰는 동작을 학습하게 된다.

한편 유아의 운동기능은 크게 이동운동·조작운동·감각운동 기능의 셋으로 구분할 수 있는데, 이 중 가장 먼저 발달하는 것이 이동운동이다. 유아는 생후 6개월경이면 머리와 고개의 운동이 자유로워지고, 붙잡고 앉아 있으면 손 놀림과 발 놀림도 어느 정도 자유로워진다. 9~10개월경이면 붙잡지 않고도 앉아 있고, 기어다니며 자기의 위치를 마음대로 할 수 있게 된다. 또 붙잡아 주면 일어서고 발도 떼어 놓게 된다. 그러다가 돌이 될 즈음에는 혼자 걷는 것이 어느 정도 자유스러워진다.

이동운동이 이루어지면 손과 팔에 의한 조작기능이 발달하게 되는데, 생후 5개월쯤이면 자기의 의식에 의하여 손과 팔을 자유스럽게 움직이고 엄지손가락 등을 입에 가져가 빨기도 한다. 그리고 생후 9개월쯤 되면 엄지손가락과 다른 네 개의 손가락으로 물건을 잡고 던지기까지 하며, 15개월쯤 되면 혼자 숟가락을 정확하게 잡을 수 있고, 컵을 입에 대고 물을 마실 수 있게 된다.

마지막으로 감각운동기능은 생후 1년이 지나면서부터 발달하게 되는데, 이때 유아는 2~3개의 손가락으로 자기가 목표한 물체를 정확하게 잡을 수 있게 된다. 어른을 보고 웃는다든지, 우유병을 알아본다든지, 어떤 대상을 주의 깊게 보는 것도 3~4개월이 지나야 가능해진다. 거울에 비친 자기 모습을 알아보는 것도 7~8개월 이후에야 가능하며, 1년이 지나야 그릇에 무엇을 집어넣기도 하고, 연필로 쓰는 동작이 가능해지게 된다. 또한 장난감이나 나무토막 등을 두 세 개 쌓는 운동도 1년 반쯤 지나면서부터 가능해진다.

앞에서도 언급한 바와 같이 운동기능은 신체의 형태나 구조에 선천적인 결함이 없는 한 성장과정에서 좀 늦거나 빠르더라도 양친의 보호 또는 주위 사람들의 노력에 의해 대개는 정상적인 발달을 하게 된다. 여러 가지 발달기능은 발달시기가 있는데, 여기에 자기 아이를 비교해 보면 발달수준이 어느 정도인지를 판단할 수 있다. 비교해 본 결과 표준에 미달되었다 해서 크게 실망할 필요는 없다. 왜냐하면 운동발달에는 항상 개인차가 있기 때문이다.

어린이의 운동발달 정도를 평가할 때에는 개인차를 충분히 고려해야 하며, 너무 성급한 판단을 내리는 과오를 범해서는 안된다. 왜냐하면 어린이는 어떠한 시기에서는 표준발달 정도와 차이가 있다고 하더라고 그 아이 나름대로의 성장과정을 거치면서 나중에 오히려 빠른 성장속도를 보여 표준발달 수준에 따라가는 수도 있기 때문이다.

⑵ 유아들의 특성과 관심

유아 및 아동기 어린이의 발달특성과 관심은 크게 지적 · 정서적 · 신체적 영역으로 구분할 수 있는데, 각 영역별 특성과 관심을 구분하여 제시하면 다음과 같다.

① 지적 측면
- 주의집중시간이 짧다.
- 신체가 무엇을 할 수 있는가에 관심과 호기심을 가지고 있다.
- 신체활동에 대해 알기를 원하고 질문하는 사례가 빈번해진다.
- 집단행동에 대해 이해하기 시작한다.
- 창의적인 활동이 두드러지게 나타난다.

② 정서적 측면
- 남녀 어린이간의 관심 영역에 차이가 없다. 즉, 좋아하거나 싫어하는 것이 유사하다.
- 민감하고 개인주의적 · 자기중심적 성향이 강하다. '나'를 크게 중시하고 지적된 결점을 탐탁치 않게 받아들인다.
- 대집단 활동보다는 소집단 활동을 좋아한다.
- 어른들의 감정표현에 민감하게 반응한다. 부모나 교사가 기뻐하는 것을 좋아한다.
- 무모한 행동을 나타내기도 한다. 뒹굴고, 넘어지고, 구르는 등 거친 동작을 좋아한다.
- 개인적인 주의를 끌려고 애쓴다.
- 높은 곳에 오르기를 좋아하고 놀이가 가능한 환경(장소, 시설, 기구 등)을 탐색한다.

③ 신체적 측면
- 시끄럽고 항상 활동적이며, 자기중심적이고 자기과시적 성향을 보인다. 또 모방하기를 좋아하고 상상력이 풍부하며 타인의 관심을 끌려고 한다.
- 큰근육 발달이 현저하게 나타나지만, 게임을 할 수 있는 운동기능은 아직 미성숙한 단계이다.

이와 같은 유아들의 발달특징과 관심은 유아 및 아동에게 가르치고자 하는 교육내용 및 방법을 결정하는 데 몇 가지 중요한 시사점을 준다. 예를 들면 지적 측면에서 볼 때 이 시기의 어린이는 '주의집중시간이 짧다'는 특징을 고려한다면, 이 시기의 어린이를 위한 각종 신체활동 프로그램을 구성할 때는 설명을 가능한 한 간단히 효과적이고 활동에 변화를 주는 것이다.

앞에서 언급한 이 시기 어린이들의 발달특징과 관심을 근거로 신체활동 프로그램을 구성할 때 고려해야 할 사항을 제시하면 다음과 같다.

- 다양한 동작을 경험하게 하고, 특히 교육적인 동작에 대해서는 주의를 환기시켜 줄 필요가 있다.
- 동작의 기본원리를 알고 다양한 활동을 왜 수행해야 하는가에 대한 이유를 설명해 주어야 한다.
- 집단의 협동이 필요한 신체활동 상황을 만들어 주고, 협동이 왜 중요한지를 이야기하게 한다.
- 어린이들에게 새롭고 다양한 방법으로 동작을 수행할 수 있는 기회를 마련해 주고, 새로운 동작을 창출하기 위해서 또래 어린이들과 어울려 의견을 나눌 수 있도록 해 줄 필요가 있다.
- 남녀 어린이를 신체활동에 참여시킬 때 구분할 필요가 없이 같이 참여시킨다.
- 승리 · 패배 등의 경험을 다양하게 갖도록 할 필요가 있다. 그리고 승리 · 패배했을 때의 감정을 서로 나눌 수 있도록 할 필요가 있다.
- 유치원 혹은 초등학교 저학년 때에는 모든 어린이가 함께 참여하는 대집단 활동을 권장할 필요가 있다.

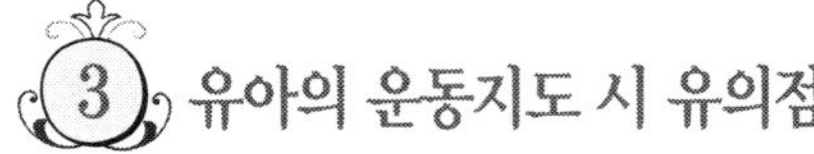

유아의 운동지도 시 유의점

유아의 운동놀이 지도 시 유의할 점을 요약하면 다음과 같다.
- 유아의 생활에서 놀이의 의의를 잘 이해하여 놀이를 바른 의미에서 지도하고 발전시켜 나가는 것이 중요하다.
- 유아의 자주성 · 창조성을 존중한다. 놀이하는 것은 어린이지 어른은 아니다. 어른들이 생각하고 있는 놀이를 지도해서는 안된다.
- 놀이를 즐겁고 재미있게 하기 위하여 어린이들끼리 지혜를 생각해 내고, 배워 창의성 있는 공부가 될 수 있는 운동놀이를 하게 하는 것이 중요하다.
- 유아의 발달단계에 알맞은 지도가 필요하다.
- 개인차를 고려한 지도가 바람직하다.

- 결과보다도 과정을 중시한 지도, 즉 어디까지나 지도의 기본은 '가르치는 것이 아니라 발견하는 것이다'에 있다. 놀이의 방법을 가르치는 것이 아니라, 놀이하는 즐거움, 재미 있는 것을 많이 체험시키는 것에 중점을 두어야 한다.
- 건강 · 안전면에서의 배려가 중요하다. 다칠까 염려하여 어린이 본래의 자유롭게 뛰고 노는 것을 제한하는 일이 있어서는 안된다.
- 활발하게 그리고 안전하게 놀 수 있는 운동장소를 제공한다.
- 유아들이 있는 가정이나 지역사회를 잘 알고 현지에 적응되는 지도가 바람직하다.
- 운동놀이의 생활화를 목표로 한다. 어린이가 운동놀이를 어떻게 생활화하여 발전시켜 나가느냐, 즉 어린이의 일상생활 안에서 운동놀이를 어떻게 가지게 하느냐가 지도의 중요한 포인트가 되고 있다.

청소년체육

인간의 성장(growth)과 발달(development)은 선천적 · 후천적 요인에 의해 영향을 받는다. 다시 말하면 인체의 형태적 · 양적 변화와 기능적 · 질적 변화라는 유전적 요인과 영양공급 상태, 지리적 환경조건 등의 후천적 요인에 따라 인간은 성장과 발달을 계속한다.

성장과 발달이라는 입장에서 보면 사람의 일생은 나름대로 개인차와 특수성이 있기는 하지만, 모든 사람에게서 나타나는 공통적인 현상이 있다. 그중에서도 특히 일반적으로 수용되고 있는 개념은 수차례의 급격한 성장기이다. 이러한 현상이 나타나는 첫 번째 시기는 출생 후 1~2년간에 나타나는 제1발육 급증기(first spurt)이다. 이 시기는 Startz의 발달단계에 의하면 유아기와 1충실기의 초엽에 해당되는 기간이다.

두 번째 시기는 사람의 일생을 통하여 내분비샘의 활동이 가장 왕성하게 일어나는 11, 12세부터 14, 15세에 이르는 무렵으로 이른바 제2발육급증기(second spurt)이며, 이 시기는 Startz의 발육단계상 제2신장기에 해당된다.

청소년기는 발달적 측면에서 사춘기 전기에서부터 사춘기 후기에 이른다고 할 때 연령상으로는 12~18세라 할 수 있다. 다시 말하면 청소년기는 바로 제2발육급증기로부터 시작되는데, 우리나라의 교육편제와 관련시킬 때, 초등학교의 고학년에서부터 중 · 고등학교의 시기를 포함하고 있다.

이 시기는 신체의 각 부위들이 급격하게 성장하는 때이며, 지적·정서적·사회적 운동 면에서도 역시 급격한 변화를 경험하는 시기로서, 여러 측면에서 가장 많은 관심을 기울여야 할 매우 중요한 시기이다. 한 인간이 지닌 선천적 요인과 후천적 요인에 의해 성장과 발달이 한계성을 지닌 가능성이라 할 때, 그 잠재적 가능성을 최대한으로 발현하게끔 의도적으로 자극을 주는 것이 바로 교육이다. 교육 중에서도 신체를 통한 교육, 신체를 위한 교육이 체육이라 할 때 체육의 중요성은 쉽게 이해된다. 또한 제2발육급증기는 사람의 일생을 통해 나타나는 마지막 발육급증기이기 때문에 효율적이고 계획적인 신체활동을 통하여 그 가능성을 최대한으로 발현시키는 데 체육이 기여하는 바는 재론의 여지가 없이 지대하다.

나아가 체력이 건강한 삶을 영위하는 데 불가결한 요소라 생각할 때, 청소년기의 체력 육성 문제는 어느 시기보다도 관심과 투자의 대상이 되어야 한다.

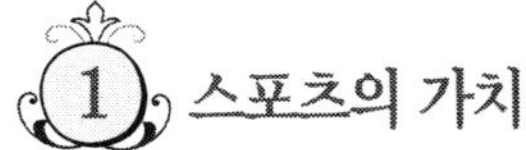

1 스포츠의 가치

오늘날 급격한 서구화 물결 속에서 전통적 가치체제가 붕괴됨에 따라 청소년의 사회적 이탈현상이 심화되고, 젊은이와 기성세대 간의 가치관 차이가 크게 벌어지고 있다. 청소년비행이 큰 사회문제로 대두되고 있는 현실에서 스포츠의 가치를 심리적·사회적·문화적 및 신체적 가치로 분류하여 이들 각각의 가치가 청소년에게 미치는 영향을 살펴보기로 한다.

(1) 스포츠의 심리적 가치

스포츠가 청소년에게 미치는 심리적 가치는 태도형성, 사회적응력배양, 감각지각, 정신건강의 향상 등으로 나누어 볼 수 있다.

① 태도형성

태도란 후천적으로 형성된 일정의 대상이나 상황에 대한 마음가짐이라고 정의하는데, 여기에는 사회적 요인, 집단적 요인, 개인적 요인 등이 복잡하게 관련되어 형성된다. 일반적으로 태도는 다음의 3가지 기능을 수행한다.

- 환경에 순응하고 생활변화에 대한 적응
- 자신이나 사회현실을 바로 볼 때 느끼게 되는 심리적인 고통으로부터 자신을 방어하는 자아방어기능

－ 지식이나 사물을 평가하는 탐구기능

　② 사회적응력배양

사회적응력 배양에서 인성발달과 관련된 요소에는 경쟁, 학습상황, 레크리에이션참가 등이 있다. 이러한 발달은 개인을 도덕적이고 논리적인 면에서 보다 성숙되고 사회적으로 수용할만한 인물로 만든다. 스포츠활동을 통해 대부분의 학생들에게는 고립감해소, 집단협동심증진, 집단에 대한 만족감증진 등이 나타난다.

　③ 감각지각과 정신건강의 향상

학습을 통해 청각훈련이 개인의 음(音)에 대한 지각능력을 향상시키는 것과 같이 운동경험을 통해 개인의 판별능력이 향상된다고 주장하는 학자도 있고, 높은 운동역학적 인지능력이 보다 높은 성취도와 관련이 있다는 점을 주장하는 학자도 있다. 즉 정신적으로 건강한 사람은 그들의 일상업무를 수행하기 위해 의지적인 활동에 참가할 필요가 있으며, 이러한 신체활동에서 얻은 교훈은 매우 중요하다는 것이다.

(2) 스포츠의 사회적 가치

스포츠의 사회적 가치를 세분하면 인격형성, 체력증진, 국민정신함양, 건전한 경쟁심 함양, 충성심 및 이타심함양과 인내심배양 등으로 나눌 수 있다. 인격의 내용을 규칙과 예의 및 통찰력에 두면, 개인이 스포츠에 관심을 갖게 되었을 때 인식하게 되는 최초의 지식은 경기에 대한 규칙이다. 청소년은 이러한 스포츠활동을 통해 규칙에 대한 공정성을 인식하게 된다. 이것은 곧 사회에서의 합법성을 인정하여 준법정신을 함향하는 방식이다.

예의는 스포츠 규칙으로 규정될 수는 없지만, 정당한 승부를 겨루기 위해서는 반드시 지켜야 하는 규범이다. 그리고 통찰력은 이해와 날카로운 식견을 요구하며 태도와 관련되지만, 스포츠에 참가함으로써 스포츠의 운영방법 및 절차에 대한 통찰력이 길러진다. 이는 스포츠에서의 합리적 시도(試圖)경험에 기인한다. 스포츠는 바람직한 인격을 형성하고 이해와 판단력을 증진시키는 인간교육의 장이라 할 수 있다.

(3) 스포츠의 문화적 가치

운동을 오랫동안 규칙적으로 해 온 선수들의 외모가 강인하게 보이는 것은 스포츠활동을 하면 일정 기간이 지나도 상당한 정도의 체력을 유지할 수 있을 뿐만 아니라, 건강한 신체를 발달시키는 데 도움을 준다는 사실을 입증하고 있다. 따라서 건강은 개인뿐만 아니라 사회에 이익을 주는 스포츠참가의 산물(産物)이라고 할 수 있다. 브라질에서 축구경기는 국민의 관심을 집중시키고 일체감을 맛보게 하는 주요한 역할을 하는데, 이것이 스포츠가 국민정신의 상징으로 표현되는 문화적 가치의 좋은 예이다.

⑷ 스포츠의 신체적 가치

인간은 유아기부터 노년기에 이르기까지 많은 기간 동안 신체활동이 필요하며 특히 청소년기는 이에 대한 시간이 가장 많이 요구되는 시기이다. 즉 청소년의 신체적 욕구는 마음껏 뛰고 활동해 보려는 충동에 가득차 있으며, 이것을 충족시켜주는 바람직한 활동은 역시 스포츠이다.

2 스포츠의 기능

스포츠 및 레크리에이션은 개인의 신체적 · 정신적 건강을 유지하고 증진하는 데 기여한다. 동시에 인격형성, 체력증진, 국민정신의 함양, 건전한 경쟁심함양과 사회통합 및 통제능력의 배양에도 크게 이바지한다. 특히 청소년기는 매사에 감수성이 예민한 시기이므로 건전한 스포츠나 레크리에이션 활동에 참여하는 시간이 많을수록 건강하고 밝은 청소년으로 성장할 수 있다.

인간의 활동은 신체활동과 정신활동으로 구분할 수 있다. 이같은 두 가지 활동은 각각 독립적이기는 하지만, 인간의 활동 중 신체활동은 지각, 기억, 판단, 정서 등의 정신활동을 수반한다. 인간의 활동 가운데 놀이와 같은 자유운동, 체조, 스포츠, 무용 등의 운동은 신체활동이 주가 된다. 과거에는 신체활동이나 운동을 큰근육활동이라 불렀는데, 이것은 큰근육만의 활동을 지칭하는 것이 아니라 움직임의 대표적인 특색이 큰근육활동이라는 점이다.

인간의 신체활동은 신체적 요소뿐만 아니라 지적 · 정서적 · 심리적 요소를 포함하고, 나아가 사회적 요소도 포함하게 된다. 신체활동은 인간으로서의 활동인 것이다. 이와 같은 견지에서 청소년기는 신체활동이 가장 필요한 시기로서 신체 · 정신의 발달, 사회성의 발달 등 인간능력이 왕성해지는 데 중요한 영향을 미치는 시기이다. 또한 신체의 발달이 가장 왕성한 후기에 이르면 근력 · 지구력 등의 체력적 요소가 현저히 발달한다. 이와 동시에 인생에 대하여 스스로 물음을 던지며 깨닫게 되고 대처하는 능력도 갖게 된다.

스포츠나 레크리에이션이 작업이나 노동시간에 이루어지는 것이 아니기 때문에 청소년들을 구속과 긴장에서 해방시켜 준다는 사실은 잘 알려져 있다. 특히 스포츠나 레크리에이션 등이 단순히 즐기는 오락적 기능만 갖고 있는 것이 아니고, 인격형성을 돕는 바람직한 활동으로서 다음과 같은 기능을 가지고 있다.

(1) 경험의 보충

대부분의 청소년들은 학업에 매달리거나 노동에 관련된 일상생활이 지루하게 반복되는 시험이나 단순작업과정 속에서 그들 자신의 불균형적인 인격형성을 감수해왔다고 볼 수 있다. 이러한 불균형을 바로잡기 위해 다양함이 있는 새로운 세계로 유도하여 그들 스스로 경험을 보충해 가도록 한다.

(2) 열등감과 약점에 대한 보상

청소년들은 사회적 · 심리적으로 과도기에 놓여 있다. 이들은 제각기 무의식적으로 열등감과 약점을 가지고 있으며, 기회가 있을 때마다 그것에 대한 보상을 받으려는 행동을 하게 된다. 스포츠나 레크리에이션 활동은 청소년들의 보상받고자 하는 욕구를 적절히 충족시켜주는 작용을 한다.

(3) 공격적 충동의 해소

고도 산업사회로의 급격한 변화와 각박해져가는 사회환경 속에서 돌파구를 찾지 못해 웅크려 있던 공격적 충동은 여러 유형의 스포츠 종목이나 레크리에이션 프로그램에 의해 순화되고 해소될 수 있다. 스포츠 활동이 심각하게 사회문제화되고 있는 청소년비행을 예방하는 데 무엇보다도 중요한 요인으로 부상되고 있다. 그 이유는 스포츠가 신체적으로 가장 왕성한 활동욕구를 갖고 있는 우발성이나 예측 불가능한 행동을 정화시키기 때문이다.

(4) 현실에서 일시적 탈피

현대사회는 개인생활, 학교생활, 직장생활, 단체생활, 사회적 조직생활 등으로 상당히 복잡하게 사람을 얽어매고 있다. 이같은 생활환경 속에서 생기는 긴장, 불안, 초조, 공포 등은 쉽게 떨칠 수가 없다. 따라서 스포츠나 레크리에이션 활동을 통해 잠시라도 모든 것을 잊고 새로운 환경이나 사람들과 함께 새로운 만남을 가짐으로써 건전하고 손쉬운 치료적 효과를 제공받을 수 있다.

(5) 동심으로 복귀

복잡다난한 사회생활과 생계유지의 필수적 상황에서 사람들은 종종 단순하고 천진하며, 때묻지 않은 자연스러운 상태로 되돌아가고 싶은 욕심이 생긴다. 스포츠나 레크리에이션 활동은 이러한 욕구를 자연스럽고 유연하게 충족시켜줄 수 있다.

⑹ 사회적 존재의식 부여

개개인이 그들 스스로만 즐기거나 행하는 것이 아니라, 서로 정보를 교환하고 흥미의 폭을 넓혀가고 어떤 집단의 성원으로서 소속감과 안정감, 개인에게 부족했던 경험을 풍부하게 해줄 수 있는 사회교육적 측면의 중요한 기능도 갖고 있다. 따라서 스포츠가 갖고 있는 사회정서적 기능, 사회화의 기능, 사회통합의 기능, 사회이동의 기능 및 문화주입의 기능 등을 효과적으로 추진할 수 있는 사회체육의 제반활동이 청소년들에 의해 마음껏 향유될 수 있도록 힘써야 할 것이다.

성인체육

인간은 약 20세를 정점으로 하여 연령증가에 따라 체력이 쇠퇴해 가며, 동시에 체내의 생리기능에 여러 가지 변화가 나타나기 시작한다. 이것은 전신에 나타나는 노화현상으로서 피할 수 없는 인간의 숙명이기도 하다. 이러한 현상을 다만 인간의 숙명이라고 체념하고, 아무런 과학적 수단을 강구하지도 않은 채 그대로 생을 마친다는 것은 이른바 만물의 영장이라고 일컫는 인간으로서 매우 어리석은 일이라 아니할 수 없다.

1 성인체육의 필요성

인간으로 태어난 우리는 어느 누구나 건강한 몸으로 사회를 위해 힘쓰며, 이름을 남기고 오래 살며, 일생을 행복하게 보내기를 염원한다. 그런데 사람은 자기의 신체에 아무런 이상이 없고 건강할 때에는 건강에 대하여 특별히 생각해 보지 않는 것이 보통이다. 그러다가 불원간에 장년·중년기를 맞이하여 신체의 일부에 아픔이나 괴로움을 느끼게 되어 의사로부터 고혈압·당뇨병·위장병·신경통·류마티스 등으로 진단을 받게 되면, 그때 비로소 건강의 고마움을 느끼고, 어떠한 방법으로든지 건강한 신체를 되찾으려고 무한한 고심과 노력을 다하게 된다. 이런 일은 그 사람의 과거의 잘못된 건강생활에 기인된 것이 많은데, 이것은 정말 어리석은 일이다.

인간의 건강한 신체는 태어나서부터 죽을 때까지 즉, 일생에 걸쳐 보전되어야 한다. 그러나 청년기에 신체운동을 꾸준히 실천하여 건강한 신체를 갖게 된 사람일지라도 중·장년기에 적당한 신체운동을 계속하지 않으면 도리어 신체의 여러 기능에 부조화가 초래되어 건강을 해치는 일조차 있다. 이와는 반대로 중·장년기를 맞이하여 적당한 운동을 끊임없이 계속하면 노화가 늦어지며, 오래도록 젊음을 가지고 계속해서 활동할 수 있는 것이다. 즉 인간의 노화는 개개인의 연령에 의해 결정되는 것이 아니라 그밖의 조건에 의해서 달라지는 것이다.

인간의 경우 이 개인차는 특히 크며, 그 차이는 연령의 증가와 함께 점차로 늘어나는 것이다. 세계에서 100세의 장수를 누리는 사람들은 대개 중·장년기 이후의 체육활동과 상관관계가 깊은 것으로 조사 보고되고 있다. 우리들이 현재 살아 있는 것은 생명유지를 위한 어제의 체험 때문이며, 연령이 증가함에 따라 어제의 경험이 우리들에게 큰 영향을 주는 것이다. 수많은 사람들 중에서 상해나, 영양섭취법, 신체운동, 피로도 및 감정적 장애, 정신적 피로 등을 똑같이 경험한 사람은 없을 것이다.

인간의 생물학적 연령은 일정하지 않다. 따라서 불원간 맞이하는 노년기를 건강하고 행복하게 보내기 위해서는 먼저 중·장년기의 건강에 유의해야 함은 당연하다.

② 신체운동의 가치인식

학교체육을 마치고 사회에 나가면 지금까지 싫어도 필수적으로 행하지 않으면 안되었던 체육을 자유로이 선택하게 됨으로써 일반적으로 거의 행하지 않는 경향이 있다. 또 각각 다른 직업을 가지고, 가정의 안정을 꾀하는 데 중점을 두게 되면 남녀 모두 맞벌이 부부로서 가사와 자녀교육에 진력한 나머지 자칫하면 자신의 체력이나 건강을 돌보기 어렵게 된다.

이러한 상황 속에서도 여가를 찾아내어 적절한 신체운동을 실천하는 사람들이 있는데, 왜냐하면 그들은 운동의 가치를 충분히 이해하고 있거나, 과거의 경험을 통해서 운동하는 기쁨을 정말 잘 인식하고 있기 때문이다. 반대로 이러한 이해와 인식을 과거에 교육받지 못한 사람들은 운동에서 점차로 멀리 떨어져 나갈 것이므로 이들에게는 무엇보다 먼저 운동에 대한 가치를 충분히 인식시킬 필요가 있다.

한편 신체운동을 함으로써 자기의 신체가 어떻게 변화하며, 어느 정도의 효과가 있는

가에 대하여 깊은 이해와 체험을 갖게 하는 것이 필요하다. 이런 것은 이미 학교체육에서 충분히 교육된 것으로 생각되는데, 실은 예상 외로 교육을 받지 못한 사람이 많은 것 같다. 또 운동을 끝낸 뒤의 기쁨보다도 운동을 괴로운 것으로 느끼고 있는 사람도 많은데, 이는 학교체육에서의 불충분한 지도의 결과라고 보지 않을 수 없다.

체육이 우리의 신체발달과 건강증진에 좋은 영향을 주고 있음은 사실이며, 특히 중·장년자의 생활양식 속에 체육운동을 채택하여, 이를 조직적으로 실천함으로써 건강증진과 장수에 바람직한 영향을 미치게 하며, 체질적 발달에도 효과가 있음이 여러 선진국가에 있어서 많은 실험적 결과에 의하여 재확인되고 있다.

③ 성인기의 체력저하 경향

현대사회는 산업발달로 인한 생활방식의 기계화에 따라 신체운동이 대폭적으로 감소되어 중·장년층의 체력이 현저하게 저하되고 있는데, 이것은 세계각국에 공통된 경향으로 우리나라도 예외는 아니다. 인간의 체력은 20세를 전후한 시기까지는 연령과 함께 향상하나, 25세부터 점차로 저하되기 시작하여 대개 남자는 40대 중간부터, 여자는 40대 초부터 급격히 저하되는 것이 일반적인 현상이다.

중·장년층들은 사회의 중견으로서 대부분 중대한 직무에 종사하고 있다. 그들의 건강은 국가 및 사회의 발전에도 중요할 뿐만 아니라 각 개인이 장래 피할 수 없는 노년기를 행복하게 보내기 위한 필수조건이다. 그러므로 중·장년층의 건강과 체력유지에 대한 확실한 방안을 수립하는 것이 중요한 과제라 하겠다.

(1) 다리의 노화

중·장년기를 맞이하여 체력 중에서 제일 먼저 쇠약해지는 부위가 다리이다. 오늘날 생활은 산업화·정보화로 인해 두뇌와 손의 사용은 늘어나고 있으나, 다리를 사용하는 일은 점차 감소되고 있다. 동물의 역사를 더듬어보면 다리의 힘이 약해져서 멸종된 것도 있다. 장래 인류의 영원한 발전을 위해서도 다리힘의 강화는 중대한 의의가 있다.

인간의 생명에 관계가 가장 깊은 부위는 심장이며, 다음으로 소중한 것은 뇌의 기능이므로 우선 뇌의 혈관장애를 일으키지 않게 하기 위해서는 다리의 운동에 의하여 혈관계의 유연성을 유지하지 않으면 안된다. 심장을 강화하는 방법으로는 걷기가 가장 효과적이며, 달리기도 좋은 방법이다.

⑵ 관절통

이 증상은 장년기(45세)에 많이 나타나며, 특히 체육인과 운동선수에게 많다. 이것은 이전에는 연령에 따른 일련의 전신적인 퇴행성 변화라고 생각되었으나, 오늘날에는 원인을 달리한 여러 가지 질환의 집합으로 보고 있다. 이 증상의 진행에는 과음·과식과 기능적인 원인이 크게 영향을 주는 것으로 알려져 있다. 이러한 관점에서 장년기 이후의 관절통은 장년기 이전의 합리적인 건강생활에 의해서 예방할 수 있는 병적인 변화라고 볼 수 있다. 그러므로 체육인과 운동선수에게 이 현상이 많이 나타나는 것은 장년기 이전에 신체훈련을 할 때 잘못된 수련을 거듭한 결과이다.

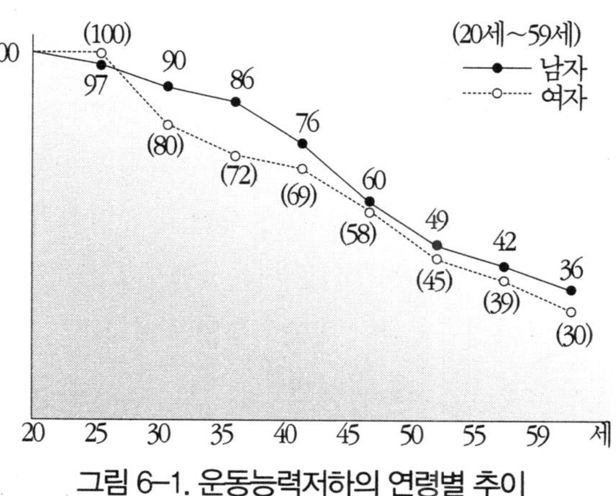

그림 6-1. 운동능력저하의 연령별 추이

⑶ 생리적 기능의 저하

인간은 40세를 지나면 작은 글자를 보는 데 부자유를 느끼게 되는데, 이것이 이른바 노안이다. 이 상태에 이르기까지의 변화는 노화가 아니며, 최근에 이를 고령화현상이라고 한다. 연령이 증가함에 따라 각종 성인병도 나타나며, 질병이라고는 말할 수 없지만 여러 가지 고령화현상이 나타난다. 즉 고혈압·동맥경화·심장질환 등 순환기장애, 만성기관지염과 같은 호흡기장애, 당뇨병과 같은 대사장애 등이 나타나는 경우가 많다. 그리고 개개의 세포 자체에도 변화가 생긴다.

평생을 건강하고 신체의 여러 기능에도 이상없이 생활하기 위해서는 장·중년기에 자기의 건강관리에 각별히 유의하며, 병적인 이상을 조기에 발견하고 치료하는 것이 중요하다. 이와 동시에 적절한 신체운동을 하여 질병에 걸리지 않는 강건한 신체만들기에 적극 힘쓰지 않으면 안된다.

④ 성인기에 적합한 운동

성인기는 신체의 발육·발달은 이미 완성된 상태이므로 체격이나 운동능력 등을 향상·강화하는 데 목적을 두는 운동은 좋지 않다. 성인기의 신체는 그대로 방치하면 연령의 증가와 함께 체력이 저하한다. 따라서 적당한 체력관리에 의한 체력보강에 주안점을 두는 것이 바람직하다.

운동종목은 혼자 또는 적은 인원으로 할 수 있으며, 피로하면 무리하지 않고 중지할 수 있는 것이 좋다. 팀 스포츠를 할 경우에는 자기의 체력한계를 넘어 무리하게 하기 쉬운데, 이것은 좋지 않다. 더욱이 운동은 매일 단시간·지속적으로 끈기 있게 실천함이 무엇보다 중요하다. 가끔 어떤 운동을 무리하게 하여 몸의 어디가 아프다고 호소하는 것은 이 연령의 사람들에서는 잘못된 일이다. 언제까지나 젊은 생각으로 '옛날 익힌 솜씨'라 믿고 무리하는 일은 특히 삼가하지 않으면 안된다.

대체로 고령이 됨에 따라 체력의 개인차가 크게 되므로, 적당한 운동을 결정할 때에는 이런 점을 고려하지 않으면 안된다. 일반적으로 중·고령자에게 권할 수 있는 운동은 산책·하이킹·골프·체조·수영·테니스·자전거타기 등이며, 원칙적으로 신속운동·가속운동 등은 좋지 않다.

21세기 '복지사회체육의 실현'이라는 목표를 국가적 차원에서 지향하고 있는 지금, 체육활동에 대한 일반국민들의 태도와 욕구는 그 어느 때보다 적극적이고 다양하며, 참여 또한 크게 증가하고 있다. 이에 수반하여 여성들의 체육에 대한 인식과 태도 역시 크게 변화되고 있다. 이러한 사회상황의 변화에도 불구하고 이를 뒷받침해 주는 만족할만한 여건조성은 아직 요원한 실정이며, 특히 여성의 스포츠활동참여를 가로막는 요인은 허다하다.

여성의 스포츠활동참여는 여성이 차지하는 인구비율이라는 단순한 측면뿐만 아니라, 대중스포츠가 지향하는 삶의 질 향상과 이의 전제가 되는 스포츠활동에 만인의 참여를 기본적이고 당연한 권리라고 보는 측면에서 중요한 의미가 있다. 동시에 일반국민의 스포츠활동, 다시 말해서 대중스포츠 발전의 한 척도가 될 수 있을 것이다.

역사적으로 여성의 스포츠활동참여는 종교적 관습과 사회적 인습으로 인하여 많은 제약을 받았으며, 스포츠참가는 물론 관람조차 허용되지 않았던 시대도 있었다. 그러던 것이 1960년대 이후 '여권신장운동'의 영향으로 여성의 사회참여기회가 증가됨에 따라 스포츠활동 역시 활발해지기 시작했다.

　한편 전통적인 문화적 관념을 부분적으로 수용하는 경향이 있지만 아직도 여성의 스포츠활동을 완전히 수용하기를 거부하는 경향을 띠고 있으며, 스포츠는 여전히 남성 위주의 영역으로 남아 있다. 이러한 현상은 크게 스포츠활동이 전체 사회의 가치를 반영하고 있는 사회제도의 일부라는 점에서 일반사회제도에서의 여성차별과 그 맥을 같이 하고 있다.

　그러나 이러한 사회제도적 여건 못지 않게 여성 자신의 의식적인 요인도 없지 않다. 즉 여성들은 신체활동을 하면 육체적인 우아함을 상실하고 사회적·심리적으로 남성화될 수 있다는 막연한 편견에 사로잡혀 스스로 적극적인 참여를 기피하는 경우도 있다.

　이상의 관점에서 볼 때 여성체육의 활성화를 위해서는 무엇보다도 먼저 여성들의 스포츠활동을 가로막는 사회·문화적 요인을 올바로 인식하고 이를 척결할 수 있는 방안이 제시되어야 할 것이다.

① 여성체육의 필요성

　현대는 합리성과 논리성을 특징으로 하는 과학의 시대이다. 따라서 전래의 관습과 문화에서 비과학적이거나 비합리적인 요소들은 대부분 사라졌고, 또 사라지고 있다. 그러나 대부분의 관습과 문화가 그렇듯이 그것이 비록 논리성이나 합리적인 사고에 비추어 부당한 것이라 할지라도 일시에 사라지지는 않는다. 특히 남성과 여성의 관계에서 기존의 인습과 도덕적 규범의 영향은 아직도 큰 것으로 여겨진다.

　남성과 여성의 성역할을 보면 인류 초기에는 자손의 생산과 양육이라는 일차적 필요에서 역할분담이 생겼고, 이에 수반하여 여성의 영역과 남성의 영역이 임의적으로 정해졌으며, 이것이 지속적으로 이어져오면서 사회·문화적으로 고착되었다. 다시 말해서 성역할의 분담은 자연적인 것이라기보다는 오히려 인위적으로 제도화된 것이다. 이렇게 비롯된 성역할을 '여성다움', '남성다움'이라는 극히 단면적 고찰에 불과한 틀에 얽매여 사회활동의 제약요인이 되었다. 더구나 인간 본연의 활동이라 할 수 있는 신체활동까지 제한이 따르게 되었다.

　'여성답다'는 복종, 부드러움, 섬세함, 수동성, 정적 행위 등의 특성으로 규정되고, '남성답다'라는 것은 공격적, 독단적, 동적, 적극적, 독립적이라는 특성으로 규정되어 신체활동이 남성들에게 적합하며, 체육활동이 남성들의 독점물처럼 인식된 것이 이러한 예이다. 이렇듯 사회·문화적으로 고정된 인식은 남성과 여성의 성적 차별을 낳았고, 이러한 성적 차별은 여성의 스포츠활동이 부진하게 된 신체적 · 정신적인 주요요인으로 작용하였다.

스포츠활동은 기본적으로 신체의 성장발달을 촉진시키고, 신체 각 부위(근육, 심장, 허파, 신경 등)의 기능을 촉진하여 작업효율을 높인다. 이는 생리적 · 기능적 측면뿐만 아니라 심리적으로 기술발전과 기록향상에서 얻어지는 성공감, 노력과 인내로 이룬 성취감 등을 맛보게 함으로써 인격형성에 큰 몫을 한다. 그리고 생활에 적극성과 동적 원동력을 부여하는 등 기계문명의 발달과 고도의 산업화로 인한 거대한 메카니즘 속에서 마치 일개 부품처럼 소외당하는 현대인의 정서에 청량제로 작용한다. 요약하면 체육활동은 건전한 심신함양이라는 측면에서 볼 때 결코 남성의 전유물일 수는 없으며, 남녀 모두에게 중요한 인간 본연의 활동이라고 하겠다.

현대사회는 남녀 동등의 사회구조와 문화를 가지며, 과학적 · 합리적인 사고에 기초하고 있다. 따라서 여성다움이나 남성다움이라는 언어적 상징에 의해 막연히 스포츠활동이 규제되어서는 안된다. 특히 여성은 스스로 이러한 제약을 타파하여야 한다. 이것은 곧 인간다운 생활을 영위하는 데 필요한 기본적 조건인 스포츠활동에 대한 여성의 권리를 주장하는 것이며, 이러한 여성의 권리주장은 다른 여성문제와 마찬가지고 여권신장 · 여성해방이라는 맥락에서 이해되어야 한다. 이렇게 함으로써 여성은 종전의 의타적 · 수동적 존재라는 이미지에서 벗어나 자립적 존재로서의 위치를 다질 수 있을 것이다.

스포츠활동은 여성과 남성의 구별없이 인간의 순수한 신체활동으로 인식되어야 하며, 여성의 스포츠참여도 당연하게 받아들여져야 한다. 여성의 스포츠활동은 여권신장의 일면을 차지할 뿐 아니라 여성의 사회화과정과 여성 자신의 인격형성에도 중요한 역할을 하게 된다. 왜냐하면 여성들은 '여성다움'이라는 고정관념과 상반되는 스포츠활동과 독립된 자아실천으로서의 스포츠활동 사이에서 많은 갈등과정을 겪지만, 이러한 갈등을 통하여 궁극적으로 여성 나름대로의 가치관을 형성할 수 있기 때문이다.

갈등을 잘 해소하는 여성은 스포츠활동뿐 아니라 다른 일상생활을 비롯한 전반적인 사회활동에도 잘 적응해나갈 수 있을 것이다. 따라서 여성은 스포츠활동에 참여함으로써 자신의 사회화를 원만히 이룰 수 있으며, 체육 프로그램의 구체적 실천을 통하여 자아개념과 자신 스스로의 결과로서 성취감을 얻고 "나는 할 수 있다."는 신념을 갖게 될 것이다. 그리하여 고정관념인 수동성과 정적 행위에서 탈피하여 적극적이고 동적인 생활인으로서 성숙을 기할 수 있게 될 것이다.

결국 여성의 스포츠활동참여는 체육활동을 통하여 개인적으로는 독립적 인격체로서의 성숙을 기하고, 사회적으로는 건강한 심신을 갖춘 사회인을 배출하여 균형잡힌 사회의 발전을 도모하는 밑바탕이 되는 것이다.

② 여성체육의 부진원인

최근 들어 스포츠활동에 참가하는 여성인구는 증가하는 추세에 있다. 그러나 아직도 스포츠가 거의 남성의 전유물처럼 여겨지고 있는 것은 부인하지 못할 현실이며, 여성들의 스포츠참여양상은 결코 만족스럽지 못하다. 여기에는 수많은 요인이 내재하고 있는데, 어떤 것은 개인적이며, 또 어떤 것은 사회적이고, 또 어떤 것은 제도적인 것이기도 하다. 여성체육의 부진원인은 편의상 의식적 측면과 제도적 측면으로 구분할 수 있다.

의식적인 측면에서 본 여성체육의 부진원인은 다음과 같다.

– 일반인들의 스포츠활동에 대한 그릇된 인식
– 여성들의 스포츠활동에 대한 편견
– 여성 스스로 느끼는 스포츠활동참여에 대한 심리적 갈등
– 사회 · 문화적 성차별에서 오는 불평등

한편 제도적인 측면에서 본 여성스포츠의 부진원인은 여성을 위한 체육시설 · 지도자 · 홍보 · 재정지원 등의 부족을 들 수 있다.

그러나 무엇보다도 중요한 요인은 의식적 차원에서의 성취욕구와 전통적으로 요구되어 온 성역할 사이에서 여성 자신이 겪는 심한 내적 갈등이라 하겠다.

(1) 체육에 대한 부정적 인식

여성체육이 보편화되려면 우선 일반인들의 스포츠에 대한 인식이 바뀌어져야 한다. 100여년 전 서양 선교사들에 의해 근대적 개념의 스포츠가 도입된 이래 우리나라의 스포츠는 지속적으로 괄목할만한 발전을 거듭해 왔다.

그러나 그 내면을 보면 물량적인 측면에서는 대단한 변모를 이룩했지만 의식적 측면, 즉 스포츠에 대한 인식은 거의 변함이 없다고 해도 과언이 아니다. 아직도 스포츠는 가난하고 못 배운 사람들이 하거나, 아니면 특수 부유계층이 여흥으로 행하는 여가활동 정도로 인식되고 있다. 오랜 역사적 전통과 물질적 풍요에 힘입어 전체 인구의 90% 이상이 스포츠활동에 참여하고 있는 구미의 경우와 비교한다는 것 자체가 시기상조인지 모르지만, 우리의 스포츠에 대한 의식은 아직도 전근대적인 수준을 크게 벗어나지 못하고 있는 실정이다.

물론 앞으로 경제적 여건과 사회환경이 현저히 개선되면, 일반국민들의 의식도 크게 고양될 것이다. 그러나, 이것은 시간과 여건의 개선에 못지 않게 의식 자체의 변혁을 위한 교육과 의식적 노력에 의존하는 바 크다고 하겠다.

(2) 여성의 신체에 대한 편견

"여성의 골격은 부서지기 쉽고, 충격에 매우 약하다.", "여성이 가슴에 부상을 당하면 유방암이 발병할 가능성이 높다.", "여성은 생리적으로 운동을 하기에 부적당하다." 등 여성의 신체에 대한 막연한 관념은 여성들의 스포츠활동을 제한하는 큰 요인으로 작용하고 있다. 그러나 이러한 부정적 생각은 과학적인 근거가 없다.

인간의 골격은 성에 따른 차이보다는 유전적 요소, 영양, 질병, 호르몬, 사용정도 등에 따라 강약이 좌우될 뿐이다. 부상으로 장기간 골격을 사용하지 못하면 기능적 힘이 쉽게 쇠퇴하는 반면, 시험관 배양액 속에 들어 있는 뼈일지라도 인공적 힘을 가할 경우 그 강도가 증대된다고 하는 실험적 사실은 골격의 강·약에 대한 후천적·환경적 요소, 즉 사용 정도에 얼마나 크게 의존하는가를 보여주는 것이다. 따라서 여성의 골격 자체가 약하다는 관념은 편견이라고 할 수 있다.

과거 많은 여성들은 스포츠활동이 가슴부상에 의한 유방암을 유발시키며, 생리 중의 심한 운동은 생식기 손상을 유발시키므로 삼가야 한다고 생각해 왔다. 그러나 이것 또한 근거없는 말이다. 자궁은 골반 내에서 자체 중력으로 떠 있는 상태이므로 충격에 별 영향을 받지 않으며, 가슴 외상으로 인한 유방암 유발 가능성에 대한 의학적 근거는 없다.

대부분의 여성이 생리기간 중 어느 정도의 작업능력저하나 약간의 심리적 불안정 상태를 경험하지만, Erdley(1971)가 729명의 헝가리 여자선수들을 대상으로 조사한 결과 50% 이상의 선수들이 생리 중에 거의 정상적인 기능을 수행하였다. 이러한 일련의 연구결과에 따르면 생리기간 중 여성의 신체활동을 제한할 필요는 없으며, 필요에 따라서 호구(protector)를 사용하는 것으로 충분하다.

"여성의 육체는 체력요인면에서 체육활동을 하기에 과연 부적합한 것인가?" 지구력은 사춘기 이전에는 여성이 남성보다 우월한 경우도 있으며, 사춘기 이후에는 여성의 능력이 남성에 비해 월등하게 된다고 한다. 이런 사실은 Bowie와 Coemming(1972)의 연구결과에도 나타났는데, 이들은 13~17세 남·녀 학생을 대상으로 악근(握筋)지구력을 측정한 결과 남학생이 185초, 여학생은 234초를 기록하여 여성이 더 우월하다고 보고하였다. 심폐지구력을 좌우하는 최대산소섭취량($\dot{V}O_2$max)은 10~12세 남·녀는 비슷한 수치를 보이나, 성인의 경우 남성이 30% 정도 높다.

그러나 여자육상선수를 대상으로 한 연구의 경우 3개월의 운동 중단으로 VO_2max가 15.3% 감소한 반면, 6주간의 크로스컨트리 러닝을 이용한 트레이닝으로 18%의 VO_2max가 증가되었다고 보고함으로써 여성의 심폐지구력 잠재가능성은 매우 높은 것으로 나타나고 있다.

유연성은 개인의 습관적 행위에 크게 좌우되므로 연령이나 성차와는 별 관계가 없지만, 대체로 여성이 남성보다 우월한 편이다. 예를 들면 절대근력은 여성의 윗몸근력은 남성의 50~60%이며, 다리근력은 70~80% 수준으로 그 차가 매우 컸다. 그러나 상대(相對)근력은 그 차가 7.8%로 매우 적다.

Wilmore, J. H.(1974)는 일반 남·녀 대학생을 대상으로 일정한 웨이트 트레이닝을 실시하고 근력 테스트를 한 결과, 여학생의 증가폭이 남학생 보다 크다는 사실을 발견하였다.

기타 많은 연구결과는 여성의 체육활동이 생리적 이상을 초래하지 않으며, 오히려 적극적 참여는 남·녀 동등의 자신감을 얻을 수 있다고 밝히고 있다.

(3) 여성의 스포츠참여에 대한 심리적 편견

여성들은 스포츠활동에 참여함으로써 야기될지는 모르는 신체적 변화에 대한 그릇된 인식과 스포츠활동이 여성에게 흥미로운 것이 되지 못할 것이라는 막연한 관념에 제약을 받고 있다. 선수를 포함한 대부분의 여성들은 운동으로 자신의 신체가 남성화되고, 여성다운 외적 아름다움이 상실되지 않을까 두려워 한다.

Klats와 Lyon은 신체외형적 '여성다움'은 내분비작용에 의존하는 형태학적 요인과 관계가 있을 뿐 신체활동과는 무관하다고 하며, 이와 같은 편견은 비판되어 마땅하다고 주장한다. 스포츠활동이 여성의 신체를 근육질화할 것이라는 견해는 여성의 체지방이 과도한 근육발달에 없어서는 안될 남성호르몬의 일종인 안드로겐(androgen)분비가 매우 적다는 사실에서 그 타당성은 희박하다.

실제로 소녀들은 운동기능의 성취를 통하여 자아에 대한 인식을 발전시켜나간다. 그러나 사춘기에 접어들면서부터 소녀들은 그들의 신체적 능력의 열등이나 스포츠에 대한 소질의 부족 때문이 아니라, 여성은 마땅히 비활동적이고 수동적이어야 할 것이라는 막연히 내재된 사회·문화적 규범과 고정관념에 의해 제약을 받음으로써 스포츠에 대한 열의를 점차 잃게 된다.

이런 맥락에서 볼 때 여성이 스포츠활동에 흥미를 느끼지 못한다는 견해는 사실 보다는 허구에 그 근거를 두고 있는 것이라 하겠다. 최근 여러 가지 제약에도 불구하고 여성 스포츠 인구가 급증하고 있는 것과 구기는 물론, 남성의 전유물처럼 여겨졌던 투기 스포츠에서조차 여성의 참여가 활발해지고 있는가 하면, 여성심판이 속속 배출되는 등의 현상은 이를 반증하는 좋은 예이다.

③ 여성체육의 활성화방안

여성체육의 활성화를 위해서는 앞서 여성체육의 이론적 문제에서 언급한 모든 상황에 대한 세밀한 연구와 이에 근거한 방안이 마련되어야 하며, 특히 여성 자신의 의식개혁이 선행되어야 할 것이다.

그러나 이런 사항 못지 않게 실제적인 차원에서 선행되어야 할 과제가 있다. 그것은 다름 아닌 여성체육 프로그램의 개발, 지도자양성 및 시설의 확충을 비롯하여 여성체육의 필요성 및 이의 방법에 대한 홍보이다.

(1) 여성체육 프로그램개발, 지도자양성 및 시설확충

그간 여성들은 그들의 참여욕구증대에도 불구하고 스포츠활동에서 결코 남성과 동등한 참여기회를 갖지 못하였다. 이것은 이미 언급했듯이 기존의 체육체계 예컨대, 프로그램·지도자·시설 등의 여건이 남성편의위주로 운영되기 때문이다.

특히 체육에 대한 올바른 이해와 적절한 신체활동의 기회가 반드시 보장되어야 할 중등교육과정의 프로그램에서조차 극심한 남성편중 현상이 조성되고 있는 것은 심각한 문제가 아닐 수 없다. 그렇지 않아도 입시 위주의 교육으로 인해 학교체육이 형식적으로 이루어진다고 비판받는 실정에서 그나마 체육이 남학생 위주로 운용되거나, 남학생에게 적용되는 똑같은 내용과 방법이 여학생들에게 그대로 적용된다면 여학생들의 스포츠활동에 대한 관심이 낮아질 것은 자명한 이치이다.

이런 문제는 여학생들의 신체적 조건이나 심리적 요구를 고려하여 지도할 수 있는 지도자의 필요성을 제기한다. 학교에서 학생들의 신체활동을 일차적으로 책임지고 지도하는 사람은 체육교사이다. 그러나 이들이 에어로빅댄스나 무용처럼 특히 여학생들이 관심을 갖는다고 생각되는 프로그램에 어느 정도 소양과 관심을 갖고 있는지는 의문이다. 따라서 여학생들의 욕구와 기호에 맞춰 그들의 신체적 발달은 물론 사회성 함양과 정서적 발달에 기여할 수 있는 효율적인 지도가 이루어지고 있다고 보기는 어렵다. 여성체육이 여성지도자에 의해서 지도되어야 하는가, 아니면 남성지도자에 의해서 지도되어야 하느냐의 문제는 사실 여성체육의 효율과는 무관한 것이다.

미국의 경우에는 AAHPER(미국 건강·체육교육·레크리에이션협회)에 DGWS(Division of Girl's and Women's Sports)라는 조직이 여성체육 프로그램 개발은 물론 여성체육에 관한 전반적 문제를 전담하기 위해 80년 전부터 조직되어 있으며, 1972년 교육개정안에는 성에 의해 참여기회를 박탈당하거나 부당한 대우를 받지 않고 프로그램 실시상 차별을 당하지 않도록 명시하고 있는 등 여성체육의 활성화에 각별한 관심을 쏟고 있다.

프로그램을 구성할 때 고려해야 될 사항은 무엇보다 여성체육 프로그램은 우선 여성의 특성과 욕구, 개인차, 환경적 요소 등에 기반을 두어야 한다. 즉 여성들은 여성 스스로의 특수한 욕구와 사회에서 기대되는 역할이 있으므로 이를 고려해야 한다는 것이다.

이러한 프로그램의 효율적 운영을 위해서는 프로그램 지도자와 행정가의 역할도 중요하며, 여성들의 참여확대를 위해서는 시설확충이 우선적으로 요구된다. 여성들이 학교를 졸업하고 사회로 진출했을 때, 그들이 손쉽게 이용가능한 시설이 있어야 한다. 지금 우리에게는 소수의 여성만이 이용하고 있는 헬스클럽이 있을 뿐 여성 전체를 위한 시설은 많지 않다. 물론 이러한 것은 국가적 차원에서의 지원이 요구되겠지만, 우선은 기존의 학교체육시설이나 공공체육시설을 여성의 체육활동에 맞게 개조하거나 개편하여 개방해야 할 것이다.

(2) 여성체육의 홍보

여성체육을 위한 제반 조건이 훌륭히 갖추어져 있다 하더라도 여성들의 의식에 변화가 없거나, 구체적인 활동에 대한 지식과 정보가 없다면 여성체육의 활성화는 기대할 수 없을 것이 분명하다. 홍보매체의 중요성과 역할이 여기에 있다.

지금 우리의 현실은 여성체육에 대한 홍보매체가 거의 없는 실정이다. 여성체육의 활성화를 위해서는 홍보매체들이 여성체육에 관련된 것 예컨대, 여성체육의 필요성과 목적, 운동의 효과 및 구체적인 실시방법, 여성체육시설의 확보와 이용, 공공체육시설 외에 학교체육시설의 개방, 여성체육 지도자 육성 및 소개, 여성체육 관계 프로그램의 안내, 강연회 및 초보자 지도, 여성 스포츠 단체의 활동소개, 여성 스포츠 동호인 모집, 스포츠 클럽의 가입, 클럽결성과 그 입회 등의 문제를 각별한 관심을 갖고 체계적이고 지속적으로 지원하지 않으면 안된다.

(3) 여성체육 활성화의 실제

지금까지 여성체육을 활성화하기 위해 선행되어야 할 프로그램개발, 지도자양성, 시설확충과 홍보 등의 문제를 살펴보았다. 그런데 중요한 것은 여성체육활성화를 저해하는 요인과 활성화를 위해 실제로 해야 할 일들이다.

먼저 여성체육 활성화의 저해요인부터 살펴보기로 한다.

- 일반인들의 체육에 대한 부정적 인식
- 여성들은 육체적으로 스포츠활동을 하기에는 부적합하다는 편견
- 여성들은 스포츠활동이 신체를 근육질화하여 남성화되게 한다는 편견

이러한 여성체육 활성화의 저해요인을 극복하고 활성화를 위해 실제적으로 해야 할 일은 다음과 같다.

- 여성은 남성에 비하여 감성적 경향이 강하므로 스포츠활동을 통하여 기능적 특성을 함양함으로써 보다 적극적이고 역동적인 삶의 자세를 견지할 수 있을 것이다.
- 여성은 심리적으로 체육에 대한 성취동기가 낮은데, 그 이유는 어릴 때 부모의 무관심과 사회·문화적 통념 즉 여성다움 혹은 여성다워야 한다는 그릇된 인식 때문이다. 이것은 여성의 스포츠참여에서 무엇보다 중요하고 포괄성을 띠는 문제인데, 체육철학적 차원에서 대책을 강구하여 개선해야 할 것이다.
- 여성의 스포츠활동참여는 스포츠사회화라는 맥락에서 개인적 속성, 사회화매개, 사회화상황 등 여러 요소 간의 관계에 의하여 결정된다. 즉 여성의 처음 스포츠 참여는 무엇보다 가족을 비롯한 매개집단의 영향을 받으며, 이에 기회상황(사회화상황)이 중요한 변수로서 작용하게 된다.
- 현행 학교의 입시 위주, 남학생 중심 체육프로그램을 비롯하여 사회 전반의 비효율적 체육프로그램을 평생체육의 차원에서 여성의 특성과 흥미에 맞도록 개편해야 한다.
- 여성 자신의 의식개선과 고양은 물론 대중매체에서 여성의 스포츠활동에 각별한 관심을 갖고 프로그램, 구체적 실천방안 등을 적극적으로 홍보해야 한다.

노인체육

오늘날 고도산업사회의 도래로 평균수명이 연장됨으로써 인구의 고령화 현상을 가

져왔다. 1960년 당시 세계의 60세 이상 노인인구는 1억 5천 8백만 명이었으나, 1980년에는 2억 5천 5백만명으로 증가하였고, 2000년에는 4억 5백만 명으로 점차 증가하여 2020년에는 6억 5천 9백만 명이 될 것으로 추정되고 있다(UN, 1985).

우리나라는 1960년 65세 이상 노인인구는 72만 명이었으나, 1984년에는 161만 명으로 늘어남으로써 노인인구의 절대적·상대적 높은 증가율을 보이고 있으며, 이러한 현상은 특히 1970년대 산업의 발전과 더불어 급격해져서 1995년 65세 이상 피부양 노인인구도 254만 명으로 급증하여 2010년 현재 전 인구의 11.4%를 차지한 535만 명으로 나타나고 있다. 이에 따라 2000년도에 전체 인구의 65세 이상 노인인구가 7%를 돌파한 고령화사회(aging society)에 접어들었으며, 2018년에는 716만 명으로 전체인구의 14%인 고령사회(aged society)로 진입할 것이며, 2026년에는 1035만 명으로 20%를 넘어선 초고령사회(super-aged society)로 진입할 전망이다(통계청, 2010).

사회구조의 산업화·도시화·과학화는 노인들에게서 사회적 역할과 기능을 박탈함으로써 건강·고독·소외문제를 가중시키고 있다. 이 문제를 해결하기 위해서는 건강증진과 소외해소가 선결되어야 하는데, 이것은 이미 개개인의 책임수준을 넘어 하나의 커다란 사회적 문제로 제기되었으며, 나아가 이 문제를 어떻게 해결할 것인가 하는 정책적 과제로 부각되고 있다.

표 6-1. 평균수명 추이 (단위 : 세)

	1971	1981	1991	2002	2005	2010	2020	2030	2050
계	62.3	66.2	71.7	77.0	77.9	79.1	81.0	81.9	83.3
남자	59.0	62.3	67.7	73.4	74.8	76.2	78.2	79.2	80.7
여자	66.1	70.5	75.9	80.4	81.5	82.6	84.4	85.2	86.6
차이	7.10	8.20	8.20	7.00	6.70	6.40	6.20	6.00	5.90

*자료 : 통계청(2005)

표 6-2. 세계 각국의 인구 고령화속도 추이 (단위 : 연도, 연수)

	7%	14%	20%	7→14%	14→20%
일본	1970	1994	2006	24	12
프랑스	1864	1979	2019	115	40
독일	1932	1972	2010	40	38
영국	1929	1976	2020	47	44
이탈리아	1937	1988	2008	61	20
미국	1942	2014	2030	72	16
한국	2000	2018	2026	18	8

*자료 : 일본 국립사회보장·인구문제연구소, 인구통계자료집(2003)

현대사회가 직면하고 있는 노인문제는 ① 소득원의 상실, ② 신체의 노후로 인한 건강 문제, ③ 역할상실, ④ 소외와 고독감 등으로 구분할 수 있다.

사람은 나이가 들어감에 따라 새로운 상황에 대한 행동과 사고의 적응도가 떨어져 심리적·사회적 스트레스를 더욱 심하게 받게 된다. 이와 같은 현상을 감소시키기 위해서는 적절한 스포츠활동이 무엇보다도 중요하다. 노인들이 많은 여가시간을 어떻게 의미있게 보내는가는 개인, 가정, 사회 또는 국가적 차원에서도 매우 중요한 문제이다.

① 노인의 개념

인간을 비롯한 모든 생물은 시간의 경과에 따라 점차 변화하여 가는 과정을 겪고 있는데, 생체의 노화는 생물의 생명활동의 필연적 과정임과 동시에 일반적 과정이다. 노인의 개념을 규정할 때에는 노화 자체의 의미가 중요성을 가지고 있다.

노화의 특징을 몇 가지로 구분해 보면 다음과 같다.

- 시간의 경과에 의해 생기며, 시간의 경과에 의한 관련 혹은 제약성
- 세포의 조직·기관·개체에 보편적으로 보여지는 현상인 보편성
- 노화란 본질적으로 '생체에 내재된 필연적 과정으로 생기는 것'으로 외상이나 전염병 혹은 외적·환경적 인자에 의하여 발생하는 것이 아닌 내재성
- 연령에 수반되는 생리적 기능의 저하, 스트레스에 의한 변화에 대해 자기회복력의 저하, 예비력의 저하 또는 병에 걸리기 쉬운 죽음의 확률이 이 연령과 더불어 대수적으로 증가하는 현상에 보여지는 유해성

결국 노화란 하나의 생체기능이 쇠퇴해가는 상태라고 정의할 수 있는데, 이는 일반적으로 정신적·육체적·문화적인 여러 가지 요인을 내포하고 있다. 국가나 사회의 경제적·문화적 배경, 전통 및 관습은 물론, 현재 및 미래에 주어지는 여건에 따라 노인에 대한 개념이 다르기 때문에 단정적으로 정의를 내릴 수는 없지만, Breen, L.은 "노인이란 생리적·육체적으로 변화기에 있는 사람, 심리적인 면에서 개성의 기능이 감소되고 있는 사람, 사회적인 변화에 따라서 사회적인 관계가 과거에 속해 있는 사람이다."라고 정의하였다.

제2회국제노인학회(2nd International Conference of Gerontology)에서는 노인이란 환경변화에 적응할 수 있는 자체 조직에 결손이 있는 사람, 자신을 통합하려는 능력이 감퇴되어가는 시기에 있는 사람, 생활 자체의 적응성이 정신적으로 결손되어가고 있는 사람, 조직 및 기능이 소모되어 감퇴현상에 있는 사람이라고 규정하였다.

이상을 종합해 보면 노인이란 인간의 노령화과정에서 나타나는 생리적·육체적·심리적·정서적·환경적 행동의 변화가 상호작용하는 복합형태의 과정에 있는 삶으로 정의할 수 있다.

우리나라에서는 대한노인회에 가입할 수 있는 연령은 56세로 규정하고 있으며, 생활보호법 제3조에 의하여 65세 이상을 노인으로 규정하여 생활보호대상 노인으로 지정하고 있다.

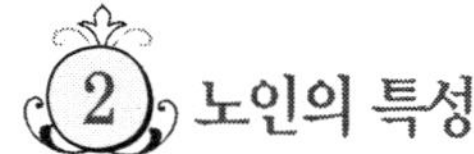

2 노인의 특성

(1) 노인의 생리적 특징

노쇠에 관한 생리적 연구는 노년학에서 중심과제로 계속되어 왔다. 노년학을 전공하는 학자들은 노인을 여러 가지 각도에서 분석·연구하고 있지만, 그 주된 것은 노인에 대한 생리학적 측면이 주요한 위치를 차지한다고 볼 수 있다.

사람이 늙는 것은 몸의 조직과 기능이 소모되어 낡아지기 때문이며, 사람이 늙는 데에는 정신적인 노화도 크게 작용한다. 노화현상의 원인에는 여러 가지 설이 있는데, 옛날에는 생명에너지(vital energy)가 있다는 가정하에 이것이 소모되는 것을 노쇠라고 하였으며, 완전히 소모된 상태를 사망이라고 생각하였다. 이 설은 사람은 일생 동안 소모할 수 있는 생명에너지의 일정량을 받아 소모하는데, 그 속도가 빠르면 단명할 것이며, 아껴서 천천히 소모하면 장수할 수 있다는 것이다. 그러나 생명에너지에 대한 과학적인 증명이나 설명이 부족하였으므로 이 설은 하나의 가설로서의 범위를 면치 못하였다.

Rubner는 인간을 상대로 실시한 물질대사실험을 통하여 발육기와 발육완성 후의 에너지대사에 명백한 차이가 있음을 발견하였다. 그에 의하면 생활물질은 단순히 한정된 일정한 범위 내에서만 에너지대사를 영위할 수 있는 것으로서, 이 생활물질이 소모되어 세포원형질의 영양능력이 상실되면 노쇠하는 것이라고 주장하였다. 즉 세포원형물질의 노화를 노쇠의 원인이라고 믿었던 것이다.

Metchnikoff, E.는 노쇠의 원인을 자가중독으로 돌리고 있다. 즉 수명의 길이와 장내 세포군 사이에는 밀접한 관계가 있다고 하고, 창자가 짧을수록 그 속에 있는 세균수도 적어 수명이 길어진다고 하였다. 창자 속 세균에 의하면 발생한 독소가 체내에 흡수되어 중독을 일으킨다는 것이 그의 주장인데, 이것이 곧 자연사의 원인이라고 생각한 사람들의 '중독설'이다.

노쇠현상에 대해서는 그 외에도 여러 가지 측면에서 연구되고 있으나 한 가지 분명한 사실은 이 현상이 전신에 똑같이 오는 것이 아니라 장기나 기관에 따라 그 정도와 속도가 다르다는 점이다. 대체로 내분비계·순환기계·소화계 등이 문제되고, 정신적 기능장애도 따르는데, 어떤 계통에 먼저 노화현상이 오는가는 개인에 따라 큰 차이가 있다. 특히 이는 유전의 영향도 있지만 환경의 영향이 더욱 크며, 과로·기후·식품·영양·음주·세균감염 등의 요인에 따라서 큰 차이가 있는 것으로 해석된다.

어쨌든 나이가 들어감에 따라 모든 기능이 감퇴되고, 소화기능도 불량해지게 마련이다. 연령에 의한 능력의 변화를 보면 인간의 육체적 능력은 가장 빨리 정점에 도달하고, 또한 일단 내리막길을 걷게 될 때에는 빠른 속도로 감퇴된다. 그리고 인간의 사회적·경제적 능력은 20세에서 60세 정도까지는 안정되어 있다가, 60세를 지나면 갑자기 내려가게 된다. 그러나 인간의 정신적 능력은 올라가는 속도가 느리며, 가장 능력이 고도에 도달하는 것은 30대에서 50대인데, 그 이후의 감퇴현상은 서서히 원만하게 이루어진다.

미국 노인문제연구소(NIV)의 노년학연구센터(Gerontology Research Center)에서 실시한 노년에 관한 생리학적 연구의 결과에 의하면, 그 전까지 일반적으로 인간의 두뇌활동능력은 연령이 점차적으로 높아질수록 서서히 변화되어가는 것이라고 믿고 있었으나, 이러한 사실은 근거가 없는 설임을 주장하고, 실제로 인간들의 두뇌활동능력은 노년보다는 중년에 그 변화가 이루어진다고 보고하였다. 다시 말하면 두뇌활동능력은 이미 중년 이전에 그 변화가 온다는 것이다. 따라서 건강하게 심신을 유지하면 중년의 두뇌활동능력을 오래도록 보유할 수 있으며, 건강한 노인은 거의 젊은 사람과 같은 수준의 성호르몬을 생산할 수 있다고 한다.

노화현상을 생리적 측면에서 볼 때 가장 먼저 나타나는 것은 시력의 감퇴이다. 시력은 40세를 넘으면 노안이 되어 예민도가 줄어들게 되고, 그 예민도는 나이가 더할수록 심해져서 70세에서 80세가 되면 노인성 백내장현상이 나타나 시력은 급속히 떨어져 버리고 만다. 시력이 떨어지면 행동의 속도도 느려지고 적극성도 줄어들며 독서도 싫어져서, 뇌세포의 노화에 더욱 박차를 가하게 된다.

이어 청각장애가 나타나게 되는데, 70세쯤 되면 약 30% 정도가 난청이 되고, 80대에서는 반수 이상의 노인들이 귀가 멀게 된다. 또한 치아도 망가지게 되는데, 이는 대체로 60대에서 50%, 70대에서 60%, 80대에서 80%의 비율로 나타난다. 소화기능은 40~50대가 되면 쇠퇴하기 시작하여 나이가 들수록 저하되는데, 그 이유는 갈수록 침이나 위액 등이 줄어들기 때문이다.

노년이 되면 허파의 기능도 약화되고, 혈액면에서는 적혈구의 저항이 약해질 뿐만 아니라 피를 만드는 기능도 약해져서 빈혈을 유발하게 된다. 그 외에 대체적으로 나이가 많아지게 되면 신경이나 근육이 반응하는 시간이 길어지기 때문에 행동이나 작업속도가 느려지고 세심한 일을 하지 못하며, 이에 따라 사고의 위험성이 커진다. 젊었을 때부터 익혀온 행동이나 일은 경험의 힘으로 그 쇠퇴를 보충할 수도 있으나, 새로운 기술이나 일을 배우는 것은 매우 어렵다. 시력이나 체력이 떨어지면 행동이 둔해지고 작업능력은 더욱 낮아진다.

세포는 출생 시 약 150억 개이던 것이 30세가 지나면서부터 매일 10만개 정도가 죽는다고 한다. 간은 보통 성인남자는 약 1,200g이나, 이것도 60세가 넘으면 약 900g으로 줄어든다. 또 근육의 무게도 20~30% 가벼워진다. 그 결과 근력이 쇠하여 심장에 보내지는 혈액의 양과 폐에 흡입되는 공기의 양은 젊은 시절의 반 정도밖에 안된다. 이러한 현상들이 생리적인 면에서의 노화현상이다.

(2) 노인의 심리적 특성

본래 노인은 노인 특유의 신체적 · 정신적 · 심리적 · 사회적 변화 때문에 그 특유의 성격이 나타난다고 보는 것이 일반적이다. 그러나 인격의 통합이 잘 되고 사회적으로나 가정적으로 안정되어 있으며, 지적으로도 우수하여 기본적 성격의 변화가 없는 사람도 있으므로 노인의 성격이 다양하다는 것은 두말할 나위가 없다.

노인의 성격은 대체로 그 특징이 건강 또는 경제상의 불안감, 생활상의 부적응으로부터 오는 불안과 초조, 정신적 흥미의 편협으로부터 오는 내폐성, 신체적 쾌락에 대한 흥미의 증대, 성생활의 감퇴, 성충동의 감퇴, 조건의 변화에 따른 학습이나 적응의 곤란, 홀로된 데 대한 고독감, 의심, 질투심, 보수성, 과거의 생각에 대한 집착, 불확실성, 인생의 낙오감 등이다.

노인의 이와 같은 성격변화의 원인을 살펴보면 두 가지로 대별되는데, 하나는 생물학적 변화에 의한 것이며, 다른 하나는 비생물학적 인자에 의한 것으로 그것은 환경 및 생활사 등에서 온다고 볼 수 있다. 지금까지는 노인의 성격변화에 대하여 전자의 원인으로 보는 학설이 지배적이었으나, 최근에는 오히려 심인성 · 환경에 대한 학설이 우세하다. 특히 비건강, 고독, 빈곤의 이른바 노인의 3악으로 인하여 자주, 그리고 쉽게 욕구불만에 이르며, 이것은 신체적 · 심리적 · 사회적으로 늘어나는 신체적응능력의 저하 때문이다. 결국 욕구불만의 반응으로 이러한 성격특성이 나타나게 된다.

고령화가 진행됨에 따라 다음과 같이 노인에 대한 사회적 고립화현상이 늘어나고 있다.

- 노인은 일반적으로 그 존재가치가 저하된다. 젊은이들로부터 무관심하게 되고, 심지어 가족·친척들의 무관심까지 받게 된다.
- 고집과 거부성격을 띠게 된다. 특히 노인들이 단체를 구성하여 활동할 경우에 다른 단체와의 타협과 수용이 어려운 때가 많다.
- 사회참여나 사회적 이익의 획득에는 그 기회를 놓치기가 쉽고, 불이익이 누적되어 소외되게 마련이다.
- 가족성원으로서든 일에서든 그 역할기능을 상실해가고 있다.
- 늙음에 대한 올바른 자아인식의 부족으로 이미 노쇠에 따른 자신의 능력저하를 깨닫지 못하고 계속해서 자신의 능력이 젊은이 못지 않다는 고집을 갖고 노인으로서의 역할을 찾기보다 젊은이의 역할을 계속할 것을 주장하는 경향이 있다. 이미 늙어서 별로 할 일이 없다고 하면서도 실은 역할상실을 하지 않으려고 하는 이중적 심성을 갖게 된다.

Cavan은 노년기의 심리적 특성을 다음과 같이 지적하였다.
- 건강과 경제적 불안감
- 생활 부적응에서 오는 불안과 초조감
- 정신적 흥미의 감퇴에서 오는 내폐성(자폐성)
- 육체적 쾌락추구
- 활동성 감소
- 성적 충동의 감퇴
- 새로운 상황에 대한 학습적응의 곤란
- 고독감
- 질투심
- 보수적 성격
- 다변, 우둔
- 과거에 대한 집착
- 누추

이와 같은 노인심리의 특성이 모든 노인에게 그대로 적용되는 것은 아니다. 노인심리에 대해서는 그리스 철학자 Aristoteles가 『노경에 관하여(De Senectute)』라는 저서에서 기술하고 있는 것을 볼 수 있다. 그러나 노인심리에 대한 과학적이고 조직적인 연구가 시작된 것은 1920년 이후라고 하나, 지금까지도 아동심리나 청년심리처럼 많은 연구보고가 있는 것은 아니다.

지난 날 대부분의 노인문제 전문가들은 노인문제 해결은 경제적인 면과 의료적인 문제가 해결되면 자동적으로 해결될 수 있다고 하였다. 그러나 경제적 문제와 의료적 서비스도 중요하지만, 그에 못지 않게 노인의 심리적인 문제연구가 병행되어야 한다는 사실이 더 중요하다. 일반적으로 크게 문제시되고 있는 노인들의 심리적 측면을 보면 노후를 안락하게 보내고 싶어하는 것으로 집약될 수 있는데, 이들의 공통된 요구는 경제적인 노후생활에 대한 보장, 가정과 사회에서 연장자로서의 지위유지, 가정·친척·친구·이웃 등과의 원만한 접촉, 적절한 여가생활의 추구 등으로 나타난다.

이와 같이 노인의 욕구는 그 요구도가 높아지면서 점차 노인 자신의 특성을 형성하게 되는데, 이러한 노인심리의 특성은 환경변화에 의한 재래의 관습 파괴, 개인적 자주성의 상실로 인한 의존심의 증대, 건강쇠퇴에 의한 활동의 제한, 사회적 신분과 경제능력의 상실로 인한 열등감 등으로 더욱 가속된다.

우리나라에서 노인의 심리 또는 욕구는 도시와 농촌의 차이가 있을 수 있고, 또 노인 개개인의 입장에 따라 그 희망하는 바가 다를 수 있다. 일반적인 노인들의 심리적 욕구를 종합하면 다음과 같다.

- 안정된 노후를 희망하고 있다. 왜냐하면 노인들은 수입이 없어 자식들로부터 도움을 받고 있으므로 항상 심리상태가 불안정하기 때문이다.
- 노인들은 심리적으로 자신의 존재가치를 인정받고 싶어한다. 나이가 들면 가족이나 사회에서 자신을 상대해 주지 않는 듯한 느낌이 들어 항상 고독함을 느끼게 되기 때문에 존재가치를 인정받고 싶어한다.
- 노인들은 신체활동을 요구한다. "늙어서 아무 것도 할 수 없다."라고 말하지만, 속마음은 무언가 일을 하고 싶은 욕망이 가득 차 있다.
- 많은 사람들을 사귀고 싶어한다. 왜냐하면 나이를 먹을수록 대화의 상대가 없어짐을 느끼게 되기 때문이다.
- 노인은 장수할 것을 원하는 것이 일반적인 경향이다. 이제 죽어도 여한이 없다고는 하지만, 더욱 건강하고 오래 살려고 하는 것이 노인의 본심이다.

이와 같은 노인의 심리적 욕구를 해소하려면 취미에 따른 신체활동, 여가선용 등의 문제가 하나씩 해결되어야 할 것이다.

⑶ 노인의 사회적 특성

충효가 생활규범의 최고가치로 인정되고, 또 노인의 지위가 확고하여 그 역할이 사회의 주요한 부분을 차지하고 있던 과거에는 문화 그 자체가 사회를 지배하는 노인에 의하여 주도적으로 형성·유지되어 젊은 세대로 이어져갔다.

오늘날과 같은 산업화사회에서는 노인의 지식이나, 경험, 기술, 그리고 그들의 사고방식이나 사상은 일단 뒤로 물러나게 되며, 사회에서 별로 쓸모 없는 것으로 되어버리고 만다. 따라서 사회적 문화는 자연히 젊고 유능한 세대들에 의하여 주도될 수밖에 없고, 더구나 현재 우리나라의 노인들처럼 일제하에서 별다른 교육도 받지 못한 채 전쟁을 겪고 생활고에 시달리며 살아온 세대에게는 별 의미가 없는 것이다.

분명한 것은 사회적으로 노인문화가 있는데, 그것은 노인들의 생활방식이자 사회적으로 노인들의 세계에서만 통하는 독특한 취미·태도·사고 등의 일체감이다. 결국 사회에서의 노인문화란 노인층이 갖는 요구나 기대, 사회가 노인층에게 요구하는 기대와의 복합적 소산이라고 말할 수 있다. 노인들의 사회적 역할은 여기에서 나오는 것이며, 이는 또 노인들의 사회적 역할을 규정하는 원인이기도 하다. 이를 위하여 노인들의 사회적 역할은 새로운 각도에서 확대하여야 한다. 노인들은 현실적으로 이해관계를 초월할 수 있으므로 객관적으로 사물을 판단할 수 있고, 비판적으로 사리를 평가할 수 있다. 그러므로 기성세대와 젊은 세대 간의 사회적 대립이나 갈등을 조정할 수도 있을 것이다.

사회생활에서 노인들의 여가생활 추구는 사회적으로 매우 중요한 의의를 지니게 된다. 노인들에게는 자유로운 시간이 많아 어떤 형태로든 소일거리가 필요하다. 노인들이 바라는 소일거리, 즉 여가활동은 여행·관광·원예·운동·독서·음악감상·장기·바둑·서예·낚시 등 종류가 많다. 우리나라의 노인들은 대부분 TV나 라디오와 벗하거나 손자들과 어울리고, 친지들의 방문이나 담소로 소일하거나, 낮잠 등으로 지내는 경우가 많다. 말하자면, 소일거리에 대한 훈련이 없어서 보람 있는 여가생활을 즐길 줄 모르고, 또 여가를 위한 경제적 여유도 부족한 실정이다.

사회적으로 볼 때 노인을 위한 제도적 장치는 거의 전무하여 전술한 바와 같이 친교에 의한 소일거리, TV나 기타 오락물을 찾는 소극적인 여가활동, 자기 취미에 따른 적극적인 신체활동, 그리고 사회봉사를 통한 자기 확대 등으로 서열화된다. 그러므로 우리나라의 노인들은 좀 더 고차원적이며, 심리적인 여가활동이나 소일방법을 도입하고, 그것을 자신의 정상적인 일과로 습관화시켜 자연스럽게 실시하도록 하는 것이 중요하다.

이러한 노후의 신체적 또는 정신적 활동이 노인들 사이에 하나의 유형을 이루도록 하는 것은 매우 중요한 일이다. 노인들은 전통적으로 가족성원에 의해 부양되어야 한다는 관념 속에서 오랜 세월을 지나왔는데도 사회적으로 자립의식이 강한 노인층이 적지 않다는 것은 특히 주목할만한 일이다. 문제는 이들의 신념, 그리고 행동양식이 다원적으로 방치될 것이 아니라 노후생활에 대한 보장이 어느 하나의 유형으로 수렴되어야 한다는 데 있으며, 그렇지 않으면 노인사회에 혼란이 오고 일관성이 없어진다.

다음으로 노인사회에서 건강이 중요한 요소가 됨을 지적할 수 있다. 신체적으로 건강치 못한 노인의 여가생활은 고독을 낳고, 역할을 상실하게 되어 가족의 부담만을 가져오고 혐오의 대상도 될 수 있다. 그렇기 때문에 건강을 위한 신체활동은 노인사회에서 건강유지를 위한 핵이 되는 것이다. 노인뿐만 아니라 인간집단의 건강은 복합적인 요소를 지니기 때문에 사회성·지역성을 감안하면서 건강에 대한 문제도 노인문화의 영역 속에 넣어야 한다는 주장도 강력하게 나오고 있다.

오늘날 다원화된 사회적 노인문제를 해결하기 위해 노인문화를 우리 사회에 어떻게 정착시키느냐 하는 것은 매우 중요하지만, 노인사회를 엄격하게 분리하여 별도의 위치를 부여하는 것도 문제이다. 왜냐하면 노인들은 육체적으로나 경제적으로 주도권은 갖지 못하지만 사회로부터 격리되거나 고립되는 것을 좋아하지 않기 때문이다. 결국 가정·직장·지역에서 해야 할 노인 관련 문제의 핵심은 노인들이 사회에 의하여 적절하게 보호받으면서 존중되어야 하고, 그러면서 소외감과 고독감을 느끼지 않도록 만들어 나가는 데 있다.

한편 노인 자신의 문제도 중요하다. 즉 자신이 너무 늙고 무기력하여 신체활동이 어렵다는 생각, 더 발전할 여지가 없으니 죽는 날까지 여생을 편하게 지내야겠다는 생각, 젊은이들이 냉대하고 사회적으로 버림받고 있어 귀찮은 존재일 뿐이라는 생각들은 자신을 더욱 비참하게 만들 뿐이며, 사회에 대한 원망을 크게 할 뿐이다. 따라서 노인들이 사회에서 존경받고 그에 상응하는 대접을 받기 위해서는 권리만을 주장할 것이 아니라, 이에 앞서 그들이 연장자로서 가정이나 사회를 위하여 수행해야 할 의무와 사명이 무엇인가에 대한 자각도 있어야 할 것이다. 낡은 사고와 생활에 대한 비판 등을 재검토하고 젊은 세대의 새로운 문화와 가치관의 장점을 발견하고 인정하며, 적극적인 사회참여로 젊음에 동화함으로써 새로운 자기 생활을 개척할 때 노인문화는 꽃 피울 수 있고, 인정받을 수 있다.

흔히들 오늘날과 같은 사회변동 속에서 노인의 역할을 무시하고 기껏해야 이론적·도의적 입장에서 기본적인 부양문제나 해결해주면 족하다는 생각을 가질 수도 있으나, 오히려 현대사회일수록 노인들은 그들만이 갖는 독특한 사회의 다른 문화들과 화합하고 조화됨으로써 노인의 새로운 현대적 역할이 인정될 수 있을 것이다. 특히 현재의 초로들이나 40~50대의 장년들은 현대식 교육을 받고 이 나라를 급성장시켜온 주역들이라는 점에서 앞으로 사회봉사에 앞장서고 새로운 세대들을 지도할 입장에 있다. 따라서 후손들이 배우고 따를 사회적 문화를 형성한다는 것은 매우 중요한 일이다. 일단 퇴직을 하고 나면 개인적인 생활만으로 남은 여생을 아무 역할 없이 보내는 것은 사회생활의 일원임을 스스로 포기하는 경우가 되므로 이보다는 노인들의 사고와 신념, 그리고 같은 세대들이 함께 누릴 수 있는 생활철학과 사회적 생활적응방식을 갖는 것이 훨씬 보람 있는 일이다.

③ 노인의 여가활동

Kaplan, M.은 여가활동과 관련된 노인의 욕구를 다음 8가지로 구분하고 있다.
- 사회적으로 공헌할 수 있는 봉사활동
- 여가를 친구들과 같이 지내고자 하는 욕망
- 자신의 존재를 타인으로부터 인정받고 싶어하는 욕망
- 특정한 업적이나 성과를 올려보려는 욕망
- 오래도록 건강을 유지하려는 욕망
- 심리적인 자극을 받아보려는 욕구
- 가족관계를 원만히 유지하려는 욕망
- 종교적 신앙을 포함한 정신적 만족을 얻어보려는 욕구

여기에서는 여가의 개념을 사회역할이론과 관련해서 논의해 보기로 한다. 즉 인간은 연령의 고하를 막론하고 사회인으로서의 역할이 주어져야 한다는 '활동이론(active theory)'과 노년기는 신체적 쇠퇴의 시기이므로 모든 사회활동으로부터 후퇴하고 휴식을 취해야 한다는 '쇠퇴이론(disengagement theory)'이 바로 그것이다.

Neugarton과 Havighurst(1968)에 의해 제시된 활동이론을 보면 노인들은 일반적으로 사회적 역할에서 후퇴하는 것을 매우 싫어하고 사회활동이 축소되는 것에 대해 저항의식을 갖는다고 한다. 따라서 노인들이라도 사회활동에 적극 참여함으로써 심리적으로 자기만족을 얻고자 하는 노인이 이에 속한다.

이에 반하여 Cummung, E.과 Henry, W.(1961)가 주장하는 쇠퇴이론에서는 노화란 개인이 사회로부터 해방되는 과정이라 전제하고, 노화로 인한 은퇴는 하나의 자연스러운 것이지 사회적 압력에 의해 밀려나는 것이 아니라고 했다. 따라서 노인은 사회활동을 하기에는 너무나 노화했으므로 집에서 휴식을 취하면서 소극적으로 휴가수단을 취하는 것이 합당하다는 것이다.

오늘날 이 두 가지 이론 모두가 틀린 것이 없으므로, 두 이론을 절충한 소위 '절충이론 (combined theory)'에 의해서 노인의 여가활동이 다루어져야 한다고 주장하는 학자들이 있다.

일반적으로 노인들이 여가를 활용해서 행하고 있는 취미활동을 살펴보면, 자녀집 또는 친척집 방문, 관광여행, TV 또는 라디오 청취, 친구들과 대화, 서예활동, 종교활동, 장기 · 바둑두기, 간단한 스포츠 활동 등을 들 수 있다. Havighurst는 미국 도시 노인들의 여가활동에 관한 조사에서 가족 내의 자녀 유무가 노인들이 가족 중심 생활양식을 택하느냐의 여부가 여가유형을 결정한다고 보고 있다. 그러나 많은 사람들이 그들의 직업에 종사하는 기간 동안 확립된 여가유형이 은퇴 후에도 계속 이어지게 된다. 만일, 젊었을 때의 직업이 상당한 수입을 보장해 주는 상황이었고, 그 당시의 취미활동에 접할 기회를 많이 가졌다면, 이런 취미활동은 은퇴한 후에도 계속되는 경우가 많다.

Williamson(1980)는 "인간은 젊었을 때 해왔던 일을 연장하는 욕구가 있다. 그러나, 고령이 되면 지나친 육체적 활동은 제한되어야 하므로 독서나 TV시청, 친구들과의 대화 등 앉아서 할 수 있는 여가활동으로 전환해 나가는 것도 하나의 방법이다."라고 하였다.

『노인의 여가에 관한 보고서』에 의하면(菅原禮, 1979) 지금까지 TV, 라디오, 신문, 잡지 등 가정에서 행하는 것이 주가 되고 있지만, 가능하면 노인클럽에 소속할 기회를 바라고, 특히 스포츠와 게임, 연극과 노래, 보고, 듣고, 혹은 종교관계, 그림, 서예, 공작, 원예 등의 취미활동을 하는 클럽에 들어가기 원하는 욕구가 강한 것으로 보고하고 있다.

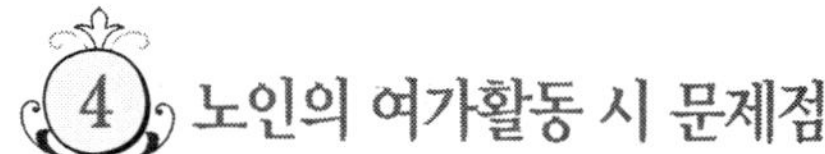

4 노인의 여가활동 시 문제점

노령기를 직업적 활동에서 벗어난 시기로 본다면 노인들이 누리는 대부분의 시간과 활동은 여가활동이라 할 수 있다. 특별히 경제적 능력이 있거나 사회활동이 왕성한 일부를 제외한 보통의 노인들은 생리적 필수시간을 제외한 모든 시간이 여가시간으로 이루어지므로 풍부하게 주어진 자유시간을 어떻게 활용할 것인가는 노인들에게 있어 큰 과제가 된다. 노인들이 여가문제를 슬기롭게 보내는 것은 노령기의 삶을 성공적으로 영위하기 위한 중요한 결정요인이 된다고 볼 때 노인여가활동의 핵심은 어떤 곳에서 여가시간을 보내느냐가 아니라 여가시간을 얼마나 알차게 보낼 수 있느냐가 관건이 된다.

현재 노인들의 여가활용에는 다음과 같은 문제점이 있다.

- 현재의 고령자는 근면을 으뜸으로 하여 일하는 것을 사는 보람으로 여기면서 지금까지 인생을 살아왔기 때문에 자유시간이 충분히 있다 할지라도 그것을 충실히 이

용하는 방법을 모르고 있다.
- 고령자는 피로하기 쉽고 집중력이 떨어지며 피로회복에 시간이 걸린다. 고령자를 위해서는 자유시간의 효과적 이용방법이 나름대로 고안되어야 한다.
- 고령자의 여가활동(자유시간)은 건강과 관계되는 문제가 강하기 때문에 건강을 유지·증진하는 대책이 필요하다.
- 고령자의 정신생활에 활기를 넣어 주고, 나아가서 생활 전체를 알차게 사는 보람을 느끼게 하며 사회와의 연대감을 유지하도록 하기 위해서는 자유시간을 통한 환경조성이 필요하다. 그러나 그를 위한 소프트시스템(soft system)의 정비는 충분하지 못한 실정이다.
- 고령자는 일상생활에서 가족과 이웃사람들과의 관계를 유지한다고 하는 것은 중요한 일이다. 그러나 현실은 바람직한 관계를 이루지 못하고 있는 실정이다.

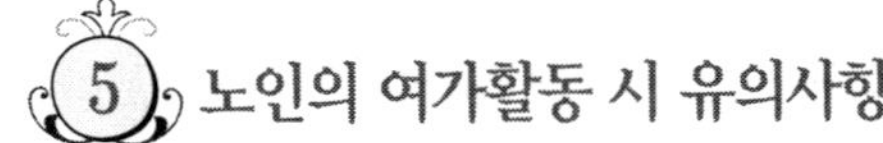

5 노인의 여가활동 시 유의사항

Hutchinson은 노인들에게 여가 레크리에이션을 지도할 때 명심해야 할 몇 가지 점을 다음과 같이 열거하였다.
- 기계화시대는 노인들을 외면한다.
- 60~65세가 되면 타의에 의해 은퇴하여야만 한다.
- 여가에 대한 안전은 직업, 건강, 주택, 수입에 대한 불안을 덜어줄 수 있다.
- 노인층의 인구는 증가한다.
- 숫자상의 나이는 사실상 개인의 능력을 의미하는 것이 아니다.
- 자신감과 창조는 어느 특수한 나이에서 끝나는 것이 아니다.
- 경쟁적이고 활동적인 경험은 항상 노인들에게 삼가야 할 것은 아니다.
- 노인들을 위한 프로그램 개발에 실패한다는 것은 곧 그들에 대한 국가의 불공평을 의미할 수도 있다.

우리의 현실로 보아 경로당이나 노인정은 노인들에게 레크리에이션 프로그램을 계속적으로 제공할 수 있는 가장 적당한 장소라고 볼 수 있다. 여기서 중요한 점은 그 운영과 관리의 활성화인데, 이를 위해서는 전문적인 레크리에이션 지도자가 확보되어 있어야 한다.

특수(장애인)체육

장애인들은 정신적·육체적·정서적 측면뿐만 아니라 행동에서도 정상인들과는 현저하게 다른 특징을 가지고 있으며, 또한 그들 나름대로의 잠재력을 발휘하기 위해서는 특별한 도움이 필요하다. 그들에게 특별히 요구되는 사항이 여러 가지 형태로 계획되어 왔으며, 그들의 능력에 따라 학급을 분리하는 방안도 취해지고 있다.

정규 학교교육을 통해 적당한 성취를 얻기 힘든 신체적 특성을 가진 사람을 지칭하는 용어는 매우 다양하지만, 최근에 가장 흔히 쓰는 말은 장애인(handicapped person)이다. 이 용어는 육체적·정신적·정서적 무능 때문에 사회에서 정상적인 행동이나 반응을 나타낼 수 없는 사람을 총칭하지만, 노력에 의해 그 무능을 극복했다면 그 범주에 속하지 않는다. 다른 용어, 즉 '손상된(impaired)'이나 '불구의(disabled)'는 육체적으로 이상이 있어도 어느 정도 조절할 수 있는 상태에만 해당된다. 따라서 '장애'(handicapped)라는 말은 이런 단점으로 인하여 사회에서 가장 널리 받아들여지는 행동이나 반응을 나타내지 못하는 절망상태일 때를 의미한다.

이러한 장애인과 체육을 연관시킨 교육적 접근방법은 크게 교정체육(corrective physical education), 발달체육(developmental physical education), 적응체육(adapted physical education) 등으로 표현되는데, 이들은 근육활동을 통해 신체의 전반적인 조건과 자세의 개선을 꾀하는 복지활동이라는 목적은 같다. 그러나 이 명칭의 결정은 각각 교과과정에서 강조되어야 할 점이지만, 접근방법에 따라 달라진다.

교정체육이란 선택된 운동을 통해 신체의 기능이나 구조의 변화 및 개선을 강조하는 방안이다. 발달체육에서는 일정 수준 이하의 근력이나 신체적성 개발을 강조한다. 적응체육이란 정상적인 체육과 같은 목적을 갖되, 예외적인 학생들을 위해 정규적인 수업내용을 적당히 변형하는 것을 말한다. 여기에서 '적응'(adapted)이라는 용어는 무능하거나 결핍된 학생들을 위한 모든 방안을 총칭하는 말이다.

그러나 이 용어들은 광범위하게 사용되어 혼돈하기 쉽다. 따라서 이들 용어보다는 좀 더 포괄적이며, 세 가지 내용을 모두 내포하는 '장애인체육'(special physical education)이라는 용어가 더 널리 사용되고 있는데, 이것이 가장 이상적인 표현이라 생각된다.

장애는 여러 가지 형태로 나타날 수 있으나 여기에서는 지적장애인, 지체장애인, 시각장애인, 청각장애인 등을 살펴보고, 이들을 대상으로 한 체육의 활성화방안을 알아보기로 한다.

 지적장애인의 체육

(1) 지적장애인의 장애기준

장애인복지법시행규칙 별표 「장애인의 장애등급표」에서는 지적장애인의 장애기준을 다음과 같이 규정하고 있다.

1급	지능지수 34 이하인 사람으로 일상생활과 사회생활의 적응이 현저하게 곤란하여 일생 동안 타인의 보호가 필요한 사람
2급	지능지수가 35 이상 49 이하인 사람으로 일상생활의 단순한 행동을 훈련시킬 수 있고, 어느 정도의 감독과 도움을 받으면 복잡하지 아니하고 특수기술을 요하지 아니하는 직업을 가질 수 있는 사람
3급	지능지수 50 이상 70 이하인 사람으로 교육을 통한 사회적 · 직업적 재활이 가능한 사람

(2) 지적장애인의 체육지도방법

- 배울 수 있는 기회에 지도한다.
- 진보가 있을 때는 격려와 칭찬을 한다.
- 한 번에 한 가지씩만 지도한다.
- 필요로 하고 원할 때에 지도한다.
- 어떤 일이고 지도할 때에는 단시간에 지도한다.
- 지도하는 동안에 많은 대화를 나눈다.
- 지적장애인는 응용능력이 모자란다는 것을 알아야 한다.
- 일관성 있는 지도를 한다.
- 주위환경이 산만한 곳에서는 지도하지 말자.
- 어떤 과오를 범하였을 때 침착하고 다정하게 대한다.

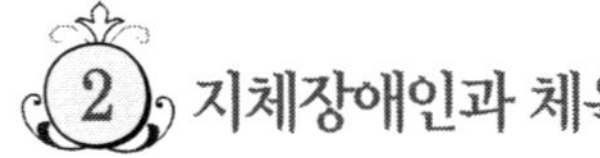 지체장애인과 체육

(1) 지체장애인의 장애기준

장애인복지법시행규칙 별표 「장애인의 장애등급표」에서 규정한 지체장애인의 장애기준은 다음과 같다.

① 신체의 일부를 잃은 사람

1급	1. 두 팔을 손목관절 이상 부위에서 잃은 사람 2. 두 다리를 무릎관절 이상 부위에서 잃은 사람
2급	1. 두 손의 손가락을 모두 잃은 사람 2. 한 팔을 팔꿈치관절 이상 부위에서 잃은 사람 3. 두 다리를 발목관절 이상 부위에서 잃은 사람
3급	1. 두 손의 엄지손가락과 둘째손가락을 잃은 사람 2. 한 손의 모든 손가락을 잃은 사람 3. 두 다리를 쇼파관절 이상 부위에서 잃은 사람 4. 한 다리를 무릎관절 이상 부위에서 잃은 사람
4급	1. 두 손의 엄지손가락을 잃은 사람 2. 한 손의 엄지손가락과 둘째손가락을 잃은 사람 3. 한 손의 엄지손가락을 포함하여 세 손가락을 잃은 사람 4. 두 다리를 리스프랑관절 이상 부위에서 잃은 사람 5. 한 다리를 발목관절 이상 부위에서 잃은 사람
5급	1. 한 손의 엄지손가락을 포함하여 두 손가락을 잃은 사람 2. 한 손의 엄지손가락을 손허리 손가락 관절 이상 부위에서 잃은 사람 3. 한 손의 둘째손가락을 포함하는 세 손가락을 잃은 사람 4. 두 발의 모든 발가락을 잃은 사람 5. 한 다리를 쇼파관절 이상 부위에서 잃은 사람
6급	1. 한 손의 엄지손가락을 잃은 사람 2. 한 손의 둘째손가락을 포함하여 두 손가락을 잃은 사람 3. 한 손의 셋째, 넷째, 다섯째 손가락을 모두 잃은 사람 4. 한 다리를 리스프랑관절 이상 부위에서 잃은 사람

② 관절장애가 있는 사람

4급	1. 한 팔의 어깨관절, 팔꿈관절 또는 손목관절 중 한 관절의 기능에 현저한 장애가 있는 사람 2. 한 다리의 엉덩관절 또는 무릎관절의 기능을 잃은 사람
5급	1. 한 다리의 엉덩관절 또는 무릎관절의 기능에 현저한 장애가 있는 사람 2. 한 다리의 발목관절의 기능을 잃은 사람
6급	1. 한 팔의 어깨관절, 팔꿈관절 또는 손목관절 중 한 관절의 기능에 상당항 장애가 있는 사람 2. 한 다리의 엉덩관절 또는 무릎관절의 기능에 현저한 장애가 있는 사람 3. 한 다리의 발목관절의 기능에 현저한 장애가 있는 사람

③ 지체기능장애가 있는 사람

1급	1. 두 팔의 기능을 잃은 사람 2. 두 다리의 기능을 잃은 사람
2급	1. 한 팔의 기능을 잃은 사람 2. 두 팔의 기능에 현저한 장애가 있는 사람 3. 두 손의 모든 손가락의 기능을 잃은 사람 4. 두 다리의 기능에 현저한 장애가 있는 사람 5. 척추의 장애로 인하여 앉을 수 없거나 자기 힘으로 일어서기가 곤란한 사람

3급	1. 두 팔의 기능에 상당한 장애가 있는 사람 2. 두 손의 엄지손가락과 둘째손가락의 기능을 잃은 사람 3. 한 손의 모든 손가락의 기능을 잃은 사람 4. 한 팔의 기능에 현저한 장애가 있는 사람 5. 한 다리의 기능을 잃은 사람
4급	1. 두 손의 엄지손가락의 기능을 잃은 사람 2. 한 손의 엄지손가락과 둘째손가락의 기능을 잃은 사람 3. 한 손의 엄지손가락과 또는 둘째손가락을 포함하여 세 손가락의 기능을 잃은 사람 4. 한 손의 엄지손가락 또는 둘째손가락을 포함하여 네 손가락의 기능에 현저한 장애가 있는사람 5. 한 다리의 기능에 현저한 장애가 있는 사람
5급	1. 한 팔의 기능에 상당한 장애가 있는 사람 2. 두 손의 엄지손가락의 기능에 현저한 장애가 있는 사람 3. 한 손의 엄지손가락의 기능을 잃은 사람 4. 한 손의 엄지손가락 또는 둘째손가락을 포함하여 세 손가락의 기능에 현저한 장애가 있는 사람 5. 한 손의 엄지손가락 또는 둘째 손가락을 포함하여 세 손가락의 기능에 현저한 장애가 있는 사람 6. 한 다리의 기능에 상당한 장애가 있는 사람 7. 두 발의 모든 발가락의 기능을 잃은 사람 8. 척추에 고도의 장애가 있는 사람
6급	1. 한 손의 엄지손가락의 기능에 현저한 장애가 있는 사람 2. 한 손의 둘째손가락을 포함하여 두 손가락의 기능을 잃은 사람 3. 한 손의 엄지손가락을 포함하여 두 손가락의 기능에 현저한 기능장애가 있는 사람 4. 한 손의 셋째손가락, 넷째손가락, 다섯째 손가락의 기능을 잃은 사람 5. 척추에 현저한 장애가 있는 사람
④ 신체에 변형 등의 장애가 있는 사람	
5급	한 다리가 건강한 다리보다 10센티미터 이상 또는 건강한 다리의 길이의 10분의 1이상 짧은 사람
6급	1. 한 다리가 건강한 다리보다 5센티미터 이상 또는 건강한 다리의 길이의 15분의 1이상 짧은 사람 2. 척추측만증이 있으며, 만곡각도가 40도 이상인 사람 3. 척추후만증이 있으며, 만곡각도가 60도 이상인 사람 4. 성장이 멈춘 20세 이상의 남성으로서 신장이 145센티미터 이하인 사람(단, 왜소증의 증상이 뚜렷한 경우는 18세 이상에서 적용 가능) 5. 성장이 멈춘 18세 이상의 여성으로서 신장이 140센티미터 이하인 사람

(2) 지체장애인의 체육지도방법

- 프로그램을 구성하거나 실시하기 전에는 의학적인 승인을 얻어야 한다.
- 지체부자유인의 장애조건에 알맞은 체육프로그램을 구성하여야 한다.
- 분리수술 후라든가 질병 후 회복기에 놓여 있는 지체장애인들에게 체육 프로그램을 실시할 경우에는 의학적인 승인을 얻어 운동실시 여부를 결정한다.

- 척추분리증과 같은 척추손상이 있는 사람들에게는 신체를 돌리거나 구부리거나, 운반하는 동작들을 삼가야 한다.
- 지구력이 약한 사람은 휴식시간을 자주 제공하여 피로를 덜게 해주고, 너무 격렬한 게임이나 활동은 수정하여 실시하도록 한다.
- 운동근육 감각자극을 제공하여 운동을 실시할 때 효과적인 신호로 이용한다. 즉 어깨를 가볍게 두드려서 움직이는 것을 알려준다.
- 목발이나 휠체어로부터 정확하게 넘어지는 방법을 지도하며, 아울러 아무것도 지탱하고 있지 않을 때 넘어지는 방법도 익혀주도록 한다.
- 기구는 항상 가벼운 것을 사용하게 한다.
- 체육활동을 통하여 서서히 자아수용성을 증진시키고, 자신감을 갖도록 도와준다.
- 신체적인 불구를 보상할 수 있는 기능과 재능을 개발시킨다.

3 시각장애인의 체육

(1) 시각장애인의 장애기준

장애인복지법시행규칙 별표 「장애인의 장애등급표」에서 규정한 시각장애인의 장애기준은 다음과 같다.

1급	좋은 눈의 시력(만국식 시력표에 의하여 측정한 것을 말하며, 굴절이상이 있는 사람에 대하여는 교정시력을 기준으로 한다. 이하 같다)이 0.02 이하인 사람
2급	좋은 눈의 시력이 0.04 이하인 사람
3급	1. 좋은눈의 시력이 0.08 이하인 사람 2. 두 눈의 시야가 각각 주시점에서 5도 이하로 남은 사람
4급	1. 좋은 눈의 시력이 0.1 이하인 사람 2. 두 눈의 시야가 각각 주시점에서 10도 이하로 남은 사람
5급	1. 좋은 눈의 시력이 0.2 이하인 사람 2. 두 눈의 의한 시야의 2분의 1이상을 잃은 사람
6급	나쁜 눈의 시력이 0.02 이하인 사람

(2) 시각장애인 체육의 토착화조건

시각장애인 체육을 사회체육 프로그램으로 토착화시키고, 그들이 사회체육활동을 할 수 있게 하려면 몇 가지 조건을 갖추어야 한다. 즉 프로그램을 계획할 때에 필요한 장소문제나 장비 · 조직 · 접근방법 등이 고려되어야 한다.

① 운동장소

운동장소는 실내든 실외든간에 넓고 어수선하지 않은 곳이어야 한다. 안전대책으로서 필요 없는 장비나 장애물을 제거한다. 야외운동을 할 때에는 운동장에 경계를 만들어 놓아야 안전할 것이다. 게임을 할 때에는 바닥 자체의 느낌을 달리함으로써 경계선을 알 수 있게 한다. 예를 들면 경기장 안은 콘크리트, 경기장 밖은 잔디나 모래로 깔면 발로 느낄 수 있을 것이다.

실내운동장소의 경계는 흰색을 구별할 수 있는 부분 시각장애인들을 위하여 흰색을 칠한다. 체육관을 사용할 때에는 빛을 느끼는 시각장애인들을 위하여 적절한 조명시설을 갖추어야 한다. 체육관바닥은 나무와 콘크리트로 구별해서 만들어 발로 느낄 수 있도록 한다. 시각장애인들은 운동 시작 전에 장소의 크기 및 형태, 경계선의 특성 등을 알아야 한다. 동네에서 운동을 지도하는 경우, 사회체육 지도자들은 시각장애인들에게 경기장 상황을 자세하게 설명하면서 시각장애인들과 같이 장소 주위를 처음부터 한 번 정도는 걸어서 확인시키는 등의 충분한 오리엔테이션을 한다.

② 장비(도구)

시각장애아동들을 위한 운동놀이 장비는 그네·정글짐·시이소 등을 포함하는 것은 좋으나, 그들은 앞을 볼 수 없으므로 시각장애아동들에게 일어날 상해의 가능성을 줄이기 위하여 그 위치를 정확하게 정해 놓아야 한다.

그네는 한 곳에 두 개 정도만 설치하는 것이 좋다. 안전을 위해 줄을 매거나 바닥에 표시를 하여야 하고 장비에 부딪치거나 그네에 충돌하지 않도록 주의하여 설치해야 한다. 만약 시각장애인들을 위한 볼링시설을 설치한다면 운반이 가능한 레일을 사용하도록 한다. 설비할 때에 주의점은 안전을 최대로 보장하기 위하여 반드시 불필요한 장비는 제거한다.

시각장애인들은 고정시설물의 위치는 기억할 수 있으나 모든 장비는 기억할 수 없다. 그러나 장비와 도구를 모아둔 방의 위치는 기억할 수 있으므로 필요한 것을 찾아서 운동

그림 5-2. 체육관이나 정규볼링장에서 사용할 수 있는 방향지시를 위한 레일

장소로 가지고 올 수도 있으며, 끝난 후에 다시 제자리에 갖다 놓을 수도 있다.

③ 수업조직

사회체육 활동의 일환으로 시각장애인들을 지도할 때에는 다른 프로그램을 지도하는 스케줄을 고려하여 계획을 세운다. 이때에는 생활연령보다는 일반적인 근력과 협응력 · 평형성 등을 기초로 하여 수업을 조직하는 것이 가장 좋은 방법이다.

시각장애인들이 보통 사람과 비슷한 일반 신체적성 능력을 가지고 있을 경우, 그 집단의 요구에 알맞은 수업활동을 쉽게 조직할 수 있을 것이다.

④ 접근방법

새로운 운동기술을 지도할 때에는 근육운동을 지각적으로 접근시키는 방법을 시도한다. 지도자 또는 그 기술을 배운 경험이 있는 학생들의 신체부위를 만져보게 하면서 기술을 배울 수 있도록 한다.

동작설명은 보는 듯이 자세하게 하고, 반드시 근육운동감각을 느낄 수 있도록 지도한다. 지도자는 동작을 지도할 때 자신이 눈을 감고 기술시범을 해보면, 시각장애인들의 기술수행상 문제점에 대한 이해를 할 수 있을 것이다. 이 방법은 시각장애인을 지도하는데 많은 도움을 줄 것으로 생각된다.

휘슬(whistle)은 시각장애인을 지도하는 데 중요한 장비가 되며, 지도하는 사람의 위치를 인식시키고, 주의를 환기시키는 등의 목적에 사용될 수 있다. 어떠한 의미를 가진 신호인지는 사전에 시각장애인들과 함께 연습해 두어야 효과적일 것이다. 그리고 메가폰은 지도자의 목소리가 시각장애인들에게 들리게 하는 유용한 장비이다. 메가폰을 이용하여 게임상황이나 진행과정을 상세하게 설명할 필요가 있다. 예를 들어 공을 차는 게임이 진행되고 있다면 누가 베이스에 있는지, 다음 차는 선수가 누구인지 각 선수들의 위치, 아웃이나 득점 여부 등을 알려주어야 한다.

⑤ 자유운동

여가시간을 이용하여 시각장애아동들이 스스로 운동장을 이용하고 장비를 사용토록 격려한다. 그러나, 자신과 타인의 안전을 위해서 체육장비 사용법을 분명히 지도하여야 한다. 모든 시각장애인들은 장비나 도구 사용과 관계되는 기술뿐만 아니라, 지켜야 할 안전규칙도 배워야 한다. 지도자들은 시각장애인들이 장비를 활용할 때 망설이는 것을 발견할 수도 있다. 이러한 현상은 극도로 보호된 생활을 해온 시각장애인들에게서 현저하게 나타난다. 지도자는 그들의 운동기술 발달과 자신감에 따라 운동을 시작하도록 하며, 그들이 받아들일 수 있는 수준에서 참여토록 격려한다.

너무 어리거나 너무 허약한 시각장애인들에게는 장비를 사용하여 자유롭게 가지고 놀 수 있는 분위기를 만들어주어야 한다. 흔들의자나 시이소는 큰 균형기술을 필요로 하지 않으며, 시각장애인들에게 자신감과 안전성을 높여주는 효과가 있다. 이 장비들을 소개할 때에는 시각장애인들에게 그 형태를 설명해 주고, 그들이 장비를 손으로 만지는 동안 사용법을 지도한다. 시각장애인들이 그 장비에 앉을 때 지도자의 보조를 받도록 한다. 어깨나 팔을 잡아주면 처음 시도하는 운동으로부터 자신감을 얻게 될 것이다.

어느 정도의 자신감이 생기면 시각장애인들에게 장비에 올라서고 내리는 방법, 안전대책 등을 지도한다. 미끄럼틀을 안전하고 즐겁게 사용하려면 지도자의 세밀한 지도가 필요하다. 시각장애인들은 사다리밑에서 자신의 차례를 기다려야 하고, 다른 사람이 미끄럼틀을 내려가 준비가 다 되었다는 신호를 하기 전에 올라가선 안된다는 점을 가르쳐야 한다. 다 내려왔을 때에는 꼭대기에 있는 사람에게 신호를 보내도록 한다.

운동을 하려 들지 않는 시각장애인에게 용기를 주기 위해서는 지도자가 옆에서 지켜주고, 또 미끄러지는 것을 붙잡아 보조해 주어야 한다. 사다리에 기어오르거나 늑목에 매달리기는 정상인이나 시각장애인 모두에게 위험하다. 그러므로 보조를 하면서 항상 옆에서 지켜보아야 할 것이다.

(3) 시각장애인의 체육지도방법

- 시각장애인들의 성취도를 높이기 위하여 말로 대화하는 것을 강조한다.
- 현재 가지고 있는 잔존시력을 보호하여 눈이 피로를 가능한 한 줄이도록 한다.
- 부분적으로 보이는 시각장애인들은 전혀 볼 수 없는 시각장애인들을 위하여 리더로서 활동하도록 한다.
- 시각에 장애가 있으므로 다른 감각, 특히 청각·근육운동지각 등을 향상시키도록 한다.
- 지도할 때에는 항상 이름을 기억하였다가 이름을 불러서 지명한다.
- 만약에 시각장애인들이 혼자서 운동을 하기를 원한다면 긴 시간 동안은 안되지만, 잠시 동안은 그것을 허락하도록 한다.
- 운동하는 시각장애인들이 넘어지지 않도록 기구들을 정한 순서대로 정돈하여 배열해 놓는다.
- 시각장애인들에게 알맞게 수정하고, 보조물 등을 이용하여 가능한 한 많은 정규적인 활동을 제공한다.
- 체육활동을 효과적으로 지도하기 위해서는 활동 등을 잘 조절하고 조직하여 계획을 세

운다.

– 시각장애인들이 어떤 활동을 할 수 있는가에 역점을 두고 그 활동에 대해서는 개별적으로 처방되고 의학적으로 승인을 얻은 것을 실시하는 것이 이상적이다.
– 시각장애라는 제한점을 가지고 있으나, 가능한 한 넓은 범위에서 프로그램을 작성한다.
– 시각장애가 일어난 시기와 시각장애의 정도 등을 고려하여 지도하여야 한다.
– 시각장애인가 안경을 쓴 경우에는 활동하는 동안 안경을 잘 보호하도록 한다.
– 체육 프로그램을 수정할 때에는 시각장애인들이 운동환경을 잘 지각할 수 있도록 하고, 다른 감각을 이용하여 할 수 있도록 한다.
– 시각장애의 문제에 대한 본질을 이해하여야 한다. 왜냐하면 그 문제에 따라 피해야 하는 활동들을 알 수 있기 때문이다.
– 새로운 기술을 배울 때에는 근육운동지각의 접근법에 따르며, 동시에 명백하고 정확하게 설명을 하여야 한다.
– 휘슬을 사용하며, 신호를 정해놓고 훈련을 한다.
– 게임의 과정 등을 상세하게 설명할 때에는 메가폰을 이용하도록 한다. 즉 비장애인에 의해서 관찰되는 것처럼 상세하게 설명한다.
– 필요하다면 체육활동을 지도하기 전에 지도하여야 할 활동에 대한 정보를 점자로서 읽게 한다.

4 청각장애인의 체육

(1) 청각장애인의 장애기준

장애인복지법시행규칙 별표「장애인의 장애등급표」에서 규정한 청각장애인의 장애기준은 다음과 같다.

청력이 손실된 사람	
2급	두 귀의 청력손실이 각각 90데시벨 이상인 사람(두 귀가 완전히 들리지 아니하는 사람)
3급	두 귀의 청력손실이 각각 80데시벨 이상인 사람(귀에 입을 대고 큰 소리로 말을 하여도 듣지 못하는 사람)
4급	1. 두 귀의 청력손실이 각각 70데시벨 이상인 사람(귀에 대고 말을 하여야 들을 수 있는 사람)
	2. 두 귀에 들리는 보통 말소리 최량의 명료도가 50퍼센트 이하인 사람
5급	두 귀의 청력손실이 각각 60데시벨 이상인 사람(40센티미터 이상 거리에서 발성된 말소리를 듣지 못하는 사람)
6급	한 귀의 청력손실이 각각 80데시벨 이상, 다른 귀의 청력손실이 40데시벨 이상인 사람

평형기능의 장애가 있는 사람	
3급	양측 평형기능의 소실로 두 눈을 뜨고 직선으로 10미터 이상을 지속적으로 걸을 수 없는 사람
4급	양측 평형기능의 소실 또는 감소로 두 눈을 뜨고 10미터를 걸으려면 중간에 균형을 잡으려 멈추어야 하는 사람
5급	양측 평형기능의 감소로 두 눈을 뜨고 10미터 거리를 직선으로 걸을 때 중앙에서 60센티미터 이상 벗어나며 복합적인 신체운동은 어려운 사람

⑵ 청각장애인을 위한 신체활동

① 율동적 활동과 무용

비록 리듬을 듣는 것이 부분 또한 완전히 제한되지만, 모든 연령의 청각장애인이 즐겁게 리듬동작에 참여할 수 있다. 뮤지컬 게임이나 무용에 성공적으로 참여하려면 청각장애인들은 동작의 유형을 학습하여야 하는데, 이때에는 각 동작단계가 유지되는 시간에 중점을 둔다.

지도자가 직접 손동작으로 리듬을 강화해야 청각장애인들이 시각적으로 리듬을 느낄 수 있게 된다. 물론 일부 청각장애인은 약간의 음악을 들을 수 있고, 심지어 멜로디를 들을 수 없는 바이브레이션을 경험한다. 이런 이유에서 리듬을 일으키는 장치로 타악기가 좋다.

청각장애인은 우선 단순한 탭댄스나 민속무용에서 시작하여야 한다. 등을 돌린 채로 기본 스텝을 시범하는 것이 혼란을 주지 않는다. 복잡한 포메이션(formation)이 개입되는 원형이나 사각형의 무용, 뮤지컬 게임은 직선형을 이루는 소집단으로 나누어 시도한 후 최종적으로 모아 필요한 대형을 이루게 하는 것이 가장 좋은 지도방법이다.

② 운동탐색

운동탐색과 실험을 통해 해결되어야 할 문제는 청각장애인이나 난청인들이 두려움 없이 공간에서 자유롭게 운동할 수 있게 해준다. 각 학생이 자신의 페이스와 능력에 따라 진보하기 때문에 형식적인 활동 참여를 강요하지 않아야 한다. 자신의 신체를 움직이고 통제하는 능력에 대한 작은 확신이 운동경험의 확대로까지 연결된다. 결과적으로 공포심과 거부감이 완전히 사라지게 될 것이다.

③ 신체적성

청각장애인은 대개 격한 활동의 참여 위축 때문에 신체적 발달수준이 낮다. 경우에 따라서는 소리의 방향성 상실로 인해 협응력을 잃거나 행동의 목적이 상실되는 경우도 있다. 모든 수준의 체육 프로그램은 심폐지구력·협응력·유연성 등을 발달시켜주는 전문 운동뿐만 아니라, 신체발달을 위한 다양한 활동도 포함하여야 한다.

④ 균   형

비록 그 가치가 의문시되기도 하지만 균형 묘기나 균형 활동이 반고리기관의 손상에 의해 균형능력이 낮은 아동들을 위한 프로그램 속에 반드시 포함되어야 한다. 이런 기능장애는 회복될 수 없지만, 운동근육감각이 발달되거나, 훈련을 통해 눈의 균형 유지를 도울 수는 있다. 어린 아동들은 줄 따라 걷거나 학다리 서기를 즐기며, 고학년 아동들에게는 포고(pogo)놀이나 낮은 평균대 걷기 등이 좋다. 모든 스포츠 활동의 트레이닝이 균형능력을 향상시켜 준다.

전반적으로 청각장애인의 경우는 활동에 큰 제약이 없다. 장애로 인해 가지게 되는 한계는 신체적이기보다는 사회적인 것이다. 프로그램의 계획에서는 아동들이 자신의 장애에 적응하고 타인과의 관계를 도와주는 것이 그들의 욕구충족보다 우선적이다.

귀 속의 반고리관(semicircular canal)이 손상된 청각장애인은 균형을 취할 수 없어 비틀거리게 된다. 이런 아동들에게는 안전을 위해 특정한 제약이 가해져야 한다. 다시 말해서 높은 곳에 올라가거나 균형을 취해야 하는 활동은 금지시킨다.

⑤ 게임과 스포츠

모든 개인이나 팀 스포츠가 청각장애인이나 난청인에게 제공될 수 있다. 많은 특수학교가 정상아동들과 성공적으로 시합할 수 있는 농구·야구·풋볼팀을 가지고 있다. 청각장애인도 경쟁적 놀이나 승리를 즐기지만, 승패보다 더 중요한 것이 게임이 제공해주는 사회적 접촉과 그들의 가치에 대한 정상아동들의 인정이다

물론 청각장애인들은 청각적 신호나 경고음을 들을 수 없기 때문에 안전에 문제가 있다. 이럴 경우에는 색기를 흔드는 것처럼 시각적 신호를 미리 설정해 둔다. 교사는 놀이를 시작하기 전에 아동들이 각 신호의 의미를 완전히 파악했는지를 시험해 보아야 한다. 상대선수도 청각장애인일 경우는 신호가 양팀 모두에 의해 합의되고 이해되어야 한다.

펜싱, 궁도, 볼링, 테니스, 골프, 배드민턴 등은 특수학교에서도 흔히 사용하는 스포츠이다. 특히 혼자서 할 수 있는 궁도나 볼링은 청각장애인들의 여가활동으로 매우 좋다. 레코드나 라디오, 음악 등을 듣지 못하기 때문에 적당한 여가활동을 가지지 못하는 청각장애인들의 여가시간은 매우 지루해진다. 이들은 여가시간에 참여할 수 있는 개인 스포츠를 배워야 하는데, 이 경우 이들에게는 너무나 벅찬 사회적 교류를 조장하는 팀 스포츠의 나쁜 영향이 가해져서는 안된다.

⑥ 수   영

수중 놀이와 수영은 비장애인과 마찬가지로 청각장애인들도 즐기는 운동이다. 비록 일

부는 수중에서의 균형에 문제가 있지만, 대부분이 수영기술을 학습할 수 있다. 머리를 물 바깥에 있게 해주는 변형된 스트록은 귀에 물이 들어가서는 안되는 아동이나 머리를 물속에 넣으려 들지 않는 아동들에게 필요하다.

5 장애인체육의 활성화방안

급격히 변화되고 있는 사회환경 속에서 대부분의 사람들과 달리 신체적으로나 정신적으로 장애를 갖고 있는 심신장애인은 생활을 영위하는 데 어려움이 있다. 경제적·사회적 여건이 안정되어감에 따라 전국민의 체육활동참여에 대한 기회균등의 요구가 높아지고 있는 가운데 이들 장애인에 대한 사회적 관심과 정책적 배려도 점차 증대하고 있다.

외국에서는 장애인을 위한 체육은 인도주의적 차원에서가 아니라, 비장애인과 마찬가지로 평생체육 및 복지증진 차원에서 추진되고 있다. 장애인은 자신이 비장애인에 비해 특별히 취급되는 것을 좋아하지 않는 것이 일반적인 경향이다. 장애인에게 가장 중요한 문제는 심리적 안정감이라고 할 수 있다. 장애인들은 흔히 좌절을 경험하게 되고, 이로 인해 개인적 안정감과 자신감이 부족한 편이다. 그리하여 장애인들에게는 자신이 사회의 정상적 구성원으로서 인식케 하는 동기부여가 무엇보다도 중요하다.

현재 우리나라의 장애인수는 등록인을 기준으로 2009년 6월말 2,419,000명으로 나타나고 있다(보건복지가족부, 2010). 더욱이 이러한 장애인 수는 종전의 선천적 장애에 부가하여 각종 산업재해나 교통사고 등에 기인하는 후천적 장애 등으로 인하여 증가되는 추세에 있어 점차 사회문제화되고 있다.

현재 이들 장애인을 위한 체육활동은 장애인에 대한 국민의 인식부족과 편견, 체육시설 및 용기구의 부족, 그리고 전문지도자의 절대적 부족으로 인해 매우 부진한 상태에 있다. 즉 전통적으로 우리 사회는 장애인의 신체활동을 경시하여 왔으며, 이로 인해 장애인들은 신체활동으로부터 소외되어 있는 실정이다. 신체상의 결함을 가진 장애인는 보다 많은 체육활동참여를 통하여 신체 각 부위를 적극적으로 작동함으로써 고른 신체발달과 함께 정서적 안정을 도모해야 할 필요가 있다.

그러나 전반적인 사회의 분위기에 의해 장애인 스스로가 신체활동을 기피하여 체력저하는 물론 소외의식도 해소하지 못하고 있는 형편이다. 또한 장애인의 신체활동욕구를 충족시켜 주고 유인할만한 체육시설과 기구가 충분히 마련되어 있지 못하며, 기존의 시설도 그 적합성이란 측면에서 제고되어야 할 점이 많이 있다.

　이들 장애인을 지도하는 지도자의 자질은 장애가 체육활동의 기반구축을 위해 선결되어야 할 중요한 문제이나, 현재 특수학교와 재활원 등에서 이루어지고 있는 체육활동은 거의 체육관련 분야 전공자가 아닌 일반 전공교사들에 의해 이루어지고 있어 장애인체육에 전문성이 결여되어 있는 실정이다. 따라서 현재 당면하고 있는 이러한 문제들을 해결하고 장애인체육을 활성화시키기 위해서는 다음과 같은 측면에서 여러 가지 조치가 강구되어야 할 것이다.

　무엇보다도 장애인에 대한 국민의 의식을 개혁하고 장애인의 자발적인 체육활동 참여를 유도하기 위하여 범국민적인 계몽운동을 전개해야 할 것이다. 즉 앞으로 다가올 고도산업사회에서는 취업분화가 더욱 심화될 것이므로 적절한 신체활동과 훈련을 통해 다소간의 심신장애를 극복할 수 있는 체육지도자의 양성이 시급하며, 이를 위해 특수(장애인)체육지도자 양성과정이 증설되는 것도 우리의 현실에 적합할 것이다.

　다음으로는 장애인을 위한 체육시설과 용기구를 확충하고 개발해야 한다. 이를 위해서는 현재 절대적으로 부족한 장애인 체육시설에 대한 실태조사가 선행되어야 하며, 이를 토대로 하여 장애유형에 따른 종합적이고 전문적인 시설을 단계적으로 구비하여야 한다. 그리고 장애인 스포츠 산업을 적극 지원하여 각종 용기구의 양과 질을 향상시켜야 할 것이다.

　마지막으로 행정적 차원에서는 전국의 장애인 현황을 정확히 파악하고, 이들의 사회적응과 재활의욕을 고취할 수 있는 각종 체육정책을 지속적으로 추진해나가야 할 것이다. 그리고 특수학교와 재활원수를 점증시키는 방안도 모색되어야 하며, 이와 같은 기관에서 장애인체육을 담당하는 지도자는 특수체육 지도자격을 소지한 사람에 한하되, 높은 보수를 책정하여 교육의 내실화를 기해야 할 것이다.

♠ 단 원 요 약 ♠

1. 유아체육이란 놀이를 중심으로 하는 어린이들의 모든 체육과 신체적 활동을 포함하는데, 유아체육의 핵심은 움직임의 교육이라고 할 수 있다. 또한 유아체육은 계획된 놀이에서 생활을 모방하고 창조함으로써 바람직한 사회생활을 배우며 잠재능력을 개발하여 지적·정서적·신체적 발달을 촉진하게 한다.

2. 유아기 신체활동의 중요성

① 유아기는 운동기능을 발달시키기 위한 가장 '이상적인 시기'이다.

② 출생 이후 유아기는 일생 중 두뇌발달이 가장 현저한 '지능발달의 결정적 시기'이다.

③ 유아기는 자아개념이 형성되기 시작하는 시기이다.

④ 유아기의 체력 및 운동발달은 신체적 건강과 직접적인 관계가 있다.

3. 청소년기의 스포츠나 레크리에이션 등은 단순히 즐기는 오락적 기능만 갖고 있는 것이 아니고, 인격형성을 돕는 바람직한 활동으로서 다음과 같은 기능을 갖고 있다.

① 경험의 보충   ② 열등감과 약점에 대한 보상

③ 공격적 충동의 해소   ④ 현실에서의 일시적 탈피

⑤ 동심에로의 복귀   ⑥ 사회적 존재의식 부여

4. 성인기에는 생활양식 속에 체육운동을 선택하여 이를 조직적으로 실천함으로써 건강증진과 체력향상에 바람직한 영향을 미치도록 해야 한다. 또한 규칙적 운동은 노화를 늦추어 주므로 장수에도 효과가 있다.

5. 현대사회에서는 산업 및 생활방식이 기계화되어 감에 따라 신체운동이 대폭적으로 감소됨으로써 중·장년자의 체력이 현저하게 저하되고 있는 실정인데, 성인기에는 특히 다리노화, 관절통, 생리적 기능저하 등이 일어난다.

6. 성인기에 이르면 신체의 발육·발달은 이미 완성되어 있으므로, 체력이나 운동능력 등을 향상·강화하는 데 목적을 두는 운동은 좋지 않으므로 산책, 하이킹, 골프, 체조, 수영, 테니스, 자전거 등이 좋으며 원칙적으로 신속운동, 가속운동 등은 좋지 않다.

7. 여성의 체육활동참여는 체육활동을 통하여 개인적으로는 독립적 인격체로서의 성숙을 기하고, 사회적으로는 건강한 심신을 갖춘 사회인을 배출하여 균형잡힌 사회의 발전을 도모하는 밑바탕이 되는 것이다.

8. 여성체육의 활성화방안으로는 여성체육 프로그램의 개발, 지도자 양성 및 시설의 확충을 비롯하여 여성체육의 필요성 및 이의 방법에 대한 홍보가 필요하며, 특히 여성 자신의 의식 개혁이 절실하다.

9. 현대사회가 직면하고 있는 노인문제는 ① 소득원의 상실, ② 신체의 노후로 인한 건강문제, ③ 역할상실, ④ 소외와 고독 등으로 구분할 수 있다. 또한 사람은 나이가 들어감에 따라 새로운 상황에 대한 행동과 사고의 적응도가 떨어져 심리적·사회적 스트레스를 더욱 심하게 받게 된다. 이와 같은 것을 감소시키기 위해서는 적절한 체육적 활동이 무엇보다도 중요하다.

10. 장애인과 체육을 연관시킨 교육적 접근방법은 크게 교정체육(corrective physical education), 발달체육(developmental physical education), 적응체육(adapted physical education) 등으로 표현되는데, ① 교정체육이란, 선택된 운동을 통해 신체의 기능이나 구조의 변화나 개선을 강조하는 방안, ② 발달체육에서는 일정 수준 이하의 근력이나 신체적성의 개발을 강조, ③ 적응체육이란, 정상적인 체육과 같은 목적을 갖되, 예외적인 학생들을 위해 정규적인 수업내용을 적당히 변형하는 것을 말한다.

11. 장애인체육의 활성화 방안
① 장애인에 대한 국민의 의식을 개혁하고 장애인의 자발적인 체육활동 참여를 유도하기 위하여 범국민적인 계몽운동을 전개해야 할 것이다.
② 장애인을 위한 체육시설과 용기구를 확충하고 개발해야 한다.
③ 행정적 차원에서는 전국의 장애인 현황을 적확히 파악하고, 이들의 사회적응과 재활의욕을 고취할 수 있는 각종 체육정책을 지속적으로 추진해나가야 할 것이다.
④ 특수학교와 재활원수를 점증시키고, 특수체육 지도자 자격에 의한 내실 있는 교육을 해야 한다.

♠ 연 구 문 제 ♠

1. 유아기의 특성에 대하여 살펴보고, 그와 관련하여 유아체육의 중요성을 연구해 보자.

2. 유아체육의 활동내용에 대하여 살펴보자.

3. 유아의 운동지도 시 유의사항에 대하여 이해하자.

4. 청소년의 특성에 대하여 연구해 보자.

5. 우리나라 청소년인구의 추이를 조사해보자.

6. 청소년기에 있어서 스포츠가 가지는 가치와 기능에 대하여 살펴보자.

7. 우리나라 청소년의 여가활동에 대하여 조사해 보자.

8. 전국의 청소년 관련단체와 활동내용에 대하여 조사해 보자.

9. 전국의 청소년 체육시설을 조사해 보자(예 : 야영장, 수영장, 유스호스텔, 자연학습원 등).

10. 성인의 신체적·사회적·정서적 특징에 대하여 살펴보자.

11. 성인기의 특징과 관련하여 성인체육의 필요성에 대하여 이해하자.

12. 성인기에 적합한 운동에 대한 예를 들고, 그 이유를 간단하게 요약해 보자.

13. 경제·사회적 여건과 관련하여 여성체육의 전망에 대하여 연구해보자.

14. 여성체육의 부진이유에 대하여 살펴보고, 활성화를 위한 몇 가지 방안을 제시해 보자.

15. 우리나라 노인인구의 추이를 조사해 보자.

16. 노인의 특성을 생리적·심리적·사회적으로 구분하여 간략하게 요약해 보자.

17. 노인의 특성과 관련하여 체육의 필요성을 기술해 보자.

18. 노인체육지도 시 유의사항에 대하여 살펴보고 이해하자.

19. 장애인의 장애형태별 정의를 규정하고, 각 장애별 특성을 간략하게 요약해 보자.

20. 우리나라의 형태별 장애인 인구에 대하여 조사해 보자.

21. 지적장애인의 지도방법에 대하여 살펴보고 이해하자.

22. 시각장애인의 운동지도 시 유의사항에 대하여 살펴보자.

23. 청각장애인을 위한 신체활동내용에 대하여 알아보자.

24. 전국장애인 복지시설현황을 조사해 보자.

25. 장애인체육의 문제와 활성화방안에 대하여 연구해 보자.

제7장
사회체육활동의
장소에 따른 분류

제6장에서는 사회체육활동을 대상에 따라 분류하여 그 내용을 살펴보았다. 그런데 개인의 삶의 질 향상과 복지사회구현을 목적으로 하는 사회체육활동에서 장소 또한 없어서는 안될 요소이다.

이 장에서는 사회체육활동의 영역을 장소에 따라 가정체육, 도시와 농촌체육, 직장체육 및 지역사회체육으로 분류하여, 그 특성과 기능, 활성화방안 등을 살펴보기로 한다.

가정체육

가정은 인간이 태어나면서부터 생을 마칠 때까지 삶의 대부분을 영위하는 터전이다. 또한 개인의 기본적인 인격형성을 위하여 도덕적 품성을 키우고 훈련하는 장소이며, 다양한 연령 · 성 · 세대로 이루어진 자연발생적 조직으로서 국가와 사회를 구성하는 원초적 집단이기도 하다.

한편 가정은 가족의 신체적 · 정신적 건강의 과학적 관리, 가정경제의 합리적 운영, 가족여가의 선용, 가족의 건전한 가치관과 윤리형성을 통하여 건전하게 유지되어야 한다. 또 사회의 건전화는 기본단위인 가정이 화목하고 원만하여 행복한 삶을 누리고 있을 때 이루어지지만, 가정이 기능을 상실하거나 해체되어 갈등을 빚게 되면 사회문제화되어 사회불안을 조성하고, 사회불안은 사회의 안정을 저해하여 국가의 기초를 약화시키게 된다.

우리 사회가 추구하는 복지사회를 구현하고, 국가발전의 원동력인 국민건강의 유지 및 체력향상을 위하여 사회의 기초집단인 가족의 여가활동은 그 자체가 오락인 동시에 개인의 건강유지 및 체력증진을 위한 수단이다. 나아가 사회의 결속을 강화 · 유지하는 기능을 가진 스포츠 참여의욕을 고취시키며, 이에 대한 관심을 높이는 것은 의의 있는 일이다.

1 가정체육의 특성

가정은 사회의 기본단위이지만 구성원인 가족이 일과를 마치고 휴식을 취하는 곳이기도 하다. 이러한 가정에서의 생활을 어떻게 하느냐 하는 것은 개인의 건강과 삶의 형태에 중대한 영향을 미친다. 가정에서 신문 · 텔레비전 · 라디오 등의 시청이나 식사 · 음주 · 흡연 · 담소 등으로만 여가를 소비한다면 건강을 유지하고 증진시키기는 어렵다.

가정은 다양한 연령 · 성 · 세대의 성원으로 구성된 것이 특징이다. 가족 중에는 건강한 사람도 있고, 환자나 노약자도 있으며, 어린 자녀도 있다. 그러므로 가족들의 체력이나 운동능력은 다양하다. 스포츠활동은 건강한 사람이나 젊은 사람에게 주어진 특권이 아니다. 그런 만큼 가정체육활동은 가족 모두를 대상으로 함으로써 그 의의가 있는 것이다.

어린이는 단순히 학교교육만으로는 전인교육을 달성하기 어렵다. 가정에서의 교육, 그리고 가정을 기본단위로 하는 사회에서의 교육을 통하여야 비로소 완전한 인간으로 성장할 수 있다. 또한 어린이들은 어른의 가치관과 생활태도를 관찰함으로써 자신들의 장래 계획을 세우게 된다.

가정은 건강문제의 해결을 위한 최초의 대응책을 준비하기 위한 곳이기도 하다. 건강 관련 문제의 대부분은 가정·직장 또는 지역사회에서 먼저 발생하므로 이에 대한 1차적 의료활동은 최초의 발생시점인 가정에서의 대응책이 중요하다. 가정에서는 건강문제에 관한 정확한 지식과 이에 대처할 수 있는 능력을 습득하여 초기에 해결하여야 한다. 체력증진은 건강유지와 밀접한 관련을 가지고 있으며, 단순한 신체활동뿐만 아니라 보건 활동과 영양섭취에 의해서 건강한 가정 만들기, 건강한 사회 만들기의 기초로서 그 중요성이 인식되고 있다. 따라서 가족의 건강이나 보건을 유지하기 위하여 가정체육이 중요시되고 있다.

가정은 성과 연령이 다른 가족들이 서로 그 특성을 이해하고 존중하여 공동의 목표를 추구할 때 건강한 가정을 이루게 되며, 이러한 가정이 모여서 사회를 구성한다. 그러므로 가정체육은 가족 모두가 함께 즐길 수 있는 종목을 선택하여 서로 도우며 협력하는 태도로 참여해야 가족의 건강과 화목을 도모할 수 있을 것이다.

이와 같은 관점에서 볼 때 가정체육은 다음과 같은 특성이 있다.

① 만남의 계기……부모와 자녀가 함께 스포츠활동을 함으로써 즐거운 만남이 되어 친밀감이 강화된다.

② 이해의 기회……스포츠를 통하여 생활 속에서 자식은 부모의 살아온 모습과 노력하는 자세를 배우고, 부모는 자녀의 신체적·정신적 발육과 성장을 직접 확인하고 의식세계를 이해하게 된다.

③ 학습의 장……스포츠를 통하여 경기규칙을 준수하고 스포츠맨십을 지키게 되어 사회교육과 예절교육의 기회가 된다. 부모와의 경쟁 또는 협조를 통해서 인간생활의 규칙·협조성·인간애를 키우며, 인내와 노력으로 목표에 대한 성취의욕을 고취하고 상대를 존중하는 기본적인 예절을 배우게 된다.

④ 자연의 인식……야외스포츠를 통한 자연과의 만남으로 자연의 소중함, 자연과 인간의 조화를 간접적으로 느끼게 된다.

② 가정체육 프로그램 및 내용

가정은 다양한 연령·성·세대의 인원으로 구성되는 조직적 특성이 있으므로 유아에서부터 노인에 이르기까지 여자와 남자를 고려한 체육프로그램을 선정하여야 한다. 즉 연령계층과 성의 범위가 다양하기 때문에 그 목표를 일반화하여 설정하기가 쉽지 않다. 따라서 가정체육 프로그램은 가족의 다양한 요구와 흥미를 충족시킬 수 있는 프로그램으로 구성하여 운영되어야 한다.

가정체육 프로그램을 수립할 때 필수적으로 고려해야 할 사항은 다음과 같다.

① 가정체육 프로그램은 가족의 유대를 강화하는 종목으로 선정되고 조직되어야 한다. 가정은 다양한 연령계층과 성이 다른 집단이어서 체력·운동능력·기술수준이 다르므로 가족의 협력을 위주로 공통활동을 통하여 유대를 강화하고 화목을 도모하여 밝은 가정을 이룰 수 있는 종목을 선정하여야 한다.

② 가정체육 프로그램은 가족의 건강관리를 위한 종목으로 선정되고 조직되어야 한다. 건강은 가정과 사회 공통으로 중요하다. 가정이 건강하다는 것은 신체발달의 각 단계에서 바람직한 발육을 하고 있음을 의미한다. 이것은 가정에서 생활할 수 있는 능력을 갖게 되었다는 뜻이며, 또 사회생활능력을 가졌음을 말한다. 따라서 단순한 신체활동뿐만 아니라 보건생활과 적절한 영양섭취를 통한 가족의 건강유지를 위한 종목을 선정하여야 한다.

③ 가정체육 프로그램은 가족의 흥미와 요구에 맞는 종목으로 선정되고 조직되어야 한다. 가정은 다양한 연령과 성으로 구성되고, 또 건강상태와 운동능력의 수준이 모두 다른 특징을 가지고 있으므로 운동종류·운동방법·운동시기·운동강도 등을 고려하여 동기부여가 극대화될 수 있는 종목을 설정하여야 한다.

④ 가정체육 프로그램은 가족의 운동잠재능력을 개발하는 종목으로 선정되고 조직되어야 한다. 전통적으로 개인의 운동잠재능력은 학교체육에서 이루어졌으나, 이 잠재능력은 전 생애에 걸쳐서 개발·신장될 수 있는 기회가 제공되도록 계획되어야 한다.

⑤ 가정체육 프로그램은 가족의 생존기간 전체에 걸쳐서 활동하는 종목으로 선정되고 조직되어야 한다. 생애에 걸쳐서 연령이나 체력, 운동기능의 수준에 제한을 받지 않고 스스로 즐겨 참여할 수 있는 종목을 설정하여야 한다.

⑥ 가정체육 프로그램은 계열성의 원리에 따라 선정되고 조직되어야 한다. 가족이 참가하는 운동종목의 내용수준이 가족의 운동수준에 적합한가를 판단해야 한다. 따라서 수준은 가족 중의 유아나 노인 또는 여성을 기준으로 해서 시작하고, 점진적으로 그 수준을 높여가야 한다.

⑦ 가정체육 프로그램은 사회체육 프로그램이나 학교체육 프로그램과 유기적인 관계

가 있는 종목으로 선정되고 조직되어야 한다. 자녀의 스포츠활동은 학교체육을 통하여 터득된 스포츠의 기능, 태도 및 관련지식을 심화·발전시킬 수 있는 기회가 되어야 하며, 가족의 스포츠활동은 지역사회의 특성과 시설 및 용구와 환경여건에 맞게 계획하고 운영하여야 한다.

⑧ 가정체육 프로그램은 지속성의 원리에 따라 선정되고 조직되어야 한다. 단기간의 스포츠활동으로 운동효과를 얻을 수 없으므로 가족이 지속적으로 참여할 수 있도록 흥미를 유발하여 싫증을 내지 않는 종목을 선정하여야 한다.

⑨ 가정체육 프로그램은 계절에 따라 선정·조직되어야 한다. 계절의 특성에 적합한 종목과 유형을 선택하여 참여함으로써 생활에 변화를 가져와 매너리즘과 스트레스로부터 벗어날 수 있어야 한다.

⑩ 가정체육 프로그램의 합리적 운영과 효과를 얻기 위한 주기적인 평가계획을 세워야 한다. 평가영역에는 가정체육과 관련된 모든 것이 포함되어야 하지만, 그 주된 요인은 가족의 건강유지와 체력증진이어야 한다. 가정체육 프로그램은 가족이 스포츠활동을 구체적으로 실천할 수 있는 동기와 방법이 포함된 내용으로 구성되어야 한다. 이것은 가족의 스포츠생활화를 위하여 이루어지는 근본적 실천방안이다.

가족의 스포츠활동을 구체적으로 실천하기 위해서는 동기와 방법이 포함된 내용구성뿐만 아니라 사회적 분위기, 가정의 분위기, 가족의 체력·운동수준·건강상태 등 전반적인 조건을 고려하여야 한다. 가족의 스포츠활동에서 주관자는 부모가 되어야 하며, 부모는 스포츠에 관한 바른 지식과 정보를 수집하여 가족의 형태에 맞는 프로그램을 개발하여 스스로 실천하는 것이 중요하다.

Ⅱ. 도시와 농촌체육

1. 도시체육

도시는 농촌만큼 오랜 역사를 지닌 사회는 아니다. 그러나 전 세계적으로 도시의 급격한 발전과 더불어 인간생활의 새로운 양상으로 도시화가 이루어지고 있다.

현대사회에서 도시생활의 장점은 다음과 같다.

– 문화 · 교육의 기회에 많은 혜택을 받고 있다.

– 타인으로부터 간섭을 많이 받지 않는 자유로운 생활을 할 수 있다.

반대로 도시생활의 단점은 다음과 같다.

– 자연의 파괴로 녹지의 부족

– 물가고와 주택난

– 인간소외의 정신적 불안정

오늘날 도시생활은 인간을 자연의 혜택에서 멀어지게 하고 소외감을 줌으로써 신체적 · 정신적 불건강을 초래하여 생활의욕을 잃게 하고 있다. 그러므로 인간성회복의 수단으로서 사회체육이 필요하다. 도시의 정상적 발전은 농촌을 무시할 수 없고, 농촌의 정상적 발전도 도시의 발전을 기대하지 않고서는 생각할 수 없을 만큼 도시와 농촌은 공동체적 운명을 갖고 있다. 인간의 사회생활은 곧 집단생활이며, 집단을 떨어져서 생각할 수 없다. 도시인이건 농촌인이건간에 누구나 타인과 함께 집단을 이루고 있지만, 도시는 농촌에 비하면 근린관계가 거의 존재하지 않는다.

농촌사회는 협동과 친목의 공동노동이 필요하지만, 도시사회는 직업이 완전히 개별화되고 가정끼리 분리되어 있다. 그러므로 도시인들은 이웃끼리도 모르고 몇 년이고 지나는 수가 허다하다. 그러기에 도시일수록 사회체육활동이 더 많이 요구된다. 현대에는 도시에 거주하는 사람들이 많다. 그 이유는 도시산업의 다양성에서도 짐작할 수 있듯이 도시는 여러 직종에 취업기회가 많기 때문이다. 또한 생산뿐만 아니라 소비생활에서도 도시는 오락으로부터 교육문화에 이르기까지 사람들에게 다양한 기회를 부여하고 있다.

그러나 가장 시급한 현실은 도시 사회체육활동이 등한시되고 있으며, 불건전한 경향이 많다는 점이다. 농촌보다 선행되어야 할 문제는 사회체육을 활성화시켜 도시생활을 명랑하게 하고, 불신사조와 범죄를 제거하여야 한다. 특히 도시 사회체육이 불건전한 방향으로 흐르는 경향이 많다는 것은, 요컨대 자기에게 적합한 사회체육의 지식을 가지지 못한 데서 비롯한 폐단이라고 생각된다.

여가선용의 수단인 사회체육은 다만 즐거운 활동임과 동시에 도시생활의 명랑화와 복잡한 생활에서 벗어나 즐거움을 주는 활동이므로 사회체육의 활성화가 필요하다. 말로만 도시생활이니, 문화생활이니 운운하는 것보다 도시에서 여가생활의 문화적 의의를 깊이 인식하고 문화적 생활을 영위할 수 있도록 가일층 노력해야 한다. 그러기 위해서는 도시의 공공단체가 공원 및 시민을 위한 운동장을 설치하여 자연생활을 즐길 수 있도록 하고, 가정이나 도시사회에서는 사회체육을 통해서 건전한 사회를 이룩하는 데 힘써야 한다.

사회체육이 관심의 대상이 되고 있는 근본적인 이유의 하나는 기계화되어가는 인간생활 때문이다. 이러한 위험이 가장 많은 지역이 도심지이므로 도심지는 그만큼 사회체육활동이 다양하게 펼쳐져야 한다. 또 도심지의 생활형태는 각 지방으로 그 모델이 전파될 가능성이 많기 때문에 특별한 관심이 요구된다.

도시가 가지고 있는 문제 중의 하나는 인구의 밀집이다. 인구의 분산이 불가능할 경우에는 사회체육활동을 가능하게 하는 실내외 공간확보를 위해 최대한의 노력을 경주해야 할 것이다. 한 도시의 이상적인 인구수는 약 50만 명에서 100만 명이라고 한다. 이처럼 밀집된 인구를 위하여 건물의 옥상, 각종 공지, 그리고 특정한 도로 · 강변 등이 사회체육활동의 장으로 활용될 수 있도록 배려해야 하고, 사유지를 매입하여 공유지화하기 위한 정부의 적극적인 대책이 요구된다.

사회체육 활성화를 위한 도시계획은 여러 가지 과업을 필요로 하지만, 반드시 고려해야 할 사항은 다음과 같다.

- 모든 사람들이 동등한 기회를 갖게 하기 위해서는 공공시설은 물론, 비영리단체, 개인단체, 상업적인 시설 등 가능한 모든 자원을 동원한다.
- 시민들의 요구에 알맞은 사회체육 프로그램을 제공하기 위해서는 해당 지역주민들의 인구분포, 성별, 연령, 교육 정도, 경제적인 능력 등 필요한 모든 자료를 수집하고 분석한다.
- 모든 시설은 해당 지역의 중앙에 설치함으로써 주민들이 안전하고 편리하게 이용할 수 있게 한다.
- 모든 시설은 각 지역의 특수성을 고려하여 설비해야 하는데, 그중 미적인 가치, 사용도, 용이한 접근, 관리, 유지 등은 가장 핵심되는 요소가 된다.
- 각 시설의 운영가능성을 진단한다. 즉 누가, 언제, 얼마나 사용할 것인가에 따라 비용의 충당방법과 관계직원의 인원수를 결정한다.
- 대지 확보를 위한 장기계획을 수립하며, 기존 건물이나 기타 필요한 시설 · 설비에 재정적 곤란이 있을지라도 사회체육 혹은 레크리에이션시설을 위해 확보된 대지는 절대로 다른 용도로 변경될 수 없도록 법적 조치를 강구한다.

한편 도시계획과 사회체육활동계획은 분리하여 계획해서는 안된다. 즉 도시계획 시 공공광장은 물론 구 · 동 단위로 사회체육시설의 설치계획이 병행되어야 한다. 도시계획법 시행령 제3조 제7항에 따르면 도시공원은 어린이공원, 도시자연공원, 근린공원, 묘지공원 등 네 가지로 분류된다. 도시공원은 도시의 물리적 환경요소 중 하나로 자연경관이 아름답고 시민의 보건, 휴양 및 정서생활의 향상에 기여하면서 도시의 건전한 발전과 공중의 안녕, 질서 및 공공복리 증진을 목적으로 시민의 위락활동에 이용되는 장소이다.

또 주택건설촉진법시행규칙 제55조에는 5백 세대 이상의 주택을 건설하는 대지 안에는 1백 $65m^2$(50평), 5백 세대 초과 시 3백 세대마다 1백m^2(30평)의 체육시설을 설치하도록 규정하고 있다. 또한 1천 세대 이상의 주택을 건설하는 지역에는 정구장, 배구장 또는 수영장 중 1개 이상을 설치하여야 한다고 명기되어 있다.

우리나라 도시의 체육현황을 보면 학교체육의 범주를 벗어나지 못하고 있다. 또한 사회체육의 입장에서 보면 체육시설이나 지도자 및 조직적 활동 등이 선수 위주의 체육에 국한되어 있으며, 일반시민이나 사회인을 위한 체육과 스포츠활동은 상업시설에 의존되고 있는 현실이다. 그중에서도 어린이, 가정주부, 근로청소년 및 노인을 위한 체육이나 레크리에이션 문제는 더욱 절실하다.

도시인은 직장 중심의 생활을 하므로 직장이 일상생활에서 중요한 부분이다. 그러나 우리나라의 기업체나 직장에서는 체육시설 및 스포츠활동이 대단히 미약한 실정이다. 어려운 도시생활에서 명랑하고 건강한 생활을 보장받을 수 있는 방법은 무엇이며, 어떠한 방법으로 해결할 수 있는지, 개인은 물론 도시체육 전체의 견지에서 볼 때 절실한 문제이다. 그중에서도 도시의 체육행정의 강화를 비롯하여 주민을 위한 체육시설의 설비가 급선무이며, 사회체육 지도자 확보, 시민체육대회와 같은 체육행사 확대, 체육활동을 위한 조직정비와 장려 등이 당면한 과제이다.

2 농촌체육

사회의 발전에 따라 농촌도 침체상태로만 있는 것이 아니라 많은 발전을 거듭하고 있다. 또한 농촌의 인구가 도시로 이동됨에 따라 농업의 형태는 다양화되고, 기계화가 진전되고 있다.

현대사회에서 농촌생활은 다음과 같은 특징이 있다.
- 교통지옥 및 교통사고가 적다.
- 인습과 전통을 존중하기 때문에 간섭을 받기 쉽다.
- 농업경영을 위주로 하므로 직업의 다양성이 부족하다.
- 오락성이 적어 활기를 잃고 있다.
- 노동량이 많고 노동시간이 길어 고되다.

- 청년층의 도시 진출 및 전직 등으로 지역단체의 구성원으로서 가장 핵심적 역할을 하던 청년층이 감소되고 있다.

그래서 농촌 특유의 육체노동에 의한 피로, 적은 여가시간, 현금수입의 불안정, 놀이에 대한 인식부족, 시설과 설비의 부족, 중심이 되는 지도자 부족 등으로 농촌 사회체육은 정체되어 적극적으로 이 문제에 뛰어드는 사람도 없으며, 의욕도 상실되고 있다. 그중에는 좋은 지도자의 적절한 조언을 얻어 부인회 등을 중심으로 사회체육을 발전시키는 곳도 있으나, 대부분은 연중행사나 종교행사 위주에서 그러한 것을 엿볼 수 있을 정도이다.

지역사회체육은 농촌일수록 중요하고 발전시키기도 용이하므로, 그 발전을 저해하고 있는 생활관을 개선하고 시설과 설비의 충실화를 기하는 것이 중요하다. 또한 사회체육의 일상화에 노력하는 동시에 행사를 중요시하고, 다같이 즐길 수 있는 장이 되기 위해서는 주부를 노동에서 해방시키는 것도 당연히 생각하지 않으면 안된다.

일반적으로 농촌은 도시에 비하여 체육이나 스포츠를 받아들일 여건이 불리한데, 다음과 같은 것이 농촌체육의 문제점이라고 할 수 있다.

- 농촌은 여가시간이 적다. 즉 여가시간과 노동시간의 구분이 확실치 않으며, 노동시간이 많다.
- 소득이 도시인에 비하여 낮으므로 경제적 안정성이 적다.
- 농업은 아직도 육체노동 위주여서 육체적 피로가 큰 것이 스포츠활동의 제한적인 조건이 된다.

농촌의 현대화와 사회체육진흥을 위한 방안을 다음과 같이 제시한다.

- 농촌 사회체육의 시설과 조직의 문제인데, 도시에도 사회인을 위한 체육시설이 별로 없는 실정인 만큼 농촌의 체육시설 부족은 재론할 여지가 없다. 농촌의 사회체육시설로는 우선 다목적용 광장(운동광장), 새마을회관 등 공공시설 및 학교운동장이 활용되어야 한다. 그리고 전통적인 그네, 널뛰기, 철봉, 평행봉, 역도 등 넓은 장소를 필요로 하지 않는 시설부터 설치되면 좋을 것이다. 체육활동 조직은 새마을조직이나 기타 조직을 활용하는 방법과 운동부조직 또는 지역별 체육회조직도 바람직하다.
- 농촌체육은 행사 중심으로 이루어지는 경우가 많다. 그러므로 지역의 특성에 맞는 다양한 행사를 고르게 계획하여 체육활동에 접할 수 있도록 한다.
- 새마을조직에서 운동기구를 관리하고, 체육 지도자도 선정하여 이들로 하여금 체육활동의 주축이 되게 하고, 어린이 · 부녀자의 지도와 마을체육대회의 주관도 하게 하여 지역사회체육 지도자로서 자라나게 하는 것도 바람직한 일이다.

직장체육

직장이나 기업체의 규모, 업무의 종류에 따라 차이는 있으나, 산업의 근대화·대규모화로 노동은 기계화되고 노동시간이 단축됨으로써 여가가 증대되었다. 따라서 이 여가를 어떻게 선용하는가 하는 것이 현대인의 생활에서 중요한 과제로 등장하고 있다.

직장 근로자에게 공통된 문제점은 좋지 않은 환경에서 기계의 리듬에 맞추어 단조롭고 반복적인 작업을 해야 하므로 신체활동은 편중되고, 나아가 긴장감 내지 압박감을 느끼는 것이다. 따라서 근로자들은 창의성이 없고 수동적이 되며, 기계의 일부 또는 부속품과 유사한 역할을 함으로써 인간성마저 상실하게 된다. 이는 체력 및 정력 부족현상을 초래하여 작업의욕상실, 심신약화 내지 노화현상을 촉진하게 된다.

그러므로 직장이나 기업체에서 근로자들의 여가시간을 이용하여 스포츠 혹은 레크리에이션 활동을 장려하고 지도하는 것은 그들이 느끼는 여러 가지 애로나 문제점을 해결하는 데 직접적으로 기여한다. 이런 결과는 작업능률 향상과 직결되므로 일석이조의 의의를 가지는 것이라 하겠다.

근로자의 건강관리나 후생문제는 단순히 종업원에 대한 기업주의 자선이나 은혜적인 시책으로서가 아니라, 인간의 존엄성과 노동력의 재생산, 나아가 작업능률의 증진을 가져오는 것이다. 경영자의 입장에서 보면, 이는 기업이윤의 사회환원이 되는 것이므로 적극적인 이해와 협조가 요망된다. 결국 이로 인하여 종업원의 결근·지각·재해·불평·이직 등이 감소되며, 인간관계가 개선되어 사기가 앙양되고, 또 건설적인 노사협조가 이루어질 수 있는 것이다.

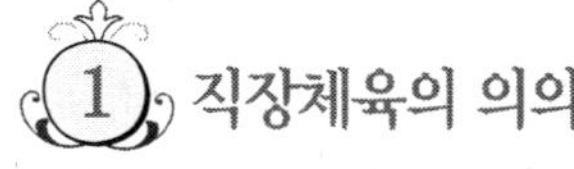

1 직장체육의 의의

직장체육의 의의는 여러 가지 관점에서 생각할 수 있지만, 개인적인 관점에서 생각하면 다음과 같은 의미를 찾을 수 있다. 직장인 개개인은 결코 산업의 도구나 기계의 한 부품으로 취급받아서는 안된다. 사회인의 한 사람으로서 보다 나은 생활을 위하여 직장 안에서는 물론, 밖에서도 건전한 인간성의 함양과 대인관계, 그리고 건강증진을 위하여 힘써야 한다. 따라서, 직장인 개개인의 체육활동은 최대한으로 활용되어야 한다. 자유롭고 자주적인 체육활동을 생활화함으로써 급변하는 사회환경 속에서 건강하고 활기 넘치는 생활을 할 수 있게 한다.

기업의 관점에서 보면 기업은 생산력을 증대시킴으로써 이윤향상을 꾀하는 것이 중요하다. 그러므로 각 기업체는 소기의 목적을 달성하기 위하여 보다 나은 시설과 조직, 기구 등의 정비에 만전을 기한다. 또한 생산의 주체인 종업원의 건강과 체력을 증진시키기 위하여 노동환경 조성에 힘쓰는 것은 작업능률과 생산력을 높이는 일이다. 직장체육이나 레크리에이션 활동은 기업이 의도하는 목적을 달성시키기 위한 활력소가 되며, 복지후생의 차원에서도 꼭 필요한 것이다. 왜냐하면 협동심, 애사심, 인화단결, 노사간 대화의 광장, 대인관계 등이 직장체육을 통해서 이루어질 수 있기 때문이다.

한편 사회적인 관점에서는 다음과 같은 의미를 찾을 수 있다. 즉 바람직한 사회인은 건전한 시민정신의 소유자라 할 수 있다. 건전한 시민정신을 함양하기 위해서는 여러 가지 방법과 교육 프로그램이 있겠지만, 그중에서도 체육활동 현장에서 실천적 교육을 통하여 도덕적·전인적 인간을 양성함이 바람직하다고 할 수 있다.

현대는 빠른 속도의 변화에 적응하면서 살아야 함은 물론, 한발 앞서 개척하고 개발하는 창조적 능력 없이는 낙오하고 만다. 항상 적극적이고 진취적인 기상을 가지려면 신체와 정신의 건강뿐만 아니라 폭 넓은 적성을 길러주는 창조적 교육이 필요하다. 이러한 창조적 교육을 위하여 사회체육은 필수적인데, 특히 청소년 근로자를 고용하고 있는 직장의 스포츠와 레크리에이션 프로그램은 정신적으로나 신체적으로 성장·발육기에 있는 청소년 근로자들에게 신체적인 효과와 교육적 효과를 준다. 왜냐하면 스포츠 정신 자체가 우리 사회의 도덕적 규범이며 훌륭한 시민정신이라고 할 수 있기 때문이다. 상대방과의 선의적 경쟁, 승자와 패자 간의 진정한 우호정신, 땀 흘려 노력한 만큼의 결과, 엄정한 규칙을 준수하는 준법정신 등 스포츠에서 볼 수 있는 페어플레이 정신은 현대사회에서 좋은 도덕적 규범과 교육적 가치가 될 수 있다.

② 직장체육의 기능

사회학적 측면에서 볼 때 체육은 선의의 경쟁과 협동을 통하여 '나'라는 의식보다는 '우리'라는 의식을 갖도록 해줌으로써 조직 구성원 한 사람 한 사람에게 자신의 체력향상의 계기가 되고, 직장의 입장에서 볼 때는 직장구성원을 하나로 뭉치게 하고, 직원의 사기진작을 통한 생산성향상으로 경영합리화를 도모하는 계기가 된다.

일본에서 직장인을 상대로 실시한 체육활동이 직장인에게 미치는 영향에 관한 여론조사를 보면, 직장내 인간관계 개선에 기여했다는 응답이 36.9%로 가장 높고, 다음이 생산성 향상에의 기여가 21.7%, 자신의 정신건강유지에 도움이 되었다는 응답이 17.5%, 오락 및 여가선용이 10.9%, 신체적 건강유지와 기타 도움이 각각 6.5%로 직장체육활동이 직장에 미치는 긍정적인 요인이 58.6%를 차지하였다.

직장체육의 형태를 살펴보면 기업의 홍보와 판촉효과를 위한 선수 중심의 상징적 스포츠 조직과, 직장인 전체의 활동을 위한 스포츠 조직으로 구분할 수 있으며, 후자의 경우는 직장 내적인 전체의 활동을 말한다. 직장 내적인 체육활동은 작업공간이나 직장 내 체육장에서 실시되는 것으로, 건강을 유지하고 스트레스를 해소하며, 작업으로 인한 부정체위를 교정하는 등의 건강관리적 체육 프로그램을 들 수 있다. 또한 직원 간의 친목과 대화를 목적으로 행해지는 친선체육대회와 체력강화로 작업능률과 생산력의 향상을 꾀할 수 있는 훈련적 체육 프로그램 등도 직장 내적 체육활동에 속한다.

이러한 차원에서 볼 때 직장 스포츠활동은 다음과 같은 효능이 있다.

(1) 행복추구

인간의 행복은 보다 나은 의·식·주생활에서 느낄 수도 있고, 명예나 지위의 향상에서도 느낄 수 있다. 또 어떤 경우에는 본인이 추구하는 전문적 지식이나 기술의 성취에서도 느낄 수 있다.

그러나 무엇보다도 살아 있다는 것과 건강하다는 것 이상의 더 큰 행복은 없을 것이다. 왜냐하면 살아서 존재한다는 것과 건강하다는 것은 인간에게 있어서 가장 기본적인 행복의 요소가 되기 때문이다. 존재에 대한 실감나는 확인은 신체적 활동에서 느끼는 것이며, 따라서 신체활동을 제한하는 것 보다 더 큰 고통은 없을 것이다.

반면에 신체의 자유로운 활동은 무한한 행복을 느끼게 한다. 그러므로 신체활동을 대상으로 한 체육활동은 인간에게 절대로 필요한 것이며, 행복의 요소가 되는 것이라고 생각한다. 특히, 대부분의 활동시간을 직장에서 보내게 되는 직장인은 체육활동을 통하여 활기차고 생동감 있는 신체와 건강을 유지함으로써 보다 많은 행복을 추구할 수 있게 한다.

(2) 작업능률 향상

같은 의지와 노력으로 일을 한다면 능력 있는 사람이 보다 큰 성과를 낼 수 있는데, 이 능력이라는 것은 개인적 여건, 즉 건강 · 기능 · 정신력 등의 요소에 의하여 결정된다고 볼 수 있다. 건강이란 포괄적이면서 보편적인 보건 · 위생적 개념으로 설명할 수 있으나, 좀더 적극적으로 생각하면 체력적인 의미로 능률은 바로 작업역량과 직결된다고 생각할 수 있다.

기능은 전문적 지식과 그 일에 대한 수행능력이며, 그 기능을 향상시키기 위해서는 폭 넓은 신체적성을 필요로 한다. 신체적성은 체력이란 의미로 표현되기도 하지만, 인간이 갖고 있는 모든 신체적 가능성 중에서 자극에 대하여 반응하는 부분의 전문적 발달로 설명할 수 있다. 그러므로 신체적성을 더욱 폭 넓게 개발하는 것이 기능을 향상시키는 요인이 된다.

정신력은 판단 · 창의력 · 기억 등의 지적 능력과 인내심 · 감투정신 · 용기 등의 의지적 능력, 그리고 흥분 · 안정 등의 정서적 능력을 들 수 있다. 이러한 정신력은 쉽게 길러지는 것이 아니고 오랜 기간 동안에 조성되며, 이는 체육활동을 통하여 꾸준히 노력함으로써 효과를 얻을 수 있을 것이다.

이상과 같이 건강 · 기능 · 정신력 등의 향상은 개인의 능력을 길러주며, 능력이 높을수록 작업능률도 향상된다.

(3) 작업으로 인한 스트레스 해소와 피로회복

현대사회는 고속으로 발전하고 인간의 역할이 다양해짐에 따라 사람들은 부단히 노력해야만 현실에 적응하여 살 수 있게 되었는데, 이로 인하여 받는 정신적 압박은 매우 크다. 또한 산업의 발달로 작업이 분업화되므로 단조로운 작업에서 오는 정신적 피로와 각종 공해 등으로 인한 스트레스도 가중되고 있다. 스트레스가 누적되면 작업능률의 저하는 물론, 생활의 균형도 깨지기 때문에 이를 해소하는 것이 중요하다.

특히 직장에서의 스트레스는 가정생활에도 영향을 미치게 되므로 적당한 운동 · 등산 · 레크리에이션 등을 통하여 스트레스를 해소해야 된다. 또, 어떤 작업이라도 장시간 계속하게 되면 과로로 인하여 부상을 당하거나 질병을 얻기 쉽다. 따라서 작업 중간에 간단한 체조나 레크리에이션을 통해서 피로를 회복하는 것이 바람직하다.

(4) 직장분위기 개선

체육활동은 직업의 귀천과 사회적 지위 또는 빈부의 차별없이 공평하고 인간적이다. 따라서 얼굴과 얼굴을 맞대고 몸과 몸을 부딪히는 체육활동은 경영자와 종업원간의 이해와 화합의 정이 우러나오게 하며, 상호 대화 속에서 '우리'라는 의식이 싹터 적극적인 소속감과 애사심을 생기게 한다. 신체와 정신이 모두 건강한 사원들이 모인 직장은 활기가 넘칠 수밖에 없고, 경영자와 종업원간의 상호이해와 화합은 직장 분위기를 밝고 명랑하게 할 것이다.

(5) 작업으로 인한 재해방지와 결근율 저하

작업 중의 재해발생은 여러 가지 원인이 있으나 피로가 그 주범이다. 또 노동의 종류에 따라 목뼈·허리뼈·등뼈 등이 전후좌우로 굽어지는 부정체위가 발생할 수도 있다. 신체의 유연성이 결여되어 있는 상태에서 작업을 하면 근육과 신경의 조화가 잘 이루어지지 않기 때문에 뜻밖의 사고를 당하는 경우도 생긴다. 따라서 작업시작 전에 준비운동을 하는 것이 재해방지나 생산력 향상을 위해서 꼭 필요하며, 특수한 작업을 할 때에는 부정체위를 방지하기 위한 체조나 운동을 하여 신체의 균형을 유지하는 것이 중요하다.

한편 단조로운 작업에서 오는 권태감은 더욱 피로를 가중시키므로 레크리에이션 프로그램을 통하여 기분을 전환시키고 새로운 활력을 찾음으로써 건강을 유지해야 한다. 이러한 것이 결국에는 결근율을 줄이는 데 중요한 역할을 하게 된다.

(6) 고용의 정착화

직장을 구하는 일도 어렵지만, 한 직장에서 정착하는 것도 매우 힘든 일이다. 직장의 정착성은 일반적으로 3년이 고비가 되는데, 기업이 신입사원을 교육해서 쓸만하게 될 때까지는 대개 2~3년 정도가 소요된다고 한다. 신입사원이 회사에 정착하지 못하고 만일 2~3년 사이에 그만둔다면, 기업의 인력개발을 위한 교육투자효과는 언제나 마이너스가 될 수밖에 없다. 그러므로, 신입사원을 비롯한 회사원의 건강과 생활에 연결되는 직장체육진흥은 참으로 중요하다.

회사의 주도에 의한 레크리에이션보다는 자유롭고 자주적인 레크리에이션을 통하여 사원간의 인간관계폭을 넓히고, 건강을 비롯한 생활복지를 이룰 수 있도록 체육활동이나 레크리에이션 프로그램은 자율적으로 운영하도록 지원하는 것이 필요하다.

(7) 청소년 선도기능

기업체의 생산직에 고용된 근로자는 청소년들이 많은데, 이들은 정신적으로나 신체적으로 성장발육기에 있는 만큼, 바람직하게 성장하도록 하는 것은 어느 사회에서든 중요한 일이다. 대부분의 청소년들은 학교를 중심으로 교육을 받고 있지만, 근로청소년은 시간적·경제적으로 여유가 없기 때문에 기업체를 중심으로 교육이 이루어져야 한다.

물론 산업체학교 등의 교육기관을 통하여 교육효과를 얻을 수 있지만, 신체발육과 정서함양의 측면이 특히 강조되어야 할 근로청소년들에게 체육을 통하여 정서적으로 풍부한 감수성을 길러주며, 신체의 정상적인 발육발달을 촉진시켜주는 것이 좋다. 그러므로 청소년이 고용되어 있는 기업체의 체육활동이나 레크리에이션 프로그램은 매우 유익하며 적극 장려되어야 할 것이다.

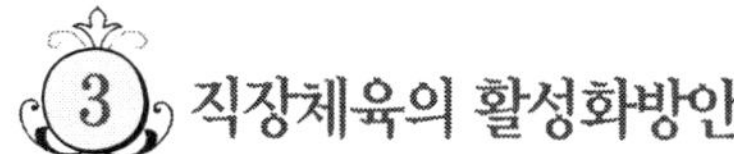 직장체육의 활성화방안

직장체육의 활성화를 위하여 다음과 같은 사항을 제안한다.

(1) 경영자와 종업원의 새로운 인식

직장에서의 체육활동은 소비적이고 낭비적인 활동이 아니라, 경영자·종업원 모두에게 능률적이며 생산적인 활동이라는 인식을 심어주는 것이 중요하다. 직장에서의 체육활동과 레크리에이션 프로그램은 매우 유익한데, 이는 에너지를 재충전함으로써 인간의 가능성을 극대화한다는 의미에서 인간에게 창조적 기능발달을 갖게 한다.

(2) 직장체육대회 개최

현재 각 기업에서 실시하는 체육대회행사는 1년에 한 두 번 정도로, 횟수나 규모면에서 소극적이다. 종업원 전체를 위한 체육행사는 대규모·소규모 등 여러 형식으로 자주 개최되는 것이 어느 모로보나 바람직하다. 부서별 체육행사를 통해서는 선의의 경쟁심과 사기를 높여주는 효과를 얻을 수 있으며, 전체가 참여하는 체육행사를 통해서는 대동단결의 협동심과 애사심을 고취시키는 등 여러 가지 효과를 얻을 수 있을 것이다.

(3) 직장체육시설 설치

대체로 체육시설은 축구나 야구처럼 대규모 운동장을 필요로 하는 종목이 있는가 하면, 체조·보디빌딩·탁구 등 소규모의 장소와 용구도 가능한 운동종목이 있다. 따라서 기업의 규모나 여건에 따라 적당한 체육시설을 갖추는 것은 그리 어려운 문제가 아니다. 이는 경영주의 이해와 관심에 따라 쉽게 해결될 수 있다. 물론 과감한 투자를 통하여 규모와 실용성이 큰 시설을 갖추게 되면 적은 투자로 많은 효과를 기대할 수 있을 것이다.

(4) 체육활동시간의 정기운영

체육활동은 지속적으로 실시할 때만 그 효과가 있는 것이지, 비정기적으로 실시하면 오히려 피로가 쌓이고 근무능률이 저하될 수도 있다. 따라서 효과적인 체육활동을 위하여 정기적인 체육활동시간이 필요하다. 특히 작업으로 인하여 생긴 부정체위의 교정은 장기적·지속적인 신체활동을 통한 치료방법으로 효과를 얻을 수 있으므로 정기적인 체육시간의 중요성은 그만큼 중요하다.

(5) 직장인의 체력검사 실시

현재 대부분의 회사에서는 매년 건강진단을 실시하여 직장인 각자의 건강을 확인하고 있다. 건강진단은 질병에 대한 발견과 조기치료를 위하여 실시하지만, 질병 이전의 문제에 대해서는 진단이 불가능하다. 그런 의미에서 매년 체력검사를 건강진단과 병행하여 실시하는 방법이 매우 바람직하다. 왜냐하면 이를 통하여 운동부족으로 인하여 발생할 수 있는 성인병이나 현대병을 예방할 수 있으며, 스스로 체력과 건강에 대하여 적극적인 노력을 할 수 있기 때문이다.

(6) 국민체력기준표 작성

직장인들에게 우리나라 국민들의 체력기준표를 작성하여 제시함으로써 자신의 체력정도를 점검하도록 하는 것은 생애체육의 관점에서도 중요한 의의가 있다. 이러한 작업은 국민 각자의 체력관리 측면에서도 바람직할 뿐만 아니라, 우리 국민의 체력에 대한 역사적 기록도 된다.

(7) 체육지도자의 양성 및 배치

직장·지역사회 등의 각종 체육시설 관리와 체육행사 및 레크리에이션 지도를 위해서는 전문적인 체육지도자가 필요하다. 다시 말하면, 직장체육진흥관리위원회의 실질적인 운영과 체육지도자의 문제가 중요하다. 동 위원회는 종업원 전체의 체육활동을 위하여 환경을 조성해야 하며, 지원을 아끼지 말아야 할 것이다.

관리위원회의 구성에서도 형식적인 조직보다 노동조합의 대표와 일반 종업원을 포함시켜 실질적으로 운영해야 한다. 또 직장체육의 시설이나 행정을 전담할 수 있는 체육지도자를 배치하여 각종 체육행사의 진행과 체육 프로그램의 다양한 개발을 서둘러야 할 것이다.

⑻ 직장체육활동에 대한 행정적 지원

직장체육이 활성화되기까지는 국가적 지원이 절대로 필요하다. 특히, 직장의 체육시설 문제에서는 더욱 그렇다. 그러므로 기업의 연간예산 중 체육시설비에 대해서는 세제상의 혜택을 주는 것도 좋은 방법이 될 수 있다. 또한 국민체육진흥기금을 직장체육시설비로 지원하거나 융자해주는 방법도 고려해야 한다. 한편 현재 실시되는 체육의 날과 체육주간행사를 보다 실질적으로 운영해야 하며, 사원 모두가 참여하는 체육행사가 될 수 있도록 더욱 관심을 높여야 한다. 체육의 날이나 체육주간행사를 야유회나 자연보호운동으로 대체 활용하는 기업이 많은 만큼 활발한 체육행사가 이루어질 수 있는 구체적 · 제도적 장치가 필요하다.

④ 직장체육 지도자

직장체육활동에서 지도자의 역할은 대단히 크므로 교육받은 전임지도자의 배치는 바람직한 일이다. 직장체육은 학교체육과는 달리 대상이 직업인으로서 독립된 개인이므로 그의 자주성이 중시되어야 한다. 그러므로 직장체육 지도자의 역할은 개인 혹은 집단의 자주적 활동을 육성하고 조성하는 데 있다. 즉 체육 · 스포츠의 기회나 편의를 확대하고 평등하게 하며, 집단조직이나 활동을 활발하게 하여 질적 향상에 노력한다. 또, 체육 · 스포츠활동에 필요한 여러 가지 시설 · 장비를 정비하며, 새롭고 높은 수준의 기술을 습득케 하여 체육활동을 통한 만족과 새로운 흥미를 가질 수 있게 지도한다.

직장체육이 조직적 · 계획적으로 전개되려면 그 내용이 다양해야 하므로, 전임지도자에 의한 체육 · 스포츠의 조직화, 기획과 운영, 시설의 관리 · 운영 · 홍보활동의 강화 등 광범위한 시책과 더불어 지도력이 중요한 문제가 된다.

현대사회의 특성은 고도경제성장과 기술혁신으로 인하여 작업형태의 자동화 · 연속화 · 고도화 · 대형화로 노동밀도 내지 노무관리에 이르기까지 근본적인 변화를 가져오게 되었다. 이와 같은 변화는 많은 직장인에게 정신 · 신경피로, 작업의 단조감 · 무력감 등 소외감을 느끼게 하고, 생체의 생리적 리듬까지도 깨트려 전신적 과로상태와 건강장애를 일으키게 되었다.

이와 같은 직장생활에서 오는 전신피로(정신 · 신경피로 포함)의 원인은 운동부족에 의한 경우가 많다. 직장체육 지도자의 역할은 직장인들의 의욕과 능력에 맞게 스포츠 활동이나 기타 신체활동을 통하여 체질을 개선하고 원기를 회복시키고, 수면과 식욕을 증진시켜 생체리듬을 바르게 하는 것이다. 그러나 실제 지도에서는 직장의 규모, 종업원의 연령과 성, 시설의 유무, 종업원의 의식, 경영방침 등 여러 가지 조건을 고려하지 않으면 안된다.

직장체육 지도자는 직장인들의 욕구를 정확하게 파악하고, 활동 자체의 자주성을 확립함과 동시에 참가기회의 공평성을 보장하고, 그 직장에 적합한 시설과 조건을 확대시켜 나가야 할 것이다.

지역사회체육

지역사회란 일반적으로 주민의 대부분이 일상생활의 주요 부분을 영위하는 지리적 생활공간이라고 할 수 있다. 지역사회는 물리적 배경·주민·조직의 세 가지 요소로 구성되며, 매우 다양하고 복합적인 특성을 지닌 개념으로 단일 속성만으로 정의하기는 쉽지 않다. 여기에서는 지역사회체육을 지역사회에서의 생활체육으로, 그리고 지역사회는 영어의 '커뮤니티'(community)와 유사한 개념으로 보기로 한다.

지역사회는 모든 사람들의 일상생활의 거점이며, 일상적인 체육활동경험을 흡수하는 장소라고 할 수 있다. 예를 들면 개인은 공공기관 주최의 스포츠 대회에 참가하기도 하고, 어떤 때는 운동회나 강습회에도 참가한다. 이 경우 상업시설을 이용하기도 하며, 직장체육시설·학교체육시설을 이용하여 사회체육활동을 하기도 한다.

여기에서는 지역사회체육의 진흥을 위한 지역사회체육의 의의 및 그 기능에 대하여 간략히 개관하고, 그의 실천에 필요한 육성방안과 지도자 문제를 살펴본다.

① 지역사회체육의 의의

여러 주민들이 한 지역에 거주하면서 서로 정답고 사이좋은 이웃이 되어 살기 좋은 마을을 이룩한다면 얼마나 좋겠는가. 이것이 우리들이 바라는 이상적 지역사회가 아니겠는가!

지역사회(community)체육은 지역사회 주민들을 위해서 기쁨과 즐거움과 만족을 가져다 주는 활동이며, 체육활동을 통하여 많은 주민들과 어울려 즐기는 기회를 갖게 되는 경우가 많다. 모든 이해관계를 떠나 동등한 위치에서 참가하게 됨으로써 평소의 사회적 신분이나 지위·직업의식·빈부차·우월감 등은 모두 사라져버리고, 오직 기쁨과 즐거움이 가득찬 분위기에 휩쓸리게 된다. 그리하여 서로 이해하고 친숙해지며 화목한 가운데 일체감을 갖게 되면서 주민들이 화합으로 뭉치게 된다. 이러한 관점에서 볼 때 현대사회의 많은 개인적·사회적 문제를 해결하고, 이상적인 지역사회의 발전을 위해서는 지역주민의 체육활동이 매우 중요한 가치를 지닌다. 또한 지역주민 개개인에게는 건강증진, 인성개발, 도덕심 배양, 사고예방 등의 측면에서 가치가 크다고 하겠다.

이와 같이 지역사회체육 활동은 주민의식 고취, 건전한 사회기풍 진작, 지역공감대 형성, 지역간 결속 및 상호교류 증진, 지역사회의 조직화에 기여 등 지역사회 발전을 위한 원동력으로서 작용한다.

② 지역사회체육의 기능

현대사회의 특징인 사회기구의 거대화·합리화로 인하여 인간관계가 비인격화되고, 개인이 비개성화되어 점점 상호간의 친밀성이나 연대의식의 결핍을 경험하게 되어 고독하고 불안한 정서적 불균형을 느끼게 된다.

이와 같은 생활환경을 탈피하기 위해서 지역사회체육이 필요하게 되는데, 그 역할기능 요인을 살펴보면 다음과 같다.

- 지역사회 주민들의 신체적·정서적 건강유지와 증진에 도움을 준다.
- 지역사회 주민들에게 삶에 대한 의욕과 흥미를 유발시키는 기회를 제공한다.
- 사회적 활동이나 사회적 경험의 참가로 지역사회 주민들의 건전한 사회적 성품을 조성하는 기회를 제공한다.
- 지역사회 주민 상호간의 친화력을 높이고, 공통된 목표 및 의사달성을 위한 공감대를 형성시켜 생산성을 높인다.
- 바람직하지 못한 악조건으로부터 주민을 보호하여 건전한 여가선용 기회를 갖게 한다.
- 충족되지 못한 욕구도 보충된다.
- 공통의 욕구를 충족시키기 위해 다른 지역사회·기관과 협력할 기회를 마련한다.
- 여러 그룹, 여러 활동 간의 협력기회를 마련한다.
- 지역사회에 필요한 지도력을 키우게 된다.

이와 같은 역할을 통해 국민생활을 즐겁게 하고, 유대관계를 높이고, 일상생활의 운동부족과 스트레스를 해소하고, 건강 및 체력을 유지·증진시킨다.

③ 지방자치와 사회체육

지방자치와 사회체육은 상호 유사한 개념을 갖는 밀접한 관계가 있으며, 몇 가지 공통된 특성이 있다. 그중에서 주요한 특성은 민주주의, 참여욕구의 충족, 복지, 지역사회개발과 관련된 기능을 갖는 것인데, 이를 보다 구체적으로 살펴보면 다음과 같다.

첫째, 지방자치와 사회체육은 민주주의의 교육장이자 훈련장으로서의 역할 기능을 한다. 지방자치의 본질적인 특징이 민주적 성격에 있는 것으로 간주하여 Brace, J.는 그의 저서 『근대민주주의론(Modern Democracy)』에서 "지방자치를 실시하는 것은 민주주의의 가장 훌륭한 학교이며, 그 성공을 위한 확실한 보증이다."라고 주장하였고, Tocguevill은 "지방자치 없는 국가는 자유로운 정부는 가질 수 있지만, 자유정신은 가질 수 없다."라고 하면서 지방자치와 민주주의의 필연적 관계를 설명해 주고 있다.

한편 사회체육과 민주주의의 관계는 1975년 EC가 채택한 'Sport for All'의 어의에서 민주주의 기본개념인 자유와 평등의 원리에서 발견할 수 있다. 또 사회체육의 주요 영역인 스포츠 활동은 계층에 관계없이 누구나 자발적인 참여를 통하여 규칙을 준수하고 공명정대한 정신, 협동정신 등을 함양하는 교육 및 훈련의 장으로서 교육적 기능을 갖는다. 특히 사회체육은 획일적이고 의도적인 학교체육과는 달리 참여기회의 균등, 능력과 취미에 맞는 종목을 선택하는 자유가 보장되므로 민주주의적 성격을 갖는다.

둘째, 지방자치와 사회체육은 국민의 복지목표를 추구한다는 점에서 맥을 같이 하는 공통적인 특성을 갖는다. 복지(welfare)란 인간의 요구와 열망을 충족시키는 사회적 노력으로서 인간의 요구에 대한 서비스를 의미한다. 또한 이는 기존 사회구조에 대한 적응(adaptation)을 핵심적 목적으로 한다. 헌법 제11조에 "지방자치단체는 주민의 복리에 관한 사무를 처리하며…"에서 밝히듯 복지는 지방자치의 본래적 기능이다.

오늘날 지방자치의 바람직한 방향은 종래의 물질 및 정치 지향적이기보다는 주민생활의 질을 개선하기 위한 환경의 쾌적성·가치관·생활관·건강문제 등을 지도할 때에는 보다 적극적인 복지정책으로 추진해야 한다는 의견이 지배적이다.

④ 지역사회체육의 육성방안

지역사회체육을 육성하기 위해서는 지역사회 내 소규모 단위의 자생적 체육조직을 활성화시키고, 점차 그 조직의 구성단위를 전국적으로 확산시켜나가는 전략이 중요하다. 이를 성공시키기 위해서는 다음과 같은 사회체육진흥을 위한 조건과 방안 등이 모색되어야 한다.

사회체육진흥을 위한 구체적이고 주체적 조건으로는 국민소득(경제적 여유)의 증가, 여가시간의 증대, 문화적 전통, 스포츠 및 레크리에이션에 대한 국민의 인식도 등이 필요하다. 스포츠 및 레크리에이션 활동에 직접 필요한 사회적 조건으로는 시설용구, 지도자, 활동종목, 집단, 조직, 자금 등이 필요하다. 따라서 우리나라에서 지역사회체육이 진흥되기 위해서는 이와 같은 주체적 · 사회적 조건이 갖추어져서 지속성 있게 국민 각자의 생활 속에 직접 뿌리를 내려야 한다.

이를 바탕으로 지역사회체육의 육성방안을 살펴보면 다음과 같다.

(1) 체육 · 스포츠에 대한 새로운 의식개혁운동 전개

스포츠가 선수 위주 · 경기 위주로서 선수들만의 독점물이고, 일반 국민들은 오직 관람 위주로 즐기고, 박수치는 것이 정상적인 것처럼 되어 있는 그릇된 스포츠관에서 탈피하여 체육 · 스포츠의 목적과 의의 및 역할, 현대사회에서 스포츠의 필요성, 건강 및 체력증진의 방법 등에 대한 올바른 이해와 인식을 갖도록 지도 · 계몽하는 의식개혁 운동이 필요하다. 이렇게 Sport for All에 대한 국민정신을 함양함으로써 가정에서부터 자발적으로 사회체육활동에 참여할 수 있는 기반을 조성해야 한다.

(2) 지역사회체육시설 확보 및 활용방안 모색

사회체육 실천을 위한 체육시설의 확충은 지방자치단체나 민간의 공공시설 또는 상업시설 등을 위주로 하여 주민의 필요에 따른 다양한 시설을 자율적으로 계획하고 설치해 나가는 데 기본방향을 두고, 정부는 제도적인 제약조건의 해소와 재원의 일부 지원 등을 통하여 장 · 단기 계획을 수립하여 확충분위기를 조성해나가야 한다.

앞으로 우리나라 사회체육시설의 발전방향은 가족이 함께 즐길 수 있는 체력단련 · 오락용 종합체육시설을 설치하고, 고수부지 등에 다목적 체육공원을 설치하는 것이다. 그리고 도시 및 도시 근교에 동호인 시설을 마련하고, 산간 또는 해변에 수영장 · 축구장 · 테니스장 등을 구비한 숙박시설을 상업시설로서 유치해 나가는 방법이 고려되어야 한다.

현재 학교체육시설의 개방에 가장 큰 저해요인인 시설물의 훼손과 도난에 대한 학교장의 책임을 교육위원회에서 질 수 있도록 하는 방안을 모색하고, 개방에 따른 시설의 보수비 및 운영비에 대한 예산상의 조치를 강구하며, 사용자로 하여금 사용료를 내게 하는 제도적 장치를 마련해야 한다.

(3) 프로그램의 활성화 및 지도자 양성방안

모든 국민이 건강을 지켜나가기 위한 프로그램을 개발하여 전국적으로 보급하는 것이 중요하다. 예를 들면 가족·직장인·학생들이 함께 뛰고, 걷고, 등산하고, 자전거타기 등에 참여하고, 학교·공공 및 사설 체육시설에 유급지도자를 배치하여 시민들의 건강을 도모함과 동시에 지역사회의 종합사회교육센터의 역할을 담당할 수 있는 사회체육시설을 확보하고, 지도자를 배치하는 방안도 중요하다. 훈련받고 자격 있는 사회체육 지도자를 학교·공공 및 사설 체육시설에 반드시 배치하여 지도하도록 한다. 이들은 재교육시켜 상급자격을 획득토록 하며, 특히 사회체육과 졸업생에게 국가에서 인정하는 자격증을 주면 사회체육 활성화에도 직접적으로 이바지할 수 있으며, 또 학생의 취업문제도 해결될 수 있을 것이다.

(4) 조직의 활성화

이는 스포츠나 레크리에이션을 즐기기 위해 규칙적인 활동을 하는 클럽의 활성화이다. 조직방법은 종목형·지역형·단체형·직장형·혼합형 등으로 나눌 수 있는데, 어떤 형을 선택할 것인가는 그 지역·직장·단체의 특수성에 따라 결정될 것이다. 조기회·동호인클럽 등의 자생클럽이 만들어지고 육성될 수 있도록 시설·용구·프로그램 등을 측면 지원해주는 정책적 배려도 고려해 볼 필요가 있다.

(5) 법령과 정책의 재고

현행 국민체육진흥법을 권장법에서 강제시행법으로 바꾸고, 사회체육 활성화에 장애가 되는 법률 등은 과감히 개선, 국민의 여가선용과 건강복지를 위할 수 있도록 관계법령을 개정·시행한다. 한편 문화관광부와 산하 체육관련단체와의 관계, 대한체육회, 국민생활체육협의회, 문화관광부와 시·도·교육위원회와의 관계, 문화관광부와 행정자치부와의 관계 등에서 국민체육 진흥정책을 펴내기 위해 다른 부처와의 횡적 협조제도와 종적 집행기능의 불협화음에 대한 재고가 요구된다. 특히 엘리트 위주의 '제1의 길'에서 Sport for All을 위한 '제2의 길'에 대한 과감한 자금지원과 강력한 정책입안으로 21세기의 선진사회복지 사회체육의 모델 국가로 육성해나가야 할 것이다.

(6) 학교체육시설에 대한 투자

지역사회에 있는 학교의 발전을 위해 지역의 민간기업이나 유력인사들이 학교체육시설에 투자할 수 있는 유인방안을 구축하고, 학교체육활동을 위해 지역사회시설을 이용할 수 있도록 시설이용의 극대화를 위한 바람직한 방안을 모색한다.

(7) 스포츠 클럽조직의 활성화

지역사회의 청소년 스포츠 클럽을 지역 학교를 중심으로 결성하여 스포츠 조직의 활동을 통한 신체의 균형적인 발달, 사회적응력 배양, 건전한 여가선용, 공동체의식의 형성, 애향심 고취 등을 함양하고, 지역과 학교간의 유대감을 증진시킬 수 있는 구체적 방안이 검토되어야 한다. 청소년 스포츠 조직의 결성은 조직의 구심력, 지도자 확보, 제도적 장치의 고안, 재원확보 등이 선결되어야 하며, 학생뿐만 아니라 미진학 청소년 및 근로청소년들에게도 개방하여 청소년선도 차원에서 활동내용과 방법을 강구해야 할 것이다.

(8) 지역사회체육의 육성을 위한 조치

지역사회체육을 육성 · 발전시키기 위해서는 다음과 같은 조치가 필요하다.
- 목적 · 내용 · 방법 등을 지역주민들에게 정확히 이해시켜야 한다.
- 실천할 수 있는 적절한 기회(opportunity)를 주어야 한다.
- 각 개인에게 참여하고자 하는 동기(motivation)를 부여해야 한다.
- 올바로 실천할 수 있도록 이끌어주는 지도자와 프로그램이 제공되어야 한다.

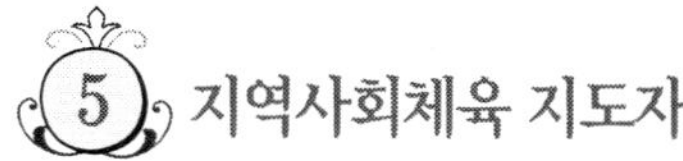

5 지역사회체육 지도자

지역주민들이 즐겁고 충실한 일상적 스포츠 활동을 하기 위해서는 적절한 지도와 조언을 할 수 있는 지도자가 필요하다. 지역사회체육 지도자는 자원봉사자로서 지역사회를 위하여 공헌한다는 봉사정신이 투철하여야 한다. 또 지역주민들의 감정이나 의욕 · 목적 등을 이해하고, 그들을 설득력 있게 이해시키고, 지구력과 결단력을 갖고 책임 있게 지도에 임해야 할 것이다. 따라서 지역사회체육 지도자는 지도자와 피지도자의 입장이 아니라, 그들과 대등한 입장에서 자유롭게 감정이나 기술 등을 서로 교류할 수 있는 지도방법이 중요하다.

(1) 지역사회체육 지도자의 자격

① 상임(full time)지도자······사회체육지도자 자격증 소지자
② 비상임(part time)지도자······체육대학 재학생으로서 2년 이상 수료한 자

③ 자원봉사자……지역사회 발전에 적극적이며 체육활동에 관심이 많고 기량이 뛰어나
  며 지역주민 체육활동협의회에서 인정받은 자

⑵ 지역사회체육 지도자의 임무

- 주민들의 체육활동 참여를 위한 홍보 활동
- 각 종목별 조직화 작업 추진
- 학교측과 각 참여집단간의 중재 역할
- 프로그램 개발
- 각 종목별 담당자에 대한 지도능력 교육
- 특수종목에 대한 부분적 지도
- 종목 경기대회 · 강습회 · 스포츠캠프(sports camp) 등의 총괄적 관리

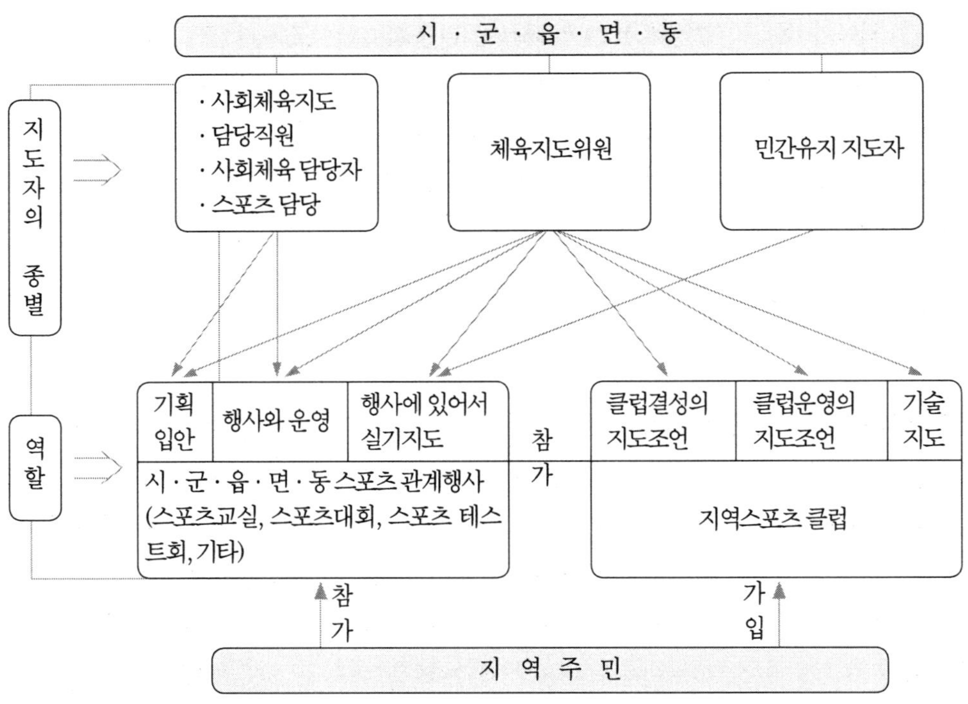

그림 7-1. 지역사회체육과 지도자의 역할

♠ 단 원 요 약 ♠

1. 사회의 기본단위인 가정에서의 스포츠활동은 가족 모두를 대상으로 하여 건강이나 보건유지는 물론 가족 간의 우애를 증진시키는 데 매우 중요하다.

2. 가정체육의 특성

① 만남의 계기 : 부모와 자녀가 함께 스포츠활동을 함으로써 즐거운 만남을 하게 되어 친밀감을 강화한다.

② 이해의 기회 : 스포츠를 통하여 생활 속에서 부모의 살아온 모습과 노력하는 자세를 비우고 부모는 자녀의 신체적·정신적 발육과 성장을 직접 확인하고 가치의식을 이해하게 된다.

③ 학습의 장 : 스포츠를 통하여 경기규칙을 준수하고 스포츠맨십을 지키게 되어 사회교육과 예절교육의 기회를 갖는다.

④ 자연의 인식 : 야외스포츠를 통한 자연과의 만남으로 자연의 소중함, 자연과 인간과의 조화를 간접적으로 느낀다.

3. 가정체육의 활성화 과제

가족의 스포츠활동을 구체적으로 하기 위해서는 동기와 방법이 포함된 내용구성뿐만 아니라 사회적 분위기, 가정의 분위기, 그리고 가족의 체력, 운동수준, 건강상태 등 전반적인 조건을 고려하여야 한다.

4. 도시생활은 인간을 자연의 혜택에서 멀어지게 하고 소외감을 줌으로써 신체적·정신적 불건강을 초래하므로 생활의욕을 잃게 하고 있다. 이에 여가선용의 수단인 사회체육은 다만 즐거운 활동임과 동시에 도시생활의 명랑화와 복잡한 생활에서 벗어나 즐거움을 주는 활동이며 인간성회복의 수단이 되므로 사회체육의 활성화가 필요하다.

5. 농촌의 현대화와 사회체육진흥을 위한 방안

① 농촌의 사회체육시설로는 우선 다목적용 광장(운동광장), 새마을회관등 공공시설 및 학교운동장이 활용되어야 하며 다양한 시설을 설치해야 한다. 또한 체육활동 조직의 경우는 새마을조직이나 기타조직을 활용하는 방법과 운동부조직 또는 지역별 체육회조직도 바람직하다.

② 지역의 특성에 맞는 다양한 행사를 고르게 계획하여 체육활동에 접할 수 있도록 한다.

③ 새마을조직에서 운동기구를 관리하고, 사회체육지도자도 선정하여 이들로 하여금 체육활동의 주축이 되게 하고, 어린이·부녀자의 지도와 마을체육대회의 주관도 하게 하여 지역사회체육 지도자로서 자라나게 하는 것도 바람직한 일이다.

6. 직장체육의 의의

① 개인적 관점 : 직장에서 자유롭고 자주적인 체육활동을 생활화함으로써 급변하는 사회환경 속에서 건강하고 활기 넘치는 생활을 할 수 있게 한다.

② 기업의 관점 : 직장체육이나 레크리에이션 활동은 기업이 의도하는 목적을 달성시키기 위한 활력소가 되며, 복지후생의 차원 즉, 협동심, 애사심, 인화단결, 노사간의 대화의 광장, 대인관계 등이 직장체육을 통해서 이루어질수 있기 때문이다.

③ 사회적인 관점 : 직장체육과 레크리에이션을 통해 체육활동의 현장에서 실천적 교육을 통하여 신체적 · 도덕적 · 사회적 · 전위적 인간을 양성함이 바람직하다.

7. 직장체육의 기능

① 행복추구

② 작업능률 향상

③ 스트레스 해소와 피로회복

④ 직장분위기 개선

⑤ 재해방지와 결근율 저하

⑥ 고용의 정착화

⑦ 청소년 선도

8. 직장체육의 활성화 방안

① 경영자와 종업원의 새로운 인식

② 직장체육대회 개최

③ 직장체육시설 설치

④ 체육활동 시간의 정기운영

⑤ 직장인의 체력검사 실시

⑥ 국민체력기준표 작성

⑦ 체육지도자의 양성 및 배치

⑧ 직장체육활동에 대한 행정적 지원

9. 지역사회체육 활동은 주민의식, 고취, 건전한 사회기풍 진작, 지역공감대 형성, 지역간 결속 및 상호교류 증진, 지역사회의 조직화에 기여 등 지역사회 발전을 위한 원동력으로서 작용한다.

10. 지역사회체육의 기능

① 지역사회 주민들의 신체적 · 정서적 건강유지와 증진에 도움을 준다.

② 지역사회 주민들에게 삶에 대한 의욕과 흥미를 유발시키는 기회를 제공한다.

③ 사회적 활동이나 사회적 경험의 참가로 지역사회 주민들의 건전한 사회적 성품을 조성하는 기회를 제공한다.

④ 지역사회 주민 상호간의 친화력을 높이고, 공통된 목표 및 의사전달을 위한 공감대를 형성시켜 생산성을 높인다.

⑤ 바람직하지 못한 악조건으로부터 주민을 보호하여 건전한 여가선용의 기회를 갖게 한다.

⑥ 충족되지 못한 욕구도 보충된다.

⑦ 공통의 욕구를 충족시키기 위해 다른 지역사회 또는 기관과 협력할 기회를 마련한다.

⑧ 여러 그룹, 여러 활동간의 협력기회를 마련한다.

⑨ 지역사회에 필요한 지도력을 키우게 된다.

11. 지역사회체육의 육성방안
  ① 체육·스포츠에 대한 새로운 의식 개혁 운동 전개
  ② 사회체육시설 확보 및 활용방안 모색
  ③ 프로그램의 활성화 및 지도자 양성방안
  ④ 조직의 활성화
  ⑤ 법령과 정책의 재고
  ⑥ 학교체육시설에의 투자
  ⑦ 스포츠 클럽조직의 활성화

♠ 연 구 문 제 ♠

1. 현대생활에서 가정의 중요성에 대하여 연구해 보자.

2. 가정체육의 특성을 살펴보자.

3. 가정체육 프로그램의 구성과 운영시 고려해야 할 사항들에 대해 살펴보자.

4. 도시생활의 특징과 관련하여 체육의 필요성에 대해 살펴보자.

5. 농촌의 사회체육의 문제점과 진흥방안에 대하여 알아보자.

6. 직장에서의 체육의 의의와 기능에 대하여 알아보자.

7. 100인 이상 직장체육시설의 현황을 조사해 보자.

8. 직장체육의 활성화 방안에 대하여 연구해 보자.

9. 지역사회에서 체육활동이 지니는 의의와 기능에 대하여 살펴보자.

10. 지역사회체육의 육성방안에 대하여 조직, 시설, 지도자, 프로그램 등의 측면에서 연구해 보자.

제8장
외국의 사회체육

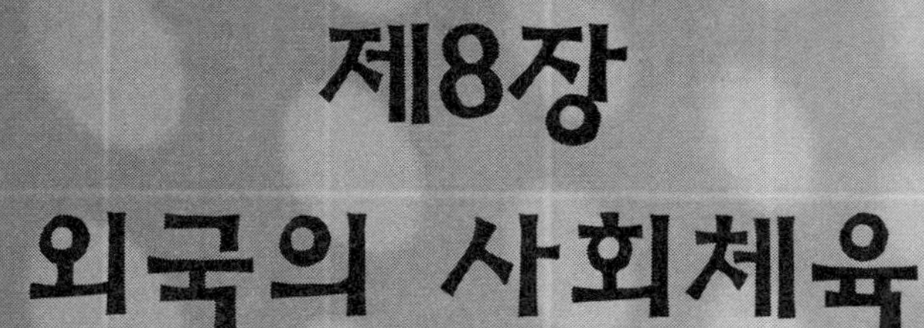

    오늘날 우리나라에서 사회체육은 국민들의 관심증가로 참여자가 늘어났으나 아직까지 조직, 시설, 지도자, 프로그램 등과 같은 여건부족으로 인하여 활성화에는 많은 문제와 과제를 안고 있다.

    사회체육이 잘 전개되고 있는 선진국가들의 사회체육 현황을 살펴보면 우리나라의 사회체육 진흥을 위한 과제해결에 많은 교훈과 시사가 된 것이다. 따라서 이 장에서는 선진각국 중 특히 사회체육의 제반 여건이 잘 조성되어 활발히 전개되고 있는 주요 국가들의 사회체육 현황을 살펴보기로 한다.

미국의 사회체육

　미국인들은 역사적으로 광활한 국토에서 스포츠와 종교(교회)를 통하여 일정한 생활권을 형성하고 삶을 영위해 왔다. 미국 국민들의 스포츠 활동에는 각 지방위원회(지방자치단체)의 자율적인 회의를 통해서 그들이 갖고 있는 여러 현안문제를 해결(스포츠 시설의 관리 및 확충과 스포츠 활동이 가능한 공원 설립, 재정지원 등)하고 있으며, 개인별로는 자율적 회비납부와 기부금출연이란 자연스런 재정확보책에 적극 참여하는 수범적 생활자세를 견지한다는 사실이다.

　체육부령으로 규정된 스포츠 종목(테니스, 골프, 요트, 승마, 보디빌딩, 수영, 스키, 낚시 등)

> **미국의 현황**
>
> ① 면적 : 963만 2,030km^2
> ② 인구 : 3억 1만 7,000명(2010년 추계)
> ③ 수도 : 워싱턴
> ④ GDP : 14조 2590억 달러, 1인당 45,753달러(2008년 추계)

은 스포츠 종목이란 현상으로 파악되기보다는 개인의 일상적인 취미활동으로 실시되고 있다. 미국 내에 무수히 산재한 많은 공원, 각급 학교의 체육시설, 지역체육시설 등의 효율적인 개방 및 적극적 이용은 스포츠 인구의 저변확대에 기여한 절대적인 요인이기도 하다. 이러한 시설을 이용하는 주민들 역시 개인시설처럼 인식하고 있는 것은 그들의 높은 체육활동 수준의 일단을 엿볼 수도 있는 것이다.

　미국만큼 스포츠를 행하는 가운데 진정한 의미의 자유를 구가하는 나라는 없다고 할 만큼 자발적 참가와 자율적 실천이 근간을 이루고 있다.

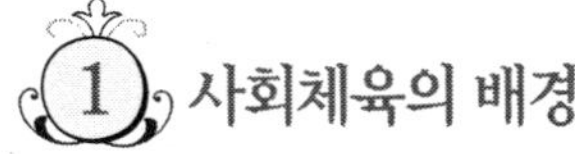

1. 사회체육의 배경

　미국에서 사회체육을 대신할만한 적절한 표현은 Sport for All보다는 Recreation for All이기 때문에 미국의 사회체육을 알기 위해서는 레크리에이션운동에 관한 배경과 현황부터 알아야 한다. 미국의 레크리에이션 운동은 1885년 보스턴의 모래판(Sand Garden)설치를 전후로 한다. 이 모래판 운동은 아동을 위해 놀이를 할 수 있는 모래판을 학교 운동장 구석에 설치하고 지도해 주는 지역사회 봉사활동의 하나로 시작되었는데, 이 성공적인 프로그램은 그 후 스포츠를 위한 운동장 설치와 야외 레크리에이션을 제공하는 공원조직을 포함하는 소위 레크리에이션 운동으로 변하여 전국으로 확산되었다. 미국의 레크리에이션 운동에서 특기할 사항은 정부, 자선가, 그리고 전문가들의 협동작업이다. 즉 연구와 보급은 전문가들과 자선가들이 담당하고, 시설과 재정은 주로 정부가 담당한다는 점이다.

1930년대 미국은 세계적 경제공황에 직면하여 심각한 실업자 문제로 도덕성 저하를 염려한 Roosevelt, F. D. 대통령은 레크리에이션 지도자를 양성하여 공원이나 레크리에이션 센터로 파견하였다. 특히 2차 세계대전 중 군대와 후방에서의 레크리에이션 및 스포츠활동의 장려정책은 전후 미국사회의 대중화에 크게 공헌하였다. 또한 일반 산업체들도 레크리에이션이 작업능률을 향상시키고, 안전을 도모할 수 있다는 사실을 인식하여 보다 조직적으로 추진하였다.

한편 미국에서 사회체육이 활성화된 원인은 스포츠상업자본의 유치 및 투자, 매스컴의 전폭적인 협력, 국민의 스포츠에 대한 건실한 이해가 조화롭게 이루어졌다는 사실이다.

'보는 스포츠로부터 행하는 스포츠'로 전환에는 여러 가지 요인이 크게 작용하였지만, 미국인의 스포츠에 대한 가치관이 매우 건전하므로 일상생활에서 스포츠활동을 즐긴다는 생각을 실천에 옮기려는 강한 신념을 알 수 있다. 스포츠단체의 조직과 활동이 자유롭고, 정부나 지방자치단체의 스포츠시설이 충실하고, 강화된 학교체육 등이 미국의 사회체육 발전에 기여했다고 할 수 있다.

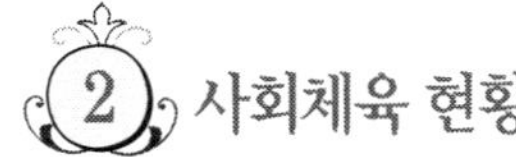

② 사회체육 현황

(1) 시 설

미국의 사회체육시설은 설치한 성격에 따라 공공시설(국립, 주립, 시립 등), 민간단체시설(YMCA, Boy Scout, 클럽, 교회 등)과 상업시설(프로야구 등)로 크게 구별할 수 있다. 국립시설은 국립공원을 제외하면 적지만, 공원은 우리나라와는 달리 구기장(농구, 배구, 테니스 등), 수영장(pool) 등이 포함된 종합적인 시설로 꾸며져 있다. 도시의 운동장 확보와 지역사회 체육시설은 민간단체들과 시민들의 적극적인 지지로 도시계획에 포함되어 있다.

주립시설은 해수욕장·캠프장·피크닉장 등인데, 지역사회가 건설하기 힘든 것 중에서 주(州) 전체 사람들이 이용할 수 있는 시설은 주에서 건설한다. 지역사회의 체육시설은 각종 구기경기장·운동장 등인데, 한 도시에 일정 규모 이상의 공원면적을 확보하도록 하고 있다.

미국에서 레크리에이션관(館)이란 우리나라의 체육관과 같은 시설이다. 큰 것은 실내 수영장도 함께 설치되어 있고, 명칭도 각종 레크리에이션센터(recreation center)이다. 이는 학교시설 내에 있으나 일반사회인들도 이용하는 사회체육시설이다.

미국의 사회체육시설 기준을 몇 가지 살펴보기로 한다.

① 놀이터⋯⋯인구 100가구당 40명의 어린이들이 동시에 놀 수 있는 넓이를 가져야 하며, 기준면적은 2,500~10,000평방피트이다. 1,500평방피트가 최저기준인데, 이는 어린이 한 명에 77평방피트로 보며, 유치반경은 1/4마일로 정하고, 때때로 큰 운동장 한쪽에 설치하기도 한다.

② 어린이 운동장⋯⋯인구 800명에 1에이커의 넓이를 기준으로 하고 있으며, 3.5내지 6에이커의 면적을 규정하고 있다. 한 곳의 운동장을 이용하는 최대 인구는 5천 명 정도이고, 초등학교 가까운 곳에 설치하되, 지역의 중심지에 설치하도록 되어 있다.

③ 운동광장⋯⋯20에이커 이상의 면적이 바람직하며, 최소한 10에이커는 되어야 한다. 즉 인구 1만 5천 명에 1개의 운동광장이 필요하다는 것이다. 이는 인구 800명당 1에이커 혹은 1,000명당 1.25에이커의 비율이며, 고등학교가 인접한 곳에 설치되는 것을 권장하고 있다. 유치반경은 1마일 혹은 인구가 밀집되어 있지 않은 곳은 1.5마일로 기준을 삼고 있다.

④ 레크리에이션공원⋯⋯면적은 30에이커 내지 그 이상과 인구 1,000명당 1에이커로 하되, 표준면적보다 지형이나 경치를 더 중요시한다. 면적이 좁을 때도 있으며, 유치반경은 1마일 또는 그 이상이나 지역사회 전체의 크기와 특징에 따른다.

⑤ 보존지역⋯⋯보존지역의 면적은 1,000에이커 또는 그 이상이지만, 크기·배치 위치는 자연적인 특징에 따라 결정된다.

⑥ 레크리에이션 공민관⋯⋯인구 2만 명에 대하여 한 개의 레크리에이션센터 건물이 필요하되, 이는 인구밀도나 교통사정에 따라 조정된다. 이 건물은 인구 1만 명인 경우 체육관·사교실·도서실·게임실·공작실을, 2만 명인 경우에는 강당이나 대집회실을, 그리고 5천 명을 초과할 때마다 다목적에 이용할 수 있는 클럽실을 가져야 한다.

⑦ 골프장⋯⋯인구 2만 5천 명 또는 그 이하의 지역사회에서는 9홀의 공공골프장 1개를 가져야 하는데, 9홀 코스의 최저면적은 50에이커가 필요하다. 일반적으로 18홀의 골프장을 갖는 것이 바람직하며, 면적은 125에이커가 필요하다.

⑧ 수영장⋯⋯인구의 3%에 해당되는 사람들이 동시에 수영을 할 수 있을 정도의 수영

장시설이 바람직하며, 수영장은 1인당 12평방피트의 면적이 필요하다.

⑨ 캠프장……바람직한 면적은 최소 20에이커이다.

⑩ 경기장……보통은 인구 2만 내지 4만명당 1개가 필요하며, 면적은 5에이커 내지 20에이커가 바람직하다.

⑪ 정구장……인구 2,000명당 1코트가 필요하다.

⑫ 야구장 및 소프트볼장……인구 6천 명당 야구장은 1개, 소프트볼장은 3천 명당 1개 씩 필요하다.

이와 같이 미국에서는 사회체육시설이 주택, 도로, 상·하수도, 전기·가스, 보건위생 시설과 같이 일상생활을 위해 필수적으로 설치되어야 할 시설로 알고 도시계획 속에 포 함되고 있으며, 장기계획의 일환으로 시설이 정비·보완되어가고 있다.

⑵ 조 직

① 정부조직

미국의 스포츠 조직은 1978년의 Title Ⅸ나 아마추어 스포츠헌장 등과 같은 연방법의 영 향을 받고 있으나(Weiss & Gould, 1984 : 29), 근본적으로 정부의 간섭없이 이루어지고 있 다. 다만 1958년 국방교육법, 1963년 리듬교육시설법, 1965년 초등·중등·고등교육법 이 공포됨에 따라 연방정부에서 보건·체육·레크리에이션 또는 야외교육계획과 시설 에 대한 보조금을 지급한다. 한편 행정형태가 지방분권주의인 까닭에 연방정부 내에는 체육관계기관이 없으나, 다음과 같은 임무는 수행하고 있다.

- 국민의 야외 레크리에이션에 대한 요구 및 정수의 여러 가지 자원조사 평가에 대한 준비 및 실시
- 주 및 주 이하의 행정구역에 대한 전문적인 지도와 조언
- 야외 레크리에이션에 대한 조사 연구
- 공공을 위한 레크리에이션에 대한 자원의 조사, 계획, 개발사업
- 국립공원 사업부, 국립산림사업부, 스포츠 조직이 행하는 사업에서 필요한 지역확보 노력
- 연방정부의 수자원 개발, 수리사업을 통한 야외 레크리에이션 계획의 협력
- 레크리에이션 및 국토미화에 관한 대통령 자문위원회 사업의 관장

한편 주정부의 체육행정조직은 주의 교육행정은 각 주(州)에 따라 다른데, 그 이유는 교육법·학교법이 주의회에 의해 제정되기 때문이다. 일반적으로 교육행정은 일반행정

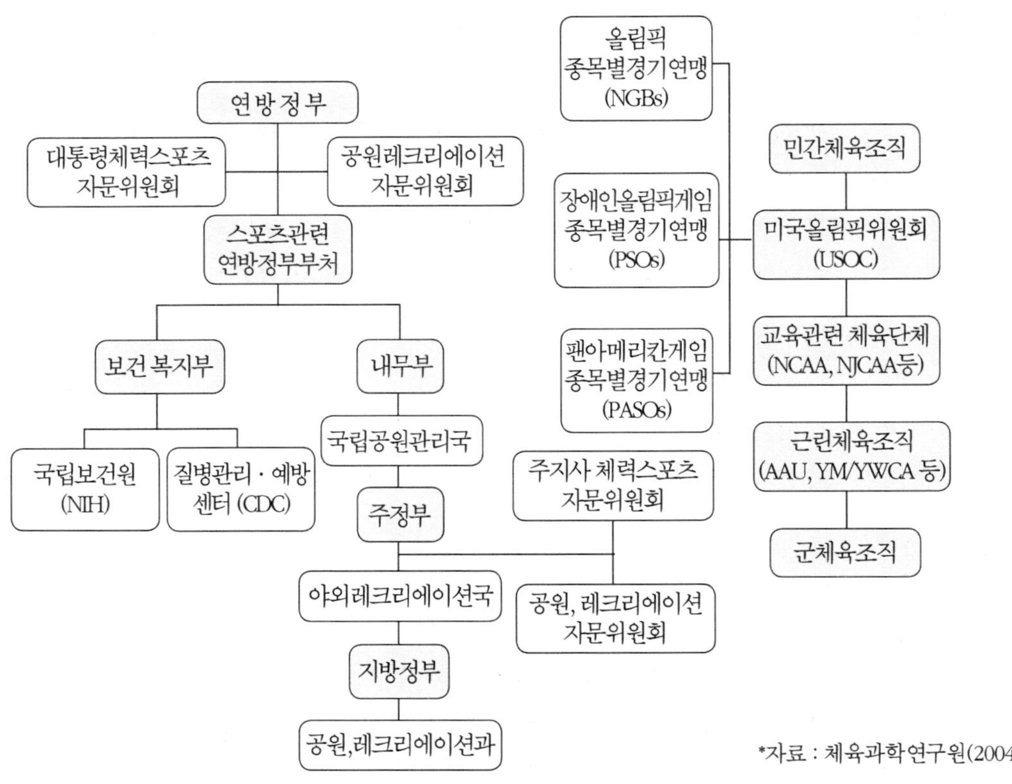

*자료 : 체육과학연구원(2004)

그림 8-1. 미국의 체육행정 조직도

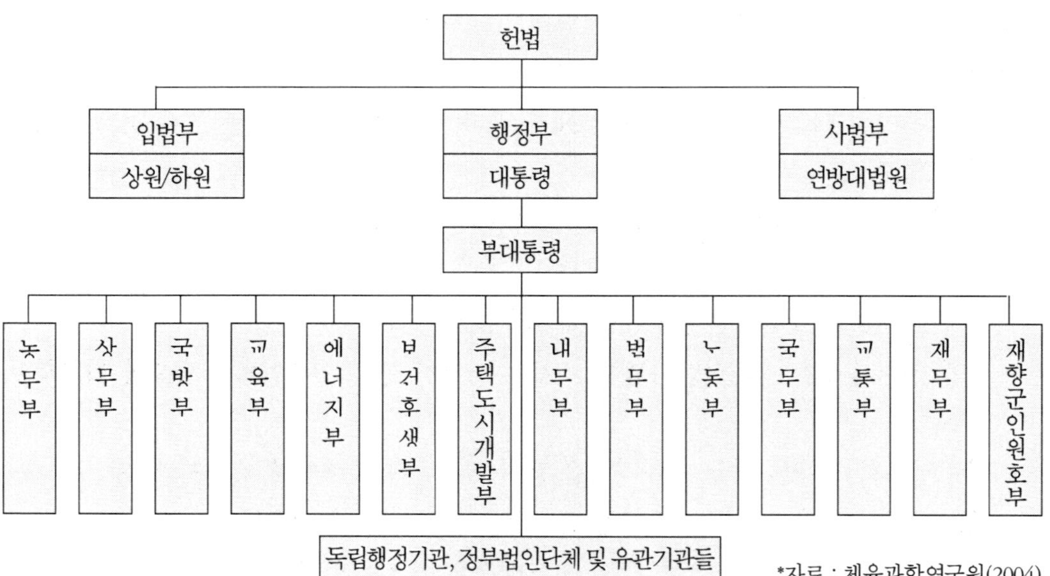

*자료 : 체육과학연구원(2004)

그림 8-2. 미국의 연방정부 조직도

에서 독립하여 주교육위원회와 그 사무를 집행하는 기관으로서 주교육국이 세워지고, 그 산하에 체육 내지 보건체육국 또는 과가 있다.

　최근의 경향은 연방정부와 같이 주지사 직속의 주체력향상심의회 및 조사위원회를 실시하려는 경향을 보이고 있다. 또한 지방도시의 체육행정조직은 지방의 실정에 따라 능률

표 8-1. 미국의 시대 및 연도별 체육정책 및 체육관련법

시대 및 연도	주요 흐름/체육정책/체육관련법
식민지시대	·종교적 · 지역적 차이에 따른 스포츠와 레저에 대한 상이한 태도
19세기 － 중반 이전	·이민의 물결·다양한 스포츠 문화 유입 ·개척자들을 미국사회에 동화시키고 새로운 미국문화를 형성하기 위한 도구로 사용
－ 말기	·학교체육의 성행 ·자발적이고 준상업적인 스포츠클럽이 생성 ·전국적인 스포츠단체들이 설립
20세기 － 초반	·레크리에이션을 포함한 생활체육에 관심 ·스포츠 및 레크리에이션 조직들의 구조·상당히 전문화됨
· 1922년	·대법원은 프로야구를 반독점법의 적용에서 제외
－ 1차세계대전 기간	·상업성에 근거한 관람스포츠의 급격한 성장 ·학교시스템 및 지방정부가 제공하는 스포츠 및 레크리에이션 참여기회 제공 ·스포츠 · 레크리에이션 제공 및 참여형태→정형화
－ 1930년대 (대공황기)	·일자리 창출을 위하여 많은 스포츠 및 레크리에이션 시설 건설
· 1937년	·민간단체인 미국레크리에이션협회 발족
－ 1941년	·민방위청 설치－체계적인 국민체력 증진에 힘씀
－ 1956년	·청소년체력자문위원회 설치- 미국청소년들을 위한 체력향상 운동
－ 1960년대	·상업적인 레크리에이션 시설과 프로그램 급증 ·도심지역의 폭동을 잠재우기 위한 대책으로－'위대한 사회 발의' 추진 ·도시스포츠 및 레크리에이션 계획사업
· 1963년	·대통령체력자문위원회 설치－전 국민을 위한 체력향상 운동
· 1968년	·대통령 체력스포츠자문 위원회 설치－전 생애를 통한 스포츠 참여 장려
－ 1970년대	·엘리트스포츠에 치중한 체육정책
· 1972년	·교육개정법(타이틀나인)을 제정－여성들에게 평등한 스포츠 및 레크리에이션 참여기회 제공
· 1978년	·아마추어 스포츠법 제정
－ 1980~1990년 후반	·지방 스포츠 및 레크리에이션 계획사업에 지원되어왔던 연방보조금을 대폭 삭감 ·연방정부의 스포츠 및 레크리에이션에 대한 간접적인 지원
· 1990년	·각 지방자치단체－자립적인 스포츠 및 레크리에이션 정책 ·장애인법 제정－장애인에게 평등한 스포츠 및 레크리에이션 참여기회 제공

*자료 : 체육과학연구원(2004)

적이며 효과적인 행정조직을 가지고 있으며, 시에 따라 다를 수도 있으나, 기본적인 골격은 비슷하다.

지방자치시에 따라 특색 있게 체육활동이 행하여지지만, 대개의 경우 학교체육은 교육위원회, 사회체육은 공원·레크리에이션 관계국에서 소관하고 있다. 앞에서 언급한 시(市)에 따라 약간의 차이는 있으나, 교육위원회와 공원레크리에이션국은 서로 유기적인 관계를 가지고 사회체육에 관여하고 있다.

② 민간단체

미국의 사회체육은 주로 민간단체에 의해 주도되고 있는데, 전국 규모의 민간조직인 미국올림픽위원회(United States Olympic Committee : USOC)와 체육협회(Amateur Athletic Union : AAU, 미국의 아마추어경기 통합단체의 하나), 그리고 전국공원레크리에이션협회가 주축이 되어 사회체육정책을 주도하고 있다(Dalen & Benntee, 1971 : 527).

AAU는 1888년에 창설되었으며, 현재 54개의 지구협회와 종목별 협회로 육상, 수영, 농구, 체조, 레슬링, 유도, 역도, 핸드볼, 라크로스, 루지, 봅슬레이, 호스슈즈, 바론드와이아링크의 13개 단체가 가맹하고 있고, USOC에는 32개 경기단체가 가맹되어 있는데, 올림픽이나 Pan-America 대회 등을 주관하고 있다.

AAU에 가맹되어 있지 않는 주요 아마추어 단체로는 미국아마추어펜싱연맹(1981년

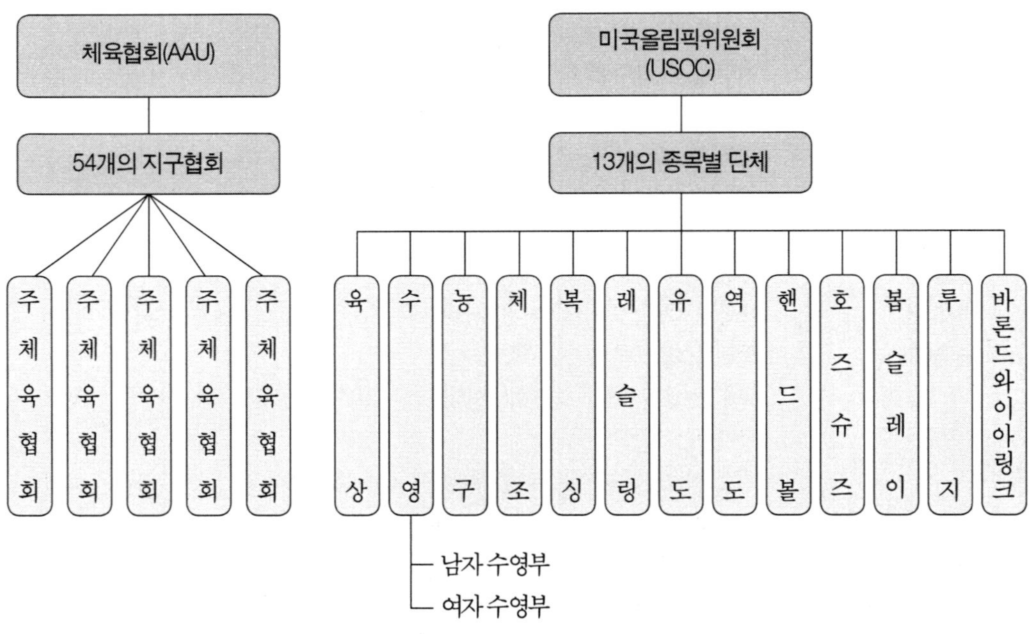

그림 8-3. AAU와 USOC의 조직

창설), 미국아마추어야구협회(1935년 창설) 등이 있고, 그 외에도 축구, 테니스, 궁도, 스키, 사격, 하키 등의 경기단체가 단독으로 전국적인 결성을 하고 있다. 또 일반인을 대상으로 하는 조직으로는 전미(全美) 공원레크리에이션협회, 전미 캠프협회 등이 있다. AAU와 USOC의 조직도는 그림 8-3과 같다.

지방조직으로는 행정조직과 마찬가지로 그 지역사회의 실정에 따라 조직되기 때문에 전국적으로 획일적인 조직을 가지고 있지 않지만, 전국적 단체는 주지부 내지 지방지회가 있고, 각 지역 클럽·단체가 주지부 내지 지방지부에 가맹하는 형식을 취하고 있다.

한편 스포츠 종목별 단체 이외에도 사회단체가 스포츠나 청소년체육 지도활동을 일부 내용으로 포함시키고 있는 전국적 조직이 있는데, 주요한 것만 보면 미국의 보이스카우트연맹, 걸스카우트연맹, YMCA, YWCA, 캠프파이어걸즈(Camp Fire Girls), 미국소년클럽(Boys Club of America) 등이 있다.

이러한 정부조직과 민간단체 모두는 서로 밀접한 관계를 가지고 이루어지며, 각 주나 지구에서 획일적으로 업무가 진행되지 않는 것이 특징이다. 즉 이는 각 지역사회의 실정에 따라 조직되며, 전국적으로 통합하는 조직을 형성하기 때문에 중앙관서가 지방행정에 강요하는 형식의 조직은 아니다.

(3) 지도자

① 사회체육 지도자 현황

미국 사회체육의 특색 중 하나는 시설이 잘 정돈되어 있다는 것과 모든 시설에는 전임지도자 또는 레크리에이션 지도자가 배치되어 어린이들을 위한 놀이를 지도하고 있다는 것이다.

지역단위 운동장에 1명의 레크리에이션 지도자가 배치되어 있어 어린이들의 놀이를 지도하고 있으며, 몇 개의 이웃 거주지역이 집결된 운동장에는 운동장의 장과 그 밑에 2~3명의 지도자나 수 명의 관리인이 있다. 수영장이나 해수욕장에는 자격증을 가진 인명구조원이 있으며, 레크리에이션센터에도 관장 이하 수명의 지도자가 있는데, 규모가 큰 곳에는 프로그램별 전임지도자 및 시간제 지도자가 배치되어 있다.

이와 같이 미국에서는 사회체육이나 레크리에이션 영역에서 지도자들이 활동할 분야가 폭넓게 개방되어 있다. 다시 말하면 연방정부, 주정부, 지역사회를 포함한 공공사회 체육기관 또는 시설에 종사하는 행정관 및 지도자, YMCA, Boy Scouts 등 여러 민간단체에서 일하는 지도자들, 상업 레크리에이션 또는 스포츠 시설의 관리직, 캠프지도자, 스포츠클럽의 코치, 기타 교회 · 군부대 · 농촌 · 병원 등 특수분야에서 지도하는 경우 등으로 사회체육 지도자들의 시장성은 대단히 크고 폭이 넓다.

전미국 레크리에이션 시장성 조사협회가 1970년도에 조사한 보고에 의하면, 공공 레크리에이션 관계 지도자는 20만 명이고, 그중 전임지도자는 6만 2천 명 정도이다.

② 지도자 양성제도

미국에서 사회체육 지도자는 활동분야가 넓기 때문에 당연히 사회가 필요로 하는 지도자의 양성제도가 확립되어 있는데, 다른 나라처럼 중앙이나 국립 지도자 양성기관은 없고, 사회단체 및 기관의 필요 또는 요청에 따라 각 대학이 지도자들을 배출해 내는 교육을 실시하고 있다.

미국의 체육지도자 양성기관인 대학들은 처음에는 학교체육 지도자 양성이 중심이었으나, 점차 세분화되어 오늘날에 와서는 체육학과와 건강학과가 분리되었으며, 더욱이 야외교육캠프 지도자 양성과정도 있으며, 최근에는 스포츠의 코치 양성과정을 체육과정과 별도로 설치하고 있다.

미국의 사회체육 지도자 양성제도의 특징은 실제 사회의 단체 및 기관이 필요로 하는 지도자들을 양성하기 위한 쌍방의 협력과 노력이 부단히 지속되는 가운데 훌륭한 지도자를 배출하고 확보하는 제도가 자연스럽게 마련되어 시행되고 있는 것이다.

(4) 프로그램

미국의 레크리에이션 운동은 ① 운영 · 재정지원 · 용지면에서 민간인들에 의해 운영되던 것이 정부기관에서 그 운영을 담당하게 되었고, ② 비교육지도자에 의한 교육에서 훈련된 지도자로 전환되었으며, ③ 어린이로부터 시작된 운동이 점차 청소년들에게로 대상이 확대된 것은 전적으로 이 운동에 의해서였다.

미국의 레크리에이션은 대별하여 정부주도 형태(공공 레크리에이션), 상업적 형태(상업 레크리에이션), 사설단체에 의한 레크리에이션, 그리고 비영리단체들의 레크리에이션 등으로 나눌 수 있다. 이 중 어느 한 가지만으로는 미국의 레크리에이션 문제를 해결할 수 없는데, 보다 대중성을 가진 부문은 공공 레크리에이션이다. 공공 레크리에이션이라 하면 정부가 관리하고 운영하는 레크리에이션 프로그램을 말하는데, 그 영역은 공원분야, 운동장, 레크리에이션회관, 그리고 특수시설로 세분된다.

공원분야는 주로 캠핑, 피크닉, 낚시, 등산, 자연연구 등의 프로그램을 제공하고, 운동장은 각종 스포츠를 위한 시설을 마련하며, 실내활동을 위한 지역사회관(레크리에이션

표 8-2. 미국 스포츠교육프로그램의 생활체육지도자 양성과정

교육단계	스포츠코치 과정	스포츠감독 과정	스포츠보호자과정
자원봉사자 단계	초보코치 과정	청소년스포츠감독 워크샵	스포츠보호자 과정
	청소년선수코치 과정		
지도자 단계	스포츠 코치 원리 및 구급법 과정	과정개발 중	과정개발 중
마스터 과정	스포츠 힘리학	과정개발중	없음
	스포츠 생리학		
	스포츠 기술지도		
	스포츠 상해		
	스포츠 재활		
	영양학/체중조절		
	스포츠법률		
	시간관리		
	스포츠행정		

*자료 : 체육과학연구원(1998)

센터), 그리고 골프장, 스키장, 수영장 등의 특수시설을 포함한다. 이 외에도 산림, 어족, 조류, 그리고 동식물의 보호를 목적으로 하는 자연자원보호에도 큰 관심을 가지고 있다. 이러한 것을 미국 사회의 레크리에이션이라 볼 수 있는데, 이것이 우리가 말하는 사회체육에 해당된다. 이와 같은 레크리에이션 업무를 관장하는 행정부서는 미국의 각 주에 조직되어 있는데, 이 부서는 항상 지역의 레크리에이션 문제 해결을 위해 일하게 된다. 또 지역에 따라 차이가 있으나, 각종 운동경기 · 캠핑 · 실내 레크리에이션 프로그램을 제공함으로써 지역주민들이 자발적으로 참여하게 한다.

그러나 미국의 사회체육이 단지 공공 레크리에이션에만 의존하고 있는 것이 아니다. 그 외에도 YMCA, 소년단, 미국소년클럽 등과 같은 비영리단체, 컨트리클럽 · 테니스클럽 · 직장 레크리에이션 등과 같은 사설단체, 그리고 수많은 상업단체들의 레크리에이션이 미국의 사회체육을 대중화시키고 있다.

미국은 대통령 체력스포츠자문위원회가 '대통령 도전'이라는 체육정책을 통해 청소년들의 사회체육을 활성화시키고 있으며 또한 각주마다 사회체육지도자 양성 프로그램을 통해 사회체육의 수준을 향상시키는데 기여하는 등 다양한 사회체육 프로그램을 가지고 사회체육을 활성화시키고 있다.

일본의 사회체육

우리나라의 인접국가인 일본은 1948년과 1961년에 사회교육법 및 스포츠진흥법에 의해 직장 스포츠 진흥을 통한 생산력 증대, 여가선용을 위한 스포츠 활동 계몽, 각종 체육지도자 양성, 청소년지도, 체육시설·용구산업을 극대화하기 위하여 국민적인 체육진흥안을 마련하였고, 체육이 각급 학교를 중심으로 발전되었다.

> **일본의 현황**
>
> ① 면적 : 37만 7930km^2
> ② 인구 : 1억 2699만 5천 명(2010년 추계)
> ③ 수도 : 도쿄
> ④ GDP : 5조 700억 달러, 1인당 39,835달러(2008년 추계)

일본은 1964년 동경올림픽 이후 생활이 윤택해지면서부터 사회체육운동이 본격화되었다. 그러면서 민간 사회체육단체와 정부가 중심이 되어 사회체육운동의 제1목표를 시설과 지도자 양성에 두고 일본 전역을 중심으로 사회체육 진흥운동을 본격적으로 펼치기 시작하였다. 이러한 사회체육 진흥운동의 범사회적 움직임은 어느 민간단체 하나가 주동이 된 것이 아니고, 정부와 민간단체들이 함께 국가적 목표달성을 위해 서로 힘을 모아 조직적으로 '모두의 스포츠 운동'을 추진한 것이다.

① 사회체육의 배경

일본은 1964년 동경올림픽대회를 4년 앞두고 청소년들의 체력을 강화시키기 위하여 1961년 6월 스포츠진흥법을 제정하고 국가예산에서 막대한 자금을 투입하여 2만 명의 스포츠 지도원 양성, 스포츠교실 운영, 스포츠 과학적 연구 등 획기적인 시책을 전개하였다. 또한 학교체육도 개혁하여 클럽체육을 중심으로 실시하게 하였고, 1962년 6월 스포츠소년국을 결성하고, 1964년 12월에 국민의 건강·체력증진대책을 세웠다.

이와 같은 일본의 체육정책은 中村敏雄 등이 『스포츠정책』에서 밝힌 바와 같이 다음의 몇 가지 특징적인 요인에 의해 촉진되어 국민의 스포츠 욕구를 실현하는 일본 스포츠 정책의 확립에 기여했다.

- 고도 경제성장정책에 대항하여 생명과 생활(삶)을 지키려는 주민운동의 확대로서 '언제, 어디서, 누구나가 스포츠를'이라는 슬로건 아래 각 지역사회에서 클럽을 기초 단위로 각종 스포츠활동이 자생적으로 이루어졌다.
- 1975년 유럽지역 체육과스포츠관계장관 회의의 'Sport for All 헌장'에서 보는 국민의 스포츠권 선언 등 국제적인 스포츠 동향에 지지받으며 나타난 일본 국민의 스포츠권사상이 확대되었다.
- 일본체육협회와 지방행정기관의 내면에서 일기 시작한 스포츠의 자주적·민주적·과학적인 발전을 지향하는 직원 집단이 형성되었다.
- 1960년대 후반부터의 혁신 자치제가 증가되었다.

이러한 일련의 과정에서 정부는 주로 시설 및 재정지원에 관련된 역할을 하고, 일본체육협회와 같은 민간단체는 프로그램 개발 및 보급에 주력하여 사회체육진흥의 효율성을 극대화시키고 있다. 특히 사회체육활동을 위한 시설은 대부분 학교체육시설을 활용하는데, 그것은 전국 체육시설의 65%를 차지하고 있다. 이는 학생들뿐만 아니라 지역주민들의 요구에 따라 일상생활 중에 최대한 이용할 수 있도록 개방하고 있다.

② 사회체육 현황

(1) 시 설

① 시설의 정비

지방공공단체가 꾸준히 시행하는 체육시설 정비사업에 대해 보조를 최근 더욱 확대하고 있으며, 특히 체육관·운동장시설 등 지역주민이 손쉽게 이용할 수 있는 체육시설 설비의 3분의 1에 달하고 있다.

1977년부터는 지역주민의 스포츠활동을 촉진하기 위하여 학교체육시설 개방사업을 대폭 확대하고, 1978년도에는 야외의 아름다운 자연 속에서 즐겁게 기초체력 형성을 할 수 있도록(Green Sports 시설)을 정비하였으며, 어머니 배구 등을 위하여 인접한 소규모 체육관 및 학교체육시설 개방사업을 실시하고, 이러한 체육활동을 촉진키 위한 지도자의 숙박시설 정비에도 필요한 보조를 개시했다. 1979년부터는 연구·연수 등의 기능을 갖는 특별체육시설 및 육상경기장 개수을 위한 국가보조가 실시되고, 1980년도에는 노인에서 청소년에 이르는 전국민이 일상생활을 하는 곳에서 간단한 스포츠를 즐길 수 있는 운동장 정비에 필요한 경비보조도 실시하고 있다.

표 8-3. 일본의 주관별 스포츠시설   (단위 : 개소)

학교체육시설	공공체육시설	직장체육시설	민간체육시설	합계
158,065	56,475	8,286	16,814	239,660
66.00%	23.60%	3.50%	7.00%	100.00%

*자료 : 문부과학성(2005)

표 8-4. 일본의 종류별 스포츠시설   (단위 : 개소)

운동장	체육관	정구장	수영장	유도 · 검무관(무도관)	기타	합계
39,842	41,874	12,631	35,288	6,448	25,510	158,085
25.20%	26.50%	8.00%	12.10%	4.10%	16.10%	100.00%

*자료 : 문부과학성(2005)

② 공공체육시설

전국민의 건강관 체력향상 기회를 보다 많이 갖게 하기 위해서는 체육시설의 정비·확충이 중요하다는 것을 감안하여 1959년부터 공립체육시설에 대한 국고보조가 시작되었다. 당시의 보조대상은 국민수영장과 국민체육관뿐이었으나, 1961년부터는 스포츠진흥법의 제정과 함께 국민운동장, 야외활동시설, 동계경기장시설, 종합체육관, 그리고 실내수영장 등도 보조대상으로 되었다.

일본은 동경올림픽대회를 치른 후 체육진흥의 필요성을 절감하여 내각의 자문기관인 보건체육심위원회에서 기본적인 체육진흥계획을 수립하고, 이에 따라 특히 일상생활에 필요한 스포츠 시설이 당시 선진제국의 시설에 비해 그 절대량이 부족한 실정에 착안하여 일상생활에서의 스포츠 촉진에 관한 조사·연구 협력자회의에서 시(市)·정(町)·촌(村)의 공공스포츠 시설정비 계획을 발표하고, 시설확충에 박차를 가하였다.

③ 학교체육시설(공립 초·중·고교)

공립학교의 경우 실내체육관 설치율이 해마다 상승하고 있는 바, 최근에는 초·중·고교 공히 약 90%가 체육관을 보유하고 있을 뿐만 아니라, 수영장도 과반수 이상이 학교에서 보유하고 있으며, 이는 앞으로 점차 증가할 것으로 예상된다.

학교체육시설은 전국 체육시설의 65%를 차지하고 있는데, 이는 학생들뿐만 아니라 지역주민들의 요구에 따라 주민들이 일상생활 중 이용할 수 있도록 개방하고 있다. 학교체육시설은 학교체육에 지장이 없는 범위에서 개방하고 있고, 또한 개방율이 높아 사회체육활동에 크게 기여하고 있으며 이를 위하여 실비의 국고보조를 하고 있다.

(2)조 직

동양의 여러 나라 중 사회체육에 일찍 관심을 둔 나라는 일본인데, 일본 문부성을

1946년 사회체육에 관한 안을 발표하고 국가와 지방의 사회체육행정지침을 시달하였으며, 사회체육 실시지침을 작성·배정하여 보급에 주력하였다. 1947년 전국레크리에이션협회가 창설되었고, 1949년 사회체육진흥법이 제정되어 체육·레크리에이션이 사회교육의 일환으로 그 법적 취지가 확보되었으며, 1962년 6월에는 스포츠 소년단이 결성되었고, 1964년 12월에는 국민의 건강·체력증진에 대한 대책을 세웠다.

일본의 사회체육은 각종 사회단체와 밀접한 관련을 가지면서 전국적으로 활발하게 활동하고 있는데, 이러한 활동을 위한 조직을 보면 다음과 같다.

① 정부조직

일본의 스포츠 행정을 총괄하는 행정기관은 문부성 내의 체육국인데, 그 조직은 그림 8-5와 같다. 문부성의 체육행정에 관한 주요임무는 스포츠 진행에 관한 기본정책을 결정하고, 이에 따른 각종 스포츠 진행방안을 세우는 것인데, 기본정책을 결정할 때에는 보건체육심의회에서, 스포츠 진행은 사회체육분과심의회에서 다루고 있다.

한편 지방의 체육행정은 교육위원회가 맡는데, 시·도·부·현과 일부 대도시에는 체육과 또는 보건체육과를 두고 있으나, 대부분의 시·정·촌에서는 독립된 기구를 두지 않고 사회체육행정기구에서 맡는다. 시·도·부·현에는 반드시 스포츠진흥위원회를 두어 지방 실정에 맞는 스포츠 진흥계획을 수립하고, 시·정·촌의 스포츠 진흥을 위해 체육지도요원을 두고 있다.

스포츠진흥위원회의 위원은 스포츠에 관한 학식·경험이 있는 자 또는 관계행정직원으로 구성된다. 광도(廣島)시를 예로 살펴보면 시체육회, 각종 체육단체연합회, 시체육지도협회, 스포츠소년단, 직장체육관계자, 대학연구자, 사회교육관계자, 행정관계부국에서 선출되고 있으며, 연간 2~3회 회의를 개최하고 있다.

② 민간조직

- 민간조직은 재단법인 일본체육협회를 중심으로 각 종목별·지역별 아마추어 스포츠단체와 학교체육단체 및 프로 스포츠 단체 등으로 구성되어 있다. 이러한 체육협회는 각 시·정·촌에까지 확대 조직되어 있다.

- 아마추어를 대표하는 것으로는 일본학생야구협회, 일본사회인야구협회, 일본아메리칸풋볼협회, 일본롤러스케이트연맹 등이 있다.

- 직장체육으로 1952년 『기업체 내의 레크리에이션 안내서』 발간과 1961년 제정된 스포츠진행법 등을 계기로 활기를 띠기 시작했으며, 그 범위가 확산되어 왔다. 일본의 대기업체들은 대부분 기업체 내에 직장체육을 위한 협회를 구성하여 여러 종류

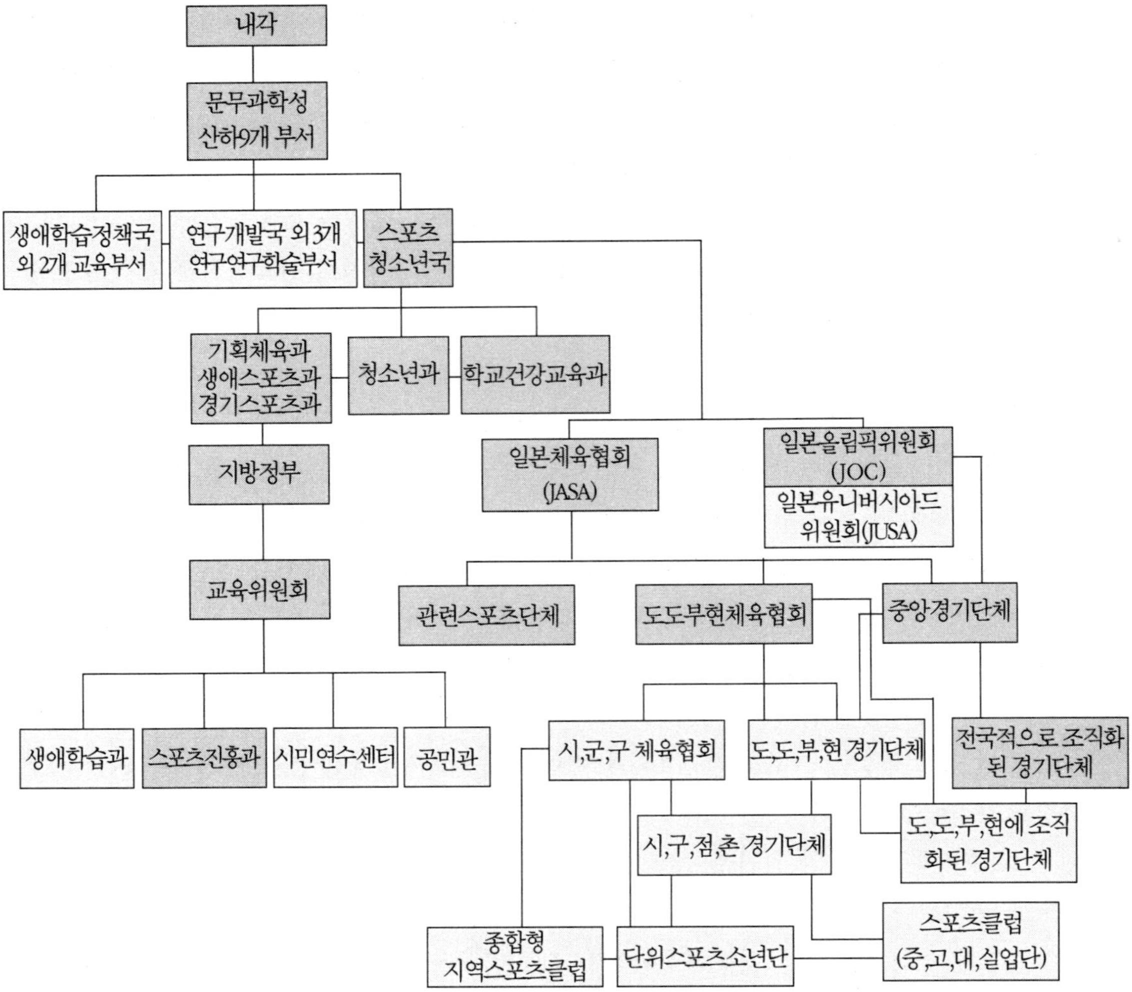

그림 8-4. 일본의 체육행정조직

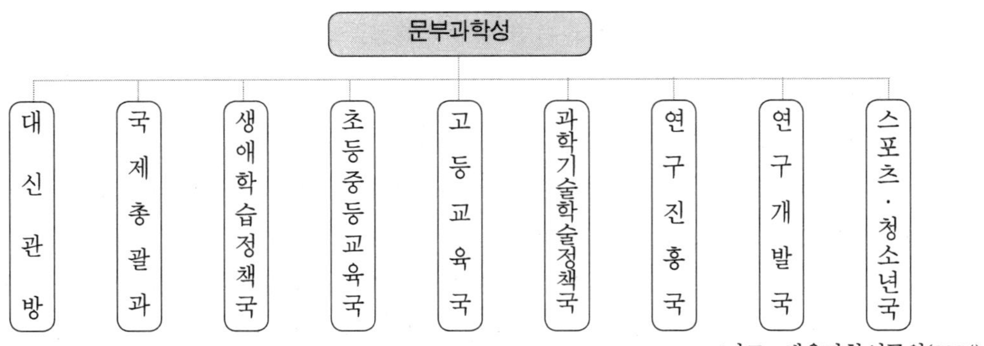

그림 8-5. 문부과학성 조직도

의 클럽을 조직함은 물론, 일본의 전국 레크리에이션협회와도 긴밀한 유대를 맺고 각종 운동경기, 사교생활, 건강을 위한 프로그램 등을 실시하고 있다.
- 젊은이를 위한 사회체육으로는 스포츠 소년단이 조직되어 있는데, "스포츠를 통하여 청소년에게 믿음과 신체를 육성하는 조직을 지역사회 안에 만들어 주자."라고 하여 1962년 6월 23일 올림픽의 날을 기해 발족된 것이다. 이들은 문부성과 교육위원회 및 교육협회와 관련을 가지고 활동하고 있다.
- 그밖에도 1931년 국립공원에 관한 법령이 제정된 후 보트, 캠핑, 하이킹, 스키, 낚시 등 야외 레크리에이션의 관리와 보급에도 주력해오고 있으며, 20여개의 국립공원과 200여개의 크고 작은 공원조직을 보유하고 있으며, YMCA, YWCA, 보이스카웃, 4H 클럽이 조직되어 이들에 의해 사회체육활동이 확산되고 있다.

⑶ 지도자

① 지도자 양성 및 현황

일본의 사회체육 지도자양성은 지방정부의 지도자 양성과정과 일본체육협회(JASA)의 지도자 양성과정을 들 수 있다. 대학과 대학원 과정을 통해 배출되는 체육지도자를 제외한 정부지원(문부성의 체육청)에 의한 지역사회 체육·스포츠 지도자 양성과정을 보면, 1987년 문부성장관명으로 '사회체육지도자의 지식·기능심사, 사업인정에 관한 규정'을 공포하여 사회체육지도자 자격증 부여제도를 도입실시하고 있다(체육청소년부, 1990). 이들의 업무는 주로 지방당국과 협조하여 그들의 출신지역에서 체육과 스포츠의 전문가로 활동하며, 지방당국이 지급하는 일정한 보수를 받아가며 봉사하는 것이다.

일본의 사회체육 지도자는 공인 스포츠 지도자, 스포츠 소년단지도자, 공인체력테스트원, 공인스포츠닥터로 나눌 수 있다. 공인스포츠지도자는 일본체육협회 공인 스포츠 지도자 제도, 스포츠소년단 지도자는 일본스포츠소년단 지도자제도, 체력테스트원은 일본체육협회 공인체력 테스트원규정, 공인 스포츠닥터는 공인 스포츠닥터제도에 근거하여 양성되어 그 자격이 인정되고 있다. 이들은 사회체육 지도자로서 당해 스포츠의 올바른 보급과 경기력향상을 도모하기 위하여 주로 기술지도에 임하고 있다.

② 공인 스포츠지도자의 구분

(가) 공인 스포츠 지도자

이들은 주로 각 지역에서 스포츠활동을 하고 있는 그룹·클럽을 대상으로 스포츠의 소개 및 기초적 스포츠 기술지도나 일반적 신체활동의 지도와 활동조직을 육성지도하는

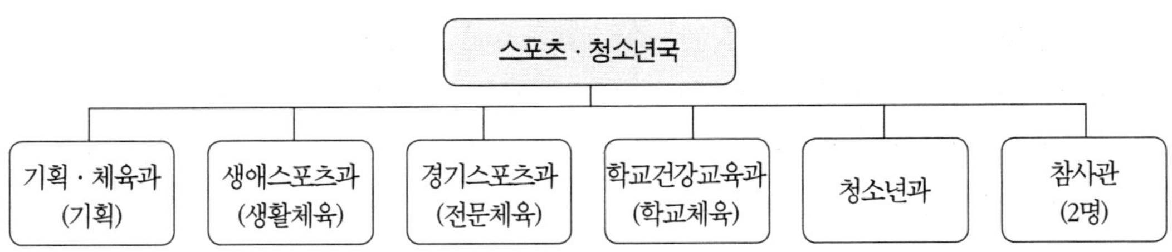

*자료 : 체육과학연구원(2004)

그림 8-6. 문부과학성 내 스포츠 · 청소년국 조직도

표 8-5. 스포츠 · 청소년국 하부조직의 업무

부서명	각 부서의 기능
기획 · 체육과	· 스포츠 · 청소년국 소관업부의 총괄조정 · 스포츠 진흥에 관한 기본정책의 기획 및 입안 · 학교체육 진흥 정책 기획 및 입안, 원조 및 조언 · 스포츠 발전을 위한 조성에 관한 것(생애스포츠과의 주관에 속하지 아니한 것) · 학교체육기준(초등, 중등 교육의 교재에 관한 것 제외) 설정 · 공 · 사립 체육시설의 정비(공립학교 체육시설의 재해복구에 관련된 것 제외)에 관한 지도 및 조언 · 공립 스포츠시설의 정비(학교체육 시설의 재해복구에 관련된 것 제외)를 위한 보조 · 사립학교 교육의 진흥을 위한 학교법인, 기타 사립학교 설치자, 지방공공단체 및 관계단체에 대한 조성문제(체육시설의 정비에 관한 것으로 한정) · 국제적, 전국적 규모의 스포츠 사업(학교체육에 관한 것에 한정) · 스포츠 진흥 투표에 관한 것 · 지방공공단체의 기관, 기타 관계기관을 대상으로 한 학교체육에 관한 전문적 기술지도 및 조언 · 교육관계 직원, 기타 관계자를 대상으로 한 학교체육에 관한 전문적, 기술적 지도 및 조언 · 중앙교육심의회의 스포츠 · 청소년 분과의 서무 · 일본의 체육 · 학교건강센터의 조직 및 운영 일반에 관한 것 · 기타 스포츠 · 청소년국의 소관 업무지만 다른 소관업무로 포함되어 있지 아니한 것
생애스포츠과	· 스포츠(학교체육을 제외) 진흥에 관한 기획 및 입안 업무에 대한 조언 및 지원 · 스포츠 발전을 위한 보조 · 국제적, 전국적 규모의 스포츠사업(학교체육에 관한 것 제외) · 스포츠 진흥에 관련된 국제문화교류 사업(외교정책 및 국제총관고나의 소관에 속한 것 제외) · 지방공공단체기관 및 기타 관계기관을 대상으로 한 스포츠에 관한 전문적, 기술적 지도 및 조언 · 스포츠 지도자, 그 위 관계자를 대상으로 한 스포츠에 관한 전문적, 기술적 지도 및 조언
경기스포츠과	· 스포츠경기수준의 향상에 관한 것(국제총괄과 소관에 관한 것 제외) · 국제적, 전국적 규모로 실시되는 스포츠 사업 중에서 올림픽, 국민체육대회, 기타 국제수준의 전국대회 실시
학교건강교육과	· 문부과학성의 소관업무인 건강교육 진흥을 위한 기본적인 정책의 기획 및 입안, 조정 · 학교 보건, 학교 안전, 학교 급식, 재해공제급부에 관한 것 · 공립학교의 학교 의사, 학교치과의사 및 학교 약제사의 공무재해 보상에 관한 것

청소년과	· 청소년 교육의 진흥에 관한 기획, 입안, 조언 및 지원
	· 청소년 교육을 위한 보조
	· 청소년 교육에 관련된 시설에서 실시되는 청소년 단체 숙박 훈련에 관한 것
	· 공립 및 사립 청소년 체육시설의 정비에 관한 지도 및 조언
	· 공립 청소년 체육시설의 정비를 위한 보조
	· 문무과학성의 소관업무인 청소년의 건전한 육성에 관련된 기본적인 정책의 기획 및 입안, 조정
	· 건전한 청소년 육성(내각부의 소관에 관련된 업무는 제외)을 위해 필요한 조사 및 연구, 정보자료의 수집 및 제공
	· 지방공공단체기관 및 기타관계기관을 대상으로 한 청소년 교육의 전문적, 기술적 지도 및 조언
	· 교육관계 직원, 사회교육 고나련 단체, 사회교육지도자, 그 외 관계자를 대상으로 한 청소년 교육에 관한 전문적, 기술적 지도 및 조언
참사관	· 청소년의 건전한 육성에 관한 것(내각부 및 청소년과의 소관에 관한 것 제외)
	· 체력 유지 및 증진에 관한 것

*자료 : 체육과학 연구원(2004)

표 8-6. 일본의 주요 체육정책

시대 및 연도	주요 사회현상 및 체육정책
	제2차세계대전
1867년 메이지유신 이후	· 자본주의 성립, 사회 · 문화적 근대화 · 근대 구미스포츠 도입 · 다양한 스포츠클럽들이 조직되기 시작 · 학교체육시스템 · 1911년 대일본체육협회설립 　─국민스포츠 보급 　─국제경기력향상
대전 중	· 전쟁목적을 달성하기 위한 스포츠프로그램 성행 · 병식체조가 성행
대전 이후	· 즐기기 위한 스포츠
	1960년대
초반	· 정부가 최초로 체육에 대한 정책개입-1961년 '스포츠 진흥법'제정 · 1964년 동경올림픽 개최 · 학교체육과 엘리트 체육을 병행하는 시스템
중반이후	· 산업화, 도시와→여가시간 및 소득 증대→스포츠에 대한 욕구 상승→국가차원의 스포츠 진흥정책 수립 · 추진
1970년대	· 사회체육의 붐사회체육이 전국적으로 확대, 스포츠클럽의 수 급증 · 1972년 문부성은 첫 번째의 '보건체육심의회답신(1972)' 발표 · '스포츠 시설 확대 및 자발적인 스포츠 클럽 육성'이라는 기본정책 방향 제시 · 1972년 삿포로 동계올림픽 개최
1980년대	· 모스코바 올림픽 보이코트 · 엘리트체육 발전의 위기 · 1989년 문부성은 두 번째의 '보건체육심의회답신(1989)' 발표 · '스포츠를 정치적 목적으로 활용하기 위한 엘리트 체육에 매진'이라는 기본정책방향 제시 · 1989년 JOC법인화, 1991년 JOC완전 독립

1990년대	· 엘리트스포츠 시스템의 기반을 더욱 확고히 한 시기 · 1991년 문부성은 일본 프로스포츠협회 창설인가 · 스포츠의 상업화
2000년대	· 생애스포츠사회 실현에 초점을 둔 체육정책 · 2000년 문부과학성은 '스포츠진흥기본계획'공표 · '생애스포츠사회 실현을 위한 지역스포츠 환경정비'라는 기본정책방향 제시 · 2001년 JOC GOLD PLAN : JOC 국제경기력 향상 전략

*자료 : 체육과학연구원(2004)

사람이다.

(나) 스포츠 소년단지도자

- 스포츠 소년단지도원 : 스포츠 소년단지도원은 각 지역에서 스포츠 소년단의 결성 및 체육지도를 담당함과 아울러 지역 주민 전체를 대상으로 모집하여 조직을 육성·운영한다. 지도원 양성은 일본 스포츠 소년단과 도·도·부·현 스포츠 소년단이 공동으로 주최하는 도·도·부·현 강습회(8단위, 20시간)에 의거한다.

- 스포츠 소년단 육성지도자 : 이들은 각 도·도·부·현 또는 시(구)·정·촌에서 조직의 육성과 운영을 담당하며, 스포츠 소년단의 보급, 지도자 양성, 단(團)활동의 활성화에 노력하고, 각급 본부 육성계획의 기획과 추진을 임무로 한다.

지도자양성은 일본 스포츠 소년단이 실시하는 중앙강습회에서 시·정·촌 육성지도자를 양성하는 B과정(20단위, 46시간)과 도·도·부·현 육성지도자를 양성하는 A과정(15단위, 33시간)의 이중과정이 있다.

(다) 공인 체력테스트원

- 체력테스트 판정원 : 이들은 체력테스트 실시와 보급, 체력테스트실시상의 지도와 그 결과 판정업무에 임하며, 이들의 양성은 각 도·도·부·현 체육협회가 실시하는 공인 체력테스트 판정원 양성강습회(4단위, 8시간)를 통하여 양성한다.

- 체력테스트 지도원 : 도·도·부·현 내에서 체력테스트의 보급 및 실시기획에 참여하며, 공인 체력테스트 판정원의 양성과 올바른 체력 테스트 지도 등의 업무를 담당한다. 이들은 일본체육협회가 실시하는 공인 체력테스트 지도원 양성강습회(6단위, 15시간)를 통하여 양성된다.

(라) 공인 스포츠닥터

스포츠닥터는 일본 스포츠계에 스포츠 의학을 보급하고, 이를 실천하는 역할을 담당한다. 이들의 양성은 의사면허를 갖고 있는 자로서 일본체육협회 또는 일본체육협회 가맹단체로부터 추천된 의사를 대상으로 일본체육협회가 주최하는 공인스포츠 닥터 양성강습회(33단위, 49시간 30분)를 통하여 그 자격을 인정한다.

대학과정의 사회체육지도자 양성은 국립체육대학에는 1984년에 신설되었고, 기타 여러 곳의 대학에서 사회체육지도자 양성과정을 개설하여 일반시민의 건강과 체력육성에 대한 지도능력을 습득케 함은 물론, 넓고 기초적인 지식을 갖춘 실천적 사회체육 지도자 양성 중에 있다.

(4) 프로그램

일본이 사회체육을 추진한 방법은 정부가 중심이 되어 일방적으로 밀고 나간 것이 아니라, 정부는 주로 시설과 재정지원을 맡았고, 일본체육협회(우리나라의 대한체육회에 해당) 등 민간체육단체는 지도자 양성과 프로그램 개발에 주력함으로써 상호 협력하에 바람직하게 추진하여 성과를 거두게 되었다.

문부성은 1946년에 사회체육시설에 관한 시행령을 발표하고 국가와 지방의 사회체육행정지침을 시달, 사회체육 활성화에 주력하였다. 1947년에 사회체육관계법령이 제정되어 체육 · 레크리에이션 사회교육의 일환으로 그 법적 위치가 확보되었으며, 2년간 연구 · 검토 결과 1949년에는 스포츠뱃지제를 실시하여 대중체육 보급에 기여하였고, 1959년에는 지방스포츠진흥을 위하여 전국의 각 시 · 정 · 촌에 2만명을 위촉, 사회체육발전에 협조하도록 하였다. 아울러 1961년 스포츠진흥법이 제정되어 사회체육은 사회교육법과 스포츠진흥법의 두 가지 법률에 따라 추진되었으며, 각 부 · 도 · 현 · 구에는 스포츠 진흥위원회와 시 · 정 · 촌의 교육위원회에는 체육지도원이 배치되어 있다.

체육시설 및 공공시설, 학교시설물의 사용이 허용되기 때문에 국민체육대회를 비롯한 지역운동회, 경기대회, 스포츠뱃지 테스트, 체력검사제, 스포츠교실 등의 행사를 적극 시행함으로써 사회체육의 보급 · 육성에 크게 기여하였다. 따라서 일본에서의 사회체육은 각종 사회체육단체와 밀접한 관련을 가지면서 전국적으로 그 활동을 전개하고 있다.

① 지역스포츠 사업

지역주민 스스로가 건강한 체력을 유지 · 증진하여 활력있는 생활을 영위하고 밝고 풍요한 지역사회 건설을 위해서는 일상생활 중 스포츠 활동을 적극적으로 추진, 전생애를 통하여 스포츠와 친숙해 지는 것이 중요하다. 이것을 위한 종합적인 시책이 필요해짐에 따라 정부에서는 시 · 도 · 부 · 현 또는 시 · 정 · 촌이 실시하는 사업에 대하여 필요한 경비의 일부를 보조하고 있다.

② 생애스포츠 사업

시·정·촌에서 실시하는 유아에서 고령자까지를 대상으로 하는 스포츠 활동사업에 필요한 경비의 일부를 보조함으로써 지역주민의 전생애를 통하여 스포츠와 가깝게 되고 건강한 체력유지와 증진을 도모하고 있다.

현재 일본은 생애스포츠사회의 실현을 목적으로 다음과 같이 다양한 사회체육프로그램을 추진하고 있다.

- 정부는 1995년부터 '종합형 지역스포츠클럽'을 적극적으로 육성하고 있다.
- 정부가 적극적으로 생애스포츠캠페인사업을 전개하고 있다.
- 정부는 체육공로자와 사회체육 우량단체에게 표창을 주고 있다.
- 생애스포츠회의의 개최가 활성화되고 있다.
- 전국적인 스포츠 및 레크리에이션축제가 개최되고 있다.

독일의 사회체육

독일에서는 국민체육진흥에 바탕을 둔 '스포츠 제2의 길'이라고 하는 종합장기계획인 황금계획(Golden Plan)을 수립, 제2차 세계대전으로 패망한 독일을 민주복지국가로 건설하는 데 총력을 경주하였다. 그 결과 오늘

독일의 현황

① 면적 : 35만 7120km^2
② 인구 : 8,205명(2010년 추계)
③ 수도 : 베를린
④ GDP : 3조 7,020억 달러, 1인당 45,004달러(2008년 추계)

날 많은 스포츠·레크리에이션 시설과 공간이 확보되어 현재 89,307개가 넘는 스포츠 관계 클럽과 총 인구의 32.9%가 넘는 회원을 가지고 있는 국가로 가장 모범적인 사회체육 국가로 발전하였다.

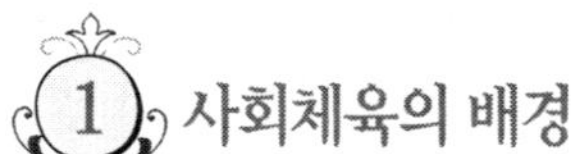

1 사회체육의 배경

독일정부가 사회체육에 관심을 갖게 된 것은 1920년을 전후해서 였다. 물론 그 이전에

도 스포츠 시설을 건설하지 않았던 것은 아니지만, 건민정책 차원에서 사회체육시설의 설치를 시도한 시기는 이 무렵부터이다.

1920년 국가체력훈련위원회의 Diem, C.사무총장은 국민체육활동에 필수적인 주민 1인당 3m²의 운동장 건설을 골자로 하는 국가운동장법을 제안하였다. 이의 입법은 재정확보의 어려움 때문에 실패했지만, 시의적절한 선견적 내용으로 평가받아 이를 계기로 각 지역사회에는 스포츠시설이 많이 건립되었다. 그러나 이 시설의 상당수가 2차 세계대전으로 파괴되고 말았다.

1945년 패전과 함께 미 · 소에 의해 독일은 동서로 분단되었으나 서독은 침체된 국력을 끌어올리기 위하여 즉시 국가발전 장기종합계획을 수립하고 경제성장에 주력한 결과 1955년에는 이미 영국을 제치고 유럽에서 가장 부유한 국가로 등장하였다. 이렇게 급속히 산업화되자 국민의 건강과 인간성 상실이 크게 사회문제화되었다. 당시 정부와 교육계 · 의학계에서는 35년 전에 국가운동장법이 입법되어 시행되었다면 만연되고 있는 사회병리현상을 적절히 예방할 수 있었을 것으로 보고, 사회체육시설을 보건후생(Hygienische Fursorge)시설로 인정하였다. 나아가 이 시설들은 스포츠를 진흥시켜 미래세대의 건강과 새로운 도덕 및 예의의 기초를 다져 줄 것이라고 평가하였다.

독일의 민간단체인 독일올림픽협회를 중심으로 사회체육진흥의 근간이 되는 독일의 황금계획은 1956년 독일올림픽위원회가 발표한 것이다. 황금계획의 제1의 길은 올림픽선수의 양성이며, 제2의 길은 체육인구의 저변확대인데, 이 두 가지 길을 병행하여 실시하는 것이다. 이 계획이 정부와 지방자치단체 및 전국민의 적극적인 호응으로 좋은 성과를 얻기에 이르자, 1960년에는 황금계획서에 15개년 종합시설계획을 발표함으로써 체육진흥책이 확고한 기반 위에 서게 되었다. 그러므로 독일의 사회체육 진흥은 민간주도형으로 사회체육이 학교체육을 이끌어나가는 모습을 볼 수 있다.

독일체육의 황금계획은 국민체육진흥을 위하여 광범위한 시설확충에 주력한 계획으로 누구나 · 어디서 · 언제든지 체육활동을 할 수 있게 하는 시설계획이며, 각 스포츠연맹은 체육인구의 저변확대를 위하여 학교체육과의 유대를 강화하였다.

한편 스포츠 소년단의 창설, 스포츠장(章)제도 등 대중화된 체육보급에 주력하였으며, 사회의 각종 체육 · 스포츠 클럽 등은 학교체육에 큰 영향을 미치게 되었다. 또 새로운 황금계획에 의하여 보다 많고, 보다 나은 체육 · 스포츠 시설과 보다 많은 스포츠 상담소를 설치함으로써 국민의 요구를 충족시키고 있다.

② 사회체육 현황

(1) 시 설

독일 체육의 특색은 학교체육시설과 학교 외의 클럽체육시설을 공동으로 이용하는 데 있다. 오후에는 학교체육시설이 개방되어 일반인들이 활용할 수 있는 반면, 사회체육시설을 학교에서도 사용할 수 있도록 하고 있다.

독일의 학교체육과 사회체육시설은 주로 주정부가 지원하는데, 주정부는 이를 위하여 특별자문기관을 두고 있다. 즉 연방정부(내무성 체육국)는 우수선수 훈련소에 대한 시설 및 운영 지원, 특수목적의 체육시설 및 특수체육 지원을 담당한다. 그리고 주정부는 주 체육회와 주내 각급 지방자치단체의 체육시설 건설 및 운영을 지원하며, 또한 각급 지방자치단체는 관내의 체육시설 건설 및 운영을 맡고 있다.

독일은 황금계획(Golden Plan)각서에서 밝히고 있는 바와 같이 1960년부터 1974년 (15년)까지 국민들에게 필요한 사회체육시설을 건설하려고 힘썼다. 황금계획은 크게 4가지 부문으로 나누어져 있는데, 제1부에서는 사회의 모든 병리현상을 구체적으로 논한 다음, 제2부에서는 시설 부족수를 조사하여 구체적인 건설비예산을 세우도록 하였으며, 또 제3부에서는 건설경비를 연방정부가 20%, 주정부가 50%, 지역사회가 30%씩 분담한다는 원칙 아래 15년간 장기계획으로 추진할 것을 제의하였고, 제4부에서는 시설설치를 위한 도시계획의 중요성을 역설하였다.

이와 같은 계획은 성공리에 추진되었고, 이 시설에 맞추어 사회체육활동은 크게 증가하게 되었다. 10년 전에 이러한 모든 시설을 갖춘 독일은 1980년대 들어 새로운 황금계획을 계획하였는데, 이른바 뉴골든 플랜(New Golden Plan)으로 부르는 이 계획은 시설에 있어서도 기준을 대폭 늘리는 데 중점을 두고 시행되었다.

이의 내용을 살펴보면 경기와 체조를 위한 실내체육관과 시설 및 오락에 적합하도록 기존 수영장의 개조와 현대화, 회원이 급증하는 테니스 및 스쿼시 코트, 골프장, 사격장, 승마장, 빙상 및 롤러스케이트장 증설, 조깅·등산·사이클·조정 등을 위한 도로 또는 오솔길 증설, 물과 관련된 체육 활동의 기회제공, 더 많은 야외 체육활동 기회제공과 아울러 어린이 운동장, 시민공원, 체육 및 오락지역은 거주지에 가깝게 위치해야 한다는 것 등이다.

독일의 사회체육이 성공하게 된 것은 이미 이룩한 산업화로 도시공간의 부족을 심각한 사회문제로 받아들여 사회체육의 필요성이 절실했다는 점과 이러한 계획을 스포츠단체와 정부 및 국민 모두가 한 마음으로 뭉쳐 완벽한 장기계획 아래 끊임없이 추진한 결과라 할 수 있다.

표 8-7. 독일의 체육시설 현황　　　　　　　　　　　　　　　　　　(단위 : 개소)

주명	총계	실외시설	실내 체육관	다목적 체육관	수영장	테니스	아이스 링크	사격 경기장
바덴 뷔텐베르그	18,556	8,875	5,390	3	1,257	2,623	32	376
바이에른	22,027	10,719	4,765	138	1,514	2,609	62	2,220
베를린	3,095	1,321	1,243	3	86	4,507	7	28
브란덴부르크	3,978	2,558	1,008	1	177	113	0	121
브레멘	741	317	289	7	33	69	3	23
하부르크	1,852	908	662	1	46	193	3	39
헤센	10,189	4,795	2,765	13	564	1,157	7	888
벨켈렌부르크 포포먼	2,719	1,687	758	3	70	115	3	83
니터작센	14,723	6,259	3,587	9	901	1,800	11	2,126
노르트라인 베스트팔렌	21,531	8,672	6,874	97	1,401	2,810	39	1,638
라인란트 팔쯔	7,401	34,730	2,159	42	370	1,019	5	376
자알란트	1,667	614	519	20	114	288	2	110
작센	6,096	3,438	1,911	4	426	204	7	106
작센-인할트	4,036	2,186	1,156	32	251	140	2	269
쉴레스비히-홀슈타인	4,408	2,084	1,234	25	312	516	2	235
튀링엔	3,943	2,268	1,089	10	270	129	1	176
독일전체통계	126,962	60,161	35,409	408	7,792	14,192	186	8,814
평균	7,935	3,760	2,213	26	487	887	12	551

*자료 : 문화체육관광부(2004)

(2) 조　직

독일의 스포츠단체는 정부조직과 민간조직으로 크게 구별할 수 있는데, 전반적으로 독일의 체육발전은 세계 대부분의 국가들과는 상반된 형태로서 형성 및 발전되었다. 그것이 바로 학교체육 이전에 사회체육, 즉 민간단체의 자발적인 스포츠클럽 활동이 중심이되어 학교체육 발전에 기여한 점이다. 따라서 사회의 스포츠클럽은 학교체육의 내용이나 지도방법의 개선에 큰 역할을 하였고, 이 활동은 스포츠 영역뿐만 아니라, 국민의 교육적·정치적 활동과 경제성장에 깊은 연관성을 가지고 있다.

독일은 전국 각 지역에 여러 가지 형태의 클럽이 있어 국민들은 각자의 자유의사에 따라 클럽에 참여하여 운동을 하고 있는데, 개개의 클럽은 지방체육협회와 지방종목별 경기연맹을 통해서 도체육회와 종목별 도경기연맹을 거쳐 최상부 조직인 독일체육협회에 가입하고 있다. 클럽의 운영은 독립적이며 법적으로 등록된 사회단체이고, 시민의 신체를 건강하게 하고 증진시키는 노력을 하는 비영리단체이다. 또 클럽은 모든 사람에게 개방되며, 정치적 이데올로기에는 중립적이고, 여가선용·대중스포츠·경기스포츠 분야에 있어서 그들 회원의 욕구에 부응하여 스포츠를 선택하고 클럽의 집행부는 대내·외적으로 회원의 이익을 대변한다.

클럽의 활성화 요인은 상업스포츠시설보다 비용이 저렴하고, 상업시설의 대도시 중심인 반면 스포츠클럽은 모든 지역에 균등하게 분포하여 참여가 용이하며 종목의 다양성 및 5일 근무제 도입과 더불어 급격한 여가시간의 증대, 황금계획, 국고지원, 조세혜택, 트림 캠페인 등으로 사회체육의 저변확대로 해석될 수 있다.

　① 정부조직

독일의 스포츠 행정은 주와 지역사회가 실제 주무기관이 되어 임무와 책임분배에 있어서 아주 중요한 역할을 한다. 연방정부는 전국대회나 국가대표선수 지원 등 주에서 수행하기 어려운 업무를 담당하게 되는데, 현재 스포츠 및 레크리에이션을 담당하고 있는 주무부서는 내무부 스포츠국이다. 내무부 스포츠국은 국제대회 준비와 조직, 연방 최고 선수개발위원회 지원, 연방정부가 고용한 감독 및 기타 요원 관리 등의 업무에 재정 및 행정지원을 하는데, 이러한 기능을 독일체육연맹(DSB), 독일체육교사위원회(ADL) 및 여러 스포츠 연맹과 긴밀한 협조를 통하여 수행된다. 올림픽위원회도 올림픽 대표팀을 파견할 때에는 연방정부로부터 특별 보조금을 받는다. 연방정부는 연방이나 주(州) 최고수준급 선수센터 개발과 대중 및 대학, 기타 고등교육기관의 스포츠시설 건설에도 적극적으로 지원한다.

1970년에 발족한 독일스포츠위원회(DSK)는 연방, 주 및 지역적 스포츠를 계획하는 조직으로서 학교체육, 레크리에이션, 기록경기 및 스포츠 과학에 대한 제안 및 개발을 위하여 소위원회를 두는데, 이는 연구원 12명과 공무원 12명으로 구성된다.

독일연방 헌법에 의하면 스포츠의 대부분을 주정부가 담당하고, 여러 부처들이 관련을 맺게 되는데, 학교(대학 포함) 스포츠는 문교성이 담당하고, 그 외의 스포츠는 체육성이 담당한다. 학교와 대중 스포츠시설 건설을 위하여 주정부는 특별자문위원회를 두고 있으며, 경기스포츠, 정규훈련, 코치훈련, 청소년 프로젝트를 위하여 특별훈련센터를 지원하고 있다.

1977년에 구성된 독일의 주체육장관회의는 각 주의 스포츠 육성의 조정과 국가적 · 국제적 스포츠 영역서 각 주들의 이익도모에 기여한다. 이는 학교 및 일반적인 스포츠를 관장하며, 연방정부의 관여없이 회의가 개최되며, 스포츠 발전에 관련된 각 주정부간의 협력, 스포츠과학에 관한 정보교환, 경기장 건설에 관련된 에너지 절약조치, 체육 교육과정의 편성 등 일련의 실제적인 문제에 관여하여 경험의 교환과 각 주간의 조정, 그리고 연방과 주의 중간에서 효과적인 조정단체로 활동하고 있다.

문교성에서 고용한 특별자문위원이 있는데, 이들은 문교성의 정규회의와 협조하여 모든 학교 스포츠에 관한 카운셀링과 의사결정을 한다. 또 1970년 이후 교과과목, 시험기준 수립, 상급학교 시험 모델에 관한 학교 스포츠 등을 연구·결정하는 특별위원회가 있다. 일반 스포츠 위원회는 주체육연맹의 보조기구로서 협회와 협동으로 주 및 지방의회와 정당대표, 조경·도시계획가들과 스포츠분야에 대한 모든 재정과 다른 지원수단에 대하여 협의한다. 협의대상에는 체육시설 계획, 청소년업무, 평생교육 및 의술 등이 포함된다.

　시나 지역사회는 마을회관, 운동장, 레크리에이션지역, 청소년센터 건설과 스포츠클럽 시설·유지에 관여하며, 대부분의 경우 스포츠클럽은 공설운동장, 체육관, 수영장을 자유로이 이용할 수 있다. 시나 지역사회 스포츠 당국은 행정과 지역사회 스포츠 시설의 유지 및 개혁을 관장하고 있다.

　② 민간조직

　독일체육연맹(DSB)은 민간단체의 자발적인 활동을 위주로 한다. 1950년 12월 10일 설립된 독일체육회(당시 연맹)는 80여개의 협회와 기관으로 구성되어 있다.

　독일의 체육민간조직은 크게 독일체육회(Deutscher Sportbund : DSB)와 독일올림픽 위원회로 나눈다. 1950년 12월에 설립된 독일체육회는 55개의 종목별 경기단체와 16개의 주체육회지부로 일반회원이 구성되며, 19개의 협회와 긴관으로 특별회원(장애인 체육

표 8-8. 독일 스포츠단체의 주요 기능

구분	주요기능
연방정부조직	· 각 경기단체의 국가대표 육성, 훈련예산지원 · 트레이닝센터 운영자금, 국가대표 트레이너(250명) 수당 지원 · 경기단체 직원급여 지원 · 국경수비대 학교학생(엘리트 선수)지원
주정부조직	· 주체육회의 육성 및 지원, 각 종목별 스포츠클럽 지원 · 학교체육의 활성화 지역 생활체육 활성화 방안 모색 · 지역주민의 사 통합기능 발전의 주체로 활용 · 우수선수 발굴 및 양성을 위한 지우녀체계 구축 · 지방체육재원마련을 위한 활동 강화(조세제도 포함) · 학교와 지역클럽의 연계체계 활동 · 지도자 양성 및 보수교육 지원 · 스포츠 의학 연구지원과 반도핑 활동강화(노력)
독일체육회	· 홍보캠페인, 클럽스포츠 페스티벌 기획 · 스포츠클럽의 회칙 제정 등 행정지원 · 지역체육회 등에 아이디어 제공 · 독일 스포츠 뱃지제 운영(Deutsches Sportabzeichen) · 국제학술대회 참여

*자료 : National Sports Policies(1996)

단체 포함)으로 구성된다. 회장 1명에 엘리트 체육과 생활체육을 담당하는 각각의 부회장이 있으며, 직원은 100여명(올림픽위원회 직원 30명 포함)과 자원봉사자를 280만 명이나 보유하고 있다. 독일체육회의 재정은 스포츠 토토 등 복권수입 등으로 50%와 스포츠클럽 회비, 건물임대, 마케팅으로 구성되며, 복권법에 따라 체육재정, 문화재 보호 등 5개 분야에 수익금을 배분한다.

1949년에 다시 설립된 올림픽위원회는 자주독립기관인데, 이는 IOC 규정에 의한 민간단체로서 대표선수선발 경기단체 책임, 올림픽 대회 파견여부 결정을 임무로 한다. 독일올림픽위원회는 집행위원회를 중심으로 이사회, 독일올림픽연구소, 원로회의 경영관리로 구성되며, 이사회 구성은 32단체 종목별 경기단체 대표자 각각 3명씩을 포함하고, 독일국제올림픽위원회 회원과 독일체육회 회장 및 개인회원, 명예회장, 명예회원, 원로회의 의원으로 구성된다. 독일올림픽위원회는 독일체육의 건물에 위치하여 직원은 약 40명 정도 있으며, 1년 예산은 5억 유로이고, 올림픽 해에는 약 2배 정도 지원한다. 한편 2000년 시드니 대회시 4~5억 유로를 추가로 지원하였다. 독일체육회와 독일올림픽위원회의 관계는 완전분리된 개별단체지만 필요시 업무협의만 실시하고 4년 전 통합논의 및 통합위원회가 있었으나, 효율적 운영을 사유로 무산되었다.

1967년에 체육연맹 및 올림픽협회에 의해 설립된 체육진흥재단은 첫째, 모든 경기종목의 선수들에게 스포츠 경기능력을 개발·육성하고 유지할 수 있게 하며, 둘째 선수생활 중이나 후에 안정된 직업을 갖게 하기 위해 그들의 재능과 능력, 그리고 적성에 알맞은 직업교육 또는 직업재교육을 실시하고, 셋째는 스포츠에 의한 사회적으로 어려운 여러 문제, 즉 스포츠 상해보험, 은퇴한 국가대표급 선수들의 생활보장 및 질병보험 등을 지원하며, 마지막으로 국민들의 체력증진을 위한 사회체육의 일환인 크로스 컨추리, 트림딕 등의 일반 스포츠시설과 공공 스포츠시설의 신설·보수를 위한 재정적 지원을 하는 데 그 설립목적을 두고 있다.

체육진흥재단의 자산은 원칙적으로 국·공기관의 보조나 사기업 또는 개인의 희사금, 행운복권 수입금액의 12.5%, 스포츠 특별우표 할당금, 대회이익금 등이다. 이 재단의 기구는 평의회, 이사회, 전문위원회와 감사회, 행정을 담당한 총무국으로 구성되어 있다.

독일올림픽협회는 1912년 Diem, C.교수의 아이디어를 상기시켜 서독 스포츠의 대중화에 크게 기여한 황금계획(Golden Plan)을 15년 계획으로 1960년에 출발시킨 데 기여했을 뿐만 아니라, 일반적으로 스포츠의 이상과 체육교육 및 올림픽 이념을 지원하기 위한 순수 민간단체이다.

(3) 지 도 자

2차 세계대전 이후 독일에서는 체육지도자 양성을 위하여 각 주에 4학기(2년제)의 양성기관을 갖추게 하였고, 교육시책에 대한 권한은 주(州)별로 소유하고 있으므로 초등학교 교원양성의 방법도 주에 따라 다소 차이가 있다. 그러나 주마다 공통된 점은 2~3년의 교육대학 수료 후 제2차 초등학교 교원시험을 거쳐서 견습요원 면허증을 수여한 다음 2~5년의 견습기간을 거쳐 제2차 교원시험에 합격하면 정교원 면허증을 주는 것이다.

자격 있는 코치를 양성하기 위한 커리큘럼이 노드-라인-베스트 팔리아주 교화부에 의하여 1974년에 제정된 연구 및 시험에 관한 법에 의하여 제시되었다. 따라서 국가에 의해 인정된 자격증 수여, 스포츠과학적 성과의 기반 위에서 코치의 자질을 향상시키고자 하는 목적적 개념의 시행이 가능하게 되었다.

학교 이외의 지도자 양성기관은 독일체육연맹(DSB)의 양성지침에 근거하여 지역스포츠연맹과 경기단체인데, 여기에서는 사회체육 행정가와 실기지도자과정을 구분해서 운영하고 있다.

독일에서는 어릴 때부터 거의 모든 국민이 스포츠활동을 하기 때문에 지원자격으로 대학 등에서 체육을 전공할 것을 특별히 규정하고 있지 않으나 교육개시 3개월 전에 체육이론과 실기에 관한 적성검사를 통과한 사람에 대해서 120시간의 교육과정으로 이루어진 집중적 교육을 실시하고 엄격한 테스트를 거친 후 DSB공인자격증을 수여하고 있다.

지도자 양성교육을 위하여 모든 주의 스포츠연맹은 수준 높은 체육교과와 훈련센터를 보유하고 있으며, DSB공인자격증은 주 및 지역사회 체육행정기관과 사회체육 클럽의 필수 채용조건으로 되어 있다.

표 8-9. 독일의 자격증 등급에 따른 스포츠지도자의 종류

구분	주요기능
1급	· 전문실기지도자/일반실기지도자(아동 및 청소년, 성인, 노인)/트레이너 C · 청소년 지도자 · 행정지도자
2급	· 스포츠 예방 및 재활체육지도자/트레이너 B · 행정지도자(세미나
3급	· 트레이너 A · 트레이너 B
4급	· Diplom 트레이너 · 스포츠물리치료사

*자료 : 독일체육회

현재 대부분의 스포츠 지도자는 클럽에 소속되어 무급 및 유급으로 자원봉사활동을 하고있으며 2003년 현황에 의하면 스포츠지도자로 활동하고 있는 사람은 89,307개 클럽에 280만 명이다.

(4) 프로그램

독일은 1945년 나치독재 정권이 무너진 후, 패전 후의 민주 복지 건설에 모든 힘을 기울였다. 교육제도의 산업국가로서의 국민건강증진, 여가생활의 창조적 선용 등에 관한 다각적인 문제해결을 위한 종합장기계획을 세우고, 이를 추진하였다. 그 중에서도 가장 효율적이고 두드러진 프로그램 활동을 살펴보면 다음과 같다.

① 스포츠클럽

스포츠 클럽은 모든 국민이 체육을 생활화할 수 있도록 레저를 겸한 시설로 기존 시설들을 개선해 나가고 있다. 여기에서는 독일 체육의 상담소 역할을 하며, 스포츠 클럽을 중심으로 한 체육활동을 유도해 나가고 있다. 현재 독일은 스포츠참여인구가 증가하고 있다. 독일인의 스포츠참여인구는 남자의 경우 65%, 여자의 경우 56%에 이르고 있다. 독일인은 대부분 스포츠클럽에 가입하여 활동하고 있기 때문에 클럽회원수의 증가로 스포츠참여인구의 증가를 알 수 있다. 스포츠클럽의 회원수는 1960년 530만 명에서 1997년 2,630만 명으로 약 5배 증가하였으며 2003년 2,700만 명으로 전체인구의 32.9%가 클럽활동을 하고 있다. 그리고, 이에 따라 스포츠클럽이 증가하였다. 1997년 독일스포츠연맹의 조사에 의하면 스포츠클럽수는 1960년 29,500개에서 1997년 86,000개로 2.9배 증가하였으며, 2003년 89,307개 클럽이 운영되고 있다. 그리고 클럽에 가입하지 않고 개인적으로 운동을 즐기는 사람이 1,200만 명인 것으로 나타나고 있어 실질적으로 운동에 참여하는 인구는 3,830만 명이나 된다(문화체육관광부, 2004).

② 스포츠소년단

스포츠소년단은 1950년 서독 스포츠 연맹의 한 기관으로 창설되었으며, 주요 목적은 체조와 경기스포츠를 육성시키고, 스포츠를 통해 청소년에게 적합한 신체적성과 새로운 지도방법을 발전시키는 데 있다. 주요 활동으로는 독일과 프랑스간의 청소년 스포츠 교류 및 청소년 올림픽 참가사업 등을 추진하고 있다.

③ 숙박여행

숙박여행은 일종의 국민적인 자연생활 운동으로 약 4만여 청소년들이 참여하고 있다. 전국에 약 3천여개의 국가관리 숙소가 있어 아주 싼값으로 숙식하며 여행할 수 있도록 되어 있다. 그 외의 학교나 공장, 농가의 후원, 봉사자의 가정집에 투숙하면서 도보여행으로 전국각처를 여행하는 것이다. 이 숙박여행의 가치는 대자연을 사랑하며 인격의 완성, 향토애와 조국애 함양, 의지의 단련, 자유정신의 배양, 우정과 협동심 고취 등을 건강을 토대로 실천력을 기르는 오락으로서의 가치가 있다.

표 8-10. 연도별 스포츠클럽수와 클럽회원수

연도별	1960년	1970년	1980년	1989년	1994년	1997년	2003년
클럽수	29,500개	40,000개	53,000개	66,500개	81,000개	86,000개	89,307개
회원수	530만명	1,000만명	1,700만명	2,100만명	2,400만명	2,630만명(총인구의 25%)	2,700만명(총인구의 32.9%)

*자료 : 문화체육관광부(2004)

표 8-11. 독일 스포츠클럽의 기능

건강증진	체력향상, 스트레스 해소, 적극적 성격 함양 → 질병예방 및 치료(의료비 절감)
청소년선도	자아형성, 사회성 함양, 탈선 및 약물남용 문제 개선, 지역의 놀이문화 보급
세대간 갈등해소	전 연령층 가입 → 스포츠를 통한 상호 이해의 장 형성
공동체 의식 함양	스포츠활동을 통한 화합 및 친목도모, 관심사 공유

*자료 : 국민생활체육회(2007)

표 8-12. 독일 스포츠클럽의 활성화요인

저렴한 비용	상업 스포츠시설보다 비용 저렴
전국적 분포	상업 스포츠 시설이 대도시 중심인 반면, 스포츠클럽은 모든 지역에 골고루 분포되어 참여 용이
종목의 다양성	회장단 회원의 요구에 따라 종목 선정, 부수적 활동도 결정(친선의 밤, 지역축제 개최 등)
사회적 환경	주 5일 근무제 정착 및 오후 3~4시 퇴근으로 평일 여가시간 증대
국가적 지원	황금계획, 국고지원, 조세혜택, 트림캠페인 등

*자료 : 국민생활체육회(2007)

표 8-13. 우리나라 동호인조직과 독일 스포츠클럽 비교

구분	독일	한국
단체성격	비영리법인	임의단체
시설 면적	국민1인당 283m^2	국민1인당 0.33m^2
지도자 활용	클럽소요/전용시설(무료 이용 수준)	일부학교 · 공공체육시설(시설 이용료 부담)
프로그램 운영	선수출신 : 유급(12%) 자원봉사자(88%)	구가대표 출신 일부 자원봉사 참여 미흡
선수양성	남녀노소 수준에 맞게 운영 리그제 활성화	성인 위주 프로그램 일부종목 리그제
홍보	Trimm-Aktion 지속 전개	TV · 라디오 일부, 계기홍보
재원 조달	회비 54.7%, 수익금 24.8%, 국가보조 10.7%, 기부금 7.3%	회원찬조, 회비, 대회개최시 일부보조
클럽회원	전체인구 대비 32.9% 전계층 골고루 참여 100~300명, 1천명 이상	전체인구 대비 4.5% 중 · 장년층 위주 평균 30~40명

*자료 : 국민생활체육회(2007)

표 8-14. 연방정부 차원의 체육홍보 캠페인- 캐치 프레이즈 Trimm-Aktion : 4년 주기 소주제 선정 홍보

1970~1974	Trimm Dich durch Sport(스포츠를 통한 신체단련)
1975~1978	Ein Schlauer trimmt die Ausdauer(현명한 사람은 지구력 운동을 한다)
1979~1982	Spiel mit - da spielt sich was ab(함께 놀이를 즐기면 무엇이든 이룬다)
1983~1986	Trimm 130-Bewegung ist die beste Medizin(건강운동130-운동은 최고의 보약이다)
1987~1994	Gemeinsam aktiv-Im Verein ist Sport am schoensten(멤버로 활약-클럽에서의 스포츠가 제일 아름답다)
1995~1996	Sportveneine-fuer alle Gewinn(스포츠클럽-모든사람을 위한 이익)
1997~1999	Rüchtig Fit(올바른 건강지키기)
2000~현재	Danke den Ehrenamtlichen im Sport(스포츠 자원봉사자에 대한 고마움)

*자료 : 국민생활체육회(2007)

독일의 Golden Plan(황금계획)을 자세히 알아보자.

1960년부터 1974년까지 추진된 이 계획은 스포츠는 모든 사람의 것이라는 스포츠의 기본권리를 바탕으로 독일 산업사회가 안고 있는 건강의 위기와 인간성 상실의 회복은 오직 국민의 스포츠 생활화만으로 가능하다는 판단 하에 다시 추진되었다.

이와 같은 황금계획은 연방정부나 주정부가 새운 것이 아니라, 순수한 민간 스포츠 단체들이 모여 수립한 하나의 계획이면서 프로그램이다. 즉 아마추어 단체들이 구체적인 시설계획 목표를 세워 연방정부나 주정부에 스포츠시설 설립의 필요성을 다각적으로 주장하여 그 실효를 거둔 것이다. 따라서, 독일의 사회체육진흥은 민간주도형으로 사회체육이 학교체육을 이끌어 가는 모습을 엿볼 수 있다. 독일의 황금계획은 국민체육진흥을 위하여 광범위한 시설확충에 주력한 계획으로 누구나, 어디서, 언제든지 체육활동을 할 수 있게 하는 시설계획이며, 스포츠연맹은 체육인구 저변확대를 위해서 학교체육과의 유대를 강화하였다. 그리하여 학교 스포츠 활동장은 무려 8,506개나 만들었으며, 대·소 체육관도 7,127개나 설립되었다. 크고 작은 실내수영장 1,000여개를, 실외수영장은 722개, 그리고 유아 스포츠장은 16,370개나 만들었다.

이러한 15년간의 성과는 다음과 같은 국민체육진흥의 구체적인 결과로 나타났다.

① 전국적으로 학교체육이 강화되었다.

② 체조 및 스포츠 클럽회원수가 각 2,968,000명이나 증가했다.

③ 스포츠클럽수도 29,486개에서 36,392개로 증가되었다.

④ 많은 어린이들이 도로에서 벗어날 수 있는 새로운 가능성을 보여 주었다.

그러나 제1차 황금계획(1961~75년)은 핵심스포츠시설인 육상, 수영, 체조 등을 위한 시설의 확충에 중점을 두고 있었기 때문에 스포츠시설의 양적 증대에는 지대한 공헌을 하였지만 새로운 스포츠에 대한 수요를 적절히 반영하지 못한다는 차원에서 제2차 황금계획의 필요성이 대두되고 있다. 노르트라인 베스트팔렌주 문화성의 스포츠국 등은 골프, 배드민턴, 테니스, 스키 등에 대한 참여도가 증가함에 따라 제2차 황금계획의 실천을 주장하고 나섰으며, 이와 같은 주장은 1984년 독일체육진흥협회의 제3차 황금계획 보고서에도 기록되어 있다. 또한 새로운 황금계획의 필요성은 독일 통일 후 구동독지역의 낙후된 스포츠 시설의 관리 및 보수, 양적인 측면에서의 스포츠시설 부족 등을 해소하기 위해서도 대두되고 있다. 이에 따라 1990년 10월 독일체육진흥협회는 '새로운 황금계획'을 세운다는 내용을 담은 결의문을 통과시켰다.

구 동독 지역의 결의문에 의해 정부는 구동독지역 스포츠시설의 낙후성을 개선하고 엘리트스포츠위주의 편협적인 스포츠시설을 대중스포츠 지향적 시설로 바꿔나가는 데 노력하고 있다. 그러나 독일이 통일된 이후 동독지역의 사회분야 재건과 발전을 위한 재정투자에 우선순위가 주어지면서 동독지역 스포츠의 발전을 위한 재원 마련은 매우 어려운 상황이 되고 있다.

이와 같은 '제2차 황금계획'에 대한 필요성과 함께 독일 지방연합은 시·군·구의 특수성을 고려한 지역별 황금계획을 주장하고 있다. 이러한 지역별 황금계획은 스포츠단체와 지역단체간의 밀접한 협력을 통하여 지역별로 상이한 스포츠 수요에 더욱 효과적으로 대처하자는 것이다. 이러한 황금계획의 내용에 대한 의견차이에도 불구하고 제2차 황금계획은 지지자와 반대자간에 핵심스포츠시설의 질적 향상과 특정 종목에 필요한 시설의 양적 확충이 지속적으로 필요하는데 의견일치가 이루어지고 있다.

1990년대 이후에는 정부의 재정적 한계로 제2차 황금계획과 독일체육협회의 트림운동이 전폭적인 지지를 얻지 못하거나 실행력이 주춤하는 가운데 상업스포츠시설과 스포츠클럽이 등장하고 있다. 이러한 시설과 클럽의 등장은 정부가 책임지기 어려운 부문에 민간시장이 서서히 밀려들어오고 있음을 말해 주는 것이다. 예를 들면 골프, 승마, 스키, 테니스 등 상류스포츠와 에어로빅, 보디빌딩, 격기 등과 같은 유행성이 강한 종목에서 상업화 현상이 두드러지게 나타나고 있다. 즉 이러한 종목들은 독특한 시설을 요구하고 그 시설의 건설 및 유지에 엄청난 비용이 필요하기 때문에 정부의 지원이 미치기 어려우며 결국 이러한 종목들은 시장경제 원리에 따라 민간기업에 의한 상업스포츠센터들이 담당할 수밖에 없다는 것이다.

현재 독일의 사회체육은 정부가 담당하는 공익적 스포츠센터와 클럽형, 상업적 스포츠센터와 클럽형으로 양분되어 가고 있다. 그러나, 이러한 양분은 상호보완적인 역할을 수행할 뿐 전통적인 정부 지원의 사회체육을 축소시키지는 않을 것이며, 모든 독일인은 향후에도 정부의 혜택을 받으며 스포츠를 즐기게 될 것이다(체육과학연구원, 1998).

Ⅳ 덴마크의 사회체육

북유럽의 기후적 특색은 여름철의 해가 무척 긴 편이므로, 오후 10시경까지 많은 주민들이 스포츠 활동을 하는 모습을 쉽게 볼 수 있다. 덴마크의 일반적인 스포츠는 체조, 축구, 핸드볼 등이다. 체조는 20세기 초 닐스북에 의해 체계화되어 덴마크 체조로서 세계적인 명성을 얻게 되었는데, 이것이 현재 덴마크에서 행해지는 체조의 기초가 되었다.

덴마크의 현황

① 면적 : 4만 3,090km²
② 인구 : 548만 1,000명(2010년 추계)
③ 수도 : 코펜하겐
④ GDP : 3,470억 달러, 1인당 63,621달러(2008년 추계)

동계에는 실내스포츠 활동으로서 체조, 핸드볼, 배드민턴 등이 성행한다. 이외에 요트, 카누, 수영 등 물(바다)과 관련된 스포츠가 활성화되고 있다. 사이클은 스포츠 이전에 생활의 필수품으로 인식되어 전국의 도로에는 사이클 전용도로가 완비된 곳이 많다.

덴마크는 특히 법령으로 사회체육진흥을 위한 기금을 조성하고 있는 국가이다. 또한 각종 프로그램의 지속적인 개발과 보급을 통해 모든 국민이 재미있게 즐길 수 있는 다양한 프로그램을 확보하고 합리적인 시행을 하고 있다.

① 사회체육의 배경

지리적으로 볼 때 덴마크는 독일, 영국, 프랑스, 러시아 등의 강대국들에 둘러 싸여 있다. 이러한 환경요인으로 인하여 많은 전란을 겪어온 덴마크의 사회체육은 1864년 프러시아와의 전쟁에서 패한 이후 그룬투비의 교육철학을 바탕으로 국민공동체의식을 넓혀 국력을 회복하고자 하는 데 기본목표를 두고 체육의 생활화운동이 범국민적으로 추진된 것에서 비롯된다. 그룬투비의 교육사상은 국가의 흥망은 결국 국민의 체력과 정신력에 달려 있다는 것이 핵심이다.

덴마크에서 국가와 국민을 위한 스포츠 생활화는 정부가 주동했다기 보다는 민중학교나 사격연맹과 같은 민간기구에 의하여 전국적으로 확산되었다. 즉, 당시에 덴마크의 선각자들은 국민에게 생기를 불어넣어 주고, 국가의 자존심을 세우기 위한 수단으로 체조를 선택하였다. 이 운동은 청년을 중심으로 시작·추진되었으며, 두 개의 민간조직, 즉 사격클럽(Skytteioreninger)과 민족학교(Folkehjskolerne)가 그 활동기반을 마련하였다 (Dalen & Bennett, 1971 : 258). 또한 1920년에 덴마크인에게 적절한 덴마크 특유의 생활리듬 체조운동을 닐스북이 창안하여 국민에게 널리 보급시킴으로써 사회체육 활동이 촉진·확산되었다.

② 사회체육 현황

(1)시 설

덴마크에서는 학교체육과 사회체육이 밀접한 관계에 놓여 있다. 이러한 관계는 시설면에서도 마찬가지어서 지방의 초등학교에도 난방과 샤워시설이 완비된 체육관이 있으며, 밤에는 그것을 일반 주민들이 자유롭게 사용할 수 있도록 개방하고 있는데, 특히 겨울철 각 클럽에서 하는 체조는 이들 초등학교의 체육관에서 행해지고 있다.

최근에는 각 지방별로 대형체육관 · 종합체육관 등이 건설되어 각종 대회를 치르고, 여러 클럽들에 의해 애용되고 있다. 핸드볼이나 축구경기를 위한 그라운드도 여기저기 건설되었다. 이들 그라운드는 실제의 경기를 위하여 만들어졌고, 운동장 주위는 숲으로 둘러 싸여 있으며, 관객석 등의 설비는 갖추고 있지 않은 곳이 많다. 체육관은 관객석을 이동식으로 하여 전면을 사용할 수 있게 만든 것이 보통이며, 사회체육시설의 일부로서 각 지방에 캠프장을 완비하고 있는 점이 특징이다.

덴마크의 체육시설은 1970년대까지만 해도 체육관 위주의 시설을 설립했는데, 현재는 체육관 대신 다목적스포츠센터를 건립하는 추세이다. 각 학교의 체육시설은 현재 대부분 2개의 체육관과 운동장을 갖고 있지만, 앞으로의 목표는 $20 \times 40m$의 대체육관, $8 \times 16m$의 소체육관, $11.5 \times 25m$의 실내수영장, $65 \times 102m$ 이상의 축구장 설치를 의무화할 계획을 수립하고 있다.

덴마크의 주요 사회체육시설은 표 8-15와 같다.

표 8-15. 덴마크의 주요 사회체육시설의 현황

시설의 종류	시설수
스포츠클럽	8,000
축구장	6,500
다목적체육센터	1,000
핸드볼장	3,000
테니스코트	3,300
사이클전용도로	각 도로마다 거의 구비

*자료 : National Sports Policies(1996)

(2)조 직

덴마크의 사회체육활동은 클럽 단위로 이루어지고 있으며, 클럽은 지역주민들로 구성되어 있다. 대부분의 클럽은 스포츠 조직이나 연맹에 가입되어 있다. 덴마크에는 전국

규모의 스포츠연맹이 4개 있는데, 그것은 덴마크스포츠연맹, 덴마크사격·체조·육상경기연맹, 덴마크체조청소년연맹, 덴마크직장스포츠연맹이다.

이 연맹들은 모두 사회체육진흥에 역점을 두고 여러 가지 프로그램을 독창적으로 구상하여 운영하고 있을 뿐만 아니라, 각종 경기대회를 후원하고 있는데, 각 연맹의 현황은 다음과 같다.

- 덴마크스포츠연맹(The Danish Sport Federation, Dansk Idræts-Forbund : DIF)은 1896년에 창설되었으며, 스포츠 연합체로서 아마추어 운동클럽회원이면 누구나 가입할 수 있다. 현재 이 연맹에 가입하고 있는 특별연합회로는 궁도, 배드민턴, 농구, 당구, 볼링, 복싱, 카누, 크리켓, 컬링(curling), 사이클, 펜싱, 수영, 축구, 글라이딩, 골프, 체조, 핸드볼, 하키, 아이스하키, 유도, 정구, 오리엔티어링, 패러슈팅, 승마, 로잉, 럭비, 사격, 스케이팅, 스키, 스키틀, 댄스 스포츠, 스쿼시, 수영, 탁구, 육상, 트램폴링, 배구, 워킹, 수상스키, 역도, 레슬링, 요트의 42개 종목이 있다.

- 덴마크사격·체조·육상연맹(The Danish Rifle, Gymnastics and Sports Federation, De Danske Skytte-, Gymnastik- & Idrætsforeninge : DDSG & I)은 1861년 설립된 사격클럽의 전신으로서, 1930년 체조와 육상을 받아들여 현재의 연맹체를 조직하였으며, 가입된 회원수는 약 75만 명에 달한다.

- 덴마크체조청소년연맹(The Danish Gymnastics and Youth Federation, De Danske Gymnastik- og Ungdomsforeninger : DDGU)은 덴마크 사격클럽에서 사격수들의 신체훈련으로 체조를 적용하였으나 체조의 대내외적인 역할이 점차 증대됨에 따라 1929년 설립, 덴마크체조청소년연맹이 되었으며, 회원수는 80만 명에 달한다.

- 덴마크직장스포츠연맹(The Danish Federation for Company Sports, Dansk Firmaidræts Forbund : DFIF)은 1946년에 설립되었으며, 각종 기업체나 산업체에 산재해 있는 스포츠클럽이 모여 형성되었고, 가입 회원수는 20만명에 달한다.

이상과 같이 덴마크는 전국 규모의 스포츠연맹체에 의해 사회체육조직을 강화시키고 있으며, 덴마크의 스포츠클럽 수는 4,550개 이상이며 이중 체조클럽만 3,000개 이상이다. 스포츠 클럽의 회원수는 300만 명 이상이며 주 1~2회 참가인원이 100만명 이상으로 전국민의 80% 이상이 스포츠클럽에 가입하여 활동하고 있다(한국방송공사, 1986).

⑶ 지 도 자

덴마크의 경우 스포츠클럽의 지도자는 다양한 과정을 통하여 자격을 취득하게 된다.

사회체육지도자, 특히 클럽의 지도자는 국민체육고등학교 출신으로 대부분이 체육전문 지도자는 아니지만 각 조직에 가입하고 있으며, 주간에는 직장에서 일하고 야간에는 각 클럽의 리더로서 활동하고 있다. 또한 지역사회 스포츠센터나 클럽의 지도자들이 받는 전국 8개의 민족체조학교의 3~9개월 과정의 지도자 훈련과정은 스포츠 종목별 내용에 따라 다양하다. 일반적으로 짧게는 3시간에서, 길게는 20시간까지의 단기지도자 양성과정을 운영하고 있는 것이다.

사회체육 및 청소년 체조지도자 양성은 주로 덴마크사격 · 체조 · 육상연맹(DDSG & I)과 덴마크체조청소년연맹(DDGU)에서 주관하는데, 매년 1,000명 이상의 지도자가 배출되고 있다.

(4) 프로그램

체조의 왕국인 덴마크에서 사회체육으로 성행되고 있는 종목은 체조, 핸드볼, 축구 등이다. 이들은 계절별로 이루어지는데, 그 중에서도 조직력이 있고 참여자를 가지고 있는 것이 체조이다. 덴마크의 현대 리듬체조는 스포츠 차원이 아니라, 생활에서 필수적인 역할을 하고 있다. 덴마크의 사회체육 지도자들은 국민체육고등학교 출신이 많기 때문에 그들은 체육지도자나 전문가로서가 아니고, 주민스포츠 활동의 협력자로서 지도법이나 기술이 고도화되지 않았으므로 일반 국민에게 친근감을 가지게 된다.

한편 대학생층의 체육교육은 소위 덴마크의 '만인을 위한 스포츠운동(Sport for the People Movement)'의 주축을 이루고 있는 지역스포츠클럽이나 체조클럽에서 자기 취향에 맞는 운동을 하나 선택하여 자율적으로 실시한다. 그러므로 다른 나라의 대학에서는 교양과목으로 체육을 이수해야 되지만, 덴마크에서는 그렇지 않다. 대학이나 지방자치단체는 지방체조클럽이나 스포츠 클럽에 보조금을 지원하여 젊은이들이나 대학생들의 클럽활동을 후원하고 있지만, 결코 정책적으로 지역체육클럽을 조성하려는 계획은 없다. 그러므로 대학생들은 값싼 비용으로 자연스럽게 체조나 수영이나 볼 게임 등을 즐길 수 있다. 최근 덴마크에는 대학생 1만명 중 3천명 이상이 각종 운동클럽을 이용하고 있다.

결국 덴마크에서는 스포츠나 체조가 국민 속에 뿌리를 내리고 있으며, 체력을 보강해주는 프로그램을 지속적으로 실시하고 있다. 체조와 함께 이 나라의 사회체육으로 가장 인기 있는 종목은 핸드볼이다. 특히, 핸드볼은 자기들 나라에서 창안된 경기라고 자랑할 만큼 인기 있는 스포츠이다. 여학생들은 핸드볼 실력을 평가받아 등급에 따라 금, 은, 동의 체력장 뱃지를 받는다.

사회체육의 기초가 되는 학교체육의 경우 정부가 정한 체육수업시간의 기준은 초등학교 1학년이 주 1시간, 9학년(중학교)까지는 2시간, 10학년은 3시간으로 되어 있다. 그리고, 체육수업은 초등학교 1~2학년은 놀이 중심으로, 3~7학년은 스포츠 적응기로, 그리고 8~12학년은 스포츠 종목기로 설정하여 프로그램이 짜여 있다.

V 영국의 사회체육

영국에서 사회체육활동에 참가하는 인구는 최근에도 급증하고 있다. 전통적 스포츠는 언제나 변함이 없으나, 이제까지 많이 하지 않던 스포츠, 즉 등산, 승마, 펜싱, 스키, 요트, 카누, 궁도 등이 젊은 층에서 성행되고 있다. 특히 이들은 단체경기를 존중하고, 운동경기의 목적을 개인의 육체적인 단련에만 두는 것이 아니라, 성격형성 및 인간형성을 존중하여 아마추어 정신에 충실한 것도 영국의 스포츠이다.

영국의 스포츠 정책은 정부의 각 부처를 비롯하여 전국공원위원회 및 지방행정당국과 교육위원회에서 다루어진다. 주 자치제가 사회체육활동의 원활화를 위한 큰 요인으로 작용되고 있으며, 지방자치기구를 중심으로 추진되고 있다. 또한 각 종 단체의 상호 연관성을 증대시켜 발전지향적 측면에서 조정·통괄하고 있으며, 정책의 견의 수렴과 기술지도 등은 전국에 산재된 1천여개의 레크리에이션 센터에서 이루어진다.

영국은 사회체육과 관련된 조직구성이 가장 잘되어 있는 국가이다.

1 사회체육의 배경

영국은 많은 근대 스포츠가 창안된 나라로서, 오늘날 행하고 있는 야외 스포츠의 대부분은 영국에서 생겨났다. 넓은 광야를 비롯하여 풍부한 자연에 싸여 야외생활을 애호하는 나라인 영국은 지리적 조건과 경제적인 이유도 현대 스포츠 발전에 큰 공적을 남기고 있다.

영국은 1940년대부터 공립학교에서 체육을 윤리교육의 일환으로 채택하여 스포츠맨십을 신사도 정신으로 생활화함으로써 사회체육의 싹이 트게 되었다. 1960년에는 체육·레크리에이션 중앙회에 의해 체육발전 장기계획이 제안되었고, 계속하여 1965년에는 스포츠의 사회적 역할을 정부가 인정하게 되어 광범위하게 국민 스포츠를 진흥하고, 스포츠시설의 정비촉진을 목적으로 하는 스포츠심의기관이 설립되었다.

이 스포츠심의회의 역할은 ① 스포츠 및 신체적 레크리에이션으로 보다 많은 참가를 촉진할 것, ② 스포츠시설의 건설을 촉진함과 동시에 기존 시설의 효율적 활용을 도모할 것, ③ 스포츠 및 신체적 레크리에이션에서 기술수준을 끌어올릴 것, ④ 시설의 확충·정비, ⑤ 즐기기 위한 스포츠에서 경기력향상 등이다. 그래서 정부에서 매년 약 2,000만 파운드가 보조되어 9개의 지부(지방 스포츠 counselor)와 6개의 국립스포츠센터를 거점으로 커뮤니티 스포츠의 보급·발전을 도모하고 있다. 또한 정부는 체육시설의 확충과 사회체육 지도자를 양성하는 한편 모든 체육시설을 지역사회에 완전히 개방함으로써 사회체육 진흥에 박차를 가하였다.

1972년에는 '모든 이의 스포츠 운동' 캠페인이 착수되어 스포츠 시설의 확충·정비와 모든 국민의 생활 속에서 스포츠의 위치를 가지게 하기 위한 스포츠 10개년계획이 발표되었다. 1975년에는 가족 스포츠 운동을 전개하여 기존 스포츠 시설의 활용의 극대화를 추진하였으며, 1976년부터는 9월 상순의 1주일간을 '모든 이의 스포츠 주간'으로 제공함으로써 사회체육의 기틀을 마련하게 되었다.

1977년에는 사회체육캠페인으로 운동과 건강에 초점을 맞춰 건강교육심의회와 BBC 방송이 공동으로 '기분을 최고로(Feeling Great)!'라는 캠페인을 전개하였고, 건강교육심의회는 독자적으로 '자기 자신을 돌보자(Look after Yourself)!'라는 캠페인을 벌인 바 있으며, 1978년에는 '활기를 되찾자(Come Alive)!'라는 캠페인을 전개한 바 있다.

지방정부는 지역주민의 체육활동을 위한 기회제공과 시설 마련에 적극 개입하고 있다. 또한 지방정부는 사회체육을 직접 관장하고 있는 지역스포츠위원회와 협조하여 사회체육 활성화에 박차를 기하고 있다.

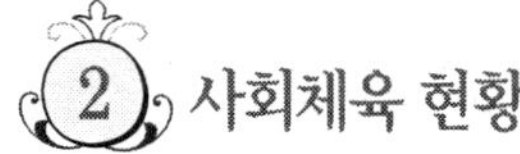

2 사회체육 현황

(1)시 설

영국의 스포츠시설을 보면 대규모의 시설로는 레크리에이션장(국민종합체육장)이 전국에 5개소나 있다. 이들은 대부분 민간기금으로 건립된 것으로 일반대중이 이용할 수 있으며, 동시에 선수나 트레이너도 양성하고 있다. 그밖에 문부성의 감독하에 있는 전국의 공립학교는 일정한 체육시설을 갖추도록 규정하고 있고, 대도시의 도심지 학교에 대해서는 인근의 공원을 학교체육을 사용할 수 있도록 법률로 정하고 있다.

대중위생법, 대중체육·레크리에이션법에 의해서 시·군·읍은 일반 규모의 체육시설을 갖추도록 의무화되어 있다. 대학에서는 자치적인 체육국이 시설을 유지하고 있으며, 근래에는 대기업이 사원들을 위한 체육시설의 확보에 주력하고 있다. 스포츠시설은 대부분 종목별로 분산되어 있으며, 신흥지역에는 다목적으로 사용할 수 있는 종합스포츠센터가 건립되고 있다.

운동장의 설치기준은 인구 1,000명에 대하여 6에이커로 되어 있다. 이 산정은 최근의 인구분석에서 10~40세가 전체의 41.5%인데, 그중 30%가 신체적으로 운동 불가능자이고, 30%는 재학 중인 학생에 해당되어, 그들은 학교시설을 이용하기 때문에 제외하고, 나머지 40%를 대상으로 그들이 운동을 하는데 필요한 넓이로부터 결정한 것이다. 6에이커(인구 1,000명 꼴)의 운동장에는 공식축구장 1개소, 소년축구장 또는 하키장 1개소, 링 시설이 3개소, 롱볼링장 1개소, 크리켓장 1개소, 테니스코트 2개소, 아동유원지 1개소, 휴식장 1개소 등으로 되어 있다.

한편 넓이에 관한 기준 외에 조명에 관하여도 기준을 정하고 있다. 영국은 우량이 많고, 온도가 높은 관계로 1년 중 일몰이 빠른 일수가 많기 때문에 조명시설의 정비가 필요하다. 그러나 영국과 같이 국토가 협소하고 인구밀도가 높은 나라는 CCPR와 NPFA를 중심으로 이 문제를 해결하기 위하여 많은 노력을 하고 있다. 예를 들면 런던에는 73,000에이커 중 현재 53개소의 공원·정원·밀림지대, 400개소의 축구장, 200개소의 크리켓장, 320개소의 테니스장, 33개소의 볼링장, 250개소의 골프장 등이 있으나, 런던시청의 보고에 의하면 앞으로 매년 50에이커의 토지를 공원운동장으로 전환시킬 것을 추가계획하고 있다.

영국의 스포츠시설의 종류에는 다음과 같은 것이 있다.

- 국민레크리에이션센터……현재 잉글랜드에 123개소, 웨일즈에 1개소, 스코틀랜드에 2개소가 있다.
- 야외활동에 적합한 자연……영국에서 스포츠가 발전된 원인은 넓은 잔디를 비롯해서 산·강·바다 등에 풍부한 자연적인 활동장소가 많다는 사실이다.
- 공립학교 건축물의 이용　　　　　　　- 지방당국 소유의 체육시설
- 사립학교 소유의 체육시설　　　　　　- 기업체 소유의 체육시설

- 교회 소유의 체육시설   - 군사훈련시설
- 다면적인 스포츠센터

⑵조 직

영국에서는 정부가 만든 사회체육 조직은 없으나, 국가규모의 자치조직이 있는데, 이는 크게 두 가지로 구분할 수 있다. 그 하나는 종목을 통괄하는 조직이고, 다른 하나는 각 종목 및 단체대표들로 구성된 복합조직이다. 종목별 통합조직은 스포츠단체, 각종 야외활동연맹체, 댄스ㆍ리듬운동에 관계되는 스포츠단체, 청소년 봉사조직이 있으며, 스포츠 통합단체는 각 종목이 서로 완전히 독립되어 조직되어 있다.

그리고 복합조직은 세 가지로 구분할 수 있는데, 그것은 다음과 같다.

첫째, 영국올림픽연맹(BOA)은 25개의 스포츠경기단체 대표자로 구성된 위원회와 청소년단체, 스포츠 관계대표자 선출위원 2~3명, 기타 사회단체대표자 등으로 구성되어 있다.

둘째, 체육ㆍ레크리에이션중앙회(CCPR)는 영국올림픽연맹을 비롯 전국운동협회, 41개의 스포츠경기단체, 16개의 댄스ㆍ리듬운동단체, 34개의 청소년유관단체, 체육민간단체 등으로 구성되어 있다. 이 조직은 1935년에 설립되었으며, 그 기본은 가맹단체의 자주적인 활동을 협조하는 것이고, 중요한 일은 모든 신체적 레크리에이션 활동의 지도자 양성 시설기준의 작성 등이다. 또 국립 스포츠센터, 국립 레크리에이션센터 등의 운영ㆍ관리사업을 집행하고 있다.

셋째, 전국운동장협회(NPFA)는 16개 종목의 스포츠 경기단체, 영국올림픽연맹, 체육ㆍ레크리에이션중앙회, 청소년유지단체 등의 대표와 전국연맹의 운동장협회 각 지부대표로 조직ㆍ운영된다. 이 단체는 자발적인 기부금에 의해서 유지되고 있으며, 운동장 기타 레크리에이션 시설의 건설을 유지하기 위해서 설립되었다. 사업의 내용은 주로 레크리에이션 시설과 도시민의 여가생활을 지지하고, 각종 레크리에이션 보급과 계몽 선도에 노력하고 있다.

넷째, 이외에 스포츠에 관계하는 국가기관으로는 정부의 각 성, 전국교육위원회, 지방당국, 지방교육국 등이 있다. 이러한 기관들은 모두 스포츠 활동을 장려하고 프로그램을 추진하는 권한과 의무를 갖고 있다.

그러나 영국 사회체육의 특색은 마을에 있는 작은 스포츠클럽 형태의 지방조직에 있다. 영국의 사회체육은 한 마디로 각급 학교단체 또는 스포츠단체들로 구성된 순수 민간단체인 레크리에이션중앙회가 중심이 되어 지역사회에 합당한 시설을 정비하거나 확장

그림 8-7. 영국의 체육행정조직

하고 또 각급 지도자를 양성하고 있다. 특히 지역사회 '스포츠지도자상'을 만들어 우수지도자 육성에 힘을 기울이고 있다.

⑶ 지도자

영국에서 신체적 레크리에이션의 관리 · 발전 · 지도에는 지역 유지의 힘이 크다. 특히 신체적 레크리에이션 중앙위원회의 역할이 많다. 그중에서도 여러 계층의 지도자 양성을 위하여 국민레크리에이션협회가 이용되고 있다. 인격교육적 측면이 강조되어 각 종목별 지도자 양성은 독자적인 방법으로 실시한다. 한편 신체적 레크리에이션 중앙위원회에 의한 리더와 코치는 국가등록제이다(국가고시제도). 영국 체육 · 레크리에이션중앙회(CCPR)가 사회체육 지도자의 훈련 · 관리를 담당하고 있는데, 사회체육 지도자의 자질은 각종 경기단체, 스포츠전문단체, 민간체육단체 등의 자율적 활동에 의존하기 때문에 국가가 일률적으로 지도자의 자격을 수여하지 않는다.

그러나 일정한 수준의 모든 사회체육 지도자는 CCPR에 지도자로 등록해야 하며, CCPR에 등록된 각종 스포츠 지도자의 명단은 모든 지도교육국에 송부된다. 영국에서 이러한 사회체육 지도자는 사회적 지위나 교육자로서의 존경을 받는다. 그밖에 각 스포츠 단체, 지방교육국, 산업관계 등에서 다양한 수준의 지도자를 양성하고 있다. 이러한 지도자들은 국민 레크리에이션, 클럽시설, 야외활동, 그리고 스포츠 센터의 관리 및 지도자로서 배치된다.

한편 대학에서 체육을 연구하려는 학생은 거의 다 체육대학에 입학하여야 하는데, 모든 과정은 교사양성이라는 목적을 지니고 있어 체육학 단독 연구보다는 교육이론과 같은 교수과목이 함께 실시되고 있다. 1973년까지 St. Luke's대학은 체육과에 3년 과정을 두었으며, 이를 마치면 교사자격증을 수여했다. 1973년 정부와 교사협회는 교직이 궁극적으로 대학원의 한 학과가 되어야 한다는 의견을 모았는데, 이는 교사양성프로그램에 영향을 주어 신설 3년 과정이수자에게는 B. Ed(일반) 학위가 수여되며, 이 과정 말기에 적절한 자격을 갖춘 학생은 B. Ed 학위를 수여 받기 위해 4학년에서 직접 공부할 수 있다.

　위에서 말한 3학년 과정은 초기에는 40%만 체육의 이론과목으로 구성되고, 나머지는 실기과목으로 구성되어 있다. 3학년 때에는 이 비율이 바뀌어지고 계속해서 이론과 실기과정은 평가를 받으며, 교사자격증 취득을 위해서는 체육의 이론과 실기 프로그램에 합격해야 한다.

　학생들의 자질향상을 위해 계속하여 평가를 하는데, 학점이 필요수준 이하로 떨어지면 B. Ed(honors)에서 B. Ed(ordinary) 단계로, B. Ed (ordinary)에서 Certificate of Education 단계로 옮겨야 한다.

⑷ 프로그램

　영국인들은 건전한 인격형성과 사회성, 그리고 신체적성을 강구하기 때문에 체육을 중요 교과로 인식하고 있으며, 방과 후의 스포츠클럽 활동은 지도자나 코치의 지도하에 협회에서 이루어지고 있다. 이와 같은 클럽과 협회는 모든 사람들에게 개방되며, 정부의 재정적 지원을 받는다.

　또한 영국 스포츠의 특색이 지방조직으로 부락이나 마을단위로 클럽을 형성하고 있기 때문에, 학교 동문이나 졸업생들이 중심이 되어 클럽을 구성하여 개별적이며 자치적으로 육성하고 있다. 따라서 지방체육 활동조직은 클럽조직이 중추를 이루고 있으며, 과외활동의 단체경기 관리 및 학교의 지도교과제를 확립하기 위하여 각 시설 및 클럽에 지도자를 배치하고 있다.

　1980년대 이후에는 지방정부가 꾸준히 지역의 사회체육활성화에 노력하고 있다. 지방정부들은 심지어 중앙정부의 특별자금까지 사용해서라도 지역민의 사회체육활동을 진흥하기 위한 기회제공과 시설마련에 노력하였다. 이러한 중앙정부와 지방정부의 사회체육에 대한 지속적인 관심과 재정지원으로 많은 부문에서 발전이 가속화되었다. 또한 지방정부는 사회체육을 직접 담당하고 있는 지역스포츠위원회와 협력하면서 사회체육의 활성화에 박차를 가했다.

　현재 영국은 지역스포츠의 활성화를 위하여 다음과 같이 다양한 사회체육프로그램이 추진되고 있다.

① 1985년 신체레크리에이션중앙위원회는 창립 50주년을 맞이하여 지역사회 스포츠 지도상이라는 지도자양성프로그램을 만들어 지역스포츠자원지도자 훈련활동을 추진하고 있다.

② 신체레크리에이션중앙위원회가 사회체육지도자의 훈련관리를 연중 실시하고 있다. 사회체육지도자 훈련은 스포츠기술보다는 지도자의 행동, 태도, 예의 등 도덕적 바탕 위에 인격적 교육을 강조하고 있다. 영국의 사회체육지도자 자격은 각종 경기단체, 스포츠전문단체, 민간체육단체 등의 자율적 활동에 의존하고, 국가가 일률적으로 지도자의 자격을 부여하지 않는다. 그러나 스포츠, 레크리에이션, 신체 적성 활동의 수준을 높이기 위하여 신체레크리에이션중앙위원회는 지도자의 국가등록제를 권장하고 있다.

③ 영국은 각종 스포츠에 대한 강습을 하계에 정기적으로 실시하고 있다. 강습내용은 실외활동, 청소년 봉사, 성인교육, 체육, 보트 젓는 법, 캠프 설치법 등 매우 다양할 뿐만 아니라 대상도 대학강사, 훈련단체의 리더, 조직관리자, 학교의 교원으로 되어 있다(체육과학연구원, 1998).

프랑스의 사회체육

프랑스는 올림픽의 창시자인 Coubertin, P.의 조국으로 알려져 있으며, 체육에서도 그 전통을 자랑하고 있다. 프랑스의 체육은 자율적인 스포츠클럽을 촉진하는 것을 원칙으로 하고 있다. 그러나

프랑스의 현황

① 면적 : 54만 9,190km²
② 인구 : 6,263만 7,000명(2010년 추계)
③ 수도 : 파리
④ GDP : 2조 8,810억 달러, 1인당 46,448달러(2008년 추계)

시설이나 지도자의 부족과 체육제도상 학교체육에 대한 경시가 프랑스 체육의 결함이라 할 수 있다.

① 사회체육의 배경

프랑스에서 스포츠는 개개인이 자유롭게 또는 자율적으로 즐기는 것으로서 행정이 관여할 것이 못된다는 사고방식과 국민들의 개인주의적인 풍조가 스포츠에 영향을 미치고 있다. 따라서 스포츠 활동이 사회에서 중요한 역할을 하고 있다는 인식을 가지면서도 국민스포츠 진흥에 대한 공공기관이나 정부의 관여는 오랫동안 인정하지 않고 있었다. 그러나 제1차 세계대전 후 도시화·산업화의 진행과 병행해서 노동자 및 청소년의 여가대책이 강구되었으며, 1936년에는 노동자를 위한 유급휴가제 제정과 여가선용시설이 만들어지게 되었다.

2차 세계대전 후에도 정부는 근로자의 교육휴가에 대한 법률을 공포함으로써 근로자에 대한 여가정책을 밀고 나갔다. 특히, 1960년대의 드골 대통령에 의한 제5공화국이 발족하면서부터 정부가 직접·간접으로 체육진흥과 올림픽 선수양성에 앞장서게 되면서 정세는 점차 변화하기 시작하였다.

이렇게 된 이유는 올림픽에서의 부진 탓도 빼놓을 수 없는 이유의 하나였지만, 한편으로 전후의 출생율이 높아져 인구의 4분의 1이 25세가 되었기 때문에 여기에 대응할만한 체육정책이 필요하게 되었기 때문이다. 프랑스는 그 대응책의 시작으로서 우선 정부가 청소년체육국을 설치한 일이다. 그리하여 그 산하에 학교를 중심으로 전국의 체육시설을 확충하는 제1차 5개년계획(1961~1965)을 실시하였다. 1964년에는 전국민을 위한 여가대책위원회(The Commission on Leisure for All)는 근로자들의 여가를 중심으로 한 전국민의 여가문제에 관해 광범위한 조사를 실시하였으며, 이를 계기로 정구, 골프, 수영, 달리기 등을 위한 시설들을 확충하여 사회체육 진흥을 꾀하였다.

이어 1965년에는 위의 청소년체육국을 성으로 승격시켰으며, 시설 확충을 위해 1966년부터 제2차 5개년계획에 들어갔다. 이 제2차 5개년계획을 위해서 정부는 37억 프랑의 보조금을 지출하였다. 그 주요한 건설목표를 보면 경기장이 전국에 3,000개소, 체육관 1,500개소, 옥외 풀장 700개소로 되어 있다.

프랑스는 제6차 경제사회발전계획(1971~1975)에서 여가정책의 목적과 목표를 명시하여 사회체육을 강화하고 있음은 물론 체육진흥에 관한 법률을 1975년에 재조정하여 퇴폐사회의 강력한 시정, 스포츠 산업에 대한 조세혜택과 병역혜택, 그리고 청소년·대학생·기업체의 스포츠 활동을 강제로 육성시키는 조치를 취함으로써 사회체육 활성화를 추진하고 있다.

② 사회체육 현황

(1)시 설

프랑스에서는 '인간의 건전한 몸과 마음부터'라는 기본이념 하에 범국민적 체육활동을 장려하고 있으며, 전국 각 면(도시에는 구) 단위로 종합체육관, 수영장, 운동장이 설치되어 있다. 위의 시설들은 모두 시민에게 개방되어 있으나 약간의 시설사용료와 대회 때는 장내 정리비를 받으며, 시민들의 효과적인 체육활동을 위하여 체육지도자가 전임으로 파견되어 있다.

프랑스의 사회체육은 프랑스 체육진흥을 위한 법률 제3장 스포츠시설에서 "① 지방자치단체 또는 공공단체가 갖는 유휴용지는 이를 잠정적인 스포츠 용지로 한다. ② 공업 및 주택지역의 개발시에 스포츠 시설을 마련한다. ③ 스포츠 시설의 최대한 이용을 가능케 하기 위하여 고령자와 신체장애자도 포함하여야 한다."라는 취지를 내걸고 1961년 7월 체육시설 및 사회교육시설계획법과 함께 1961~1965년까지의 5개년계획을 수립·실시하였다. 이 시설 건설 5개년 계획수립에 필요한 비용은 정부예산으로부터 지급되었으며, 당시 청소년 스포츠 고등위원회에서 작성한 실행계획에 의한 예산총액은 2,040억 프랑에 달하였다. 이는 지방공공단체와 중앙정부의 예산규모를 합한 액수인데, 지방공공단체가 시설비의 55%를 염출하고, 정부는 45%를 담당했다.

이 계획에 따라 인구 10~15만의 도시에서 필요로 하는 시설로써 스타디움 2개, 시설

표 8-16. 인구 30만 이하의 지역에 필요한 시설 기준

시설종목 지역규모 (인구비율)	스타디움	시설장	연습장	배구및농구장	테니스코트	스포츠홀	체육관	50m 옥외풀장	25m 옥외풀장	50m 옥내풀장	25m 옥내풀장	연습풀장	청소년회관 대(大)집회장	청소년회관 집회장	광장
1~2,000명			1												
2,000~5,000명			1	2	1		1		1		0	1			
5,000~10,000명		1	1	2	2		1		1						1
10,000~20,000명			2	4	4		2						1	1	1
20,000~50,000명	1	1	2	8	6	1	3				0	0	1	5	2
50,000~100,000명	1	2	4	12	8	1	6	1		1	1	0	0	10	3
100,000~150,000명	1	3	6	20	10	1	8	1	1	1	1		1	20	4
150,000~300,000명	1	4	10	30	15	2	12	1	1	1	1		2	25	6

장 3개, 연습장 6개, 테니스코트 10개, 농구 및 배구코트 20개, 60m 옥외 풀 1개, 25m 옥외 풀 1개, 옥내 풀 1개, 스포츠 홀 1개, 체육관 8개(40×20m), 청년회관 15개 등을, 인구 15~30만명의 도시에서는 다목적 스타디움 2개, 육상경기용 운동장 4개, 전종목에 사용되는 트레이닝장 10개, 테니스코트 15개, 농구코트 30개, 옥외 풀 25m, 50m 각 1개, 옥내 풀 25m, 50m 각 1개, 대규모 청소년 센터 25개, 체육관 내지 스포츠홀 12개 등을 기준으로 하였다. 이 결과, 체육관 200개, 스포츠홀 100개, 옥외 풀 55개, 청년회관 645개, 휴게장 1,000개, 유스호스텔 베드 6,700개, 휴가촌 베드 51,000개가 설비되었다. 이로 인하여 프랑스는 단시일 내에 획기적인 체육시설을 확보하게 되었고, 특히 지방에서 출자도 대단히 활발해져 청소년을 위한 스포츠시설의 중요성이 인식되었다는 것이다.

　이것이 성공하자 1966년 제2차 계획을 수립, 시설면적에 관심을 기울여 인구 10만의 도시는 학교체육시설을 포함해서 6m² 로 하고, 보다 적은 인구 1,000명의 촌에서는 1인당 11m² 로 하였다. 또한 청년회관이나 기타 사회교육용 시설에는 스포츠용 시설과는 달리 그 필요면적은 거의 일정하게 1인당 0.2m² 로 설정하였다. 특히 1970년부터 1980년 사이에 스포츠홀은 72% 증가되었고, 실외 필드는 31%, 수영풀은 69%, 특수스포츠 시설은 40% 늘어났다.

　한편 프랑스의 청소년 스포츠성은 청소년에 대한 여가교육활동 제도를 정비하고, 전국의 여러 지역을 야외활동지구로 지정하여 그것을 위한 시책을 제공하고 있다. 이 활동은 청소년이 생활하는 지역을 정하고, 일상생활에서 떠나 야외활동에 친근하도록 배려되어 있다. 이러한 시설의 설치장소는 계절과 자연조건에 맞춰 선정된다. 시설은 6~14세의 소년을 받아들이는 휴가촌과 그 이상의 청년 남녀를 수용하는 휴가센터의 두 가지로 대별되는데, 휴가센터는 유스호스텔, 야외활동센터는 캠핑장, 산악센터, 해양센터 등을 포함하고 있다.

⑵ 조　직

① 정부조직

　종전에는 체육업무가 군, 보건성, 문교성의 일부 국에 분산되어 있었으나, 문교성 산하 청소년 스포츠청으로 흡수되었고, 1966년에 청소년 스포츠여가성으로 승격되었으며, 1981년 다시 스포츠성으로 개칭되었다. 여기에서 학교체육, 스포츠, 사회체육 등 종합적인 행정지도를 주요 기능으로 하고 있으며, 각 지구에 동일한 조직을 가진 하부기관을 두어 지방체육에 대하여 지도·감독·조언을 하고 있다.

② 민간조직

(가) 프랑스올림픽위원회(CNOS)

대외적으로 프랑스를 대표하고 15개 지방과 89개 현에 이르는 지역조직을 최종적으로 통합하는 조직으로 프랑스 올림픽스포츠위원회가 있다. 이 위원회는 전국에 산재되어 있는 10여만 개의 스포츠클럽을 종적·횡적·계열별로 거느리고 있으며, 다만 올림픽의 종목에 해당하지 않는 22개 종목만이 별도 계열로 조직되어 있다.

근로청소년의 스포츠를 위한 자발적인 조직으로 신체활동센터와 스포츠교육센터 등이 있으며, 레크리에이션 활동촉진단체로서 유스호스텔협회와 프랑스 야외스포츠연맹이 있다.

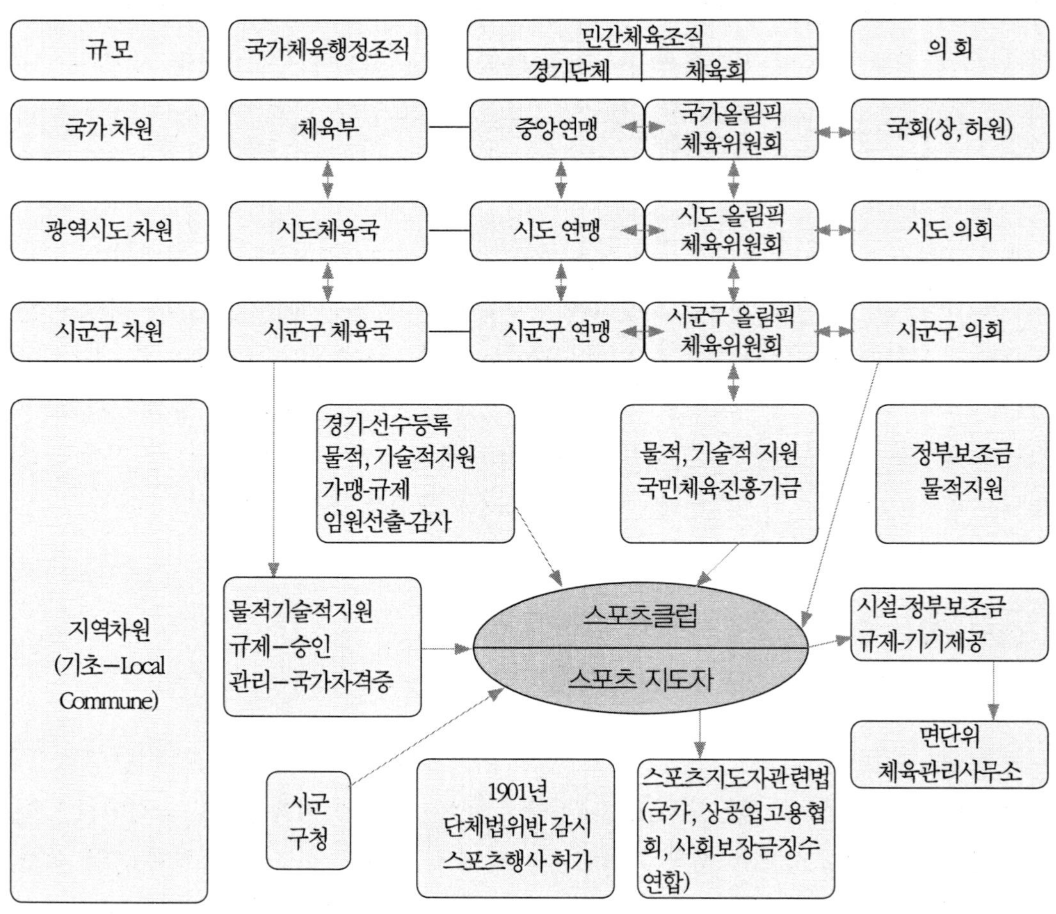

자료 : 체육과학연구원(2004)

그림 8-8. 프랑스의 체육행정조직

(나) 종목별 기구

종목별 57개의 각 연맹은 중앙에 중앙기구가 있고, 지방에 산하기구를 두는데, 각 연맹의 지방기구는 정부의 각 지방기구에 모든 체육문제에 대한 자문과 협의를 하게 되어 있으며, 정책문제 등은 각 중앙연맹이 스포츠성과 협의하게 되어 있다. 각 연맹운영은 독립·자치운영이며, 회장선출(임기 4년)은 연맹원들의 선거에 의한다.

스포츠성은 체육관계 법률에 합당하다고 인정할 경우 연맹의 설치를 인정하게 되어 있고, 각 연맹의 사업활동에 따라 요청이 있을 경우 정부 보조금을 지불하고 있는데, 현재 스포츠성이 지원하는 보조금 총액은 1984년의 경우 3억 프랑에 상당하고 있다(이 중 36개 종목별 연맹에 보조하는 순수한 스포츠 보조액은 9,000만 프랑이며, 경기지원액이 1,500만 프랑이다). 스포츠성이 입안한 정책에 따라 시행하기 위하여 57개의 종목별 연맹(민간단체)에 37명의 기술위원이 임명되어 스포츠성의 보수를 받고 각 연맹으로 하여금 중앙정책에 입각한 각종 체육활동을 실시토록 지도하고 있다. 이 기술위원 산하에 1,500명의 지역기술위원이 있어 각종 경기를 운영하고 있는데, 봉급은 스포츠성이 지불한다.

(3) 지 도 자

지도자 양성은 원칙상 각 종목별 스포츠연맹의 자유의사에 맡겨지고 있다. 일부 예외는 있지만, 스포츠연맹은 거의 스포츠성 시설에 의해서 당해 종목의 지도원 자격검정을 행한다. 지도자 양성시설로는 국립스포츠학교(국가선수의 양성, 독지가의 면허취득 준비 강습회, 국정면허증을 위한 지도자 양성), 국립스키등산학교(Ecole Nationale de Ski et d' Alpinisme : ENSA), 스포츠지구센터(스포츠 준지도원 면허희망자 양성, 전국 16개소, 3개월 코스) 등이 있고, 지구단계에서는 독지가의 훈련(6~13일 코스) 등이 있다.

중앙의 스포츠성과 스포츠 행정의 연락을 취하며 관리를 행하는 각종 지도자로서는 중앙스포츠감독관, 국립스포츠시설의 기술원, 지구 기술원, 사회체육교수·강사, 시·군·읍·면의 지도자 후보 등이 있다.

(4) 프로그램

다른 선진국에 비하여 사회체육면에서 낙후되었다고 할 수 있는 프랑스는 청소년문제에 관해서는 다른 나라와 같이 적극적으로 받아들여 청소년스포츠성이 청소년의 스포츠·레크리에이션에 대하여 종합적 견지에서 프로그램을 전개하고 있다.

신체활동센터 및 스포츠교육센터는 각종 스포츠 단체가 제공하는 운동기회의 부족을

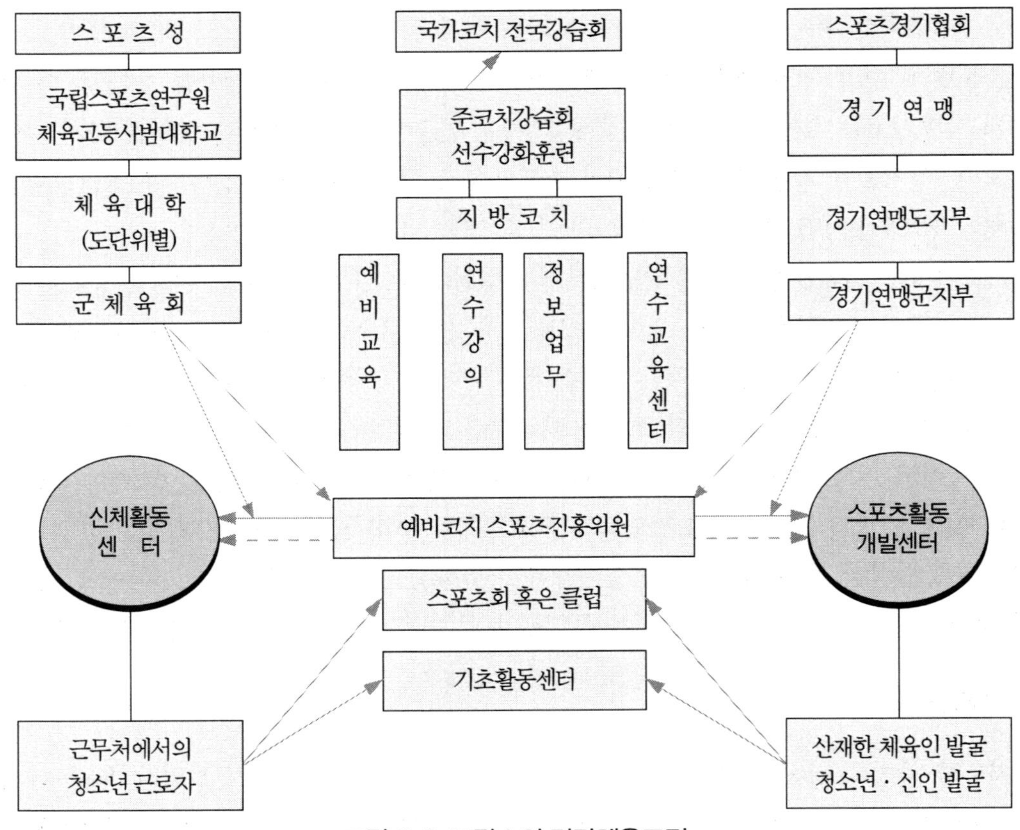

그림 8–9. 프랑스의 민간체육조직

보충하는 단체이다. 그 중 신체활동센터는 스포츠 활동을 통하여 근로청소년의 정상적인 신체형성을 추구하며, 신체적 능력이 우수한 청소년은 스포츠센터에 보내고 있으며, 스포츠교육센터는 청소년을 대상으로 리·부락으로 조직하고 있고, 미조직 리·촌에 조직을 확대하고 있다. 스포츠 의학관리, 전문 종목의 훈련, 스포츠 옥외활동 실시, 국민체력장 검정을 위한 예비교육 및 초보적 경기 등을 실시하고 있다.

또한 휴가센터는 6~9월의 학년 말 휴가를 이용하는 아동의 레크리에이션장이 된다. 휴가센터는 민간 및 공공단체에 의해서 설치·운영되고 있으며, 청소년 스포츠성도 1,000개 이상의 상설 또는 임시휴가센터를 보유하고, 그 이용을 도모하는 한편, 캠프장 등의 시설을 활용하기 위하여 민간단체에 재정원조를 하거나, 무료강습회를 포함한 많은 등산·스키 등 스포츠관계 강습회를 개최하여 그 보급에 주력하고 있다.

오늘날 프랑스는 다음과 같은 다섯 가지의 사회체육활성화 프로그램을 추진하고 있다.

– 청소년이 이용할 수 있는 1,000개의 지역 스포츠센터 건설

표 8-17. 프랑스의 체육발전단계

단계 및 연도	주요 흐름/체육정책, 체육관련법
1940년 이전	· 스포츠계의 조직 및 운영이 자율적인 방식으로 이루어짐
1940년대	· 1940년 12월 20일 '체육헌장' 체택 : 결사의 자유 폐지 · 1943년 10월 2일 법령, 1945년 8월 28일 법령 : 결사의 자유 회복 · 다시 한 번 스포츠계가 정부의 통제 하에 놓여 있음을 확인하는 계기 · 1945년 8월 28일 법령 : 스포츠를 국가재건의 중요한 수단으로 규정 · 1948년 등산관련 국가자격증 소지를 의무화
1950년대	· 1951년, 1953년 각각 수영과 대면경기 관련 국가자격증 소지를 의무화 · 정부가 위험종목의 교육과 관련한 안전문제에 개입
1960년대	· 1963년 8월 6일 법에서 모든 스포츠 종목 교사자격증 소지를 의무화
1970년대	· 1975년 10월 29일 마조(Mazeaud)법 적용대상을 '능력의 한계에 도전함으로써 개인의 계발을 꾀하는 모든 종류의 신체 및 스포츠 활동'으로 확장 · 국가의 스포츠 연맹·단체 인증권을 인정하고 이들과의 협력을 통해 체육계의 발전을 도모하는 역할을 수행할 것을 명시 : 국가가 체육발전의 후견인 역할
1980년대	· 1984년 7월 16일 법 : 스포츠가 "교육제도의 개혁에 기여하며, 학습낙오자들을 없애고 사회문화적 불평등을 줄이는데 기여한다."고 명시함. · 몇몇 대표 연맹들에게 스포츠행사의 조직 및 운영권을 위임 · 공공부문의 스포츠에 대한 개입이유를 더욱 강화 · 1963년 법과 1975년 법 폐지
1990년대	· 1992년 7월 13일 법 : 1984년 7월 16일 법 개정, 국가의 체육발전, 교육, 안전에 관한 감시 역할 강화, 체육활동의 주변문제(폭력, 금전 등)에 대한 언급
2000년대	· 2000년 7월 16일 법 : 1984년 7월 16일 법의 일부조항을 다시 추가 · 공인연맹 및 대표연맹(제8,9조), 국가올림픽위원회(제13조)의 역할 재규정 · 국가전문위원회(제23조)에 특수한 역할을 부여 · 다양한 스포츠 지원방안 마련(제15조) · 체육활동 및 교육관련 규정을 재조정하고 자원봉사활동 지원 및 연수교육휴가(제40조), 스포츠단체의 활동경비에 대한 감세(제41조) 등에 관한 내용을 포함

자료 : 체육과학연구원(2004)

- 스포츠 부문의 지원 측면에서 중요한 영역을 차지하고 있는 스포츠리그의 지원
- 소규모 도시 및 지방 스포츠 클럽에 대한 지원
- 방학기간 중에 스포츠시설을 원하는 시간에 사용할 수 있도록 하는 스포츠티켓(Sport Tickets)제도의 도입
- 스포츠클럽·스포츠연맹·지역사회에서 스포츠분야의 고용을 촉진시키기 위한 직업스포츠(professional sports) 프로그램 추진

Ⅶ 호주의 사회체육

호주 사회에서 체육은 건강과 체력 증진, 삶의 질 향상에 가장 중요한 부분으로 인식되어 대다수의 국민들이 운동선수, 관람자, 자원봉사자, 코치, 스포츠 행정가 등 다양한 체육활동 영역에 적극적으로 참여하고 있다.

호주는 연방정부, 주정부, 지방정부, 민간, 지역사회에 걸쳐 다양한 스포츠조직을 가지고 있다. 지역사회 스포츠클럽이 모여서 지역단위, 주단위, 전국단위 스포츠협회(National Sporting Organizations)를 구성한다. 클럽단위에서는 자원봉사자의 역할이 무엇보다 중요하며, 주단위나 전국단위는 전문행정가의 역할이 요구된다.

스포츠조직의 구조는 정부구조와 같이 연방단위, 주단위, 지방단위의 체계를 갖추고 있는데, 각 단위에서 정부와 민간의 다양한 스포츠조직이 있다. 이러한 조직들 간의 협조와 의사소통이 호주 체육의 질을 높이는 중요한 요소이다.

1 사회체육의 배경

호주의 사회체육은 영국의 영향을 받아 주정부 지원하에 지역사회와 학교를 중심으로 활성화되었다. 호주의 사회체육이 정부차원의 정책시행 대상으로 고려된 시점은 1972년경이다. 정부는 1972년 관광여가부를 신설하면서 체육 및 사회체육 410개 부문에 대한 본격적인 개입을 시작하였다. 그 이전까지의 정부지원은 주로 체육시설 설치를 위한 주정부나 지방정부체육사업 지원에 한정되었으며(한국체육과학연구원, 1998), 지역사회 공공기관이나 민간단체의 자발적인 정책에 의존하여 왔다.

호주의 전통적인 스포츠시스템은 지역사회에서 성인중심의 스포츠 클럽을 활성화시키고 학교는 아동과 청소년의 신체활동을 주도하는 것이다. 호주는 초창기에 영국의 스포츠를 받아들여 지역사회와 학교를 중심으로 스포츠가 활성화되었으며 주정부를 중심으로 대중체육이 일찍이 발달하였다. 그러나, 연방정부는 스포츠보다는 관광이나 문화에 더 많은 관심을 가지고 있었기 때문에 1980년 이전에는 스포츠 부문에 크게 개입하지 않았다.

1980년대 이후 연방정부는 엘리트체육에 대한 지원을 강화해가는 추세에 있지만 전문체육의 근간이 되는 사회체육에도 계속적인 관심을 가지고 있다. 특히 호주체육의 근간이 되는 아동과 청소년을 위한 오지스포츠(Aussie Sport) 프로그램을 성공적으로 운영하고 있어 향후에도 사회체육은 더욱 활성화될 것으로 보인다. 1989년 말부터 시작된 4년 단위의 체육정책 중에는 사회체육진흥정책에 관한 내용이 포함되어 있다.

② 사회체육의 현황

(1)시　설

대부분의 주정부는 스포츠시설을 건립하여 스포츠클럽에 제공하거나 스포츠클럽에 시설의 유지·관리를 임대하고 있다. 상업체육 시설을 건립하여 저렴한 가격으로 스포츠회원에게 제공되도록 재정 지원을 강화하며 학교와 지역사회간의 연계체제를 구축하고 있다. 지역레크리에이션센터를 운영하여 일차적으로 사회체육 소외계층이 시설을 이용하도록 하고 학기중에는 학생, 방학중에는 일반인이 사용하도록 제도화하고 있다. 즉 학교체육시설을 지역사회 클럽에 관리와 운영을 맡겨 지역사회 주민뿐만 아니라, 학생에게도 보다 양질의 서비스가 제공되도록 노력하고 있다.

그리고 호주체육위원회는 국립스포츠정보센터(National Sport Information Center)를 1982년에 설립하여 경기지도자, 선수뿐만 아니라 일반인에게도 스포츠에 관한 정보를 제공하고 있다. 이로 인하여 호주는 전 인구의 75% 이상이 스포츠에 규칙적으로 참여하고 있다.

(2)조　직

호주정부의 스포츠에 대한 본격적인 지원은 1981년 호주체육원(Australian institute of Sport : AIS)이 설립된 이후에 이루어졌다. 1989년에 호주체육위원회는 호주체육원(AIS)을 흡수통합하여 명실상부한 국가체육집행기관으로 자리잡게 되었으며, 그 후 환경·스포츠·영토부의 스포츠와 레크리에이션 업무는 그림 8-10과 같이 문화·유산·스포

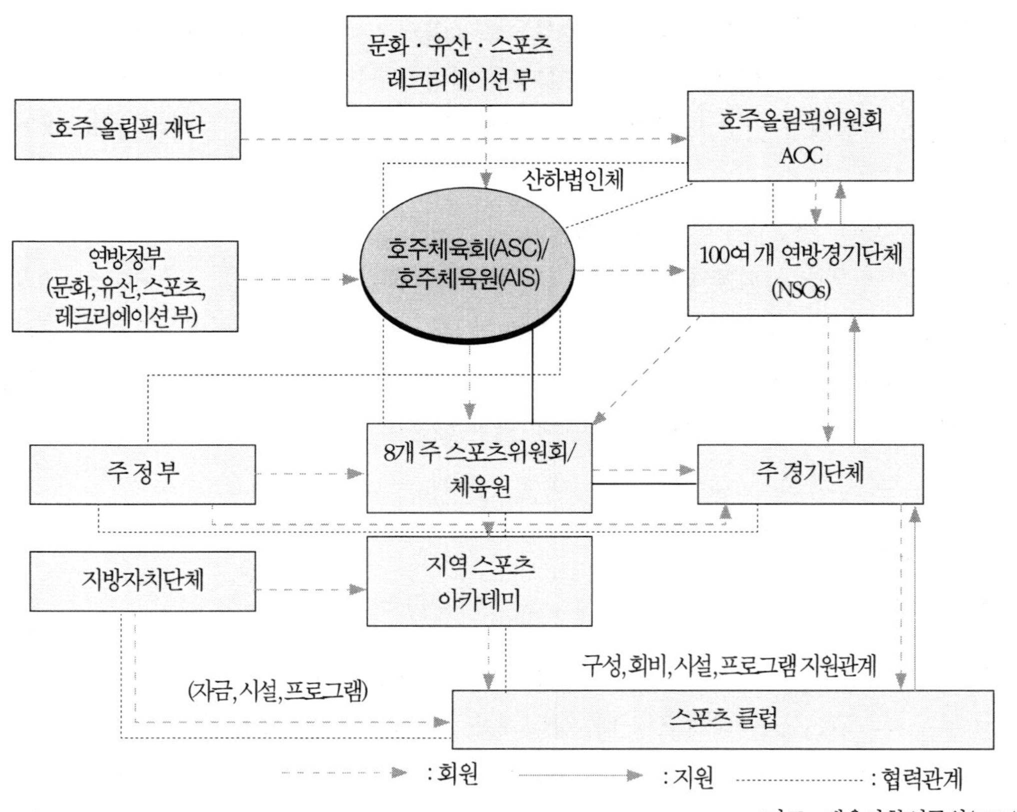

그림 8-10. 호주의 체육행정조직

츠·레크리에이션부에서 담당하고 있다.

그림 8-10에서 보는 바와 같이 호주의 스포츠와 레크리에이션을 담당하고 있는 부서는 산업과학자원부의 스포츠여가국(Office of Sport and Recreation)이다.

한편 호주 8개 주 스포츠위원회는 연방정부의 스포츠진흥을 담당하고 있는 정책 결정 및 집행기구라고 할 수 있다. 호주스포츠위원회는 1989년 스포츠위원회법에 의거하여 연방정부에 의하여 설립되었으며 스포츠에 대한 재정지원과 스포츠 발전을 위한 중요한 역할을 담당하고 있다. 호주 스포츠위원회는 환경스포츠영토부의 직속기관으로 스포츠에 관한 사실상의 모든 기능을 수행한다.

호주체육회는 스포츠를 통해 모든 호주인의 삶을 윤택하게 하기 위하여 스포츠 활동 참여인구의 확대와 전문체육 선수의 경기력 향상 등 2가지 목표를 추구하고 있다. 호주체육원의 스포츠과학부는 스포츠과학 및 의학센터 기능과 체육연구 기능을 수행하며 엘리트스포츠부에서는 선수의 직업교육, 전문체육기술지도, 감독 및 코치 양성 등의 기능을 수행하고 있다. 또한 스포츠관리부에서는 올림픽선수를 양성하고 80개 이상의 체육단체를 지원하며 기획ㆍ개발 기능 등을 담당한다.

　스포츠사업부의 수익사업부는 재무, 수익사업, 재산관리 기능을 담당하고 마케팅부에서는 마케팅과 홍보를 담당하며 정보지원부에서는 국립체육정보체육정보센터를 운영하

표 8-18. 호주 스포츠 담당기관의 역할

단위	정부부문	스포츠활동 및 산출	민간부문
전국 (National)	·장관 ·문화ㆍ유산ㆍ스포츠ㆍ레크리에이션부 ·호주체육회(ASC) ·호주약물국(ASDA) ·다른 정부기관 ·스포츠ㆍ레크리에이션장관협의회(SRMC) ·스포츠ㆍ레크리에이션상임위원회(SCORS) ·국가엘리트스포츠협의회(NESC)	·전국대회, 국제경기대회, 코치, 훈련 및 지원 ·엘리트스포츠 ·장애인스포츠 ·노인스포츠 ·대학스포츠 ·학교스포츠 ·Active Australia : 오지스포츠, 자원봉사자, 원주민스포츠, 여성스포츠 등 프로그램 참여 ·스포츠조사연구 ·국제협력 ·국가수준의 전략계획과 리더십	·국가스포츠단체(종목별경기단체, NSOs) ·호주스포츠산업 ·호주올림픽위원회 ·호주영연방경기대회연맹 ·호주장애인올림픽연맹 ·기업의 후원 ·특수목적 스포츠단체 ·전국스포츠리그(AFL, ACB, NBC, WNBL, NSL, NWPL 등) ·청소년스포츠기금 ·호주스포츠행정가협회 ·스포츠의학협회 ·호주스포츠트레이닝협회 ·호주대학스포츠연맹 ·호주건강, 스포츠ㆍ레크리에이션위원회 ·호주ㆍ뉴질랜드스포츠법협회
주 (State)	·주 장관 ·주정부 스포츠ㆍ레크리에이션부 ·주 스포츠훈련원/아카데미	·경기, 코치, 훈련 ·엘리트스포츠 ·장애인스포츠 ·노인스포츠 ·주, 지역단위 대회참가 포함 ·Active Australia를 포함한 프로그램 참여 ·시설발달	·주단위 종목별 경기연맹 ·주 올림픽 위원회 ·기업체 후원
지방 (Local)	·지방정부(시,군) ·지역스포츠아카데미 ·대학 ·공립학교	·대중의 스포츠참여 ·지방수준에서의 엘리트체육 ·컬럽간 경기대회 ·학교스포츠(학교내, 학교간) ·여가스포츠(공원, 조깅 등) ·오지스포츠(학교, 클럽, 가족수준에서 프로그램집행) ·스포츠시설지원	·스포츠클럽(지역, 소ㆍ대규모) ·지역사회조직 ·사리박교 ·사교클럽 ·교회, 직장 ·지역사회 후원 ·보무, 친구 ·민간시설운영자(스쿼시장, 실내 크리켓장 등)

자료 : 체육과학연구원(2004)

고 출판사업 및 기록·전산 업무를 담당한다. 한편 스포츠개발 및 정책부에서는 사회체육을 담당하고 호주체육지도자협의회를 관장하며 국제협력업무와 호주체육전문학교를 운영한다.

(3) 지 도 자

호주는 지도자의 역량제고가 사회체육 발전의 주요 요소임을 인식하고 체육위원회 사업으로 지도방법 개발 등 지도자의 지도 역량 강화에 노력하고 있다.

호주체육회는 체육개발부에 체육지도자협회(Australian Coaching Council)를 두고 운영하고 있으며 상급지도자 과정, 지도자 자격증, 장학 제도, 전문가 양성 등을 통해 지도자들이 전문적인 교육을 받을 수 있게 하고 지도자의 승급제도와 재교육제도 등을 도입하여 지도자의 질적 수준을 향상시켜 나갔다. 체육지도자협회는 지도자자격제도(National Coaching Accreditation Scheme)를 마련하여 전문 지도자와 자원 봉사자를 중심으로 스포츠 및 레크리에이션 분야에 종사하고 있다.

(4) 프로그램

호주에서 전개되고 있는 대표적인 사회체육 프로그램은 Life Be In It과 Aussie Sport이다. Life Be In It프로그램은 더 많은 사람들이 참여하도록 권장하고 유도함으로써 경쟁적 활동보다는 신체활동 참가를 통하여 전 가족이 흥미와 즐거움을 느끼도록 하는 New Games, Life Game과 같은 새로운 개념의 놀이 프로그램 성격을 갖고 있으며 또한 체육활동 시설 및 활동 시간이 부족한 호주인의 행동과 의식의 변화에 중점을 두고 시행되고 있다. 한편 Aussie Sport프로그램은 사회체육 발전을 위해 1986년에 학교를 중심으로 추진된 사회체육 프로그램이다. 이 프로그램의 목적은 청소년들의 교육과 성장에의 공헌을 주안점을 두고 즐거움, 공정함, 기술의 향상, 우수한 지도, 적극적인 참여, 참여기회의 균등과 지도력 향상 기회 제공을 목적으로 하고 있다. 또한 평생 동안 양질의 스포츠 체험을 할 수 있도록 하여 청소년들의 삶을 윤택하게 하는 것을 목적으로 한다.

Aussie Sport 청소년들이 어릴 때부터 양질의 체육활동을 경험하도록 장려함으로써 평생동안 스포츠 참가를 습관화하고 풍요로운 삶을 영위할 수 있도록 촉구하기 위한 청소년 체육 진흥 프로그램으로 정부와 체육단체 그리고 지역사회와 학교의 유기적인 협조를 통해 확산되고 있으며 세계 각국에의 보급을 위하여 노력하고 있다.

호주는 1989년 이후 스포츠 참여 인구를 확대하기 위하여 자원봉사자와 클럽을 육성

표 8-19. 호주의 스포츠 발전단계

단계 및 연도	주요 흐름/체육정책/체육관련법
19세기 중반 이후	· 스포츠 특히, 크리켓은 영국으로 부터의 정신적 동립을 이루는 호주인들의 변화된 정체성을 나타냄
1941년	· 국가적으로 건강 활동을 위한 약간의 재정보조가 있어 왔음(국가건강법, 1941년)
1단계 1972~1981년	· 노동장 집권으로 연방정부 관여 시작(관광 · 레크리에이션 부신설) · 시설, 프로그램, 스포츠조직에 지원을 목표 · 1975년 노동장과 연정한 자유당의 스포츠에 대한 정책 부재와 인식부족 · 스포츠에 대한 지원 삭감 및 행정부서 폐지 및 이동
2단계 1981~1985년	· 1976년 몬트리올올림픽 실패 · 1981년 AIS(호주체육원)설립 · 스포츠 기금조성, 시설 건립, 엘리트 스포츠 육성 · 1983년 스포츠 · 레크리에이션 · 관광부 신설
3단계 1985~ 1989년	· 1985년 ASC(호주 국가체육회)설립 · 1989년 ASC 법령 제정됨 · ASC와 ASI가 통합됨
4단계 1989~1992년	· 스포츠의 급속한 성장 · 엘리트스포츠, 코칭론개발, 스포츠과학 및 의학 연구개발, 약물퇴치, 오지스포츠프로그램 보급, 오지에이블스포츠(ASSIE ABLE SPORT)프로그램 보급
5단계 1992~1996년	· 스포츠 발전기금 등 국가적 스포츠과제 추진
6단계 1994~2000년	· 2000년 시드니 올림픽 개회 확정으로 올림픽 지원을 위한 사업 확대 · 1997년 이후 ASC & AIS의 기금확충을 통해 시드니올림픽 준비
7단계 2001~2005년	· 호주국민의 스포츠 참여율 확산을 위해 새로운 프로그램 보급 · 「MORE ACIVE AUSTRALIA」캠페인 운동

자료 : 체육과학 연구원(2004)

하고 균등한 체육활동 참여기회를 보장하며 학교에서는 오지스포츠 프로그램을 활성화시키는 등 다각적인 정책을 수립 · 집행하고 있다. 특히 모든 호주인을 위한 체육이라는 철학을 바탕으로 장애자, 여성, 노인, 원주민 등 체육활동에 상대적으로 참여기회가 적은 계층에 특별한 지원을 하고 있다.

첫째, 호주는 스포츠클럽의 활성화를 통하여 성인의 사회체육을 진흥시키고 있다. 호주 전역에 깔려있는 스포츠클럽은 국민 건강의 기반이 될 뿐만 아니라 전문체육의 근간이 되고 있다. 호주정부는 호주체육회의 체육개발부를 중심으로 1992년부터 1996년까지 국민의 체육활동에 필요한 자원봉사자 양성과 3만개 이상의 클럽을 육성하는데 정책의 목표를 두었다. 자원봉사자의 양성을 위하여 전국적인 자원봉사육성프로그램(Volunteer Involvement Program : VIP)을 개발 · 실시하였으며, 정부는 스포츠클럽을 활성화시키기 위해서 지방정부로 하여금 사회체육시설 건설을 담당하게 하고 부족한 재원은 일부 종목의 사용자의 회원권으로 충당하게 하였다. 그리고 인력관리를 효율적으로 하여 재원지출을 줄이고 스포츠클럽의 관리를 효율화하였으며 회원에게 수준 높은 프로그램을 제공함으로써 프로그램의 효과를 증대시켰다. 그리고 호주체육회는 국립스포츠정보센터(National Sport Information Center)를 1982년에 설립하여 경기지도자, 선수뿐만 아니라 일반인에게도 스포츠에 관한 정보를 제공하고 있다. 이로 인하여 호주는 전 인구의 75% 이상이 스포츠에 규칙적으로 참여하고 있다.

둘째, 호주는 장애인, 여성, 노인 등 모든 호주인에게 체육활동의 참여기회를 보장하고 있다. 호주체육회는 장애인 체육단체들과의 협력을 통하여 장애인스포츠프로그램(Aussie Able)을 운영하고 있으며 많은 장애인들이 다양한 프로그램에 참가하여 활동하고 있다. 호주스포츠위원회는 여성 체육의 활성화를 위해 종목별 경기단체의 자체 발전계획에 남녀평등에 관한 목표를 설정하도록 의무화하고 남녀평등계획을 실행하는 데 필요한 재정적 지원을 하고 있다. 또한 여성체육담당과(Woman and Sport Unit)를 설치하고 'Active Girls Campaign'을 전국적으로 시행하여 여성체육관리자들이 경영, 마케팅, 홍보, 대민관계, 후원, 행사운영, 조직발전 등의 다양한 영역에서 훈련을 받을 수 있는 기회를 제공하고 있다. 한편 호주 국민의 평균 연령이 점차 높아짐에 따라 노인 인구가 증가하고 있으며 노인의 건강한 삶과 의료비 절감을 위하여 스포츠활동을 적극 권장하여 노인체육의 진흥에도 기여하고 있다. 호주체육위원회는 35세부터 80세의 노인에 이르기까지 5~10세의 연령층을 구분하여 다양한 성인 및 노인 체육대회를 개최하고 있다.

셋째, 학교에선 오지스포츠 프로그램을 활성화시켜 아동과 청소년의 신체활동을 권장하고 있다. 호주정부는 1994년부터 5세부터 12세까지의 어린이와 13세에서 19세까지의 청소년들을 대상으로 스포츠정책을 수립·시행하고 있다. 청소년 스포츠를 체계적으로 장려하기 위하여 학교와 지역사회 조직이 긴밀히 협조하도록 하고 있으며, 중복과 자원의 저조한 활용으로 인한 낭비와 비효율을 줄이는 방안을 모색하고 있다. 연방정부, 주정부, 지방정부는 상호협력하에 모든 호주 청소년들이 스포츠활동에 참여할 수 있도록 유도하고 청소년 스포츠 참여가 청소년 개인과 호주 사회에 유익하다는 것을 알리며, 학교와 지역사회 조직이 청소년 스포츠를 장려하도록 지원하고 있다.

  ※오지스포츠의 목표
　- 높은 수준의 교육과 지도방법을 제공한다.
　- 청소년 체육활동의 질적 향상을 기한다.

- 쉽고 흥미 있게 운동을 하도록 유도한다.
- 청소년들에게 필수적인 운동기술을 지도한다.
- 청소년체육에 대한 지역사회의 참여를 유도한다.

중국의 사회체육

중국은 1975년 IOC에 복귀함으로써 세계 스포츠계에 군림하게 되었다. 중국은 전국 각지에 3,000개 이상의 소년 스포츠학교가 있어 전국에서 스포츠에 소질이 있는 소년들에게 특별훈련을 실시하고 있으며, 또 대중 스포츠를 위해 많은 체육관을 건립하였다. 그리고 대도시에

> **중국의 현황**
>
> ① 면적 : 959만 8,090km^2
> ② 인구 : 13억 5,414만 6,000명(2010년 추계)
> ③ 수도 : 베이징
> ④ GDP : 2조 6,560억 달러, 1인당 2,564달러(2007년 추계)

체육 기자재공장을 설치하여 각종 체육용품과 기자재의 생산·보급에 열을 올리고 있다. 또한 1990년에 아시안 게임을 개최하고 2008년 북경올림픽을 유치하는 저력을 보이고 있으며 스포츠 강국으로 발돋움을 하고 있다.

1 사회체육의 배경

모든 체육정책은 국가방침에 따라 결정되어 각 성·시·지구·농촌 할 것 없이 각 산하단체에서 실시하고 있는데, 인민 전체의 체력 향상과 우수선수 양성을 위해 소년체육학교를 비롯하여 청소년체육학교, 노동자 및 직원체육학교 등을 설치하고, 1956년 중국 운동원(선수) 등급제도 조례에 따라 체육발전을 추진하고, 사회주의 건설을 위해 운동원 등급제도를 실시하고 있으며, 우수한 지도자 양성의 한 방식의 심판원 등급제도도 아울러 실시하고, 스포츠 진흥을 위한 정책을 수립·진행중에 있다.

중국 정부는 사회주의 국가 건설과 전인교육이란 차원에서 스포츠 발전에 큰 관심을 가졌으며, 엘리트 스포츠와 사회체육 활성화의 병행을 시도하여 왔다. 특히 중국의 개혁·개방정책과 경제성장은 모든 사회에 전반적으로 영향을 주었으며, 스포츠계에 있어서도 커

다란 변화를 가져왔다. 스포츠 개혁은 지속적인 경제 성장과 생활수준의 향상에 수반되어 사회체육의 보급 및 활성화에 있어서도 급격한 변화를 보이고 있다. 오늘날 중국의 사회체육은 기존의 일방적인 정부방침에서 벗어나 정부, 사회단체, 개인이 조직·참여하고 다양한 조직형식과 목표로 활성화되어 다양한 사회체육의 현장에서 활발히 전개되고 있다.

② 사회체육 현황

(1) 시 설

중국이 건국되기 이전까지의 체육시설은 일부 계층에만 개방되어 있지만, 건국 이후부터는 '발전 체육운동, 증강 인민체질'이라는 슬로건 아래 노동자·청소년을 대상으로 대중의 건강정책을 발표하고 공장·주택구에 레크리에이션 시설, 시에는 시민을 위한 문화관과 종합운동장 등의 시설을 하는 등 각 지역노동조합과 농촌에까지 스포츠시설을 건설해 나가고 있다.

중국의 스포츠시설의 종류와 수는 발표되지 않아 분명하지 않지만, 최근에는 체육장(관)이 약 55만여 개로 증가되었으며, 이것은 국민 1인당 평균 0.6평방미터의 면적에 해당된다. 오늘날 중국의 체육시설의 종류는 ① 정부시설(올림픽센터, 훈련기지 시설), ② 지방정부 시설(각 성·시의 운동장), ③ 학교시설, ④ 직장공회소속시설, ⑤ 야외활동의 적합한 시설(공원, 레크리에이션 시설), ⑥ 개인소속시설 등으로 분류할 수 있고, 운남성 쿤밍의 2,000m 고지에 일종의 선수촌인 올림픽 준비센터를 건립하였다. 특히 2008년 베이징올림픽대회 개최로 많은 시설이 건립되었다.

(2) 조 직

① 국가조직

중국의 체육조직은 국가기관으로 중국체육운동위원회와 중화전국체육총회가 있다. 중국체육운동위원회는 지도기관으로서 체육사업을 감독하고, 스포츠 발전에 책임을 지며, 인민의 체위를 증강시키고, 동시에 인민에게 용감한 정신을 배양하고 신체운동을 통하여 생산·노동교육과 공산주의 교육을 향상시키고, 중화전국체육총회는 체육실시기관으로서 중앙정부와 공산당의 지도이념 아래 정책을 인민의 신체와 건강을 증진케 하고, 체육정책을 발전시키는 업무를 담당하고 있다. 한편 사회체육조직으로서는 국가체육운동위원회와 지방 각급 체육운동위원회의 사회체육사, 처, 과, 고 및 중화체육총회가 있다. 이

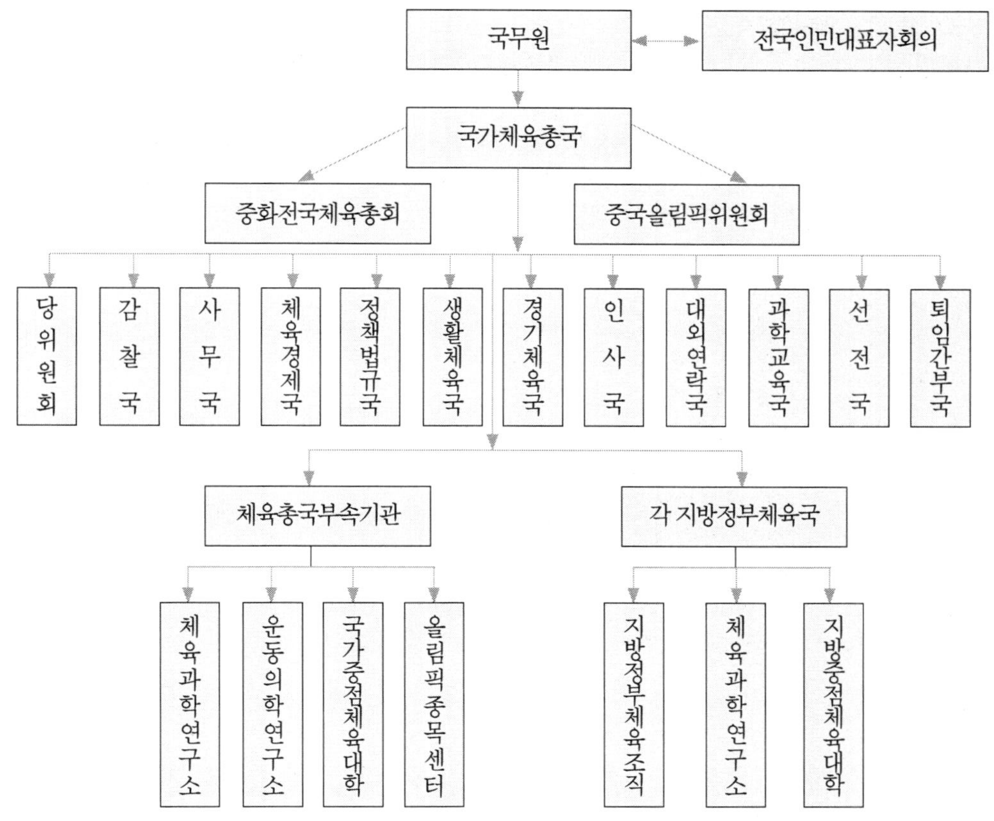

그림 8-11. 중국의 체육행정조직

러한 조직들은 정부기관의 하나의 구성 부분으로서 정부방침에 따라 체육사업 정책을 기획 · 시행 · 감독하고 국민의 건강을 증진시키는 임무를 담당하고 있으며 중국의 사회체육을 활성화시키는 주도적인 역할을 담당하고 있다.

② 인민단체조직

중국에 있어서 주요한 인민단체 내에도 사회체육을 지도 · 관리하는 전문기관들이 설치되어 있고 전문관리인원이 배치되어 있다. 인민단체조직 기능의 특징은 사회체육의 활성화에 있어 지방정부의 정책 결정에 협조하고 정책을 실시하는 임무를 담당하는 것이다.

③ 민간조직

민간사회체육조직은 국민들이 자발적으로 신체단련의 목적을 달성하기 위하여 구성된 조직이다. 예를 들면 노인체육협회, 장애인체육협회, 무술협회, 낚시협회, 에어로빅협회, 보디빌딩협회, 기공협회 등을 들 수 있다. 이러한 민간사회체육조직은 중국 사회체육의 단일적인 목표, 단조로운 조직형식 및 정부행위에서 다양한 목표, 다채로운 조직형식

표 8-20. 중국의 체육발전단계

단계 및 연도	주요흐름/체육정책/체육관련법
1948년	· 신 중국정부 수립 이후, 국가적 차원의 체육정책에 관심을 갖기 시작
1950년대 초	· 구 소련과 동구권 국가의 체육조직 체제를 모방한 고도의 중앙집권적 행정체계 · 일부 종목의 협회가 설립되었으나 정부의 영향을 받는 명목상의 조직이었음 · 체육조직 체계가 국가 행정부처와 업무기관의 성격을 지닌 두가지 형태로 구성
1960년대 이후	· 국가의 행정기구 축소정책의 영향으로 체육부문의 축소 · 체육관련 업무와 행정적 수요는 증가했지만, 기구와 인력은 축소되는 모순된 현상이 나타남
1970년대 후반	· 국제올림픽위원회 구성원으로 복귀하면서 엘리트 스포츠의 경기력 향상에 주력
1980년대	· 시장경제 체제로의 전환과 체육의 사회적 가치에 대한 인식전환으로 정부주도 체육관리 체제에 대한 개혁의 필요성이 제기됨
1990년대	· 중국체육의 발전 방향이 '사회화, 산업화로의 발전'으로 명시됨 · 1992년 전국 체육업무회의 체육산업의 발전에 대한 논의 · 1995년 중화인민공화국법 제정 · 1996년 국민경제와 사회발전 '九五'계획과 2010장기목표요강
2000년대	· 중국체육정책 체제개혁의 궁극적인 목표와 방향이 '체육사업 발전에 부합되는 조직의 구성과 사회주의 시장경제체제의 운영방식에 적합해야 한다'고 강조함 · 〈중공중앙(中共中央), 국무원의 체육업무 개선 강화에 대한 의견〉

*자료 : 체육과학연구원(2004)

및 정부행위와 사회행위의 유기적으로 결합되어 발전하고 있어 사회 체육의 내용을 다양하게 하고 활성화에 크게 기여하고 있다.

(3) 지도자

중국의 사회체육의 지도자 양성기관으로서는 16개의 체육대학과 130여 개의 종합대학교의 체육학과 및 각성의 체육 · 스포츠 기술학원, 각시 체육학교가 있다. 체육대학에서는 체육교육, 운동훈련 및 우슈(武術)전공이 설치되어 있는데 체육교육학과는 각급 학교의 체육교사 양성을 위주로 하고, 운동훈련학과는 스포츠 코치양성을 중심임무로 하며, 우슈(武術)학과는 중국전통종목 우슈의 전문가를 양성하는데 교육목표를 두고 있다. 그리고 운동선수 등급제도, 심판원 등급제도 및 코치 등급제도 등도 지도자 양성체제의 한 부분으로 실시하고 있다. 그러나 사회체육 지도자에 대한 재교육에 대한 필요성에 의해 1994년 톈진(天津)체육대학에서 사회체육학과를 설치하고 매년 약 40명의 학생을 모집하여 사회체육 지도자를 교육 · 양성하고 있다. 또한 국가 체육운동 위원회에서는 1994년부터 사회체육 지도자 등급제도를 실시하여 국가급, 1급, 2급, 3급으로 등급이 구분되어 있다.

(4) 프로그램

현재 중국은 대도시를 중심으로 하여 대중스포츠가 신속하게 이루어지고 있다. 농촌에서도 스포츠에 참가하는 인구가 점차 증가하는 추세이며 이러한 경향은 점차 확대되는 추세이다. 이러한 정책의 대표적인 방안으로 입안된 계획이 전민건신계획이다.

중국의 인구는 이미 12억을 넘어서고 있기 때문에 체육의 중심을 대중스포츠 쪽으로 옮기기에는 매우 복잡하고 어려운 과제라고 할 수 있다. 따라서 보다 조직적이고 계획적인 방법이 필요하게 되어 그 대안으로 성립된 것이 전민건신계획이다.

중국은 1996년 사회체육의 개혁·발전과 활성화를 위해서 국가체육운동위원회에서 제정한 전민건신계획(全民建身計劃)을 실시하였다(표 8-21).

표 8-21. 전민건신계획

구분	내용
목표	· 증가하는 문화와 체육에 대한 수요 및 국민의 체질건강 수준을 향상시키자는 요구를 만족시킨다.
	· 노동자의 자질을 향상시키고 전면적인 인재양성의 수요를 만족시킨다.
	· 체육개혁을 심화하고 사회주의 시장경제 체제에 적용한다.
	· 체육사업의 조화로운 발전의 수요를 만족시키므로 체육사업 내면적 발전을 촉진시킨다.
실시방안	· 국민 : 매일 한 차례의 건신활동에 참가하고, 두 가지 이상의 건신방법을 습득하며, 매년 한 차례의 건강검진을 한다.
	· 가정 : 가정은 한 가지 이상의 운동기구를 소유하도록 하고, 매사분기에 온 가정이 두차례의 야외활동을 하며, 한 부 이상의 건강잡지·도서를 보유하도록 한다.
	· 지역사회 : 하나의 건신활동 장소를 제공하고, 지역사회 범위내의 건신활동을 조직하며, 하나의 사회체육 지도자 팀을 구성한다.
	· 학교 : 학생들이 매일 한 시간의 체육활동에 참가할 수 있도록 하고, 캠핑활동을 조직하며 매년 한 차례의 신체검사를 실시해야 한다.

♠ 단 원 요 약 ♠

1. 국가 간 중앙정부 차원의 체육행정조직구조 비교

국가	중앙정부체육담당부처	체육담당부처의 역할
미국	· 체계적 체육담당부처 부재, 대통령 체력스포츠자문위원회, 내무부, 보건복지부 등(각 부처에 산재)	생활체육 진흥
일본	· 문부과학성(스포츠 · 청소년국)	엘리트체육 육성 생활체육 진흥
중국	· 국가체육총국	엘레트체육육성 생활체육활화
호주	· 문화 · 유산 · 스포츠 · 레크리에이션부(호주스포츠위원회 : ASC)	엘리트체육 육성, 생활체육활성화를 통한 저변확대
프랑스	· 청소년체육부	엘리트체육 육성

*자료 : 체육과학연구원(2004)

2. 국가 간 주/지방정부 차원의 체육행정조직구조 비교

국가	주정부/지방정부의 체육담당부처		주정부/지방정부의 관련업무
미국	주정부/지방정부	· 야외레크리에이션국 · 공원 · 레크리에이션과	· 레크리에이션 목적의 토지, 공원시설관리 · 생활체육 학교체육연계
일본	주정부/지방정부	· 스포츠진흥과	· 엘리트체육, 학교체육, 스포츠시설
중국	주정부/지방정부	· 체육국	· 엘리트체육, 생활체육
호주	주정부/지방정부	· 스포츠 · 레크리에이션부	· 생활체육, 스포츠시설, 학교체육연계
프랑스	주정부/지방정부	· 체육국	· 생활체육, 학교체육, 스포츠시설

*자료 : 체육과학연구원(2004)

3. 주요 국의 체육정책 이념 및 철학 비교

국가	체육정책 이념 및 철학
미국	· 모든 국민의 평등한 스포츠 및 레크리에이션 참여
일본	· 국가 및 지역사회 복지실현의 일환으로서 여가스포츠활동의 활성화
중국	· 체육발전을 통한 국민의 체질강화와 사회주의 물질문명의 건설
호주	· 대중스포츠의 활성화와 저변확대가 이루어지면 엘리트체육은 정상에 설 수 있다.
프랑스	· 체육이 다각적인 측면(사회경제적 기능, 사회편입 및 고용창출기능, 사회문제예방기능, 사회통합기능, 준법기능)에서 순기능으로 작용하기 때문에 지원 필요

*자료 : 체육과학연구원(2004)

4. 민간 차원의 체육행정조직구조 비교

국가	민간체육담당조직	주요기능	정부의 재정지원
미국	미국올림픽위원회(USOC)	국제대회 관련	- ×
	미국대학체육협회(NCAA)	미국대학스포츠 관련	- ×
	미국아마추어체육연맹(AAU)	생활체육 진흥	- ×
일본	일본올림픽위원회(JOC)	엘리트선수 육성	+ ○
	일본체육협회(JASA)	생활체육 진흥	+ ○
중국	중화전국체육총회	국제대회, 엘리트선수 육성	+ ○
	국제올림픽위원회	국제교류	+ ○
호주	종목별경기단체(NSOs)	엘리트선수 육성, 생활체육 진흥	+ ○
	호주올림픽위원회	호주대표팀 선발, 국제대회	- ×
프랑스	프랑스올림픽위원회	프랑스대표팀 선발, 국제대회	+ ○
	종목별 경기단체	체육 및 스포츠활동을 통한 교육 진흥, 스포츠 대중화	+ ○
+ ○ : 지원 있음		- × : 지원 없음	

*자료 : 체육과학연구원(2004)

5. 주요 국의 체육정책 추진체계유형 비교

체육체계유형	국가	중앙정부의 정책개입정도	중앙정부의 관련 지원형태	엘리트체육 개입시기
중앙정부주도형	중국	· 엘리트체육 · 생활체육	· 예산, 시설, 프로그램, 인력	1970년대 후반
혼합형	일본	· 엘리트체육 · 생활체육	· 예산, 시설, 프로그램, 인력	1980년대 후반
	프랑스	· 엘리트체육 · 생활체육	· 법제정을 통한 통제, 예산, 시설, 프로그램, 인력, 홍보 · 법제정을 통한 통제, 예산, 시설, 프로그램, 인력, 홍보	1940년
	호주	· 엘리트체육 · 생활체육	· 예산, 시설, 프로그램, 인력	1981년
민간주도형	미국	· 엘리트체육 · 생활체육	· 법제정을 통한 통제, 시설	1978년

*자료 : 체육과학연구원(2004)

6. 주요 국의 체육정책 개입시기 및 관련법 비교

국가		정부의 체육정책 개입시기	관련법
미국	19세기	처음 개입(생활체육)	
	1972년		교육개정법(타이틀IX)
	1978년		아마추어스포츠법
	1990년		장애인법
일본	1961년	처음 개입(엘리트체육)	스포츠진흥법
	1965년	국민체역진흥위원회	
	1989년	적극개입	
중국	1949년	처음 개입(생활체육)	공동강령 제48조
		중국전국체육총회 창립	
	1995년		중국인민공화국법
호주	1972년	처음 개입(생활체육)	
	1981년	호주체육원(ASI)설립	
	1989년		호주체육위원회(ASC)법령
프랑스	1901년		단체결성 자유에 관한 법
	1921년	처음 개입(스포츠관련부처 창설, 시설)	
	1940년	적극개입	체육헌장법
	1960년		스포츠시설계획법
	1975년		마조법
	1984년		1984년 7월 16일 법
	1992년		1992년 7월 13일 법
	2000년		2000년 7월 16일 법

*자료 : 체육과학연구원(2004)

7. 세계 각국의 생활체육정책과 캠페인

미국	· 대통령직속 '체력스포츠자문위원회' 운영 – 청소년 체력관리 위해 대통령 스포츠상 수여(1972년 이수) – 학교에서 매일 1시간 스포츠 활동, 스포츠클럽 활동은 학교 밖 교육과정 · Physical Fitness 캠페인 : 조깅, 에어로빅, 스트레칭 등 적극적인 신체활동 강조 (청소년 비만 문제해결을 위해 생활체육 공익광고 방영) 　※ 주요 도시의 생활체육공원 및 스포츠시설관리·운영비(연간) : 뉴욕(5,500억 원), LA(2,500억 원) 　　– 우리나라 체육부문 전체예산(연간 1,137억 원, 2005년)
일본	· 도쿄올림픽(1964) 이후 엘리트체육에서 종합형 지역스포츠클럽으로 정책전환 · 전국단위의 스포레크 축제(스포츠+레크리에이션)개최를 통해 생활체육 활성화(1978년 이후) · 정부주도의 생애스포츠 캠페인 : 체육의날(10.10)을 계기로 모든 지역·직장에서 스포츠와 친숙할 수 있는 환경조성(포스터 제작·배포) 　※ 노인스포츠 천국 : 대학 ·지자체가 노인에 맞는 맞춤형 운동개발·보급
독일	· Golden Plan : 1960년부터 15년 단위 생활체육 활성화정책 시행해 국민 인성회복에 기여 – 국민의 70%가 스포츠클럽 회원으로 가입(스포츠클럽은 정부나 체육단서에서 제공하는 체육시설을 저렴한 비용으로 사용 가능. 클럽구성원 20%이상이 어린나 청소년회원이면 체육시설 모류 이용) · Trimming 130 캠페인 : 1970년대 이후 정부가 대중매체, 의료보험협회와 연계하여 광고 무상게재 등 다양한 캠페인 전개 　※ 의사가 약보다 운동을 처방. 그 처방전을 들고 체육관에 가면 강습비 등을 보험으로 해결
북유럽	· 노르웨이 : 신체가꾸기(TRIM)용어 처음 사용 –언론과 적십자의 협조로 생활체육 프로그램 성황 · 스웨덴 : 셋 중 둘은 만들자(스포츠 활동인구 확산 슬로건) · 덴마크 : 인구 5백명당 1개소의 다목적 스포츠센터를 건립·운영 · 핀란드 : 생활체육 참여 캠페인 전개(TV, 포스터 등 활용) – 신체활동 증대 및 영양섭취 습관개선 프로그램 방송(3년간) – SULAKE프로그램 : 가족·직장 및 이웃간의 체육활동유도 　※ 스포츠는 오락이 아니라 청소년 교육의 핵심, 청소년들에게 스포츠활동 기회를 제공하는 것은 정부의 임무
프랑스	· 슬로건 : 모든 사람이 모든 스포츠를 평생 즐길 수 있도록 한다. – 빈민층에 대한 스포츠활동 프로그램 마련·지원 : 스포츠클럽 활동마저 할 수 없는 빈민층을 위하여 스포츠활동 지원 　※ 초등학생 체육활동 장려 : 매주 수요일을 가방 없는 날로 제정
호주	· 청소년 육성프로그램인 '오지스포츠(Aussie Sports)' 정책 추진(1986) : 언론의 적극적인 홍보 협조 – 학교에선 주 1회 Sports day 제도화. 학생선수는 운동 잘 해도 학업 소홀하면 졸업 불가 · 식이요법, 사회적 커뮤니케이션, 바람직한 생활방식과 함께 신체활동을 권유하는 '생활속으로(Life Be in It)' 프로그램 전개 　※ 장애인스포츠의 천국(농구코트 1면은 장애인을 위해 항상 비워 둠)
공통	· 생활체육을 사회복지의 개념으로 인식, 국가차원에서 집중 육성·장려 · 생활체육정책 추진 : 5-6개 중앙정부 부서가 공조·추진 · 자원봉사 제도 활성화 : 스포츠 자원봉사는 세대간의 약속이자 의무라는 인식의 일반화

*자료 : 국민생활체육회(2007)

8. 국가 간 체육재정 및 배분기관 비교

국가명	체육예산(중앙정부 예산대비)	재정원천	예산배분
미국	· 2002년 정부예산의 0.48%가 공원 및 레크리에이션 부문에 61억 83.54만 달러(7조 4202억 2560만 원) 투입 · 스포츠관련 총예산은 4억 2600만 달러(5112억 원)	· 정부예산 · 올림픽복권 · TV중계료	· 주/지방정부
일본	· 2001년 정부총예산 86조 4932억 엔(864조 9320만 원) 중 0.45%인 3892억 엔(3주 8920억 원)	· 정부예산 · 체육진흥기금	· 주/지방정부 · 일본올림픽위원회 · 일본체육협회
중국	· 정부예산의 0.3% · 2002년 복권수입 122억 위엔(1조 7000억 원)	· 정부예산	· 주/지방정부 · 중국체육협회
호주	· 2000~2001년 정부예산 0.1%(19억 8900만 달러 : 1조 6707억 6000만 원) · 2002년 TABs 세금지불 120억 달러(10조 800억 원)	· 정부예산 · 호주올림픽재단 · 호주스포츠재단(경마, 경견,마차 경기, 복권 등) · TABs(카지노)	· 주/지방정부 · 호주체육위원회(ASC) → NSOs, 주 체육위원회
프랑스	· 2000년 정부예산의 0.2%(31억5400만 프랑 : 6308억 원) · 국민체육기금(FNDS)(10djr 1400aks 프랑 : 2028억 원) · 국가단체진흥기금(FNDVA)(4천만 프랑 : 80억 원)	· 정부예산 · 국가스포츠발전기금(장내마권,복권) · 국가단체활동개발기금	· 주/지방정부 · 국립트레이닝센터 · 프랑스올림픽위원회 · 경기단체

*자료 : 체육과학연구원(2004)

♠ 연 구 문 제 ♠

1. 각국의 사회체육 배경에 대해 살펴보자.

2. 각국의 사회체육 시설의 현황에 대해 조사해 보자.

3. 각국의 사회체육을 담당하는 정부 및 민간단체 조직에 대하여 살펴보자.

4. 각국의 사회체육 지도자 양성기관 및 현황에 대하여 조사해 보자.

5. 각국의 사회체육 프로그램의 현황에 대하여 살펴보자.

6. 각국의 사회체육 홍보전략에 대해 알아보자.

대한체육회 연역

1920.07.13	조선체육회 창립
1938.07.04	일제에 의해 강제 해산
1945.11.26	조선체육회 부활
1947.06.20	대한올림픽 위원회(KOC)설립 및 IOC가입
1948.09.03	대한체육회로 개칭
1954.03.16	사단법인 대한체육회 인가
1966.06.30	태릉선수촌 건립
1968.03.01	대한 체육회에 대한 올림픽 위원회 및 대한 학교 체육회 통합
1982.12.31	국민체육진흥법에 대한체육회를 특수법인으로 지정
1986.09.20	제10회 서울아시아 경기대회 개최
1988.09.17	제24회 서울올림픽대회 개최
1996.04.21	제6차 IOC세계 생활체육총회 개최
1997.01.24	1997 무주·전주 동계 유니버시아드대회 개최
1997.05.10	제 2회 부산 동아시아경기대회 개최
1999.01.30	제 4회 강원 동계아시아 경기대회 개최
1999.06.17	제 109차 IOC총회 개최
2002.09.27	부산아시아경기대회 개최
2003.08.21	2003 대구 하계 유니버시아드대회 개최
2006.03.31	2006 국가 올림픽총연합회(ANOC)총회 개최
2007.03.27	2011 대구세계 육상선수권대회 유치
2007.04.17	2014 인천아시아경기대회 유치
2009.06.29	대한체육회, 대한올림픽 위원회 완전 통합

*자료 : 대한체육회(2010)

종목별 생활체육동호인 현황

(2008년 12월 말 기준)

종목	클럽수	회원수	종목	클럽수	회원수
계	97,697	3,081,436	축구	14,855	488,489
검도	1,438	62,696	카누	11	216
경당	47	373	탁구	3,689	81,933
게이트볼	6,421	120,331	태권도	2,655	160,110
골프	574	17,368	태극권	45	1,388
궁도	678	17,968	택견	593	20,143
그라운드골프	235	5,070	테니스	7,990	229,656
기공	13	682	패러글라이딩	687	14,919
낚시	1,784	46,465	풋살	1,549	20,855
농구	3,172	44,614	피구	47	1,026
단전호흡	44	1,072	필드하키	25	544
단학기공/법륜궁	1,645	58,332	합기도	1,376	63,796
당구	1,189	26,983	항공스포츠	25	2,269
댄스 스포츠	579	39,966	핸드볼	33	559
등산	3,527	186,196	헬스	622	34,933
라켓볼	205	4,053	행글라이딩	18	315
럭비	33	1,037	MTB	39	5,223
레크리에이션	173	6,586	X-게임	28	1,247
롤러스케이팅	125	8,117	스포츠클라이딩	1	30
무에타이	17	482	캠프	254	2,344
미식축구	38	694	인라인하키	214	15,477
배구	2,473	54,049	국무도	224	7,938
배드민턴	4,406	163,682	아이스하키	7	361
보디빌딩	1,259	72197	트라이애슬론	43	2,204
복싱	120	3,671	부메랑던지기	3	54
볼링	9,925	223,466	레포츠	16	2,126
사격	237	4,781	레슬링	5	344
사이클	176	6,806	론볼링	7	214
생활체조	3,362	178,614	민속경기	44	18,484
석궁	6	146	생활무술기공	11	464
소프트볼	124	2,501	전통무예	4	54
수상스키	70	3,351	우드볼	29	1,052
수영	1,339	54,396	열기구	1	32
스케이팅/빙상	198	6,142	양궁	5	56
스쿠버다이빙	52	1,481	해동검도	26	2,541
스쿼시	429	14,039	레저복싱	11	269
스키	301	9,948	클라이밍	21	592
스킨스쿠버	459	16,520	격투기	11	731
승마	306	5,807	기천문	1	52
서바이벌	8	315	킥복싱	19	642
씨름	391	8,428	활기도	1	38
야구	2,965	65,133	오리엔티어링	23	304
에어로빅	1,355	60,917	파크골프	70	1,633
역도	6	167	보치아	1	7
요가	363	14,740	경비행기	9	539

종목	클럽수	회원수	종목	클럽수	회원수
요트	15	313	걷기	20	1,087
우슈/쿵후	344	11,956	법률대법	14	298
윈드서핑	195	4,098	프리테니스	64	1,306
유도	185	5,415	인라인스케이팅	617	52,915
육상/조깅마라톤	1,989	56,330	펜싱	0	0
자전거	910	24,393	특공무술	47	1,917
전통무용	131	3.381	경호무술	8	468
정구	579	12,579	무예24기	3	168
족구	4,056	68,158	궁수도	7	194
줄넘기	235	8,917	싱크로빅스	8	4,357
줄다리기	166	3,184	건강달리기	64	2,905
종합무술	292	6,877	국선도	8	412
철인3종	88	2,090	모터스포츠	5	51
바둑	31	1,062	스포츠마사지	1	20

*자료 : 체육백서(2009)

운동종목 · 시설형태별 체육시설의 종류

구분	체육시설의 종류
운동종목	골프장, 골프연스방, 궁도장, 게이트볼장, 농구장, 당구장, 라켓볼장, 럭비풋볼장, 롤러스케이트장, 배구장, 배드민턴장, 벨로드롬, 볼링장, 봅슬레이장, 빙상장, 사격장, 세팍타크로장, 수상스키장, 수영장, 무도학원, 무도장, 스쿼시장, 스키장, 승마장, 썰매장, 씨름장, 아이스하키장, 야구장, 양궁장, 역도장, 에어로빅장, 요트장, 육상장, 자동차경주장, 조정장, 체력단련장, 체육도장, 체조장, 축구장, 카누장, 탁구장, 테니스장, 펜싱장, 하키장, 핸드볼장, 기타 국내 또는 국제적인 운동종목의 시설로서 문화체육관광부장관이 정하는 것
시설형태	운동장, 체육관, 종합체육시설

*자료 : 체육백서(2009)

청소년 수련시설

1. 청소년수련시설의 개념

　자라나는 청소년들에게는 학교에서 배우는 지식교육도 중요하지만, 대자연 속에서 심신을 단련하며 호연지기와 진취적 기상을 기르거나 일상생활 속에서 자질배양, 정서함양, 취미개발 등 스스로 배움을 실천하는 활동, 즉 청소년 수련활동이 필요하며, 청소년은 학교교육과 술녀활동을 통하여 민주적이고 진취적인 사고를 지닌 바람직한 인간으로 성장하게 된다. 각자에게 주어진 능력, 자질 및 적성에 따라 맡겨진 자신의 직분에 충실한 책임 있고 능동적인 사람을 바람직한 인간상으로 전제할 때 수련활동이란 결국 이러한 인간상에 접근하기 위하여 성장기에 있는 청소년 자신들의 몸과 마음을 스스로 갈고 닦는 체험적 활동으로 볼 수 있다.

　청소년수련시설은 이러한 수련활동에 필요한 여러 가지 시설, 설비, 프로그램 등을 갖추고, 청소년 지도자의 지도하에 체계적이고 조직적인 수련활동을 실시하는 시설을 말한다. 수련시설은 단순히 외형적 요소인 시설, 설비 또는 공간만을 지칭하는 것은 아니며, 그 시설에서 운영되는 수련거리와 이를 기획·운영하며 청소년을 지도하는 청소년지도자의 3가지 요소를 포함한 개념으로 보아야 할 것이다.

청소년기본법에는 청소년수련시설을 수련활동의 실시를 주된 목적으로 하는 시설(법 제3조 제5호)이라고 정의하고 있으며, 그 설치와 운영은 국가와 지방자치단체는 물론 법인, 단체 또는 개인 등 민간인도 할 수 있도록 되어 있다. 다만 민간의 경우에는 시도지사의 허가를 받아 설치·운영하도록 되어 있다.

2. 청소년수련시설의 종류

수련시설은 기능이나 수련거리 및 시설의 입지적 여건 등에 따라 크게 생활권수련시설, 자연권수련시설 및 유스호스텔로 나누어지며, 이는 시설의 규모와 세부내용 등에 따라 그림과 같이 몇 가지 유형으로 세분된다.

이러한 수련시설 중에서 수련시설로서의 각본적인 역할 외에 지역 수련활동 지원, 청소년 지도자 연수, 수련거리의 보급 등 지역단위 수련활동의 중추적 역할까지 담당하는 수련시설이 있는데 이를 대표수련시설이라 하며, 대표수련시설은 지방자치단체에서 설치·운영하게 된다.

또한 수련시설과 별도로 청소년수련지구가 있는데, 이는 수련활동을 효율적이고 종합적으로 전개할 수 있는 여건과 수련시설의 설치여건 조성을 위한 공간적 개념으로서, 일정한 지역을 설정하여 수련시설, 체육시설, 문화시설 등 각종 수련활동 시설을 종합적으로 수용할 수 있도록 한 지역을 말한다.

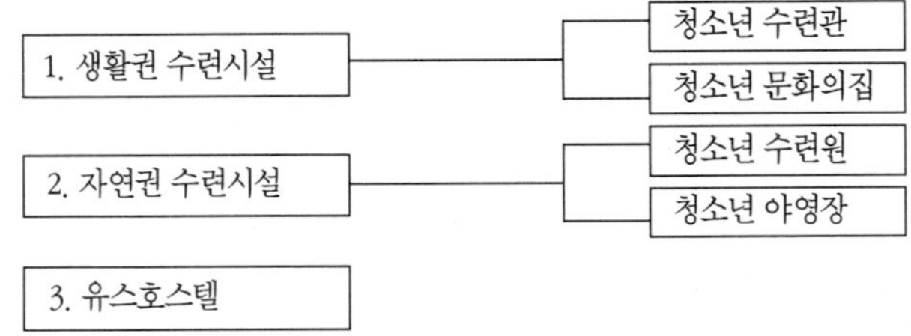

(1) 생활권수련시설

생활권수련시설은 주로 일상생활권 안에서 수련활동을 실시하는 시설을 말한다. 따라서, 도보나 대중교통수단으로 쉽게 접근할 수 있도록 주택가, 도심지 또는 도심지 근교에 설치되며, 각종 취미활동, 문화활동, 체육활동 등 주로 숙박을 요하지 않는 당일 귀가형 수련활동을 실시하게 된다. 생활권 수련시설은 실내활동 기능 위주의 시설이지만 시설종류에 따라 부분적으로 야외활동 기능이 보강된 시설도 있다.

또한 생활권수련시설은 그 규모와 기능 등에 따라 청소년수련관 및 청소년 문화의 집으로 세분된다. 그 중 청소년수련관은 실내활동 위주의 시설을 다양하게 갖추고 수련거리를 상설운영하는 시·도 또는 시·군·구 단위의 수련시설을 말하며, 청소년 문화의 집은 근린생활권 내에서 다양한 문화활동을 실시할 수 있는 시설 설비를 갖추고 문화, 예술 정보 중심의 간단한 수련활동을 실시하면서 청소년의 대화, 휴식공간으로 제공되는 소규모 수련시설을 말한다.

(2) 자연권수련시설

자연권수련시설은 주로 자연과 더불어 체험활동 위주의 수련활동을 실시하는 시설을 말한다. 따라서, 야외활동 기능이 상대적으로 중요시되며, 주로 1박2일 이상의 단체적인 숙박수련활동이 실시되므로 체류할 수 있는 생활관 또는 야영지가 요구되고, 일상생활권과는 격리된 지역에 위치하게 된다.

자연권수련시설은 청소년수련원, 청소년 야영장으로 세분된다. 그 중 청소년 수련원은 종합적이로 다양한 수련활동을 실시할 수 있는 수련시설로서 생활관, 자연체험시설,체육시설, 각종 활동시설 및 녹지대 등을 다양하게 갖추고 있는 자연권 종합수련시설을 말하며, 청소년 야영장은 야영지 위주의 수련시설로서 야영집회에 필요한 기본시설 외에는 다른 자연권 수련시설처럼 여러 가지 활동 시설이 요구되지는 않는다.

(3) 유스호스텔

유스호스텔은 청소년의 숙박 및 체제에 적합한 시설, 설비와 부대 편의시설을 갖추고 숙박편의 제공, 여행청소년의 수련활동 지원 등을 주된 기능으로 하는 시설을 말하며, 교육적 기능, 수련활동 기능 등을 보유한 일종의 청소년 전용 숙박시설로 볼 수 있다. 유스호스텔은 1909년 독일인 교사인 리하르트 쉬르만이 청소년들이 대자연 속에서 심신단련 및 현장교육을 할 수 있도록 간소하고 청결한 숙박시설을 설치운영하자고 주장한 것을 기원으로 유럽 중심으로 발전되어왔으며, 1932년 설립된 국제유스호스텔연맹(IYHF)의 결성을 계기로 전세계적으로 확산되었다. 현재는 90여개의 회원국에 500여만명의 회원이 있으며, 전세계에 약 6,000여개소의 유스호스텔이 있다.

(4) 청소년수련지구

청소년수련지구는 자연권에 넓은 일정한 지역을 선정하여 수련시설과 지원시설 및 각종 편의시설 등을 다양하고 계획적으로 설치할 수 있도록 한 종합적인 청소년 활동공간이다. 청소년수련지구에서는 단위수련시설(수련원, 야영장 및 유스호스텔 등)이 갖는 활동면적이나 시설 내용상의 한계를 극복할 수 있고 단위수련시설에서 실시하기 힘든 체계적이고 입체적인 수련활동을 집약적으로 실시할 수 있다. 또한 수련활동뿐만 아니라 청소년의 휴양, 오락기능 및 가족단위의 여가를 보낼 수 있는 다목적의 기능을 발휘할 수 있다.

수련지구는 시·도지사가 지정하게 되며, 수련지구에 대한 종합적인 개발계획(수련지구 조성계획)은 관할 시·도지사가 직접 수립하거나 법인 또는 단체가 관할하고 시·도지사의 승인을 얻어 수립한다. 수련지구 안에서는 그 조성계획에 따라 수련시설, 체육시설, 자연탐구시설, 문화과학시설, 모험활동시설 등 다양한 청소년활동시설과 우체국, 은행 등 공공시설, 휴게시설, 판매시설 등 편의시설, 기타 관람 시설, 기념시설 등 여러 가지 시설이 설치된다.

3. 청소년수련시설 확충

청소년수련시설은 지난 1980년대 초반부터 사회 각계에서 청소년 건전육성의 필요에 대한 목소리가 높아지면서 이를 위한 청소년 수련시설의 설치 필요성이 제기되었고, 이에 따라 교육기관 또는 청소년 단체를 중심으로 부분적으로 설치되어 왔으나, 대부분 해당기관이 자체적으로 활용하는 시설이었으며 불특정 다수의 청소년을 대상으로 하는 시설은 거의 없었다. 다만 일부 사회교육시설에서 청소년 수련활동을 실시하는 경우가 있었으며, 지난 1987년 청소년 육성법의 제정시행 이후 청소년 수련활동만을 전문으로 하는 수련시설이 부분적으로 설치운영되기 시작했으나, 1990년대 이전까지는 청소년 단체나 개인 등 민간분야에서 선발적으로 설치하는 시설에 의존하고 있으며, 정부나 지방자치단체 차원에서의 적극적인 확충계획은 없었다.

그러나 정부는 지난 1991년 청소년 육성에 관한 장기적 종합계획인 한국청소년기본계획을 수립하여 1992년부터 시행하게 되었는데, 동계획에 청소년수련시설 확충을 위한 구체적인 지표와 추진계획이 반영되었으며, 이를 제도적으로 뒷받침하는 청소년기본법이 종전의 청소년육성법에 대체 입법되어 1993년 1월부터 시행되었다. 뿐만 아니라 정부는 한국청소년 기본계획과 1993년부터 청소년육성 5개년 계획을 수립하여 동세부추진계획에 따라 청소년 수련시설 확충사업이 각 분야별로 활발히 추진되고 있다.

동 계획에 의하면 국가단위 중추기능을 발휘하는 시설은 국가가 직접 건립·운영하게 되며, 지역 단위의 생활권 수련시설은 지방자치단체가 국가의 지원으로 건립·운영하게 된다. 한편 민간의 참여가 용이한 자연권수련시설과 유스호스텔의 경우 지방자치단체에서 시범적으로 지역단위 시설을 건립하고, 나머지 대부분은 민간이 참여하여 건립하게 된다.

(1) 지방자치단체의 수련시설 확충

지방자치단체는 국가와 함께 청소년 건전육성을 위하여 적극적으로 노력하여야 한다. 청소년 기본법에서도 지방자치단체에게 이러한 책임과 의무를 규정, 구체적인 의무로서 지역별로 필수적인 청소년 수련시설 설치운영 의무를 명시하고 있다. 특별히 수익성이 없고 투자비가 많이 소요되는 생활권 수련시설의 경우 민간의 참여가 어렵기 때문에 지방자치단체에서 적극적으로 건립운영하여야 할 것이다. 그러나 그동안 지방자치단체는 어려운 재정여건과 낮은 사업우선순위 때문에 청소년 수련시설 확충사업의 추진이 매우 어려운 실정이었다.

그러나 최근 한국 청소년기본계획, 문호, 체육, 청소년진흥 5개년계획 및 청소년기본법의 시행 이후 청소년 건전육성의 중요성에 대한 사회적 인식과 지방자치단체의 정책 우선순위가 변화하여 청소년 수련시설설치 사업에 대하여 지방자치단체의 적극적인 투자가 이루어지고 있다. 특히 수련시서 ㄹ설치운영사업에 대한 정부의 재정지원이 확대된 이후에는 이에 힘입어 많은 시설이 설치운영되고 있으며, 지난 1992년부터는 지방양여금 재원이 청소년 육성을 위해 사용되면서 국고보조금과 함께 지방자치단체의 청소년 수련시설 설치사업에 중요한 재원으로 활용되고 있다. 지방자치단체가 주관이 되어 건립하는 청소년 수련시설은 주로 생활권 수련시설로서 행정권별로 1개소씩 건립하는 것을 원칙으로 하여 모든 지역과 계층의 청소년에게 수련활동 참여기회를 제공하는 것을 목표로 하고 있다.

(2) 민간 청소년수련시설 확충

국가나 지방자치단체의 한정된 재원만으로 모든 청소년 수련시설을 확충제공하는 것은 현실적으로 어려운 일일 것이다. 또한 청소년육성에 대한 책임은 국가뿐만 아니라 사회구성원인 국민 모두에게 있는 것으로서 사회 각계각층에서도 청소년 건전육성에 대한 관심과 배려가 있어야 한다.

따라서 한국청소년 기본계획과 청소년육성 5개년계획에서는 정부의 재정능력한게 극복과 청소년육성에 대한 사회의 관심제고를 위해 민간독지가, 법인단체기업 등의 청소년 수련시설사업 참여를 유도하고 있으며, 참여하는 민간에 대해 금융세제 등의 지원시책을 수립하여 시행하고 있다. 그 내용으로는 수련시설 설치시 청소년 육성기금을 장기저리로 융자해주고 있으며, 수련시설 설치 또는 운영에 대한 각종 세제상 혜택 등이 있다.

자연권 수련시설과 유스호스텔의 경우 민간의 참여가 용이하여 그 참여가 활발한 편이다.

종목별 생활체육지도자 양성현황

(단위 : 명)

종목	1급	2급	3급	계	종목	1급	2급	3급	계
검도	0	10	1,365	1,375	십팔반무예	0	0	11	11
게이트볼	0	93	1,151	1,244	씨름	0	20	156	176
격투기	0	0	105	105	아이스하키	0	0	0	0
골프	0	361	7,934	8,295	야구	0	108	320	428
공권도	0	0	17	17	양궁	0	4	0	4
국선도	0	0	62	62	에어로빅	0	209	9,979	10,188
국술	0	0	69	69	역도	0	0	0	0
궁도	0	0	0	0	연식정구	0	5	3	8
궁중무술	0	0	33	33	오리엔티어링	0	15	47	62
권격도	0	0	49	49	왕도특수무술	0	0	10	10
권투	0	19	928	947	요가	0	0	387	387
근대5종	0	0	0	0	요트	0	3	275	278

종목	1급	2급	3급	계	종목	1급	2급	3급	계
농구	0	338	1,619	1,957	우슈	0	23	798	821
당구	0	22	521	543	운동처방	699	0	0	699
도봉술	0	0	8	8	윈드서핑	0	83	105	188
라켓볼	0	7	200	207	유도	0	56	1,927	1,983
럭비	0	1	42	43	유술	0	0	5	5
럭비풋볼	0	14	0	14	육상	0	33	0	33
레슬링	0	23	277	300	육체미	0	0	1,988	1,988
레크리에이션	0	106	288	394	인라인롤러	0	29	350	379
롤러스케이팅	0	64	0	64	정구	0	17	60	77
루지	0	0	0	0	조정	0	4	107	111
리듬체조	0	6	13	19	체조	0	206	788	994
바이애슬론	0	0	0	0	축구	0	412	2,408	2,820
배구	0	233	873	1,106	카누	0	17	157	174
배드민턴	0	0	6,177	6,513	컬링	0	0	0	0
보디빌딩	0		29,289	30,458	킥복싱	0	0	151	151
복싱	0	361	144	147	탁구	0	195	2,281	2,476
볼링	0	1,032	5,622	5,869	태권도	0	224	18,436	18,660
봅슬레이스켈레톤	0	0	0	0	태수도	0	0	3	3
불무도	0	0	28	28	테니스	0	534	4,071	4,605
빙상	0	44	807	851	통일무술	0	0	18	18
사격	0	0	0	0	트라이애슬론	0	0	0	0
사이클	0	23	83	106	특공무술	0	0	50	50
산악	0	26	67	93	펜싱	0	0	0	0
세팍타크로	0	9	9	18	하키	0	0	0	0
소프트볼	0	0	0	0	한무도	0	0	23	23
수박도	0	0	23	23	합기도	0	0	1,677	1,677
수상스키	0	53	82	135	핸드볼	0	11	0	11
수영	0	1,397	16,308	17,705	행글라이딩	0	3	0	3
수중	0	40	83	123	화랑도	0	0	18	18
스쿼시	0	121	2,469	2,590	활기도	0	0	1,018	1,018
스키	0	269	1,056	1,325	활법	0	0	596	596
승마	0	18	932	950	회전무술	0	0	33	33
십팔기	0	0	24	24	계	699	7,323	126,953	134,975

주 : 1급 생활체육지도자는 운동처방분야업무 종사자로서 자격종목은 없음　　　　　　*자료 : 체육백서(2008)

업종별 체육지도자 배치 현황

(단위 : 명)

구분		업소수	지도자배치			
			계	1급	2급	3급
합계		53,851	24,772	249	1,113	23,410
등록체육시설	소계	361	339	3	44	292
	골프장	339	310	3	33	274
	스키장	20	29	–	–	–
	자동차경주장	2	–	–	–	–
신구체육시설	소계	53,490	24,433	246	1,069	23,118
	요트장	13	20	2	14	4
	조정장	–	–	–	–	–
	카누장	–	–	–	–	–
	빙상장	43	111	13	39	59
	승마장	73	88	2	18	68
	종합체육시설	201	1,121	3	86	1,032
	수영장	581	1,075	7	54	1,014
	체육도장	13,112	13,311	167	631	12,513
	볼링장	–	–	–	–	–
	테니스장	–	–3	–	–	–
	골프연습장	7,446	2,190	38	126	2,026
	체력단련장	6,128	6,517	14	101	6,402
	에어로빅장	–	–	–	–	–
	당구장	24,568	–	–	–	–
	썰매장	124	–	–	–	–
	무도장	64	–	–	–	–
	무도학원	1,137	–	–	–	–

* 비고 : 체육시설업중 체육지도자가 배치되지 않은 종목은 기재하지 아니함.　　　자료 : 체육백서(2009).
* 자료 : 전국등록신고체육시설업 현황(2009)

외국의 스포츠 지도자제도

국명	지도자구분	지도자의기능	지도자의 역할	지도자양성
프랑스	· 1급지도원 · 2급 지도원 · 3급 지도원	· 소도시에 있는 클럽지도 · 지방우수선수지도 및 양성 · National Team 지도(국가대표급)	· 일반적인 기술을 지도하는 지역클럽 지도 · 일반국민조직체에 고도의 스포츠 기술 지도 · 고도의 스포츠 기술을 지도하고, 선수 육성	1974년 스포츠 교육자의 국가 검정제도가 정립이 되어 스포츠 기술 관리직 자격을 부여하여 클럽, 연맹 행정기관 등에 봉직한다.
핀란드	· A급 Trainer · B급 Trainer · C급 Trainer	· 경기별 협화 Trainer · 지역별 클럽협회 Trainer · 청소년클럽 Leader	· 일반 민간조직체에 고도의 스포츠 기술 지도 · 일반 클럽 조직체에 고도의 스포츠 기술 지도 · 청소년 클럽에 일반적인 기술 지도	1968년 중앙스포츠 연맹(SUUL)에서 새로운 지도자 양성제도를 정립하여 1975년까지 월급 Trainer 1,000 명을 확보하였다.
오스트리아	· Sports · Leader · Trainer · 피어바루데	· 고급스포츠 Trainer · 종목별 지도자 · 클럽지도자	· 고급스포츠 기술을 일반 민간조직체에 지도 · 일반적인 스포츠 기술을 민간조직체에 지도 · 일반적인 스포츠 기술을 클럽에 지도	1976년 연방체육국의 관할국가검정으로 지도자 양성 제도를 정립하여 약30개 스포츠 종목에 대하여 검정을 행한다.
독일	1) Diploma · Trainer · Trainer A(연방) · Trainer B(주) 2) 우분구스라이타A · 일반실기 지도자 · 부인스포츠 · 실기 지도자 3) 우분구스라이타 B · 알반경기별 실기지도자 · 청소년 경기별 실기지도자	· 연방의 일류선수 지도 · 연방수준의 선수양성 · 주 수준의 선수 양성 · 클럽에서 지도 · 클럽에서 지도	· 고도의 스포츠기술 지도 · 일반민간 조직체 " " · 스포츠 외 건강 · 체력유지 증진 등 지도 · 일반 클럽 에 체력 · 건강 등 지도 · 부인 지도 · 일반적 기술 지도 · 지역 · 청소년 클럽에 건강 · 체력증진 등 지도	연방공화국 스포츠 연맹(DSB)을 중심으로 행하며 Diploma Trainer는 1973년에 DSB에 의하여 Trainer아카데미에서 양성된다. Trainer A는 연방경기연맹 Trainer B 는 주 스포츠 연맹(LSB)에서 양성한다. 우분구스타라이타 심신장애자 스포츠 지도자는 LSB가 양성하고 1966년에 양성검정 연수제도가 정립되었다.
스웨덴	1) 상급지도자 2) 중급지도자 3) 초급지도자 4) 일반활동지도자 청소년활동 지도자 5) Pension 활동 지도자 6) Test Leader 7) 매니저 및 관리지도원	· 국가대표급 선수 지도 · 지방 수준의 선수 양성, 직장별 클럽에서 선수 및 일반인 지도 · 고령자 지도 · Trim test(심신건강증진운동) · Club Team의 운영지도 · 직장연맹 등 조직체 운영지도	· 고도스포츠 기술, 일반, 민간조직체, 일반기술지도 · 일반 클럽, 직장지도, 체력, 건강유지 증진, 일반 직장지역 클럽, 체력 · 건강증진 · 고령자 클럽, 민간조직체 지도 · 클럽, 민간조직체 및 협회, 연맹에서 활동	스웨덴 스포츠 연맹(RF)을 중심으로 행하고 심의기관은 직장스포츠 연맹, 사격연맹, 야외활동 진흥회, 중앙연수양성 심의회가 설치되어 이쪽 양성 제도는 1967년 정립되어 상급지도원은 중앙지도자 양성소에서 양성하고 그 외는 지방 스포츠 연맹이 양성한다.

역대 올림픽 개최지

하계올림픽				동계올림픽			
회수	연도	개최지	참가규모	회수	연도	개최지	참가규모
1회	1896	그리스 아테네	13개국 311명	1회	1924	프랑스 샤모니	16개국 258명
2회	1900	프랑스 파리	21개국 1,088명	2회	1928	스위스 생모리츠	25개국 464명
3회	1904	미국 세인트루이스	12개구 562명	3회	1932	미국 레이크플레시티	17개국 252명
4회	1908	영국 런던	22개국 2,666명	4회	1936	독일 가르미쉬-파르텐키르헨	28개국 668명
5회	1912	스웨덴 스톡홀름	28개국 2,561명	5회	1948	스위스 생모리츠	28개국 669명
6회	1916	독일 베를린이 유치했으나 1차대전으로 무산		6회	1952	노르웨이 오슬로	30개국 694명
7회	1920	벨기에 앤트워프	29개국 2,655명	7회	1956	이탈리아 코르티나탐페초	32개국 820명
8회	1924	프랑스 파리	44개국 3,211명	8회	1960	미국 스퀘벨리	30개국 665명
9회	1928	네덜란드 암스테르담	46개국 4,308명	9회	1964	오스트리아 인스부르크	36개국 1,091명
10회	1932	미국 로스엔젤레스	38개국 1,366명	10회	1968	프랑스 그레노블	37개국 1,158명
11회	1936	독일 베를린	49개국 4,308	11회	1972	일본 삿포로	35개국 1,006명
12회	1940	일본 도쿄가 유치했다가 핀란드 헬싱키로 변경되었으나 2차대전으로 무산		12회	1976	오스트리아 인스부르크	37개국 1,123명
13회	1944	영국 런던이 유치했으나 2차 대전으로 무산		13회	1980	미국 레이크 플레시티	37개국 1,072명
14회	1948	영국 런던	58개국 4,447명	14회	1984	유고 사라예보	49개국 1,274명
15회	1952	핀란드 헬싱키	69개국 6,358명	15회	1988	캐나다 캘거리	56개국 2,600명
16회	1956	오스트레일리아 멜버른	67개국 3,555명	16회	1992	프랑스 알베르빌	64개국 4,050명
17회	1960	이탈리아 로마	84개국 5,933명	17회	1994	노르웨이 릴레함메르	67개국 3,805명
18회	1964	일본 도쿄	94개국 6,318명	18회	1998	일본 나가노	72개국 3,500명
19회	1968	멕시고 멕시코시티	125개국 7,470명	19회	2002	미국 솔트레이크시티	77개국 2,531명
20회	1972	서독 뮌헨	123개국 10,080명	20회	2006	이탈리아 토리노	85개국 5,000명
21회	1976	캐나다 몬트리올	94개국 7,814명	21회	2010	캐나다 벤쿠버	91개국 5,500명
22회	1980	소련 모스크바	81개국 5,923명	22회	2014	러시아 소치	예정
23회	1986	미국 로스앤젤레스	140개국 7,810명				
24회	1988	대한민국 서울	160개국 13,304명				
25회	1992	스페인 바르셀로나	169개국 15,229명				
26회	1996	미국 아틀랜타	192개국 17,75명				
27회	2000	호주 시드니	200개국 15,300명				
28회	2004	그리스 아테네	202개국 18,553명				
29회	2008	중국 베이징	204개국, 16,000명				
30회	2012	영국 런던	예정				

*자료 : 대한올림픽위원회(2010)

강신복(1985). "2000년대의 학교체육", 2000년대 체육ㆍ스포츠 학술세미나.

고광현(1988). 스포츠와 정치, 서울 : 푸른나무.

교육부(2002). 교육통계연보.

국민생활체육회(2007). 이것이 생활체육이다. 서울 : 국민생활체육회

김경철(1987). "도시인들의 사회체육 참여와 여가생활 실태", 1987년 사회체육학술세미나. 체육부.

김경철(1987). 여가와 레크리에이션, 서울 : 보경문화사.

김경철 역(1988). 레크리에이션지도, 서울 : 경운출판사.

김경환(1988). 여가와 레크리에이션, 서울 : 보경문화사.

김명조(1987). 레크리에이션원리, 서울 : 형설출판사.

김배중(1984). "서독ㆍ일본의 사회체육과 우리나라 체육시설 실태에 관한 조사연구".

김범식(1987). "스포츠의 직접 참가가 정치태도 형성에 미치는 영향", 제25회 하계학술발표회, 서울 : 한국
　　　　체육학회.

김병태(1983). "한국의 사회체육 발전을 위한 정책적 시안", 서울대학교 대학원 석사학위논문.

김사엽(1987). "사회체육의 현대사회적 역학기능", 제25회 하계학술발표회, 서울 : 한국체육학회.

김영환(1987). "올림픽과 사회체육에 관한 연구", 1987년 사회체육학술세미나, 서울 : 한국사회체육진흥회.

김영환 외 5인(1987). 체육원리의 비교연구, 서울 : 도서출판 금광.

김오중(1986). "사회체육 진흥을 위하여", 제5회 국민체육진흥세미나, 서울 : 한국체육학회.

김오중(1987). 세계체육사, 서울 : 고려대학교 출판부.

김오중(1989). "시민의 건전한 생활을 위한 여가 및 레크리에이션", 1989년 시민건강생활지원세미나.

김오중(2001). 여가ㆍ레크리에이션총론, 서울 : 대경북스.

김용길(1982). 체육행정학, 서울 : 형설출판사.

김용길(1985). 사회체육학개론, 서울 : 경기대학교 출판부.

김용길(1987). "사회체육진흥을 위한 발전모형 정립에 관한 연구", 국민대학교 대학원 박사학위논문.

김은화(1987). "사회체육의 현대사회적 역할기능", 제25회 하계학술발표회, 서울 : 한국체육학회.

김의수 외 1인 역(1988). 장애자체육, 서울 : 녹원출판사.

김장환 외 2인 역(1996). 국제비교스포츠론, 서울 : 대경북스.

김종선 외 2인(1987). "한국사회체육진흥회 발전계획", 서울 : 한국사회체육진흥회.

국민생활체육협회(2001). 체육시설전문인력양성방안.

나종일 외 1인(1986). 서양문화사, 서울 : 서울대학교 출판부.

나현성 외 2인(1981). 체육사, 서울 : 형설출판사.

대한올림픽위원회(1983). 해외출장보고서, 서울 : 대한올림픽위원회.

대한체육회(1972). 사회체육지도서, 서울 : 서울신문사 출판국.

류창하(1987). 현대사회체육, 서울 : 도서출판 나남.

문교부(1973). 체육사, 서울 : 서울신문사 출판국.

문석홍(1987). 서양사개론, 서울 : 삼영사.

문화체육관광부(2003). 청소년 관련 참고자료. 문화체육관광부(청소년국).

문화체육관광부 체육국(2002). 체육백서2005. 문화체육관광부.

문화체육관광부 체육국(2003). 체육백서2006. 문화체육관광부.

문화체육관광부 체육국(2004). 체육백서2007. 문화체육관광부.

문화체육관광부 체육국(2009). 체육백서2008. 문화체육관광부.

문화체육관광부 체육국(2010). 체육백서2009. 문화체육관광부.

문화체육관광부(1995). 청소년백서, 서울 : 문화체육관광부.

박원임(1987). 레크리에이션연구, 서울 : 도서출판 금광.

방송위원회(2004). 지상파 방송 3사 2005 아테네올림픽 편성분석.

백광 외 1인(2002). 현대스포츠산업론, 서울 : 대경북스

비교체육연구회(1984). 국제비교체육학, 서울 : 도서출판 나남.

사회체육진흥회(1986). 2000년대 사회체육학술세미나, 서울 : 한국사회체육진흥회.

새마을운동본부(1985). 새마을스포츠(제4권 10호). 서울 : 새마을운동본부.

서울대학교 사범대학 체육연구소(1986). 국민체육진흥장기계획, 서울 : 보경문화사.

서울대학교 사범대학 체육연구소(1986). 국민체육활동 참여실태조사.

서울대학교 사범대학 체육연구소(1985). 2000년을 향한 체육진흥장기기본계획, 서울 : 보경문화사.

서울대학교 사범대학 체육연구소(1987). 사회체육진흥계획.

서울대학교 사회과학연구소 편(1986). 정보화사회–도전과 대응, 서울 : 서울대학교 출판부.

서울특별시(1989). 1989년 시민건전생활 지원세미나.

서울특별시 교육위원회(1986). 체육행정편람, 서울 : 서울특별시교육위원회.

소재석 외 3인(1998). 생활체육의 이론과 실제, 서울 : 숭실대학교 출판부.

유창하(1987). 현대사회체육, 서울 : 도서출판 나남.

윤인호(1983). 장수를 위한 평생체육, 서울 : 수학연구사.

우재충(1987). "사회체육 발전을 위한 행정의 방향", 경기 : 용인대학교 사회체육연구소.

윤이중(1987). "지방자치를 전제로 한 사회체육의 전망", 제25회 하계학술발표회, 서울 : 한국체육학회.

이상규(1986). "사회체육지도자 육성", 제5회 국민체육진흥세미나, 서울 : 한국체육학회.

위성식(1988). "사회체육 지도자 양성과 전문교육과정의 모형개발에 관한 연구", 국민대학교 대학원 박사
    학위논문.

위성식(2005). 新사회체육학개론, 서울 : 대경북스

위성식 · 이제홍(2002). 사회체육학개론, 서울 : 대경북스.

위성식 · 성영호 · 이제홍 · 백광(2002). 최신 사회체육프로그램론, 서울 : 대경북스.

위성식 · 정상원(2001). 스포츠 · 레저사업론, 서울 : 대경북스.

이규동(1986). 현대 체육행정학, 서울 : 교학연구사.

이종각(1988). 현대사회와 레크리에이션, 서울 : 보경문화사.

이춘복(1978). 현대 스포츠백과, 서울 : 스포츠한국사.

이현정(2004). 체육행정학, 서울 : 대경북스.

이홍종(1987). 체육사회학, 서울 : 도서출판 금광.

임번장(1986). "청소년 비행과 스포츠", 청소년과 사회체육, 서울 : 한국사회체육진흥회.

임번장(2000). 사회체육개론, 서울 : 서울대학교 출판부

이학래(1985). "한국 근대체육사 연구", 동국대학교 대학원 박사학위논문.

장주호(1985). "덴마크의 사회체육", 월간체육 9월호, 서울 : 대한체육회.

조명렬(1988). 체육사회학, 서울 : 형설출판사.

조명렬 외 1인(1988). 스포츠사회학의 기초이론, 서울 : 교육과학사.

차석기(1981). 서양교육사, 서울 : 집문당.

체육과학연구원(2004). 선진국 체육정책의 동향과 추진과제, 서울 : 국민체육진흥공단 체육과학연구원.

체육과학연구원(2008). 한국의 체육지표 2007, 서울 : 국민체육진흥공단 체육과학연구원

체육과학연구원(2009). 한국의 체육지표 2008, 서울 : 국민체육진흥공단 체육과학연구원.

체육부(1984). 세계 각국의 체육, 서울 : 체육부.

체육부(1986). 체육시설의 확충 및 관리에 관한 기본방향, 서울 : 체육부.

체육부(1987). "1987 사회체육학술세미나".

체육부(1987). 각국의 생활체육.

체육부(1986). 체육진흥장기 기본계획, 서울 : 서울대학교 체육연구소.

최영근 외 2인(1988). 모든 이의 스포츠 Q&A, 서울 : 명진당.

Trimming 130(1970). 서독의 체육정책(Ⅱ), 서울 : 계문사.

Paul Tengrand(1972). 평생교육, 서울 : 유네스코한국위원회.

한국개발연구원(1985). 2000년을 향한 국가 장기발전구상 총괄.

한국체육과학연구원(1998). 선진국의 체육행정체계와 스포츠 정책.

한성일(1978). 사회체육, 서울 : 동화문화사.

한양순(1985). 올림피즘, 서울 : 한국방송공사.

한성일(1976). "우리나라 국민체육진흥방안", 한국문화연구소 32권.

粂野豊, "현대사회에 있어서 사회체육의 전망과 대책", 1981년 11월 고려대학교 초청 세미나초록집.

日本體育協會(1970). 現代スポーツ百科辭典, 東京 : 大修館書店.

菅源禮(1977). 現代社会体育論, 東京 : 不昧堂.

高橋和敏(1981). 社会体育とその指導, 東京：東海大學出版會.

粂野豊(1977). 社会体育展開の理論と實際, 東京：不昧堂.

濱口陽吉(1972). 生涯体育, 東京：泰流社.

佐野豪(1972). 餘暇時代の生涯教育, 東京：泰流社.

井上一男 外 2人(1982). 体育敎育槪論, 東京：杏林書院, 1982.

Cropley, A. J.(ed)(1980). *Towards a System of Cifelong Education,* Hamburg：UNESCO Institution of Education.

Brundage, A.(1954). "On Amateur Sport and Broken Time", *B. IOC No. 45.*

Brownell & Hagman(1951). *Physical Education Foundations and Principles,* New York：McGraw-Hill.

Butler, G. D.(1967). *Introduction to Community for Recreation,* Third edition, New York：McGraw-Hill.

Caillois. R.(1970). 놀이와 인간. 岩派書店.

Corbin, C. B. & Fleteher, P. (1968). "Diet and physical activity patterns of obese and nonobese elementary school clildren." *Research Quarterly for Exercise and Science, 39.*

Dumazedier, J.(1968). "Toward a Society of Leisure." *Leisure in International Encyclopedia of Social Sciences, Vol. 9,* New York：Free Press.

Edited by Henddel, D. D.(1981). *Directory of Vollege/University Programs in Recreation Leisure Services and Resources,* Arlington, NRPA.

Herold, D., Meyer, et al.(1964). *Community Recreation a Guide to Its Organization,* Prentice-Hall Inc.

Huijinga, J.(1950). *Homo Ludens.* Roy Publisher.

Huhock, E. B.(1972). *Child Development, 5th Eds.* McGraw-Hill Inc.

International Council of Sport and Physical Education(1964). *Peclaration on Sport.*

Loy, J. et al.(1978). *Sport and Social Systems,* California：Addison-Wesley.

Kaplan, M.(1960). *Leisure in America.* New York：John Wiley & Sone.

Monroe, K.(1976). "Johnny Weissmuller was a Slow Swimmer", *New York Times Magazine 19,* December, 34.

KOC(1985). The 1988 Seoul Olympics and Future of the Olympic Movement, Olympic Symposium.

Kraus, H. & Rab, W. C(1961). *Hypokinetic Disease：Diseases Caused by Lack of Exercise.* Spring Field：Charles, C. T.

Kraus R.(1971). *Recreation & Leisure in Modern Society.* N. Y., Appletion-Century-Crofts.

Kraus, R.(1994). *Leisure in a Changing America：Multicultual Perspectives.* New York. Macmillan College Publishing Company.

Lundberg, G. A.(1934). Komasovsky Mirra & Melnerny Mary A., *Leisure A Suburban Study*, New York, Columbia University Press.

Meyer, H. D. & Brightbill, C. K.(1953). *Recreation Administration.*

McIntosh, P. C.(1980). 스포츠규범의 사회학. 不昧堂出版.

Nash, J. B.(1953). *The Philosophy of Recreation and Leisure*, St. Louis, C. V. Mosby Co.

Neumeyer, E. S.(1958). *Leisure Recreation, Third Edition,* The Ronald Press Company.

Graham, P. J.(1976). *The Modern Olympics,* Leisure Press, West Point, N. Y. 10996.

Kraus, R.(1983). *Therapeutic Recreation Sevice Principle and Practices,* New York：Saunders College Publishing.

Singer, R. N.(1968). *Motor Learning and Human Performance：An Application to Physical Education Skills,* Macmillan.

The 1984, Olympic Scienific Congress Proceedings, *Sport and Politics, Vol 7.* 1984.

Walter, K.(1962). *The Decline of Pleasure,* New York, Simon and Schuster, Inc.

Williams, J. E.(1956). *The Principle of Physical Education,* Philadelphia：W.B. Sounders Co.

William, J.(1950). *Sport and Physical Education Around the World,* Illinois：Stiples Publishing Company.

http://www.kgba.co.kr 한국골프장경영협회

http://www.mcst.go.kr 문화체육관광부

http://www.naver.com 네이버

http://www.kostat.go.kr 통계청

http://www.kspo.or.kr 국민체육진흥공단

http://www.sports.or.kr 대한체육회

http://www.sports.re.kr 한국체육과학연구원

http://www.sportal.or.kr 국민생활체육협의회

http://www.youthnet.co.kr 한국청소년수련시설협회

http://kosis.kr 국가통계포털

http://www.mw.go.kr 보건복지가족부

http://www.sports.re.kr 체육과학연구원

http://www.insports.or.kr 체육지도자연수원

http://www.mltm.go.kr 국토해양부

http://www.mext.go.jp 일본 문부과학성

찾아보기
-국문편-

가

자

차